文白对照精华版·精选精译

《二十四史》编委会·编

第二册 史记

线装书局

世　家

史记卷三十一

吴太伯世家第一

　　吴太伯，太伯弟仲雍，皆周太王之子，而王季历之兄也。季历贤，而有圣子昌，太王欲立季历以及昌，于是太伯、仲雍二人乃奔荆蛮，文身断发，示不可用，以避季历。季历果立，是为王季，而昌为文王。太伯之奔荆蛮，自号句吴。荆蛮义之，从而归之千余家，立为吴太伯。

　　太伯卒，无子，弟仲雍立，是为吴仲雍。仲雍卒，子季简立。季简卒，子叔达立。叔达卒，子周章立。是时周武王克殷，求太伯、仲雍之后，得周章。周章已君吴，因而封之。乃封周章弟虞仲于周之北故夏虚，是为虞仲，列为诸侯。

　　周章卒，子熊遂立。熊遂卒，子柯相立。柯相卒，子彊鸠夷立。彊鸠夷卒，子余桥疑吾立。余桥疑吾卒，子柯卢立。柯卢卒，子周繇立。周繇卒，子屈羽立。屈羽卒，子夷吾立。夷吾卒，子禽处立。禽处卒，子转立。转卒，子颇高立。颇高卒，子句卑立。是时晋献公灭周北虞公，以开晋伐虢也。句卑卒，子去齐立。去齐卒，子寿梦立。寿梦立而吴始益大，称王。

　　自太伯作吴，五世而武王克殷，封其后为二：其一虞，在中国；其一吴，在夷蛮。十二世而晋灭中国之虞。中国之虞灭二世，而夷蛮之吴兴。大凡从太伯至寿梦十九世。

王寿梦二年，楚之亡大夫申公巫臣怨楚将子反而奔晋，自晋使吴，教吴用兵乘车，令其子为吴行人，吴于是始通于中国。吴伐楚。十六年，楚共王伐吴，至衡山。

二十五年，王寿梦卒。寿梦有子四人，长曰诸樊，次曰余祭，次曰余眛，次曰季札。季札贤，而寿梦欲立之，季札让不可，于是乃立长子诸樊，摄行事当国。

王诸樊元年，诸樊已除丧，让位季札。季札谢曰："曹宣公之卒也，诸侯与曹人不义曹君，将立子臧，子臧去之，以成曹君，君子曰'能守节矣'。君义嗣，谁敢干君！有国，非吾节也。札虽不材，愿附于子臧之义。"吴人固立季札，季札弃其室而耕，乃舍之。秋，吴伐楚，楚败我师。四年，晋平公初立。

十三年，王诸樊卒。有命授弟余祭，欲传以次，必致国于季札而止，以称先王寿梦之意，且嘉季札之义，兄弟皆欲致国，令以渐至焉。季札封于延陵，故号曰延陵季子。

王余祭三年，齐相庆封有罪，自齐来奔吴。吴予庆封朱方之县，以为奉邑，以女妻之，富于在齐。

四年，吴使季札聘于鲁，请观周乐。为歌《周南》、《召南》。曰："美哉，始基之矣，犹未也。然勤而不怨。"歌《邶》、《鄘》、《卫》。曰："美哉，渊乎，忧而不困者也。吾闻卫康叔、武公之德如是，是其《卫风》乎？"歌《王》。曰："美哉，思而不惧，其周之东乎？"歌《郑》。曰："其细已甚，民不堪也，是其先亡乎？"歌《齐》。曰："美哉，泱泱乎大风也哉？表东海者，其太公乎？国未可量也。"歌《豳》。曰："美哉，荡荡乎，乐而不淫，其周公之东乎？"歌《秦》。曰："此之谓夏声。夫能夏则大，大之至也，其周之旧乎？"歌

《魏》。曰:"美哉,沨沨乎,大而宽,俭而易,行以德辅,此则盟主也。"歌《唐》。曰:"思深哉,其有陶唐氏之遗风乎?不然,何忧之远也?非令德之后,谁能若是!"歌《陈》。曰:"国无主,其能久乎?"自《郐》以下,无讥焉。歌《小雅》。曰:"美哉,思而不贰,怨而不言,其周德之衰乎?犹有先王之遗民也。"歌《大雅》。曰:"广哉,熙熙乎,曲而有直体,其文王之德乎?"歌《颂》。曰:"至矣哉,直而不倨,曲而不诎,近而不偪,远而不携,迁而不淫,复而不厌,哀而不愁,乐而不荒,用而不匮,广而不宣,施而不费,取而不贪,处而不底,行而不流。五声和,八风平,节有度,守有序,盛德之所同也。"见舞《象箾》、《南籥》者,曰:"美哉,犹有感。"见舞《大武》,曰:"美哉,周之盛也其若此乎?"见舞《韶护》者,曰:"圣人之弘也,犹有惭德,圣人之难也!"见舞《大夏》,曰:"美哉,勤而不德!非禹其谁能及之?"见舞《招箾》,曰:"德至矣哉,大矣,如天之无不焘也,如地之无不载也,虽甚盛德,无以加矣。观止矣,若有他乐,吾不敢观。"

去鲁,遂使齐。说晏平仲曰:"子速纳邑与政。无邑无政,乃免于难。齐国之政将有所归;未得所归,难未息也。"故晏子因陈桓子以纳政与邑,是以免于栾、高之难。

去齐,使于郑。见子产,如旧交。谓子产曰:"郑之执政侈,难将至矣,政必及子。子为政,慎以礼。不然,郑国将败。"去郑,适卫。说蘧瑗、史狗、史䲡、公子荆、公叔发、公子朝曰:"卫多君子,未有患也。"

自卫如晋,将舍于宿,闻钟声,曰:"异哉!吾闻之,辩而不德,必加于戮。夫子获罪于君以在此,惧犹不足,而又可以畔乎?夫子之在此,犹燕之巢于幕也。君在殡而可以乐乎?"遂去之。文子闻之，终身不听琴瑟。

适晋，说赵文子、韩宣子、魏献子曰："晋国其萃于三家乎！"将去，谓叔向曰："吾子勉之！君侈而多良，大夫皆富，政将在三家。吾子直，必思自免于难。"

季札之初使，北过徐君。徐君好季札剑，口弗敢言。季札心知之，为使上国，未献。还至徐，徐君已死，于是乃解其宝剑，系之徐君冢树而去。从者曰："徐君已死，尚谁予乎？"季子曰："不然。始吾心已许之，岂以死倍吾心哉！"

七年，楚公子围弑其王夹敖而代立，是为灵王。十年，楚灵王会诸侯而以伐吴之朱方，以诛齐庆封。吴亦攻楚，取三邑而去。十一年，楚伐吴，至雩娄。十二年，楚复来伐，次于乾溪，楚师败走。

十七年，王余祭卒，弟余眛立。王余眛二年，楚公子弃疾弑其君灵王代立焉。

四年，王余眛卒，欲授弟季札。季札让，逃去。于是吴人曰："先王有命，兄卒弟代立，必致季子。季子今逃位，则王余眛后立。今卒，其子当代。"乃立王余眛之子僚为王。

王僚二年，公子光伐楚，败而亡王舟。光惧，袭楚，复得王舟而还。

五年，楚之亡臣伍子胥来奔，公子光客之。公子光者，王诸樊之子也。常以为"吾父兄弟四人，当传至季子。季子即不受国，光父先立。即不传季子，光当立"。阴纳贤士，欲以袭王僚。

八年，吴使公子光伐楚，败楚师。迎楚故太子建母于居巢以归。因北伐，败陈、蔡之师。九年，公子光伐楚，拔居巢、钟离。初，楚边邑卑梁氏之处女与吴边邑之女争桑，二女家怒相灭，两国边邑长闻之，怒而相攻，灭吴之边邑。吴王怒，故遂伐楚，取两都而去。

伍子胥之初奔吴，说吴王僚以伐楚之利。公子光曰："胥之父兄为僇于楚，欲自报其仇耳。未见其利。"于是伍员知光有他志，乃求勇士专诸，见之光。光喜，乃客伍子胥。子胥退而耕于野，以待专诸之事。

十二年冬，楚平王卒。十三年春，吴欲因楚丧而伐之，使公子盖余、烛庸以兵围楚之六、灊。使季札于晋，以观诸侯之变。楚发兵绝吴兵后，吴兵不得还。于是吴公子光曰："此时不可失也。"告专诸曰："不索何获！我真王嗣，当立，吾欲求之。季子虽至，不吾废也。"专诸曰："王僚可杀也。母老子弱，而两公子将兵攻楚，楚绝其路。方今吴外困于楚，而内空无骨鲠之臣，是无奈我何。"光曰："我身，子之身也。"四月丙子，光伏甲士于窟室，而谒王僚饮。王僚使兵陈于道，自王宫至光之家，门阶户席，皆王僚之亲也，人夹持铍。公子光详为足疾，入于窟室，使专诸置匕首于炙鱼之中以进食。手匕首刺王僚，铍交于匈，遂弑王僚。公子光竟代立为王，是为吴王阖庐。阖庐乃以专诸子为卿。

季子至，曰："苟先君无废祀，民人无废主，社稷有奉，乃吾君也。吾敢谁怨乎？哀死事生，以待天命。非我生乱，立者从之，先人之道也。"复命，哭僚墓，复位而待。吴公子烛庸、盖余二人将兵遇围于楚者，闻公子光弑王僚自立，乃以其兵降楚，楚封之于舒。

王阖庐元年，举伍子胥为行人而与谋国事。楚诛伯州犁，其孙伯嚭亡奔吴，吴以为大夫。

三年，吴王阖庐与子胥、伯嚭将兵伐楚，拔舒，杀吴亡将二公子。光谋欲入郢，将军孙武曰："民劳，未可，待之。"四年，伐楚，取六与灊。五年，伐越，败之。六年，楚使子常囊瓦伐吴。迎而击之，大败楚军于豫章，取楚之居巢而还。

九年，吴王阖庐请伍子胥、孙武曰："始子之言郢未可入，今果如何？"二子对曰："楚将子常贪，而唐、蔡皆怨之。王必欲大伐，必得唐、蔡乃可。"阖庐从之，悉兴师，与唐、蔡西伐楚，至于汉水。楚亦发兵拒吴，夹水陈。吴王阖庐弟夫概欲战，阖庐弗许。夫概曰："王已属臣兵，兵以利为上，尚何待焉？"遂以其部五千人袭冒楚，楚兵大败，走。于是吴王遂纵兵追之。比至郢，五战，楚五败。楚昭王亡出郢，奔郧。郧公弟欲弑昭王，昭王与郧公奔随。而吴兵遂入郢。子胥、伯嚭鞭平王之尸以报父仇。

十年春，越闻吴王之在郢，国空，乃伐吴。吴使别兵击越。楚告急秦，秦遣兵救楚击吴，吴师败。阖庐弟夫概见秦越交败吴，吴王留不去，夫概亡归吴而自立为吴王。阖庐闻之，乃引兵归，攻夫概。夫概败奔楚。楚昭王乃得以九月复入郢，而封夫概于堂溪，为堂溪氏。十一年，吴王使太子夫差伐楚，取番。楚恐而去郢徙鄀。

十五年，孔子相鲁。

十九年夏，吴伐越，越王句践迎击之檇李。越使死士挑战，三行造吴师，呼，自刭。吴师观之，越因伐吴，败之姑苏，伤吴王阖庐指，军却七里。吴王病伤而死。阖庐使立太子夫差，谓曰："尔而忘句践杀汝父乎？"对曰："不敢！"三年，乃报越。

王夫差元年，以大夫伯嚭为太宰。习战射，常以报越为志。二年，吴王悉精兵以伐越，败之夫椒，报姑苏也。越王句践乃以甲兵五千人栖于会稽，使大夫种因吴太宰嚭而行成，请委国为臣妾。吴王将许之，伍子胥谏曰："昔有过氏杀斟灌以伐斟寻，灭夏后帝相。帝相之妃后缗方娠，逃于有仍而生少康。少康为有仍牧正。有过又欲杀少康，少康奔有虞。有虞思夏德，于是妻之以二女而邑之于纶，有田一成，有众一旅。后遂收夏众，抚其官职。使人诱之，遂灭有过氏，复禹之绩，祀夏配天，不失旧物。今吴不如有过之强，而句践大于少康。今不因此而灭之，又将宽之，不亦难乎！且句践为人能辛苦，今不灭，后必悔之。"吴王不听，听太宰嚭，卒许越平，与盟而罢兵去。

七年，吴王夫差闻齐景公死而大臣争宠，新君弱，乃兴师北伐齐。子胥谏曰："越王句践食不重味，衣不重采，吊死问疾，且欲有所用其众。此人不死，必为吴患。今越在腹心疾而王不先，而务齐，不亦谬乎！"吴王不听，遂北伐齐，败齐师于艾陵。至缯，召鲁哀公而征百牢。季康子使子贡以周礼说太宰嚭，乃得止。因留略地于齐鲁之南。九年，为驺伐鲁，至，与鲁盟乃去。十年，因伐齐而归。十一年，复北伐齐。

越王句践率其众以朝吴，厚献遗之，吴王喜。唯子胥惧，曰："是弃吴也。"谏曰："越在腹心，今得志于齐，犹石田，无所用。且《盘庚之诰》有颠越勿遗，商之以兴。"吴王不听，使子胥于齐，子胥属其子于齐鲍氏，还报吴王。吴王闻之，大怒，赐子胥属镂之剑以死。将死，曰："树吾墓上以梓，令可为器。抉吾眼置之吴东门，以观越之灭吴也。"

齐鲍氏弑齐悼公。吴王闻之，哭于军门外三日，乃从海上攻齐。齐人败吴，吴王乃引兵归。

十三年，吴召鲁、卫之君会于橐皋。

十四年春，吴王北会诸侯于黄池，欲霸中国以全周室。六月丙子，越王句践伐吴。乙酉，越五千人与吴战。丙戌，虏吴太子友。丁亥，入吴。吴人告败于王夫差，夫差恶其闻也。或泄其语，吴王怒，斩七人于幕下。七月辛丑，吴王与晋定公争长。吴王曰："于周室我为长。"晋定公曰："于姬姓我为伯。"赵鞅怒，将伐吴，乃长晋定公。吴王已盟，与晋别，欲伐宋。太宰嚭曰："可胜而不能居也。"乃引兵归国。国亡太子，内空，王居外久，士皆罢敝，于是乃使厚币以与越平。

十五年，齐田常杀简公。

十八年，越益强。越王句践率兵复伐败吴师于笠泽。楚灭陈。

二十年，越王句践复伐吴。二十一年，遂围吴。二十三年十一月丁卯，越败吴。越王句践欲迁吴王夫差于甬东，予百家居之。吴王曰："孤老矣，不能事君王也。吾悔不用子胥之言，自令陷此。"遂自刭死。越王灭吴，诛太宰嚭，以为不忠，而归。

太史公曰：孔子言"太伯可谓至德矣，三以天下让，民无得而称焉"。余读《春秋》古文，乃知中国之虞与荆蛮句吴兄弟也。延陵季子之仁心，慕义无穷，见微而知清浊。呜呼，又何其闳览博物君子也！

译文：

吴太伯、太伯的弟弟仲雍，都是周太王的儿子，王季历的哥哥。季历贤达，且有一个有圣人之相的儿子姬昌，太王意欲立季历，并传位给姬昌，于是太伯、仲雍二人便逃奔到南方部族荆蛮人居住的地方，遵随当地习俗，在身上刺画花纹，剪短头发，表示不可再当国君，以此来让避季历。季历果然登位，这就是王季，而姬昌就是文王。太伯逃奔到荆蛮，自称句吴。荆蛮人钦佩他的品德高尚，追随并且归附他的有上千家，被拥立为吴太伯。

太伯去世，没有儿子，弟弟仲雍继位。仲雍去世，儿子季简继位。季简去世，儿子叔达继位。叔达去世，儿子周章继位。此时周武王灭亡了殷王朝，寻求太伯、仲雍的后代，找到了周章。周章已经做了吴地君主，便把吴地封给了他。并封周章的弟弟虞仲在成周之北的旧时夏都之地，这就是虞仲，列为诸侯之一。

周章去世，儿子熊遂继位。熊遂去世，儿子柯相继位。柯相去世，儿子彊鸠夷继位。彊鸠夷去世，儿子余桥疑吾继位。余桥疑吾去世，儿子柯卢继位。柯卢去世，儿子周繇继位。周繇去世，儿子屈羽继位。屈羽去世，儿子夷吾继位。夷吾去世，儿子禽处继位。禽处去世，儿子转继位。转去世，儿子颇高继位。颇高去世，儿子句卑继位。此时晋献公灭亡了成周北面的虞公，以打开征伐虢国的路途。句卑去世，儿子去齐继位。去齐去世，儿子寿梦继位。寿梦继位后吴国开始强盛起来，自称为王。

自从太伯建立吴国以来，经过五代吴君便到武王战败殷王朝，封太伯吴国之后代于两处：其中之一的虞国，在中原地区，其中之一的吴国，在南方夷蛮地区。经过十二代，晋国灭亡了中原的虞国，中原的虞国被灭亡之后，又经过两代，在夷蛮地区的吴国兴盛起来。从太伯传至寿梦大致为十九代君主。

吴王寿梦二年，逃亡在外的楚国大夫申公巫臣因怨恨楚将子反而投奔晋国，从晋国出使吴国，教授吴国的士兵使用战车作战，让他的儿子担任吴国掌管外交的官员。吴国从此开始同中原国家进行交往，吴国攻打楚国。十六年，楚共王出兵攻打吴国，楚国的军队进到衡山。

在位二十五年，吴王寿梦去世。寿梦有四个儿子，老大叫诸樊，老二叫余祭，老三叫余眛，老四叫季札。季札贤达，寿梦打算让他继位，季札谦让认为不合宜，于是就扶立老大诸樊，让他代理政务掌管国家大事。

吴王诸樊元年，在办完丧事以后，诸樊把君位要让给季札。季札辞谢说："曹公死的时候，诸侯与曹国人认为准备继位的曹君不合礼法，打算拥立子臧为君，子臧离开国都，以成全曹君。君子称颂说：'确能保持节操啊！'谁敢冒犯君主呢？享有国家，不是我的志向。我虽无能，愿效法子臧的操行。"吴国人坚持要立季札为君，季札抛弃了家室去种田，只好舍弃这一主张。秋天，吴国出兵攻打楚国，楚国击败了吴国的军队。四年，晋平公新继位。

在位十三年，吴王诸樊去世。诸樊曾有遗言传位给弟弟余祭，计划按兄弟的次序传位，一定要把君位传给季札才停止，以偿还先王寿梦的遗愿，并且褒扬季札的崇高品德，兄弟们都想传位给季札，按照诸樊的遗令要依次实现。季札受封在延陵，故号称延陵季子。

吴王余祭三年，齐国国相庆封获罪，从齐国来投奔吴国。吴王把朱方县封赐给庆封，作为俸地，又把女儿嫁给他，使他比在齐国时还富裕。

四年，吴王派遣季札出使鲁国访问，请求观赏周王室的乐舞。鲁国乐师为季札演唱《周南》、《召南》。季札称赞说："真美啊！开始建立基业，尚不完美，然而却唱出了人们勤恳而无怨恨的心声。"演唱了《邶风》、《鄘风》、《卫风》。又称赞说："真美啊！音调深沉，情感忧戚而不困惑。我听说卫康叔、武公的操行就是这样，这就是《卫风》蕴含所在吧！"又歌唱了《王风》。又称赞说："真美啊！忧思而无恐惧，这大概是抒发王室东迁的心境吧！"又歌唱了《郑风》。又评论说："歌曲软绵绵得太过分了，它表明民众已无法承受了，郑国恐怕要最先亡国吧！"又歌唱了《齐风》。又称赞说："真美啊！浩渺深远，不愧大国风采。雄踞东海之滨，这就是太公的封国吧！它的发展是不可限量的啊！"又歌唱《豳风》。又称赞说："真美啊！气势宏伟，尽情欢乐，毫不过分。这大概是显示周公东征的气概吧！"又歌唱《秦风》。又评说道："这就是夏民的遗音。若能保持夏代的遗风便能强大，强大到一定程度，就能达到周王朝鼎盛时的气派了吧！"又歌唱《魏风》。又称赞说："真美啊！它的曲调抑扬宛转，粗犷中有柔美，淳朴而流畅，以德辅行，显露出开明君主的风度。"又歌唱《唐风》。又评说道："情思深长，这大概就是陶唐氏的遗风吧！不然，为什么忧思如此深远呢？不是情操高尚人的后代，谁能像这样呢？"又歌唱《陈风》。又评论说："国家没有像样的君主，难道能长久吗？"从《郐风》往下，就不再评论了。又歌唱《小雅》。又赞美说："真美啊！深思而不惑乱，有怨恨而又不胡说，虽然处于周王朝衰败的时候，仍能看到先王臣民的影子。"又歌唱《大雅》。赞美说："宽广啊！和谐而优美，柔韧而刚强，大概这就是文王的美德吧！"又歌唱《颂》。赞美说："美妙到了极点！正直而不倨傲，不卑又不亢，亲近而不强迫，疏远而不相离，遭到贬谪也不胡作非为，官复原职也不贪得无厌，心有哀伤也不愁怨，高兴的时候也不忘乎所以，有财富时绝不挥霍殆尽，富足时绝不炫耀，施舍时绝不浪费，能够获取时一定要有节制，宁静而不呆滞，奋发而不失分寸，五音和谐，八风协调，节奏适度，曲律恰到好处，圣贤们大体上都是相同的。"观看了《象箾》、《南籥》的舞蹈，赞美说："真美啊！还有些遗憾。"观看了《大武》的舞蹈，赞美说："真美啊！周代鼎盛时期大概就像这样的吧！"观看了《韶护》的舞蹈，评说道："圣人已经很伟大了，仍然感到德行有不够完美的地方，做圣人也很不容易啊！"观看《大夏》的舞蹈，赞美说："真美啊！做了那么多好事而不自以为有恩惠，不是大禹谁能做到这一点？"观看《招箾》的舞蹈，赞美说："品德高尚达到了顶点，真伟大啊！像昊天那样无所不覆，像大地那样无所不载，德行达到了顶点，再也无法增高了。所有美妙的歌舞尽在这里了，其他的歌舞，用不着再看了。"

季札离开了鲁国，又出使到齐国。他规劝晏平仲说："您赶快把自己的封地和官职交出去，只有没有封地和官职的人，才能幸免于难。齐国的政权将另有所归，在没有适当归属前，灾难是不会平息的呀！"所以晏子通过陈桓子交出了官职和封地，因此得以避免了栾氏、高氏制造的灾难。

季札离开了齐国，又出使到郑国。看见子产，如同见到多年的老朋友一样。他对子产说："郑国的当权者腐败，灾难就要来到，政权必将落到您的身上。您当政以后，一定要谨慎地按照礼法行事，否则，郑国仍将败亡。"离开郑国，季札又来到卫国。劝慰蘧瑗、史狗、史䲡、公子荆、公叔发、公子朝说："卫国贤能的人很多，不会有祸患的。"

从卫国前往晋国，准备在宿地住宿，听到钟声，说："真怪啊！我听说，空有才辩而无道德的，必定遭受杀身之祸。先生得了国君仍然停留在此，恐惧都来不及，还能寻欢作乐吗？先生在此停留，犹如燕子在帷幕做巢。国君尚未安葬，可以作乐吗？"说完便离开了。孙文子听说了这些话，到死不再听奏乐。

季札来到晋国，对赵文子、韩宣子、魏献子说："晋国的大权将集中在你们三家了！"在临别时，他对叔向说："您努力吧！国君腐败而良臣又多，大夫都很富有，国家大权将落入三家手中，您非常正直，一定要考虑怎样使自己躲避灾难。"

当初季札刚开始出使时，北上途中拜见徐国国君。徐君非常喜爱季札的宝剑，嘴上却不好意思说出来。季札心里明白他的意思，因为还要出使中原诸国，没能将宝剑赠送给他。在他回国时又来到徐国，徐君已经去世，他便解下宝剑，挂在徐君墓旁的树上才离开。随从的人说："徐君已经死了，您还送给他干什么呢？"季子说："不能这样说，当初我心里已经决定送给他，怎能因为他死了而违背我的初衷呢？"

七年，楚国的公子围杀了他的君王夹敖取代了王位，这就是灵王。十年，楚灵王会合了诸侯来攻打吴国的朱方，诛杀了从齐国来的庆封。吴国也攻打楚国，夺取了三个城邑便离去了。十一年，楚国进军攻打吴国，到达雩娄。十二年，楚国再次来伐，军队驻扎在乾溪，楚国战败后逃走了。

在位十七年，吴王余祭去世，弟弟余眛继位。吴王余眛二年，楚国的公子弃疾杀了他的君王灵王取代了他的王位。

在位四年，吴王余眛去世，他的遗愿是将王位传给弟弟季札。季札避让受位，逃离而去。于是吴国人说："先王曾有遗嘱，哥哥去世由弟弟继位，一定要传位给季子。季子现在逃离不肯继位，就应由吴王余眛的后代继位。现在他去世了，他的儿子应该接位了。"于是便拥立吴王余眛的儿子僚作吴王。

吴王僚二年，公子光领兵攻打楚国，战败且丢失了吴王的龙船。公子光很害怕，他通过偷袭的办法，重新夺回了吴王的龙船才带兵回国。

五年，楚国在逃的大臣伍子胥前来投奔，公子光像对待客人一样接待了他。公子光本是吴王诸樊的儿子，平常就认为在自己父亲兄弟四人中，王位应该传给季子。季子不肯接受王位，自己的父亲应该首先继位。若果不能传位给季子，公子光应接受王位。他暗地招纳贤能之士，准备一旦有机会便袭击吴王僚。

八年，吴王僚派公子光出兵攻打楚国，打败了楚国的军队，从居巢把楚国从前的太子建的母亲接来带回国。并趁势向北进军，打败了陈国、蔡国的军队。九年，公子光攻打楚国，攻陷了居巢、钟离两地。在此之前，楚国边境卑梁家的少女与吴国边境的女子争采桑叶，两家怒而互相残杀，两国边境长官知道后，也大为恼怒进而互相攻打，楚国人扫荡了吴国的边境村庄。吴王对此十分恼怒，因此才出兵攻打楚国，攻占了两个城镇才善罢甘休。

伍子胥刚刚投奔吴国时，用攻打楚国的好处劝说吴王僚。公子光说："伍子胥的父亲和哥哥被楚国杀害了，他只是为了报自己的私仇，对吴国来说哪里有什么好处！"由此伍子胥知道公子光另有打算，便寻求到一位叫专诸的勇士，把他献给公子光。公子光正中下怀，于是便对伍子胥以礼相待。伍子胥隐居到乡间从事耕种，等待着专诸的行动。

十二年冬天，楚平王去世。十三年春天，吴国打算趁楚国治丧期间进兵攻打它，指派公子盖余、烛庸带兵包围了楚国的六邑和灊邑。派遣季札出使晋国，观察诸侯的态度和举动。楚国调兵断绝了吴军的退路，吴国军队无法撤退。看到这种情景，吴国的公子光说："这个时机可不能丧失啊！"他对专诸说："此时不去索求更待何时！我才是真该继承王位的人，应该接位了，我打算现在就得到它。季子就是来了，也不会废除我的！"专诸说："到了可以杀王僚的时候了。他母亲年老孩子幼弱，两个公子带兵在楚国打仗，楚国又断绝了他们的归路。如今吴王在外受到楚国的围困，在内没有刚正不阿的大臣，没有可以对付我们的。"

公子光说:"我的身子,就是你的身子!"四月丙子日,公子光在暗室里埋伏下武士,邀请吴王僚来饮酒。吴王僚把军士排列在大道两旁,从王宫到公子光的家,大门、台阶、屋门、座席两侧,都安排下吴王僚的亲兵,人人手执短剑。公子光假称脚有毛病,进入暗室,指使专诸把匕首藏在烤鱼腹中端给吴王僚吃,手执匕首直刺吴王僚,专诸自己的胸膛也被吴王亲兵的短剑刺中,结果仍然杀死了王僚。公子光终于取得了王位,这就是吴王阖庐。阖庐便任命专诸的儿子担任上卿。

季子回来后,说:"假如先君的祭祀不被废绝,百官不再废除他们的君主,社稷仍然受到供奉,这也就是我的国君了。我还敢怨恨谁呢?痛悼死去的,侍奉活着的,顺待天意的安排。不是我发起的动乱,谁当君主就服从谁,这是先人们遵循的道理呀!"他来到王僚的墓前,哭着向旧日的君主汇报了出使的经过,然后回到自己的官府等待新君主下达命令。此时,吴国公子烛庸、盖余二人正带兵受到楚国军队的包围,听到公子光杀了王僚自立为王,便带领他们统领的军队投降楚国,楚王把他们封在舒邑。

吴王阖庐元年,提拔伍子胥担任行人并参与谋划国家大事。楚国诛杀了伯州犁,他的孙子伯嚭逃亡投奔到吴国,吴王用他做大夫。

三年,吴王阖庐携同伍子胥、伯嚭带兵攻打楚国,攻陷了舒邑,把出逃在外的吴国两个公子杀死。阖庐谋划攻入郢都,将军孙武说:"百姓太劳累,尚不可进军,姑且等待一些日子。"四年,再进军攻打楚国,夺取了六邑和灊邑。五年,攻打越国,战胜了它。六年,楚国派子常囊瓦攻打吴国。吴军迎击楚军,在豫章大败楚军,夺得了楚国的居巢才收兵。

九年，吴王阖庐向伍子胥、孙武请问说："早先您说郢都尚不可打入，那么现在怎么样了呢？"两位回答说："楚国将领子常很贪婪，唐国、蔡国都很怨恨他。君王决意大举进攻的话，一定要得到唐国、蔡国的协助才可以发兵。"阖庐听从了他们的意见，出动全国军队，与唐国、蔡国一道向西进军攻打楚国，军队进到汉水之滨。楚国也调兵抵御吴国军队，双方在汉江两岸布下了阵形。吴王阖庐的弟弟夫概打算出战，阖庐不许可。夫概说："君王既然已经把军队交给了我，战争总是以有利于我为上策，还等待什么呢？"便率领他的部下五千军兵冒险袭击楚国军队，楚国的军队大败而逃。于是，吴王便挥兵追击败逃的楚军。待到追至郢都，交战五次，楚军失败五次。楚昭王逃出郢都，投奔郧城。郧公的弟弟要想杀死昭王，昭王与郧公一道又投奔随国。吴国军队就此进入郢都。伍子胥、伯嚭鞭打了楚平王的尸体，以报父仇。

十年春天，越国探听到吴王远在郢都，国内武装空虚，就出兵攻打吴国。吴国另外派遣一支军队迎击越军。楚国向秦国告急，秦国派遣军队营救楚国攻打吴国，吴国军队战败。阖庐的弟弟夫概看见秦国、越国接连打败吴军，吴王滞留楚国不走，便逃回吴国自立为吴王。阖庐听到这个消息，便带领军队回国，攻打夫概。夫概战败逃奔楚国。楚昭王趁此机会在九月重新回到郢都，而封夫概在堂溪，称为堂溪氏。十一年，吴王派太子夫差出兵攻打楚国，夺取了番邑。楚王害怕侵扰便离开郢都迁徙到鄀城。

十五年，孔子在鲁国担任国相。

十九年夏天，吴国攻打越国，越王句践在檇李迎击吴军。越国派遣敢死队出面挑战，他们排成三行来到吴军阵前，大声呼喊，并当着吴军的面自杀。就在吴国士兵全神贯注地观看时，越军趁机冲杀过去,在姑苏打败了吴军。作战中击伤了吴王的指头,吴军败退了七里地。吴王不久因伤病死。阖庐下令传位给太子夫差,对他说:"您能忘记句践杀父之仇吗?"回答说:"不敢忘!"三年后,他就向越国报仇。

吴王夫差元年,任命大夫伯嚭为太宰。训练军队作战射箭,时时刻刻不忘向越国报仇。二年,吴王调动全部精锐部队去攻打越国,在夫椒打败了越国的军队,报了姑苏之仇。越王句践把五千甲兵隐蔽在会稽,派大夫文种通过吴国的太宰嚭向吴王求和,请求允许全越国的男女作为吴国的奴隶。吴王准备答应越国的请求,伍子胥进谏说:"从前有过氏灭了斟灌去攻打斟寻,灭亡了夏后帝相。帝相的妃子后缗正在怀孕,逃在了有仍国,生下了少康。少康当上了有仍国的牧正。有过氏又要杀死少康,少康又逃奔到有虞国。有虞氏感念夏朝的恩德,便把两个女儿嫁给他并把纶邑封给他,使他拥有地方十里,人口五百。后来他便召集夏人的旧部,重整夏人的体制。派人引诱对方上当,从而灭亡了有过氏,恢复了大禹的功业,让夏人的祖先重新在祭祀中配享上帝,恢复了原有的统治。今天吴国不如有过氏强大,而句践却远远超过少康。现在不趁此消灭他,还要饶恕他,日后就很难制服他了。况且句践的为人很能忍耐,现在不消灭他,以后一定会懊悔的。"吴王不肯听从,只听太宰嚭的话,最后答应与越国媾和,签订了协定后撤兵离去。

七年,吴王夫差得知齐景公去世而大臣们争权夺利,新继位的国君年纪尚轻,便发兵北上攻打齐国。伍子胥进谏说:"越王句践粗茶淡饭,衣不穿绸缎,慰问死者家属,探看患病的人,这是想驱使他的百姓实现某个目标。这个人活着必然要成为吴国的患害。现在越国才是吴国的心腹之患,君王若不尽早除掉他,去忙于攻打齐国，不是很荒唐吗？"吴王根本听不进去，一心向北进军攻打齐国，在艾陵打败了齐国的军队。到达缯地后，传呼鲁哀公，向他索要一百套牛羊猪等祭品。季康子派子贡用周王室的礼法去劝说太宰嚭，才得以阻止。因而滞留在齐国、鲁国南部占领地。九年，替驺国去攻打鲁国，到达战地后，与鲁国互签盟约后才离去。十年，攻打了齐国后回国。十一年，再次向北攻打齐国。

越王句践带领他的部下来朝见吴王，献上了非常丰厚的礼物，吴王很高兴。只有伍子胥感到很害怕，说："这是要葬送吴国啊！"进谏说："越国处于吴国的生死之地，今天在齐国取得了很大的胜利，犹如得到的是石田，没有任何用处。况且《盘庚之诰》有劣种不可遗患的训导，商王朝正是遵守这一训导才得以兴盛的。"吴王不予采纳，派伍子胥出使齐国，伍子胥把他的儿子嘱托给齐国的鲍氏后，方回国向吴王复命。吴王听说这事后，勃然大怒，把属镂之剑赐给伍子胥要他自杀。临死时，伍子胥说："在我的墓上种上梓树，让它长成可以做棺木的大树。把我的眼睛挖出来挂在吴国都城的东门之上，用来亲眼看着越国把吴国灭亡。"

齐国的鲍氏杀死了齐悼公。吴王听说后，在军门外哭了三天，就从海上出兵攻打齐国。齐国人打败了吴军，吴王才带领军队回国。

十三年，吴王召唤鲁国、卫国的君主在橐皋会盟。

十四年春天，吴王北上在黄池与诸侯会盟，想要称霸诸侯保全周王室。六月丙子日，越王句践出兵攻打吴国。乙酉日，越军五千人与吴军交战。丙戌日，俘虏了吴国太子友。丁亥日，攻入吴国都城。吴国人向吴王夫差报告了战败的消息，夫差很怕被诸侯知道这一消息。有人走漏了风声，吴王大为恼怒，在军营中把有关连的七人斩首示众。七月辛丑日，吴王与晋定公争当盟主。

吴王说："在周室中我的辈份最高。"晋定公说："在姬姓诸侯中我是老大。"赵鞅气极，要动用军队攻打吴王，于是只好推举晋定公当盟主。吴王在会盟结束后，与晋定公告别，又准备攻打宋国。太宰嚭说："仅仅打败就可以了，不能长久居住此地。"于是吴王便带兵回国。吴国国中没有了太子，国内无人主事，吴王滞留国外长久不归，军兵都极为疲惫，不得已只好用丰厚的礼物同越国媾和。

十五年，齐国的田常杀死了简公。

十八年，越国更加强大。越王句践再次带兵在笠泽打败吴国的军队。楚国灭亡了陈国。

二十年，越王句践再次出兵攻打吴国。二十一年，越军包围了吴国的都城。二十三年十一月丁卯日，越国军队打败了吴国军队。越王句践要把吴王夫差迁到甬东，给他百户民家住在那里。吴王夫差说："我老了，不能再侍奉君王了。我真后悔没有采用伍子胥的话，使自己落到这步田地。"就自刭而死。越王灭亡了吴国，诛杀了太宰嚭，认为他作为臣下不忠于自己的君主，然后班师回国。

太史公说：孔子曾经说过"太伯可说是道德最为高尚的了。三次以君位相让，老百姓真不知道怎样称颂他才好"。我读《春秋》古文，才知道中原的虞国与荆蛮的吴国是亲兄弟。延陵季子的仁德之心，仰慕道义无止境，看到一点微细的迹象就能知道本质的清浊。唉，真是一个阅历丰富见多识广的君子啊！

史记卷三十二

齐太公世家第二

太公望吕尚者，东海上人。其先祖尝为四岳，佐禹平水土甚有功。虞夏之际封于吕，或封于申，姓姜氏。夏商之时，申、吕或封枝庶子孙，或为庶人，尚其后苗裔也。本姓姜氏，从其封姓，故曰吕尚。

吕尚盖尝穷困，年老矣，以渔钓奸周西伯。西伯将出猎，卜之，曰"所获非龙非彲，非虎非罴，所获霸王之辅"。于是周西伯猎，果遇太公于渭之阳，与语大说，曰："自吾先君太公曰'当有圣人适周，周以兴'。子真是邪？吾太公望子久矣。"故号之曰"太公望"，载与俱归，立为师。

或曰，太公博闻，尝事纣。纣无道，去之。游说诸侯，无所遇，而卒西归周西伯。或曰，吕尚处士，隐海滨。周西伯拘羑里，散宜生、闳夭素知而招吕尚。吕尚亦曰："吾闻西伯贤，又善养老，盍往焉？"三人者为西伯求美女奇物，献之于纣，以赎西伯。西伯得以出，反国。言吕尚所以事周虽异，然要之为文武师。

周西伯昌之脱羑里归，与吕尚阴谋修德以倾商政，其事多兵权与奇计，故后世之言兵及周之阴权皆宗太公为本谋。周西伯政平，及断虞芮之讼，而诗人称西伯受命曰文王。伐崇、密须、犬夷，大作丰邑。天下三分，其二归周者，太公之谋计居多。

文王崩，武王即位。九年，欲修文王业，东伐以观诸侯集否。师行，师尚父左杖黄钺，右把白旄以誓，曰："苍兕苍兕，总尔众庶，与尔舟楫，后至者斩！"遂至盟津。诸侯不期而会者八百诸侯。诸侯皆曰："纣可伐也。"武王曰："未可。"还师，与太公作此《太誓》。

居二年，纣杀王子比干，囚箕子。武王将伐纣，卜龟兆，不吉，风雨暴至。群公尽惧，唯太公强之劝武王，武王于是遂行。十一年正月甲子，誓于牧野，伐商纣。纣师败绩。纣反走，登鹿台，遂追斩纣。明日，武王立于社，群公奉明水，卫康叔封布采席，师尚父牵牲，史佚策祝，以告神讨纣之罪。散鹿台之钱，发巨桥之粟，以振贫民。封比干墓，释箕子囚。迁九鼎，修周政，与天下更始。师尚父谋居多。

于是武王已平商而王天下，封师尚父于齐营丘。东就国，道宿行迟。逆旅之人曰："吾闻时难得而易失。客寝甚安，殆非就国者也。"太公闻之，夜衣而行，犁明至国。莱侯来伐，与之争营丘。营丘边莱。莱人，夷也，会纣之乱而周初定，未能集远方，是以与太公争国。

太公至国，修政，因其俗，简其礼，通商工之业，便鱼盐之利，而人民多归齐，齐为大国。及周成王少时，管蔡作乱，淮夷畔周，乃使召康公命太公曰："东至海，西至河，南至穆陵，北至无棣。五侯九伯，实得征之。"齐由此得征伐，为大国。都营丘。

盖太公之卒百有余年，子丁公吕伋立。丁公卒，子乙公得立。乙公卒，子癸公慈母立。癸公卒，子哀公不辰立。

哀公时，纪侯谮之周，周烹哀公而立其弟静，是为胡公。胡公徙都薄姑，而当周夷王之时。

哀公之同母少弟山怨胡公，乃与其党率营丘人袭攻杀胡公而自立，是为献公。献公元年，尽逐胡公子，因徙薄姑都，治临菑。

九年，献公卒，子武公寿立。武公九年，周厉王出奔，居彘。十年，王室乱，大臣行政，号曰"共和"。二十四年，周宣王初立。

二十六年，武公卒，子厉公无忌立。厉公暴虐，故胡公子复入齐，齐人欲立之，乃与攻杀厉公。胡公子亦战死。齐人乃立厉公子赤为君，是为文公，而诛杀厉公者七十人。

文公十二年卒，子成公脱立。成公九年卒，子庄公购立。

庄公二十四年，犬戎杀幽王，周东徙雒。秦始列为诸侯。五十六年，晋弑其君昭侯。

六十四年，庄公卒，子釐公禄甫立。

釐公九年，鲁隐公初立。十九年，鲁桓公弑其兄隐公而自立为君。

二十五年，北戎伐齐。郑使太子忽来救齐，齐欲妻之。忽曰："郑小齐大，非我敌。"遂辞之。

三十二年，釐公同母弟夷仲年死。其子曰公孙无知，釐公爱之，令其秩服奉养比太子。

三十三年，釐公卒，太子诸儿立，是为襄公。

襄公元年，始为太子时，尝与无知斗，及立，绌无知秩服，无知怨。

四年，鲁桓公与夫人如齐，齐襄公故尝私通鲁夫人。鲁夫人者，襄公女弟也，自釐公时嫁为鲁桓公妇，及桓公来而襄公复通焉。鲁桓公知之，怒夫人，夫人以告齐襄公。齐襄公与鲁君饮，醉之，使力士彭生抱上鲁君车，因拉杀鲁桓公，桓公下车则死矣。鲁人以为让，而齐襄公杀彭生以谢鲁。

八年，伐纪，纪迁去其邑。

十二年，初，襄公使连称、管至父戍葵丘，瓜时而往，及瓜而代。往戍一岁，卒瓜时而公弗为发代。或为请代，公弗许。故此二人怨，因公孙无知谋作乱，连称有从妹在公宫，无宠，使之间襄公，曰："事成以女为无知夫人。"冬十二月，襄公游姑棼，遂猎沛丘，见彘，从者曰"彭生"。公怒，射之，彘人立而啼。公惧，坠车伤足，失屦。反而鞭主屦者茀三百。茀出宫。而无知、连称、管至父等闻公伤，乃遂率其众袭宫。逢主屦茀，茀曰："且无入惊宫，惊宫未易入也。"无知弗信，茀示之创，乃信之。待宫外，令茀先入。茀先入，即匿襄公户间。良久，无知等恐，遂入宫。茀反与宫中及公之幸臣攻无知等，不胜，皆死。无知入宫，求公不得。或见人足于户间，发视，乃襄公，遂弑之，而无知自立为齐君。

桓公元年春，齐君无知游于雍林。雍林人尝有怨无知，及其往游，雍林人袭杀无知，告齐大夫曰："无知弑襄公自立，臣谨行诛。唯大夫更立公子之当立者，唯命是听。"

初，襄公之醉杀鲁桓公，通其夫人，杀诛数不当，淫于妇人，数欺大臣，群弟恐祸及，故次弟纠奔鲁。其母鲁女也。管仲、召忽傅之。次弟小白奔莒，鲍叔傅之。小白母，卫女也，有宠于釐公。小白自少好善大夫高傒。及雍林人杀无知，议立君，高、国先阴召小白于莒。鲁闻无知死，亦发兵送公子纠，而使管仲别将兵遮莒道，射中小白带钩。小白详死，管仲使人驰报鲁。鲁送纠者行益迟，六日至齐，则小白已入，高傒立之，是为桓公。

桓公之中钩，详死以误管仲，已而载温车中驰行，亦有高、国内应，故得先入立，发兵距鲁。秋，与鲁战于乾时，鲁兵败走，齐兵掩绝鲁归道。齐遗鲁书曰："子纠兄弟，弗忍诛，请鲁自杀之。召忽、管仲仇也，请得而甘心醢之。不然，将围鲁。"鲁人患之，遂杀子纠于笙渎。召忽自杀，管仲请囚。桓公之立，发兵攻鲁，心欲杀管仲。鲍叔牙曰："臣幸得从君，君竟以立。君之尊，臣无以增君。君将治齐，即高傒与叔牙足也。君且欲霸王，非管夷吾不可。夷吾所居国国重，不可失也。"于是桓公从之。乃详为召管仲欲甘心，实欲用之。管仲知之，故请往。鲍叔牙迎受管仲，及堂阜而脱桎梏，斋祓而见桓公。桓公厚礼以为大夫，任政。

桓公既得管仲，与鲍叔、隰朋、高傒修齐国政，连五家之兵，设轻重鱼盐之利，以赡贫穷，禄贤能，齐人皆说。

二年，伐灭郯，郯子奔莒。初，桓公亡时，过郯，郯无礼，故伐之。

五年，伐鲁，鲁将师败。鲁庄公请献遂邑以平，桓公许，与鲁会柯而盟。鲁将盟，曹沫以匕首劫桓公于坛上，曰："反鲁之侵地！"桓公许之。已而曹沫去匕首，北面就臣位。桓公后悔，欲无与鲁地而杀曹沫。管仲曰："夫劫许之而倍信杀之，愈一小快耳，而弃信于诸侯，失天下之援，不可。"于是遂与曹沫三败所亡地于鲁。诸侯闻之，皆信齐而欲附焉。七年，诸侯会桓公于甄，而桓公于是始霸焉。

十四年，陈厉公子完，号敬仲，来奔齐。齐桓公欲以为卿，让；于是以为工正。田成子常之祖也。

二十三年，山戎伐燕，燕告急于齐。齐桓公救燕，遂伐山戎，至于孤竹而还。燕庄公遂送桓公入齐境。桓公曰："非天子，诸侯相送不出境，吾不可以无礼于燕。"于是分沟割燕君所至与燕，命燕君复修召公之政，纳贡于周，如成康之时。诸侯闻之，皆从齐。

二十七年，鲁湣公母曰哀姜，桓公女弟也。哀姜淫于鲁公子庆父，庆父弑湣公，哀姜欲立庆父，鲁人更立釐公。桓公召哀姜，杀之。

二十八年，卫文公有狄乱，告急于齐。齐率诸侯城楚丘而立卫君。

二十九年，桓公与夫人蔡姬戏船中。蔡姬习水，荡公，公惧，止之，不止，出船，怒，归蔡姬，弗绝。蔡亦怒，嫁其女。桓公闻而怒，兴师往伐。

三十年春，齐桓公率诸侯伐蔡，蔡溃。遂伐楚。楚成王兴师问曰："何故涉吾地？"管仲对曰："昔召康公命我先君太公曰：'五侯九伯，若实征之，以夹辅周室。'赐我先君履，东至海，西至河，南至穆陵，北至无棣。楚贡包茅不入，王祭不具，是以来责。昭王南征不复，是以来问。"楚王曰："贡之不入，有之，寡人罪也，敢不共乎！昭王之出不复，君其问之水滨。"齐师进次于陉。夏，楚王使屈完将兵扞齐，齐师退次召陵。桓公矜屈完以其众。屈完曰："君以道则可；若不，则楚方城以为城，江、汉以为沟，君安能进乎？"乃与屈完盟而去。过陈，陈袁涛涂诈齐，令出东方，觉。秋，齐伐陈。是岁，晋杀太子申生。

三十五年夏，会诸侯于葵丘。周襄王使宰孔赐桓公文武胙、彤弓矢、大路，命无拜。桓公欲许之，管仲曰："不可。"乃下拜受赐。秋，复会诸侯于葵丘，益有骄色。周使宰孔会。诸侯颇有叛者。晋侯病，后，遇宰孔。宰孔曰："齐侯骄矣弟无行。"从之。是岁，晋献公卒，里克杀奚齐、卓子，秦穆公以夫人入公子夷吾为晋君。桓公于是讨晋乱，至高梁，使隰朋立晋君，还。

是时周室微，唯齐、楚、秦、晋为强。晋初与会，献公死，国内乱。秦穆公辟远，不与中国会盟。楚成王初收荆蛮有之，夷狄自置。唯独齐为中国会盟，而桓公能宣其德，故诸侯宾会。于是桓公称曰："寡人南伐至召陵，望熊山；北伐山戎、离枝、孤竹；西伐大夏，涉流沙；束马悬车登太行，至卑耳山而还。诸侯莫违寡人。寡人兵车之会三，乘车之会六，九合诸侯，一匡天下。昔三代受命，有何以异于此乎？吾欲封泰山，禅梁父。"管仲固谏，不听；乃说桓公以远方珍怪物至乃得封，桓公乃止。

三十八年，周襄王弟带与戎、翟合谋伐周，齐使管仲平戎于周。周欲以上卿礼管仲，管仲顿首曰："臣陪臣，安敢！"三让，乃受下卿礼以见。三十九年，周襄王弟带来奔齐。齐使仲孙请王，为带谢。襄王怒，弗听。

四十一年，秦穆公虏晋惠公，复归之。是岁，管仲、隰朋皆卒。管仲病，桓公问曰："群臣谁可相者？"管仲曰："知臣莫如君。"公曰："易牙如何？"对曰："杀子以适君，非人情，不可。"公曰："开方如何？"对曰："倍亲以适君，非人情，难近。"公曰："竖刁如何？"对曰："自宫以适君，非人情，难亲。"管仲死，而桓公不用管仲言，卒近用三子，三子专权。

四十二年，戎伐周，周告急于齐，齐令诸侯各发卒戍周。是岁，晋公子重耳来，桓公妻之。

四十三年。初，齐桓公之夫人三：曰王姬、徐姬、蔡姬，皆无子。桓公好内，多内宠，如夫人者六人，长卫姬，生无诡；少卫姬，生惠公元；郑姬，生孝公昭；葛嬴，生昭公潘；密姬，生懿公商人；宋华子，生公子雍。桓公与管仲属孝公于宋襄公，以为太子。雍巫有宠于卫共姬，因宦者竖刁以厚献于桓公，亦有宠，桓公许之立无诡。管仲卒，五公子皆求立。冬十月乙亥，齐桓公卒。易牙入，与竖刁因内宠杀群吏，而立公子无诡为君。太子昭奔宋。

桓公病，五公子各树党争立。及桓公卒，遂相攻，以故宫中空，莫敢棺。桓公尸在床上六十七日，尸虫出于户。十二月乙亥，无诡立，乃棺赴，辛巳夜，敛殡。

桓公十有余子，要其后立者五人：无诡立三月死，无谥；次孝公；次昭公；次懿公；次惠公。孝公元年三月，宋襄公率诸侯兵送齐太子昭而伐齐。齐人恐，杀其君无诡。齐人将立太子昭，四公子之徒攻太子，太子走宋，宋遂与齐人四公子战。五月，宋败齐四公子师而立太子昭，是为齐孝公。宋以桓公与管仲属之太子，故来征之。以乱故，八月乃葬齐桓公。

六年春，齐伐宋，以其不同盟于齐也。夏，宋襄公卒。七年，晋文公立。

十年，孝公卒，孝公弟潘因卫公子开方杀孝公子而立潘，是为昭公。昭公，桓公子也，其母曰葛嬴。

昭公元年，晋文公败楚于城濮，而会诸侯践土，朝周，天子使晋称伯。六年，翟侵齐。晋文公卒。秦兵败于殽。十二年，秦穆公卒。

十九年五月，昭公卒，子舍立为齐君。舍之母无宠于昭公，国人莫畏。昭公之弟商人以桓公死争立而不得，阴交贤士，附爱百姓，百姓说。及昭公卒，子舍立，孤弱，即与众十月即墓上弑齐君舍，而商人自立，是为懿公。懿公，桓公子也，其母曰密姬。

懿公四年春，初，懿公为公子时，与丙戎之父猎，争获不胜，及即位，断丙戎父足，因使丙戎仆。庸职之妻好，公内之宫，使庸职骖乘。五月，懿公游于申池，二人浴，戏。职曰："断足子！"戎曰："夺妻者！"二人俱病此言，乃怨。谋与公游竹中，二人弑懿公车上，弃竹中而亡去。

懿公之立，骄，民不附。齐人废其子而迎公子元于卫，立之，是为惠公。惠公，桓公子也。其母卫女，曰少卫姬，避齐乱，故在卫。

惠公二年，长翟来，王子城父攻杀之，埋之于北门。晋赵穿弑其君灵公。

十年，惠公卒，子顷公无野立。初，崔杼有宠于惠公，惠公卒，高、国畏其逼也，逐之，崔杼奔卫。

顷公元年，楚庄王强，伐陈；二年，围郑，郑伯降，已复国郑伯。

六年春，晋使郤克于齐，齐使夫人帷中而观之。郤克上，夫人笑之。郤克曰："不是报，不复涉河！"归，请伐齐，晋侯弗许。齐使至晋，郤克执齐使者四人河内，杀之。八年，晋伐齐，齐以公子强质晋，晋兵去。十年春，齐伐鲁、卫。鲁、卫大夫如晋请师，皆因郤克。晋使郤克以车八百乘为中军将，士燮将上军，栾书将下军，以救鲁、卫，伐齐。六月壬申，与齐侯兵合靡笄下。癸酉，陈于鞍，逢丑父为齐顷公右。顷公曰："驰之，破晋军会食。"射伤郤克，流血至履。克欲还入壁，其御曰："我始入，再伤，不敢言疾，恐惧士卒，愿子忍之。"遂复战。战，齐急，丑父恐齐侯得，乃易处，顷公为右，车絓于木而止。晋小将韩厥伏齐侯车前，曰"寡君使臣救鲁、卫"，戏之。丑父使顷公下取饮，因得亡，脱去，入其军。晋郤克欲杀丑父。丑父曰："代君死而见僇，后人臣无忠其君者矣。"克舍之，丑父遂得亡归齐。于是晋军追齐至马陵。齐侯请以宝器谢，不听；必得笑克者萧桐叔子，令齐东亩。对曰："叔子，齐君母。齐君母亦犹晋君母，子安置之？且子以义伐而以暴为后，其可乎？"于是乃许，令反鲁、卫之侵地。

十一年，晋初置六卿，赏鞍之功。齐顷公朝晋，欲尊王晋景公，晋景公不敢受，乃归。归而顷公弛苑囿，薄赋敛，振孤问疾，虚积聚以救民，民亦大说。厚礼诸侯。竟顷公卒，百姓附，诸侯不犯。

十七年，顷公卒，子灵公环立。

灵公九年，晋栾书弑其君厉公。十年，晋悼公伐齐，齐令公子光质晋。十九年，立子光为太子，高厚傅之，令会诸侯盟于钟离。二十七年，晋使中行献子伐齐。齐师败，灵公走入临淄。晏婴止灵公，灵公弗从。曰："君亦无勇矣！"晋兵遂围临淄，临淄城守不敢出，晋焚郭中而去。

二十八年，初，灵公取鲁女，生子光，以为太子。仲姬，戎姬。戎姬嬖，仲姬生子牙，属之戎姬。戎姬请以为太子，公许之。仲姬曰："不可。光之立，列于诸侯矣，今无故废之，君必悔之。"公曰："在我耳。"遂东太子光，使高厚傅牙为太子。灵公疾，崔杼迎故太子光而立之，是为庄公。庄公杀戎姬。五月壬辰，灵公卒，庄公即位，执太子牙于句窦之丘，杀之。八月，崔杼杀高厚。晋闻齐乱，伐齐，至高唐。

庄公三年，晋大夫栾盈奔齐，庄公厚客待之。晏婴、田文子谏，公弗听。四年，齐庄公使栾盈间入晋曲沃为内应，以兵随之，上太行，入孟门。栾盈败，齐兵还，取朝歌。

六年，初，棠公妻好，棠公死，崔杼取之。庄公通之，数如崔氏，以崔杼之冠赐人。侍者曰："不可。"崔杼怒，因其伐晋，欲与晋合谋袭齐而不得间。庄公尝笞宦者贾举，贾举复侍，为崔杼间公以报怨。五月，莒子朝齐，齐以甲戌飨之。崔杼称病不视事。乙亥，公问崔杼病，遂从崔杼妻。崔杼妻入室，与崔杼自闭户不出，公拥柱而歌。宦者贾举遮公从官而入，闭门，崔杼之徒持兵从中起。公登台而请解，不许；请盟，不许；请自杀于庙，不许。皆曰："君之臣杼疾病，不能听命。近于公宫。陪臣争趣有淫者，不知二命。"公踰墙，射中公股，公反坠，遂弑之。晏婴立崔杼门外，曰："君为社稷死则死之，为社稷亡则亡之。若为己死己亡，非其私暱，谁敢任之！"门开而入，枕公尸而哭，三踊而出。人谓崔杼："必杀之。"崔杼曰："民之望也，舍之得民。"

丁丑，崔杼立庄公异母弟杵臼，是为景公。景公母，鲁叔孙宣伯女也。景公立，以崔杼为右相，庆封为左相。二相恐乱起，乃与国人盟曰："不与崔庆者死！"晏子仰天曰："婴所不获唯忠于君利社稷者是从！"不肯盟。庆封欲杀晏子，崔杼曰："忠臣也，舍之。"齐太史书曰"崔杼弑庄公"，崔杼杀之。其弟复书，崔杼复杀之。少弟复书，崔杼乃舍之。

景公元年，初，崔杼生子成及强，其母死，取东郭女，生明。东郭女使其前夫子无咎与其弟偃相崔氏。成有罪，二相急治之，立明为太子。成请老于崔，崔杼许之，二相弗听，曰："崔，宗邑，不可。"成、强怒，告庆封。庆封与崔杼有郤，欲其败也。成、强杀无咎、偃于崔杼家，家皆奔亡。崔杼怒，无人，使一宦者御，见庆封。庆封曰："请为子诛之。"使崔杼仇卢蒲嫳攻崔氏，杀成、强，尽灭崔氏，崔杼妇自杀。崔杼毋归，亦自杀。庆封为相国，专权。

三年十月，庆封出猎。初，庆封已杀崔杼，益骄，嗜酒好猎，不听政令。庆舍用政，已有内郤。田文子谓桓子曰："乱将作。"田、鲍、高、栾氏相与谋庆氏。庆舍发甲围庆封宫，四家徒共击破之。庆封还，不得入，奔鲁。齐人让鲁，封奔吴。吴与之朱方，聚其族而居之，富于在齐。其秋，齐人徙葬庄公，僇崔杅尸于市以说众。

九年，景公使晏婴之晋，与叔向私语曰："齐政卒归田氏。田氏虽无大德，以公权私，有德于民，民爱之。"十二年，景公如晋，见平公。欲与伐燕。十八年，公复如晋，见昭公。二十六年，猎鲁郊，因入鲁，与晏婴俱问鲁礼。三十一年，鲁昭公辟季氏难，奔齐。齐欲以千社封之，子家止昭公，昭公乃请齐伐鲁，取郓以居昭公。

三十二年，彗星见。景公坐柏寝，叹曰："堂堂！谁有此乎？"群臣皆泣，晏子笑，公怒。晏子曰："臣笑群臣谀甚。"景公曰："彗星出东北，当齐分野，寡人以为忧。"晏子曰："君高台深池，赋敛如弗得，刑罚恐弗胜，茀星将出，彗星何惧乎？"公曰："可禳否？"晏子曰："使神可祝而来，亦可禳而去也。百姓苦怨以万数，而君令一人禳之，安能胜众口乎？"是时景公好治宫室，聚狗马，奢侈，厚赋重刑，故晏子以此谏之。

四十二年，吴王阖闾伐楚，入郢。

四十七年，鲁阳虎攻其君，不胜，奔齐，请齐伐鲁。鲍子谏景公，乃囚阳虎。阳虎得亡，奔晋。

四十八年，与鲁定公好会夹谷。犁鉏曰："孔丘知礼而怯，请令莱人为乐。因执鲁君，可得志。"景公害孔丘相鲁，惧其霸，故从犁鉏之计。方会，进莱乐，孔子历阶上，使有司执莱人斩之，以礼让景公。景公惭，乃归鲁侵地以谢，而罢去。是岁，晏婴卒。

五十五年，范、中行反其君于晋，晋攻之急，来请粟。田乞欲为乱，树党于逆臣，说景公曰："范、中行数有德于齐，不可不救。"乃使乞救而输之粟。

五十八年夏，景公夫人燕姬適子死。景公宠妾芮姬生子荼，荼少，其母贱，无行，诸大夫恐其为嗣，乃言愿择诸子长贤者为太子。景公老，恶言嗣事，又爱荼母，欲立之，惮发之口，乃谓诸大夫曰："为乐耳，国何患无君乎？"秋，景公病，命国惠子、高昭子立少子荼为太子，逐群公子，迁之莱。景公卒，太子荼立，是为晏孺子。冬，未葬，而群公子畏诛，皆出亡。荼诸异母兄公子寿、驹、黔奔卫，公子驵、阳生奔鲁。莱人歌之曰："景公死乎弗与埋，三军事乎弗与谋，师乎师乎，胡党之乎？"

晏孺子元年春，田乞伪事高、国者，每朝，乞骖乘，言曰："子得君，大夫皆自危，欲谋作乱。"又谓诸大夫曰："高昭子可畏，及未发，先之。"大夫从之。六月，田乞、鲍牧乃与大夫以兵入公宫，攻高昭子。昭子闻之，与国惠子救公。公师败，田乞之徒追之，国惠子奔莒，遂反杀高昭子。晏圉奔鲁。八月，齐秉意兹。田乞败二相，乃使人之鲁召公子阳生。阳生至齐，私匿田乞家。十月戊子，田乞请诸大夫曰："常之母有鱼菽之祭，幸来会饮。"会饮，田乞盛阳生橐中，置坐中央，发橐出阳生，曰："此乃齐君矣！"大夫皆伏谒。将与大夫盟而立之，鲍牧醉，乞诬大夫曰："吾与鲍牧谋共立阳生。"鲍牧怒曰："子忘景公之命乎？"诸大夫相视欲悔，阳生前，顿首曰："可则立之，否则已。"鲍牧恐祸起，乃复曰："皆景公子也，何为不可！"乃与盟，立阳生，是为悼公。悼公入宫，使人迁晏孺子于骀，杀之幕下，而逐孺子母芮子。芮子故贱而孺子少，故无权，国人轻之。

悼公元年，齐伐鲁，取讙、阐。初，阳生亡在鲁，季康子以其妹妻之。及归即位，使迎之。季姬与季鲂侯通，言其情，鲁弗敢与，故齐伐鲁，竟迎季姬。季姬嬖，齐复归鲁侵地。

鲍子与悼公有郤，不善。四年，吴、鲁伐齐南方。鲍子弑悼公,赴于吴。吴王夫差哭于军门外三日,将从海入讨齐。齐人败之,吴师乃去。晋赵鞅伐齐,至赖而去。齐人共立悼公子壬,是为简公。

简公四年春,初,简公与父阳生俱在鲁也,监止有宠焉。及即位,使为政。田成子惮之,骤顾于朝。御鞅言简公曰:"田、监不可并也,君其择焉。"弗听。子我夕,田逆杀人,逢之,遂捕以入。田氏方睦,使因病而遗守囚者酒,醉而杀守者,得亡。子我盟诸田于陈宗。初,田豹欲为子我臣;使公孙言豹,豹有丧而止。后卒以为臣,幸于子我。子我谓曰:"吾尽逐田氏而立女,可乎?"对曰:"我远田氏矣。且其违者不过数人,何尽逐焉!"遂告田氏。子行曰:"彼得君,弗先,必祸子。"子行舍于公宫。

夏五月壬申,成子兄弟四乘如公。子我在幄,出迎之,遂入,闭门。宦者御之,子行杀宦者。公与妇人饮酒于檀台,成子迁诸寝。公执戈将击之,太史子余曰:"非不利也,将除害也。"成子出舍于库,闻公犹怒,将出,曰:"何所无君!"子行拔剑曰:"需,事之贼也。谁非田宗?所不杀子者有如田宗。"乃止。子我归,属徒攻闱与大门,皆弗胜,乃出。田氏追之。丰丘人执子我以告,杀之郭关。成子将杀大陆子方,田逆请而免之。以公命取车于道,出雍门。田豹与之车,弗受,曰:"逆为余请,豹与余车,余有私焉。事子我而有私于其仇,何以见鲁、卫之士?"

庚辰,田常执简公于徐州。公曰:"余蚤从御鞅言,不及此。"甲午,田常弑简公于徐州。田常乃立简公弟骜,是为平公。平公即位,田常相之,专齐之政,割齐安平以东为田氏封邑。

平公八年,越灭吴。二十五年卒,子宣公积立。

宣公五十一年卒，子康公贷立。田会反廪丘。

康公二年，韩、魏、赵始列为诸侯。十九年，田常曾孙田和始为诸侯，迁康公海滨。

二十六年，康公卒，吕氏遂绝其祀。田氏卒有齐国，为齐威王，强于天下。

太史公曰：吾适齐，自泰山属之琅邪，北被于海，膏壤二千里，其民阔达多匿知，其天性也。以太公之圣，建国本，桓公之盛，修善政，以为诸侯会盟，称伯，不亦宜乎？洋洋哉，固大国之风也！

译文：

太公望吕尚，是东海边上的人。他的先祖曾经做过四方部落的首领，辅佐夏禹治理水土很有功劳。虞舜、夏禹时期后裔被封在吕，有的被封在申，姓姜。夏、商两代，申、吕或者被封给旁支子孙，或者沦为平民，吕尚是他们的后代。本来姓姜，用他的封邑作姓氏，所以叫吕尚。

吕尚曾经很贫穷困苦，年老了，利用钓鱼的机会进见周西伯。西伯准备出去打猎，占了一卦，卦辞说："得到的不是龙不是螭，不是虎不是熊，得到的是成就霸王之业的辅佐人才。"于是周西伯去打猎，果然在渭水北岸遇到太公，和他交谈，大为高兴，说："听我的祖父说'一定有圣人到周国来，周国将因之而兴盛'。您正是这个人吧？我祖父盼望您很久啦。"所以称他为"太公望"，周西伯和他坐车一同回去，立他为师辅之臣。

有人说，太公博学多闻，曾经服侍过商纣王。纣王暴虐无道，太公就离他而去。周游列国劝说诸侯，没有遇到赏识他的人，最终才西去归附周西伯。有人说，吕尚原是平民百姓，隐居在海滨。周西伯被纣王拘禁在羑里，散宜生和闳夭一向了解吕尚而请他出山。吕尚也说："我听说西伯贤明，又能很好地赡养老人，何不到他那儿去呢？"他们三人替西伯物色美女和宝物，献给纣王，用来赎回西伯，西伯因此被释放，回到周国。传说吕尚臣事周国的经过虽然人各异词，但都说他做了周文王、武王的师辅之臣。

周西伯姬昌从羑里脱身回来，跟吕尚默默谋划施行德政去推翻商朝的政权，这些谋划大都是用兵的权谋和奇妙的计策，所以后世研究用兵之道以及周王朝使用的权术都推崇太公是主要策划者。周西伯为政公正持平，所以裁决了虞芮两国的争端之后，诗人称道西伯承受上天之命称为文王。他征讨崇国、密须、犬夷，大规模建设丰邑。当时天下之所以有三分之二归附王周，大多是出于太公的谋划。

文王去世，武王继位。九年，武王想完成文王的大业，进行东征，试探诸侯是不是前来会合。军队出发时，师尚父左手拿着黄金为饰的大斧，右手握着白牦牛尾为饰的军旗誓师，说："苍兕哪苍兕，统领你们的部队，和你们的船只，迟到的就要斩首！"于是到了盟津。诸侯事先没有约定而来会合的就有八百。诸侯都说："纣王可以征伐了。"武王说："还不到时机。"带领军队回来，与太公一道写了这篇《泰誓》。

过了两年，纣王杀死王子比干，囚禁箕子。武王将要征伐纣王，用龟甲占卜，卜兆不吉利，暴风雨降临。大臣们都很恐惧，只有太公坚决劝说武王出兵，于是武王率兵出征。十一年正月甲子日，在牧野誓师，讨伐商纣。纣王的军队大败。纣王往回逃，登上鹿台，于是武王追来杀了纣王。第二天，武王站在土地神坛前,大臣们捧着净水,卫康叔姬封铺设彩席,师尚父牵着致祭的牲畜,史佚诵读告天文,报告天神声讨纣王的罪行。又散发鹿台的金钱,打开巨桥的粮仓,用来救济贫穷百姓。封高比干的坟墓,释放被囚禁的箕子。迁移九只宝鼎至周,修明周王朝的政治,与天下人民一起除旧布新。这些举措,师尚父的谋略居多。

这时武王已经平定商纣,称王天下,封师尚父于齐地营丘。师尚父向东赴自己的封国,在路上住宿,动身很迟。旅舍的主人说:"我听说时机难以得到而容易丧失。客人睡得很安稳,大概不是去封国就位的人吧。"太公听到这话,连夜就穿上衣服赶路,天亮到了自己的封国。莱侯来攻,与太公争夺营丘。营丘靠近莱国边界,莱人是夷族,遇到纣王的乱政而周王朝刚刚建立,还没有来得及安抚远方各国,因此和太公争夺国土。

太公到了封国,修明政治,适应当地的风俗习惯,简化礼仪,沟通商工之业,发展鱼盐生产,因而人民多来归附于齐,齐国发展成大国。后来周成王幼年登位,管叔蔡叔作乱,淮夷反叛周朝,于是朝廷派召康公授命太公道:"东边到海滨,西边到黄河,南边到穆陵,北面到无棣。五等诸侯,九州长官,你都有权征讨他们。"齐国从此得到征伐大权,成为大国,建都营丘。

太公死时大约一百多岁,儿子丁公吕伋继位。丁公去世,儿子乙公得继位。乙公去世,儿子癸公慈母继位。癸公去世,儿子哀公不辰继位。

哀公在位的时候,纪侯在周王面前诋毁他,周王烹死了哀公,立哀公的弟弟静为侯,这就是胡公。后来胡公迁都薄姑,正当周夷王的时候。

哀公的同母小弟弟姜山怨恨胡公,就和他的私党率领营丘人袭杀胡公而自己登位,这就是献公。献公元年,尽行驱逐胡公的儿子们，便从薄姑迁都，定都临淄。

九年，献公去世，儿子武公寿继位。武公九年，周厉王出逃，住在彘地。十年，周室发生动乱，大臣行使政权，号称"共和"。二十四年，周宣王继位。

二十六年，武公去世，儿子厉公无忌继位。厉公残酷暴虐，已去世的胡公的儿子又进入齐都，齐国人想拥立他，于是和他一起杀死厉公。胡公的儿子也战死了。齐国人就拥立厉公的儿子赤为国君，这就是文公，他处死了攻杀厉公的七十个人。

文公在位十二年去世，儿子成公脱继位。成公在位九年去世，儿子庄公购继位。

庄公二十四年，犬戎杀死周幽王，周王室向东迁都到洛邑。秦国开始列为诸侯。五十六年，晋国人杀害了他们的国君昭侯。

六十四年，庄公去世，儿子僖公禄甫继位。

僖公九年，鲁隐公初即位。十九年，鲁桓公杀害了他的哥哥隐公自立为国君。

二十五年，北戎攻打齐国。郑侯派遣太子忽来救援齐国，齐侯想把女儿嫁给他。太子忽说："郑国小齐国大，不是我能匹配上的。"就辞谢了。

三十二年，僖公的同母弟弟夷仲年去世。夷仲年的儿子叫公孙无知，僖公喜欢他，让他享用的俸禄、器物服饰、饮食跟太子同一规格。

三十三年，僖公去世，太子诸儿继位，这就是襄公。

襄公元年，他当初做太子时，曾经和无知斗殴，这时即位，降低了无知的待遇规格，无知由此产生怨恨。

四年，鲁桓公和夫人来到齐国。齐襄公过去曾经与鲁夫人通奸。鲁夫人是襄公的妹妹，在僖公时出嫁做了鲁桓公夫人，这时鲁桓公来齐国，襄公又与鲁夫人通奸。鲁桓公知道了这件事，就怒责夫人，夫人把这事告诉了齐襄公。齐襄公跟鲁桓公喝酒，灌醉了桓公，派大力士彭生抱着鲁桓公上车，趁机折断了鲁桓公的肋骨，桓公下车就死了。鲁国人以此责备齐国，于是齐襄公杀了彭生向鲁国谢罪。

八年，征讨纪国，纪国从它的都城迁移而去。

十二年，当初，齐襄公派遣连称、管至父驻守葵丘，约好瓜熟的时候去，到第二年瓜熟的时候派人代替。他们前去驻守了一年，到第二年收瓜完毕，襄公却不派遣代替者。有人替他们请求派人接替，襄公不允许。因此这两个人怒火中烧，就利用公孙无知阴谋发动叛乱。连称有个堂妹在襄公宫中做姬妾，不受宠爱，让她暗中窥探襄公的行动，说道："事情成功了，把你嫁给无知做国君夫人。"冬季十二月，襄公游览姑棼，于是在沛丘射猎。他看见一只野猪，随从的人说是"彭生"。襄公恼怒，用箭射它，那只野猪像人一样站起来嚎叫。襄公十分恐惧，从车上摔下，跌伤了脚，丢失了鞋子。回来后他打了侍候穿鞋的人茀三百鞭，茀走出公宫。而无知、连称、管至父等听到襄公受了伤，于是率领他们的党徒袭击公宫。遇到侍候穿鞋的茀，茀说："先不要进去惊动了宫里人，惊动了宫里人就不容易进去了。"无知不相信，茀给他看被打的创伤，才相信了。他们等候在宫外，让茀先进去。茀先进去，就把襄公隐藏在门后面。隔了很久，无知等人恐慌起来，就进入宫中。茀回身与宫中卫士和襄公的宠幸内臣攻打无知等，没能取胜，都被杀死。无知进入宫中，找不到襄公。有人发现门下面露出人脚，拉开门一看，果然是襄公，就把他杀害了，无知便自立为齐君。

桓公元年春天，齐君无知到雍林游览。雍林人曾经对无知有所怨恨，这时他来游览，雍林人乘机袭杀了无知，并且告诉齐国的大夫们说："无知杀害襄公自立，我等把他处死了。希望大夫们另行拥立公子中应当继位的人，我们一定听从他的命令。"

当初，齐襄公灌醉杀死了鲁桓公，与鲁桓公的夫人通奸，多次误杀罪不当死的人，奸淫妇女，屡次欺辱大臣，他的几个弟弟唯恐祸及本身，因此次弟纠逃到鲁国，他的母亲是鲁君的女儿，管仲、召忽辅佐他。次弟小白逃到莒国，鲍叔辅佐他。小白的母亲是卫君的女儿，受到齐釐公的宠爱。小白从小跟大夫高傒要好。在雍林人杀死公孙无知之后，商议拥立新君，高、国两家先秘密到莒国召请小白。鲁国听到无知死了，也派兵送公子纠回国，而派遣管仲另外率领士兵在莒国通往齐国的大路上拦截，射中了小白腰上的带钩。小白趁机装死，管仲派人飞快报告鲁国小白已死。鲁国护送公子纠的行动更加缓慢，走了六天才到达齐国，这时公子小白已经进入齐都，高傒拥立了他，这就是桓公。

桓公被射中带钩，装死欺骗管仲，随即乘丧车飞快前进，又有高氏、国氏做内应，所以能够先进入齐都登位，发兵抵御鲁军。秋天，与鲁军在乾时交战，鲁军败走，齐军切断了鲁军的归路。齐侯写信给鲁侯说："子纠是我的兄弟，我不忍心杀他，请鲁国自己杀掉他。召忽和管仲是我的仇人，我要抓到他们剁成肉酱才解我心头之恨。不然，就要围攻鲁国。"鲁国为此而忧虑，就杀公子纠于笙渎。召忽自杀，管仲请求囚禁。桓公登位，派军队攻打鲁国，定要杀死管仲，鲍叔牙说："我有幸能够随从您，您终于登上君主之位。您已尊贵，我无法再提高您的地位。您若只是治理齐国，那么高傒和我就足够了。您如果想称霸天下，非得管夷吾不可。夷吾在哪个国家哪个国家就地位重要，不可失去他啊。"于是桓公听从了他的意见。便声称逮回管仲杀掉他才甘心,实际是要任用他。管仲知道这事,所以请求前去。鲍叔牙迎接管仲,到达堂阜就为他卸下镣铐,让他沐浴更衣后去见桓公。桓公厚礼相待并叫他做大夫,委任他处理政事。

桓公既得到了管仲,与鲍叔牙、隰朋、高傒一起整顿齐国的政治。实行以五家为基层单位的军制,确立铸造货币、捕鱼煮盐等税收制度,收入用来救济贫穷,起用、优待贤能之士,齐国人都很高兴。

二年,征讨灭亡了郯国,郯君逃到莒国。当初,桓公逃亡的时候,经过郯国,郯君对他无礼,所以讨伐它。

五年,征讨鲁国,鲁国的主力部队吃了败仗。鲁庄公请求献出遂邑求和,桓公答应了,与鲁侯在柯地会盟。鲁侯将要向上天宣誓,曹沫手持匕首劫桓公于坛上说:"归还侵占的鲁国土地!"齐桓公答应了。然后曹沫放下匕首,面朝北站在臣子的位置上。桓公后悔,想不归还鲁国的土地并杀死曹沫。管仲说:"被迫答应了他又失信杀掉他,满足一时小小的快意,而在诸侯面前背弃信用,会失去天下的支持,不能这么干。"于是就把曹沫三次吃败仗所丢掉的土地还给了鲁国。诸侯听到这件事,都信服齐国而想归附它。七年,桓公在甄地会见诸侯,桓公这时开始称霸。

十四年,陈厉公的儿子陈完,号敬仲,来投奔齐国。齐桓公要任他为卿,他推辞了;于是用他做工正。他就是田成子——田常——的祖先。

二十三年,山戎征讨燕国,燕国向齐国告急。齐桓公为了救燕国,就征讨山戎,一直打到孤竹才回师。燕庄公送桓公一直到齐国境内。桓公说:"除非天子,诸侯之间相送不出国境,我不能对燕国没有礼节。"于是挖沟为界把燕君所到的地方割让给燕国,要求燕君再行召公的德政,向周王室交纳贡品,如同周成王、康王的时候一样。诸侯听到这事，都服从齐国。

二十七年，鲁湣公的母亲叫哀姜，是齐桓公的妹妹。哀姜与鲁公子庆父淫乱；庆父杀害了湣公，哀姜想让庆父登位，鲁国人却另拥立僖公。桓公召回哀姜，把她杀了。

二十八年，卫文公遭到狄人侵扰，向齐国告急。齐国率领诸侯在楚丘筑城，在此拥立卫君。

二十九年，桓公与夫人蔡姬在船中戏耍，蔡姬熟悉水性，摇晃游船，桓公很害怕，制止她，她仍不停地摇晃，桓公下了船，很恼火，把蔡姬送回娘家，但不断绝婚姻关系。蔡侯一气之下，改嫁了蔡姬。桓公听了大怒，发兵去征讨蔡国。

三十年春天，齐桓公率领诸侯征讨蔡国，蔡国被击溃。于是征讨楚国。楚成王出兵问道："为什么到我的国土上来？"管仲回答说："从前召康公授命我先君太公说：'五侯九伯，你有权征讨他们，来辅佐周王室。'赐给我先君势力范围，东到海滨，西到黄河，南到穆陵，北到无棣。楚国的贡品包茅没有交纳，使天子的祭祀不完备，因此特来责问。还有从前周昭王南征没有回去，因此特来查究。"楚王说："没有进贡包茅，有这件事，这是我的罪过，哪敢不供应！周昭王出来巡狩没有回去，您应当到汉江边上去查问。"齐军进驻陉地。夏天，楚王派遣屈完领兵抵抗齐军，齐军退驻召陵。桓公向屈完夸耀齐军的众多，屈完说："您以道义服人才行；假若不是这样，那么楚国以方城作为城防，以长江、汉江作为壕沟，您怎么能够前进呢？"桓公就与屈完订立盟约而离去。经过陈国，陈国大夫袁涛涂欺骗齐军，使齐军绕道向东，被察觉了。秋天，齐国征讨陈国。这年，晋国杀了太子申生。

三十五年夏天，在葵丘会盟诸侯。周襄王派宰孔将祭过文王武王的祭肉、朱红色的弓箭、大车赏赐给桓公，还命令不必行跪拜大礼。桓公想照办，管仲说："不可。"齐桓公就下堂跪拜接受天子的赏赐。秋天，又在葵丘会合诸侯，桓公更加有骄傲的神色。周王室派宰孔参加了盟会。这时诸侯中已经有人叛离。晋侯因病晚到，路遇宰孔，宰孔说："齐侯骄傲了，可不要去了。"晋侯听从了他的话。这年，晋献公去世，里克杀死了奚齐、卓子，秦穆公因为夫人的关系把公子夷吾送回晋国做了国君。于是，桓公讨伐晋国发生的变乱，到达高梁，派隰朋立了晋君夷吾，才回国。

这时周王室衰弱，只有齐国、楚国、秦国、晋国是强大的。晋国刚参加盟会，献公死后，国内混乱。秦穆公处在偏僻边远地区，不参加中原各国的会盟。楚成王刚刚收服占有荆蛮地区，自以为夷狄置身会盟之外。只有齐国主持中原各国的会盟，而桓公能够宣扬周王室的威德，所以诸侯服从。当时齐桓公声称说："我向南征讨到了召陵，瞭望熊山；向北征讨山戎、离枝、孤竹；向西征讨大夏，经过流沙；裹了马脚，钩挂牢车子，登上太行山，到达卑耳山才回来。诸侯没人敢违抗我。我先后召集军事盟会三次，和平盟会六次，九次会合诸侯，一次安定周王室。从前夏、商、周三朝承受天命，和我有什么不同呢？我想到泰山祭天，到梁父山祭地。"管仲坚决劝阻，不听；就劝说桓公要等得到远方的奇珍异宝才能去泰山祭天地，桓公才作罢。

三十八年，周襄王的弟弟姬带与戎人、狄人合谋攻打周王，齐国派遣管仲去调解周王室和戎人的争端。周王要用接待上卿的礼仪接待管仲，管仲叩头说："我只是诸侯的臣子，怎么敢呢！"多次谦让，才接受了下卿的礼仪去朝见。三十九年，周襄王的弟弟姬带来投奔齐国。齐侯派仲孙去请求周王，替姬带请罪。襄王发怒，没有允许。

四十一年，秦穆公俘虏了晋惠公，又放回了他。这年，管仲、隰朋都去世。管仲病时，桓公问道："众臣中谁可以辅佐我？"管仲说："了解臣下的没有人比得上君主。"桓公说："易牙怎么样？"回答说："他杀了自己的儿子来迎合君主，不近人情，不可任用。"桓公说："开方怎么样？"回答说："他丢弃自己的父母来迎合君主，不近人情，难以亲近。"桓公说："竖刁怎么样？"回答说："他自行阉割来迎合君主，不近人情，难以亲信。"管仲死后，桓公不采纳管仲的意见，终于亲近、任用三人，于是三人便专擅齐国大权。

四十二年，戎人攻打周王室，周王向齐国告急。齐国命令诸侯各自派兵驻守在周王室的京畿。这年，晋国公子重耳流亡来齐，齐桓公把本族之女嫁给他。

四十三年，当初，齐桓公的夫人有三位：即王姬、徐姬、蔡姬，都没有儿子。桓公好女色，有许多宠爱的姬妾，位同夫人的有六个：长卫姬，生了无诡；少卫姬，生了惠公元；郑姬，生了孝公昭；葛嬴，生了昭公潘；密姬，生了懿公商人；宋华子，生了公子雍。桓公和管仲把孝公托付给宋襄公，立为太子。雍巫受到卫共姬的宠幸，又通过宦官竖刁献厚礼给桓公，又受到桓公的宠幸，桓公就答应他们立无诡为太子。管仲去世，五位公子都要求继位。冬季十月乙亥日，齐桓公去世。易牙进入宫中，与竖刁一起借助宫中有权势的近臣杀死了许多大夫，拥立公子无诡为国君。太子昭逃奔宋国。

齐桓公生病时，五位公子各自拉帮结党争夺君位。等到桓公去世，就相互攻打，因此宫中无人，没有人敢装殓。桓公的尸体在床上放了六十七天，尸体上的蛆虫爬出了门外。十二月乙亥日，无诡继位，才运棺入宫，发出报丧的讣告。辛巳日夜间，才马加鞭前进,打败晋军会餐。"齐军射伤郤克,血淌到鞋上。郤克想回身退入营垒,驾车的人说:"我刚进入阵地,两次受伤,也不敢说自己受了伤,恐怕惊吓了士兵。希望您忍耐些。"于是又投入战斗。战斗继续进行,齐军危急,逢丑父担心齐侯被晋军俘虏,两人交换了位置,顷公站在右边,战车被树木绊住而停下。晋国小将韩厥伏在齐侯车子的前面,说:"敝国国君派遣我援救鲁国、卫国。"以戏弄齐侯。逢丑父让顷公下车取水喝,顷公才得以逃走,脱身离去,回到齐军中。晋国郤克要杀掉逢丑父,逢丑父说:"我代替国君去死却被杀,以后做臣子的就没有忠于国君的人了。"郤克放了他,于是逢丑父得以逃回齐国。当时晋军追赶齐军到了马陵。齐侯请求献上宝器来谢罪,晋军不答应,一定要得到讪笑郤克的萧桐叔子,要求齐国把田垄和干道都改成东西向。齐人回答说:"叔子是齐国国君的母亲。齐君的母亲犹如晋君的母亲,您怎么样处置她?况且您是打着正义的旗号前来征伐,最后却施以暴行,难道可以这样做吗?"于是就答应了,让齐国退还鲁国、卫国被侵占的土地。

十一年,晋国开始设置六卿,奖赏鞍地战役有功人员。齐顷公访问晋国,要用王者之礼晋见晋景公,晋景公不敢接受,就回来了。回国后,顷公就开放园林,减轻赋税,救济孤寡,慰问伤病者,把所有的积蓄都拿出来救济百姓,百姓也就大为高兴。他又厚礼对待诸侯。直到顷公去世,百姓亲附,诸侯不敢侵犯。

十七年,顷公去世,儿子灵公环继位。

灵公九年,晋国栾书杀害了他的国君厉公。十年,晋悼公征讨齐国,齐侯派公子光到晋国做人质。十九年,立公子光做太子,高厚辅佐他,让他到钟离跟诸侯会盟。二十七年,晋国派中行献子征讨齐国。齐军被打败,灵公逃进临淄。晏婴阻止灵公逃跑，灵公不听。晏婴说："您也太没有勇气了！"于是晋军围攻临淄，临淄军民据城防守不敢出战，晋军烧毁外城后离去。

二十八年，当初，灵公娶了鲁国的女子，生了公子光，把他立为太子。又有仲姬、戎姬。戎姬得宠，仲姬生了公子牙，把他托付给戎姬。戎姬请求把公子牙做太子，灵公答应了。仲姬说："不行。公子光立为太子，已厕身诸侯之列了，现在无缘无故废黜他，您一定会后悔的。"灵公说："有我来决定。"就把太子光迁到齐国东部，让高厚辅佐公子牙做太子。灵公病重，崔杼接回原太子光，拥立他为君，这就是庄公。庄公杀了戎姬。五月壬辰日，灵公去世，庄公继位，在句窦丘上抓获太子牙，把他杀了。八月，崔杼杀高厚。晋国听到齐国发生内乱，征讨齐国，到达高唐。

庄公三年，晋国大夫栾盈逃到齐国，庄公用隆重的客礼接待他。晏婴和田文子劝阻，庄公不听。四年，齐庄公让栾盈秘密地进入晋邑曲沃做内应，派军队尾随其后，上太行山，进入孟门关。栾盈败露，齐军回师，夺取了晋邑朝歌。

六年，当初，棠公的妻子漂亮，棠公死去，崔杼娶了她。庄公跟她通奸，多次到崔家，拿崔杼的帽子送给别人。侍者说："不能这么干。"崔杼发怒，趁着庄公攻打晋国之机，想与晋国合谋袭击齐国而没有机会。庄公曾经鞭打过宦官贾举，贾举仍然侍候他，替崔杼暗中窥伺庄公的行动找机会来报复怨恨。五月，莒君朝见齐侯，齐侯在甲戌日设宴款待他。崔杼声言有病不理政事。乙亥日，庄公来探望崔杼的病情，乘机追求崔杼的妻子。崔杼的妻子进入内室，和崔杼竟自闭门不出，庄公倚着屋柱唱起歌来。宦官贾举拦住庄公随从官员自己进来，关上大门，崔杼的党徒拿着武器从里面冲出来。庄公登上高台请求和解，他们不允许；请求盟誓订约，他们不允许；请求在祖庙里自杀，他们不允许。都说："您的臣子崔杼病重，不能亲自来听候你的命令。这里靠近公宫（可能有人诈称主上以行淫）。我们这些陪臣只知奋勇捉拿淫乱者，不听从其他命令。"庄公爬上墙头，他们射中庄公的大腿，庄公翻身掉下来，就杀害了他。晏婴站在崔杼的大门外，说道："君主为国家而死，臣子应当随他死，为国家逃亡，臣子也应跟随他逃亡。假若君主为私事而死或为私事而逃亡，除非是他的亲信，谁肯承担这种责任呢！"大门开了，他走进去，头枕在庄公的尸体上痛哭，连连顿足以示悲痛，后走了出来。有人对崔杼说："一定要杀掉他。"崔杼说："他是众望所归的人，放了他可以赢得民心。"

丁丑日，崔杼拥立庄公的异母弟弟杵臼，这就是景公。景公的母亲是鲁国叔孙宣伯的女儿。景公登位，用崔杼为右相，庆封为左相。两位相国恐怕引起内乱，就跟京都人士盟誓，说："不和崔杼、庆封合作的处死！"晏子抬头向天说："我之所以对此持否定态度，就在于只有忠于君主、利于国家的人我才肯服从！"他不肯盟誓。庆封要杀死晏子，崔杼说："是忠臣啊，放了他吧。"齐国太史写道："崔杼杀害了庄公。"崔杼杀了他。他的弟弟也如此写，崔杼又杀了他。他的小弟弟又如此写，崔杼才放过他。

景公元年，当初，崔杼生了儿子崔成和崔强，他们的母亲死后，崔杼娶了东郭家的女儿，生了崔明。东郭女让她前夫的儿子棠无咎和她的弟弟东郭偃作崔杼的相。崔成犯了罪，无咎与东郭偃二相严加惩治，立崔明做太子。崔成请求终老于崔邑，崔杼答应了他，二位家相不听从，说："崔邑，是宗庙所在之地，不行。"崔成、崔强大为恼怒,告诉庆封。庆封与崔杼有矛盾,正希望崔家毁败。崔成、崔强在崔杼家杀死棠无咎和东郭偃,家中人都逃跑了。崔杼发怒,没人在身边,就派一个宦官驾车,自己去见庆封。庆封说:"请允许我替你杀掉他们。"派崔杼的仇人卢蒲嫳攻打崔家,杀死了崔成、崔强,杀尽了崔家满门,崔杼的妻子自杀。崔杼无家可归,也自杀了。庆封做了相国,专揽大权。

三年十月,庆封出外打猎。当初,庆封已经杀了崔杼,更加骄傲,爱喝酒好打猎,不处理政事,由他儿子庆舍当政,不久父子间发生矛盾。田文子告诉田桓子说:"乱子将要发生。"田氏、鲍氏、高氏、栾氏共同商讨对付庆氏。庆舍派甲兵环卫庆封官邸,四家部众合力攻破庆封家。庆封回来,进不了家,逃奔鲁国。齐国人谴责鲁国,庆封又逃奔吴国。吴国把朱方之地给了庆封,他聚集他的族人居住在那里,比在齐国的时候还富裕。那年秋天,齐国人迁葬庄公,把崔杼戮尸街头,以博取百姓的欢心。

九年,景公派晏婴前往晋国,晏婴与叔向私下说:"齐国政权最后将归田氏。田氏虽然没有盛德可言,但是假公权行私惠,对百姓有恩,百姓喜欢他。"十二年,景公前往晋国,会见平公,想跟晋国一起征讨燕国。十八年,景公再次往晋国,会见昭公。二十六年,景公到鲁国都城的郊外打猎,就便进入鲁都,和晏婴一起询问鲁国的礼制。三十一年,鲁昭公躲避季氏的迫害,逃到齐国。齐侯想把二万五千民户封给他,子家劝止昭公,昭公就请齐国征讨鲁国,夺取了郓邑给昭公居住。

三十二年,彗星出现。景公坐在柏寝台上,叹着气说:"多么富丽堂皇!会被谁占有它呢?"大臣们都流泪,晏婴却发笑,景公发怒。晏婴说:"我笑大臣们太阿谀奉承了。"景公说:

"彗星在东北出现，正当齐国的分野，我为此而忧虑。"晏婴说："您修筑高台深池，赋税唯恐不能到手，刑罚唯恐不重，这样下去，妖星将要出现，彗星有什么可怕的呢？"景公说："可以祈祷消除灾害吗？"晏婴说："如果神灵可以祈祷而来，当然也可以祈祷而去。可是百姓愁苦怨恨的数以万计，而您让一个人去祈祷消灾，怎么能胜过众人的诅咒呢？"这时景公喜欢修建宫室，聚集狗马，生活奢侈，多收赋税，重施刑罚，所以晏婴拿这些话来劝谏他。

四十二年，吴王阖闾攻打楚国，进入郢都。

四十七年，鲁国阳虎攻打他的国君，没有获胜，逃到齐国，请求齐国攻打鲁国。鲍子劝谏景公，于是囚禁了阳虎。阳虎得机会逃出，投奔晋国。

四十八年，跟鲁定公在夹谷举行和平友好的会晤。齐臣犁鉏说："孔丘懂得礼仪，但是胆子小，让莱人奏乐，趁机逮住鲁君，可以达到我们的目的。"景公深忌孔丘辅佐鲁国，害怕它称霸，所以听从了犁鉏的计谋。正在会晤时，进献莱夷音乐，孔子就一脚一个台阶奔上坛台，派有关官吏捉住莱人杀了，并根据礼仪责备景公。景公感到惭愧，就归还侵占的鲁国土地表示道歉，就离开了。这年，晏婴去世。

五十五年，范氏、中行氏在晋国反叛他们的国君，晋国急攻他们，他们派人到齐国请求借贷粮食。田乞想作乱，结交叛臣以树立私党，他就劝说景公道："范氏、中行氏几次对齐国有恩德，不可以不援救。"于是派田乞去援救并运送粮食给他们。

五十八年夏，景公夫人燕姬生的嫡子死了。景公的爱妾芮姬生了儿子荼，荼年幼，他的母亲出身卑贱，又品行不好，大夫们恐怕他当继承人，就上言希望选择众子中年长而又贤能的做太子。景公年老，讨厌谈论继承人的事，又喜欢荼的母亲，想立荼，但难于启齿，就对大夫们说："作乐吧，国家还怕没有君主吗？"秋天，景公生病，命令国惠子、高昭子立小儿荼做太子，赶走众公子，把他们迁到莱邑。景公去世，太子荼继位，这就是晏孺子。冬天，景公还没有安葬，众公子怕被杀，都外出逃亡。荼的异母哥哥公子寿、公子驹、公子黔逃奔卫国，公子鉏、公子阳生逃奔鲁国。莱邑人歌唱道："景公死了不得参与埋葬，三军大事不得参与商量，公子们的追随者啊，到哪里去安身呢？"

晏孺子元年春，田乞假装服从高氏、国氏，每次朝会，田乞请求为高氏或国氏陪乘，说道："您得到国君的宠信，群臣人人自危，要谋反作乱。"又对群臣说："高昭子是一个可怕的家伙，趁他还没有发难，我们先下手为强吧。"群臣听从了他。六月，田乞、鲍牧就和群臣带着士兵进入公宫，攻打高昭子。高昭子听到这事，和国惠子去救晏孺子。晏孺子的军队被打败了，田乞的党徒追赶他们，国惠子逃往莒国，他们就返回来杀死了高昭子。晏圉逃奔鲁国。八月间，秉意兹也投奔鲁国。田乞搞掉了两个国相，就派人到鲁国召回公子阳生。阳生到了齐国，秘密藏在田乞家里。十月戊子日，田乞邀请群臣说："我家常儿的母亲要举行祭礼，备下简单菜肴，欢迎各位来共同喝一杯。"开宴时，田乞把公子阳生装在一个袋子里，摆在座位的中央，把袋子打开，露出了公子阳生，说道："这就是齐国的君主！"群臣都伏地参拜。田乞准备跟大夫们订盟拥立他，鲍牧喝醉了，田乞向群臣撒谎说："我和鲍牧商量共同拥立阳生。"鲍牧发怒说："您忘记了景公的命令吗？"众大夫面面相觑要反悔，阳生上前，叩头说："可以的话就立我，不可以就算了。"鲍牧担心招来祸患，就又说："都是景公的儿子，有什么不可以的！"就跟他订了盟，拥立阳生，这就是悼公。悼公进入宫中，派人把晏孺子迁到骀邑，杀死在帐幕下，并且赶走了晏孺子的母亲芮子。芮子原来出身卑贱而晏孺子年幼，所以没有权力，国中的人都轻视他们。

悼公元年，齐国征讨鲁国，夺取了讙邑、阐邑。当初，阳生流亡在鲁国，季康子把自己的妹妹嫁了给他。回国登位后，派人去迎接她。季姬与季魴侯通奸，道出了其中隐情，鲁国不敢把她送回齐国，所以齐侯攻打鲁国，竟接回了季姬。季姬受到宠幸，齐国又归还所侵占鲁国的地方。

鲍子跟悼公有嫌隙，关系不好。四年，吴国、鲁国征讨齐国的南方。鲍子杀害了悼公，向吴国报丧。吴王夫差在军门外哭祭了三天，率兵从海上讨伐齐国。齐国人打败了吴军，吴军就撤回去了。晋国赵鞅征讨齐国，到达赖邑便回师而去。齐国人共同拥立悼公的儿子壬，这就是简公。

简公四年春天，当初，简公和父亲阳生一起在鲁国，监止受到宠信。简公登位之后，让他管理国政。田成子害怕他，屡屡上朝打探情况。御者田鞅对简公说："田、监不可同时任用，您应该做出抉择。"简公没有听从。子我（监止）晚上上朝，田逆杀了人，正好碰到，就逮住田逆进宫。当时田氏家族正和睦团结，他们让囚犯田逆假装有病，又给看守送去酒食，灌醉并杀死看守，田逆便逃走了。子我邀集田氏族人到田氏宗庙订盟。当初，田豹想做子我的家臣，派公孙去推荐自己，因为田豹有亲丧而中止。后来终于用他做了家臣，受到子我的宠信。子我对他说："我把田氏全赶走而立你作田氏宗长，可以吗？"田豹回答说：

"我是田氏的远支,况且他们中间违抗你的不过几个人,何必全部赶走呢!"田豹将此事告诉了田氏。子行(田逆)说:"他得到君主的宠信,我们不先下手,一定会害您。"于是子行住进了公宫(准备作田氏的内应)。

夏五月壬申日,田成子(田常)兄弟共乘四车到简公处,子我在帐幕中,出外迎接,于是他们一拥而入,关上大门。宦官抵抗他们,子行杀死了宦官。简公跟女人正在檀台上饮酒,田成子逼他移到后殿去。简公拿起戈要刺他,太史子余说:"不是对您不利,是要替您除害啊。"田成子出宫住在武器库,听到简公仍怒气未息,准备逃走,说:"哪里没有国君!"子行抽出剑来说:"迟疑,是坏事的祸根。我们这些人谁不是田氏的宗人?我如果不杀死您,就不是田氏族人!"田成子决定不走。子我回去,集合他的党徒攻打王宫的侧门和正门,都没能取胜,就退出来。田氏追赶他们。丰丘人捉住了子我来报告,把他杀死在郭关。田成子将要杀大陆子方,田逆请求赦免他。子方用简公的命令在路上要了一辆车,出了雍门。田豹给他一辆车,他不接受,说:"田逆替我求情,田豹又给我车子,那就是我跟你有勾结,我服侍子我,竟跟他的仇人有私交,那还有什么脸面去见鲁国、卫国的人士?"

庚辰日,田常在徐州捉住简公,简公说:"我若早听从御者田鞅的话,不致有今天。"甲午日,田常在徐州把简公杀害了。田常就拥立简公的弟弟骜,这就是平公。平公登位,田常辅佐他,专揽齐国的政权,划齐国安平以东的地方作为田氏的封邑。

平公八年,越国灭了吴国。二十五年平公去世,儿子宣公积继位。

宣公五十一年去世,儿子康公贷继位。田会在廪丘反叛。

康公二年，韩、魏、赵开始列为诸侯。十九年，田常的曾孙田和开始列为诸侯，把康公迁到海滨。

二十六年，康公去世，吕氏就断绝了祭祀。田氏终于统治了齐国，至齐威王，齐国称雄于天下。

太史公说：我到齐国，从泰山山麓直到琅邪山，北面到了海滨，肥沃的土地有二千里，这里的百姓胸怀豁达、深沉而多智，这是他们的天性。靠太公的圣明，奠定了国家的基础，桓公时达到极盛，推行善政，主持诸侯会盟，号称霸主，不也是理所当然吗？广阔远大啊，的确有大国的风度！

史记卷三十三

鲁周公世家第三

周公旦者，周武王弟也。自文王在时，旦为子孝，笃仁，异于群子。及武王即位，旦常辅翼武王，用事居多。武王九年，东伐至盟津，周公辅行。十一年，伐纣，至牧野，周公佐武王，作《牧誓》。破殷，入商宫。已杀纣，周公把大钺，召公把小钺，以夹武王，衅社，告纣之罪于天及殷民。释箕子之囚。封纣子武庚禄父，使管叔、蔡叔傅之，以续殷祀。遍封功臣同姓戚者。封周公旦于少昊之虚曲阜，是为鲁公。周公不就封，留佐武王。

武王克殷二年，天下未集，武王有疾，不豫，群臣惧，太公、召公乃缪卜。周公曰："未可以戚我先王。"周公于是乃自以为质，设三坛，周公北面立，戴璧秉圭，告于太王、王季、文王。史策祝曰："惟尔元孙王发，勤劳阻疾。若尔三王是有负子之责于天，以旦代王发之身。旦巧能，多材多艺，能事鬼神。乃王发不如旦多材多艺，不能事鬼神。乃命于帝庭，敷佑四方，用能定汝子孙于下地，四方之民罔不敬畏。无坠天之降葆命，我先王亦永有所依归。今我其即命于元龟，尔之许我，我以其璧与圭归，以俟尔命。尔不许我，我乃屏璧与圭。"周公已令史策告太王、王季、文王，欲代武王发，于是乃即三王而卜。卜人皆曰吉，发书视之，信吉。周公喜，开籥，乃见书遇吉。周公入贺武王曰："王其无害。旦新受命三王，维长终是图。兹道能念予一人。"周公藏其策金縢匮中，诫守者勿敢言。明日，武王有瘳。

其后武王既崩，成王少，在强葆之中。周公恐天下闻武王崩而畔，周公乃践阼代成王摄行政当国。管叔及其群弟流言于国曰："周公将不利于成王。"周公乃告太公望、召公奭曰："我之所以弗辟而摄行政者，恐天下畔周，无以告我先王太王、王季、文王。三王之忧劳天下久矣，于今而后成。武王蚤终，成王少，将以成周，我所以为之若此。"于是卒相成王，而使其子伯禽代就封于鲁。周公戒伯禽曰："我文王之子，武王之弟，成王之叔父，我于天下亦不贱矣。然我一沐三捉发，一饭三吐哺，起以待士，犹恐失天下之贤人。子之鲁，慎无以国骄人。"

管、蔡、武庚等果率淮夷而反。周公乃奉成王命，兴师东伐，作《大诰》。遂诛管叔，杀武庚，放蔡叔。收殷余民，以封康叔于卫，封微子于宋，以奉殷祀。宁淮夷东土，二年而毕定。诸侯咸服宗周。

天降祉福，唐叔得禾，异母同颖，献之成王，成王命唐叔以馈周公于东土，作《馈禾》。周公既受命禾，嘉天子命，作《嘉禾》。东土以集，周公归报成王，乃为诗贻王，命之曰《鸱鸮》。王亦未敢训周公。

成王七年二月乙未，王朝步自周，至丰，使太保召公先之雒相土。其三月，周公往营成周雒邑，卜居焉，曰吉，遂国之。

成王长，能听政。于是周公乃还政于成王，成王临朝。周公之代成王治，南面倍依以朝诸侯。及七年后，还政成王，北面就臣位，匔匔如畏然。

初，成王少时，病，周公乃自揃其蚤沉之河，以祝于神曰：

"王少未有识，奸神命者乃旦也。"亦藏其策于府。成王病有瘳。及成王用事，人或谮周公，周公奔楚。成王发府，见周公祷书，乃泣，反周公。

周公归，恐成王壮，治有所淫佚，乃作《多士》，作《毋逸》。《毋逸》称："为人父母，为业至长久，子孙骄奢忘之，以亡其家，为人子可不慎乎！故昔在殷王中宗，严恭敬畏天命，自度治民，震惧不敢荒宁，故中宗飨国七十五年。其在高宗，久劳于外，为与小人。作其即位，乃有亮闇，三年不言，言乃欢，不敢荒宁，密靖殷国，至于小大无怨，故高宗飨国五十五年。其在祖甲，不义惟王，久为小人于外，知小人之依，能保施小民，不侮鳏寡，故祖甲飨国三十三年。"《多士》称曰："自汤至于帝乙，无不率祀明德，帝无不配天者。在今后嗣王纣，诞淫厥佚，不顾天及民之从也。其民皆可诛。""文王日中昃不暇食，飨国五十年。"作此以诫成王。

成王在丰，天下已安，周之官政未次序，于是周公作《周官》，官别其宜。作《立政》，以便百姓。百姓说。

周公在丰，病，将没，曰："必葬我成周，以明吾不敢离成王。"周公既卒，成王亦让，葬周公于毕，从文王，以明予小子不敢臣周公也。

周公卒后，秋未获，暴风雷，禾尽偃，大木尽拔。周国大恐。成王与大夫朝服以开金縢书，王乃得周公所自以为功代武王之说。二公及王乃问史百执事，史百执事曰："信有，昔周公命我勿敢言。"成王执书以泣，曰："自今后其无缪卜乎！昔周公勤劳王家，惟予幼人弗及知。今天动威以彰周公之德，惟朕小子其迎，我国家礼亦宜之。"王出郊，天乃雨，反风，禾尽起。二公命国人，凡大木所偃，尽起而筑之。岁则大孰。于是成王乃命鲁得郊祭文王。鲁有天子礼乐者，以褒周公之德也。

周公卒，子伯禽固已前受封，是为鲁公。鲁公伯禽之初受封之鲁，三年而后报政周公。周公曰："何迟也？"伯禽曰："变其俗，革其礼，丧三年然后除之，故迟。"太公亦封于齐，五月而报政周公。周公曰："何疾也？"曰："吾简其君臣礼，从其俗为也。"及后闻伯禽报政迟，乃叹曰："呜呼，鲁后世其北面事齐矣！夫政不简不易，民不有近；平易近民，民必归之。"

伯禽即位之后，有管、蔡等反也，淮夷、徐戎亦并兴反。于是伯禽率师伐之于肸，作《肸誓》，曰："陈尔甲胄，无敢不善。无敢伤牿。马牛其风，臣妾逋逃，勿敢越逐，敬复之。无敢寇攘，逾墙垣。鲁人三郊三隧，峙尔刍茭、糗粮、桢干，无敢不逮。我甲戌筑而征徐戎，无敢不及，有大刑。"作此《肸誓》，遂平徐戎，定鲁。

鲁公伯禽卒，子考公酋立。考公四年卒，立弟熙，是谓炀公。炀公筑茅阙门。六年卒，子幽公宰立。幽公十四年，幽公弟溃杀幽公而自立，是为魏公。魏公五十年卒，子厉公擢立。厉公三十七年卒，鲁人立其弟具，是为献公。献公三十二年卒，子真公濞立。

真公十四年，周厉王无道，出奔彘，共和行政。二十九年，周宣王即位。三十年，真公卒，弟敖立，是为武公。

武公九年春，武公与长子括，少子戏，西朝周宣王。宣王爱戏，欲立戏为鲁太子。周之樊仲山父谏宣王曰："废长立少，不顺；不顺，必犯王命；犯王命，必诛之：故出令不可不顺也。令之不行，政之不立；行而不顺，民将弃上。夫下事上，少事长，所以为顺。今天子建诸侯，立其少，是教民逆也。若鲁从之，诸侯效之，王命将有所壅；若弗从而诛之，是自诛王命也。诛之亦失,不诛亦失,王其图之。"宣王弗听,卒立戏为鲁太子。夏,武公归而卒,戏立,是为懿公。

懿公九年,懿公兄括之子伯御与鲁人攻弑懿公,而立伯御为君。伯御即位十一年,周宣王伐鲁,杀其君伯御,而问鲁公子能道顺诸侯者,以为鲁后。樊穆仲曰:"鲁懿公弟称,肃恭明神,敬事耆老;赋事行刑,必问于遗训而咨于固实;不干所问,不犯所咨。"宣王曰:"然,能训治其民矣。"乃立称于夷宫,是为孝公。自是后,诸侯多畔王命。

孝公二十五年,诸侯畔周,犬戎杀幽王。秦始列为诸侯。二十七年,孝公卒,子弗湟立,是为惠公。

惠公三十年,晋人弑其君昭侯。四十五年,晋人又弑其君孝侯。四十六年,惠公卒,长庶子息摄当国,行君事,是为隐公。初,惠公適夫人无子,公贱妾声子生子息。息长,为娶于宋。宋女至而好,惠公夺而自妻之。生子允。登宋女为夫人,以允为太子。及惠公卒,为允少故,鲁人共令息摄政,不言即位。

隐公五年,观渔于棠。八年,与郑易天子之太山之邑祊及许田,君子讥之。

十一年冬,公子挥谄谓隐公曰:"百姓便君,君其遂立。吾请为君杀子允,君以我为相。"隐公曰:"有先君命。吾为允少,故摄代。今允长矣,吾方营菟裘之地而老焉,以授子允政。"挥惧子允闻而反诛之,乃反谮隐公于子允曰:"隐公欲遂立,去子,子其图之。请为子杀隐公。"子允许诺。十一月,隐公祭钟巫,齐于社圃,馆于蔿氏。挥使人弑隐公于蔿氏,而立子允为君,是为桓公。

桓公元年,郑以璧易天子之许田。二年,以宋之赂鼎入于太庙,君子讥之。

三年，使挥迎妇于齐为夫人。六年，夫人生子，与桓公同日，故名曰同。同长，为太子。十六年，会于曹，伐郑，入厉公。

十八年春，公将有行，遂与夫人如齐。申繻谏止，公不听，遂如齐。齐襄公通桓公夫人。公怒夫人，夫人以告齐侯。夏四月丙子，齐襄公飨公，公醉，使公子彭生抱鲁桓公，因命彭生摺其胁，公死于车。鲁人告于齐曰："寡君畏君之威，不敢宁居，来修好礼。礼成而不反，无所归咎，请得彭生以除丑于诸侯。"齐人杀彭生以说鲁。立太子同，是为庄公。庄公母夫人因留齐，不敢归鲁。

庄公五年冬，伐卫，内卫惠公。

八年，齐公子纠来奔。九年，鲁欲内子纠于齐，后桓公，桓公发兵击鲁，鲁急，杀子纠。召忽死。齐告鲁生致管仲。鲁人施伯曰："齐欲得管仲，非杀之也，将用之，用之则为鲁患。不如杀，以其尸与之。"庄公不听，遂囚管仲与齐。齐人相管仲。

十三年，鲁庄公与曹沫会齐桓公于柯，曹沫劫齐桓公，求鲁侵地，已盟而释桓公。桓公欲背约，管仲谏，卒归鲁侵地。十五年，齐桓公始霸。二十三年，庄公如齐观社。

三十二年，初，庄公筑台临党氏，见孟女，说而爱之，许立为夫人，割臂以盟。孟女生子斑。斑长，说梁氏女，往观。圉人荦自墙外与梁氏女戏。斑怒，鞭荦。庄公闻之，曰："荦有力焉，遂杀之，是未可鞭而置也。"斑未得杀。会庄公有疾。庄公有三弟，长曰庆父，次曰叔牙，次曰季友。庄公取齐女为夫人曰哀姜。哀姜无子。哀姜娣曰叔姜，生子开。庄公无適嗣，爱孟女，欲立其子斑。庄公病，而问嗣于弟叔牙。叔牙曰："一继一及，鲁之常也。庆父在，可为嗣，君何忧？"庄公患叔牙欲立庆父，退而问季友。季友曰："请以死立斑也。"庄公曰："曩者叔牙欲立庆父，奈何？"季友以庄公命命牙待于鍼巫氏，使鍼季劫饮叔牙以鸩，曰："饮此则有后奉祀；不然，死且无后。"牙遂饮鸩而死，鲁立其子为叔孙氏。八月癸亥，庄公卒，季友竟立子斑为君，如庄公命。侍丧，舍于党氏。

先时庆父与哀姜私通，欲立哀姜娣子开。及庄公卒而季友立斑，十月己未，庆父使圉人荦杀鲁公子斑于党氏。季友奔陈。庆父竟立庄公子开，是为湣公。

湣公二年，庆父与哀姜通益甚。哀姜与庆父谋杀湣公而立庆父。庆父使卜齮袭杀湣公于武闱。季友闻之，自陈与湣公弟申如邾，请鲁求内之。鲁人欲诛庆父。庆父恐，奔莒。于是季友奉子申入，立之，是为釐公。釐公亦庄公少子。哀姜恐，奔邾。季友以赂如莒求庆父，庆父归，使人杀庆父，庆父请奔，弗听，乃使大夫奚斯行哭而往。庆父闻奚斯音，乃自杀。齐桓公闻哀姜与庆父乱以危鲁，乃召之邾而杀之，以其尸归，戮之鲁。鲁釐公请而葬之。

季友母陈女，故亡在陈，陈故佐送季友及子申。季友之将生也，父鲁桓公使人卜之，曰："男也，其名曰'友'，间于两社，为公室辅。季友亡，则鲁不昌。"及生，有文在掌曰"友"，遂以名之，号为成季。其后为季氏，庆父后为孟氏也。

釐公元年，以汶阳鄪封季友。季友为相。九年，晋里克杀其君奚齐、卓子。齐桓公率釐公讨晋乱，至高梁而还，立晋惠公。十七年，齐桓公卒。二十四年，晋文公即位。三十三年，釐公卒，子兴立，是为文公。

文公元年，楚太子商臣弑其父成王，代立。三年，文公朝晋襄公。十一年十月甲午，鲁败翟于咸，获长翟乔如，富父终甥舂其喉以戈，杀之，埋其首于子驹之门，以命宣伯。

初，宋武公之世，鄋瞒伐宋，司徒皇父帅师御之，以败翟于长丘，获长翟缘斯。晋之灭路，获乔如弟棼如。齐惠公二年，鄋瞒伐齐，齐王子城父获其弟荣如，埋其首于北门。卫人获其季弟简如。鄋瞒由是遂亡。

十五年，季文子使于晋。十八年二月，文公卒。文公有二妃：长妃齐女为哀姜，生子恶及视；次妃敬嬴，嬖爱，生子俀。俀私事襄仲，襄仲欲立之，叔仲曰不可。襄仲请齐惠公，惠公新立，欲亲鲁，许之。冬十月，襄仲杀子恶及视而立俀，是为宣公。哀姜归齐，哭而过市，曰："天乎！襄仲为不道，杀適立庶！"市人皆哭，鲁人谓之"哀姜"。鲁由此公室卑，三桓强。

宣公俀十二年，楚庄王强，围郑。郑伯降，复国之。十八年，宣公卒，子成公黑肱立，是为成公。季文子曰："使我杀適立庶失大援者，襄仲。"襄仲立宣公，公孙归父有宠。宣公欲去三桓，与晋谋伐三桓。会宣公卒，季文子怨之，归父奔齐。

成公二年春，齐伐取我隆。夏，公与晋郤克败齐顷公于鞍，齐复归我侵地。四年，成公如晋，晋景公不敬鲁。鲁欲背晋合于楚，或谏，乃不。十年，成公如晋。晋景公卒，因留成公送葬，鲁讳之。十五年，始与吴王寿梦会钟离。

十六年，宣伯告晋，欲诛季文子。文子有义，晋人弗许。十八年，成公卒，子午立，是为襄公。是时襄公三岁也。

襄公元年，晋立悼公。往年冬，晋栾书弑其君厉公。四年，襄公朝晋。五年，季文子卒。家无衣帛之妾，厩无食粟之马，府无金玉，以相三君。君子曰："季文子廉忠矣。"九年，与晋伐郑。晋悼公冠襄公于卫，季武子从，相行礼。十一年，三桓氏分为三军。十二年，朝晋。十六年，晋平公即位。二十一年，朝晋平公。二十二年，孔丘生。

二十五年,齐崔杼弑其君庄公,立其弟景公。二十九年,吴延陵季子使鲁,问周乐,尽知其意,鲁人敬焉。三十一年六月,襄公卒。其九月,太子卒。鲁人立齐归之子裯为君,是为昭公。

昭公年十九,犹有童心。穆叔不欲立,曰:"太子死,有母弟可立,不即立长。年钧择贤,义钧则卜之。今裯非適嗣,且又居丧意不在戚而有喜色,若果立,必为季氏忧。"季武子弗听,卒立之。比及葬,三易衰。君子曰:"是不终也。"

昭公三年,朝晋至河,晋平公谢还之,鲁耻焉。四年,楚灵王会诸侯于申,昭公称病不往。七年,季武子卒。八年,楚灵王就章华台,召昭公。昭公往贺,赐昭公宝器;已而悔,复诈取之。十二年,朝晋至河,晋平公谢还之。十三年,楚公子弃疾弑其君灵王,代立。十五年,朝晋,晋留之葬晋昭公,鲁耻之。二十年,齐景公与晏子狩竟,因入鲁问礼。二十一年,朝晋至河,晋谢还之。

二十五年春,鸜鹆来巢。师己曰:"文成之世童谣曰:'鸜鹆来巢,公在乾侯。鸜鹆入处,公在外野。'"

季氏与郈氏斗鸡,季氏芥鸡羽,郈氏金距。季平子怒而侵郈氏,臧昭伯亦怒平子。臧昭伯之弟会伪谗臧氏,匿季氏,臧昭伯囚季氏人。季平子怒,囚臧氏老。臧、郈氏以难告昭公。昭公九月戊戌伐季氏,遂入。平子登台请曰:"君以谗不察臣罪,诛之,请迁沂上。"弗许。请囚于鄪,弗许。请以五乘亡,弗许。子家驹曰:"君其许之。政自季氏久矣,为徒者众,众将合谋。"弗听。郈氏曰:"必杀之。"叔孙氏之臣戾谓其众曰:"无季氏与有,孰利?"皆曰:"无季氏是无叔孙氏。"戾曰:"然,救季氏!"遂败公师。孟懿子闻叔孙氏胜,亦杀郈昭伯。郈昭伯为公使,故孟氏得之。三家共伐公,公遂奔。己亥,公至于齐。齐景公曰:"请致千社待君。"子家曰:"弃周公之业而臣于齐,可乎?"乃止。子家曰:"齐景公无信,不如早之晋。"弗从。叔孙见公还,见平子,平子顿首。初欲迎昭公,孟孙、季孙后悔,乃止。

二十六年春,齐伐鲁,取郓而居昭公焉。夏,齐景公将内公,令无受鲁赂。申丰、汝贾许齐臣高龁、子将粟五千庾。子将言于齐侯曰:"群臣不能事鲁君,有异焉。宋元公为鲁如晋,求内之,道卒。叔孙昭子求内其君,无病而死。不知天弃鲁乎?抑鲁君有罪于鬼神也?愿君且待。"齐景公从之。

二十八年,昭公如晋,求入。季平子私于晋六卿,六卿受季氏赂,谏晋君,晋君乃止,居昭公乾侯。二十九年,昭公如郓。齐景公使人赐昭公书,自谓"主君"。昭公耻之,怒而去乾侯。三十一年,晋欲内昭公,召季平子。平子布衣跣行,因六卿谢罪。六卿为言曰:"晋欲内昭公,众不从。"晋人止。三十二年,昭公卒于乾侯。鲁人共立昭公弟宋为君,是为定公。

定公立,赵简子问史墨曰:"季氏亡乎?"史墨对曰:"不亡。季友有大功于鲁,受鄪为上卿,至于文子、武子,世增其业。鲁文公卒,东门遂杀適立庶,鲁君于是失国政。政在季氏,于今四君矣。民不知君,何以得国!是以为君慎器与名,不可以假人。"

定公五年,季平子卒。阳虎私怒,囚季桓子,与盟,乃舍之。七年,齐伐我,取郓,以为鲁阳虎邑以从政。八年,阳虎欲尽杀三桓適,而更立其所善庶子以代之;载季桓子将杀之,桓子诈而得脱。三桓共攻阳虎,阳虎居阳关。九年,鲁伐阳虎,阳虎奔齐,已而奔晋赵氏。

十年，定公与齐景公会于夹谷，孔子行相事。齐欲袭鲁君，孔子以礼历阶，诛齐淫乐，齐侯惧，乃止，归鲁侵地而谢过。十二年，使仲由毁三桓城，收其甲兵。孟氏不肯堕城，伐之，不克而止。季桓子受齐女乐，孔子去。十五年，定公卒，子将立，是为哀公。

哀公五年，齐景公卒。六年，齐田乞弑其君孺子。七年，吴王夫差强，伐齐，至缯，征百牢于鲁。季康子使子贡说吴王及太宰嚭，以礼诎之。吴王曰："我文身，不足责礼。"乃止。

八年，吴为邹伐鲁，至城下，盟而去。齐伐我，取三邑。十年，伐齐南边。十一年，齐伐鲁。季氏用冉有有功，思孔子，孔子自卫归鲁。十四年，齐田常弑其君简公于徐州。孔子请伐之，哀公不听。十五年，使子服景伯、子贡为介，适齐，齐归我侵地。田常初相，欲亲诸侯。十六年，孔子卒。二十二年，越王句践灭吴王夫差。

二十七年春，季康子卒。夏，哀公患三桓，将欲因诸侯以劫之，三桓亦患公作难，故君臣多间。公游于陵阪，遇孟武伯于街，曰："请问余及死乎？"对曰："不知也。"公欲以越伐三桓。八月，哀公如陉氏。三桓攻公，公奔于卫，去如邹，遂如越。国人迎哀公复归，卒于有山氏。子宁立，是为悼公。

悼公之时，三桓胜，鲁如小侯，卑于三桓之家。十三年，三晋灭智伯，分其地有之。

三十七年，悼公卒，子嘉立，是为元公。元公二十一年卒，子显立，是为穆公。穆公三十三年卒，子奋立，是为共公。共公二十二年卒，子屯立，是为康公。康公九年卒，子匽立，是为景公。景公二十九年卒，子叔立，是为平公。是时六国皆称王。平公十二年，秦惠王卒。二十年，平公卒，子贾立，是为文公。文公元年，楚怀王死于秦。二十三年，文公卒，子雠立，是为顷公。

顷公二年，秦拔楚之郢，楚顷王东徙于陈。十九年，楚伐我，取徐州。二十四年，楚考烈王伐灭鲁。顷公亡，迁于下邑，为家人，鲁绝祀。顷公卒于柯。

鲁起周公至顷公，凡三十四世。

太史公曰：余闻孔子称曰："甚矣鲁道之衰也！洙泗之间龂龂如也。"观庆父及叔牙闵公之际，何其乱也？隐桓之事；襄仲杀適立庶；三家北面为臣，亲攻昭公，昭公以奔。至其揖让之礼则从矣，而行事何其戾也？

译文：

周公旦是周武王的弟弟。当文王在世时，旦为子恭敬孝顺，笃厚仁慈，不同于别的儿子。到武王即位，旦经常辅佐武王，多担当重大国政。武王九年，向东征伐到了盟津，周公辅佐前行。十一年，讨伐商纣王，来到牧野，周公辅助武王，写了《牧誓》。攻破殷军，进入商宫。杀死商纣王以后，周公手持大钺，召公手持小钺，左右侍卫武王，以牲血举行祭社礼，向天帝及殷民宣告纣的罪状。把箕子从监禁中释放出来。封立纣子武庚禄父，派管叔、蔡叔辅佐他，以延续殷商的祭祀。遍封功臣及同姓亲戚。封周公旦于少昊之虚曲阜一带，称为鲁公。周公没有去封地，留下佐助武王。

武王灭殷的第二年，天下尚未安定，武王有病，很不舒服，群臣恐惧，太公、召公就恭恭敬敬地进行占卜。周公说："这还不能感动我们的先王。"于是他就以自己的身子作抵押，筑起了三个祭坛，周公面朝北站立，顶着璧，捧了圭，祝告于太王、王季、文王。史官取了册子，宣读道："你们的长孙武王发，辛劳成疾。倘若你们三王在天，因为有了疾病要人扶持，那么旦愿意代替王发之身担当这个责任。旦为人有心计，多才多艺，能奉事鬼神。你们的王发却不像我这么多才多艺，不会奉事鬼神。你们在上帝的宫里受了命，保护了天下四方，因此在下面的大地上能够安定你们的子孙，四方的人民无不敬畏。只要不失掉上天降下的大命，我们先王的神灵就永远有了归依的地方。现在我要在大龟上接受你们的命令，你们如果答应我的要求，我将把璧与圭献给你们，然后回去等候你们的命令。如果你们不答应我，我就要把璧和圭藏起来不再献给你们。"周公既已命令史官册告太王、王季、文王，想代替武王发死，随后到三王神主前占卜。卜人都说得了吉兆，开启兆书一看，果然都吉利。周公非常高兴，打开藏占兆书的柜子，所见兆书也都是吉利。周公马上入宫向武王道贺说："（从占卜的结果看，）大王将不会有什么灾害。旦刚刚接受了三王的命令，您可以作长远的规划，（三王）定能眷顾我的诚心而长保天子安康。"周公将册书收藏在金属封固的柜子里，并告诫保管的人不要乱说。第二天，武王的病就好了。

后来武王驾崩，成王年少，正在襁褓中。周公唯恐天下的人听说武王驾崩而背叛，于是登临天子之位，代替成王处理国政。管叔和他的弟弟在国内散布谣言说："周公将对成王不利。"周公便向太公望、召公奭表白心意说："我之所以不回避而代成王摄行国政，是恐怕天下反叛周室，那将无法向先王太王、王季、文王交代。三王为天下忧劳已经很久了，到了今天才成功。武王早逝，成王年少，为将来完成周的大业，所以我才这样做。"于是始终辅佐成王，而让他的儿子伯禽代替他到鲁国就封。周公告诚伯禽说:"我是文王的儿子,武王的弟弟,成王的叔父,对于整个天下来说,我的地位也不算低了。但是我常常洗一次头三次提起头发,吃一顿饭三次吐出口中的食物,频频起身接待贤士,还怕失掉了天下的人才。你到鲁国之后,要谨慎处事,不要因为有封国而傲慢待人。"

管叔、蔡叔与武庚等果然率领淮夷造反。于是,周公奉成王的命令,举兵东征,写了《大诰》。终于诛杀了管叔及武庚,放逐了蔡叔。收集殷朝遗民,(并连同这一带土地)分封康叔于卫地,封微子于宋地,用以供奉殷商的宗庙祭祀。平定东方淮夷,花费了两年时间全部完成。诸侯全都归服周室。

上天降福,唐叔的田里得到一株异亩同穗的稻子,献给成王,成王命令唐叔赠给在东土远征的周公,写了《馈禾》。周公既已接受了成王命赠的稻禾,赞扬天子之命,写了《嘉禾》。东土平定之后,周公回来报告成王,并作诗赠送成王,题为《鸱鸮》。成王(心中不服),又不好责怪周公。

成王七年二月乙未日,成王从镐京走到丰京朝告(迁都之事于文王庙),然后派太保召公先到雒地勘视地形。这年三月,周公前往指挥营建成周雒邑,占卜择地,结果很吉利,于是就在那里建造国都。

成王长大,能临朝听政了。于是周公就将国政交还给成王,由成王亲自处理朝中大事。周公代理成王治理天下时,朝见诸侯,背着屏风,面向南方而立。到七年还政成王后,面朝北,处在臣子的位置,态度恭敬谨慎,像是有所畏惧的样子。

当初成王年少患病,周公就自剪其指甲丢到河里,祝告河神说:"帝王年少不懂事,干犯神命的是我。"事毕将册文藏在府中。成王病愈。后来成王当政,有人诬告周公,周公逃往楚地。

成王打开府库，见到周公当年祷告的册文，便哭了起来，请周公回朝。

周公回朝后，恐怕成王年轻气盛，治国有所纵欲放荡，于是撰写了《多士》、《毋逸》谏诫成王。《毋逸》篇说："为人父母的，创业极其长久艰难，子孙却骄奢忘本，以致丧失家业，作为人子的，能不谨慎吗！从前殷王中宗，严谨恭敬地对待天命，用法度自律，以此治理人民，诚惶诚恐而不敢荒废自安。因此中宗当政长达七十五年。到了高宗，长久居住民间，与人民共事稼穑。当他即位后，便有丧服，三年不言语。（丧毕）发言，天下皆喜。治国不敢荒废耽安，一心安定殷国，以致不论贵贱大小皆无怨言，所以高宗享国五十五年。到了祖甲的时候，因认为父亲武丁打算废兄长祖庚而立自己为王是不义之事，便久居在外当平民百姓，深知人民所依赖的，所以当政后能安抚民众，不欺侮鳏寡孤独，因此祖甲在位三十三年。"《多士》说："从商汤到帝乙，无不恭顺祭祀昭明德政，因此他们没有不德配上帝的。到现在继承王位的纣，荒诞淫逸，完全不顾及天命和百姓的依从，以致他的臣民都有罪当诛。""文王（勤劳国政，）过了中午还来不及吃饭，因此享国五十年。"周公就用这些话来告诫成王。

成王居住在丰京，天下太平，但周室的政府机构尚未完备有序，于是周公写了《周官》，分别官府的各级职掌。又写了《立政》，以利百姓。百姓都很高兴。

周公在丰京生了病，临死时说："死后一定要把我葬在成周，用来表明我不敢离开成王。"周公死后，成王表示谦让，把周公葬在毕邑，随文王安葬，以此表示成王不敢以周公为他的臣子。

周公死后，秋天尚未收获，忽然起了暴风，电闪雷鸣，庄稼都倒伏了，大树也都连根拔起。朝中上下大为恐慌。成王和大夫们穿起礼服以打开金縢之书，于是成王看到当时周公愿以身做人质代替武王而死的简书。太公、召公和成王便询问史官和百执事，他们答道："确实有，过去周公下过命令，所以我们不敢说。"成王手持简书，哭着说道："从今以后恐怕再也没有这样虔诚的占卜了。以前周公为王室辛勤劳苦，我这个幼年小子来不及知道。现在上天显示了威严，来表彰周公的德行，我要亲自去迎神，按我国家的礼仪，也应该这样做。"于是，成王出城举行郊天之礼，天就下起雨来，风向也倒转了，倒下的稻禾又都挺起来。太公、召公吩咐都城内的人民，凡是被刮倒的大树所压着的稻禾，全都把树扶起，再拾起稻穗。于是这一年得到大丰收。从此成王命鲁国国君可以举行郊祭并祭祀文王。鲁国之所以有天子的礼乐，是用来褒扬周公恩德的。

周公去世，他的儿子伯禽先前本已受到册封，这就是鲁公。当初鲁公伯禽受封到鲁国，三年之后才向周公报告鲁国的政务。周公说："为什么这样迟缓呢？"伯禽说："（我到鲁国后，）即着手改变那里的风俗，变革那里的礼制，丧事要过三年才能除服，因此迟缓。"当时太公也受封于齐国，五个月后就向周公报告政务。周公说："为什么这样迅速呢？"回答说："我简化了君臣之间的礼节，顺从当地风俗处理政事。（所以很快就有了结果。）"等到后来听到伯禽报告政事迟缓，就感叹说："唉！鲁国将来必定要北面臣服于齐国了！为政如不简便易行，人民就不肯亲近；为政简便易行而亲近人民，人民就一定会归附。"

伯禽即位之后，有管叔、蔡叔等人作乱，淮夷、徐戎也乘机起来造反。于是伯禽率师在肸邑讨伐他们，写了《肸誓》说："准备好你们的铠甲和头盔，不准破损不全，不许伤害拴着的牛马。如果遇到狂奔乱跑的马牛或逃亡的男女奴隶，不许擅自去追赶。（如果得到了，）要恭敬地送还原主。不许抢劫偷盗，翻越墙垣。三郊三隧的鲁国人准备好牛马的刍草和人吃的干粮，以及筑墙用的木柱木版，不许不足。我要在甲戌日构筑工事去征讨徐戎，不许届时不到，否则将受到严厉的刑罚。"写完《肸誓》后，不久便平定了徐戎，安定了鲁国。

鲁公伯禽死后，其子考公酋继位。考公在位四年去世，立其弟熙为君，这就是炀公。炀公曾建筑茅阙门。在位六年去世，其子幽公宰继位。幽公十四年，其弟溃杀幽公而自己即位，这就是魏公。魏公在位五十年去世，其子厉公擢继位。厉公在位三十七年去世，鲁人拥立他的弟弟具，这就是献公。献公在位三十二年去世，其子真公濞继位。

真公十四年，周厉王荒淫无道（引起国人暴动，）逃亡到彘邑，（第二年，）共和行政。真公二十九年，周宣王即天子位。三十年，真公去世，其弟敖继位，这就是武公。

武公九年春天，武公和长子括、幼子戏往西朝见周宣王。宣王喜爱戏，想立戏为鲁国的太子。周大夫樊仲山父劝谏宣王说："废除长子而立少子，是不顺情理；不顺情理，必定违犯王命；违犯王命，一定要诛杀他。因此天子出令不可不顺情理。命令行不通，则王政无法建立；推行政令而不顺于情理，人民将背弃主上。下级侍奉上级，年少的侍奉年长的，这就是顺情理。现在天子封建诸侯，立他的少子为嗣，这是在教百姓违背君命。如果鲁国听命，诸侯纷起效法，则王命无法实行；如果不服从而诛杀他，这是自己在否定王命。诛杀他是失误，不诛杀也是失误，君王应该仔细考虑。"宣王不听，结果立戏为鲁国的太子。夏天，武公回国后去世，戏立为国君，这就是懿公。

懿公九年，懿公的哥哥括的儿子伯御与鲁人联合攻杀懿公，而立伯御为鲁君。伯御即位十一年，周宣王攻打鲁国，杀死了鲁国君主伯御，而询问鲁国公子中能训导诸侯的人，作为鲁君的继承人。樊穆仲说："鲁懿公的弟弟称，恭敬鬼神，尊奉长老，办事执法，必问求遗训，咨询过去的经验；不违反所问求的，不违背所咨询的。"宣王说："好，这样就能训导治理他的百姓了。"于是在夷宫册立称为鲁君，这就是孝公。从此以后，诸侯大多违抗王命。

孝公二十五年，诸侯反叛周室，（不久，）犬戎杀死周幽王。秦始列为诸侯。二十七年，孝公去世，其子弗湟继位，这就是惠公。

惠公三十年，晋人杀了他们的国君昭侯。四十五年，晋人又杀了他们的国君孝侯。四十六年，惠公去世，长庶子息摄政当国，代行君事，这就是隐公。当初，惠公的嫡夫人没有儿子，他的贱妾声子生了儿子息。息年长后，为他娶妇于宋。宋女到了鲁国，惠公因她容貌美丽，夺过来做自己的妻子。生了儿子允。便将宋女升为夫人，以允为太子。等到惠公去世后，因为允年纪小的缘故，鲁人共同让息代理国政，不称即位。

隐公五年，到棠地观看捕鱼。八年，拿许田与郑国交换天子赏赐的祭泰山的汤沐邑祊，君子认为不合乎礼而加以讥刺。

十一年冬，公子挥向隐公进谗言说："百姓都认为您的当政适宜，请您就正式继位为君吧。让我替您去杀掉子允，您封我为国相。"隐公说："有先君的遗命，我因为允年少而暂时代理国政。现在允已经长大了，我正想经营菟裘之地而养老，把国政交还给子允。"公子挥怕子允将来听到这件事反过来杀他，于是又回过头向子允说隐公的坏话，他说："隐公打算正式继位，将你除掉，请你早作打算。让我为你去杀了隐公。"子允答应了他。十一月，隐公祭祀钟巫之神，在社圃园里斋戒，住在蔿氏家。公子挥派人到蔿氏家中杀死了隐公，而立子允为君，这就是桓公。

桓公元年，郑国以璧玉交换天子赏赐给鲁君的许田。二年，把宋国贿赂的鼎送入太庙，君子认为不合乎礼而加以讥刺。

三年，桓公派公子挥到齐国去迎娶齐女为夫人。六年，夫人生了儿子，与桓公生日同在一天，所以取名为同。同长大后，被立为太子。十六年，桓公与诸侯在曹盟会，讨伐郑国，送郑厉公回国。

十八年春天，桓公打算出行，与夫人到齐国去。大夫申繻竭力劝止，桓公不听，便前往齐国。齐襄公私通桓公夫人。桓公对夫人非常生气，夫人把这件事告诉了齐襄公。夏季四月丙子日，齐襄公设宴款待桓公，桓公饮酒醉了，齐襄公派公子彭生抱鲁桓公（上车），乘机命令彭生折断他的肋骨，桓公死在车上。鲁人告诉齐君说："我们的君主畏惧您的威严，不敢安居，亲自到贵国去修盟好之礼。礼成而人没有回来，又没有地方追究罪责，请求得到彭生，以便在诸侯面前消除丑闻。"齐人杀掉彭生来取悦鲁人。鲁人拥立太子同为君，这就是庄公。庄公母亲鲁桓夫人便留住在齐国不敢回鲁国。

庄公五年冬天，讨伐卫国，护送卫惠公回国。

八年，齐国公子纠前来投奔鲁国。九年，鲁人想护送公子纠回齐国即位，但比桓公小白慢了一步，桓公派兵攻打鲁国，鲁国形势危急，杀死了公子纠。召忽殉死。齐君告诉鲁国，把管仲活着送到齐国。鲁人施伯说："齐国希望获得管仲，并非要杀他，将要重用他，若重用他，将来必定成为鲁国的祸患。不如杀死他，把他的尸体送给齐国。"庄公不听，就囚禁管仲送往齐国。齐人任管仲为相。

十三年，鲁庄公与曹沫在柯邑和齐桓公盟会，曹沫劫持齐桓公，要求归还被侵夺的鲁国的土地，盟誓完毕而释放了桓公。桓公想背约，由于管仲的劝阻，结果将侵占的土地归还鲁国。十五年，齐桓公开始称霸诸侯。二十三年，庄公到齐国去观看祭祀社神。

三十二年，当初，庄公建造高台下临大夫党氏家，庄公看见党氏的孟女，非常喜爱她，许诺要娶她为夫人，割破手臂来立下盟誓。后来孟女生了儿子斑。斑长大以后，爱上了大夫梁氏的女儿，有一次前去看望，碰上圉人荦从墙外和梁女嬉戏。斑十分愤怒，鞭打荦。庄公听到后说："荦很有力气，要将他杀掉，这是不可只鞭打就作罢的啊。"但斑却没能将他杀掉。这时遇上庄公得病。庄公有三个弟弟，长弟叫庆父，次弟叫叔牙，三弟叫季友。庄公娶了齐女哀姜为夫人，哀姜没生儿子。哀姜妹妹名叫叔姜，为庄公生了儿子开。庄公没有嫡长子继位，喜爱孟女，想立她的儿子斑。庄公病重时，向叔牙询问继承人，叔牙说："父死子继，兄终弟及，这是鲁国的惯例。庆父在，可以作为继承人，君王何必忧虑。"庄公担心叔牙要立庆父，叔牙退出后，又问季友。季友说："让我以生命来拥立斑。"庄公说："刚才叔牙要立庆父，怎么办？"于是季友以庄公的命令让叔牙等待在鲁大夫鍼巫氏家中。派鍼季强迫叔牙喝下毒酒，并说："喝下此酒，你就有后代祭祀，否则你死了就没有后代。"于是，叔牙喝下毒酒而死，鲁君立他的儿子为叔孙氏。八月癸亥日，庄公去世，季友终于立子斑为君，一如庄公所命。子斑侍丧时，住在党氏家中。

起初庆父曾与哀姜私通，想立哀姜的妹妹的儿子开为君。等到庄公死后季友拥立子斑，十月己未日，庆父派圉人荦在党氏家中将公子斑杀死。季友逃奔陈国。庆父终于拥立庄公子开为君，这就是湣公。

湣公二年，庆父与哀姜私通更为频繁。哀姜与庆父暗中商量杀湣公而立庆父。庆父派卜齮在武闱杀死湣公。季友听到此事，就从陈国和湣公的弟弟申前往邾国，请求鲁人接纳他们。鲁人想杀掉庆父。庆父害怕，逃奔到莒国。于是季友护送子申回国，立以为君，这就是釐公。釐公也是庄公的幼子。哀姜惶恐，逃奔邾国。季友用财货前往莒国贿赂，捕捉庆父，庆父（被遣）回国，季友派人去杀庆父，庆父请求让他出国亡命，没被接受，季友派大夫奚斯哭着前往（转告庆父）。庆父听到奚斯的哭声，便自杀了。齐桓公听说哀姜与庆父淫乱危及鲁国，于是从邾国将她召来杀掉，把她的尸体送回，在鲁国陈尸示众，鲁釐公请求把她安葬。

季友的母亲是陈国的女子，原先逃亡在陈国，陈国所以帮助护送季友与子申回鲁国。季友将出生的时候，父亲鲁桓公曾使人占卜吉凶，卜者说："是个男孩子，他的名字叫作'友'，将来处于两社之间，成为公室的辅弼。季友不在，鲁国就不昌盛。"到他生下来时，手掌上的纹路像"友"字，就取名为"友"，号称成季。他的后人就是季氏，庆父的后人就是孟氏。

釐公元年，把汶阳、鄪邑封给季友，季友担任相职。九年，晋国大夫里克杀了他的君主奚齐与卓子。齐桓公率领釐公一起去讨平晋乱，到达晋国的高梁返回，立晋惠公为君。十七年，齐桓公去世。二十四年，晋文公即位。三十三年，釐公去世，其子兴继位，这就是文公。

文公元年，楚太子商臣杀了他的父亲成王，代立为楚王。

三年，文公朝见晋襄公。十一年十月甲午日，鲁人在咸地击败翟人，俘获了长狄乔如，鲁大夫富父终甥用戈抵住他的咽喉，将他杀死，把他的头埋在子驹之门下，（这次战役的主将叔孙得臣）就将儿子宣伯命名为乔如。

当初，在宋武公时，郑瞒攻打宋国，司徒皇父率军抵御，在长丘打败翟人，俘获长翟缘斯。晋国灭亡路国，俘获乔如的弟弟棼如。齐惠公二年，郑瞒攻打齐国，齐国的王子城父俘获乔如的弟弟荣如，把他的头埋在北门下。卫人俘获了他的小弟简如。郑瞒由此就灭亡了。

十五年，季文子出使到晋国。十八年二月，文公去世。文公有二妃：长妃是齐国女子，叫哀姜，生了儿子恶与视；次妃叫敬嬴，很受宠爱，生了儿子俀。俀私下侍奉襄仲，襄仲想立他为君，叔仲说不行。襄仲请齐惠公帮忙，惠公新立，想拉拢鲁国，就答应下来。冬十月，襄仲杀了恶与视而立俀为君，这就是宣公。哀姜返回齐国，哭着经过闹市，说："天啊！襄仲大逆不道，杀死嫡子而立庶子！"街市上的人都哭了，鲁人称她为"哀姜"。从此鲁国公室逐渐衰落，三桓的势力越来越强大。

宣公俀十二年，楚庄王日见强大，围攻郑国。郑伯投降，楚庄王又恢复了郑国。十八年，宣公去世，其子黑肱继位，这就是成公。季文子说："使我们杀嫡立庶而丧失强大外援的，就是襄仲。"由于襄仲拥立宣公，其子公孙归父受到宣公宠爱。宣公打算除掉三桓的势力，曾和晋国商量攻打三桓的事。时值宣公去世，季文子怨恨襄仲，公孙归父便逃往齐国。

成公二年春天，齐国伐取鲁国的隆邑。夏天，成公与晋郤克在鞍邑大败齐顷公，齐国再次归还侵夺鲁国的土地。四年，成公前往晋国，晋景公对鲁成公态度不恭敬。鲁成公想背叛晋国而与楚国和好，有人谏阻，才作罢。十年，成公又前往晋国。晋景公去世，晋人顺便留下成公送葬，鲁史讳而不言。十五年，成公始与吴王寿梦在钟离会面。

十六年，宣伯告诉晋国，想杀掉季文子。因季文子有义行，晋国不答应。十八年，成公去世，其子午继位，这就是襄公。这时襄公才三岁。

襄公元年，晋国立悼公为君。去年冬季，晋大夫栾书杀死了他的国君厉公。四年，襄公朝见晋君。五年，季文子去世。他的家中没有穿丝绸的妻妾，马厩中没有吃粮食的马匹，府库中没有金银珠玉，他连续辅助了三位国君。君子说："季文子真是廉洁忠实啊！"九年，与晋军联合攻打郑国。晋悼公在卫国为襄公举行冠礼，季武子随从襄公，辅助举行冠礼时当司仪。十一年，三桓将公室的军队一分为三，各领一军。十二年，鲁襄公到晋国朝见。十六年，晋平公即位。二十一年，朝见晋平公。二十二年，孔丘诞生。

二十五年，齐国崔杼杀了他的国君庄公，立庄公的弟弟景公为国君。二十九年，吴国延陵季子出使鲁国，问他周王室的音乐，他完全了解其中的含义，鲁人对他很尊敬。三十一年六月，襄公去世。同年九月，太子也死了。鲁人拥立齐归的儿子裯为君，这就是昭公。

昭公十九岁时，还有童心。穆叔不想立他，说："太子死后，还有同母所生的弟弟可立，如无母弟，才立庶长子。年纪如果相当，就选择贤能的，如果才能相当，就用占卜来决定。现在裯不是嫡系的继承人，而且在守丧期间心中毫无哀戚，反而有喜悦之色，如果真立他为君，必然成为季氏的忧患。"季武子不听，到底还是立他为君。等到安葬襄公时，昭公居然三次更换丧服。君子说:"这是得不到善终的。"

昭公三年,朝见晋君来到黄河岸边,晋平公辞谢请他回去,鲁人深以为耻。四年,楚灵王在申会见诸侯。昭公托词有病没有前往。七年,季武子去世。八年,楚灵王建成章华台,召见昭公。昭公前往祝贺,楚人赐予昭公珍宝(大曲之弓);但过后反悔,又骗了回去。十二年,昭公朝见晋君到达黄河,晋平公辞谢,请他回去。十三年,楚公子弃疾杀了他的君主灵王,自己立为国君。十五年,昭公朝见晋君,晋人留下昭公为晋昭公送葬,鲁人以此为耻。二十年,齐景公与晏子到鲁国的边境狩猎,顺便进入鲁国求问礼制。二十一年,又朝见晋君到达黄河,晋人辞谢,请他回去。

二十五年春天,鹳鹆飞到鲁国来筑巢。鲁大夫师己说:"文公与成公的时候有童谣说:'鹳鹆来筑巢,君主在乾侯。鹳鹆来进窝,君主在野郊。'"

季氏与郈氏斗鸡,季氏给鸡套上铁甲,郈氏给鸡安上金属爪子,(季氏的鸡斗败了,)季平子发怒,侵占了郈氏的地盘,郈昭伯也怨恨季平子。臧昭伯的弟弟臧会伪装诬陷臧氏,躲在季氏家,臧昭伯便囚禁了季氏家臣。季平子很气愤,囚禁了臧氏的家臣宰。臧氏、郈氏把两家受难情况报告昭公。昭公在九月戊戌日攻打季氏,进入其宅邑。平子登台请求说:"君王听信谗言,没有细察我的罪过,就要前来谴责我,请求把我放逐到沂水边上。"昭公不答应。又请求囚禁到鄪邑,也不答应。再请求带着五辆车子逃亡,仍不答应。子家驹说:"君王还是答应他吧。鲁国的国政为季氏把持已经很久了,他们的党徒很多,人多就会合谋来对付你的。"昭公还是不听。郈氏说:"一定要把他杀了。"叔孙氏的家臣戾问他的党徒说:"没有季氏和有季氏,哪种情况对我们有利？"大家都说："没有季氏，就没有叔孙氏。"戾又说："即然如此，我们去救季氏吧！"于是就把昭公的军队打败。孟懿子听说叔孙氏战胜，也把郈昭伯杀了。郈昭伯被昭公派往孟氏家，因此孟氏抓到了他。三桓家族联合起来攻打昭公，昭公只得逃到国外。己亥日，昭公到达齐国。齐景公说："愿奉送一千个社来接待君王。"子家说："抛弃周公的王业而臣服于齐，可以吗？"因此没有接受。子家说："齐景公为人没有信用，不如及早到晋国去。"昭公不听从。叔孙氏到齐国会见昭公，返回鲁国见到平子，平子叩头。起初想迎回昭公，但因孟孙、季孙后悔，就没有这么做。

二十六年春天，齐国攻打鲁国，夺取郓邑而让昭公居住。夏天，齐景公打算送昭公回国，命令手下的人不可接受鲁人的贿赂。鲁大夫申丰、汝贾（暗中）答应给齐臣高龁、子将五千庾粮食。子将对齐侯说："鲁国的群臣不能侍奉鲁君，发生过怪异的事。宋元公为鲁君的事到晋国去，请求晋君送鲁君回国，却死在半路上。叔孙昭子也设法让他的国君回国，结果无病而死。不知究竟是上天要抛弃鲁国呢？还是鲁君得罪了鬼神？希望君王暂且等待一下。"齐景公听从了这个建议。

二十八年，昭公往晋国去请求帮他回国。季平子与晋国六卿有私交，六卿接受季氏贿赂后，劝阻晋君，晋君决定不送鲁君回国，而让昭公住在乾侯。二十九年，昭公前往郓邑。齐景公派人给昭公一封信，自称为"主君"。昭公以此为耻辱，生气而离开郓前往乾侯。三十一年，晋人想送昭公回国，召见季平子。季平子身穿麻布衣，赤脚行走，通过六卿向晋君谢罪。六卿替季平子向晋君说："晋国想要送昭公回国，鲁国民众不依从。"晋人便作罢。三十二年，昭公死在乾侯。鲁人共同拥立昭公的弟弟宋为国君，这就是定公。

定公即位，赵简子问史墨说："季氏会灭亡吗？"史墨回答说："不会灭亡。季友对鲁国有很大功劳，受封于鄪邑，做了上卿，直到文子、武子，一代又一代地扩充他的基业。鲁文公去世时，东门遂杀掉嫡子立了庶子为鲁君，鲁君从这时起就丧失国政大权。国政被季氏所把持，到现在已经历四位国君了。百姓不知道国君，国君怎么能够掌握国家大权！因此做君王的，要谨慎地对待车服器物和爵位名号，不可轻易给予别人。"

定公五年，季平子去世。阳虎怀私愤，囚禁季桓子，和他订立盟约后，才释放了他。七年，齐军攻打鲁国，夺取郓邑，作为鲁国阳虎的封邑，让他参与政事。八年，阳虎想将三桓的嫡系继承人全部杀光，而改立与他要好的庶子来取代嫡系继承人；用车子载季桓子行，想乘机将他杀掉，桓子利用诈谋得以脱身。于是，三桓联合起来攻打阳虎，阳虎占据阳关。九年，鲁人攻打阳虎，阳虎逃到齐国，不久又投奔晋国赵氏。

十年，定公与齐景公在夹谷盟会，孔子主持礼赞。齐人打算袭击鲁君，孔子按照礼仪登上台阶，制止齐国的淫乐，齐侯畏惧，停止了袭击，并归还侵夺鲁的土地，表示道歉。十二年，定公派仲由毁掉三桓的城墙，收缴他们的铠甲兵器。孟氏不肯毁城，就派兵前往攻打，没有攻下来，只好作罢。季桓子接受齐国赠送的女乐队，孔子便离开鲁国。十五年，定公去世，其子将继位，这就是哀公。

哀公五年，齐景公去世。六年，齐国田乞杀了他的国君孺子。七年，吴王夫差国势日强，攻打齐国，到了缯地，向鲁人索取牛、羊、猪各百头。季康子派子贡去说服吴王与太宰嚭，以礼节折服了他们。吴王说："我断发文身，不能用礼仪来要求我。"于是作罢。

八年,吴国为邹国而讨伐鲁国,打到国都的城下,订立盟约后离去。齐国攻打鲁国,夺取了三个城邑。十年,鲁国攻打齐国南部边境。十一年,齐国攻打鲁国。季氏任用冉有建立战功,于是想到孔子,孔子从卫国返回鲁国。十四年,齐国田常在徐州杀死了他的国君简公。孔子请求鲁君派兵讨伐田常,哀公不听。十五年,派子服景伯为使臣,子贡为副使,出使齐国,齐国归还了侵占的鲁国土地。田常初任齐相,打算安抚诸侯。十六年,孔子去世。二十二年,越王句践消灭了吴王夫差。

二十七年春天,季康子去世。夏天,哀公担心三桓的势力,想利用诸侯的力量来剥夺三桓的势力,三桓也怕哀公发难,以致君臣之间的隔阂很深。哀公到陵阪去游玩,在街上遇见孟武伯,哀公说:"请问我将会死吗?"孟武伯回答说:"不知道。"哀公想利用越人来攻打三桓。八月,哀公到有山氏那里。三桓攻打哀公,哀公逃跑到卫国,又离开卫国前往邹国,接着前往越国。鲁国人迎接哀公回国,死在有山氏家中。其子宁继位,这就是悼公。

悼公时,三桓得势,鲁君有如小侯,地位低于三桓家族。十三年,三晋消灭了智伯,瓜分他的土地而占有晋国。

三十七年,悼公去世,其子嘉继位,这就是元公。元公二十一年去世,其子显继位,这就是穆公。穆公三十三年去世,其子奋继位,这就是共公。共公二十二年去世,其子屯继位,这就是康公。康公九年去世,其子雠继位,这就是景公。景公二十九年去世,其子叔继位,这就是平公。这时六国都已称王。平公十二年,秦惠王去世。二十年,平公去世,其子贾继位,这就是文公。文公元年,楚怀王死于秦国。二十三年,文公去世,其子雠继位，这就是顷公。

顷公二年，秦国攻下楚国的郢都，楚顷王将国都东迁到陈。十九年，楚国攻打鲁国，夺取了徐州。二十四年，楚考烈王消灭了鲁国。顷公逃亡，迁居下邑，成为平民百姓，鲁国的宗庙断绝祭祀。顷公死于柯邑。

鲁国从周公开始到顷公止，共传了三十四代。

太史公说：我听说孔子曾这样说："鲁国的礼仪之道真是衰落到了极点！洙泗之间争吵不息啊。"看一看庆父以及叔牙在闵公时的行为，是多么乖乱呀！隐公桓公的事；襄仲杀嫡立庶的事；三桓虽北面称臣，却亲自率兵攻打昭公，昭公因此出逃。至于鲁国传统的揖让之礼依旧实行着，但做起事情来又是何等的暴戾啊！

史记卷三十四

燕召公世家第四

召公奭与周同姓，姓姬氏。周武王之灭纣，封召公于北燕。

其在成王时，召公为三公：自陕以西，召公主之；自陕以东，周公主之。成王既幼，周公摄政，当国践祚，召公疑之，作《君奭》。《君奭》不说周公。周公乃称"汤时有伊尹，假于皇天；在太戊时，则有若伊陟、臣扈，假于上帝，巫咸治王家；在祖乙时，则有若巫贤；在武丁时，则有若甘般：率维兹有陈，保乂有殷"。于是召公乃说。

召公之治西方，甚得兆民和。召公巡行乡邑，有棠树，决狱政事其下，自侯伯至庶人各得其所，无失职者。召公卒，而民人思召公之政，怀棠树不敢伐，哥咏之，作《甘棠》之诗。

自召公已下九世至惠侯。燕惠侯当周厉王奔彘，共和之时。

惠侯卒，子釐侯立。是岁，周宣王初即位。釐侯二十一年，郑桓公初封于郑。三十六年，釐侯卒，子顷侯立。

顷侯二十年，周幽王淫乱，为犬戎所弑。秦始列为诸侯。

二十四年，顷侯卒，子哀侯立。哀侯二年卒，子郑侯立。郑侯三十六年卒，子缪侯立。

缪侯七年，而鲁隐公元年也。十八年卒，子宣侯立。宣侯十三年卒，子桓侯立。桓侯七年卒，子庄公立。

庄公十二年，齐桓公始霸。十六年，与宋、卫共伐周惠王，惠王出奔温，立惠王弟颓为周王。十七年，郑执燕仲父而内惠王于周。二十七年，山戎来侵我，齐桓公救燕，遂北伐山戎而还。燕君送齐桓公出境，桓公因割燕所至地予燕，使燕共贡天子，如成周时职；使燕复修召公之法。三十三年卒，子襄公立。

襄公二十六年，晋文公为践土之会，称伯。三十一年，秦师败于殽。三十七年，秦穆公卒。四十年，襄公卒，桓公立。

桓公十六年卒，宣公立。宣公十五年卒，昭公立。昭公十三年卒，武公立。是岁晋灭三郤大夫。

武公十九年卒，文公立。文公六年卒，懿公立。懿公元年，齐崔杼弑其君庄公。四年卒，子惠公立。

惠公元年，齐高止来奔。六年，惠公多宠姬，公欲去诸大夫而立宠姬宋，大夫共诛姬宋，惠公惧，奔齐。四年，齐高偃如晋，请共伐燕，入其君。晋平公许，与齐伐燕，入惠公。惠公至燕而死。燕立悼公。

悼公七年卒，共公立。共公五年卒，平公立。晋公室卑，六卿始强大。平公十八年，吴王阖闾破楚入郢。十九年卒，简公立。简公十二年卒，献公立。晋赵鞅围范、中行于朝歌。献公十二年，齐田常弑其君简公。十四年，孔子卒。二十八年，献公卒，孝公立。

孝公十二年，韩、魏、赵灭知伯，分其地，三晋强。

十五年，孝公卒，成公立。成公十六年卒，湣公立。湣公三十一年卒，釐公立。是岁，三晋列为诸侯。

釐公三十年，伐败齐于林营。釐公卒，桓公立。桓公十一年卒，文公立。是岁，秦献公卒。秦益强。

文公十九年，齐威王卒。二十八年，苏秦始来见，说文公。文公予车马金帛以至赵，赵肃侯用之。因约六国，为从长。秦惠王以其女为燕太子妇。

二十九年，文公卒，太子立，是为易王。

易王初立，齐宣王因燕丧伐我，取十城；苏秦说齐，使复归燕十城。十年，燕君为王。苏秦与燕文公夫人私通，惧诛，乃说王使齐为反间，欲以乱齐。易王立十二年卒，子燕哙立。

燕哙既立，齐人杀苏秦。苏秦之在燕，与其相子之为婚，而苏代与子之交。及苏秦死，而齐宣王复用苏代。燕哙三年，与楚、三晋攻秦，不胜而还。子之相燕，贵重，主断。苏代为齐使于燕，燕王问曰："齐王奚如？"对曰："必不霸。"燕王曰："何也？"对曰："不信其臣。"苏代欲以激燕王以尊子之也。于是燕王大信子之。子之因遗苏代百金，而听其所使。

鹿毛寿谓燕王："不如以国让相子之。人之谓尧贤者，以其让天下于许由，许由不受，有让天下之名而实不失天下。今王以国让于子之，子之必不敢受，是王与尧同行也。"燕王因属国于子之，子之大重。或曰："禹荐益，已而以启人为吏。及老，而以启人为不足任乎天下，传之于益。已而启与交党攻益，夺之。天下谓禹名传天下于益，已而实令启自取之。今王言属国于子之，而吏无非太子人者，是名属子之而实太子用事也。"王因收印自三百石吏已上而效之子之。子之南面行王事，而哙老不听政，顾为臣，国事皆决于子之。

三年，国大乱，百姓恫恐。将军市被与太子平谋，将攻子之。诸将谓齐湣王曰："因而赴之，破燕必矣。"齐王因令人谓燕太子平曰："寡人闻太子之义，将废私而立公，饬君臣之义，明父子之位。寡人之国小，不足以为先后。虽然，则唯太子所以令之。"太子因要党聚众，将军市被围公宫，攻子之，不克。将军市被及百姓反攻太子平，将军市被死，以徇。因构难数月，死者数万，众人恫恐，百姓离志。孟轲谓齐王曰："今伐燕，此文、武之时，不可失也。"王因令章子将五都之兵，以因北地之众以伐燕。士卒不战，城门不闭，燕君哙死，齐大胜。燕子之亡二年，而燕人共立太子平，是为燕昭王。

燕昭王于破燕之后即位，卑身厚币以招贤者。谓郭隗曰："齐因孤之国乱而袭破燕，孤极知燕小力少，不足以报。然诚得贤士以共国，以雪先王之耻，孤之愿也。先生视可者，得身事之。"郭隗曰："王必欲致士，先从隗始。况贤于隗者，岂远千里哉！"于是昭王为隗改筑宫而师事之。乐毅自魏往，邹衍自齐往，剧辛自赵往，士争趋燕。燕王吊死问孤，与百姓同甘苦。

二十八年，燕国殷富，士卒乐轶轻战，于是遂以乐毅为上将军，与秦、楚、三晋合谋以伐齐。齐兵败，湣王出亡于外。燕兵独追北，入至临淄，尽取齐宝，烧其宫室宗庙。齐城之不下者，独唯聊、莒、即墨，其余皆属燕，六岁。

昭王三十三年卒，子惠王立。

惠王为太子时，与乐毅有隙；及即位，疑毅，使骑劫代将。乐毅亡走赵。齐田单以即墨击败燕军，骑劫死，燕兵引归，齐悉复得其故城。湣王死于莒，乃立其子为襄王。

惠王七年卒。韩、魏、楚共伐燕。燕武成王立。

武成王七年，齐田单伐我，拔中阳。十三年，秦败赵于长平四十余万。十四年，武成王卒，子孝王立。

孝王元年，秦围邯郸者解去。三年卒，子今王喜立。

今王喜四年，秦昭王卒。燕王命相栗腹约欢赵，以五百金为赵王酒。还报燕王曰："赵王壮者皆死长平，其孤未壮，可伐也。"王召昌国君乐间问之。对曰："赵四战之国，其民习兵，不可伐。"王曰："吾以五而伐一。"对曰："不可。"燕王怒，群臣皆以为可。卒起二军，车二千乘，栗腹将而攻鄗，卿秦攻代。唯独大夫将渠谓燕王曰："与人通关约交，以五百金饮人之王，使者报而反攻之，不祥，兵无成功。"燕王不听，自将偏军随之。将渠引燕王绶止之曰："王必无自往，往无成功。"王蹴之以足。将渠泣曰："臣非以自为，为王也！"燕军至宋子，赵使廉颇将，击破栗腹于鄗。乐乘破卿秦于代。乐间奔赵。廉颇逐之五百余里，围其国。燕人请和，赵人不许，必令将渠处和。燕相将渠以处和。赵听将渠，解燕围。

六年，秦灭东周，置三川郡。七年，秦拔赵榆次三十七城，秦置大原郡。九年，秦王政初即位。十年，赵使廉颇将攻繁阳，拔之。赵孝成王卒，悼襄王立。使乐乘代廉颇，廉颇不听，攻乐乘，乐乘走，廉颇奔大梁。十二年，赵使李牧攻燕，拔武遂、方城。剧辛故居赵，与庞煖善，已而亡走燕。燕见赵数困于秦，而廉颇去，令庞煖将也，欲因赵弊攻之。问剧辛，辛曰："庞煖易与耳。"燕使剧辛将击赵，赵使庞煖击之，取燕军二万，杀剧辛。秦拔魏二十城，置东郡。十九年，秦拔赵之邺九城。赵悼襄王卒。二十三年，太子丹质于秦，亡归燕。二十五年，秦虏灭韩王安，置颍川郡。二十七年，秦虏赵王迁，灭赵。赵公子嘉自立为代王。

燕见秦且灭六国，秦兵临易水，祸且至燕。太子丹阴养壮士二十人，使荆轲献督亢地图于秦，因袭刺秦王。秦王觉，杀轲，使将军王翦击燕。二十九年，秦攻拔我蓟，燕王亡，徙居辽东，斩丹以献秦。三十年，秦灭魏。

三十三年，秦拔辽东，虏燕王喜，卒灭燕。是岁，秦将王贲亦虏代王嘉。

太史公曰：召公奭可谓仁矣！甘棠且思之，况其人乎？燕外迫蛮貉，内措齐、晋，崎岖强国之间，最为弱小，几灭者数矣。然社稷血食者八九百岁，于姬姓独后亡，岂非召公之烈邪！

译文：

召公奭与周王室同姓，姓姬氏。周武王灭亡了殷纣王，把召公封在了北燕。

在周成王的时候，召公为三公之一。自陕以西，由召公治理，自陕以东，由周公治理。成王尚且年幼，周公代理国政，主持国事，登天子位。召公怀疑周公，周公作了《君奭》一文。文中反映了召公对周公的不满。周公因此说："商汤时有伊尹，德行合于天道；在太戊时，就有像伊陟、臣扈这样的，德行感动上帝，有像巫咸这样的掌管着王室；在祖乙时，就有像巫贤这样的；在武丁时，就有像甘盘这样的，全都各在其位、各尽其能，维护了殷王朝的安定繁荣。"听到这些话，召公才放心地笑了。

召公治理的陕地西区，很受广大百姓的拥戴。召公巡视乡镇，有棵棠梨树，他就在树下受理诉讼和处理政务，从贵族到平民都得到妥善安置，没有任何处理失当的地方。召公去世后，民众思念召公的德政，怀念那棵棠梨树，舍不得砍伐它，作了《甘棠》这首诗，来歌颂他。

自召公以下九代传位到惠侯。燕惠侯正是周厉王逃亡彘地，共和行政的时候。

惠侯去世后，儿子釐侯继位。这一年，周宣王新即位。釐侯二十一年，郑桓公新封在郑。在位三十六年，釐侯去世，儿子顷侯继位。

顷侯二十年，周幽王荒淫无度，被犬戎杀死。秦国开始进入诸侯行列。

在位二十四年，顷侯去世，儿子哀侯继位。哀侯在位二年去世，儿子郑侯继位。郑侯在位三十六去世，儿子缪侯继位。

缪侯七年，是鲁隐公元年。缪侯在位十八年去世，儿子宣侯继位。宣侯在位十三年去世，儿子桓侯继位。桓侯在位七年去世，儿子庄公继位。

庄公十二年，齐桓公开始称霸。庄公十六年，与宋国、卫国一道攻打周惠王，周惠王出逃到温，拥立惠王弟弟姬颓为周王。十七年，郑国捉拿了燕仲父并把周惠王护送回京都。二十七年，山戎来侵犯燕国，齐桓公救援燕国，就此向北征伐山戎得胜而归。燕君送齐桓公回国时出了国境，齐桓公便把燕君所到的地方割让给了燕国，让燕国一道供奉天子，如同在成周供职时一样，让燕君遵循召公的法度。庄公在位三十三年去世，儿子襄公继位。

襄公二十六年，晋文公召集了践土的盟会，称霸诸侯。三十一年，秦国军队在崤关被击败。三十七年，秦穆公去世。在位四十年，襄公去世，桓公继位。

桓公在位十六年去世，宣公继位。宣公在位十五年去世，昭公继位。昭公在位十三年去世，武公继位。这一年晋国诛灭了三郤大夫。

武公在位十九年去世，文公继位。文公在位六年去世，懿公继位。懿公元年，齐国的崔杼杀死了他的国君庄公。懿公在位四年去世，儿子惠公继位。

惠公元年，齐国的高止来投奔。六年，惠公的宠臣很多，他打算撇开众大夫而重用宠臣宋，众大夫共谋诛杀了宠臣宋，惠公惧怕，逃奔齐国。四年，齐国的高偃到晋国，请求共同征伐燕国，送燕君回国复位。晋平公答应了，和齐国一道征伐燕国，送燕惠公回国。惠公回到燕国便死了。燕国人拥立悼公继位。

悼公在位七年去世，共公继位。共公在位五年去世，平公继位。晋国公室地位衰弱，六个大夫的地位开始强盛。平公十八年，吴王阖闾的军队攻破楚国进入郢都。在位十九年平公去世，简公继位。简公在位十二年去世，献公继位。晋国的赵鞅把范氏、中行氏包围在朝歌之中。献公十二年，齐国的田常杀死了他的国君简公。十四年，孔子去世。在位二十八年，献公去世，孝公继位。

孝公十二年，韩、魏、赵三家灭掉了知伯，瓜分了他的领地，晋国的这三家已经很强盛了。

在位十五年，孝公去世，成公继位。成公在位十六年去世，湣公继位。湣公在位三十一年去世，釐公继位。这一年，韩、赵、魏三家被列入诸侯。

釐公三十年，在林营战败了齐国。釐公去世后，桓公继位。桓公在位十一年去世，文公继位。这一年，秦献公去世。秦国更加强盛。

文公十九年，齐威王去世。二十八年，苏秦第一次来拜见燕君，向文公宣传他的外交主张。文公给了他车马钱帛并送他前往赵国，赵肃侯任用了他。随即邀约六个国家结为同盟，担任了盟主。秦惠王把自己的女儿嫁给燕国太子做妻子。

在位二十九年，文公去世，太子继位，这就是易王。

易王刚继位，齐宣王即趁燕国的国丧出兵攻伐燕国，夺取了十座城镇。苏秦劝说齐宣王，使齐国又归还了燕国十座城镇。十年，燕国国君开始称王。苏秦与燕文公夫人暗中通奸，害怕被杀，便说服燕王派他出使齐国进行反间，计划用这样的办法扰乱齐国。易王继位十二年去世，儿子燕王哙继位。

燕王哙继位后，齐国人杀死了苏秦。苏秦昔日在燕国时，与燕国的国相子之结为儿女亲家，苏代与子之又有交往。待苏秦死后，齐宣王又任用了苏代。燕王哙三年，与楚国、韩国、赵国、魏国一起攻打秦国，没能取胜便回国了。子之在燕国担任国相，地位很高，权力很大，主决国事。苏代受齐国派遣出使燕国，燕王问他："齐王这个人怎么样？"回答说："肯定不能称霸。"燕王问："为什么？"回答说："不能信任大臣。"苏代想用这样的话来激发燕王更加尊崇子之。从此燕王对子之极为信任。子之便赠给苏代一百镒钱，听任他的指使。

鹿毛寿对燕王说："不如把君位让给国相子之。人们之所以说尧是贤人，是因为他把治理天下的权力让给许由，许由不肯接受，既有让天下的美名而又实际上没有失去天下。现今君王把君位交给子之，子之肯定不敢接受，这样一来君王就有了与尧相同的德行了。"燕王因此便把国家托付给子之，子之的权位更加重要了。有人说："禹荐举益，继而又用启的亲信担任官职。待到自己年老时，声言启不能胜任君位，传位给益。不久，启伙同党羽攻打益，夺取了君位。天下人说禹名义上传君位给益，随后又实际让启自己夺走。现今君王口头说把国家托付给子之，而管事的官吏却没有不是太子的亲信，这不过是名义上托付给子之而实际上太子掌权罢了。"燕王哙便把俸禄在三百石以上的官吏全都交给子之掌管。子之面向南而坐君位，行使国王的权力，而哙年老不处理政务，反而成了臣子，国事全由子之决定。

子之当政三年，国中大乱，贵族们都很惧怕。将军市被跟太子平商议，准备攻打子之。将军们对齐湣王说："趁燕国内乱去进攻它，肯定能攻破燕国。"齐王因此派人对燕太子平说："我听说太子是坚守正义的，一定会废除私利而建立公道的，整治君臣关系，张明父子的地位。我们齐国卑小，没资格为您效力。虽然这样，仍然希望接受您的命令。"太子从而邀集党徒、聚合民众，将军市被包围了公宫，攻打子之，没能攻克。将军市被和贵族们又反过来攻打太子平，将军市被战死，尸体被示众。由于几个月的动乱，死了好几万人，民众恐惧，贵族们各怀打算。孟轲对齐王说："现在讨伐燕国，正是文王、武王举兵的形势，不可丧失呀！"齐王因此命令章子率领五都的军队，会合北边的军队一起讨伐燕国。燕国的士兵不肯出战，不肯关闭城门，燕王哙死于战乱，齐军获得大胜。燕国子之死后二年，燕国人共同拥立太子平，这就是燕昭王。

燕昭王在燕国被攻破之后继位，用谦恭的态度和丰厚的奖赏招揽有才能的人。他对郭隗说："齐国趁我国内乱而偷袭和攻破了我国，我深知燕国弱小，无力报仇。然而一旦得到有才能的人一起治理国家，借以洗刷先王的耻辱，实在是我的愿望啊！您发现可帮我实现这一愿望的人，我一定亲身善待他。"郭隗说："君王决心招引有才能的人，就先从我开始做起。那些比我更有才干的人，还会嫌千里为远吗？"于是昭王为郭隗改建官府，拿他当老师看待。乐毅从魏国赶来，邹衍从齐国赶来，剧辛从赵国赶来，有才干的人都争相赶往燕国。燕王悼唁死者，慰问孤儿，与臣下同甘共苦。

二十八年，燕国殷实富足，士兵们乐于出征对于伤亡不当回事。于是便任命乐毅为上将军，与秦国、楚国、韩国、赵国、魏国一起合谋征伐齐国。齐军战败，齐湣王逃离国都。燕国军队独自追杀败军，进入到齐国都城临淄，掠走了齐国全部宝物，烧毁了齐国的宫殿和宗庙。齐国城市未被攻占的，只剩聊城、莒城和即墨城，其他的全都隶属燕国所有，长达六年。

昭王在位三十三年去世，儿子惠王继位。

惠王还是太子的时候，跟乐毅有过怨仇；及至继位，猜疑乐毅，让骑劫取代乐毅统兵。乐毅逃亡到赵国。齐国的田单依据即墨打败燕国军队，骑劫战死，燕国军队撤退回国，齐国收复了全部原有城镇。齐湣王死在莒城，便拥立他的儿子为襄王。

惠王在位七年去世。韩国、魏国、楚国共同征伐燕国。燕武成王继位。

武成王七年，齐国的田单带兵征伐燕国，攻陷了中阳。十三年，秦国军队在长平打败了赵国四十多万大军。在位十四年，武成王去世，儿子孝王继位。

孝王元年，围困邯郸的秦国解围离去。孝王在位三年去世，儿子燕王喜继位。

燕王喜四年，秦昭王去世。燕王派国相栗腹同赵国订立友好同盟，用五百镒钱为赵王作贺礼。栗腹回到燕国后向燕王禀报说："赵国年轻力壮的人都死在长平，他们的孤儿还未成年，可趁此机会攻伐它。"燕王召唤昌国君乐间询问此事。乐间回答说："赵国的周边国家都是军事强国，它的军民善于作战，不可同它作战。"燕王说："我用五倍的兵力攻打它。"回答说："那也不可以。"燕王发怒，大臣们都说可以征伐。终于决定调动两支军队，战车两千辆，由栗腹统领一支军队攻打鄗邑，由卿秦统领一支军队攻打代邑。唯独大夫将渠对燕王说："与邻国开放边界，订立同盟，用五百镒钱作礼物，使者回报后反而去攻打人家，这样做不吉祥，交战是不会取胜的。"燕王不听劝告，亲自率领后备队跟随。将渠拉着燕王的绶带阻止他说："君王千万不要亲自前去，去不会成功。"燕王用脚踢他，将渠哭泣着说："臣下不是为自己考虑，而是为君王着想啊！"燕国军队到达宋子，赵国任命廉颇统兵，在鄗地击败了栗腹的军队，乐乘在代地打败了卿秦。乐间逃奔到赵国。廉颇追杀燕国军队五百多里，包围了燕国的国都。燕国请求议和，赵国不答应，一定要让将渠来办理和谈的事。燕国任命将渠为国相参加和谈。赵国接受了将渠的请和，解除了对燕国的包围。

燕王喜六年，秦国推翻了东周王室，设置三川郡。七年，秦国军队攻陷赵国榆次等三十七座城镇，设置了大原郡。九年，秦王嬴政新继位。十年，赵国任命廉颇统领军队攻打繁阳，占领了它。赵孝成王去世，悼襄王继位。派乐乘接替廉颇，廉颇不服从，攻打乐乘，乐乘逃走，廉颇奔走大梁。十二年，赵国派李牧进攻燕国，攻陷了武遂、方城。剧辛从前在赵国居住过，与庞煖交好，后来逃亡到燕国。燕王看到赵国屡次被秦国围攻，而廉颇又离去，便派庞煖统率军队，想趁赵国陷于困境时攻打它。就此事询问剧辛，剧辛说："庞煖好对付。"燕国派剧辛带兵打赵国，赵国派庞煖迎击燕国军队，消灭燕军二万人，杀掉了剧辛。秦国军队攻陷魏国二十座城镇，设置了东郡。十九年，秦国军队攻陷赵国的邯等九座城镇。赵悼襄王去世。二十三年，太子丹被派到秦国做人质，逃回燕国。二十五年，秦国俘虏了韩王安，灭了韩国，设置了颍川郡。二十七年，秦国俘虏了赵王迁，灭亡了赵国。赵国的公子嘉自立为代王。

燕王看到秦国将要灭亡六国，秦国军队进驻易水，大祸将要降临燕国。太子丹私下供养了二十名壮士，派荆轲把督亢的地图献给秦王，乘机袭击并刺杀秦王。秦王发觉，杀死了荆轲，派遣将军王翦攻打燕国。二十九年，秦国军队攻陷燕国的蓟都，燕王出逃，迁居辽东，砍下太子丹的头献给秦王。三十年，秦国灭亡了魏国。

三十三年，秦国军队攻陷了辽东，俘虏了燕王喜，终于灭亡了燕国。这一年，秦国将军王贲也俘虏了代王嘉。

太史公说：召公奭可以称得上仁德了，棠梨树，民众都要怀念它，何况召公本人呢！燕国外受蛮貊部族的侵扰，内受齐国、晋国的欺压，艰难地生存在强国之间，最是弱小，屡次濒于灭亡。然而国家却保持了八九百年的祭祀，在姬姓诸国中唯独它最后灭亡，难道不是召公的功德吗？

史记卷三十五

管蔡世家第五

管叔鲜、蔡叔度者，周文王子而武王弟也。武王同母兄弟十人。母曰太姒，文王正妃也。其长子曰伯邑考，次曰武王发，次曰管叔鲜，次曰周公旦，次曰蔡叔度，次曰曹叔振铎，次曰成叔武，次曰霍叔处，次曰康叔封，次曰冉季载。冉季载最少。同母昆弟十人，唯发、旦贤，左右辅文王，故文王舍伯邑考而以发为太子。及文王崩而发立，是为武王。伯邑考既已前卒矣。

武王已克殷纣，平天下，封功臣昆弟。于是封叔鲜于管，封叔度于蔡：二人相纣子武庚禄父，治殷遗民。封叔旦于鲁而相周，为周公。封叔振铎于曹，封叔武于成，封叔处于霍。康叔封、冉季载皆少，未得封。

武王既崩，成王少，周公旦专王室。管叔、蔡叔疑周公之为不利于成王，乃挟武庚以作乱。周公旦承成王命伐诛武庚，杀管叔，而放蔡叔，迁之，与车十乘，徒七十人从。而分殷余民为二：其一封微子启于宋，以续殷祀；其一封康叔为卫君，是为卫康叔。封季载于冉。冉季、康叔皆有驯行，于是周公举康叔为周司寇，冉季为周司空，以佐成王治，皆有令名于天下。

蔡叔度既迁而死。其子曰胡，胡乃改行，率德驯善。周公闻之，而举胡以为鲁卿士，鲁国治。于是周公言于成王，复封胡于蔡，以奉蔡叔之祀，是为蔡仲。余五叔皆就国，无为天子吏者。

蔡仲卒，子蔡伯荒立。蔡伯荒卒，子宫侯立。宫侯卒，子厉侯立。厉侯卒，子武侯立。武侯之时，周厉王失国，奔彘，共和行政，诸侯多叛周。

武侯卒，子夷侯立。夷侯十一年，周宣王即位。二十八年，夷侯卒，子釐侯所事立。

釐侯三十九年，周幽王为犬戎所杀，周室卑而东徙。秦始得列为诸侯。

四十八年，釐侯卒，子共侯兴立。共侯二年卒，子戴侯立。戴侯十年卒，子宣侯措父立。

宣侯二十八年，鲁隐公初立。三十五年，宣侯卒，子桓侯封人立。桓侯三年，鲁弑其君隐公。二十年，桓侯卒，弟哀侯献舞立。

哀侯十一年，初，哀侯娶陈，息侯亦娶陈。息夫人将归，过蔡，蔡侯不敬。息侯怒，请楚文王："来伐我，我求救于蔡，蔡必来，楚因击之，可以有功。"楚文王从之，虏蔡哀侯以归。哀侯留九岁，死于楚。凡立二十年卒。蔡人立其子肸，是为缪侯。

缪侯以其女弟为齐桓公夫人。十八年，齐桓公与蔡女戏船中，夫人荡舟，桓公止之，不止，公怒，归蔡女而不绝也。蔡侯怒，嫁其弟。齐桓公怒，伐蔡；蔡溃，遂虏缪侯，南至楚邵陵。已而诸侯为蔡谢齐，齐侯归蔡侯。二十九年，缪侯卒，子庄侯甲午立。

庄侯三年，齐桓公卒。十四年，晋文公败楚于城濮。二十年，楚太子商臣弑其父成王代立。二十五年，秦穆公卒。三十三年，楚庄王即位。三十四年，庄侯卒，子文侯申立。

文侯十四年，楚庄王伐陈，杀夏征舒。十五年，楚围郑，郑降楚，楚复醳之。二十年，文侯卒，子景侯固立。

景侯元年，楚庄王卒。四十九年，景侯为太子般娶妇于楚，而景侯通焉。太子弑景侯而自立，是为灵侯。

灵侯二年，楚公子围弑其王郏敖而自立，为灵王。九年，陈司徒招弑其君哀公。楚使公子弃疾灭陈而有之。十二年，楚灵王以灵侯弑其父，诱蔡灵侯于申，伏甲饮之，醉而杀之，刑其士卒七十人。令公子弃疾围蔡。十一月，灭蔡，使弃疾为蔡公。

楚灭蔡三岁，楚公子弃疾弑其君灵王代立，为平王。平王乃求蔡景侯少子庐，立之，是为平侯。是年，楚亦复立陈。楚平王初立，欲亲诸侯，故复立陈、蔡后。

平侯九年卒，灵侯般之孙东国攻平侯子而自立，是为悼侯。悼侯父曰隐太子友。隐太子友者，灵侯之太子，平侯立而杀隐太子，故平侯卒而隐太子之子东国攻平侯子而代立，是为悼侯。悼侯三年卒，弟昭侯申立。

昭侯十年，朝楚昭王，持美裘二，献其一于昭王而自衣其一。楚相子常欲之，不与。子常谗蔡侯，留之楚三年。蔡侯知之，乃献其裘于子常；子常受之，乃言归蔡侯。蔡侯归而之晋，请与晋伐楚。

十三年春，与卫灵公会邵陵。蔡侯私于周苌弘以求长于卫；卫使史䲡言康叔之功德，乃长卫。夏，为晋灭沈，楚怒，攻蔡。蔡昭侯使其子为质于吴，以共伐楚。冬，与吴王阖闾遂破楚入郢。蔡怨子常，子常恐，奔郑。十四年，吴去而楚昭王复国。十六年，楚令尹为其民泣以谋蔡，蔡昭侯惧。二十六年，孔子如蔡。楚昭王伐蔡，蔡恐，告急于吴。吴为蔡远，约迁以自近，易以相救；昭侯私许，不与大夫计。吴人来救蔡，因迁蔡于州来。二十八年，昭侯将朝于吴，大夫恐其复迁，乃令贼利杀昭侯；已而诛贼利以解过,而立昭侯子朔,是为成侯。

成侯四年,宋灭曹。十年,齐田常弑其君简公。十三年,楚灭陈。十九年,成侯卒,子声侯产立。声侯十五年卒,子元侯立。元侯六年卒,子侯齐立。

侯齐四年,楚惠王灭蔡,蔡侯齐亡,蔡遂绝祀。后陈灭三十三年。

伯邑考,其后不知所封。武王发,其后为周,有本纪言。管叔鲜作乱诛死,无后。周公旦,其后为鲁,有世家言。蔡叔度,其后为蔡,有世家言。曹叔振铎,其后为曹,有世家言。成叔武,其后世无所见。霍叔处,其后晋献公时灭霍。康叔封,其后为卫,有世家言。冉季载,其后世无所见。

太史公曰:管蔡作乱,无足载者。然周武王崩,成王少,天下既疑,赖同母之弟成叔、冉季之属十人为辅拂,是以诸侯卒宗周,故附之世家言。

曹叔振铎者,周武王弟也。武王已克殷纣,封叔振铎于曹。

叔振铎卒,子太伯脾立。太伯卒,子仲君平立。仲君平卒,子宫伯侯立。宫伯侯卒,子孝伯云立。孝伯云卒,子夷伯喜立。

夷伯二十三年,周厉王奔于彘。

三十年卒,弟幽伯彊立。幽伯九年,弟苏杀幽伯代立,是为戴伯。戴伯元年,周宣王已立三岁。三十年,戴伯卒,子惠伯兕立。

惠伯二十五年,周幽王为犬戎所杀,因东徙,益卑,诸侯畔之。秦始列为诸侯。

三十六年,惠伯卒,子石甫立,其弟武杀之代立,是为缪公。缪公三年卒,子桓公终生立。

桓公三十五年,鲁隐公立。四十五年,鲁弑其君隐公。四十六年,宋华父督弑其君殇公,及孔父。五十五年,桓公卒,子庄公夕姑立。

庄公二十三年，齐桓公始霸。

三十一年，庄公卒，子釐公夷立。釐公九年卒，子昭公班立。昭公六年，齐桓公败蔡，遂至楚召陵。九年，昭公卒，子共公襄立。

共公十六年，初，晋公子重耳其亡过曹，曹君无礼，欲观其骈胁。釐负羁谏，不听，私善于重耳。二十一年，晋文公重耳伐曹，虏共公以归，令军毋入釐负羁之宗族间。或说晋文公曰："昔齐桓公会诸侯，复异姓；今君囚曹君，灭同姓，何以令于诸侯？"晋乃复归共公。

二十五年，晋文公卒。三十五年，共公卒，子文公寿立。文公二十三年卒，子宣公彊立。宣公十七年卒，弟成公负刍立。

成公三年，晋厉公伐曹，虏成公以归，已复释之。五年，晋栾书、中行偃使程滑弑其君厉公。二十三年，成公卒，子武公胜立。武公二十六年，楚公子弃疾弑其君灵王代立。二十七年，武公卒，子平公须立。平公四年卒，子悼公午立。是岁，宋、卫、陈、郑皆火。

悼公八年，宋景公立。九年，悼公朝于宋，宋囚之；曹立其弟野，是为声公。悼公死于宋，归葬。

声公五年，平公弟通弑声公代立，是为隐公。隐公四年，声公弟露弑隐公代立，是为靖公。靖公四年卒，子伯阳立。

伯阳三年，国人有梦众君子立于社宫，谋欲亡曹；曹叔振铎止之，请待公孙彊，许之。旦，求之曹，无此人。梦者戒其子曰："我亡，尔闻公孙彊为政，必去曹，无离曹祸。"及伯阳即位，好田弋之事。六年，曹野人公孙彊亦好田弋，获白雁而献之，且言田弋之说，因访政事。伯阳大说之，有宠，使为司城以听政。梦者之子乃亡去。

公孙彊言霸说于曹伯。十四年,曹伯从之,乃背晋干宋。宋景公伐之,晋人不救。十五年,宋灭曹,执曹伯阳及公孙彊以归而杀之。曹遂绝其祀。

太史公曰:余寻曹共公之不用僖负羁,乃乘轩者三百人,知唯德之不建。及振铎之梦,岂不欲引曹之祀者哉?如公孙彊不修厥政,叔铎之祀忽诸。

译文:

管叔鲜和蔡叔度是周文王的儿子、周武王的弟弟。与武王同母的兄弟有十人。母亲叫太姒,是文王的正妻。她的大儿子叫伯邑考,老二叫武王发,老三叫管叔鲜,老四叫周公旦,老五叫蔡叔度,老六叫曹叔振铎,老七叫成叔武,老八叫霍叔处,老九叫康叔封,老十叫冉季载。冉季载最小。同母兄弟十人,只有姬发、姬旦最贤能,佐佑辅助文王,所以文王舍弃伯邑考而选择姬发做太子。及至文王逝世,姬发继了位,这就是武王。伯邑考在此之前早已去世了。

武王灭亡殷纣之后,平定了天下,便分封有功的大臣和自己的兄弟。在此期间把叔鲜封于管,叔度封于蔡,他们作为殷纣王儿子武庚禄父的辅佐,治理殷朝遗留的民众。把叔旦封于鲁而作周王朝的国相,这就是周公。把叔振铎封于曹,叔武封于成,叔处封于霍。康叔封、冉季载都还年幼,未能受封。

武王逝世时,成王尚年幼,周公旦独掌王政。管叔、蔡叔猜疑周公的行为将不利于成王,于是便挟持武庚叛乱。周公旦秉承成王的命令讨伐诛灭了武庚,杀死了管叔,放逐了蔡叔,把他迁离原封地，给了十辆车，七十名随从。将殷遗民分为两部分，其中一部分给微子启，封建宋国，由他延续殷人的祭祀；另一部分给康叔，封为卫君，这就是卫康叔。把季载封在冉。冉季和康叔都有良好的品行，于是周公便推举康叔担任周王朝的司寇，冉季为周王朝的司空，以佑助成王治理国家，他们在全国都有很好的名声。

蔡叔度在流放后便死去。他的儿子叫姬胡，姬胡更改了他父亲的所为，遵守法纪。周公听到这些情况，便推举姬胡作鲁国的卿士。而且周公还禀告成王，把姬胡重新封于蔡，来供奉蔡叔的祭祀，这就是蔡仲。成王其余的五个叔父都各就自己的封国，没有担任天子官吏的。

蔡仲去世，儿子蔡伯荒继位。蔡伯荒去世，儿子宫侯继位。宫侯去世，儿子厉侯继位。厉侯去世，儿子武侯继位。在武侯时，周厉王失掉国政，逃跑到彘地，王室由周公、召公共同执政，很多诸侯背叛了周王朝。

武侯去世，儿子夷侯继位。夷侯十一年时，周宣王即位。在位二十八年，夷侯去世，儿子釐侯所事继位。

釐侯三十九年时，周幽王被犬戎杀死，周王室的地位卑微，不得不向东迁都。秦国开始列入诸侯国。

在位四十八年，釐侯去世，儿子共侯兴继位。共侯在位二年去世，儿子戴侯继位。戴侯在位十年去世，儿子宣侯措父继位。

宣侯二十八年时，鲁隐公开始继位。在位三十五年，宣侯去世，儿子桓侯封人继位。桓侯三年时，鲁国人杀死了他们的国君鲁隐公。在位二十年，桓侯去世，弟弟哀侯献舞继位。

哀侯十一年。早先，哀侯娶陈国女为妻，息侯也娶陈国女为妻。息夫人将回陈国省亲，路过蔡国，蔡侯对她不尊敬。息侯很生气，请求楚文王说："楚国来讨伐我，我向蔡国求救，蔡国必定派军队前来，楚军可趁机袭击它，能够取胜。"楚文王听了这个建议。俘虏了蔡哀侯并把他带回楚国。蔡哀侯留在楚国九年，死在那里。蔡哀侯一共在位二十年去世。蔡国人拥立他的儿子肸为国君，这就是缪侯。

缪侯把他的妹妹嫁给齐桓公作夫人。十八年，齐桓公与蔡女在船中嬉戏，夫人用力把船摇得晃动起来，桓公阻止她，她仍不停止，桓公很生气，把蔡女送回国但并未断绝夫妻关系。蔡侯也很生气，把妹妹另嫁他人。齐桓公大为光火，兴兵伐蔡。蔡军溃败，于是俘虏了缪侯，并乘势向南进军到达楚国的邵陵。不久诸侯替蔡国向齐国赔罪，齐侯让蔡侯归国。在位二十九年，缪侯去世，儿子庄侯甲午继位。

齐侯归还了蔡侯。在位二十九年，缪侯去世，儿子庄侯甲午继位。

庄侯三年，齐桓公去世。十四年，晋文公在城濮打败楚国的军队。二十年，楚国太子商臣杀死了他的父亲成王接替了王位。二十五年，秦穆公去世。三十三年，楚庄王继位。在位三十四年，庄侯去世，儿子文侯申继位。

文侯十四年，楚庄王出兵伐陈国，杀了夏征舒。十五年，楚国军队包围了郑国的都城，郑国君主向楚军投降，楚军释放了郑君。二十年，文侯去世，儿子景侯固继位。

景侯元年，楚庄王去世。四十九年，景侯从楚国为太子般娶妻，而后景侯又与她通奸。太子杀了景侯而自立为国君，这就是灵侯。

灵侯二年，楚国的公子围杀了他的父王郏敖而自立为王，即灵王。九年，陈国司徒招杀死了他的国君哀公。楚国派遣公子弃疾灭亡了陈国并占领了它。十二年，楚灵王因灵侯杀其父王，诱骗蔡灵侯到申地，埋伏下武士，给灵侯饮酒，待灌醉后便把他杀掉，随从士兵七十人也都杀死。命令公子弃疾包围了蔡国都城。十一月，灭亡了蔡国，任命弃疾做蔡公。

楚国灭亡蔡国后三年，楚国的公子弃疾杀死了他的君父灵王替代而立，即平王。于是，平王便找到蔡景侯的幼子庐，立他为君，这就是平侯。这一年，楚国也恢复了陈国，重立了陈侯。楚平王刚刚继位，想讨好诸侯，因而又让陈国、蔡国的后人继位。

平侯在位九年去世，灵侯般的孙儿东国打败了平侯的儿子自立为君，这就是悼侯。悼侯的父亲叫隐太子友。隐太子友是灵侯的太子，平侯继位而杀隐太子，所以平侯去世后，隐太子的儿子东国攻打平侯的儿子取代他而继位，这就是悼侯。悼侯在位三年去世，他的弟弟昭侯申继位。

昭侯十年时，去朝见楚昭王，携带了两件贵重漂亮的裘皮衣，把其中一件献给了昭王，另一件自己穿戴着。楚国的国相子常想要那件裘皮衣，昭侯不肯给他。子常在楚王面前说了不少蔡侯的坏话，于是蔡侯被扣留在楚国三年之久。蔡侯知道自己被扣留的缘由后，便把那件皮衣献给了子常，子常收下皮衣后，才进言楚王送蔡侯回国。蔡侯回国后便去到晋国，请求随同晋国一道讨伐楚国。

十三年春，昭侯与卫灵公在邵陵会盟。蔡侯私下请求周大夫苌弘在会盟中位列卫侯之前；卫侯派史鱼酋申言卫国始封君康叔的功德，于是仍列卫侯在蔡侯之前。夏天，替晋国灭了沈国，楚王恼怒，攻打蔡国。蔡昭侯遣送自己的儿子到吴国做人质，以求共同讨伐楚国。冬天，与吴王阖闾一道终于打败了楚军，进入郢都。蔡昭侯怨恨子常，子常惧怕受害，逃奔郑国。十四年，吴军离去后楚昭王重回郢都。十六年，楚国的令尹为本国人民遭受吴国、蔡国的蹂躏而难过，于是便谋划向蔡国报复。蔡昭侯感到十分恐惧。二十六年，孔子来到蔡国。楚昭王进军讨伐蔡国，蔡昭侯恐慌，向吴王告急。吴王认为蔡都太远，与蔡侯约定把都城迁到靠近吴国的地方，以便救援。蔡昭侯私自许诺，未与大夫们商议。吴国军队前来援救蔡国，趁机把蔡国的都城迁到州来。二十八年，蔡昭侯将要去朝见吴王，大夫们害怕他再迁都，便派了一个名叫利的刺客把昭侯暗杀了，过后不久又把这个刺客利杀死以此推卸罪责，并拥立昭侯的儿子朔，这就是成侯。

成侯四年，宋国灭亡了曹国。十年，齐国田常杀死了他的国君简公。十三年，楚国灭亡了陈国。在位十九年，成侯去世，儿子声侯产继位。声侯在位十五年去世，儿子元侯继位。元侯在位六年去世，儿子齐继位。

蔡侯齐四年，楚惠王灭亡了蔡国，蔡侯齐亡命国外，蔡国从此断绝了祭祀。此时是陈国灭亡后的三十三年。

关于伯邑考，他的子孙后代不知封在哪里。至于武王发，他的后代是周王，详细情况在《周本纪》中已有记述。管叔鲜发动叛乱被处死，没有后代。周公旦，他的后代世为鲁国国君，有《鲁周公世家》记述。蔡叔度，他的后代世为蔡国国君，有《管蔡世家》记述。曹叔振铎，他的后代世为曹国国君，有《管蔡世家》记述。成叔武，他的后代不见记载。霍叔处，他的后代在晋献公时被灭了封地。康叔封，他的后代世为卫国国君，有《卫康叔世家》记述。冉季载，他的后代也不见记载。

太史公说：管叔、蔡叔发动叛乱，没有什么值得记述的。然而周武王去世后，成王年幼，全国已有人在怀疑，全靠同母兄弟成叔、冉季等十人作为辅佐，因此诸侯终于尊奉周王室，故此把他们附在《世家》中记述。

曹叔振铎，是周武王的弟弟。武王在灭亡了殷纣王后，把叔振铎封在曹。

叔振铎去世后，儿子太伯脾继位。太伯去世后，儿子仲君平继位。仲君平去世后，儿子宫伯侯继位。宫伯侯去世后，儿子孝伯云继位。孝伯云去世后，儿子夷伯喜继位。

夷伯二十三年，周厉王逃奔到彘地。

夷伯在位三十年去世，弟弟幽伯强继位。幽伯在位九年，弟弟苏杀幽伯替代他的君位，这就是戴伯。戴伯元年时，周宣王已在王位三年了。在位三十年，戴伯去世，儿子惠伯兕继位。

惠伯二十五年，周幽王被犬戎杀死，周王室因此东迁，王室的地位也更加卑微，诸侯们也背叛他。秦国开始进入诸侯行列。

在位三十六年，惠伯去世，儿子石甫继位，他的弟弟武杀了他而取代了君位，这就是缪公。缪公在位三年去世，儿子桓公终生继位。

桓公三十五年，鲁隐公登位。四十五年，鲁国人杀死了他们的国君隐公。四十六年，宋国华父督杀死了他的国君宋殇公及孔父。在位五十五年，桓公去世，儿子庄公夕姑继位。

庄公二十三年，齐桓公开始称霸。

在位三十一年，庄公去世，儿子釐公夷继位。釐公在位九年去世，儿子昭公班继位。昭公六年，齐桓公打败蔡国，趁势到达楚国的召陵。在位九年，昭公去世，儿子共公襄继位。

共公十六年。早先，晋国的公子重耳出亡时路过曹国，曹国君主对他无礼，要看他长成连片的肋骨。釐负羁劝阻共公，共公不听,釐负羁私下与重耳相好。二十一年,晋文公重耳出兵讨伐曹国,俘虏了共公并把他带回国去,同时命令军队不得进入釐负羁宗族的大门。有人劝告晋文公说:"从前齐桓公会合诸侯,恢复异姓诸侯的国家,现在您却囚禁曹国的君主,灭亡同姓诸侯,用什么来向诸侯发号施令呢?"于是,晋国又送共公返国。

二十五年,晋文公去世。在位三十五年,共公去世,儿子文公寿继位。文公在位二十三年去世,儿子宣公强继位。宣公在位十七年去世,弟弟成公负刍继位。

成公三年,晋厉公出兵征伐曹国,俘虏了成公并把他带回国,不久又释放了他。五年,晋国的栾书、中行偃指使程滑杀死了他们的国君。在位二十三年,成公去世,儿子武公胜继位。武公二十六年,楚国的公子弃疾杀死了他的君主灵王取代了君位。在位二十七年,武公去世,儿子平公须继位。平公在位四年去世,儿子悼公午继位。这一年,宋国、卫国、陈国、郑国皆遭受了火灾。

悼公八年,宋景公登位。九年,悼公往宋国朝拜,宋国把他囚禁起来。曹国人拥立他的弟弟野,这就是声公。悼公死在了宋国,事后又送回曹国安葬。

声公五年,平公的弟弟通杀死声公取代了他的君位,这就是隐公。隐公四年,声公弟弟露杀死了隐公取代了他的君位,这就是靖公。靖公在位四年去世,儿子伯阳继位。

伯阳三年,国中有人梦见许多上层人士聚集在土神庙里,策划灭亡曹国,曹叔振铎阻止他们,请求等待公孙强的到来再举动,上层人士们答应了。天亮后,找遍了曹国,没有公孙强这个人。做梦的人告诫他的儿子说:"我死后,你听到公孙强执政时,一定要离开曹国,不要遭受曹国灭亡的灾害。"待到伯阳继位时,爱好在野外打猎。六年，曹国有个叫公孙强的乡下人也喜好打猎，他擒获到一只白雁把它献给了伯阳，并大谈打猎的门道，伯阳因而向他请教施政的事情。伯阳非常赏识他，宠信他，任命他为司城，参与国事的决策。于是，做梦人的儿子逃亡离去。

公孙强向伯阳陈说称霸之道。十四年，曹伯信从他，便背叛了晋国，进犯宋国。宋景公讨伐他，晋国不派军队来救援。十五年，宋国灭亡了曹国，捉拿了曹伯阳和公孙强并把他们带回国去杀了。曹国从此断绝了祭祀。

太史公说：我探求曹共公不任用僖负羁的原因，原来是他乘坐华贵的高级马车的就有三百人，唯独不建立德政。待到振铎阻止梦中亡曹的企图，难道不是想延续曹国的祭祀吗？如果公孙强不推行他的霸政，曹叔振铎的祭祀能这么快就断绝吗？

史记卷三十六

陈杞世家第六

陈胡公满者，虞帝舜之后也。昔舜为庶人时，尧妻之二女，居于妫汭，其后因为氏姓，姓妫氏。舜已崩，传禹天下，而舜子商均为封国。夏后之时，或失或续。至于周武王克殷纣，乃复求舜后，得妫满，封之于陈，以奉帝舜祀，是为胡公。

胡公卒，子申公犀侯立。申公卒，弟相公皋羊立。相公卒，立申公子突，是为孝公。孝公卒，子慎公圉戎立。慎公当周厉王时。慎公卒，子幽公宁立。

幽公十二年，周厉王奔于彘。

二十三年，幽公卒，子釐公孝立。釐公六年，周宣王即位。三十六年，釐公卒，子武公灵立。武公十五年卒，子夷公说立。是岁，周幽王即位。夷公三年卒，弟平公燮立。平公七年，周幽王为犬戎所杀，周东徙。秦始列为诸侯。

二十三年，平公卒，子文公圉立。

文公元年，取蔡女，生子佗。十年，文公卒，长子桓公鲍立。

桓公二十三年，鲁隐公初立。二十六年，卫杀其君州吁。三十三年，鲁弑其君隐公。

三十八年正月甲戌己丑，桓公鲍卒。桓公弟佗，其母蔡女，故蔡人为佗杀五父及桓公太子免而立佗，是为厉公。桓公病而乱作，国人分散，故再赴。

厉公二年，生子敬仲完。周太史过陈，陈厉公使以《周易》筮之，卦得《观》之《否》："是为观国之光，利用宾于王。此其代陈有国乎？不在此，其在异国？非此其身，在其子孙。若在异国，必姜姓。姜姓，太岳之后。物莫能两大，陈衰，此其昌乎？"

厉公取蔡女，蔡女与蔡人乱，厉公数如蔡淫。七年，厉公所杀桓公太子免之三弟，长曰跃，中曰林，少曰杵臼，共令蔡人诱厉公以好女，与蔡人共杀厉公而立跃，是为利公。利公者，桓公子也。利公立五月卒，立中弟林，是为庄公。庄公七年卒，少弟杵臼立，是为宣公。

宣公三年，楚武王卒，楚始强。十七年，周惠王娶陈女为后。

二十一年，宣公后有嬖姬生子款，欲立之，乃杀其太子御寇。御寇素爱厉公子完，完惧祸及己，乃奔齐。齐桓公欲使陈完为卿，完曰："羁旅之臣，幸得免负檐，君之惠也，不敢当高位。"桓公使为工正。齐懿仲欲妻陈敬仲，卜之，占曰："是谓凤皇于飞，和鸣锵锵。有妫之后，将育于姜。五世其昌，并于正卿。八世之后，莫之与京。"

三十七年，齐桓公伐蔡，蔡败；南侵楚，至召陵，还过陈。陈大夫辕涛涂恶其过陈，诈齐令出东道。东道恶，桓公怒，执陈辕涛涂。是岁，晋献公杀其太子申生。

四十五年，宣公卒，子款立，是为穆公。穆公五年，齐桓公卒。十六年，晋文公败楚师于城濮。是岁，穆公卒，子共公朔立。共公六年，楚太子商臣弑其父成王代立，是为穆王。十一年，秦穆公卒。十八年，共公卒，子灵公平国立。

灵公元年，楚庄王即位。六年，楚伐陈。十年，陈及楚平。

十四年，灵公与其大夫孔宁、仪行父皆通于夏姬，衷其衣以戏于朝。泄冶谏曰："君臣淫乱，民何效焉？"灵公以告二子，二子请杀泄冶，公弗禁，遂杀泄冶。十五年，灵公与二子饮于夏氏。公戏二子曰："征舒似汝。"二子曰："亦似公。"征舒怒。灵公罢酒出，征舒伏弩厩门射杀灵公。孔宁、仪行父皆奔楚，灵公太子午奔晋。征舒自立为陈侯。征舒，故陈大夫也。夏姬，御叔之妻，舒之母也。

成公元年冬，楚庄王为夏征舒杀灵公，率诸侯伐陈。谓陈曰："无惊，吾诛征舒而已。"已诛征舒，因县陈而有之，群臣毕贺。申叔时使于齐来还，独不贺。庄王问其故，对曰："鄙语有之，牵牛径人田，田主夺之牛。径则有罪矣，夺之牛，不亦甚乎？今王以征舒为贼弑君，故征兵诸侯，以义伐之，已而取之，以利其地，则后何以令于天下！是以不贺。"庄王曰："善。"乃迎陈灵公太子午于晋而立之，复君陈如故，是为成公。孔子读史记至楚复陈，曰："贤哉楚庄王！轻千乘之国而重一言。"

八年，楚庄王卒。二十九年，陈倍楚盟。三十年，楚共王伐陈。是岁，成公卒，子哀公弱立。楚以陈丧，罢兵去。

哀公三年，楚围陈，复释之。二十八年，楚公子围弑其君郏敖自立，为灵王。

三十四年，初，哀公娶郑，长姬生悼太子师，少姬生偃。二嬖妾，长妾生留，少妾生胜。留有宠哀公，哀公属之其弟司徒招。哀公病，三月，招杀悼太子，立留为太子。哀公怒，欲诛招，招发兵围守哀公，哀公自经杀。招卒立留为陈君。四月，陈使使赴楚。楚灵王闻陈乱，乃杀陈使者，使公子弃疾发兵伐陈，陈君留奔郑。九月，楚围陈。十一月，灭陈。使弃疾为陈公。

招之杀悼太子也，太子之子名吴，出奔晋。晋平公问太史赵曰："陈遂亡乎？"对曰："陈，颛顼之族。陈氏得政于齐，乃卒亡。自幕至于瞽瞍，无违命。舜重之以明德。至于遂，世世守之。及胡公，周赐之姓，使祀虞帝。且盛德之后，必百世祀。虞之世未也，其在齐乎？"

楚灵王灭陈五岁，楚公子弃疾弑灵王代立，是为平王。平王初立，欲得和诸侯，乃求故陈悼太子师之子吴，立为陈侯，是为惠公。惠公立，探续哀公卒时年而为元，空籍五岁矣。

十年，陈火。十五年，吴王僚使公子光伐陈，取胡、沈而去。二十八年，吴王阖闾与子胥败楚入郢。是年，惠公卒，子怀公柳立。

怀公元年，吴破楚，在郢，召陈侯。陈侯欲往，大夫曰："吴新得意；楚王虽亡，与陈有故，不可倍。"怀公乃以疾谢吴。四年，吴复召怀公。怀公恐，如吴。吴怒其前不往，留之，因卒吴。陈乃立怀公之子越，是为湣公。

湣公六年，孔子适陈。吴王夫差伐陈，取三邑而去。十三年，吴复来伐陈，陈告急楚，楚昭王来救，军于城父，吴师去。是年，楚昭王卒于城父。时孔子在陈。十五年，宋灭曹。十六年，吴王夫差伐齐，败之艾陵，使人召陈侯。陈侯恐，如吴。楚伐陈。二十一年，齐田常弑其君简公。二十三年，楚之白公胜杀令尹子西、子綦，袭惠王。叶公攻败白公，白公自杀。

二十四年，楚惠王复国，以兵北伐，杀陈湣公，遂灭陈而有之。是岁，孔子卒。

杞东楼公者，夏后禹之后苗裔也。殷时或封或绝。周武王克殷纣，求禹之后，得东楼公，封之于杞，以奉夏后氏祀。

东楼公生西楼公，西楼公生题公，题公生谋娶公。谋娶公当周厉王时。谋娶公生武公。武公立四十七年卒,子靖公立。靖公二十三年卒,子共公立。共公八年卒,子德公立。德公十八年卒,弟桓公姑容立。桓公十七年卒,子孝公匄立。孝公十七年卒,弟文公益姑立。文公十四年卒,弟平公郁立。平公十八年卒,子悼公成立。悼公十二年卒,子隐公乞立。七月,隐公弟遂弑隐公自立,是为釐公。釐公十九年卒,子湣公维立。湣公十五年,楚惠王灭陈。十六年,湣公弟阏路弑湣公代立,是为哀公。哀公立十年卒,湣公子敕立,是为出公。出公十二年卒,子简公春立。立一年,楚惠王之四十四年,灭杞。杞后陈亡三十四年。

杞小微,其事不足称述。

舜之后,周武王封之陈,至楚惠王灭之,有世家言。禹之后,周武王封之杞,楚惠王灭之,有世家言。契之后为殷,殷有本纪言。殷破,周封其后于宋,齐湣王灭之,有世家言。后稷之后为周,秦昭王灭之,有本纪言。皋陶之后,或封英、六,楚穆王灭之,无谱。伯夷之后,至周武王复封于齐,曰太公望,陈氏灭之,有世家言。伯翳之后,至周平王时封为秦,项羽灭之,有本纪言。垂、益、夔、龙,其后不知所封,不见也。右十一人者,皆唐虞之际名有功德臣也;其五人之后皆至帝王,余乃为显诸侯。滕、薛、驺、夏、殷、周之间封也,小,不足齿列,弗论也。

周武王时,侯伯尚千余人。及幽、厉之后,诸侯力攻相并。江、黄、胡、沈之属,不可胜数,故弗采著于传云。

太史公曰:舜之德可谓至矣!禅位于夏,而后世血食者历三代。及楚灭陈,而田常得政于齐,卒为建国,百世不绝,苗裔兹兹，有土者不乏焉。至禹，于周则杞，微甚，不足数也。楚惠王灭杞，其后越王句践兴。

译文：

　　陈国的君主胡公满，是虞帝舜的后代。当舜还是平民时，尧把两个女儿嫁给他，让他们住在妫水边，他们的后代子孙便用这水名作为自己的姓氏，姓妫。舜去世后，把帝位传给了禹，舜的儿子商均则做了诸侯。夏代时，他们的封国时断时续。到周武王战胜了商纣王后，才又重新寻找舜的后代，找到妫满后，把他封在陈地，用来供奉帝舜的祭祀，这就是陈胡公。

　　胡公去世，他的儿子申公犀侯继位。申公去世，他的弟弟相公皋羊继位。相公去世，国人立申公的儿子突为国君，这就是孝公。孝公去世，他的儿子慎公圉戎继位。慎公在位时，正当周厉王时。慎公去世，他的儿子幽公宁继位。

　　幽公在位的第十二年，周厉王逃奔于彘。

　　幽公即位二十三年去世，他的儿子釐公孝继位。釐公六年时，周宣王继位。釐公在位三十六年去世，他的儿子武公灵继位。武公在位十五年去世，他的儿子夷公说继位。这一年，正是周幽王继王位的那一年。夷公在位三年去世，他的弟弟平公燮继位。平公继位七年，周幽王被犬戎杀了，周王朝向东迁都。秦国在这一年开始受封为诸侯。

　　平公即位二十三年去世，他的儿子文公圉继位。

　　文公元年时，娶蔡国女子，生子名佗。文公去世，他的长子桓公鲍继位。

　　桓公即位二十三年，鲁隐公开始即位。桓公二十六年时，卫人杀了他们的国君州吁。桓公三十三年时，鲁隐公被其臣下杀死。

桓公三十八年正月甲戌、己丑两日先后通告陈桓公鲍的去世。桓公的弟弟佗的母亲是蔡国人，蔡人为了让佗继承君位，杀了公子五父和桓公太子免，而扶助佗登君位，这就是厉公。趁桓公生病，蔡人发动了内乱，国人四散避难，因此桓公的死有再次通报。

厉公二年时，生下儿子敬仲完。在周太史经过陈国时，陈厉公请他用《周易》为敬仲完卜筮，卜得《观》变《否》之卦。太史说："此卦爻辞说'可见国之圣德光耀，利于臣朝见君，作王之宾'。这是说将有代陈国做诸侯的吧？此人将不在陈国，而在别的国家吧？也不在敬仲完本人，而在他的子孙后代。若在别的国家，一定是姜姓之国。姜姓，是尧时太岳的后代。世间之物，不可能两大势力并存，将来陈国衰亡后，他这一支就要兴盛起来了。"

陈厉公娶蔡女，蔡女与蔡人淫乱，厉公也多次到蔡国寻求淫乐。厉公七年时，被厉公杀死的太子免的三个弟弟，大的名叫跃，次的名叫林，小的名叫杵臼，共谋指使蔡人用美女引诱厉公，伺机同蔡人一起把厉公杀了，拥立跃继位，这就是利公。利公此人就是桓公的儿子啊。利公即位五个月就去世了，又拥立仲弟林继位，这就是庄公。庄公即位七年就去世，小弟杵臼继位，这就是宣公。

宣公三年，楚武王去世，楚国开始强大起来。宣公十七年，周惠王娶陈女为后。

宣公二十一年时，宣公后得的宠妃生了子，名款。宣公打算立他为继承人，便把太子御寇杀了。御寇平素同厉公的儿子完很亲近友爱，完害怕因此而遭祸，于是出奔到了齐国。齐桓公打算任命陈完为卿，陈完说："我是个流亡寄居在外的人，能幸免于难，已是您对我极大的恩惠了，不敢再居高位当大官。"于是，桓公任命他做了工正这个官。齐国的懿仲打算把女儿嫁给陈完，先占卜此事的吉凶，卜人占说："此卜说'凤凰双双飞翔，鸣声和谐而悦耳'，妫姓的后代，将在姜姓之国蕃育成长。五代以后就会昌盛起来，官位同正卿一样高。八代以后，就没有任何人能与之匹敌了。"

宣公三十七年时，齐桓公率军伐蔡，蔡国战败；齐军又向南侵犯楚国，到达楚国的召陵，齐国军队从召陵返国时要路过陈国。陈国大夫辕涛涂担心齐军路过陈国时带来祸害，于是诈骗齐军，要他们由向东的道路返国。向东的道路异常恶劣，齐桓公非常气恼，派兵把辕涛涂从陈国抓走了。这一年，晋献公杀了自己的太子申生。

宣公四十五年时去世，他的儿子款继位，这就是穆公。穆公五年时，齐桓公去世。穆公十六年时，晋文公大败楚师于城濮。这一年，穆公去世，他的儿子共公朔继位。共公六年时，楚国的太子商臣杀了自己的父亲成王取代了王位，这就是楚穆王。共公十一年时，秦穆公去世。共公在位十八年去世，他的儿子灵公平国继位。

灵公元年，楚庄王即位。灵公六年时，楚国攻打陈国。灵公十年，陈国与楚国媾和。

灵公十四年，灵公和他的大夫孔宁、仪行父都与夏姬私通，各自穿着夏姬的内衣在朝廷上相互炫耀嬉戏。大夫泄冶进谏说："君臣公开淫乱，百姓将效法谁呢？"灵公把泄冶的话告诉了二位大夫，二位大夫向灵公请求杀掉泄冶，灵公不加禁止，于是二位大夫就把泄冶杀了。灵公十五年，灵公和二位大夫在夏姬处饮酒，灵公同二位大夫开玩笑说："征舒长得像你。"二位大夫说："也像您啊!"征舒听后极为愤怒。等到灵公喝完酒出来,征舒在马厩门口埋伏下弓弩射杀了灵公。孔宁、仪行父都逃往楚国,灵公的太子午则出奔到了晋国。于是,征舒自立为陈侯。夏征舒在此之前本是陈国的大夫。夏姬是大夫御叔的妻子,征舒的母亲。

成公元年的冬天,楚庄王以夏征舒杀死灵公为理由,率领各诸侯国讨伐陈国。对陈国百姓说:"不要惊慌,我们仅仅为了诛讨夏征舒而已。"杀了夏征舒以后,便将陈国作为楚国的一个县而占有它。这时群臣全都来道贺。申叔时出使齐国归来,却独不道贺。庄王问他为什么,叔时回答说:"俗话说,牵牛踩了别人的田,田的主人就把这头牛抢走。踩别人的田固然是过错,夺人家的牛,不是也太过分了吗?现在君王您认为夏征舒杀了国君是个乱臣,因而征集诸侯之师,主持大义去讨伐他,过后又贪图陈国的土地,把它据为己有,那么,将来又靠什么来号令天下呢?因此我不道贺。"庄王说:"不错。"于是从晋国迎接陈灵公的太子午回来,立为国君,重新像以往一样统治陈国,这就是成公。孔子读史书到楚国恢复陈国旧制时,赞美说:"楚庄王真贤明通达!他能不贪求千乘兵车的大国,而重视一句有道理的话。"

成公八年,楚庄王去世。成公二十九年,陈国背叛了与楚国的盟约。成公三十年,楚共王出兵讨伐陈国。这一年,成公去世,他的儿子哀公弱继位。楚国因陈国举办国丧而撤兵退回去了。

哀公三年,楚国围攻陈国,继而又放弃了攻打。哀公二十八年,楚国的公子围杀了自己的国君郏敖,自己继位,这就是楚灵王。

哀公三十四年时,陈国发生了内乱。当初,哀公娶了郑国女子,大妃生悼太子师,次妃生公子偃。另有两个宠爱的侍妾,大的生子留,小的生子胜。公子留很受哀公的宠爱,哀公把他嘱托给自己的弟弟司徒招。这一年三月，哀公正在生病，司徒招杀了悼太子，立公子留为太子。哀公知道后很生气，想诛杀司徒招，招派兵把哀公包围监守起来。哀公遂自缢而死。招终于立留为陈国的国君。这一年的四月，陈国派使者去楚国报告陈国的君丧。楚灵王听说了陈国的动乱，于是杀掉陈国的使者，并派遣公子弃疾发兵讨伐陈国。陈君留逃奔郑国。九月，楚国军队包围了陈国。十一月，灭了陈国。楚国派公子弃疾做了陈公。

陈司徒招杀死悼太子时，名叫吴的太子的儿子出奔到了晋国。晋平公问太史赵说："陈国从此就要亡了吧？"回答说："陈国是颛顼的后代，陈氏在齐国获得政权后，陈国才会灭亡。陈国的先人，从幕到瞽叟，没有哪一个违背天命。舜的功德更加显赫，一直到遂，世世代代维持不变。及至胡公时，周王朝赐给他姓，让他祭奉虞舜。况且，有大功德的后代，必能百世享祭其祖。有虞氏的后代还没有完结，恐怕将在齐国获得发展吧？"

楚灵王灭陈五年后，楚国的公子弃疾杀了灵王取代了他的王位，这就是平王。楚平王刚继位时，想得到各诸侯国的和睦相助，于是找到从前陈国悼太子师的儿子吴，立他为陈侯，这就是陈惠公。惠公继位后，把自己的元年接续到哀公去世的那一年，实际上其间空置了五年。

惠公十年，陈国失火。惠公十五年，吴王僚派公子光攻打陈国，掳走了胡、沈两国的国君。惠公二十八年，吴王阖闾与伍子胥击败了楚国，攻入郢都。这一年，惠公去世，他的儿子怀公柳继位。

怀公元年，吴国攻破了楚国，在郢都召见陈侯。陈侯打算前往，陈国大夫说："吴国最近刚得意，楚王虽然亡了，但是一向与陈国有旧交，不可背弃之。"于是，怀公推说有病婉言谢绝了。怀公四年，吴国又召见怀公，怀公胆怯了，去了吴国。吴王怨恨他前次不来，扣留了他，怀公因而死在吴国。于是，陈国拥立怀公的儿子越继位，这就是湣公。

陈湣公六年，孔子来到陈国。吴王夫差攻打陈国，掠取了三个城邑才离开。湣公十三年，吴国再次攻打陈国，陈国向楚国告急，楚昭王率军来救，驻军于城父，吴国军队退走。这一年，楚昭王在城父去世。这个时期，孔子正在陈国。湣公十五年，宋国灭了曹国。湣公十六年，吴王夫差攻打齐国，在艾陵打败了齐军，派人召见陈侯，陈侯畏惧，只得前往吴国。楚国攻打陈国。湣公二十一年，齐国的田常杀了他的国君齐简公。湣公二十三年，楚国的白公胜杀了令尹子西、司马子綦，并袭击了楚惠王。叶公打败了白公胜，白公胜自杀身亡。

湣公二十四年，楚惠王复君位，率兵北伐，杀了陈湣公，于是灭亡了陈国，占有了陈国的土地。这一年，孔子去世。

杞东楼公是夏代君主禹的后代。在殷商王朝时期，禹的后代有时受封，有时失国。周武王推翻了殷王纣后，寻找禹的后代，找到东楼公，将他封在杞地，以供奉夏后氏的祭祀。

东楼公生西楼公，西楼公生题公，题公生谋娶公。谋娶公在位时正是周厉王时。谋娶公生武公，武公继位四十七年去世，他的儿子靖公继位。靖公继位二十三年去世，他的儿子共公继位。共公继位八年去世，他的儿子德公继位。德公继位十八年去世，他的弟弟桓公姑容继位。桓公继位十七年去世，他的儿子孝公匄继位。孝公继位十七年去世，他的弟弟文公益姑继位。文公继位十四年去世，他的弟弟平公郁继位。平公继位十八年去世，他的儿子悼公成继位。悼公继位十二年去世，他的儿子隐公乞继位。隐公继位七个月，他的弟弟遂便杀了隐公自己继位，这就是釐公。釐公继位十九年去世，他的儿子湣公维继位。湣公十五年时，楚惠王灭了陈国。湣公十六年，他的弟弟阏路杀了湣公取代了他的君位，这就是哀公。哀公继位十年去世，他的儿子敕继位，这就是出公。出公继位十二年去世，他的儿子简公春继位。简公继位一年，正是楚惠王四十四年，楚国灭了杞国。杞国比陈国后三十四年而亡。

杞国国既小地位又不显要，他的政事没有值得称道的。

舜的后代，周武王将他们封在陈国，从封国到楚惠王灭亡它的历史，有世家叙述其事。禹的后代，周武王将他们封在杞国，从封国到楚惠王灭亡它的历史，有世家叙述其事。契的后代是殷人，殷人的历史有本纪叙述其事。殷亡国后，周王朝把他们的后代封在了宋国，从封国到齐湣王灭亡它的历史，有世家叙述其事。后稷的后代是周人，从建国到秦昭王灭亡它的历史，有本纪叙述其事。皋陶的后代，有的封在英、六，从封国到楚穆王灭亡它的历史，没有世谱流传下来。伯夷的后代，到周武王时重又封在了齐国，就是名叫太公望的，从封国到陈氏灭亡它的历史，有世家叙述其事。伯翳的后代，到周平王时封为秦国，从封国到项羽灭亡它的历史，有本纪叙述其事。垂、益、夔、龙的后代，不知封在了哪里，见不到有关文献。以上十一人，都是唐尧、虞舜时代功德昭著的名臣。其中五人之后代都做到了帝王，其余的也都成为显要的诸侯。滕、薛、驺是夏、商、周之间封建的诸侯，国土太小，不能和其他诸侯并列，因此不加论述了。

周武王时，大大小小的诸侯还有一千多，到周幽王、厉王之后，诸侯凭借武力相互攻伐，彼此吞并。像江、黄、胡、沈这一类的小国，数目繁多，无法计数，因此不再采录和述说了。

太史公说：舜的功德可以说是达到顶点了，他把帝位禅让给夏禹，仍能在经历夏、商、周三代的长时间里，享受到子孙世世代代的祭祀。及至楚国灭亡了陈国后，他的后代田常仍能执掌齐国的政权，终于又建立了自己的国家，真是百代不断，子孙绵延众多，有封地的不曾缺乏。至于禹的后代，在周代有个杞国，过于微小，简直算不上诸侯。楚惠王灭亡了杞国，禹的后代越王句践才振兴起来。

史记卷三十七

卫康叔世家第七

卫康叔名封,周武王同母少弟也。其次尚有冉季,冉季最少。

武王已克殷纣,复以殷余民封纣子武庚禄父,比诸侯,以奉其先祀勿绝。为武庚未集,恐其有贼心,武王乃令其弟管叔、蔡叔傅相武庚禄父,以和其民。武王既崩,成王少。周公旦代成王治,当国。管叔、蔡叔疑周公,乃与武庚禄父作乱,欲攻成周。周公旦以成王命兴师伐殷,杀武庚禄父、管叔,放蔡叔,以武庚殷余民封康叔为卫君,居河、淇间故商墟。

周公旦惧康叔齿少,乃申告康叔曰:"必求殷之贤人君子长者,问其先殷所以兴,所以亡,而务爱民。"告以纣所以亡者以淫于酒,酒之失,妇人是用,故纣之乱自此始。为《梓材》,示君子可法则。故谓之《康诰》、《酒诰》、《梓材》以命之。康叔之国,既以此命,能和集其民,民大说。

成王长,用事,举康叔为周司寇,赐卫宝祭器,以章有德。

康叔卒,子康伯代立。康伯卒,子考伯立。考伯卒,子嗣伯立。嗣伯卒,子㸅伯立。㸅伯卒,子靖伯立。靖伯卒,子贞伯立。贞伯卒,子顷侯立。

顷侯厚赂周夷王,夷王命卫为侯。顷侯立十二年卒,子釐侯立。

釐侯十三年，周厉王出奔于彘，共和行政焉。二十八年，周宣王立。

四十二年，釐侯卒，太子共伯余立为君。共伯弟和有宠于釐侯，多予之赂；和以其赂赂士，以袭攻共伯于墓上，共伯入釐侯羡自杀。卫人因葬之釐侯旁，谥曰共伯，而立和为卫侯，是为武公。

武公即位，修康叔之政，百姓和集。四十二年，犬戎杀周幽王，武公将兵往佐周平戎，甚有功，周平王命武公为公。五十五年，卒，子庄公扬立。

庄公五年，取齐女为夫人，好而无子。又取陈女为夫人，生子，蚤死。陈女女弟亦幸于庄公，而生子完。完母死，庄公令夫人齐女子之，立为太子。庄公有宠妾，生子州吁。十八年，州吁长，好兵，庄公使将。石碏谏庄公曰："庶子好兵，使将，乱自此起。"不听。二十三年，庄公卒，太子完立，是为桓公。

桓公二年，弟州吁骄奢，桓公绌之，州吁出奔。十三年，郑伯弟段攻其兄，不胜，亡，而州吁求与之友。十六年，州吁收聚卫亡人以袭杀桓公，州吁自立为卫君。为郑伯弟段欲伐郑，请宋、陈、蔡与俱，三国皆许州吁。州吁新立，好兵，弑桓公，卫人皆不爱。石碏乃因桓公母家于陈，详为善州吁。至郑郊，石碏与陈侯共谋，使右宰丑进食，因杀州吁于濮，而迎桓公弟晋于邢而立之，是为宣公。

宣公七年，鲁弑其君隐公。九年，宋督弑其君殇公，及孔父。十年，晋曲沃庄伯弑其君哀侯。

十八年，初，宣公爱夫人夷姜，夷姜生子伋，以为太子，而令右公子傅之。右公子为太子取齐女，未入室，而宣公见所欲为太子妇者好，说而自取之，更为太子取他女。宣公得齐女，生子寿、子朔，令左公子傅之。太子伋母死，宣公正夫人与朔共谗恶太子伋。宣公自以其夺太子妻也，心恶太子，欲废之。及闻其恶，大怒，乃使太子伋于齐而令盗遮界上杀之，与太子白旄，而告界盗见持白旄者杀之。且行，子朔之兄寿，太子异母弟也，知朔之恶太子而君欲杀之，乃谓太子曰："界盗见太子白旄，即杀太子，太子可毋行！"太子曰："逆父命求生，不可。"遂行。寿见太子不止，乃盗其白旄而先驰至界。界盗见其验，即杀之。寿已死，而太子伋又至，谓盗曰："所当杀，乃我也。"盗并杀太子伋，以报宣公。宣公乃以子朔为太子。十九年，宣公卒，太子朔立，是为惠公。

左右公子不平朔之立也，惠公四年，左右公子怨惠公之谗杀前太子伋而代立，乃作乱，攻惠公，立太子伋之弟黔牟为君，惠公奔齐。

卫君黔牟立八年，齐襄公率诸侯奉王命共伐卫，纳卫惠公，诛左右公子。卫君黔牟奔于周，惠公复立。惠公立三年出亡，亡八年复入，与前通年凡十三年矣。

二十五年，惠公怨周之容舍黔牟，与燕伐周。周惠王奔温，卫、燕立惠王弟颓为王。二十九年，郑复纳惠王。三十一年，惠公卒，子懿公赤立。

懿公即位，好鹤，淫乐奢侈。九年，翟伐卫，卫懿公欲发兵，兵或畔。大臣言曰："君好鹤，鹤可令击翟。"翟于是遂入，杀懿公。

懿公之立也，百姓大臣皆不服。自懿公父惠公朔之谗杀太子伋代立至于懿公，常欲败之，卒灭惠公之后而更立黔牟之弟昭伯顽之子申为君，是为戴公。

戴公申元年卒。齐桓公以卫数乱，乃率诸侯伐翟，为卫筑楚丘，立戴公弟毁为卫君，是为文公。文公以乱故奔齐，齐人入之。

初，翟杀懿公也，卫人怜之，思复立宣公前死太子伋之后，伋子又死，而代伋死者子寿又无子。太子伋同母弟二人：其一曰黔牟，黔牟尝代惠公为君，八年复去；其二曰昭伯。昭伯、黔牟皆已前死，故立昭伯子申为戴公。戴公卒，复立其弟毁为文公。

文公初立，轻赋平罪，身自劳，与百姓同苦，以收卫民。

十六年，晋公子重耳过，无礼。十七年，齐桓公卒。二十五年，文公卒，子成公郑立。

成公三年，晋欲假道于卫救宋，成公不许。晋更从南河度，救宋。征师于卫，卫大夫欲许，成公不肯。大夫元咺攻成公，成公出奔。晋文公重耳伐卫，分其地予宋，讨前过无礼及不救宋患也。卫成公遂出奔陈。二岁，如周求入，与晋文公会。晋使人鸩卫成公，成公私于周主鸩，令薄，得不死。已而周为请晋文公，卒入之卫，而诛元咺，卫君瑕出奔。七年，晋文公卒。十二年，成公朝晋襄公。十四年，秦穆公卒。二十六年，齐邴歜弑其君懿公。三十五年，成公卒，子穆公遫立。

穆公二年，楚庄王伐陈，杀夏征舒。三年，楚庄王围郑，郑降，复释之。十一年，孙良夫救鲁伐齐，复得侵地。穆公卒，子定公臧立。定公十二年卒，子献公衎立。

献公十三年，公令师曹教宫妾鼓琴，妾不善，曹笞之。妾以幸恶曹于公，公亦笞曹三百。十八年，献公戒孙文子、宁惠子食，皆往。日旰不召，而去射鸿于囿。二子从之，公不释射服与之言。二子怒，如宿。孙文子子数侍公饮，使师曹歌《巧言》之卒章。师曹又怒公之尝笞三百，乃歌之，欲以怒孙文子，报卫献公。文子语蘧伯玉，伯玉曰："臣不知也。"遂攻出献公。献公奔齐，齐置卫献公于聚邑。孙文子、宁惠子共立定公弟秋为卫君，是为殇公。

殇公秋立，封孙文子林父于宿。十二年，宁喜与孙林父争宠相恶，殇公使宁喜攻孙林父。林父奔晋，复求入故卫献公。献公在齐，齐景公闻之，与卫献公如晋求入。晋为伐卫，诱与盟。卫殇公会晋平公，平公执殇公与宁喜而复入卫献公。献公亡在外十二年而入。

献公后元年，诛宁喜。

三年，吴延陵季子使过卫，见蘧伯玉、史鳅，曰："卫多君子，其国无故。"过宿，孙林父为击磬，曰："不乐，音大悲，使卫乱乃此矣。"是年，献公卒，子襄公恶立。

襄公六年，楚灵王会诸侯，襄公称病不往。

九年，襄公卒。初，襄公有贱妾，幸之，有身，梦有人谓曰："我康叔也，令若子必有卫，名而子曰'元'。"妾怪之，问孔成子。成子曰："康叔者，卫祖也。"及生子，男也，以告襄公。襄公曰："天所置也。"名之曰"元"。襄公夫人无子，于是乃立元为嗣，是为灵公。

灵公五年，朝晋昭公。六年，楚公子弃疾弑灵王自立，为平王。十一年，火。

三十八年，孔子来，禄之如鲁。后有隙，孔子去。后复来。

三十九年，太子蒯聩与灵公夫人南子有恶，欲杀南子。蒯聩与其徒戏阳遫谋，朝，使杀夫人。戏阳后悔，不果。蒯聩数目之，夫人觉之，惧，呼曰："太子欲杀我！"灵公怒，太子蒯聩奔宋，已而之晋赵氏。

四十二年春，灵公游于郊，令子郢仆。郢，灵公少子也，字子南。灵公怨太子出奔，谓郢曰："我将立若为后。"郢对曰："郢不足以辱社稷，君更图之。"夏，灵公卒，夫人命子郢为太子，曰："此灵公命也。"郢曰："亡人太子蒯聩之子辄在也，不敢当。"于是卫乃以辄为君，是为出公。

六月乙酉，赵简子欲入蒯聩，乃令阳虎诈命卫十余人衰绖归，简子送蒯聩。卫人闻之，发兵击蒯聩。蒯聩不得入，入宿而保，卫人亦罢兵。

出公辄四年，齐田乞弑其君孺子。八年，齐鲍子弑其君悼公。

孔子自陈入卫。九年，孔文子问兵于仲尼，仲尼不对。其后鲁迎仲尼，仲尼反鲁。

十二年，初，孔圉文子取太子蒯聩之姊，生悝。孔氏之竖浑良夫美好，孔文子卒，良夫通于悝母。太子在宿，悝母使良夫于太子。太子与良夫言曰："苟能入我国，报子以乘轩，免子三死，毋所与。"与之盟，许以悝母为妻。闰月，良夫与太子入，舍孔氏之外圃。昏，二人蒙衣而乘，宦者罗御，如孔氏。孔氏之老栾宁问之，称姻妾以告。遂入，适伯姬氏。既食，悝母杖戈而先，太子与五人介，舆豭从之。伯姬劫悝于厕，强盟之，遂劫以登台。栾宁将饮酒，炙未熟，闻乱，使告仲由。召护驾乘车，行爵食炙，奉出公辄奔鲁。

仲由将入，遇子羔将出，曰："门已闭矣。"子路曰："吾姑至矣。"子羔曰："不及，莫践其难。"子路曰："食焉不辟其难。"子羔遂出。子路入，及门，公孙敢阖门，曰："毋入为也！"子路曰："是公孙也？求利而逃其难。由不然，利其禄，必救其患。"有使者出，子路乃得入。曰："太子焉用孔悝？虽杀之，必或继之。"且曰："太子无勇。若燔台，必舍孔叔。"太子闻之，惧，下石乞、孟黡敌子路，以戈击之，割缨。子路曰："君子死，冠不免。"结缨而死。孔子闻卫乱，曰："嗟乎！柴也其来乎？由也其死矣。"孔悝竟立太子蒯聩，是为庄公。

庄公蒯聩者，出公父也，居外，怨大夫莫迎立。元年即位，欲尽诛大臣，曰："寡人居外久矣，子亦尝闻之乎？"群臣欲作乱，乃止。

二年，鲁孔丘卒。

三年，庄公上城，见戎州，曰："戎虏何为是？"戎州病之。十月，戎州告赵简子，简子围卫。十一月，庄公出奔，卫人立公子斑师为卫君。齐伐卫，虏斑师，更立公子起为卫君。

卫君起元年，卫石曼尃逐其君起，起奔齐。卫出公辄自齐复归立。初，出公立十二年亡，亡在外四年复入。出公后元年，赏从亡者。立二十一年卒，出公季父黔攻出公子而自立，是为悼公。

悼公五年卒，子敬公弗立。敬公十九年卒，子昭公纠立。是时三晋强，卫如小侯，属之。

昭公六年，公子亹弑之代立，是为怀公。怀公十一年，公子颓弑怀公而代立，是为慎公。慎公父，公子适；适父，敬公也。慎公四十二年卒，子声公训立。声公十一年卒，子成侯遫立。

成侯十一年，公孙鞅入秦。十六年，卫更贬号曰侯。

二十九年，成侯卒，子平侯立。平侯八年卒，子嗣君立。

嗣君五年，更贬号曰君，独有濮阳。

四十二年卒，子怀君立。怀君三十一年，朝魏，魏囚杀怀君。魏更立嗣君弟，是为元君。元君为魏婿，故魏立之。元君十四年，秦拔魏东地，秦初置东郡，更徙卫野王县，而并濮阳为东郡。二十五年，元君卒，子君角立。

君角九年，秦并天下，立为始皇帝。二十一年，二世废君角为庶人，卫绝祀。

太史公曰：余读世家言，至于宣公之太子以妇见诛，弟寿争死以相让，此与晋太子申生不敢明骊姬之过同，俱恶伤父之志。

然卒死亡，何其悲也！或父子相杀，兄弟相灭，亦独何哉？

译文：

卫国康叔名叫封，他是周武王同母所生的小弟弟。他的下面还有冉季，冉季最小。

武王战胜殷纣以后，又把殷朝的余民封给纣王的儿子武庚禄父，与诸侯并列，以此来继续祭祀他的祖先，使不断绝。因为武庚没有真心顺服，恐怕他有贼乱之心，于是武王让他的弟弟管叔、蔡叔辅佐武庚禄父，以此来安抚他的人民。武王去世以后，成王年幼。周公姬旦代替成王治理国家，主管国家政务。管叔、蔡叔怀疑周公，于是就联合武庚禄父作乱，准备进攻成周，周公旦按成王命令发兵讨伐殷国，杀掉了武庚禄父和管叔，放逐蔡叔，把武庚的殷国余民封给康叔，康叔做了卫国的君主，居住在黄河、淇水之间旧商朝的废墟上。

周公旦害怕康叔年纪小，于是反复告诫康叔说："一定要访求殷朝年岁较大的贤人君子，向他们询问从前殷朝之所以兴起和灭亡的原因，一定要爱护人民。"并且告诉他纣王所以亡国的原因是由于沉溺于酒，放纵饮酒，宠信女人，所以纣的乱亡从此开始。他写了一篇《梓材》，告示君子可以效法的原则。因此将这些文告称为《康诰》、《酒诰》、《梓材》，用来教导康叔。康叔到了封国，按照这些教导去安抚、团结他的百姓，百姓们都非常喜悦。

成王长大以后，亲自掌管朝廷政事，任命康叔为周朝司寇，并赏赐给他卫国宝器、祭器，以此来表彰康叔的德行。

康叔去世，儿子康伯继位。康伯去世，儿子考伯继位。考伯去世，儿子嗣伯继位。嗣伯去世，儿子㵒伯继位。㵒伯去世，儿子靖伯继位。靖伯去世，儿子贞伯继位。贞伯去世，儿子顷侯继位。

顷侯用丰厚的礼物来贿赂周夷王，夷王策命卫国为侯爵。顷侯在位十二年后去世，儿子釐侯继位。

釐侯十三年，周厉王逃奔到彘，共伯和代行天子政事。二十八年，周宣王即位。

四十二年，釐侯去世，太子共伯余立为君。共伯的弟弟姬和受到釐侯的宠爱，釐侯给了他很多财物。姬和用这些财物又收买了士卒，在釐侯的墓上袭击了共伯，共伯躲进釐侯墓的墓道里自杀。卫国人因此就将他埋葬在釐侯旁边，给他谥号叫共伯，而立姬和为卫侯，这就是武公。

武公即位，继续行康叔的政令，百姓们和睦安定。四十二年，犬戎杀死周幽王，武公率领军队前去帮助周王室平定犬戎，立了很大的功劳，周平王策命武公为公爵。五十五年，武公去世，儿子庄公姬扬继位。

庄公五年，娶齐国女子为夫人，相貌美丽却没有生儿子。庄公又娶陈国女子为夫人，生了个儿子，但早逝。陈国女子的妹妹也受庄公宠爱，生了个儿子叫完。姬完的母亲死后，庄公让齐国女子夫人抚养他做儿子，并立完为太子。庄公有一个宠爱的小妾，生了个儿子名叫州吁。十八年，州吁长大了，喜欢军事，庄公就让他带领军队。石碏劝庄公说："庶子爱好军事，如果让他带领军队，祸乱就会从此兴起。"庄公没有听从。二十三年，庄公去世，太子姬完继位，这就是桓公。

桓公二年，弟弟州吁骄横奢侈，桓公罢免了他的职务，州吁逃奔国外。十三年，郑伯的弟弟姬段攻打他的哥哥，没有取胜，后逃亡，州吁寻求和他交朋友。十六年，州吁收集卫国逃亡的人，袭击杀死了桓公，州吁自立为卫君。州吁为了郑伯的弟弟姬段准备讨伐郑国，于是请求宋国、陈国、蔡国一起前往，三国都答应了州吁。州吁刚刚即位，喜欢打仗，因杀害了桓公，卫人都不喜欢他。石碏就利用桓公母亲家住在陈国，假装做出和州吁友好的样子。州吁到达郑国郊外后，石碏便和陈侯共同谋划，派遣右宰丑向州吁进献食物，因而在濮上杀死了州吁，到邢国迎接回桓公的弟弟姬晋，并立他为君，这就是宣公。

宣公七年，鲁国人杀害了他们的君主隐公。九年，宋国华父督杀害了他的君主殇公和大夫孔父嘉。十年，晋国曲沃庄伯杀害了他的君主哀侯。

十八年，起初，宣公宠爱夫人夷姜，夷姜生了一个儿子名伋，把他立为太子，并且让右公子教导他。右公子为太子娶齐国女子，还没有完婚，而宣公看见这个将要做太子媳妇的女子容貌美好，喜欢她，就自己娶过来，另外给太子娶了一个女子。宣公得到齐国女子后，生下儿子子寿、子朔，让左公子教导他们。太子伋的母亲死后，宣公的正夫人和子朔一起说太子伋的坏话。宣公因为自己夺去了太子的妻子，心里也讨厌太子，想废掉他。宣公听到别人说自己坏话时，十分生气，于是派太子伋出使齐国，又指使强盗在国界上拦杀他。宣公给了太子白旄，并告诉国界上的强盗看见拿白旄的人就杀死他。太子伋将要起程，子朔的哥哥子寿，是太子的异母弟弟，他知道子朔讨厌太子，而且知道国君准备杀死太子，于是对太子说："国界上的强盗看见太子拿着白旄，就会杀太子，太子可不要去！"太子说："违背父亲的命令而求得生存，这是不可以的。"于是就起程了。子寿看见太子不肯停止，就劫取他的白旄，先赶到国界上。界上的强盗看见来的人果真拿着白旄标志，就杀死了他。子寿被杀死之后，太子伋又来到，对强盗说："应当杀死的人是我！"强盗将太子伋一并杀掉，回报了宣公。于是，宣公把子朔立为太子。十九年，宣公去世，太子子朔继位，这就是惠公。

左右两公子对于子朔立为国君感到不平。惠公四年，左右两公子怨恨惠公谗杀前太子伋而自己代立为君，于是发动叛乱，攻打惠公，拥立太子伋的弟弟黔牟为国君，惠公逃奔到齐国。

卫君黔牟继位八年后，齐襄公率领诸侯遵奉周王的命令一起来讨伐卫国，送卫惠公回国，诛杀了左右两公子。卫君黔牟逃奔到周，惠公又重新登上君位。惠公重新登位后三年逃亡出国，逃亡八年后又回卫国，跟以前连续在位总共十三年。

二十五年，惠公怨恨周王室容纳黔牟，于是与燕国一起攻打周。周惠王逃奔到温国，卫国、燕国拥立惠王的弟弟姬颓为王。二十九年，郑国又送惠王回周。三十一年，卫惠公去世，儿子懿公姬赤继位。

懿公继位以后，喜欢养鹤，荒淫享乐，奢侈无度。九年，翟人讨伐卫国，卫懿公打算发兵抵抗，兵士有的背叛。大臣们说："君主喜欢养鹤，可以让鹤去抗击翟人。"翟人此时已攻进了卫都，杀死了懿公。

懿公继位，百姓、大臣都不心服。自从懿公的父亲惠公朔谗杀太子伋代立为君一直到懿公，百姓大臣们常常想推翻他们，终于消灭了惠公的后代而改立黔牟的弟弟昭伯顽的儿子申为国君，这就是戴公。

戴公申元年去世。齐桓公因为卫国多次发生动乱，于是就率领诸侯讨伐翟人，并帮助卫国修建楚丘城，立戴公的弟姬毁为卫君，这就是文公。文公因为国内发生动乱的缘故就逃奔到齐国，齐国人又把他送回来。

起初，翟人杀死懿公时，卫国人怜悯他，考虑重新拥立宣公从前死去的太子伋的后代，太子伋的儿子死后，而代替太子伋死的子寿又没有儿子。太子伋的同母弟有两个人：一个叫黔牟，黔牟曾经接替惠公为国君，八年后又离开君位；另一个叫昭伯。昭伯和黔牟都已经先前死去，所以就立昭伯的儿子姬申为戴公。戴公去世后，又立他的弟弟姬毁为文公。

文公刚刚继位后就减轻赋税，公平断狱，亲自劳作，跟百姓同甘共苦，用这些来收复卫国的民心。

十六年，晋公子重耳经过卫国，卫国没有以礼相待。十七年，齐桓公去世。二十五年，文公去世，儿子成公郑继位。

成公三年，晋国打算向卫国借路援救宋国，成公没有答应。晋国改从南河渡河，援救宋国。晋国向卫国征集军队，卫国的大夫想答应，成公不肯。卫国大夫元咺进攻成公，成公出逃。晋文公重耳讨伐卫国，瓜分了卫国的土地给宋国，惩罚前次经过卫国文公未以礼相待以及成公不肯援救宋国的过错。于是，卫成公出逃到陈国。两年以后，成公到周王室去，请求回国，并跟晋文公相会。晋国派人毒杀卫成公，成公私下贿赂周王室主持放毒的人，让他少放一些，得以不死。没过多久，周王替成公向晋文公请求，终于送他回到卫国，诛杀了元咺，卫君瑕出国逃亡。七年，晋文公去世。十二年，成公去朝见晋襄公。十四年，秦穆公去世。二十六年，齐国邴歜杀害他的国君懿公。三十五年，成公去世，儿子穆公遫继位。

穆公二年，楚庄王讨伐陈国，杀了夏征舒。三年，楚庄王包围了郑国，郑侯投降，后又释放了他。十一年，孙良夫援救鲁国讨伐齐国，又收回了被侵占的土地。穆公去世，儿子定公臧继位。定公十二年去世，儿子献公衎继位。

献公十三年，献公让曹乐师教宫妾弹琴，宫妾学不好，曹乐师笞打了她。宫妾仗着受献公宠爱因向献公说曹乐师的坏话,献公也笞打了曹乐师三百下。十八年,献公敕戒孙文子、宁惠子共进宴食,他们都去了。时间很晚了,献公还不召见,却到园林里去射大雁。两人便跟着到园林里去,献公没有脱去射服就同他们谈话。二人很生气,便前往宿邑。孙文子的儿子曾多次侍候献公饮酒,献公让曹乐师演唱《巧言》的末章。曹乐师又对献公曾经笞打过自己三百下而恼火,于是就演唱了那章诗,想以此激怒孙文子,报复卫献公。孙文子把这件事告诉了蘧伯玉,蘧伯玉说:"我不知道。"孙文子便攻打并逐出献公。献公逃奔到齐国,齐国把卫献公安置在聚邑。孙文子、宁惠子共立定公的弟弟姬秋为卫君,这就是殇公。

殇公秋继位后,把孙文子林父封在宿邑。十二年,宁喜跟孙林父因为争宠而互相产生矛盾,殇公让宁喜进攻孙林父。孙林父逃奔到晋国,又请求晋国送卫献公回国。这时卫献公在齐国,齐景公听到这消息后,就同卫献公前往晋国请求支持。晋国替卫献公讨伐卫国,诱导卫国订盟。卫殇公前去会见晋平公,晋平公捉住卫殇公和宁喜,又将卫献公护送回国。献公逃亡在外十二年后才回到卫国。

献公后元年,诛杀宁喜。

三年,吴国延陵季子出使经过卫国时,见到了蘧伯玉、史鱼䲡,说:"卫国有许多君子,这个国家不会发生什么问题。"经过宿邑时,孙林父给他击磬,他说:"不快乐啊,声音太悲伤了,使卫国发生祸乱的原因就在这里。"这一年,卫献公去世,他的儿子襄公姬恶继位。

襄公六年,楚灵王会见诸侯,襄公托词有病没有去。

九年,襄公去世。起初,襄公有一个贱妾,襄公很宠爱她,妾怀了孕,梦见有人对她说:"我是康叔,让你的儿子一定享有卫国,给你的儿子起名叫作'元'。"妾对这件事感到奇怪,就去问孔成子。孔成子说:"康叔是卫国的祖先。"等到生下孩子,是个男的,就把梦中的事告诉了襄公。襄公说:"这是上天给安排的。"取名叫"元"。襄公夫人没有生儿子,于是就立元为继承人,这就是灵公。

灵公五年,朝见晋昭公。六年,楚公子弃疾杀害了楚灵王自立为王,就是楚平王。十一年,发生火灾。

三十八年,孔子来到卫国,给他的俸禄和在鲁国一样多。后来有了分歧,孔子就离开卫国。以后又来到卫国。

三十九年,太子蒯聩与灵公夫人南子产生矛盾,蒯聩想杀死南子。蒯聩同他的党徒戏阳遫商量,在朝会的时候,让戏阳杀死南子夫人。戏阳后悔,没有下手。蒯聩多次用目光示意,南子夫人察觉了他们的阴谋,感到害怕,就大声喊道:"太子想杀我!"灵公对此非常生气,太子蒯聩逃奔到宋国,过了不多久,又到了晋国赵氏那儿。

四十二年春天,卫灵公到郊外游玩,让子郢驾车。子郢是灵公的小儿子,字子南。卫灵公怨恨太子蒯聩出逃,对子郢说:"我将要立你作继位人。"子郢回答道:"我不够格,恐怕污辱了国家,您另作安排吧。"夏天,卫灵公去世,夫人命子郢为太子,说:"这是灵公的命令。"子郢说:"逃亡在外的太子蒯聩的儿子辄还在,我不敢接受命令。"于是卫国就把姬辄作为国君,这就是出公。

六月乙酉日,赵简子想送蒯聩回国,就让阳虎假装派出十多个卫国人穿着丧服来迎接太子回国,赵简子陪送蒯聩。卫国人听到这个消息后,发兵阻击蒯聩,蒯聩未能进入卫国,于是就到宿邑自保，卫国人也收兵回国。

出公辄四年，齐国田乞杀害他的国君孺子。八年，齐国鲍子杀害他的国君悼公。

孔子从陈国到了卫国。九年，孔文子向仲尼请教军事，仲尼没有回答。以后鲁侯派人来迎接仲尼，仲尼回到了鲁国。

十二年，起初，孔圉文子娶太子蒯聩的姐姐为妻，生了孔悝。孔家的臣仆浑良夫长得漂亮，孔文子去世以后，浑良夫跟孔悝的母亲通奸。太子在宿邑，孔悝的母亲派浑良夫到太子那里去。太子对浑良夫说："如果能够帮我回国，我将用让您乘坐上大夫的车来报答您，并免除您三项死罪，这都不算在其中。"并同浑良夫订立了盟约，答应把孔悝的母亲给他做妻子。在闰月，浑良夫和太子进入卫国，住在孔家的外园。天刚黑，二人穿着妇女衣服，用头巾蒙着头，乘着车子，宦官罗氏驾车，到孔家去。孔家的老家臣栾宁盘问他们，回答称是婚姻亲戚家的姬妾。于是他们就进了孔家，到了伯姬的住处。吃过饭之后，孔悝的母亲拿着戈走在前面，太子和五个人披甲，用车载着公猪跟着走。伯姬在厕所里劫持了孔悝，强迫他订了盟约，又挟持他登上高台召集卫国群臣。栾宁将要喝酒，烤肉还没有熟，听到发生动乱，于是就派人告诉仲由。召护驾着乘车，一边敬酒，一边吃烤肉，保护着出公辄逃奔到鲁国。

仲由刚要进孔家，遇到子羔将要出来，子羔说："门已经关闭了。"子路说："我暂且到门前去。"子羔说："事情已经来不及了，不要去遭受这个灾难。"子路说："吃了孔悝的俸禄，就不能逃避孔悝的灾难。"子羔就出去了。子路进去，到了门前，公孙敢关上门，说："不要进去干什么了！"子路说："这是公孙吗？贪求利禄而逃避灾难。我仲由不是这样，吃了他的俸禄,一定要解救他的祸患。"有一个使者出来,子路才得以进去。说:"太子怎么能用孔悝?即使杀掉他,一定有人会替他进攻太子。"并且说:"太子没有勇气。如果放火烧台,一定会释放孔叔。"太子听到这话后,感到害怕,就派石乞、孟黡下台抵挡子路,用戈击打子路,割断了他的帽缨。子路说:"君子死的时候,不使帽子落地。"于是把帽缨联结起来就死了。孔丘听到卫国发生动乱,说道:"唉!高柴将会回来吗?仲由将会死去。"孔悝终于拥立太子蒯聩为国君。这就是庄公。

庄公蒯聩是出公的父亲,在国外居住时,怨恨大夫们不去迎立他。元年即位后,想要把大臣们杀尽,他说:"寡人在国外住了很久,你们也曾听到过吗?"群臣想要作乱,后来又停止了。

二年,鲁国孔丘逝世。

三年,庄公登上城墙,看见戎州城。说:"戎虏为什么要建筑城邑呢?"戎州人听了很忧虑。十月,戎州人告诉赵简子,赵简子出兵包围了卫国。十一月,庄公逃奔国外,卫国人拥立公子斑师为卫君。齐国讨伐卫国,俘虏了斑师,改立公子起为卫君。

卫君起元年,卫国石曼専驱逐他的国君起,起逃奔到齐国。卫出公辄从齐国回来重新即位。起初,出公即位十二年后逃亡,逃亡在外四年后又回国。出公后元年,赏赐了跟从他逃亡的人。在位二十一年去世,出公的叔父黔赶走出公的儿子而自立,这就是悼公。

悼公五年去世,儿子敬公弗继位。敬公十九年去世,儿子昭公纠继位。这时候,三晋很强大,卫君像个小侯一样,附属于赵国。

昭公六年,公子亹杀害了昭公代立,这就是怀公。怀公十一年,公子颓杀害了怀公而代立,这就是慎公。慎公的父亲是公子適,公子適的父亲是敬公。慎公四十二年去世,儿子声公训继位。声公十一年去世,儿子成侯遬继位。

成侯十一年,公孙鞅进入秦国。十六年,卫国又贬号称侯。

二十九年,成侯去世,儿子平侯继位。平侯八年去世,儿子嗣君继位。

嗣君五年,卫国再次贬号称君,只占据有濮阳。

嗣君四十二年去世,儿子怀君继位。怀君三十一年,去朝拜魏国,魏国囚禁并杀死了怀君。魏国改立嗣君的弟弟,这就是元君。元君是魏国的女婿,所以魏国拥立他。元君十四年,秦国攻占了魏国的东部地区,开始在这里设置东郡,又把卫君迁到野王县,将濮阳合并于东郡。二十五年,元君去世,儿子君角继位。

卫君角九年,秦吞并了天下,登位称始皇帝。君角二十一年,秦二世废黜君角为平民,卫国灭亡。

太史公说:我读世家的记载,看到卫宣公的太子因为妻子而被杀死,弟弟子寿争着替哥哥去死,兄弟互相推让,这与晋国太子申生不敢讲出骊姬的过失相同,都是怕伤害了父亲的感情。然而最终还是死亡了,多么可悲呀!有的父子互相残杀,兄弟互相毁灭,这是什么道理呢?

史记卷三十八

宋微子世家第八

微子开者，殷帝乙之首子而帝纣之庶兄也。纣既立，不明，淫乱于政，微子数谏，纣不听。及祖伊以周西伯昌之修德，灭阞国，惧祸至，以告纣。纣曰："我生不有命在天乎？是何能为！"于是微子度纣终不可谏，欲死之；及去，未能自决，乃问于太师、少师曰："殷不有治政，不治四方。我祖遂陈于上，纣沉湎于酒，妇人是用，乱败汤德于下。殷既小大好草窃奸宄，卿士师师非度，皆有罪辜，乃无维获，小民乃并兴，相为敌仇。今殷其典丧！若涉水无津涯。殷遂丧，越至于今。"曰："太师，少师，我其发出往？吾家保于丧？今女无故告予，颠跻，如之何其？"太师若曰："王子，天笃下灾亡殷国乃毋畏畏，不用老长。今殷民乃陋淫神祇之祀。今诚得治国，国治身死不恨。为死，终不得治，不如去。"遂亡。

箕子者，纣亲戚也。纣始为象箸，箕子叹曰："彼为象箸，必为玉杯；为杯，则必思远方珍怪之物而御之矣。舆马宫室之渐自此始，不可振也。"纣为淫泆，箕子谏，不听。人或曰："可以去矣。"箕子曰："为人臣谏不听而去，是彰君之恶而自说于民，吾不忍为也。"乃被发详狂而为奴。遂隐而鼓琴以自悲，故传之曰"箕子操"。

王子比干者，亦纣之亲戚也。见箕子谏不听而为奴，则曰："君有过而不以死争，则百姓何辜？"乃直言谏纣。纣怒曰："吾闻圣人之心有七窍，信有诸乎？"乃遂杀王子比干，刳视其心。

微子曰："父子有骨肉，而臣主以义属。故父有过，子三谏不听，则随而号之；人臣三谏不听，则其义可以去矣。"于是太师、少师乃劝微子去，遂行。

周武王伐纣克殷，微子乃持其祭器造于军门，肉袒面缚，左牵羊，右把茅，膝行而前以告。于是武王乃释微子，复其位如故。

武王封纣子武庚禄父以续殷祀，使管叔、蔡叔傅相之。

武王既克殷，访问箕子。

武王曰："於乎！维天阴定下民，相和其居，我不知其常伦所序。"

箕子对曰："在昔鲧堙鸿水，汩陈其五行，帝乃震怒，不从鸿范九等，常伦所斁。鲧则殛死，禹乃嗣兴。天乃锡禹鸿范九等，常伦所序。

"初一曰五行；二曰五事；三曰八政；四曰五纪；五曰皇极；六曰三德；七曰稽疑；八曰庶征；九曰向用五福，畏用六极。

"五行：一曰水，二曰火，三曰木，四曰金，五曰土。水曰润下，火曰炎上，木曰曲直，金曰从革，土曰稼穑。润下作咸，炎上作苦，曲直作酸，从革作辛，稼穑作甘。

"五事：一曰貌，二曰言，三曰视，四曰听，五曰思。貌曰恭，言曰从，视曰明，听曰聪，思曰睿。恭作肃，从作治，明作智，聪作谋，睿作圣。

"八政：一曰食，二曰货，三曰祀，四曰司空，五曰司徒，六曰司寇，七曰宾，八曰师。

"五纪：一曰岁，二曰月，三曰日，四曰星辰，五曰历数。

"皇极：皇建其有极，敛时五福，用傅锡其庶民，维时其庶民于女极，锡女保极。凡厥庶民，毋有淫朋，人毋有比德，维皇作极。凡厥庶民，有猷有为有守，女则念之。不协于极，不离于咎，皇则受之。而安而色，曰予所好德，女则锡之福。时人斯其维皇之极。毋侮鳏寡而畏高明。人之有能有为，使羞其行，而国其昌。凡厥正人，既富方穀。女不能使有好于而家，时人斯其辜。于其毋好，女虽锡之福，其作女用咎。毋偏毋颇，遵王之义。毋有作好，遵王之道。毋有作恶，遵王之路。毋偏毋党，王道荡荡。毋党毋偏，王道平平。毋反毋侧，王道正直。会其有极，归其有极。曰王极之傅言，是夷是训，于帝其顺。凡厥庶民，极之傅言，是顺是行，以近天子之光。曰天子作民父母，以为天下王。

"三德：一曰正直，二曰刚克，三曰柔克。平康正直，强不友刚克，内友柔克，沉渐刚克，高明柔克。维辟作福，维辟作威，维辟玉食。臣无有作福、作威、玉食。臣有作福作威玉食，其害于而家，凶于而国，人用侧颇辟，民用僭忒。

"稽疑：择建立卜筮人。乃命卜筮，曰雨，曰济，曰涕，曰雾，曰克，曰贞，曰悔，凡七。卜五，占之用二，衍贰。立时人为卜筮，三人占则从二人之言。女则有大疑，谋及女心，谋及卿士，谋及庶人，谋及卜筮。女则从，龟从，筮从，卿士从，庶民从，是之谓大同，而身其康强，而子孙其逢吉。女则从，龟从，筮从，卿士逆，庶民逆，吉。卿士从，龟从，筮从，女则逆，庶民逆，吉。庶民从，龟从，筮从，女则逆，卿士逆，吉。女则从，龟从，筮逆，卿士逆，庶民逆，作内吉，作外凶。龟筮共违于人,用静吉,用作凶。

"庶征:曰雨,曰阳,曰奥,曰寒,曰风,曰时。五者来备,各以其序,庶草繁庑。一极备,凶。一极亡,凶。曰休征:曰肃,时雨若;曰治,时旸若;曰知,时奥若;曰谋,时寒若;曰圣,时风若。曰咎征:曰狂,常雨若;曰僭,常旸若;曰舒,常奥若;曰急,常寒若;曰雾,常风若。王眚维岁,卿士维月,师尹维日。岁月日时毋易,百谷用成,治用明,畯民用章,家用平康。日月岁时既易,百谷用不成,治用昏不明,畯民用微,家用不宁。庶民维星,星有好风,星有好雨。日月之行,有冬有夏。月之从星,则以风雨。

"五福:一曰寿,二曰富,三曰康宁,四曰攸好德,五曰考终命。六极:一曰凶短折,二曰疾,三曰忧,四曰贫,五曰恶,六曰弱。"

于是武王乃封箕子于朝鲜而不臣也。

其后箕子朝周,过故殷虚,感宫室毁坏,生禾黍,箕子伤之,欲哭则不可,欲泣为其近妇人,乃作《麦秀之诗》以歌咏之。其诗曰:"麦秀渐渐兮,禾黍油油。彼狡童兮,不与我好兮!"所谓狡童者,纣也。殷民闻之,皆为流涕。

武王崩,成王少,周公旦代行政当国。管、蔡疑之,乃与武庚作乱,欲袭成王、周公。周公既承成王命诛武庚,杀管叔,放蔡叔,乃命微子开代殷后,奉其先祀,作《微子之命》以申之,国于宋。微子故能仁贤,乃代武庚,故殷之余民甚戴爱之。

微子开卒,立其弟衍,是为微仲。微仲卒,子宋公稽立。宋公稽卒,子丁公申立。丁公申卒,子湣公共立。湣公共卒,弟炀公熙立。炀公即位,湣公子鲋祀弑炀公而自立,曰"我当立",是为厉公。厉公卒,子釐公举立。

釐公十七年，周厉王出奔彘。

二十八年，釐公卒，子惠公覵立。惠公四年，周宣王即位。三十年，惠公卒，子哀公立。哀公元年卒，子戴公立。

戴公二十九年，周幽王为犬戎所杀，秦始列为诸侯。

三十四年，戴公卒，子武公司空立。武公生女为鲁惠公夫人，生鲁桓公。十八年，武公卒，子宣公力立。

宣公有太子与夷。十九年，宣公病，让其弟和，曰："父死子继，兄死弟及，天下通义也。我其立和。"和亦三让而受之。宣公卒，弟和立，是为穆公。

穆公九年，病，召大司马孔父谓曰："先君宣公舍太子与夷而立我，我不敢忘。我死，必立与夷也。"孔父曰："群臣皆愿立公子冯。"穆公曰："毋立冯，吾不可以负宣公。"于是穆公使冯出居于郑。八月庚辰，穆公卒，兄宣公子与夷立，是为殇公。君子闻之，曰："宋宣公可谓知人矣，立其弟以成义，然卒其子复享之。"

殇公元年，卫公子州吁弑其君完自立，欲得诸侯，使告于宋曰："冯在郑，必为乱，可与我伐之。"宋许之，与伐郑，至东门而还。二年，郑伐宋，以报东门之役。其后诸侯数来侵伐。

九年，大司马孔父嘉妻好，出，道遇太宰华督，督说，目而观之。督利孔父妻，乃使人宣言国中曰："殇公即位十年耳，而十一战，民苦不堪，皆孔父为之，我且杀孔父以宁民。"是岁，鲁弑其君隐公。十年，华督攻杀孔父，取其妻。殇公怒，遂弑殇公，而迎穆公子冯于郑而立之，是为庄公。

庄公元年，华督为相。九年，执郑之祭仲，要以立突为郑君。祭仲许，竟立突。十九年，庄公卒，子湣公捷立。

湣公七年，齐桓公即位。九年，宋水，鲁使臧文仲往吊水。

湣公自罪曰："寡人以不能事鬼神，政不修，故水。"臧文仲善此言。此言乃公子子鱼教湣公也。

十年夏，宋伐鲁，战于乘丘，鲁生虏宋南宫万。宋人请万，万归宋。十一年秋，湣公与南宫万猎，因博争行，湣公怒，辱之，曰："始吾敬若；今若，鲁虏也。"万有力，病此言，遂以局杀湣公于蒙泽。大夫仇牧闻之，以兵造公门。万搏牧，牧齿著门阖死。因杀太宰华督，乃更立公子游为君。诸公子奔萧，公子御说奔亳。万弟南宫牛将兵围亳。冬，萧及宋之诸公子共击杀南宫牛，弑宋新君游而立湣公弟御说，是为桓公。宋万奔陈。宋人请以赂陈。陈人使妇人饮之醇酒，以革裹之，归宋。宋人醢万也。

桓公二年，诸侯伐宋，至郊而去。三年，齐桓公始霸。二十三年，迎卫公子毁于齐，立之，是为卫文公。文公女弟为桓公夫人。秦穆公即位。三十年，桓公病，太子兹甫让其庶兄目夷为嗣。桓公义太子意，竟不听。三十一年春，桓公卒，太子兹甫立，是为襄公。以其庶兄目夷为相。未葬，而齐桓公会诸侯于葵丘，襄公往会。

襄公七年，宋地霣星如雨，与雨偕下；六鹢退蜚，风疾也。八年，齐桓公卒，宋欲为盟会。十二年春，宋襄公为鹿上之盟，以求诸侯于楚，楚人许之。公子目夷谏曰："小国争盟，祸也。"不听。秋，诸侯会宋公盟于盂。目夷曰："祸其在此乎？君欲已甚，何以堪之！"于是楚执宋襄公以伐宋。冬，会于亳，以释宋公。子鱼曰："祸犹未也。"十三年夏，宋伐郑。子鱼曰："祸在此矣。"秋，楚伐宋以救郑。襄公将战，子鱼谏曰："天之弃商久矣，不可。"冬，十一月，襄公与楚成王战于泓。楚人未济，目夷曰："彼众我寡，及其未济击之。"公不听。已济未陈，又曰："可击。"公曰："待其已陈。"陈成，宋人击之。宋师大败，襄公伤股。国人皆怨公。公曰："君子不困人于阨，不鼓不成列。"子鱼曰："兵以胜为功，何常言与！必如公言，即奴事之耳，又何战为？"

楚成王已救郑，郑享之；去而取郑二姬以归。叔瞻曰："成王无礼，其不没乎？为礼卒于无别，有以知其不遂霸也。"

是年，晋公子重耳过宋，襄公以伤于楚，欲得晋援，厚礼重耳以马二十乘。

十四年夏，襄公病伤于泓而竟卒，子成公王臣立。

成公元年，晋文公即位。三年，倍楚盟亲晋，以有德于文公也。四年，楚成王伐宋，宋告急于晋。五年，晋文公救宋，楚兵去。九年，晋文公卒。十一年，楚太子商臣弑其父成王代立。十六年，秦穆公卒。

十七年，成公卒。成公弟御杀太子及大司马公孙固而自立为君。宋人共杀君御而立成公少子杵臼，是为昭公。

昭公四年，宋败长翟缘斯于长丘。七年，楚庄王即位。

九年，昭公无道，国人不附。昭公弟鲍革贤而下士。先，襄公夫人欲通于公子鲍，不可，乃助之施于国，因大夫华元为右师。昭公出猎，夫人王姬使卫伯攻杀昭公杵臼。弟鲍革立，是为文公。

文公元年，晋率诸侯伐宋，责以弑君。闻文公定立，乃去。二年，昭公子因文公母弟须与武、缪、戴、庄、桓之族为乱，文公尽诛之，出武、缪之族。

四年春，楚命郑伐宋。宋使华元将，郑败宋，囚华元。华元之将战，杀羊以食士，其御羊羹不及，故怨，驰入郑军，故宋师败，得囚华元。宋以兵车百乘文马四百匹赎华元。未尽入，华元亡归宋。

十四年，楚庄王围郑。郑伯降楚，楚复释之。

十六年，楚使过宋，宋有前仇，执楚使。九月，楚庄王围宋。十七年，楚以围宋五月不解，宋城中急，无食，华元乃夜私见楚将子反。子反告庄王。王问："城中何如？"曰："析骨而炊，易子而食。"庄王曰："诚哉言！我军亦有二日粮。"以信故，遂罢兵去。

二十二年，文公卒，子共公瑕立。始厚葬。君子讥华元不臣矣。

共公十年，华元善楚将子重，又善晋将栾书，两盟晋楚。十三年，共公卒。华元为右师，鱼石为左师。司马唐山攻杀太子肥，欲杀华元，华元奔晋，鱼石止之，至河乃还，诛唐山。乃立共公少子成，是为平公。

平公三年，楚共王拔宋之彭城，以封宋左师鱼石。四年，诸侯共诛鱼石，而归彭城于宋。三十五年，楚公子围弑其君自立，为灵王。四十四年，平公卒，子元公佐立。

元公三年，楚公子弃疾弑灵王，自立为平王。八年，宋火。十年，元公毋信，诈杀诸公子，大夫华、向氏作乱。楚平王太子建来奔，见诸华氏相攻乱，建去如郑。十五年，元公为鲁昭公避季氏居外，为之求入鲁，行道卒，子景公头曼立。

景公十六年，鲁阳虎来奔，已复去。二十五年，孔子过宋，宋司马桓魋恶之，欲杀孔子，孔子微服去。三十年，曹倍宋，又倍晋，宋伐曹，晋不救，遂灭曹有之。三十六年，齐田常弑简公。

三十七年，楚惠王灭陈。荧惑守心。心，宋之分野也。景公忧之。司星子韦曰："可移于相。"景公曰："相，吾之股肱。"曰："可移于民。"景公曰："君者待民。"曰："可移于岁。"景公曰："岁饥民困，吾谁为君！"子韦曰："天高听卑。君有君人之言三，荧惑宜有动。"于是候之，果徙三度。

六十四年，景公卒。宋公子特攻杀太子而自立，是为昭公。昭公者，元公之曾庶孙也。昭公父公孙纠，纠父公子褍秦，褍秦即元公少子也。景公杀昭公父纠，故昭公怨杀太子而自立。

昭公四十七年卒，子悼公购由立。悼公八年卒，子休公田立。休公田二十三年卒，子辟公辟兵立。辟公三年卒，子剔成立。剔成四十一年，剔成弟偃攻袭剔成，剔成败奔齐，偃自立为宋君。

君偃十一年，自立为王。东败齐，取五城；南败楚，取地三百里；西败魏军，乃与齐、魏为敌国。盛血以韦囊，县而射之，命曰"射天"。淫于酒妇人。群臣谏者辄射之。于是诸侯皆曰"桀宋"。"宋其复为纣所为，不可不诛。"告齐伐宋。王偃立四十七年，齐湣王与魏、楚伐宋，杀王偃，遂灭宋而三分其地。

太史公曰：孔子称"微子去之，箕子为之奴，比干谏而死，殷有三仁焉"。《春秋》讥宋之乱自宣公废太子而立弟，国以不宁者十世。襄公之时，修行仁义，欲为盟主。其大夫正考父美之，故追道契、汤、高宗，殷所以兴，作《商颂》。襄公既败于泓，而君子或以为多，伤中国阙礼义，褒之也，宋襄之有礼让也。

译文：

微子启，是殷朝帝乙的长子，帝纣的庶兄。殷纣即位以后，昏暗无道，政事纷乱，淫逸奢侈，微子屡次进谏，纣不听从。等到祖伊由于周西伯姬昌实行德政，把阝九国灭掉，担忧祸患降临殷朝，把这件事奉告给纣。纣说："我生下来不是有命在天吗？他能做出些什么呢！"这时，微子推测纣终究不能劝醒，打算一死了之，或离开纣出走，自己不能决断，就去询问太师、少师道：“殷政治不清明，无法治理天下。我朝的始祖汤成就功业于上世，纣嗜酒如命，对妇人言听计从，败坏汤的德政于后世。殷王室的人不论男女老少，都乐于做草野盗贼、犯法作乱的事。朝廷大臣也转相师效不顾法度，都有罪恶，他们屡次互相攻夺，以致没有常得爵禄的人。于是百姓各起一方，互相敌对而不和睦。现在殷朝的典章制度将要丧亡！仿佛渡水却没有渡口和尽头一样。殷朝一定灭亡，现在就到了。"又说：“太师，少师，我能起来另谋出路吗？我国或可免于灭亡吗？如今你们没有主意指示我，假如陷于不义，怎么办呢？"太师顺着说道：“王子，天帝严重降临灾祸灭亡殷朝，而纣竟然没有任何惧怕，不听从长老的教导。现在殷朝的人民竟轻视亵渎神祇的祭祀。如今如果能够治理好国家，国家得到大治，即使身亡，也不怨恨。如果死了，而国家仍然得不到治理，那么不如离去。"于是逃跑。

  箕子，是纣的亲属。纣开始制造象牙筷子。箕子叹息说：“他既然制造象牙筷子，一定会制造玉杯；制造了玉杯，就一定会打算得到远方珍贵奇异的器物来使用。车马宫室的逐渐奢侈华丽，从此开始，他无法振作了。"纣荒淫放荡，箕子进谏，他不听从。有人说：“可以离去了。"箕子说：“作君王的臣下，规劝不听就离去，这是张扬君主的过失，而自己讨人民的喜欢，我不忍这样做啊。"于是披头散发，装疯当了奴隶。从此隐居起来，弹琴悲叹自己的不幸遭遇，他的琴曲流传下来叫《箕子操》。

  王子比干，也是纣的亲属。看见箕子规劝纣不听从，去当奴隶，就说：“君主有过失而不用直言规劝，百姓遭殃，百姓有什么罪呢！"于是直率地劝谏纣。纣勃然大怒说：“我听说圣人的心有七个孔，真有这事吗？"于是杀了王子比干，剖开胸腔看他的心。

  微子说：“父亲跟儿子有骨肉一样的亲密关系，而臣子跟人君是凭道义联系起来的。所以父亲有过错失误,儿子屡次进谏不听,就跟着他大声号哭。臣子屡次进谏人君不听,那么他依据道义原则可以离开了。"于是太师、少师才劝微子离去,微子便走了。

周武王讨伐殷纣王,战胜殷朝,微子就拿着宗庙里的祭器到武王的营门去,他裸露上身,把手捆在背后,左边让人牵着羊,右边让人拿着茅,跪着向前行走,求告武王。于是武王就释放微子,恢复微子的爵位,与以前一样。

武王封纣的儿子武庚禄父为殷君,让他继续殷朝的祭祀,让管叔、蔡叔辅佐、监视他。

武王灭亡殷朝之后,便去访问箕子。

武王说:"呜呼!天不说话,默默地安定下界人民,帮助他们和睦相处,我却不知道天用来安定人民的治国常理次序。"

箕子回答道:"早先鲧堵塞洪水,把五行的规律搞乱了,于是天帝勃然大怒,不给予大法九种,治国常理从此败坏。鲧受惩罚而死,禹就继承他父亲的事业兴起。天帝就把大法九种赐给禹,治国常理从此有了次序。

"(这九种大法)一叫五行;二叫五事;三叫八政;四叫五纪;五叫皇极(建立君权);六叫三德;七叫稽疑(考察疑惑);八叫庶征(各种征兆);九叫劝导用五福(五种幸福),让害怕用六极(六种困厄)。

"五行:第一是水,第二是火,第三是木,第四是金,第五是土。水的自然常性是滋润万物,而向下润湿。火的自然常性是炎热旺盛,而向上燃烧。木可以揉造使它弯曲或伸直。金可以销熔顺从人的意愿改变形状。土可以种植收获百谷。水向下浸润成卤产生咸味。火向上燃烧产生苦味。木揉成曲直产生酸味。金顺从人的意愿销熔变形产生辣味。土种植收获的百谷产生甜味。

"五事：一是容貌，二是言论，三是观察，四是听闻，五是思考。容貌必须恭敬，言论必须正确，观察事物必须明白，听闻必须广远，思考必须通达。容貌恭敬就能严肃，言论正确就能治理，观察事物明白就能不受蒙骗，听闻广远就能善于谋划，思考问题通达就能圣明。

"八种政务官员：一是管粮食生产的官，二是管财货流通的官，三是管祭祀的官，四是管营建的官，五是管教育的官，六是管社会治安的官，七是管礼宾的官，八是管军事的官。

"五种记时方法：一是年，二是月，三是日，四是星辰的出现情况，五是推算日月运行所经历的周天度数。

"君王的准则：君王建立君权，应当有准则，采用五福之道，用来施行教育，赐予您的百姓，百姓都会遵守您的准则，又使您懂得如何去维持准则，这样一来，凡属您的百姓，就没有邪恶朋党的风气，百官没有私相比附的行为，都合于您所建立的准则。凡属你的百姓，有谋划，有作为，有操守，您就应当经常想到重视录用他们。有的即使行为不合准则，但是他没有犯罪，您也应当宽容他们。您应当和颜悦色，平易近人，有人说'我遵行美德'，您就应当赐给他福禄。这样，臣民会思念君王建立的准则。不要欺侮无依无靠的人，不要畏惧权势显赫的人。有能力、有作为的人，就让他贡献他的才能，这样，您的国家将会昌盛起来。凡在位的百官长，经常用爵禄使他们富贵，又应当以善道对待他们。如果您不能使他们对于您的国家有好处，那么这些人就会责怪您。对于那些没有好德行的人，您虽然赐给他们爵禄，但是他的所作所为会使您结怨于百姓。不要偏私，不要倾邪，而要遵守王法。不要私好偏爱，而应当遵照王道。不要为非作歹，而应当遵行正路。不营私，不结党，王道宽广。不结党，不营私，王道平坦。不反不乱，不偏不倚，王道正直。为君的人，团结臣民应当有准则；为臣的人，归往君王亦应有准则。君王对于以上陈述的准则，要宣扬教导，是顺天帝的。凡属百姓，对于以上陈述的准则，也要遵守实行，以接近天子圣德的光辉。天子作民众的父母，成为天下民众共同拥戴的圣王。

"三种德行：一是正直，二是过分刚强，三是过分柔顺。中正平和就是正直。倔强不能亲近人就是过分刚强。和顺而不坚强就是过分柔顺。深沉隐伏阴谋，用刚强能对付。高明君子，用和柔安抚。只有国君才能掌握爵赏赐人以福，掌握刑罚施人以威，享受美食，百官不得施行爵赏、刑罚和享受美食。百官如有施行爵赏、刑罚和享受美食的权力，就会伤害自己的封邑，危害人君的国。百官因而背离王道，人民就会越轨作恶。

"考察疑惑：选择任用掌管龟卜和蓍筮的官员。教导他们用龟甲或蓍草占卜吉凶，兆纹有的像下雨，有的像雨后或雪后转晴，有的像云气连绵，有的像雾气蒙蒙，有的像阴阳二气互相侵犯，卦象有内卦，有外卦，龟兆和卦象共有这七种。其中五种用龟甲兽骨占卜，两种用蓍草占卜。再根据各种龟兆卦象加以推演变化。任命能识别兆卦名称的人担任卜筮的官职，三个人占，就听从其中两个人的意见。您如果有重大的疑难问题，首先要自己深思熟虑，其次要和卿士商量，要和百姓商量，然后问卜占卦。如果您赞成，龟卜赞成，筮占赞成，卿士赞成，庶民赞成，这叫作大同，你自己会身体康健，你的子孙会兴旺，这是大吉大利。如果您赞成，龟卜赞成，筮占赞成，卿士反对，庶民反对，这就是吉利。如果卿士赞成，龟卜赞成，筮占赞成，您反对，庶民反对，这也是吉利。如果庶民赞成，龟卜赞成，筮占赞成，您反对，卿士反对，这还是吉利。如果您赞成，龟卜赞成，筮占反对，卿士反对，庶民反对，那么在国内办事就吉利，在国外办事就凶险。龟卜、筮占都与人的谋划相反，安静守常就吉利，有所举动就凶险。

"各种征兆：或下雨，或天晴，或温暖，或寒冷，或刮风，或者都合乎时令。这五种气象齐备，又各按照正常的次序，各种植物就茂盛。一种气象过多，就有灾害；一种气象不来，也有灾害。再说人君美好行为的征兆：人君性行肃敬，雨水就及时滋润万物；人君政治清明，阳光就按时照耀大地；人君明智，温暖就按时到来；人君有谋略，寒冷就应时而生；人君通情达理，风就调和顺时。再说人君丑恶行为的征兆：人君行为狂妄，就会淫雨连绵；人君行为僭越不轨，就会常常干旱；人君安于享乐，天气就会过分炎热；人君行事急躁，就会寒冷不断；人君昏庸愚昧，就会常常刮风。君王视察治理政事，好像一年包括四时；大臣各有职责，好像一月统属于岁；普通官吏分治其职，好像一日统属于月。如果年、月、日的时令各顺正常，百谷因而丰收，政治因而清明，贤臣因而表彰提拔，国家因而太平安宁。相反，日、月、年的时令如果颠倒错乱，百谷就会因而歉收，政治就会因而昏暗，贤臣就会因而隐遁，国家就会因而不得安宁。庶民的性格像众星一样，众星有的喜欢风，有的喜欢雨。太阳和月亮的运行，有冬天，有夏天，各有常规。月亮的运行不由常规而顺从众星，就会招致风雨。

"五种幸福的事：一是长寿，二是富贵，三是健康安宁，四是德行好，五是高寿善终。六种困厄的事：一是早死，二是疾病，三是忧愁，四是贫穷，五是丑陋，六是愚懦。"

于是武王便把箕子封在朝鲜，而不把他作臣下看待。

这以后，箕子来朝见周王，路过从前殷都废墟，见宫室断垣残壁，禾黍到处丛生，内心悲伤，打算哭又觉不可，打算流泪又觉未免像女人，于是作了《麦秀》诗来歌咏这件事。那首诗说："麦芒尖尖哪，禾黍的苗儿绿油油。那个顽皮的少年呀，不与我亲爱接近啊！"这里所说的顽皮孩子，是指殷纣。殷朝的遗民听到，都为此落了泪。

武王去世，成王年少，周公姬旦代为处理政务，掌握政权，管叔、蔡叔怀疑周公，就与武庚联合起来叛乱，打算袭击成王和周公。周公秉承成王的命令诛杀武庚后，杀掉管叔，流放蔡叔，于是命令微子开代替做殷朝的后嗣，侍奉祖先的祭祀，作《微子之命》申明这个意思，在宋地建国。微子素来就仁义贤能，于是代替武庚，所以殷朝的遗民很爱戴他。

微子开逝世以后，立他的弟弟衍为国君，他就是微仲。微仲逝世后，儿子宋公稽登极。宋公稽逝世后，儿子丁公申登极。丁公申逝世后，儿子湣公共登极。湣公共逝世后，弟弟炀公熙登极。炀公登极后，湣公的儿子鲋祀杀死炀公而自立为王，说："我应当登极。"这就是厉公。厉公逝世后，儿子釐公举登极。

釐公十七年，周厉王出奔到彘地。

二十八年，釐公逝世，儿子惠公覸登极。惠公四年，周宣王登极。三十年，惠公逝世，儿子哀公登极。哀公元年逝世，儿子戴公登极。

戴公二十九年，周幽王被犬戎杀死，秦国开始列为诸侯。

三十四年，戴公逝世，儿子武公司空登极。武公生了个女儿做了鲁惠公的夫人，她生了鲁桓公。十八年，武公逝世，儿子宣公公力登极。

宣公有太子名叫与夷。十九年，宣公病危，要把君位让给他的弟弟和，说："父亲死了，儿子继承君位；哥哥死了，轮到弟弟继位，这是天下普遍适用的道义与法则。我要立和为国君。"和多次谦让不成，就接受了。宣公逝世后，弟弟和登极，他就是穆公。

穆公九年，病危，叫了大司马孔父前来，对他说："先君宣公舍弃太子与夷而把君位让给我，我不敢忘记。我死以后，必定要立与夷为君。"孔父说："百官都愿意立公子冯。"穆公说："不要立冯，我不可辜负宣公。"于是穆公让公子冯到郑国去居住。八月庚辰这天，穆公逝世，哥哥宣公的儿子与夷登极，这就是殇公。君子听到这件事，说："宋宣公可以称为能了解人了，立他的弟弟为君而成全了道义，然而他的儿子终于再享有了君位。"

殇公元年，卫国公子州吁杀害他的国君姬完，自立为国君，想要取得诸侯的支持，派使者告诉宋国说："子冯在郑国，一定会作乱，可以同我去攻打他。"宋国允许了，同姬州吁去攻打郑国，到达东门就回来了。二年，郑国攻打宋国，报复东门那一役。这以后，诸侯多次来侵略和攻打宋国。

九年的一天，大司马孔父嘉的美貌妻子外出，在路上遇见太宰华督，华督爱慕她，眼珠一动不动地注视她。华督贪恋孔父的妻子，于是派人在国中宣扬说："殇公登极不过十年，可是打了十一仗，人民痛苦不堪，都是孔父造成的，我将杀掉孔父，以便使人民得以安宁。"这年，鲁国杀害了它的国君隐公。十年，华督进攻杀死孔父，霸占了孔父的妻子。殇公恼怒，华督就杀死殇公，而到郑国去迎接穆公的儿子冯回来立为国君，他就是庄公。

庄公元年，华督当了宰相。九年，逮捕了郑国的祭仲，抓着他的弱点，强使他拥立姬突做郑国的君主。祭仲允许，终于拥立姬突。十九年，庄公逝世，儿子湣公捷登极。

湣公七年，齐桓公登极。九年，宋国遭到水灾的袭击，鲁国派臧文仲到宋国去慰问灾民。湣公责备自己说:"我因为不能侍奉鬼神,政治不清明,所以发生水灾。"臧文仲赞赏这句话。而这句话是公子子鱼教给湣公的。

十年夏天,宋国讨伐鲁国,在乘丘会战,鲁国活捉了宋国的南宫万。宋国人请求释放南宫万,南宫万回到宋国。十一年秋天,湣公和南宫万去打猎,作博戏,因争道,湣公发怒,侮辱南宫万说:"当初我敬重你;现在你是鲁国的俘虏。"南宫万有力,对这句话很反感,于是用棋盘打死湣公于蒙泽。大夫仇牧听到这事,带着兵器到公门,南宫万搏击仇牧,仇牧牙齿撞着门扇死了。于是,南宫万杀掉太宰华督,改立公子游为国君。几个公子逃奔萧邑,公子御说逃奔亳邑。南宫万的弟弟南宫牛率兵围攻亳邑。冬天,在萧邑和宋都的公子们共同攻打杀死南宫牛,杀死宋国新君游而拥立湣公的弟弟御说,他就是桓公。南宫万逃奔陈国。宋国人贿赂陈国,陈国人便派女人用浓酒灌醉南宫万,然后用皮革把他包裹起来,送回宋国。宋国人把南宫万剁成了肉酱。

桓公二年,诸侯攻打宋国,攻到都城商丘郊外才离去。三年,齐桓公开始做霸主。二十三年,卫国人到齐国迎接卫国公子毁,拥立为卫君,他就是卫文公。文公的妹妹是宋桓公的夫人。秦穆公登极。三十年,桓公病危,太子兹甫让他的庶兄目夷为君位继承人。桓公认为太子的意愿合乎道义,可是竟没有听取。三十一年春天,桓公逝世,太子兹甫登极,他就是襄公。任用他的庶兄目夷作做相。桓公还没有安葬,而齐桓公在葵丘会合诸侯,襄公便前去参加盟会。

襄公七年,宋国国内流星似雨一样坠落,和雨点一起落下;六只鹢倒退着飞翔,因为风异常迅猛。

八年,齐桓公逝世,宋国打算召集盟会。十二年春天,宋襄公在鹿上召集盟会,要求楚国让诸侯拥护他,楚国人允许了。公子目夷规劝说:"小国争当盟首,是祸患哪!"襄公不听从。秋天,诸侯在盂地会见宋襄公并结盟,目夷说:"祸患大概将在这里吧?君王的欲望太过分了,怎么能经受得了呢?"在这里楚国逮捕宋襄公来攻打宋国。冬天,诸侯在亳邑集会,释放了宋襄公。子鱼说:"祸患还没有了结。"十三年夏天,宋国讨伐郑国。子鱼说:"祸患在这里了。"秋天,楚国攻打宋国,援救郑国。襄公要应战,子鱼规劝说:"上天抛开商朝很久了,不行。"冬季十一月,襄公跟楚成王在泓水边会战,楚军渡河没有完毕,目夷说:"楚国兵多,我们兵少,趁他们没有完全渡河,我们就先发动攻击。"襄公不听从。楚国兵已经全部渡河,还没有列成阵势,目夷又说:"可以攻击了。"襄公说:"等他们布成阵势。"楚国人布成阵势了,宋国人才开始进攻。宋国军队大败,襄公大腿受伤。宋国的国人都埋怨襄公。襄公说:"君子不在人家艰难的时候去困窘他,不在人家没有布成阵势的时候击鼓去进攻他。"子鱼说:"战争以取胜为功绩,还有什么陈词滥调可空谈呢!一定要像您所说的,那么就当奴隶侍奉人家好了,又何必要打仗呢?"

楚成王援救了郑国,郑国用酒食款待他;他离开的时候,娶了郑国国君的两个女儿回去。叔瞻说:"成王不懂礼,会不得善终吧?行礼终于内外无别,有根据知道他不能成就霸业了。"

这一年,晋公子重耳路过宋国,襄公因跟楚国交战受伤,打算得到晋国的援助,就以隆重的礼仪接待重耳,赠送给重耳二十乘(八十四)马。

十四年夏天,襄公因在泓水之战时的腿伤,病发作而终于逝世,儿子成公王臣登极。

成公元年，晋文公登极。三年，成公撕毁与楚国的盟约，与晋国亲近，因为襄公对晋文公有过恩惠。四年，楚成王攻打宋国，宋国向晋国告急。五年，晋文公援救宋国，楚军离去。九年，晋文公逝世。十一年，楚太子商臣杀害他的父亲成王，夺取君位。十六年，秦穆公逝世。

十七年，成公逝世。成公的弟弟御杀死太子和大司马公孙固，而自立为国君。宋国人联合杀死国君御，拥立成公的小儿子杵臼，他就是昭公。

昭公四年，宋国在长丘击败长翟缘斯。七年，楚庄王登极。

九年，昭公暴虐，不行德政，宋国国人不归附他。昭公的弟弟鲍革，德才兼备，又能谦恭待士。原先，襄公夫人打算跟公子鲍私通，公子鲍不同意，于是帮助他在国人中广施恩惠，又由大夫华元的荐举做了右师。昭公出去狩猎，夫人王姬派遣卫伯攻杀昭公杵臼。弟弟鲍革登位，他就是文公。

文公元年，晋国统率诸侯攻打宋国，责备宋国人杀死了国君。听到文公君位已经确定，于是撤兵离去。二年，昭公的儿子凭借文公的同母弟弟须与武公、穆公、戴公、庄公、桓公的家族犯上作乱，文公把他们都杀掉，驱逐武公、穆公的家族。

四年春天，楚王命令郑国攻打宋国。宋国派华元带兵，郑国打败了宋国，俘虏了华元。华元在将要作战的时候，杀羊给军士吃，他的驾车人来不及吃羊肉羹汁，因而怨恨，便驾着华元的指挥车冲进郑军，因此宋军被打败，郑军才得俘虏了华元。宋国用兵车一百辆套着毛色有文采的马四百匹去赎华元。还没有统统送去，华元便逃回宋国了。

十四年，楚庄王包围郑国。郑国国君向楚国投降，楚国又解围而去。

十六年，楚国使者经过宋国，宋国跟楚国有旧仇，便逮捕了楚国的使者。九月，楚庄王围攻宋都。十七年，楚军围攻宋都五个月没解围，宋都城中危急，没有吃的，华元便在一天夜间私下会见楚国将领子反，子反告诉庄王。庄王问："城中怎么样？"子反说："劈人骨头煮饭，互相交换儿子来吃。"庄王说："多诚实的话！我军也只有两天粮食啦。"因为要守信的缘故，于是撤军回去。

二十二年，文公逝世，儿子共公瑕登极。从这时起实行厚葬。君子讥刺华元没有尽到做臣子的责任。

共公十年，华元与楚国将领子重有交情，又跟晋国将领栾书友好，因此跟晋、楚两国都缔结了盟约。十三年，共公逝世。华元任右师，鱼石任左师。司马唐山攻杀太子肥，打算杀华元，华元逃往晋国，鱼石阻止他，到黄河边就返回来，杀了唐山。于是拥护共公的小儿子成登极，他就是平公。

平公三年，楚共王攻陷宋国的彭城，把它封给宋国左师鱼石。四年，诸侯共同诛杀鱼石，把彭城归还给宋国。三十五年，楚国公子围杀掉他的国君自己登极，他就是灵王。四十四年，平公逝世，儿子元公佐登极。

元公三年，楚国公子弃疾杀死灵王，自己登极为平王。八年，宋国遭遇火灾。十年，元公不讲信义，用欺骗手段杀死许多公子。大夫华氏、向氏发动叛乱。楚平王的太子熊建来投奔，看到华氏家族互相攻打，乱作一团，熊建离去，前往郑国。十五年，元公因为鲁昭公躲避季孙氏住在国外，替他要求回到鲁国去，元公走到半路上去世了，儿子景公头曼登极。

景公十六年，鲁国阳虎来投奔，不久又离去了。二十五年，孔子经过宋国。宋国司马桓魋诋毁孔子，打算杀他。孔子改着平民服装离去。三十年,曹国背叛宋国,又背叛晋国。宋国攻打曹国,晋国不去援救,于是灭掉曹国而占有它的土地。三十六年,齐国田常杀掉齐简公。

三十七年,楚惠王灭亡陈国。火星侵占心宿星区,心宿区是宋国的天区。景公为这事担忧。司星子韦说:"可以将灾祸移到宰相身上。"景公说:"宰相是我的大腿胳臂。"子韦说:"可以移到人民身上。"景公说:"国君要依靠人民。"子韦说:"可以移到年成上。"景公说:"年成歉收闹饥荒,人民困苦,我做谁的国君?"子韦说:"上天神明虽然高远却能听到人间最细微的声音。您有为人君的话三句,火星应该移动了。"再观测火星,火星果然移了三度。

六十四年,景公逝世。宋国公子特进攻杀太子而自己登极,他就是昭公。昭公,其人是元公的曾庶孙。昭公的父亲是公孙纠,公孙纠的父亲是公子褍秦,褍秦就是元公的小儿子。景公杀死了昭公的父亲公孙纠,所以昭公怨恨太子,便杀死他而自己登极。

昭公四十七年逝世。儿子悼公购由登极。悼公八年逝世,儿子休公田登极。休公田二十三年逝世,儿子辟公辟兵登极。辟公三年逝世,儿子剔成登极。剔成四十一年,剔成的弟弟偃袭击剔成,剔成失败逃奔齐国,偃自己登极作宋君。

君偃十一年,自己称号为王。东面打败齐国,攻下五座城。南面打败楚国,侵占土地三百里。西面打败魏国军队。于是跟齐、魏成为敌对的国家。他用牛皮袋盛着血,悬挂起来用箭射它,称为"射天"。君偃沉溺于酒色之中。大臣们有规劝的,君偃就射死他。于是诸侯都称他"桀宋",说:"宋国又会步纣王后尘,为所欲为,不可不杀。"诸侯要求齐国讨伐宋国。宋王偃即位四十七年，齐湣王与魏国、楚国征讨宋国，杀死王偃，于是灭亡宋国，三国瓜分了它的土地。

太史公说：孔子称"微子离开殷纣王，箕子被降为奴隶，比干规劝而被杀死，殷朝有三位仁人呀！"《春秋公羊传》批评宋国的祸乱是从宣公废黜太子而立弟弟为君开始的，使国家不得安宁达十代之久。襄公修行仁义，想成为盟主。他的大夫正考父赞美这事，所以追述契、汤、高宗的发迹、建国等业绩，揭示殷朝所以兴盛的原因，写了《商颂》。宋襄公既已在泓水打了败仗，但是仍有君子称赞他，这是悲叹当时中原地区的国家缺少礼仪，所以表彰襄公，因为他还是一个有礼让精神的人啊。

史记卷三十九

晋世家第九

晋唐叔虞者，周武王子而成王弟。初，武王与叔虞母会时，梦天谓武王曰："余命女生子，名虞，余与之唐。"及生子，文在其手曰"虞"，故遂因命之曰虞。

武王崩，成王立，唐有乱，周公诛灭唐。成王与叔虞戏，削桐叶为珪以与叔虞，曰："以此封若。"史佚因请择日立叔虞。成王曰："吾与之戏耳。"史佚曰："天子无戏言。言则史书之，礼成之，乐歌之。"于是遂封叔虞于唐。唐在河、汾之东，方百里，故曰唐叔虞。姓姬氏，字子于。

唐叔子燮，是为晋侯。晋侯子宁族，是为武侯。武侯之子服人，是为成侯。成侯子福，是为厉侯。厉侯之子宜臼，是为靖侯。靖侯已来，年纪可推。自唐叔至靖侯五世，无其年数。

靖侯十七年，周厉王迷惑暴虐，国人作乱，厉王出奔于彘。大臣行政，故曰"共和"。

十八年，靖侯卒，子釐侯司徒立。釐侯十四年，周宣王初立。十八年，釐侯卒，子献侯籍立。献侯十一年卒，子穆侯费王立。

穆侯四年，取齐女姜氏为夫人。七年，伐条。生太子仇。十年，伐千亩，有功。生少子，名曰成师。晋人师服曰："异哉，君之命子也！太子曰仇，仇者雠也。少子曰成师，成师大号，成之者也。名，自命也；物，自定也。今适庶名反逆，此后晋其能毋乱乎？"

二十七年，穆侯卒，弟殇叔自立，太子仇出奔。殇叔三年，周宣王崩。四年，穆侯太子仇率其徒袭殇叔而立，是为文侯。

文侯十年，周幽王无道，犬戎杀幽王，周东徙。而秦襄公始列为诸侯。

三十五年，文侯仇卒，子昭侯伯立。

昭侯元年，封文侯弟成师于曲沃。曲沃邑大于翼。翼，晋君都邑也。成师封曲沃，号为桓叔。靖侯庶孙栾宾相桓叔。桓叔是时年五十八矣，好德，晋国之众皆附焉。君子曰："晋之乱其在曲沃矣。末大于本而得民心，不乱何待！"

七年，晋大臣潘父弑其君昭侯而迎曲沃桓叔。桓叔欲入晋，晋人发兵攻桓叔。桓叔败，还归曲沃。晋人共立昭侯子平为君，是为孝侯。诛潘父。

孝侯八年，曲沃桓叔卒，子鱓代桓叔，是为曲沃庄伯。孝侯十五年，曲沃庄伯弑其君晋孝侯于翼。晋人攻曲沃庄伯，庄伯复入曲沃。晋人复立孝侯子郄为君，是为鄂侯。

鄂侯二年，鲁隐公初立。

鄂侯六年卒。曲沃庄伯闻晋鄂侯卒，乃兴兵伐晋。周平王使虢公将兵伐曲沃庄伯，庄伯走保曲沃。晋人共立鄂侯子光，是为哀侯。

哀侯二年，曲沃庄伯卒，子称代庄伯立，是为曲沃武公。哀侯六年，鲁弑其君隐公。哀侯八年，晋侵陉廷。陉廷与曲沃武公谋，九年，伐晋于汾旁，虏哀侯。晋人乃立哀侯子小子为君，是为小子侯。

小子元年，曲沃武公使韩万杀所虏晋哀侯。曲沃益强，晋无如之何。

晋小子之四年，曲沃武公诱召晋小子杀之。周桓王使虢仲伐曲沃武公，武公入于曲沃，乃立晋哀侯弟缗为晋侯。

晋侯缗四年，宋执郑祭仲而立突为郑君。晋侯十九年，齐人管至父弑其君襄公。

晋侯二十八年，齐桓公始霸。曲沃武公伐晋侯缗，灭之，尽以其宝器赂献于周釐王。釐王命曲沃武公为晋君，列为诸侯，于是尽并晋地而有之。

曲沃武公已即位三十七年矣，更号曰晋武公。晋武公始都晋国，前即位曲沃，通年三十八年。

武公称者，先晋穆侯曾孙也，曲沃桓叔孙也。桓叔者，始封曲沃。武公，庄伯子也。自桓叔初封曲沃以至武公灭晋也，凡六十七岁，而卒代晋为诸侯。武公代晋二岁，卒。与曲沃通年，即位凡三十九年而卒。子献公诡诸立。

献公元年，周惠王弟颓攻惠王，惠王出奔，居郑之栎邑。

五年，伐骊戎，得骊姬、骊姬弟，俱爱幸之。

八年，士蔿说公曰："故晋之群公子多，不诛，乱且起。"乃使尽杀诸公子，而城聚都之，命曰绛，始都绛。九年，晋群公子既亡奔虢，虢以其故再伐晋，弗克。十年，晋欲伐虢，士蔿曰："且待其乱。"

十二年，骊姬生奚齐。献公有意废太子，乃曰："曲沃吾先祖宗庙所在，而蒲边秦，屈边翟，不使诸子居之，我惧焉。"于是使太子申生居曲沃，公子重耳居蒲，公子夷吾居屈。献公与骊姬子奚齐居绛。晋国以此知太子不立也。太子申生，其母齐桓公女也，曰齐姜，早死。申生同母女弟为秦穆公夫人。重耳母，翟之狐氏女也。夷吾母，重耳母女弟也。献公子八人，而太子申生、重耳、夷吾皆有贤行。及得骊姬，乃远此三子。

十六年，晋献公作二军。公将上军，太子申生将下军，赵夙御戎，毕万为右，伐灭霍，灭魏，灭耿。还，为太子城曲沃，赐赵夙耿，赐毕万魏，以为大夫。士蒍曰："太子不得立矣。分之都城，而位以卿，先为之极，又安得立！不如逃之，无使罪至。为吴太伯，不亦可乎，犹有令名。"太子不从。卜偃曰："毕万之后必大。万，盈数也；魏，大名也。以是始赏，天开之矣。天子曰兆民，诸侯曰万民，今命之大，以从盈数，其必有众。"初，毕万卜仕于晋国，遇《屯》之《比》。辛廖占之曰："吉。《屯》固《比》入，吉孰大焉。其后必蕃昌。"

十七年，晋侯使太子申生伐东山。里克谏献公曰："太子奉冢祀社稷之粢盛，以朝夕视君膳者也，故曰冢子。君行则守，有守则从，从曰抚军，守曰监国，古之制也。夫率师，专行谋也；誓军旅，君与国政之所图也：非太子之事也。师在制命而已，禀命则不威，专命则不孝，故君之嗣適不可以帅师。君失其官，率师不威，将安用之？"公曰："寡人有子，未知其太子谁立。"里克不对而退。见太子，太子曰："吾其废乎！"里克曰："太子勉之！教以军旅，不共是惧，何故废乎？且子惧不孝，毋惧不得立。修己而不责人，则免于难。"太子帅师，公衣之偏衣，佩之金玦。里克谢病，不从太子。太子遂伐东山。

十九年，献公曰："始吾先君庄伯、武公之诛晋乱，而虢常助晋伐我，又匿晋亡公子，果为乱。弗诛，后遗子孙忧。"乃使荀息以屈产之乘假道于虞。虞假道，遂伐虢，取其下阳以归。

献公私谓骊姬曰："吾欲废太子，以奚齐代之。"骊姬泣曰："太子之立，诸侯皆已知之，而数将兵，百姓附之，奈何以贱妾之故废適立庶？君必行之，妾自杀也。"骊姬详誉太子，而阴令人谮恶太子，而欲立其子。

二十一年，骊姬谓太子曰："君梦见齐姜，太子速祭曲沃，归釐于君。"太子于是祭其母齐姜于曲沃，上其荐胙于献公。献公时出猎，置胙于宫中。骊姬使人置毒药胙中。居二日，献公从猎来还，宰人上胙献公，献公欲飨之。骊姬从旁止之，曰："胙所从来远，宜试之。"祭地，地坟；与犬，犬死；与小臣，小臣死。骊姬泣曰："太子何忍也！其父而欲弑代之，况他人乎？且君老矣，旦暮之人，曾不能待而欲弑之！"谓献公曰："太子所以然者，不过以妾及奚齐之故。妾愿子母辟之他国，若早自杀，毋徒使母子为太子所鱼肉也。始君欲废之，妾犹恨之；至于今，妾殊自失于此。"太子闻之，奔新城。献公怒，乃诛其傅杜原款。或谓太子曰："为此药者乃骊姬也，太子何不自辞明之？"太子曰："吾君老矣，非骊姬，寝不安，食不甘。即辞之，君且怒之。不可。"或谓太子曰："可奔他国。"太子曰："被此恶名以出，人谁内我？我自杀耳。"十二月戊申，申生自杀于新城。

此时重耳、夷吾来朝。人或告骊姬曰："二公子怨骊姬谮杀太子。"骊姬恐，因谮二公子："申生之药胙，二公子知之。"二子闻之，恐，重耳走蒲，夷吾走屈，保其城，自备守。初，献公使士蔿为二公子筑蒲、屈城，弗就。夷吾以告公，公怒士蔿。士蔿谢曰："边城少寇，安用之？"退而歌曰："狐裘蒙茸，一国三公，吾谁适从！"卒就城。及申生死，二子亦归保其城。

二十二年，献公怒二子不辞而去，果有谋矣，乃使兵伐蒲。蒲人之宦者勃鞮命重耳促自杀。重耳逾垣，宦者追斩其衣袪。重耳遂奔翟。使人伐屈，屈城守，不可下。

是岁也，晋复假道于虞以伐虢。虞之大夫宫之奇谏虞君曰：

"晋不可假道也,是且灭虞。"虞君曰:"晋我同姓,不宜伐我。"宫之奇曰:"太伯、虞仲,太王之子也,太伯亡去,是以不嗣。虢仲、虢叔,王季之子也,为文王卿士,其记勋在王室,藏于盟府。将虢是灭,何爱于虞?且虞之亲能亲于桓、庄之族乎?桓、庄之族何罪,尽灭之。虞之与虢,唇之与齿,唇亡则齿寒。"虞公不听,遂许晋。宫之奇以其族去虞。其冬,晋灭虢,虢公丑。还,袭灭虞,虏虞公及其大夫井伯百里奚以媵秦穆姬,而修虞祀。荀息牵曩所遗虞屈产之乘马奉之献公,献公笑曰:"马则吾马,齿亦老矣!"

二十三年,献公遂发贾华等伐屈,屈溃。夷吾将奔翟。冀芮曰:"不可,重耳已在矣,今往,晋必移兵伐翟,翟畏晋,祸且及。不如走梁,梁近于秦,秦强,吾君百岁后可以求入焉。"遂奔梁。二十五年,晋伐翟,翟以重耳故,亦击晋于啮桑,晋兵解而去。

当此时,晋强,西有河西,与秦接境,北边翟,东至河内。

骊姬弟生悼子。

二十六年夏,齐桓公大会诸侯于葵丘。晋献公病,行后,未至,逢周之宰孔。宰孔曰:"齐桓公益骄,不务德而务远略,诸侯弗平。君弟毋会,毋如晋何。"献公亦病,复还归。病甚,乃谓荀息曰:"吾以奚齐为后,年少,诸大臣不服,恐乱起,子能立之乎?"荀息曰:"能。"献公曰:"何以为验?"对曰:"使死者复生,生者不惭,为之验。"于是遂属奚齐于荀息。荀息为相,主国政。秋九月,献公卒。里克、邳郑欲内重耳,以三公子之徒作乱,谓荀息曰:"三怨将起,秦、晋辅之,子将何如?"荀息曰:"吾不可负先君言。"十月,里克杀奚齐于丧次,献公未葬也。荀息将死之,或曰:"不如立奚齐弟悼子而傅之。"荀息立悼子而葬献公。十一月,里克弑悼子于朝,荀息死之。君子曰:"《诗》所谓'白珪之玷,犹可磨也。斯言之玷,不可为也',其荀息之谓乎!不负其言。"初,献公将伐骊戎,卜曰"齿牙为祸"。及破骊戎,获骊姬,爱之,竟以乱晋。

里克等已杀奚齐、悼子,使人迎公子重耳于翟,欲立之。重耳谢曰:"负父之命出奔,父死不得修人子之礼侍丧,重耳何敢入!大夫其更立他子。"还报里克,里克使迎夷吾于梁。夷吾欲往,吕省、郤芮曰:"内犹有公子可立者而外求,难信。计非之秦,辅强国之威以入,恐危。"乃使郤芮厚赂秦,约曰:"即得入,请以晋河西之地与秦。"及遗里克书曰:"诚得立,请遂封子于汾阳之邑。"秦缪公乃发兵送夷吾于晋。齐桓公闻晋内乱,亦率诸侯如晋。秦兵与夷吾亦至晋,齐乃使隰朋会秦俱入夷吾,立为晋君,是为惠公。齐桓公至晋之高梁而还归。

惠公夷吾元年,使邳郑谢秦曰:"始夷吾以河西地许君,今幸得入立,大臣曰:'地者先君之地,君亡在外,何以得擅许秦者?'寡人争之弗能得,故谢秦。"亦不与里克汾阳邑,而夺之权。四月,周襄王使周公忌父会齐、秦大夫共礼晋惠公。惠公以重耳在外,畏里克为变,赐里克死。谓曰:"微里子寡人不得立。虽然,子亦杀二君一大夫,为子君者不亦难乎?"里克对曰:"不有所废,君何以兴?欲诛之,其无辞乎?乃言为此!臣闻命矣。"遂伏剑而死。于是邳郑使谢秦未还,故不及难。

晋君改葬恭太子申生。秋,狐突之下国,遇申生,申生与载而告之曰:"夷吾无礼,余得请于帝,将以晋与秦,秦将祀余。"狐突对曰:"臣闻神不食非其宗,君其祀毋乃绝乎?君其图之。"申生曰:"诺,吾将复请帝。后十日,新城西偏将有巫者见我焉。"许之,遂不见。及期而往,复见,申生告之曰:

"帝许罚有罪矣,弊于韩。"儿乃谣曰:"恭太子更葬矣,后十四年,晋亦不昌,昌乃在兄。"

邳郑使秦,闻里克诛,乃说秦缪公曰:"吕省、郤称、冀芮实为不从。若重赂与谋,出晋君,入重耳,事必就。"秦缪公许之,使人与归报晋,厚赂三子。三子曰:"币厚言甘,此必邳郑卖我于秦。"遂杀邳郑及里克、邳郑之党七舆大夫。邳郑子豹奔秦,言伐晋,缪公弗听。

惠公之立,倍秦地及里克,诛七舆大夫,国人不附。二年,周使召公过礼晋惠公,惠公礼倨,召公讥之。

四年,晋饥,乞籴于秦。缪公问百里奚,百里奚曰:"天灾流行,国家代有,救灾恤邻,国之道也。与之。"邳郑子豹曰:"伐之。"缪公曰:"其君是恶,其民何罪!"卒与粟,自雍属绛。

五年,秦饥,请籴于晋。晋君谋之,庆郑曰:"以秦得立,已而倍其地约。晋饥而秦贷我,今秦饥请籴,与之。何疑而谋之!"虢射曰:"往年天以晋赐秦,秦弗知取而贷我。今天以秦赐晋,晋其可以逆天乎?遂伐之。"惠公用虢射谋,不与秦粟,而发兵且伐秦。秦大怒,亦发兵伐晋。

六年春,秦缪公将兵伐晋。晋惠公谓庆郑曰:"秦师深矣,奈何?"郑曰:"秦内君,君倍其赂;晋饥秦输粟,秦饥而晋倍之,乃欲因其饥伐之:其深不亦宜乎!"晋卜御、右,庆郑皆吉。公曰:"郑不孙。"乃更令步阳御戎,家仆徒为右,进兵。九月壬戌,秦缪公、晋惠公合战韩原。惠公马鸷不行,秦兵至,公窘,召庆郑为御。郑曰:"不用卜,败不亦当乎!"遂去。更令梁繇靡御,虢射为右,辂秦缪公。缪公壮士冒败晋军,晋军败,遂失秦缪公,反获晋公以归。秦将以祀上帝。晋君姊为缪公夫人,衰绖涕泣。公曰:"得晋侯将以为乐,今乃如此。且吾闻箕子见唐叔之初封,曰'其后必当大矣',晋庸可灭乎!"乃与晋侯盟王城,而许之归。晋侯亦使吕省等报国人曰:"孤虽得归,毋面目见社稷,卜日立子圉。"晋人闻之,皆哭。秦缪公问吕省:"晋国和乎?"对曰:"不和。小人惧失君亡亲,不惮立子圉,曰'必报雠,宁事戎狄'。其君子则爱君而知罪,以待秦命,曰'必报德'。有此二,故不和。"于是秦缪公更舍晋惠公,馈之七牢。十一月,归晋侯。晋侯至国,诛庆郑,修政教。谋曰:"重耳在外,诸侯多利内之。"欲使人杀重耳于狄。重耳闻之,如齐。

八年,使太子圉质秦。初,惠公亡在梁,梁伯以其女妻之,生一男一女。梁伯卜之,男为人臣,女为人妾,故名男为圉,女为妾。

十年,秦灭梁。梁伯好土功,治城沟,民力罢,怨,其众数相惊,曰"秦寇至",民恐惑,秦竟灭之。

十三年,晋惠公病,内有数子。太子圉曰:"吾母家在梁,梁今秦灭之,我外轻于秦而内无援于国。君即不起,病大夫轻,更立他公子。"乃谋与其妻俱亡归。秦女曰:"子一国太子,辱在此。秦使婢子侍,以固子之心。子亡矣,我不从子,亦不敢言。"子圉遂亡归晋。十四年九月,惠公卒,太子圉立,是为怀公。

子圉之亡,秦怨之,乃求公子重耳,欲内之。子圉之立,畏秦之伐也,乃令国中诸从重耳亡者与期,期尽不到者尽灭其家。狐突之子毛及偃从重耳在秦,弗肯召。怀公怒,囚狐突。突曰:"臣子事重耳有年数矣,今召之,是教之反君也,何以教之?"怀公卒杀狐突。秦缪公乃发兵送内重耳,使人告栾、郤之党为内应,杀怀公于高梁,入重耳。重耳立,是为文公。

晋文公重耳,晋献公之子也。自少好士,年十七,有贤士五人：曰赵衰；狐偃咎犯，文公舅也；贾佗；先轸；魏武子。自献公为太子时，重耳固已成人矣。献公即位，重耳年二十一。献公十三年，以骊姬故，重耳备蒲城守秦。献公二十一年，献公杀太子申生，骊姬谗之，恐，不辞献公而守蒲城。献公二十二年，献公使宦者履鞮趣杀重耳。重耳逾垣，宦者逐斩其衣袪。重耳遂奔狄。狄，其母国也，是时重耳年四十三。从此五士，其余不名者数十人，至狄。

狄伐咎如，得二女。以长女妻重耳，生伯、叔刘；以少女妻赵衰，生盾。居狄五岁而晋献公卒。里克已杀奚齐、悼子，乃使人迎，欲立重耳。重耳畏杀，因固谢，不敢入。已而晋更迎其弟夷吾立之，是为惠公。惠公七年，畏重耳，乃使宦者履鞮与壮士欲杀重耳。重耳闻之，乃谋赵衰等曰："始吾奔狄，非以为可用与，以近易通，故且休足。休足久矣，固愿徙之大国。夫齐桓公好善，志在霸王，收恤诸侯。今闻管仲、隰朋死，此亦欲得贤佐，盍往乎？"于是遂行。重耳谓其妻曰："待我二十五年，不来，乃嫁。"其妻笑曰："犁二十五年，吾冢上柏大矣。虽然，妾待子。"重耳居狄凡十二年而去。

过卫，卫文公不礼。去，过五鹿，饥而从野人乞食，野人盛土器中进之。重耳怒。赵衰曰："土者，有土也，君其拜受之。"

至齐，齐桓公厚礼，而以宗女妻之，有马二十乘，重耳安之。重耳至齐二岁而桓公卒，会竖刁等为内乱，齐孝公之立，诸侯兵数至。留齐凡五岁。重耳爱齐女，毋去心。赵衰、咎犯乃于桑下谋行。齐女侍者在桑上闻之，以告其主。其主乃杀侍者，劝重耳趣行。重耳曰："人生安乐，孰知其他！必死于此，不能去。"齐女曰："子一国公子，穷而来此，数士者以子为命。子不疾反国，报劳臣，而怀女德，窃为子羞之。且不求，何时得功?"乃与赵衰等谋,醉重耳,载以行。行远而觉,重耳大怒,引戈欲杀咎犯。咎犯曰:"杀臣成子,偃之愿也。"重耳曰:"事不成,我食舅氏之肉。"咎犯曰:"事不成,犯肉腥臊,何足食!"乃止,遂行。

过曹,曹共公不礼,欲观重耳骈胁。曹大夫釐负羁曰:"晋公子贤,又同姓,穷来过我,奈何不礼!"共公不从其谋。负羁乃私遗重耳食,置璧其下。重耳受其食,还其璧。

去,过宋。宋襄公新困兵于楚,伤于泓,闻重耳贤,乃以国礼礼于重耳。宋司马公孙固善于咎犯,曰:"宋小国新困,不足以求入,更之大国。"乃去。

过郑,郑文公弗礼。郑叔瞻谏其君曰:"晋公子贤,而其从者皆国相;且又同姓,郑之出自厉王,而晋之出自武王。"郑君曰:"诸侯亡公子过此者众,安可尽礼!"叔瞻曰:"君不礼,不如杀之,且后为国患。"郑君不听。

重耳去之楚,楚成王以适诸侯礼待之,重耳谢不敢当。赵衰曰:"子亡在外十余年,小国轻子,况大国乎?今楚大国而固遇子,子其毋让,此天开子也。"遂以客礼见之。成王厚遇重耳,重耳甚卑。成王曰:"子即反国,何以报寡人?"重耳曰:"羽毛齿角玉帛,君王所余,未知所以报。"王曰:"虽然,何以报不谷?"重耳曰:"即不得已,与君王以兵车会平原广泽,请辟王三舍。"楚将子玉怒曰:"王遇晋公子至厚,今重耳言不孙,请杀之。"成王曰:"晋公子贤而困于外久,从者皆国器,此天所置,庸可杀乎?且言何以易之!"居楚数月,而晋太子圉亡秦,秦怨之;闻重耳在楚,乃召之。成王曰:"楚远,更数国乃至晋。秦、晋接境,秦君贤,子其勉行!"厚送重耳。

重耳至秦,缪公以宗女五人妻重耳,故子圉妻与往。重耳不欲受，司空季子曰："其国且伐，况其故妻乎！且受以结秦亲而求入，子乃拘小礼，忘大丑乎！"遂受。缪公大欢，与重耳饮。赵衰歌《黍苗》诗。缪公曰："知子欲急反国矣。"赵衰与重耳下，再拜曰："孤臣之仰君，如百谷之望时雨。"是时晋惠公十四年秋。惠公以九月卒，子圉立。十一月，葬惠公。十二月，晋国大夫栾、郤等闻重耳在秦，皆阴来劝重耳、赵衰等反国，为内应甚众。于是秦缪公乃发兵与重耳归晋。晋闻秦兵来，亦发兵拒之。然皆阴知公子重耳入也，唯惠公之故贵臣吕、郤之属不欲立重耳。重耳出亡凡十九岁而得入，时年六十二矣，晋人多附焉。

文公元年春，秦送重耳至河。咎犯曰："臣从君周旋天下，过亦多矣。臣犹知之，况于君乎？请从此去矣。"重耳曰："若反国，所不与子犯共者，河伯视之！"乃投璧河中，以与子犯盟。是时介子推从，在船中，乃笑曰："天实开公子，而子犯以为己功而要市于君，固足羞也。吾不忍与同位。"乃自隐渡河。秦兵围令狐，晋军于庐柳。二月辛丑，咎犯与秦、晋大夫盟于郇。壬寅，重耳入于晋师。丙午，入于曲沃。丁未，朝于武宫，即位为晋君，是为文公。群臣皆往。怀公圉奔高梁。戊申，使人杀怀公。

怀公故大臣吕省、郤芮本不附文公，文公立，恐诛，乃欲与其徒谋烧公宫，杀文公。文公不知。始尝欲杀文公宦者履鞮知其谋，欲以告文公，解前罪，求见文公。文公不见，使人让曰："蒲城之事，女斩予祛。其后我从狄君猎，女为惠公来求杀我。惠公与女期三日至，而女一日至，何速也？女其念之。"宦者曰："臣刀锯之余，不敢以二心事君倍主，故得罪于君。君已反国，其毋蒲、翟乎？且管仲射钩，桓公以霸。今刑余之人以事告而君不见，祸又且及矣。"于是见之，遂以吕、郤等告文公。文公欲召吕、郤，吕、郤等党多，文公恐初入国，国人卖己，乃为微行，会秦缪公于王城，国人莫知。三月己丑，吕、郤等果反，焚公宫，不得文公。文公之卫徒与战，吕、郤等引兵欲奔，秦缪公诱吕、郤等，杀之河上。晋国复而文公得归。夏，迎夫人于秦，秦所与文公妻者卒为夫人。秦送三千人为卫，以备晋乱。

文公修政，施惠百姓。赏从亡者及功臣，大者封邑，小者尊爵。未尽行赏，周襄王以弟带难出居郑地，来告急晋。晋初定，欲发兵，恐他乱起，是以赏从亡未至隐者介子推。推亦不言禄，禄亦不及。推曰："献公子九人，唯君在矣。惠、怀无亲，外内弃之。天未绝晋，必将有主。主晋祀者，非君而谁？天实开之，二三子以为己力，不亦诬乎？窃人之财，犹曰是盗，况贪天之功以为己力乎？下冒其罪，上赏其奸，上下相蒙，难与处矣！"其母曰："盍亦求之，以死谁怼？"推曰："尤而效之，罪有甚焉。且出怨言，不食其禄。"母曰："亦使知之，若何？"对曰："言，身之文也；身欲隐，安用文之？文之，是求显也。"其母曰："能如此乎？与女偕隐。"至死不复见。

介子推从者怜之，乃悬书宫门曰："龙欲上天，五蛇为辅。龙已升云，四蛇各入其宇；一蛇独怨，终不见处所。"文公出，见其书，曰："此介子推也。吾方忧王室，未图其功。"使人召之，则亡。遂求所在，闻其入绵上山中，于是文公环绵上山中而封之，以为介推田，号曰介山，"以记吾过，且旌善人"。

从亡贱臣壶叔曰："君三行赏，赏不及臣，敢请罪。"文公报曰："夫导我以仁义，防我以德惠，此受上赏。辅我以行，卒以成立，此受次赏。矢石之难，汗马之劳，此复受次赏。若以力事我而无补吾缺者，此复受次赏。三赏之后，故且及子。"晋人闻之，皆说。

二年春，秦军河上，将入王。赵衰曰："求霸莫如入王尊周。周、晋同姓，晋不先入王，后秦入之，毋以令于天下。方今尊王，晋之资也。"三月甲辰，晋乃发兵至阳樊，围温，入襄王于周。四月，杀王弟带。周襄王赐晋河内阳樊之地。

四年，楚成王及诸侯围宋，宋公孙固如晋告急。先轸曰："报施定霸，于今在矣。"狐偃曰："楚新得曹而初婚于卫，若伐曹、卫，楚必救之，则宋免矣。"于是晋作三军。赵衰举郤縠将中军，郤臻佐之；使狐偃将上军，狐毛佐之，命赵衰为卿；栾枝将下军，先轸佐之；荀林父御戎，魏犨为右：往伐。冬十二月，晋兵先下山东，而以原封赵衰。

五年春，晋文公欲伐曹，假道于卫，卫人弗许。还自河南度，侵曹，伐卫。正月，取五鹿。二月，晋侯、齐侯盟于敛盂。卫侯请盟晋，晋人不许。卫侯欲与楚，国人不欲，故出其君以说晋。卫侯居襄牛，公子买守卫。楚救卫，不卒。晋侯围曹。三月丙午，晋师入曹，数之以其不用釐负羁言，而用美女乘轩者三百人也。令军毋入僖负羁宗家以报德。楚围宋，宋复告急晋。文公欲救则攻楚，为楚尝有德，不欲伐也；欲释宋，宋又尝有德于晋：患之。先轸曰："执曹伯，分曹、卫地以与宋，楚急曹、卫，其势宜释宋。"于是文公从之，而楚成王乃引兵归。

楚将子玉曰："王遇晋至厚，今知楚急曹、卫而故伐之，是轻王。"王曰："晋侯亡在外十九年，困日久矣，果得反国，险陋尽知之，能用其民，天之所开，不可当。"子玉请曰："非敢必有功，愿以闲执谗慝之口也。"楚王怒，少与之兵。于是子玉使宛春告晋："请复卫侯而封曹，臣亦释宋。"咎犯曰："子玉无礼矣，君取一，臣取二，勿许。"先轸曰："定人之谓礼。

楚一言定三国，子一言而亡之，我则毋礼。不许楚，是弃宋也。不如私许曹、卫以诱之，执宛春以怒楚，既战而后图之。"晋侯乃囚宛春于卫，且私许复曹、卫。曹、卫告绝于楚。楚得臣怒，击晋师，晋师退。军吏曰："为何退？"文公曰："昔在楚，约退三舍，可倍乎！"楚师欲去，得臣不肯。四月戊辰，宋公、齐将、秦将与晋侯次城濮。己巳，与楚兵合战，楚兵败，得臣收余兵去。甲午，晋师还至衡雍，作王宫于践土。

初，郑助楚，楚败，惧，使人请盟晋侯。晋侯与郑伯盟。

五月丁未，献楚俘于周：驷介百乘，徒兵千。天子使王子虎命晋侯为伯，赐大辂，彤弓矢百，玈弓矢千，秬鬯一卣，珪瓒，虎贲三百人。晋侯三辞，然后稽首受之。周作《晋文侯命》："王若曰：父义和，丕显文、武，能慎明德，昭登于上，布闻在下，维时上帝集厥命于文、武。恤朕身，继予一人永其在位。"于是晋文公称伯。癸亥，王子虎盟诸侯于王庭。

晋焚楚军，火数日不息，文公叹。左右曰："胜楚而君犹忧，何？"文公曰："吾闻能战胜安者唯圣人，是以惧。且子玉犹在，庸可喜乎！"子玉之败而归，楚成王怒其不用其言，贪与晋战，让责子玉，子玉自杀。晋文公曰："我击其外，楚诛其内，内外相应。"于是乃喜。

六月，晋人复入卫侯。壬午，晋侯度河北归国。行赏，狐偃为首。或曰："城濮之事，先轸之谋。"文公曰："城濮之事，偃说我毋失信。先轸曰'军事胜为右'，吾用之以胜。然此一时之说，偃言万世之功，奈何以一时之利而加万世功乎？是以先之。"

冬，晋侯会诸侯于温，欲率之朝周。力未能，恐其有畔者，乃使人言周襄王狩于河阳。壬申，遂率诸侯朝王于践土。孔子读史记至文公，曰"诸侯无召王"。"王狩河阳"者，《春秋》讳之也。

丁丑，诸侯围许。

曹伯臣或说晋侯曰："齐桓公合诸侯而国异姓，今君为会而灭同姓。曹，叔振铎之后；晋，唐叔之后。合诸侯而灭兄弟，非礼。"晋侯说，复曹伯。

于是晋始作三行。荀林父将中行，先縠将右行，先蔑将左行。

七年，晋文公、秦缪公共围郑，以其无礼于文公亡过时，及城濮时郑助楚也。围郑，欲得叔瞻。叔瞻闻之，自杀。郑持叔瞻告晋。晋曰："必得郑君而甘心焉。"郑恐，乃间令使谓秦缪公曰："亡郑厚晋，于晋得矣，而秦未为利。君何不解郑，得为东道交？"秦伯说，罢兵。晋亦罢兵。

九年冬，晋文公卒，子襄公欢立。是岁郑伯亦卒。

郑人或卖其国于秦，秦缪公发兵往袭郑。十二月，秦兵过我郊。襄公元年春，秦师过周，无礼，王孙满讥之。兵至滑，郑贾人弦高将市于周，遇之，以十二牛劳秦师。秦师惊而还，灭滑而去。

晋先轸曰："秦伯不用蹇叔，反其众心，此可击。"栾枝曰："未报先君施于秦，击之，不可。"先轸曰："秦侮吾孤，伐吾同姓，何德之报？"遂击之。襄公墨衰绖。四月，败秦师于殽，虏秦三将孟明视、西乞秫、白乙丙以归。遂墨以葬文公。文公夫人秦女，谓襄公曰："秦欲得其三将戮之。"公许，遣之。先轸闻之，谓襄公曰："患生矣。"轸乃追秦将。秦将渡河，已在船中，顿首谢，卒不反。

后三年，秦果使孟明伐晋，报殽之败，取晋汪以归。四年，秦缪公大兴兵伐我，度河，取王官，封殽尸而去。晋恐，不敢出，遂城守。五年，晋伐秦，取新城，报王官役也。

六年，赵衰成子、栾贞子、咎季子犯、霍伯皆卒。赵盾代赵衰执政。

七年八月，襄公卒。太子夷皋少。晋人以难故，欲立长君。赵盾曰："立襄公弟雍。好善而长，先君爱之；且近于秦，秦故好也。立善则固，事长则顺，奉爱则孝，结旧好则安。"贾季曰："不如其弟乐。辰嬴嬖于二君，立其子，民必安之。"赵盾曰："辰嬴贱，班在九人下，其子何震之有！且为二君嬖，淫也。为先君子，不能求大而出在小国，僻也。母淫子僻，无威；陈小而远，无援：将何可乎！"使士会如秦迎公子雍。贾季亦使人召公子乐于陈。赵盾废贾季，以其杀阳处父。十月，葬襄公。十一月，贾季奔翟。是岁，秦缪公亦卒。

灵公元年四月，秦康公曰："昔文公之入也无卫，故有吕、郤之患。"乃多与公子雍卫。太子母缪嬴日夜抱太子以号泣于朝，曰："先君何罪？其嗣亦何罪？舍適而外求君，将安置此？"出朝，则抱以適赵盾所，顿首曰："先君奉此子而属之子，曰：'此子材，吾受其赐；不材，吾怨子。'今君卒，言犹在耳，而弃之，若何？"赵盾与诸大夫皆患缪嬴，且畏诛，乃背所迎而立太子夷皋，是为灵公。发兵以距秦送公子雍者。赵盾为将，往击秦，败之令狐。先蔑、随会亡奔秦。秋，齐、宋、卫、郑、曹、许君皆会赵盾，盟于扈，以灵公初立故也。

四年，伐秦，取少梁。秦亦取晋之郩。六年，秦康公伐晋，取羁马。晋侯怒，使赵盾、赵穿、郤缺击秦，大战河曲，赵穿最有功。七年，晋六卿患随会之在秦，常为晋乱，乃详令魏寿余反晋降秦。秦使随会之魏，因执会以归晋。

八年，周顷王崩，公卿争权，故不赴。晋使赵盾以车八百乘平周乱而立匡王。是年，楚庄王初即位。十二年，齐人弑其君懿公。

十四年，灵公壮，侈，厚敛以雕墙。从台上弹人，观其避丸也。宰夫胹熊蹯不熟，灵公怒，杀宰夫，使妇人持其尸出弃之，过朝。赵盾、随会前数谏，不听；已又见死人手，二人前谏。随会先谏，不听。灵公患之，使鉏麑刺赵盾。盾闺门开，居处节，鉏麑退，叹曰："杀忠臣，弃君命，罪一也。"遂触树而死。

初，盾常田首山，见桑下有饿人。饿人，示眯明也。盾与之食，食其半。问其故，曰："宦三年，未知母之存不，愿遗母。"盾义之，益与之饭肉。已而为晋宰夫，赵盾弗复知也。九月，晋灵公饮赵盾酒，伏甲将攻盾。公宰示眯明知之，恐盾醉不能起，而进曰："君赐臣，觞三行可以罢。"欲以去赵盾，令先，毋及难。盾既去，灵公伏士未会，先纵啮狗名敖。明为盾搏杀狗。盾曰："弃人用狗，虽猛何为。"然不知明之为阴德也。已而灵公纵伏士出逐赵盾，示眯明反击灵公之伏士，伏士不能进，而竟脱盾。盾问其故，曰："我桑下饿人。"问其名，弗告。明亦因亡去。

盾遂奔，未出晋境。乙丑，盾昆弟将军赵穿袭杀灵公于桃园而迎赵盾。赵盾素贵，得民和；灵公少，侈，民不附，故为弑易。盾复位。晋太史董狐书曰"赵盾弑其君"，以视于朝。盾曰："弑者赵穿，我无罪。"太史曰："子为正卿，而亡不出境，反不诛国乱，非子而谁？"孔子闻之，曰："董狐，古之良史也，书法不隐。宣子，良大夫也，为法受恶。惜也，出疆乃免。"

赵盾使赵穿迎襄公弟黑臀于周而立之，是为成公。

成公者，文公少子，其母周女也。壬申，朝于武宫。

成公元年，赐赵氏为公族。伐郑，郑倍晋故也。三年，郑伯初立，附晋而弃楚。楚怒，伐郑，晋往救之。

六年，伐秦，虏秦将赤。

七年，成公与楚庄王争强，会诸侯于扈。陈畏楚，不会。晋使中行桓子伐陈，因救郑，与楚战，败楚师。是年，成公卒，子景公据立。

景公元年春，陈大夫夏征舒弑其君灵公。二年，楚庄王伐陈，诛征舒。

三年，楚庄王围郑，郑告急晋。晋使荀林父将中军，随会将上军，赵朔将下军，郤克、栾书、先縠、韩厥、巩朔佐之。六月，至河。闻楚已服郑，郑伯肉袒与盟而去，荀林父欲还。先縠曰："凡来救郑，不至不可。"将率离心，卒度河。楚已服郑，欲饮马于河为名而去。楚与晋军大战。郑新附楚，畏之，反助楚攻晋。晋军败，走河，争度，船中人指甚众。楚虏我将智䓨。归而林父曰："臣为督将，军败当诛，请死。"景公欲许之。随会曰："昔文公之与楚战城濮，成王归杀子玉，而文公乃喜。今楚已败我师，又诛其将，是助楚杀仇也。"乃止。

四年，先縠以首计而败晋军河上，恐诛，乃奔翟，与翟谋伐晋。晋觉，乃族縠。縠，先轸子也。

五年，伐郑，为助楚故也。是时楚庄王强，以挫晋兵河上也。

六年，楚伐宋，宋来告急晋，晋欲救之，伯宗谋曰："楚，天方开之，不可当。"乃使解扬绐为救宋。郑人执与楚，楚厚赐，使反其言，令宋急下。解扬绐许之，卒致晋君言。楚欲杀之，或谏，乃归解扬。

七年，晋使随会灭赤狄。

八年，使郤克于齐。齐顷公母从楼上观而笑之。所以然者，郤克偻，而鲁使蹇，卫使眇，故齐亦令人如之以导客。郤克怒，归至河上，曰："不报齐者，河伯视之！"至国，请君，欲伐齐。景公问知其故，曰："子之怨，安足以烦国！"弗听。魏文子请老休，辟郤克，克执政。

九年，楚庄王卒。晋伐齐，齐使太子彊为质于晋，晋兵罢。

十一年春，齐伐鲁，取隆。鲁告急卫，卫与鲁皆因郤克告急于晋。晋乃使郤克、栾书、韩厥以兵车八百乘与鲁、卫共伐齐。夏，与顷公战于鞍，伤困顷公。顷公乃与其右易位，下取饮，以得脱去。齐师败走，晋追北至齐。顷公献宝器以求平，不听。郤克曰："必得萧桐侄子为质。"齐使曰："萧桐侄子，顷公母；顷公母犹晋君母，奈何必得之？不义，请复战。"晋乃许与平而去。

楚申公巫臣盗夏姬以奔晋，晋以巫臣为邢大夫。

十二年冬，齐顷公如晋，欲上尊晋景公为王，景公让不敢。晋始作六军，韩厥、巩朔、赵穿、荀骓、赵括、赵旃皆为卿。智罃自楚归。

十三年，鲁成公朝晋，晋弗敬，鲁怒去，倍晋。晋伐郑，取氾。

十四年，梁山崩。问伯宗，伯宗以为不足怪也。

十六年，楚将子反怨巫臣，灭其族。巫臣怒，遗子反书曰："必令子罢于奔命！"乃请使吴，令其子为吴行人，教吴乘车用兵。吴、晋始通，约伐楚。

十七年，诛赵同、赵括，族灭之。韩厥曰："赵衰、赵盾之功岂可忘乎？奈何绝祀！"乃复令赵庶子武为赵后，复与之邑。

十九年夏，景公病，立其太子寿曼为君，是为厉公。后月余，景公卒。

厉公元年，初立，欲和诸侯，与秦桓公夹河而盟。归而秦倍盟，与翟谋伐晋。三年，使吕相让秦，因与诸侯伐秦。至泾，败秦于麻隧，虏其将成差。

五年，三郤谗伯宗，杀之。伯宗以好直谏得此祸，国人以是不附厉公。

六年春，郑倍晋与楚盟，晋怒。栾书曰："不可以当吾世而失诸侯。"乃发兵。厉公自将，五月度河。闻楚兵来救，范文子请公欲还。郤至曰："发兵诛逆，见强辟之，无以令诸侯。"遂与战。癸巳，射中楚共王目，楚兵败于鄢陵。子反收余兵，拊循，欲复战。晋患之。共王召子反，其侍者竖阳谷进酒，子反醉，不能见。王怒，让子反，子反死。王遂引兵归。晋由此威诸侯，欲以令天下求霸。

厉公多外嬖姬，归，欲尽去群大夫而立诸姬兄弟。宠姬兄曰胥童，尝与郤至有怨，及栾书又怨郤至不用其计而遂败楚，乃使人间谢楚。楚来诈厉公曰："鄢陵之战，实至召楚，欲作乱，内子周立之。会与国不具，是以事不成。"厉公告栾书。栾书曰："其殆有矣！愿公试使人之周微考之。"果使郤至于周。栾书又使公子周见郤至，郤至不知见卖也。厉公验之，信然，遂怨郤至，欲杀之。八年，厉公猎，与姬饮，郤至杀豕奉进，宦者夺之。郤至射杀宦者。公怒，曰："季子欺予！"将诛三郤，未发也。郤锜欲攻公，曰："我虽死，公亦病矣。"郤至曰："信不反君，智不害民，勇不作乱。失此三者，谁与我？我死耳！"十二月壬午，公令胥童以兵八百人袭攻杀三郤。胥童因以劫栾书、中行偃于朝，曰："不杀二子，患必及公。"公曰："一旦杀三卿，寡人不忍益也。"对曰："人将忍君。"公弗听，谢栾书等以诛郤氏罪："大夫复位。"二子顿首曰："幸甚幸甚！"公使胥童为卿。闰月乙卯，厉公游匠骊氏，栾书、中行偃以其党袭捕厉公，囚之，杀胥童，而使人迎公子周于周而立之，是为悼公。

悼公元年正月庚申，栾书、中行偃弑厉公，葬之以一乘车。厉公囚六日死，死十日庚午，智䓨迎公子周来，至绛，刑鸡与大夫盟而立之，是为悼公。辛巳，朝武宫。二月乙酉，即位。

悼公周者，其大父捷，晋襄公少子也，不得立，号为桓叔，桓叔最爱。桓叔生惠伯谈，谈生悼公周。周之立，年十四矣。悼公曰："大父、父皆不得立而辟难于周，客死焉。寡人自以疏远，毋几为君。今大夫不忘文、襄之意而惠立桓叔之后，赖宗庙大夫之灵，得奉晋祀，岂敢不战战乎！大夫其亦佐寡人！"于是逐不臣者七人，修旧功，施德惠，收文公入时功臣后。秋，伐郑。郑师败，遂至陈。

三年，晋会诸侯。悼公问群臣可用者，祁傒举解狐。解狐，傒之仇。复问，举其子祁午。君子曰："祁傒可谓不党矣！外举不隐仇，内举不隐子。"方会诸侯，悼公弟杨干乱行，魏绛戮其仆。悼公怒，或谏公，公卒贤绛，任之政，使和戎，戎大亲附。十一年，悼公曰："自吾用魏绛，九合诸侯，和戎、翟，魏子之力也。"赐之乐，三让乃受之。冬，秦取我栎。

十四年，晋使六卿率诸侯伐秦，度泾，大败秦军，至棫林而去。

十五年，悼公问治国于师旷。师旷曰："惟仁义为本。"冬，悼公卒，子平公彪立。

平公元年，伐齐，齐灵公与战靡下，齐师败走。晏婴曰："君亦毋勇，何不止战？"遂去。晋追，遂围临菑，尽烧屠其郭中。东至胶，南至沂，齐皆城守，晋乃引兵归。

六年，鲁襄公朝晋。晋栾逞有罪，奔齐。八年，齐庄公微遣栾逞于曲沃，以兵随之。齐兵上太行，栾逞从曲沃中反，袭入绛。绛不戒，平公欲自杀，范献子止公，以其徒击逞，逞败走曲沃。曲沃攻逞，逞死，遂灭栾氏宗。逞者，栾书孙也。其入绛，与魏氏谋。齐庄公闻逞败，乃还，取晋之朝歌去，以报临菑之役也。

十年，齐崔杼弑其君庄公。晋因齐乱，伐败齐于高唐去，报太行之役也。

十四年，吴延陵季子来使，与赵文子、韩宣子、魏献子语，曰："晋国之政，卒归此三家矣。"

十九年，齐使晏婴如晋，与叔向语。叔向曰："晋，季世也。公厚赋为台池而不恤政，政在私门，其可久乎！"晏子然之。

二十二年，伐燕。二十六年，平公卒，子昭公夷立。

昭公六年卒。六卿强，公室卑。子顷公去疾立。

顷公六年，周景王崩，王子争立。晋六卿平王室乱，立敬王。

九年，鲁季氏逐其君昭公，昭公居乾侯。十一年，卫、宋使使请晋纳鲁君。季平子私赂范献子，献子受之，乃谓晋君曰："季氏无罪。"不果入鲁君。

十二年，晋之宗家祁傒孙、叔向子，相恶于君。六卿欲弱公室，乃遂以法尽灭其族，而分其邑为十县，各令其子为大夫。晋益弱，六卿皆大。

十四年，顷公卒，子定公午立。

定公十一年，鲁阳虎奔晋，赵鞅简子舍之。

十二年，孔子相鲁。

十五年，赵鞅使邯郸大夫午，不信，欲杀午，午与中行寅、范吉射亲，攻赵鞅，鞅走保晋阳。定公围晋阳。荀栎、韩不信、魏侈与范、中行为仇，乃移兵伐范、中行。范、中行反，晋君击之，败范、中行。范、中行走朝歌，保之。韩、魏为赵鞅谢晋君，乃赦赵鞅，复位。二十二年，晋败范、中行氏，二子奔齐。

三十年，定公与吴王夫差会黄池，争长，赵鞅时从，卒长吴。

三十一年，齐田常弑其君简公，而立简公弟骜，为平公。三十三年，孔子卒。

三十七年，定公卒，子出公凿立。

出公十七年，知伯与赵、韩、魏共分范、中行地以为邑。

出公怒，告齐、鲁，欲以伐四卿。四卿恐，遂反攻出公。出公奔齐，道死。故知伯乃立昭公曾孙骄为晋君，是为哀公。

哀公大父雍，晋昭公少子也，号为戴子。戴子生忌。忌善知伯，蚤死，故知伯欲尽并晋，未敢，乃立忌子骄为君。当是时，晋国政皆决知伯，晋哀公不得有所制。知伯遂有范、中行地，最强。

哀公四年，赵襄子、韩康子、魏桓子共杀知伯，尽并其地。

十八年，哀公卒，子幽公柳立。

幽公之时，晋畏，反朝韩、赵、魏之君。独有绛、曲沃，余皆入三晋。

十五年，魏文侯初立。十八年，幽公淫妇人，夜窃出邑中，盗杀幽公。魏文侯以兵诛晋乱，立幽公子止，是为烈公。

烈公十九年，周威烈王赐赵、韩、魏，皆命为诸侯。

二十七年，烈公卒，子孝公颀立。

孝公九年，魏武侯初立，袭邯郸，不胜而去。十七年，孝公卒，子静公俱酒立。是岁，齐威王元年也。

静公二年，魏武侯、韩哀侯、赵敬侯灭晋后而三分其地。静公迁为家人，晋绝不祀。

太史公曰：晋文公，古所谓明君也，亡居外十九年，至困约，及即位而行赏，尚忘介子推，况骄主乎？灵公既弑，其后成、景致严，至厉大刻，大夫惧诛，祸作。悼公以后日衰，六卿专权。故君道之御其臣下，固不易哉！

译文：

晋国的始祖唐叔虞，是周武王的儿子、周成王的弟弟。当初，周武王与叔虞的母亲相会时，（叔虞的母亲）梦中见天帝对周武王说:"我为你生的孩子起个名,叫作虞,我赐给他唐国之地。"到生下孩子,发现有字在婴儿手掌上,是个"虞",所以就据此替孩子取名叫作虞。

周武王去世,周成王即位,唐国发生内乱,周公举兵灭掉唐国。(一天,)周成王与叔虞玩耍,把梧桐树叶削成珪璧形状交给叔虞,说:"将这唐地封给你。"(这时在旁的)史佚就请求挑选日子册立叔虞。成王说:"我只不过同他闹着玩儿罢了。"史佚说:"天子没有开玩笑的话。一发话,史官便记录下来,举行典礼实施它,奏起音乐歌颂它。"于是就册封叔虞在唐。唐地处黄河、汾水的东面,方圆百里,叔虞因此叫作唐叔虞。他姓姬,字子于。

唐叔的儿子燮,这就是晋侯。晋侯的儿子宁族,这就是晋武侯。武侯的儿子服人,这就是晋成侯。成侯的儿子福,这就是晋厉侯。厉侯的儿子宜臼,这就是晋靖侯。从晋靖侯以来,年代可以推算。从唐叔到靖侯这五代,没有他们在位的年数。

晋靖侯十七年,因周厉王昏愦残暴,国人发生暴动,周厉王被迫逃出京城跑到彘这个地方。朝廷由大臣执政,所以称为"共和"。

十八年,晋靖侯去世,儿子釐侯司徒继位。晋釐侯十四年,周宣王开始即位。十八年,晋釐侯去世,儿子献侯籍继位。晋献侯在位十一年去世,儿子穆侯费王继位。

晋穆侯四年,娶齐国女子姜氏为夫人。七年,攻伐条戎。生下太子仇。十年,攻伐千亩,获得胜利。生下小儿子,取名叫成师。晋国大夫师服说:"怪哉,国君竟这样给儿子取名!太子名叫仇,仇是仇敌的意思。小儿子名叫成师,成师是显赫的称呼,是成就事业的意思。名称,应该根据事物本身命名;事物,应该根据天然秩序定位。如今嫡子、庶子取的名意义乖戾颠倒,从此以后晋国岂能不发生变乱呢？"

二十七年，晋穆侯去世，其弟殇叔自己即位，太子仇被迫出逃。晋殇叔三年，周宣王去世。四年，晋穆侯的太子仇率领他的党徒袭击殇叔而即位，这就是晋文侯。

晋文侯十年，周幽王暴虐无道，犬戎起兵杀死幽王，周王朝向东方迁徙。从而秦襄公因有功开始正式列为诸侯。

三十五年，晋文侯仇去世，儿子昭侯伯即位。

晋昭侯元年，封文侯之弟成师到曲沃。曲沃城邑规模比翼大。翼，是晋国君主的都城。成师受封曲沃，号称桓叔。晋靖侯庶出孙子栾宾辅佐桓叔。桓叔此时的年纪已经是五十八了，喜好德行，晋国的民众全都归附他。君子说："晋国的祸乱，就出在曲沃了。枝末大于根本，而又获得民心，这样还能不乱而等待什么！"

晋昭侯七年，晋国大臣潘父杀死国君晋昭侯而迎纳曲沃桓叔。桓叔打算进入晋国都城，晋都国人发兵攻击桓叔。桓叔兵败，返回曲沃。晋都国人共同拥立晋昭侯的儿子平为国君，这就是晋孝侯。杀死了潘父。

晋孝侯八年，曲沃桓叔去世，其子鱓继代桓叔，这就是曲沃庄伯。晋孝侯十五年，曲沃庄伯在翼杀死国君晋孝侯。晋都国人攻打曲沃庄伯，庄伯返回进入曲沃。晋都国人又立晋孝侯的儿子郤为国君，这就是鄂侯。

晋鄂侯二年，鲁隐公开始即位。

晋鄂侯在位六年去世。曲沃庄伯听说鄂侯去世，便起兵进攻晋国都城。周平王派遣虢公率领军队讨伐曲沃庄伯，庄伯逃跑据守曲沃。晋都国人共同拥立晋鄂侯的儿子光继位，这就是晋哀侯。

晋哀侯二年，曲沃庄伯去世，其子称继代庄伯即位，这就是曲沃武公。晋哀侯六年，鲁人杀死其国君鲁隐公。晋哀侯八年，晋都军队侵伐陉廷。陉廷人与曲沃武公合谋，九年，在汾水之滨进攻晋都军队，俘虏晋哀侯。于是，晋都国人拥立晋哀侯的儿子小子为国君，这就是小子侯。

晋小子侯元年，曲沃武公派韩万杀死所俘虏的晋哀侯。曲沃的势力越来越强大，晋国公室拿它没有办法。

晋小子侯的四年，曲沃武公设计引诱召来晋小子侯而杀死他。周桓王派虢仲领兵讨伐曲沃武公，武公入据曲沃，于是（虢仲奉周王命）立晋哀侯之弟缗为晋侯。

晋侯缗四年，宋国人拘留胁迫郑国的祭仲而立突为郑国国君。晋侯十九年，齐国人管至父杀死他的国君齐襄公。

晋侯二十八年，齐桓公开始为诸侯霸主。曲沃武公攻伐晋侯缗，消灭晋国公室，如数将晋国公室的珍宝重器赠送奉献给周釐王。周釐王赐命曲沃武公为晋国国君，正式排在诸侯之列，（曲沃武公）于是全部兼并晋国之地而占有它。

曲沃武公到这时已经在位三十七年了，更改称号叫作晋武公。晋武公开始建都晋国翼城，加上以前曲沃的在位时间，通共在位年数有三十八年。

武公称，是先晋穆侯的曾孙，曲沃桓叔的孙子。桓叔，是最初封在曲沃的。武公，是庄伯的儿子。从桓叔始封曲沃一直到武公灭亡晋国公室，统共六十七年，终于取代晋国国君成为诸侯。晋武公取代晋国国君二年，去世。同曲沃的在位时间通共计算年数，在位总共三十九年而去世。他的儿子晋献公诡诸继位。

晋献公元年，周惠王的弟弟颓攻打惠王，惠王出走外奔，居住在郑国的栎邑。

晋献公五年，攻伐骊戎。俘获骊姬、骊姬的妹妹，晋献公很喜爱宠幸她们。

晋献公八年，士蒍劝说献公道："原先晋君公族的公子很多，如不杀掉，祸乱将会发生。"晋献公就让士蒍全部杀死诸公子，而后在聚地筑城作为国都，取名叫绛，开始以绛为国都。晋献公九年，晋国公子们全部逃亡投奔至虢国，虢公因为这个缘故两次攻伐晋国，没有取胜。献公十年，晋国国君打算攻伐虢国，士蒍说："暂且等待虢国自己的内乱。"

晋献公十二年，骊姬生下奚齐。献公有意要废除原来的太子，就说："曲沃是我先祖宗庙所在的地方，而蒲邑与秦国接界，屈邑与翟人接界，不派诸子去镇守，我很担心。"于是派太子申生驻守曲沃，公子重耳驻守蒲，公子夷吾驻守屈。晋献公和骊姬所生的儿子奚齐居住在国都绛。晋国国人因此知道太子不能立为国君。太子申生，他的母亲是齐桓公的女儿，叫齐姜，早年去世。申生同母胞妹就是后来的秦穆公夫人。重耳的母亲，是戎翟部落狐氏的女子。夷吾的母亲，是重耳的母亲的同母胞妹。晋献公有儿子八个，而其中太子申生、重耳、夷吾都有才能德行。但到获得骊姬后，晋献公便逐渐疏远这三个儿子。

十六年，晋献公建立两个军。献公统率上军，太子申生统率下军，赵夙驾驭献公战车，毕万担任车右，出征灭掉霍国，灭掉魏国，灭掉耿国。班师回来，为太子申生营建曲沃城池，赐给赵夙耿国之地，赐给毕万魏国之地，让二人分别担任耿、魏的大夫。士蒍说："太子不能立为国君了。分给他先君的都城，并且授予国卿的职位，提前让他达到作为臣子的顶点，哪里还能立为国君呢！还不如逃走，别让大难降临。当个吴太伯，不也可以吗？况且还能有个好名声。"太子申生没有听从。卜偃说："毕万的后代必定发迹。万，是个满数；魏，是个大号。开始的赏赐就这样，是上天在赞佑他啊。天子号称统有兆民，诸侯号称统有万民,如今名号既大,又加满数,毕万的后代必定能得到众多的百姓。"当初,毕万卜问在晋国的仕途。遇到《屯卦》变成《比卦》。辛廖观察卦变说:"吉利。《屯卦》象征着坚险牢固,《比卦》象征着进入居住,还有什么吉兆能胜过这呢!他的后代必定兴旺昌盛。"

十七年,晋献公派遣太子申生领兵攻伐东山皋落氏。里克劝谏献公说:"太子是供奉宗庙社稷祭祀大典、早晚照看国君膳食的人,所以叫作冢子。国君出征的话,太子便镇守国都;如果另有他人镇守国都,便随从国君出征。跟随国君出征叫作抚军,镇守国都叫作监国,是从古立下的制度啊。至于那统率军队,是需要机断专行独立谋划的事;向军队发布号令,是国君同执政大臣筹划的事,都不属于太子所应做的事。统率军队的职责就在于发号施令罢了,(但作为太子统领军队的话,)一味请示接受国君的命令就没有威严,擅自决定发号施令就归于不孝,所以国君的继承人不可以为军队的主帅。国君丧失用人授官的正确原则,使得太子统率军队没有威严,今后将怎么再重用他呢?"献公说:"我有好几个儿子,还不知道那太子该立谁。"里克没有作答而告退。里克进见太子申生,太子说:"我大概要被废除了吧!"里克说:"太子您好自为之吧!国君是在教导您学习军事指挥,怕的是您不能尽职,有什么理由要废除您呢?况且做儿子只应害怕不能尽孝,不该担心不能立为国君。修养好自己的身心而不责求他人,就可以免除祸难。"太子申生担任军队主帅,晋献公让他穿上左右异色的衣服,佩带金玦。里克推托有病,没有跟从太子出征。于是,太子就领兵攻伐东山皋落氏。

十九年,晋献公说:"当初我的先君庄伯、武公讨伐晋国内乱,可是虢国经常帮助晋君公室攻伐我曲沃,又匿藏晋国的流亡公子，结果造成祸乱。如今不诛讨虢国，必然会给子孙后代留下忧患。"于是派遣荀息带着屈地出产的名马去向虞国借路。虞国借给了路，就出兵攻伐虢国，夺取它的下阳而返归。

晋献公私下对骊姬说："我想废掉太子，用奚齐来替代他。"骊姬流着眼泪说："太子的册立，诸侯都已知晓；而且他多次统率军队出征，百姓归附他，怎么能因为我的缘故废除嫡子而册立庶子呢？如果您一定要这样做，我就只好自杀了。"骊姬表面上假装称誉太子，而暗中却让人诽谤中伤太子，图谋立她的儿子为太子。

晋献公二十一年，骊姬对太子说："国君做梦见到了齐姜，太子您赶快到曲沃祭祀生母，然后将祭祀过的供品致送国君。"于是，太子到曲沃祭祀他的母亲齐姜，事完后给献公送上祭祀的供品。晋献公当时出外打猎，就将供品放在宫中。骊姬让人在供品里加了毒药。过了两天，晋献公从外面打猎归来，厨子向献公送上供品，献公准备食用。骊姬从旁边加以制止，说："供品送来的地方很远，应当先试试再吃。"便将酒洒到地上，地面突然隆起；将肉给狗吃，狗当即毙命；给身边小臣吃，小臣也当即毙命。骊姬流着眼泪说："太子何等的残忍啊！对自己的生身父亲都要谋害而取代之，何况对别的人呢？再说国君您年事已高，是朝不保夕的人，居然还迫不及待而企图谋害！"接着又对献公说："太子之所以这样干，不过是因为我和奚齐的缘故。我希望我母子能逃亡他国避难，或者趁早自杀，不让我母子平白无故地成为太子施暴的对象。当初国君想要废除他，我还加以抱怨；事至今日，我才深感自己在这件事上的过失。"太子闻悉这件事，立即奔回新城。献公大怒，就杀死太子的师傅杜原款。有人对太子说："放这毒药的人就是骊姬啊，太子为什么不自己陈辞辩明此事呢？"太子说："我的父君已经老了，没有骊姬，就会睡不安宁，吃不香甜。如果我陈辞说明这事，父君便会因此事发怒。不可这样做。"有人对太子说："可以投奔他国。"太子说："蒙受这样的恶名而出奔，人家有谁肯接纳我呢？我只有自杀这条路了。"十二月戊申那天，太子申生在新城自杀。

这时重耳、夷吾前来朝见国君。有人告诉骊姬说："两位公子怨恨您进谗言害死太子。"骊姬很恐慌，就诬陷两位公子说："申生在供品中下毒，二位公子事先知道。"两位公子听说这话，非常惊恐，重耳跑回蒲，夷吾跑回屈，据守各人的城邑，自己做好防御的准备。当初，晋献公委派士蒍为两位公子修筑蒲城、屈城，没有完成。夷吾将情况向献公报告，献公便对士蒍发怒。士蒍告罪说："边境城邑很少贼寇，哪里用得着再加固？"退下后这样唱道："狐皮袍子蓬蓬松松，一个国家并存三公，我到底该跟谁而从！"最终完成修城。到太子申生死去，两位公子便回去据守已经加固的城邑。

二十二年，晋献公恼怒两位公子不辞而别，以为果真同太子早有预谋了，便派兵攻打蒲城。蒲地出生的宦官勃鞮传达君命要重耳马上自杀。重耳翻墙逃跑，宦官勃鞮上前追赶斩下重耳的衣袖。重耳就投奔了翟。献公派人攻伐屈，屈人据城固守，无法攻克。

这一年，晋国又向虞国借路去攻伐虢国。虞国的大夫宫之奇劝谏虞国国君说："对晋国是不可以借路给它的。借路给它的话将会趁机灭亡虞国。"虞国国君说："晋国和我国同姓，是不应该攻伐我国的。"宫之奇说："太伯、虞仲，是太王的儿子，太伯因为逃亡离去，所以没有继位。虢仲、虢叔，是王季的儿子，做周文王的卿士，对王室建有功勋而记录在册，（记勋的典册）保存在朝廷的盟府。现在晋国连虢国都要灭掉，还会对虞国有什么爱怜之心呢？况且虞国同晋君的血亲关系能够超过桓叔、庄伯家族吗？桓叔、庄伯家族有什么罪过，晋献公却尽行诛灭诸公子。虞国同虢国，就好比嘴唇与牙齿，嘴唇没了牙齿就会受冻。"虞公不肯听从，便应许晋国借路。宫之奇带领自己的家族离开虞国。那年冬天，晋人灭掉虢国，虢公丑逃奔周朝京都。晋军返回时，偷袭灭掉虞国，俘虏虞公及其大夫井伯百里奚作为秦穆姬的陪嫁随员，同时继续保持原先虞国的山川祭祀。荀息牵着从前馈赠给虞国国君屈地出产的马匹，奉还于晋献公，献公笑着说："马还是我过去的马，只是年龄大了几岁。"

二十三年，晋献公接着派遣贾华等攻伐屈，屈人溃败。夷吾将要打算投奔翟。冀芮说："不行，重耳已经在了，现在去，晋人必定移兵攻伐翟，翟人害怕晋军，灾祸就会临头。不如投奔梁国，梁国靠近秦国，秦国强盛，等我们国君去世后可以借助秦国力量求得进入晋国的机会。"于是投奔梁国。二十五年，晋军攻伐翟，翟人因为保护重耳的缘故，便在啮桑打击晋军，晋军停止进攻而离去。

在这时期，晋国强盛，西面据有河西，与秦国接壤，北面同翟相邻，东面一直到河内。

骊姬妹妹生下悼子。

晋献公二十六年夏天，齐桓公在葵丘大会诸侯。献公因生病，行路落后，还没赶到盟会地点，遇见周王室的宰孔。宰孔说："齐桓公越来越骄横，不致力于德政而忙于征战，诸侯大都内心不服。您尽可不参加盟会，齐国也不能拿晋国怎么样。"晋献公也因有病，就又掉头回国。献公病情加剧，于是对荀息说："我想把奚齐作为继承人，但他年纪太轻，众大臣不会服从，所以我又担心引起动乱，你能扶立他为国君吗？"荀息说：

"能。"晋献公问:"用什么作为证明?"荀息回答说:"假使死人复生的话,活着的人也不会感到有丝毫惭愧,用这来作为证明。"于是献公就将奚齐托付给荀息。荀息为辅佐大臣,主持国政。秋天九月,晋献公去世。里克、邳郑想接纳重耳回国,便发动三位公子的党羽作乱,对荀息说:"三位公子的积怨将要发作,秦人、晋人帮助他们,您将怎么办?"荀息回答道:"我不能背弃对先君许下的诺言。"十月,里克在晋献公停灵的地方杀死奚齐,献公的灵柩还没下葬。荀息准备自杀,有人对他说:"(与其自杀,)不如立奚齐之弟为君而辅佐他。"荀息便立悼子为国君而安葬了晋献公。十一月,里克在朝廷杀死悼子,荀息为此自杀。君子说:"《诗》中所说的'白玉上的斑点,还可以磨去。可言语中有污点,却无法改变',大概是在说荀息这样的人吧!能够不背弃自己的诺言。"当初,晋献公准备攻伐骊戎,龟卜的占辞说:"搬弄诡言酿就灾祸。"到攻破骊戎,获得骊姬,晋献公宠爱她,结果因此大乱晋国。

里克等人已经杀死奚齐、悼子,便派人到翟迎接重耳,准备拥立他为国君。重耳辞谢说:"背弃父亲命令而出奔,父亲故世又不能奉行做儿子的礼节侍候丧葬,重耳我还有什么脸面敢进入晋国!请众大夫改立其他的公子吧。"使者返回报告里克。里克派人到梁迎接夷吾。夷吾想要前往,吕省、郤芮说:"国内还有其他公子可立而到外面来找人,难以令人置信。我们计议如不派人到秦国,凭借强国的威势来进入晋国,恐怕有危险。"于是派遣郤芮用重礼贿赂秦国,并立约说:"如能返国为君,愿将晋国河西之地送与秦国。"至于送致里克的信说:"果真能立为国君,愿将汾阳之邑封赏给您。"于是,秦缪公派军队护送夷吾去晋国。齐桓公听说晋国有内乱,也率领诸侯前往晋国。秦国军队和夷吾一抵达晋国，齐国就派隰朋会同秦国军队共同护送夷吾进入国都，夷吾被立为晋国国君，这就是晋惠公。齐桓公到达晋国的高梁便返回本国。

晋惠公夷吾元年，派遣邳郑告谢秦缪公说："当初夷吾我曾将河西之地应许给您，如今有幸得以入国即位，可大臣们说：'土地，是先君的土地，国君当初流亡在外，凭什么可以擅自应许给秦国？'我力争而不能得成，故此向秦国告歉。"同时也不给里克汾阳之邑，反而夺了他的权。四月，周襄王委派周公忌父，会同齐国、秦国大夫一起为晋惠公举行正式即位的典礼。晋惠公因为重耳在国外，害怕里克策应制造变乱，就赐命里克自杀。对他说："没有您里子，我不能即位。尽管如此，您毕竟杀死过两个国君和一个大夫，当您这样臣子的国君，不是太作难了吗？"里克回答说："没有奚齐、悼子的废黜，国君您怎么能兴立？想杀一个人，难道还会找不到托词吗？却要说上这样一番话！臣下领受君命就是了。"就拔剑自杀而死。此时邳郑正出使秦国致歉尚未回还，所以没有遇难。

晋惠公改葬恭太子申生。秋天，狐突前往下国，途中遇见申生，申生与之同车而告诉他："夷吾不守礼法，我已经向天帝请求并得到允许，准备把晋国给予秦国，秦人将会祭祀我。"狐突回答说："臣下听说神灵是不食用不是同宗共祖所供的祭品的，（倘若把晋国给予秦国，）您的祭祀不就终止了吗？您还是再考虑一下。"申生说："好。我将重新向天帝提出请求。十天以后，新城西边将有一个巫者显现我的灵魂。"狐突答应了他的约会，申生就不见了。狐突到约定的时间前往，再次见到申生，申生告诉他说："天帝答应惩罚有罪的人了，夷吾将在韩地大败。"民间儿童中有歌谣唱道："恭太子，改葬了。此后十四年,晋国不兴旺,兴旺在兄长。"

邳郑出使秦国,听说里克被杀,就劝说秦缪公道:"吕省、郤称、冀芮是不愿意给秦国土地的。如用重礼贿赂而相与谋划,就能赶出晋惠公,接纳重耳,事情必定成功。"秦缪公答应这么办,派遣使者同邳郑回报晋国,厚礼贿赂三位大夫。三人觉察说:"财礼丰厚,言语甘甜,这必定是邳郑在秦国出卖了我们。"就下手杀死邳郑以及里克、邳郑的同党七位军中大夫。邳郑的儿子邳豹逃奔秦国,进言攻伐晋国,秦缪公没有听从。

晋惠公即位后,背弃先前给秦国河西之地以及封里克汾阳之邑的许诺,又杀害七位军中大夫,因此国人不亲附。晋惠公二年,周天子派召公过来举行赐命晋惠公的典礼,惠公在仪式中傲慢不恭,召公讥诮此事。

晋惠公四年,晋国发生饥荒,向秦国请求购买粮食。秦缪公问百里奚该怎么办,百里奚说:"天灾流行,总会在各国交替出现,救援灾民、赈济邻邦,是处理国家之间关系的一条原则。给他们粮食吧。"邳郑的儿子邳豹说:"应当攻伐晋国。"秦缪公说:"晋国国君确实可恶,但晋国的百姓有什么罪过!"结果决定给粮,运粮的队伍从秦都雍城一直连接到晋都绛城。

晋惠公五年,秦国发生饥荒,向晋国请求购买粮食。晋惠公与大臣商量,庆郑说:"国君依靠秦国的力量得以即位,事后却背弃给地的口约。晋国发生饥荒而秦国又借贷粮食给我们。如今秦国发生饥荒来请求买粮,应当给他们粮食。还有什么疑问而需要商量的呢!"虢射说:"去年上天将晋国赐给秦国,秦人不知乘机攻取反而借我粮食。如今是上天将秦国赐给晋国,我晋人怎么可以违背天意呢?应该立即乘机攻伐他们。"晋惠公采用虢射的计谋,不给秦国粮食,反而发兵准备攻伐秦国。秦缪公大怒,就发兵攻伐晋国。

晋惠公六年春天，秦缪公领兵攻伐晋国。晋惠公对庆郑说："秦军深入国境了，怎么办？"庆郑说："秦国护送您回国即位，您却背弃当初给地的许诺；晋国发生饥荒，秦国运来粮食，秦国发生饥荒，晋国却反其道而行之，居然乘人饥荒攻伐它：秦军深入国境不也理所当然吗！"晋惠公占卜驭手和车右的人选，都是以庆郑为吉利。晋惠公说："庆郑这个人不恭顺。"便改命步阳驾驭战车，家仆徒担任车右，出发进军。九月壬戌这天，秦缪公、晋惠公在韩原会战。晋惠公的马陷进泥淖不能行走，这时秦兵赶到，惠公窘迫危急，招呼庆郑来驾车。庆郑说："不听用占卜，战败不也是当然的吗！"说完就离开了。惠公改命梁繇靡驾车，虢射担任车右，迎战秦缪公。秦缪公手下的壮士冲锋打败晋军，晋军溃退，便丧失俘获秦缪公的机会，反让秦军抓获晋惠公而回国。秦缪公准备杀死晋惠公来祭祀上帝。晋惠公姐姐是秦缪公的夫人，（闻讯后）身穿丧服痛哭流涕。缪公说："擒得晋侯，原想以此欢乐一番，不料如今却到了这般地步。况且我听说箕子见到唐叔当初受封，说过'唐叔的后代必定昌大'，晋国怎么能灭亡呢！"于是同晋惠公在王城订立盟约，而且答应放他回国。晋惠公也同时派吕省等人回报国人说："我即使得以返归，也没脸再见宗庙社稷了。你们就挑选日子扶立子圉即位吧。"晋国国人听说后，都失声痛哭。秦缪公问吕省："晋国内部和睦一致吗？"吕省回答说："不和睦一致。小人们惧怕没有国君失去亲人，不惜拥立子圉为国君，并说'一定要报仇，宁可去侍奉戎狄（也不从秦国）'。那些君子们却怜悯国君并且知晓他的罪过，等待秦国的命令，并说'一定要报答秦国对晋国的恩德'。有这样两派意见，所以不和睦一致。"于是秦缪公改换了晋惠公住宿的地方，并馈赠牺牲七牢。十一月，送晋惠公回国。晋惠公到达国都，杀死庆郑，整顿政治教化。惠公同大臣商议说："重耳在国外，诸侯中大多认为送他返国为君对自己有利。"打算派人把重耳杀死在狄。重耳闻讯，便离狄前往齐国。

晋惠公八年，派遣太子圉作为人质去秦国。当初，惠公流亡住在梁国，梁伯把自己的女儿嫁给他，生下一男一女。梁伯占卜两个孩子的命运，结果说男孩子将来要当人臣，女孩子将来要为人妾，所以男孩取名叫圉，女孩取名叫妾。

晋惠公十年，秦国灭掉梁国。梁伯喜好大兴土木工程，整治城墙沟池，民力疲乏，怨声载道，被征发的民众经常互相惊吓，叫嚷"秦兵打来了"，百姓怨恨疑惑，秦国最后灭了梁国。

晋惠公十三年，晋惠公发病，当时国内有好几位公子。太子圉说："我母亲的娘家在梁国，梁如今被秦国灭亡，我是在外被秦人所轻视而在国中又无内援。国君倘若一病不起，担心大夫们看不起我，会改立其他公子为国君。"于是同他的妻子谋划一起逃亡回国。秦女说："您是堂堂一国的太子，蒙受屈辱在此做人质。秦君派我侍奉您，想借以稳住您的心。您要逃亡了，我不能跟从您，但也不会告发。"子圉便只身逃亡返回晋国。十四年九月，晋惠公去世，太子圉即位，这就是晋怀公。

子圉逃亡，秦缪公对此十分恼怒，于是寻找公子重耳，打算送他回国为君。子圉即位后，惧怕秦国来攻伐，就下令国中所有家中有跟随重耳流亡在外的人，给他们规定回归的日期，期满不到的诛灭全家。狐突的儿子狐毛和狐偃跟随重耳在秦国，狐突不肯召他们回来。晋怀公发怒，囚禁狐突。狐突说："臣下之子侍奉重耳已有多年了，如今召他们回来，这是教他们弃上背主，怎么能这样教育子女呢？"怀公结果杀了狐突。秦缪公就发兵送重耳回国，派人通知栾氏、郤氏等同党在国内策应，在高梁杀死晋怀公，迎重耳进入国都。重耳即位，这就是晋文公。

晋文公重耳，是晋献公的儿子。从小喜好结交士人，十七岁时，已有贤士五人：赵衰；狐偃咎犯，是晋文公的舅舅；贾佗；先轸；魏武子。在晋献公立为太子的时候，重耳就已长大成人了。晋献公即位那年，重耳二十一岁。献公十三年，因为骊姬的缘故，重耳被派守蒲城防备秦国。献公二十一年，献公杀死了太子申生，骊姬又谗言相害，重耳惶恐，没有向献公告辞便返守蒲城。献公二十二年，献公派宦官履鞮赶紧杀死重耳。重耳翻墙而走，宦官履鞮追赶上前斩下他的衣袖。于是，重耳投奔狄。狄，是他的生母的故国。这时重耳四十三岁。他身边跟从的有上述五位贤士，其余不出名的有几十人，一起跑到狄。

狄人攻伐咎如，俘获咎如君的两个女儿。狄君将大的嫁给重耳为妻，生下伯鯈、叔刘；将小的嫁给赵衰为妻，生下盾。在狄居住五年后晋献公去世，里克已经杀死奚齐、悼子，就派人前来迎接，准备立重耳为国君。重耳畏恐被杀，就坚决推辞，不敢回国。不久晋人改迎重耳的弟弟夷吾，立他为君，这就是晋惠公。惠公七年，晋惠公害怕重耳夺位，就派宦官履鞮与壮士一道准备杀死重耳。重耳闻知这个消息，就同赵衰等人商议说："当初我投奔狄，不是以为可借此成就大事，只是考虑路近容易到达而已，所以暂且在此歇脚。在此歇脚久了，我本意希望移居到大国。那齐桓公乐善好施，志在建立霸王之业，安抚周济诸侯。如今听说管仲、隰朋已死，这正是他渴望得到贤才辅佐的时候，何不前往呢？"于是就出发。临别时重耳对他的妻子说："等我二十五年，如果还不回来，你就改嫁。"他的妻子笑着说："到了二十五年，我坟头上栽的柏树都长大了。即便如此，我还是等你。"重耳在狄居住一共十二年才离去。

途经卫国,卫文公不以礼遇。离开卫国时,经过五鹿,重耳因饥饿而向郊野百姓乞讨食物,郊野百姓将土块装在器具中进送给他。重耳发怒。赵衰说:"土块,象征会有土地,您应该拜谢接受它。"

到达齐国,齐桓公厚礼相待,并且把同宗女子嫁给重耳,又给八十匹马,重耳十分安于这种生活。重耳到齐国两年,齐桓公去世,遇上竖刁等人制造内乱,齐孝公立为国君,诸侯军队频繁而至。重耳在齐留居一共五年。重耳留恋齐女,没有离开齐国的念头。赵衰、咎犯于是在桑树下筹划如何出走。齐女的侍从恰好在桑树上听到谈话,就报告她的主人。齐女却杀死那侍从,劝重耳赶快出走。重耳说:"人生能够安乐,谁还管别的东西!我一定要死在这里,不能离开。"齐女说:"您是一个大国的公子,遇到危难而来到此地,但众位贤士还是把国家的命运寄托在您身上。可您不马上返回晋国,报答告慰臣下,却眷恋男女之情,我私下都替您感到羞耻。况且这等大事不进取追求,什么时候才能得到成功?"于是同赵衰等人谋划,设计灌醉重耳,用车载着而上路。出发很远才醒过来,重耳大发雷霆,操起戈要杀咎犯。咎犯说:"杀死臣下而能成全您,是我的心愿啊。"重耳说:"如果事情不成,我就吃你这娘舅的肉。"咎犯说:"即便事情不成,我的肉又腥又臊,哪里值得您吃!"重耳这才罢休,继续行路。

途经曹国,曹共公不以礼遇,反而要观看重耳身上长在一起的肋骨。曹国大夫釐负羁说:"晋公子贤能,又是同姓,窘困之中来拜访我曹国,怎么能不以礼相待!"曹共公不听从他的主意。于是,釐负羁私下赠送食物给重耳,将玉璧置放在食物下面。重耳接受他的食品退还玉璧。

离开曹国，途经宋国。宋襄公此时刚刚兵败于楚，在泓之战中受了伤，听说重耳贤能，就用对待国君的礼节款待重耳。宋国司马公孙固与咎犯相好，说："宋是小国，新近又遭兵败，不能靠宋国来求回国，应该另赴大国。"于是，重耳一行离开宋国。

途经郑国，郑文公不以礼相待。郑国大夫叔瞻劝谏他的国君说："晋国这位公子贤能，同时他的随从个个都是堪任国君辅佐的人才；而且又属同姓，郑国的先祖出自周厉王，晋国的先祖出自周武王。"郑君说："诸侯的流亡公子经过此地的很多，哪能够全都以礼相待！"叔瞻说："国君您既然不能以礼相待，不如就杀了他，（否则，）日后将会成为国家的祸患。"郑君没有听从。

重耳离开郑国前往楚国，楚成王用相当于诸侯的礼节招待他，重耳辞谢不敢承当。赵衰说："您流亡在外十几年，连小国都轻视您，何况大国呢？如今楚作为大国而坚持如此款待您，您就不必谦让了，这是上天在保佑您啊。"于是，重耳以相应的宾客礼节会见楚成王。成王隆重接待重耳，重耳显得非常谦卑。成王说："您如果返回故国，用什么来报答我？"重耳说："鸟羽、牛尾、象牙、犀角、宝玉、绢帛等，都是您有富余的东西，不知用什么来报答。"成王说："即便如此，（您总该有所表示，）用什么来报答我？"重耳说："如果不得不讲的话，倘若有朝一日同您各领兵车在平原旷野相会，就让我为您退避九十里。"楚国将军子玉发怒说："君王款待重耳极其隆重，如今重耳却口出不逊，请杀死他。"楚成王说："晋国这位公子贤能而在外困顿多年，跟随的人都是治国之材，这些都是上天的安排，难道可以杀他吗？况且话已出口，还能改说什么呢！"在楚国居住几个月后，（作为人质的）晋国太子圉从秦国逃亡，秦缪公怨恨太子圉；听说重耳在楚国，便派人来召他。楚成王说："楚国路远，要经过好几个国家才能到达晋国。秦国和晋国毗邻接界，秦君又贤明，您就好好去吧！"并备厚礼为重耳送行。

重耳到达秦国，秦缪公将宗室女子五人嫁给重耳，原先子圉的妻子（在其中）一起前往。重耳不想接受子圉的妻子，司空季子说："他的国家你都将要攻伐，何况娶其旧妻这等小事呢！再说接受下来缔结与秦国的亲事可以求得回国，您竟要拘泥小节，而忘弃大事吗！"重耳便接受了。秦缪公非常高兴，同重耳一起宴饮。席间赵衰唱起《黍苗》这首诗。秦缪公说："我知道公子想急着回国了。"赵衰和重耳离座下拜，拜了两拜后说："孤臣游子仰望国君施恩，就如同庄稼盼望及时雨一般。"这时正当晋惠公十四年的秋天。晋惠公在九月去世，子圉即位。十一月，安葬晋惠公。十二月，晋国大夫栾枝、郤縠等听说重耳在秦国，都暗中来劝说重耳返回晋国，愿为内应的人很多。于是秦缪公就派军队陪同重耳回归晋国。晋怀公听说秦军前来，就派出军队抵御。然而大家都暗中知道是公子重耳要回来，其中只有晋惠公的故老旧臣吕甥、郤芮一伙不愿意立重耳为国君。重耳出国流亡共十九年而得回归，当时年纪已经六十二了，晋人大多亲附于他。

晋文公元年春天，秦军护送重耳到达黄河。咎犯说："臣下跟随君上周流诸侯各国，过失已经很多了。臣下尚且自知，何况君上呢？请让我在此地分手离开吧。"重耳说："倘若返回国都，有任何不与您同心同德的地方，就请河伯作证。"说完将玉璧投入黄河中，以此与子犯立下誓约。这时介子推随行，在船中，就笑道："上天在保佑公子，可子犯却以为是自己的功劳向君上邀功请赏，真可羞耻啊。我不能忍心和这样的人同事供职。"便独自隐秘地渡过黄河。秦军围困令狐，晋军驻扎在庐柳。二月辛丑这天，咎犯与秦国、晋国的大夫在郇订立盟约。壬寅这天，重耳进入晋军大营。丙午这天，进入曲沃。丁未这天，朝拜武宫，然后正式即位为晋国国君，这就是晋文公。群臣都来拜见。怀公圉出奔高梁。戊申这天，晋文公派人杀死怀公。

晋怀公的旧臣吕省、郤芮原本不亲附晋文公，晋文公即位后，害怕被杀，就密谋与他们的党羽焚烧文公居住的宫室，杀死晋文公。晋文公不知道。当初曾经要杀死晋文公的宦官履鞮得知他们的密谋，打算把情况告诉晋文公，以解脱从前的罪过，请求进见晋文公。文公不肯接见，派人斥责说："在蒲城那件事中，你斩断我的衣袖。此后我跟随狄君打猎，你又替惠公来追杀我。惠公给你期限三天到达，而你一天就赶到，为什么那样快？你自己想想吧。"宦官履鞮说："臣下是刀锯之下残废的人，不敢用三心二意来侍奉国君，背弃主上，所以得罪于您。您如今已返国为君，难道就不存在像当年蒲城、狄地那样的隐患吗？再说从前管仲发箭射中带钩，齐桓公（不加计较反委重任）以此称霸。如今我这个酷刑残存的人有要事禀告而国君您不肯相见，只怕是灾祸又将临头了。"于是，晋文公接见他，履鞮便将吕省、郤芮等人的密谋报告文公。晋文公开始打算召见吕省、郤芮，但吕省、郤芮等人的党羽很多，晋文公怕自己新近回国，国人出卖自己，就秘密出行，在王城会见秦缪公，国人都没察觉。三月己丑这天，吕省、郤芮等人果然造反，焚烧国君宫室，但没有找到晋文公。文公的卫士与叛党激战，吕省、郤芮等退兵想跑，秦缪公诱骗吕省、郤芮等人，在黄河边上杀了他们。晋国恢复平静后，文公重得回归国都。夏天，从秦国接回夫人，秦缪公所嫁给晋文公的妻子终于成为夫人。秦缪公送三千人作为晋文公的警卫，来防备晋国的暴乱。

晋文公修明政治，施舍恩惠给百姓。赏赐随从他流亡的人以及其他有功之臣，功劳大的封给食邑，功劳小的奖给爵位。论功行赏还未完毕，周襄王因其弟带发难逃出京都栖居郑国氾地，派人前来向晋国告急。晋国刚刚安定下来，文公打算出兵，但又怕别的乱子起来，因此赏赐随从流亡人员的事还没顾及隐居的介子推。介子推自己也不提爵禄的事，爵禄便没有给到他头上。介子推说："晋献公儿子九人，只有国君在世了。惠公、怀公无人亲附，国内国外都离弃他们。但上天没有断绝晋国的运脉，那就必定会有人出来主持国政。主持晋国祭祀的人，不是君上还能是谁呢？上天在保佑国君，可那些人却以为是自己的力量，不是在自欺欺人吗？偷窃别人的财物，尚且说是盗贼，何况贪天之功以为己力呢？下面的臣子贪冒罪过，上面的君主赏赐奸邪，上上下下相互蒙骗，实在难以和他们相处了。"他母亲说："你何不也去邀功请赏呢？即便这样死了，去埋怨谁呢？"介子推说："明知错误而效法它，罪过就更严重了。况且我已口出怨言，不能再吃国君的俸禄了。"母亲说："那就让国君明了事情真相，怎么样？"介子推回答说："言语，好比是人身上的装饰；连身子都要隐藏起来，哪里还用得着装饰它呢？装饰身子，这是企求显耀啊。"他母亲说："你能这样吗？（真能这样，）我同你一起去隐居。"介子推一直到死也没有再露面。

介子推的追随者同情他，于是在宫墙门上挂了一条字幅，写道："龙欲上天，五蛇为辅。龙已升云，四蛇各入其宇；一蛇独怨，终不见处所。"晋文公出门，看见那字幅，说："这讲的是介子推啊。我正忙于操心王室之乱，还没来得及报答他的功劳。"派人召见介子推，人已经逃走。便寻找他的住所，听说介子推进入绵上山中，于是晋文公下令环绕绵上山的中心区域修筑封疆，作为介子推的禄田，称之为介山，并说："用这来记录我的过失，同时表彰善人。"

随从重耳流亡的贱臣壶叔说："国君三次论功行赏，赏赐都没有惠及臣下，冒昧前来请罪。"晋文公回答说："那能用仁义来引导我前进，用德行贤惠来防范我过失的，这类人授予上等赏赐。用实际行动来辅佐我，最终取得成功的，这种人授予次一等的赏赐。敢冒流矢飞石的危险，立下汗马功劳的，这类人授予再次一等的赏赐。至于用苦力侍奉我而不能补救我过失缺陷的，这类人授予更次一等的赏赐。三次赏赐之后，本来就将轮到你。"晋人听说这番话，都很高兴。

晋文公二年春天，秦军驻扎在黄河边上，准备护送周襄王返入京都。赵衰说："谋求霸主的办法，没有比护送襄王返入京都尊崇周室更好的。周、晋本系同姓，晋国如不先护送襄王进入京都，往后秦国就会护送襄王进入京都，这样晋国便无法对天下发号施令了。当今尊崇襄王，正是晋国日后称霸的资本啊。"三月甲辰这一天，晋国便出兵到达阳樊，包围温邑，护送周襄王进入成周。四月，杀死周襄王之弟带。周襄王赏赐给晋文公河内阳樊的土地。

晋文公四年，楚成王与诸侯围攻宋国，宋国大夫公孙固前来晋国告急。先轸说："报答施舍、奠定霸业，就在今朝了。"狐偃说："楚国新近得到曹国归附，又初次和卫国通婚，倘若攻伐曹国、卫国，楚国必定救援它们，宋国之围也就可以解除了。"于是晋国建立三军。赵衰推举郤縠统领中军，郤臻辅佐他；让狐偃统领上军，狐毛辅佐他；任命赵衰为卿；栾枝统领下军，先轸辅佐他；荀林父驾驭公车，魏犨为车右，出兵讨伐。冬天十二月，晋军抢先沿黄河下太行山之东，同时把原邑封给赵衰。

五年春天，晋文公准备攻伐曹国，向卫国借路，卫人不答应。晋军绕道从黄河南段渡水，入侵曹国，攻伐卫国。正月，攻取五鹿。二月，晋侯、齐侯在敛盂订立盟约。卫侯请求与晋国结盟，晋人不答应。卫侯打算与楚国结盟，国人不愿意，所以驱逐他们的国君来取悦晋国。卫侯居住在襄牛，公子买奉鲁君之命戍守卫国都城。楚军来救援卫国，没有结果。晋侯领兵围攻曹国。三月丙午这一天，晋军攻入曹国都城，斥责曹共公不采用釐负羁谏言，反而重用美女，美女乘坐轩车的竟有三百人之多。晋文公下令军中，不准进入僖负羁家族住房，以此报答当年的恩德。楚军围攻宋国，宋国再次向晋国告急。晋文公要救宋就必须进攻楚军，但因楚成王曾经对自己有过恩德，便不打算攻伐楚军；想撒手不管宋国，可宋襄公又曾经对自己有恩德：晋文公对此感到十分为难。先轸说："拘捕曹伯，把曹国、卫国的地分给宋国，楚国便会着急曹国、卫国的处境，造成那样的形势，自然可以消除宋国的危难。"于是晋文公听从他的计谋行动，而后楚成王也就退兵回国。

楚国将军子玉说："君王对待晋君极为宽厚，如今他明知楚国为曹国、卫国着急而故意攻伐他们，这是轻蔑君王。"楚成王说："晋侯流亡在外十九年，窘困的日子经历过很久了，结果得以返回晋国，艰难险阻全都知晓，善于使用他的百姓，这是上天保佑的结果，不可以阻挡。"子玉请战说："我不敢保证此行必定成功，但愿以此封住那说三道四的嘴。"楚成王很生气，便少给他兵。于是子玉派遣宛春告诉晋侯说："请您恢复卫侯君位和归还曹国土地，臣下就撤除对宋国的包围。"咎犯说："子玉太无礼了，当国君的只能取得一件，而做臣子的却要取得两件,不能答应。"先轸说:"安定他人叫作礼。楚人一句话而安定三个国家,而您一句话要灭亡三个国家,那我们就失礼了。不答应楚国,这便是抛弃宋国啊。不如私下答应曹国、卫国的要求来引诱二国,拘捕宛春来激怒楚国,等战事发生再作打算。"晋侯就在卫国拘捕宛春,而且私下答应曹、卫复国。曹国、卫国向楚国宣布绝交。楚将得臣非常恼怒,攻击晋军,晋军后退。军吏问:"为什么后退?"晋文公说:"从前我在楚国时,曾向楚成王立约,(倘若交战相遇,)晋军后退九十里,难道可以背弃吗?"楚军准备离去,得臣不肯。四月戊辰这天,宋公、齐将、秦将与晋侯扎营在城濮。己巳这天,同楚军交战,楚军大败,得臣收拾残兵离去。甲午这天,晋军返回到衡雍,在践土为周天子建筑王宫。

起初,郑国帮助楚军,楚军溃败,郑君很害怕,派使者向晋侯请求结盟。晋侯与郑伯订立盟约。

五月丁未这天,晋国向周襄王进献俘获楚军的战利品:由四匹被甲战马拉的车一百辆,步兵一千人。天子委派王子虎策命晋侯为诸侯之长,赏赐大辂一辆,红色的弓一把、红色的箭一百枝,黑色的弓十把、黑色的箭一千枝,用黑黍加郁金香草酿制的酒一卣,柄为圭状的玉勺一把,虎贲三百人。晋侯辞谢三次,然后稽首接受。周廷史官作《晋文侯命》:"周王这样说:叔父崇尚仁义,和合诸侯。光辉的文王、武王,能够恪守美好的品德,光照天界,流芳人间,于是上帝将他的使命赋予文王、武王。叔父应当顾念关注我身,辅佐我长久地安居天子之位。"从这时起,晋文公在诸侯中称伯。癸亥这天,王子虎在践土的王宫大庭与诸侯缔结盟约。

晋军焚烧楚人军营,大火数日不止,晋文公却在叹息。左右侍臣说:"战胜楚军而国君还在忧愁,为什么?"晋文公说:"我听说能够取得胜利而心安理得的只有圣人,因此担心。况且子玉还在,难道可以高兴吗!"子玉战败回国,楚成王恼恨他不听自己的话,贪恋与晋人作战,便斥责子玉,子玉自杀。晋文公闻讯说:"我在外面攻击子玉,楚王在国内诛杀子玉,真是内外相互呼应。"于是才高兴。

六月,晋人再次送卫侯进入国都。壬午这天,晋侯渡过黄河北上回国。颁行赏赐,狐偃为头功。有的人说:"城濮战事,是靠先轸的谋略。"文公说:"城濮之役,狐偃劝说我不要失信。先轸说'军事以胜为右',我采用他的谋略而获胜。然而这只是适用一时的权宜之言,可狐偃之言说的却是千秋万代的功业,怎么能将一时的利害凌驾于千秋万代的功业之上呢?因此把狐偃之功排在最前面。"

冬天,晋侯在温邑会合诸侯,打算率领诸侯朝见周王。因力量不够,恐怕诸侯中有背叛的,就派人叫周襄王到河阳打猎。壬申这天,晋文公便率领诸侯在践土朝见周王。孔子读史书记载看到晋文公这一段,说:"诸侯不能召见周王。""王狩河阳"这句话,是《春秋》避讳晋文公召见周襄王的笔法。

丁丑这天,诸侯军队围攻许国。

曹伯臣子中有人来劝说晋侯道:"齐桓公会合诸侯而封立异姓之国,如今国君会合诸侯反而灭亡同姓之国。曹国,是叔振铎的后代;晋国,是唐叔的后代。会合诸侯而灭亡兄弟之国,不合礼法。"晋侯理解劝谏之意,便恢复了曹伯的君位。

在这一年晋国开始建立三支步兵部队。荀林父率领中行,先蔑率领右行,先蔑率领左行。

七年,晋文公、秦缪公共同领兵围攻郑国,因为郑国在晋文公流亡过访时不以礼相待,以及城濮之役时郑国帮助楚国。围攻郑国,想要抓获叔瞻。叔瞻听说此讯,就自杀了。郑人拿着叔瞻的尸体来报告晋国,晋文公说:"一定要抓到郑君才甘心。"郑文公害怕,就暗中派遣使者对秦缪公说:"灭亡郑国加强晋国,对晋国来说是得着好处了,但对秦国来说却不算有利。国君为什么不解除郑国之围,因此取信郑国使之成为秦国东行道上的友邦?"秦伯理解其意,便撤走军队。晋君也撤了军队。

九年冬天,晋文公去世,儿子襄公欢即位。这一年郑伯也去世。

郑国人有向秦国出卖自己国家的,秦缪公(得到情报后)发兵前往偷袭郑国。十二月,秦国军队经过我晋国都城郊外。晋襄公元年春天,秦国军队经过成周,没有礼仪法度,王孙满讥诮秦军。秦军到达滑国,郑国商人弦高将要到成周去做生意,正好相遇,弦高(随机应变)将十二头牛慰劳秦军。秦军感到惊诧而回师,灭了滑国而离去。

晋卿先轸说:"秦伯不采用蹇叔的规劝,违背众人之心,这样的军队可以打击。"栾枝说:"没有报答秦国对先君的恩惠,反而打击它,不可以。"先轸说:"秦国欺侮我国君丧父初孤,攻伐我同姓之国,还有什么恩德可以报答?"就出兵攻击秦军。晋襄公把丧服染成黑色(出征)。四月,在殽山打败秦军,俘虏秦军三位将领孟明视、西乞秫、白乙丙而回国。于是,晋襄公穿着黑色丧服安葬晋文公。晋文公夫人是秦国之女,对襄公说:"秦君想得到他的三位将军而杀死他们。"襄公应许,遣返三人。先轸得知此事,对襄公说:"祸患就要发生了。"先轸就即刻追赶三位秦将。秦将正渡黄河,已经在船上,叩头告辞,先轸结果没能追回。

此后三年,秦君果然派孟明领兵攻伐晋国,来报殽山战败的仇，取得晋国的汪邑而返回。晋襄公四年，秦缪公大举进兵攻伐我晋国，东渡黄河，取得王官，在殽山为当年阵亡的将士筑起土台以志纪念而离去。晋人恐惧，不敢出击，便据城固守。晋襄公五年，晋军攻伐秦国，取得新城，以报王官之战的仇。

晋襄公六年，赵衰成子、栾贞子、咎季子犯、霍伯相继去世。赵盾替代赵衰执掌国政。

七年八月，晋襄公去世。当时太子夷皋年纪还小。晋人因为国家多难的缘故，希望立一个年纪大些的国君。赵盾说："立襄公弟弟雍为君。他爱好行善而又年长，先君喜欢他；并且与秦国亲近，秦国是晋国的旧日友邦啊。置立善良就稳固，侍奉年长就和顺，拥护先君所爱就合孝道，结交旧日友邦就会安定。"贾季说："不如立他的弟弟乐。辰嬴受到两位国君宠幸，立她的儿子为国君，百姓必定服从。"赵盾说："辰嬴卑贱，位次排在九人之下，她的儿子有什么威望！况且辰嬴被两位国君宠幸，这是淫乱。作为先君的儿子，不能求得大国入居而外出住在小国，这是鄙陋。母亲淫乱而儿子鄙陋，便没有威严；陈国弱小而遥远，就无法为援：这将怎么可以呢！"赵盾派士会前往秦国迎接公子雍。贾季也派人到陈国去召公子乐。赵盾罢免贾季，因为他杀害了阳处父。十月，安葬晋襄公。贾季出奔到翟。这一年，秦缪公也去世了。

晋灵公元年四月，秦康公说："从前晋文公进入国都没有护卫，所以有吕省、郤芮的发难。"就多给公子雍卫士。太子母亲缪嬴日夜抱着太子在朝廷上哭泣，说："先君有什么罪？他的后嗣又有什么罪？舍弃嫡子而到外面寻找国君，将把这孩子置于何地？"出了朝廷，便抱着太子赶到赵盾的住所，叩头说："先君当初手捧这孩子托付给您，说：'这个孩子将来成材，我就敬受您的恩惠；不成材的话，我就死也怨您。'如今国君去世，话还在耳边，却要背弃他，您看怎么办？"赵盾与众大夫都忧虑缪嬴的纠缠，而且害怕被杀，于是背弃所迎的公子雍而立太子夷皋为国君，这就是晋灵公。晋国发兵阻止秦国护送公子雍的卫队。赵盾任主将，领兵前往攻击秦军，在令狐打败秦军。先蔑、随会流亡投奔秦国。秋天，齐君、宋君、卫君、郑君、曹君、许君都来会赵盾，在扈地缔结盟约，因为晋灵公开始立为国君的缘故。

晋灵公四年，晋军攻伐秦国，取得少梁。秦军也取得晋国的郫。六年，秦康公攻伐晋国，取得羁马。晋侯发怒，派遣赵盾、赵穿、郤缺领兵攻击秦国，在河曲展开激战，赵穿最有功劳。七年，晋国执政的六卿担心随会在秦国，常有造成晋祸乱的危险，就命令大夫魏寿余假装反叛晋国投降秦国。秦康公派随会到魏邑接受投降，魏寿余乘机拘捕随会而返归晋国国都。

晋灵公八年，周顷王驾崩，由于王室公卿争权，所以没有向诸侯各国报丧。晋君派遣赵盾率领八百辆战车平定周朝王室内乱而扶立周匡王继位。这一年，楚庄王开始即国君之位。十二年，齐人杀死他们的国君齐懿公。

十四年，晋灵公长大成人，十分奢侈，横征暴敛来绘饰宫墙。他常从高台上用弹弓弹人，观看行人躲避弹丸（以此取乐）。厨子炖烧熊掌不烂，灵公发怒，杀死厨子，让妇人们抬着厨子的尸体出宫扔掉，经过朝会大厅。赵盾、随会以前曾多次进谏，灵公不听；这次因为又在朝廷上见到死人手，两人前往劝谏。随会先去进谏，又不听。灵公讨厌再有人进谏，派遣鉏麑去刺杀赵盾。赵盾寝门敞开，起居极有法度，鉏麑（眼见此情）便退出来，叹息说："杀死忠臣，背弃君命，罪过是一样的。"就用头撞树而死。

当初，赵盾曾经在首山打猎，有一次看到桑树下有个饿汉。那个饿汉，就是示眯明。赵盾给他食物吃，他只吃了一半。问其中缘故，回答说："我在外为人臣仆三年，不知道母亲还在不在，想把食物留给母亲吃。"赵盾认为他有孝亲的大义，就添加饭和肉给他。示眯明不久当上晋灵公的厨子，赵盾没有再知道他后来的情况。九月，晋灵公请赵盾喝酒，埋伏下身穿盔甲的武士准备攻杀赵盾。灵公的厨子示眯明知道这情形，恐怕赵盾喝醉不能起身，就进去说："君主设宴赏赐臣子，酒过三巡便可作罢。"想借此让赵盾离开，使他先走脱，免遭杀身之祸。赵盾已经离席，但晋灵公事先埋伏的武士还没集中，就先放出名叫敖的咬人猛犬。示眯明替赵盾徒手击杀猛犬。赵盾说："弃除人用狗，即使狗再凶猛，又有什么用。"然而赵盾不知道示眯明在暗中回报自己的恩德。旋即晋灵公唆使埋伏的武士出来追赶赵盾，示眯明反过来攻击灵公埋伏的武士，埋伏的武士不能前进，结果让赵盾脱身。赵盾问示眯明救自己的原因，示眯明说："我就是当年桑树下的饿汉。"再问他名字，不肯告诉。示眯明也就此逃亡离去。

赵盾于是逃奔，还没来得及出晋国国境。乙丑这天，赵盾的兄弟将军赵穿在桃园袭击杀死晋灵公，同时迎回赵盾。赵盾素为权贵，又得人和；晋灵公年轻，又十分奢侈，百姓不亲附，所以被杀很容易。赵盾官复原位。晋国太史董狐记录道"赵盾弑其君"，并在朝廷上宣示。赵盾说："杀国君的人是赵穿，我可没有罪。"太史说："你身为众卿之长，而且逃亡没有跑出国境，返归不讨伐国都暴乱，（杀国君的人）不是你还能是谁？"孔子听说这件事，说："董狐，是古代所说的优良史官，据史法直书没有隐讳。宣子，是好大夫，因为史法而蒙受恶名。可惜啊，只要他一出国界就可以免遭杀君的罪名。"

赵盾派赵穿从成周迎回晋襄公的弟弟黑臀，立他为国君，这就是晋成公。

晋成公，是晋文公的小儿子，他的母亲是周天子的女儿。壬申这天，到曲沃的武宫朝见祭祀。

晋成公元年，赐封赵氏担任公族大夫。讨伐郑国，是因为郑国背弃晋国的缘故。三年，郑襄公开始即位，归附晋国而背弃楚国。楚君发怒，攻伐郑国，晋军前往救援郑国。

晋成公六年，讨伐秦国，俘虏秦将派出的探子。

七年，晋成公与楚庄王争夺霸主之位，在扈地会合诸侯。陈君畏惧楚国，没有赴会。晋君派遣中行桓子讨伐陈国，同时借此救援郑国，与楚军作战，击败楚军。这一年，晋成公去世，其子晋景公据继位。

晋景公元年春天，陈国大夫夏征舒杀死他的国君陈灵公。二年，楚庄王攻伐陈国，诛杀夏征舒。

晋景公三年，楚庄王率军围攻郑国，郑国向晋国告急。晋君派荀林父率领中军，随会率领上军，赵朔率领下军，郤克、栾书、先縠、韩厥、巩朔辅佐三人。六月，到达黄河。听说楚军已降服郑国，迫使郑伯赤露上身投降认罪，与他缔结城下之盟然后离去，荀林父准备返回。先縠说："大家一起来救援郑国，不到郑国是不可以的。"将帅之间意见分歧，最后还是渡过黄河。楚王已经降服郑国，原打算用饮马黄河作为出师成功名义而离去。结果，楚军与晋军进行激战。郑国新近归附楚国，畏惧楚国，因此反过来帮助楚军攻击晋军。晋军溃败，逃奔黄河，争相渡河，船舱里被砍下的手指很多。楚军俘获我晋国将领智䓪。晋军回国，荀林父说："臣下身为主帅，军队溃败，理当诛杀，请求死罪。"晋景公想答应他。随会说："从前晋文公领兵同楚军在城濮作战（击败楚军），楚成王回国后杀死主将子玉，文公才开始高兴。如今楚军已经击败我军，我们又要诛杀军队主将，这是在帮助楚人杀仇敌啊。"景公便制止荀林父自杀。

晋景公四年，先縠因为首先提出进兵的主张而招致晋军在黄河岸边溃败，害怕被杀，就投奔翟人，同翟人谋划攻伐晋国。晋君察觉此事，便诛灭先縠家族。先縠，是先轸的儿子。

晋景公五年，攻伐郑国，因为郑国帮助楚军的缘故。这时候楚庄王称强诸侯，因为他在黄河岸边挫败了晋国军队。

晋景公六年，楚军攻伐宋国，宋人来向晋国告急，晋君准备救援宋国，伯宗说："楚国，如今上天正在保佑它，势不可当。"于是，晋君派遣解扬前去假装答应救援宋国。郑人抓到解扬交给楚人，楚王重礼相赠，让他把原来的话反过来说，命令宋国赶快投降。解扬假装答应楚王，结果却在喊话时传达了晋君的话。楚王要杀死他，有人劝谏，便放解扬回国。

晋景公七年，晋君派遣随会领兵灭亡赤狄。

晋景公八年，晋君派遣郤克出使到齐国。齐顷公的母亲从高台上观看而嘲笑来使。所以这样的缘故，是因为郤克背驼，鲁国使者腿瘸，卫国使者瞎一只眼，故而齐人按照各位使者的生理缺陷让有相同残疾的人来导引宾客。郤克非常愤怒，返国途中到达黄河岸边，说："来日不报齐国的羞辱，就让河伯作见证！"回到国都，向晋君请求，打算攻伐齐国。景公询问后知悉事情原委，说："你个人的怨恨，怎么能来烦扰国家！"没有听从。魏文子告老请求退休，荐举郤克，郤克执掌国政。

晋景公九年，楚庄王去世。晋军攻伐齐国，齐君派遣太子彊作为人质到晋国，晋军才撤回。

晋景公十一年春天，齐军攻伐鲁国，夺取隆邑。鲁国向卫国告急，卫国和鲁国都通过郤克向晋国告急。晋君便派遣郤克、栾书、韩厥率领战车八百辆与鲁军、卫军共同讨伐齐军。夏天，晋军与齐顷公的军队在鞍地作战，使齐顷公受伤被困。顷公就跟他的车右调换在车上的位置，装作下车打水，因此得以脱身逃去。齐军溃败逃跑，晋军追赶败兵直到齐国腹地。齐顷公奉献宝器请求媾和，晋军不答应。郤克说："一定要得到萧桐侄子作为人质（才能讲和）。"齐国使者说："萧桐侄子是顷公的母亲，顷公的母亲就好比你们晋君的母亲，怎么能一定要得到她作为人质呢？这样做违背人伦大义，我们只能请求再战一场。"晋军这才应许跟齐国媾和而离去。

楚国申公巫臣拐娶夏姬投奔晋国，晋君让巫臣担任邢大夫。

晋景公十二年冬天，齐顷公前往晋国，要尊奉晋景公为王。景公辞让不敢接受。晋国开始建立六军，韩厥、巩朔、赵穿、荀骓、赵括、赵旃都被封为卿。智䓨获释从楚国归来。

晋景公十三年，鲁成公朝见晋君，晋景公不礼貌，鲁君含怒离去，打算废弃与晋国的盟约。晋军讨伐郑国，夺取氾邑。

晋景公十四年，梁山崩塌。晋君询问伯宗，伯宗认为不足为怪。

晋景公十六年，楚国将军子反怨恨巫臣，便杀灭其宗族。巫臣极为愤怒，给子反致送书信说："一定要叫你疲于奔命！"便向晋君请求派人出使吴国，让他的儿子当了吴国的行人，教吴人学习车战用兵之法。吴国与晋国开始交通往来，并相约讨伐楚国。

晋景公十七年，晋君诛杀赵同、赵括，并且诛灭赵氏家族。韩厥说："赵衰、赵盾的功绩难道可以忘记吗？怎么能断绝赵氏的香火！"于是，晋君又让赵氏庶子赵武为赵氏继承人，并又给他食邑。

十九年夏天，晋景公病重，立他的太子寿曼为国君，这就是晋厉公。此后一个多月，晋景公去世。

晋厉公元年，因刚即位，厉公想会合诸侯，便与秦桓公隔着黄河互派使者结盟。双方回国后秦国即背弃盟约，与白翟密谋攻伐晋国。晋厉公三年，晋国派遣吕相出使谴责秦君，接着与诸侯讨伐秦国。军队到达泾水，在麻隧击败秦军，俘虏秦将成差。

晋厉公五年，三郤进谗言陷害伯宗，厉公诛杀伯宗。伯宗因为喜欢直言劝谏遭受这杀身之祸，国人因此不亲附晋厉公。

晋厉公六年春天，郑国背弃晋国与楚国结盟，晋君大怒。栾书说："不可以当我们在世时失去诸侯。"晋国就发兵。晋厉公亲自领兵，五月渡过黄河。听说楚兵前来救援，范文子向厉公请示打算返回。郤至说："发兵诛讨叛逆，遇上强敌就逃避，将丧失号令诸侯的资格。"于是与楚军开战。癸巳这天，晋军发箭射中楚共王的眼睛，楚军在鄢陵战败。子反收拾残兵，安抚整饬余部，准备再战。晋人对此感到忧虑。楚共王召见子反，他的侍从竖阳谷献酒给子反，子反大醉，不能前来进见。楚王发怒，责备子反，子反自杀而死。于是，楚王领兵回国。晋国因此威震诸侯，晋君想借此号令天下求为霸主。

晋厉公有许多宠幸的姬妾，鄢陵之战归来，准备全部除去众大夫而封立各姬妾的兄弟。有个受到宠幸姬妾的兄长叫胥童，曾经与郤至有积怨，至于栾书又怨恨郤至不采用他的计谋而结果击败楚军，于是派人暗中通报楚君（设计陷害郤至）。楚国来人欺骗厉公说："鄢陵之战，是郤至招来楚军，他打算发动变乱，接纳子周立以为君。恰好遇上盟国之兵没有到齐，因此事情没有成功。"厉公告诉栾书。栾书说："那恐怕实有其事了。望国君您试着派人到成周，暗中核实此事。"厉公果真派遣郤至到成周。栾书又另派人让公子周会见郤至，郤至不知自己已被人出卖。厉公验证此事，以为确实如此，于是怨恨郤至，想要杀死他。八年，晋厉公出外打猎，与姬妾宴饮。郤至杀死野猪前来进献，宦官夺走野猪。郤至用箭射杀宦官。厉公发怒，说："季子欺负到我头上来了。"厉公将要诛杀三郤，但还没有行动。郤锜打算攻击厉公，说："我即便死了，厉公也会狼狈不堪。"郤至说："有信就不能反叛国君，有智就不可残害百姓，有勇就不许发动叛乱。失去这三件，谁还来跟从我？我只好死了吧。"十二月壬午这天，晋厉公命令胥童带领八百名士兵袭击杀死三郤。胥童乘势在朝廷上劫持栾书、中行偃，说："不杀掉这二位，祸患必定延及国君。"厉公说："一个早上杀死三卿，我不忍心再增加了。"胥童回答说："人家将会忍心对您下手。"厉公没听从，把惩诛郤氏罪行的情况告诉栾书等人，并说："大夫们各复原职。"二人磕头拜谢说："幸运得很，幸运得很。"厉公让胥童为卿。闰月乙卯这天，晋厉公出游住在匠骊家，栾书、中行偃率领党徒偷袭逮捕厉公，囚禁了他，杀死胥童，同时派人到成周迎回公子周而立他为国君，这就是晋悼公。

晋悼公元年正月庚申这天，栾书、中行偃杀死晋厉公，安葬厉公只用一辆遣车。厉公被囚禁六天而死，死后十天是庚午日，智䓨迎回公子周来，到达绛，杀鸡饮血与大夫订立盟誓而立公子周为国君，这就是晋悼公。辛巳这天，朝拜武宫。二月乙酉这天，正式就国君之位。

晋悼公周，他的祖父名捷，是晋襄公的小儿子，不能立为太子，号称桓叔，桓叔最受襄公宠爱。桓叔生惠伯谈，谈生悼公周。周立为国君时，年仅十四岁。悼公说："祖父、父亲不能立为国君而到成周避难，客死他乡。我本人因为与公室关系疏远，没有当国君的奢望。如今各位大夫不忘文公、襄公的志意而惠顾扶立我这个桓叔后人为国君，依赖祖宗、先大夫的在天之灵，我才得以主持侍奉晋国祭祀，哪敢不战战兢兢呢！望诸位大夫辅佐我！"于是驱逐不能遵守臣道的七个人，修明旧日功绩，普施德泽恩惠，收容安抚于晋文公回国有功之臣的后代。秋天，攻伐郑国。郑国军队溃败，于是晋军抵达陈国。

晋悼公三年，晋君盟会诸侯。晋悼公询问群臣可以任用的人，祁傒荐举解狐。解狐，是祁傒的仇人。（解狐去世，）晋君又询问，祁傒荐举自己的儿子祁午。君子说："祁傒可以称得上不结私党了！荐举外人不隐匿仇人，荐举家人不隐匿儿子。"当会合诸侯时，晋悼公之弟杨干扰乱军队行列。魏绛依法诛戮他的御者。悼公很恼怒，有人劝谏悼公，悼公终于认为魏绛是个贤才，委以重任，派遣出使安抚戎人，戎人都来亲附。十一年，晋悼公说："自从我重用魏绛以来，九次会合诸侯，广泛安抚戎翟，是魏子的功劳啊。"赏赐给魏绛女乐歌钟，魏绛再三推辞才接受。冬天，秦军夺取我栎邑。

晋悼公十四年，晋君派遣六卿率领诸侯军队攻伐秦国，渡过泾水，大败秦军，直到棫林才离去。

晋悼公十五年，悼公向师旷询问治国之道。师旷说："只有仁义才是治国之本。"冬天，晋悼公去世，儿子平公彪继位。

晋平公元年，晋军攻伐齐国，齐灵公领兵与晋军在靡下激战，齐军战败溃逃。晏婴说："国君既然没有勇气，何不停止战斗？"于是，灵公撤军离去。晋军乘胜追击，接着围困临菑，在城郭肆意焚烧屠杀。东面到胶水，南面到沂水，齐人都据城固守。晋君这才退兵回国。

晋平公六年，鲁襄公朝见晋君。晋国栾逞犯有罪行，逃奔齐国。晋平公八年，齐庄公暗中派遣栾逞到曲沃，并用军队跟随其后。齐军登上太行陉，栾逞从曲沃城中造反，偷袭进入绛都。绛都没有戒备，晋平公准备自杀，范献子制止平公自杀，并率领他的私属攻击栾逞，栾逞战败逃奔曲沃。曲沃人攻击栾逞，栾逞战死，于是诛灭栾氏家族。栾逞，是栾书的孙子。他进入绛都，曾与魏献子密谋。齐庄公听说栾逞战败，便回军，夺取晋国的朝歌而离去，以报临菑之役的仇。

晋平公十年，齐国崔杼杀死他的国君庄公。晋军乘着齐国内乱，在高唐攻伐击败齐军而离去，以报太行之役的仇。

晋平公十四年，吴国延陵季子来晋国出使，同赵文子、韩宣子、魏献子交谈，此后说："晋国的大政，最终将归于这三家。"

晋平公十九年，齐君派遣晏婴前往晋国，同叔向交谈。叔向说："晋国，已经到了末世。平公横征暴敛建造台观池沼而不忧虑国政，国政已经落入卿大夫私家之手，难道还能长久吗！"晏子认为是这样。

晋平公二十二年，攻伐燕国。二十六年，晋平公去世，儿子昭公夷即位。

晋昭公在位六年去世。六卿强盛，公室衰落。昭公的儿子顷公去疾即位。

晋顷公六年，周景王去世，王子们争夺王位。晋国六卿领兵平定王室之乱，扶立周敬王。

晋顷公九年，鲁国季氏驱逐他们的国君鲁昭公，昭公住在乾侯。十一年，卫君、宋君派遣使者请求晋君护送鲁君回国。季平子私下贿赂范献子，范献子接受礼物，便对晋君说："季氏没有罪。"结果没有送鲁君回国。

晋顷公十二年，晋国公室同宗本家祁傒的孙子祁盈、叔向的儿子杨食我，同与国君结怨。六卿有意削弱公室，于是就设法全部消灭这两个家族，接着把他们的食邑划分为十个县，各让自己的子弟担任县大夫。晋公室愈加衰弱，六卿势力都有扩大。

十四年，晋顷公去世，儿子定公午即位。

晋定公十一年，鲁国阳虎逃奔晋国，赵鞅简子收留了他。

晋定公十二年，孔子任鲁国相。

晋定公十五年，赵鞅让邯郸大夫赵午将卫国所进贡安置在邯郸的五百家归还给他，结果没办成，便打算杀死赵午。赵午同中行寅、范吉射是婚姻亲家，联合起来攻打赵鞅，赵鞅逃奔据守晋阳。晋定公派兵围困晋阳。荀栎、韩不信、魏侈与范吉射、中行寅有仇，就搬兵进攻范吉射、中行寅。范吉射、中行寅反晋，晋君下令攻击他们，打败范吉射、中行寅。范吉射、中行寅逃奔朝歌，筑城坚守。韩简子、魏襄子替赵鞅向晋君说情，定公便宽赦赵鞅，让他官复原职。二十二年，晋军击败范氏、中行氏，范吉射、中行寅二人逃奔齐国。

三十年，晋定公与吴王夫差在黄池会合诸侯，争当盟主，赵鞅当时随从晋君，结果让吴王做了盟主。

晋定公三十一年，齐国田常杀死他的国君齐简公，接着拥立简公之弟骜，这就是齐平公。晋定公三十三年，孔子去世。

三十七年，晋定公去世，其子出公凿即位。

晋出公十七年，知伯和赵氏、韩氏、魏氏共同瓜分范氏、中行氏的封地作为自己的食邑。晋出公很恼怒，通告齐国、鲁国，准备同来讨伐四卿。四卿恐惧,就反过来攻击晋出公。晋出公逃奔齐国,在途中死去。所以知伯就扶立晋昭公的曾孙骄为晋国国君,这就是晋哀公。

晋哀公的祖父雍,是晋昭公的小儿子,号称戴子。戴子生忌。忌与知伯相好,早年去世,所以知伯心想全部吞并晋国,但还没敢动手,就扶立忌的儿子骄为国君。在这时期,晋国的政事都取决于知伯,晋哀公不能有所干预。于是,知伯占有范氏、中行氏的封地,在四卿中力量最强。

晋哀公四年,赵襄子、韩康子、魏桓子共同杀死知伯,全部吞并他的封地。

十八年,晋哀公去世,儿子幽公柳即位。

晋幽公的时候,晋国公室衰败国君提心吊胆,反而去朝见韩、赵、魏三家君主。晋君只有绛都、曲沃之地,其余全部落入韩、赵、魏三家。

晋幽公十五年,魏文侯开始即位。十八年,幽公乱搞女人,夜晚私自从都城出来,盗贼杀死幽公。魏文侯领兵讨伐晋国动乱,扶立幽公的儿子止为国君,这就是晋烈公。

晋烈公十九年,周威烈王赐封赵氏、韩氏、魏氏,全都册命为诸侯。

二十七年,晋烈公去世,儿子孝公颀即位。

晋孝公九年,魏武侯开始即位,袭击邯郸,没有获胜而离去。十七年,晋孝公去世,儿子静公俱酒即位。这一年,是齐威王元年。

晋静公二年,魏武侯、韩哀侯、赵敬侯灭亡晋国,三家瓜分其地。晋静公贬为平民百姓,晋国宗庙从此断绝香火无人祭祀。

太史公说：晋文公，是古代所说的明君。他流亡居住在外十九年，极端艰难困苦，及至登上君位颁行赏赐，尚且忘记功臣介子推，何况那些骄横的君主呢？晋灵公被杀，其后成公、景公实行苛政，到厉公大加严酷，大夫们因惧怕被杀，祸乱纷起。悼公以后公室日趋衰落，六卿专擅权柄。所以说把握人君之道，如何驾驭他的臣下，实在不易啊！

史记卷四十

楚世家第十

楚之先祖出自帝颛顼高阳。高阳者，黄帝之孙，昌意之子也。高阳生称，称生卷章，卷章生重黎。重黎为帝喾高辛居火正，甚有功，能光融天下，帝喾命曰祝融。共工氏作乱，帝喾使重黎诛之而不尽。帝乃以庚寅日诛重黎，而以其弟吴回为重黎后，复居火正，为祝融。

吴回生陆终。陆终生子六人，坼剖而产焉。其长一曰昆吾；二曰参胡；三曰彭祖；四曰会人；五曰曹姓；六曰季连，芈姓，楚其后也。昆吾氏，夏之时尝为侯伯，桀之时汤灭之。彭祖氏，殷之时尝为侯伯，殷之末世灭彭祖氏。季连生附沮，附沮生穴熊。其后中微，或在中国，或在蛮夷，弗能纪其世。

周文王之时，季连之苗裔曰鬻熊。鬻熊子事文王，蚤卒。其子曰熊丽。熊丽生熊狂，熊狂生熊绎。

熊绎当周成王之时，举文、武勤劳之后嗣，而封熊绎于楚蛮，封以子男之田，姓芈氏，居丹阳。楚子熊绎与鲁公伯禽、卫康叔子牟、晋侯燮、齐太公子吕伋俱事成王。

熊绎生熊艾，熊艾生熊䵣，熊䵣生熊胜。熊胜以弟熊杨为后。熊杨生熊渠。

熊渠生子三人。当周夷王之时，王室微，诸侯或不朝，相伐。熊渠甚得江汉间民和，乃兴兵伐庸、杨粤，至于鄂。熊渠曰："我蛮夷也，不与中国之号谥。"乃立其长子康为句亶王，中子红为鄂王，少子执疵为越章王，皆在江上楚蛮之地。及周厉王之时，暴虐，熊渠畏其伐楚，亦去其王。

后为熊毋康，毋康蚤死。熊渠卒，子熊挚红立。挚红卒，其弟弑而代立，曰熊延。熊延生熊勇。

熊勇六年，而周人作乱，攻厉王，厉王出奔彘。熊勇十年，卒，弟熊严为后。

熊严十年，卒。有子四人，长子伯霜，中子仲雪，次子叔堪，少子季徇。熊严卒，长子伯霜代立，是为熊霜。

熊霜元年，周宣王初立。熊霜六年，卒，三弟争立。仲雪死；叔堪亡，避难于濮；而少弟季徇立，是为熊徇。熊徇十六年，郑桓公初封于郑。二十二年，熊徇卒，子熊咢立。熊咢九年，卒，子熊仪立，是为若敖。

若敖二十年，周幽王为犬戎所弑，周东徙，而秦襄公始列为诸侯。

二十七年，若敖卒，子熊坎立，是为霄敖。霄敖六年，卒，子熊眴立，是为蚡冒。蚡冒十三年，晋始乱，以曲沃之故。蚡冒十七年，卒。蚡冒弟熊通弑蚡冒子而代立，是为楚武王。

武王十七年，晋之曲沃庄伯弑主国晋孝侯。十九年，郑伯弟段作乱。二十一年，郑侵天子之田。二十三年，卫弑其君桓公。二十九年，鲁弑其君隐公。三十一年，宋太宰华督弑其君殇公。

三十五年，楚伐随。随曰："我无罪。"楚曰："我蛮夷也。今诸侯皆为叛相侵，或相杀。我有敝甲，欲以观中国之政，请王室尊吾号。"随人为之周，请尊楚，王室不听，还报楚。

三十七年，楚熊通怒曰："吾先鬻熊，文王之师也，蚤终。成王举我先公，乃以子男田令居楚，蛮夷皆率服，而王不加位，我自尊耳。"乃自立为武王，与随人盟而去。于是始开濮地而有之。

五十一年，周召随侯，数以立楚为王。楚怒，以随背己，伐随。武王卒师中而兵罢。子文王熊赀立，始都郢。

文王二年，伐申过邓，邓人曰"楚人易取"，邓侯不许也。六年，伐蔡，虏蔡哀侯以归，已而释之。楚强，陵江汉间小国，小国皆畏之。十一年，齐桓公始霸，楚亦始大。

十二年，伐邓，灭之。十三年，卒，子熊囏立，是为庄敖。庄敖五年，欲杀其弟熊恽，恽奔随，与随袭弑庄敖代立，是为成王。

成王恽元年，初即位，布德施惠，结旧好于诸侯。使人献天子，天子赐胙，曰："镇尔南方夷越之乱，无侵中国。"于是楚地千里。

十六年，齐桓公以兵侵楚，至陉山。楚成王使将军屈完以兵御之，与桓公盟。桓公数以周之赋不入王室，楚许之，乃去。

十八年，成王以兵北伐许，许君肉袒谢，乃释之。二十二年，伐黄。二十六年，灭英。

三十三年，宋襄公欲为盟会，召楚。楚王怒曰："召我，我将好往袭辱之。"遂行，至盂，遂执辱宋公，已而归之。三十四年，郑文公南朝楚。楚成王北伐宋，败之泓，射伤宋襄公，襄公遂病创死。

三十五年，晋公子重耳过楚，成王以诸侯客礼飨，而厚送之于秦。

三十九年，鲁僖公来请兵以伐齐，楚使申侯将兵伐齐，取谷，置齐桓公子雍焉。齐桓公七子皆奔楚，楚尽以为上大夫。灭夔，夔不祀祝融、鬻熊故也。

夏，伐宋，宋告急于晋，晋救宋，成王罢归。将军子玉请战，成王曰："重耳亡居外久，卒得反国，天之所开，不可当。"子玉固请，乃与之少师而去。晋果败子玉于城濮。成王怒，诛子玉。

四十六年，初，成王将以商臣为太子，语令尹子上。子上曰："君之齿未也，而又多内宠，绌乃乱也。楚国之举，常在少者。且商臣蜂目而豺声，忍人也，不可立也。"王不听，立之。后又欲立子职而绌太子商臣。商臣闻而未审也，告其傅潘崇曰："何以得其实？"崇曰："飨王之宠姬江芈而勿敬也。"商臣从之。江芈怒曰："宜乎王之欲杀若而立职也。"商臣告潘崇曰："信矣。"崇曰："能事之乎？"曰："不能。""能亡去乎？"曰："不能。""能行大事乎？"曰："能。"冬十月，商臣以宫卫兵围成王。成王请食熊蹯而死，不听。丁未，成王自绞杀。商臣代立，是为穆王。

穆王立，以其太子宫予潘崇，使为太师，掌国事。穆王三年，灭江。四年，灭六、蓼。六、蓼，皋陶之后。八年，伐陈。十二年，卒。子庄王侣立。

庄王即位三年，不出号令，日夜为乐，令国中曰："有敢谏者死无赦！"伍举入谏。庄王左抱郑姬，右抱越女，坐钟鼓之间。伍举曰："愿有进。隐曰：有鸟在于阜，三年不蜚不鸣，是何鸟也？"庄王曰："三年不蜚，蜚将冲天；三年不鸣，鸣将惊人。举退矣，吾知之矣。"居数月，淫益甚。大夫苏从乃入谏。王曰："若不闻令乎？"对曰："杀身以明君，臣之愿也。"于是乃罢淫乐，听政，所诛者数百人，所进者数百人，任伍举、苏从以政，国人大说。是岁灭庸。六年，伐宋，获五百乘。

八年，伐陆浑戎，遂至洛，观兵于周郊。周定王使王孙满劳楚王。楚王问鼎小大轻重，对曰："在德不在鼎。"庄王曰：

"子无阻九鼎！楚国折钩之喙，足以为九鼎。"王孙满曰："呜呼！君王其忘之乎？昔虞夏之盛，远方皆至，贡金九牧，铸鼎象物，百物而为之备，使民知神奸。桀有乱德，鼎迁于殷，载祀六百。殷纣暴虐，鼎迁于周。德之休明，虽小必重；其奸回昏乱，虽大必轻。昔成王定鼎于郏鄏，卜世三十，卜年七百，天所命也。周德虽衰，天命未改。鼎之轻重，未可问也。"楚王乃归。

九年，相若敖氏。人或谗之王，恐诛，反攻王，王击灭若敖氏之族。十三年，灭舒。

十六年，伐陈，杀夏征舒。征舒弑其君，故诛之也。已破陈，即县之。群臣皆贺，申叔时使齐来，不贺。王问，对曰："鄙语曰，牵牛径人田，田主取其牛。径者则不直矣，取之牛不亦甚乎？且王以陈之乱而率诸侯伐之，以义伐之而贪其县，亦何以复令于天下！"庄王乃复国陈后。

十七年春，楚庄王围郑，三月克之。入自皇门，郑伯肉袒牵羊以逆，曰："孤不天，不能事君，君用怀怒，以及敝邑，孤之罪也。敢不惟命是听！宾之南海，若以臣妾赐诸侯，亦惟命是听。若君不忘厉、宣、桓、武，不绝其社稷，使改事君，孤之愿也，非所敢望也。敢布腹心。"楚群臣曰："王勿许。"庄王曰："其君能下人，必能信用其民，庸可绝乎！"庄王自手旗，左右麾军，引兵去三十里而舍，遂许之平。潘尪入盟，子良出质。夏六月，晋救郑，与楚战，大败晋师河上，遂至衡雍而归。

二十年，围宋，以杀楚使也。围宋五月，城中食尽，易子而食，析骨而炊。宋华元出告以情。庄王曰："君子哉！"遂罢兵去。

二十三年，庄王卒，子共王审立。

共王十六年，晋伐郑。郑告急，共王救郑。与晋兵战鄢陵，晋败楚，射中共王目。共王召将军子反。子反嗜酒，从者竖阳谷进酒，醉。王怒，射杀子反，遂罢兵归。

三十一年，共王卒，子康王招立。康王立十五年卒，子员立，是为郏敖。

康王宠弟公子围、子比、子皙、弃疾。郏敖三年，以其季父康王弟公子围为令尹，主兵事。四年，围使郑，道闻王疾而还。十二月己酉，围入问王疾，绞而弑之，遂杀其子莫及平夏。使使赴于郑。伍举问曰："谁为后？"对曰："寡大夫围。"伍举更曰："共王之子围为长。"子比奔晋，而围立，是为灵王。

灵王三年六月，楚使使告晋，欲会诸侯。诸侯皆会楚于申。伍举曰："昔夏启有钧台之飨，商汤有景亳之命，周武王有盟津之誓，成王有岐阳之蒐，康王有丰宫之朝，穆王有涂山之会，齐桓有召陵之师，晋文有践土之盟，君其何用？"灵王曰："用桓公。"时郑子产在焉。于是晋、宋、鲁、卫不往。灵王已盟，有骄色。伍举曰："桀为有仍之会，有缗叛之。纣为黎山之会，东夷叛之。幽王为太室之盟，戎、翟叛之。君其慎终！"

七月，楚以诸侯兵伐吴，围朱方。八月，克之，囚庆封，灭其族。以封徇，曰："无效齐庆封弑其君而弱其孤，以盟诸大夫！"封反曰："莫如楚共王庶子围弑其君兄之子员而代之立！"于是灵王使疾杀之。

七年，就章华台，下令内亡人实之。

八年，使公子弃疾将兵灭陈。十年，召蔡侯，醉而杀之。使弃疾定蔡，因为陈蔡公。

十一年，伐徐以恐吴。灵王次于乾溪以待之。王曰："齐、晋、鲁、卫，其封皆受宝器，我独不。今吾使使周求鼎以为分，其予我乎？"析父对曰："其予君王哉！昔我先王熊绎辟在荆山，荜露蓝蒌以处草莽，跋涉山林以事天子，唯是桃弧棘矢以共王事。齐，王舅也；晋及鲁、卫，王母弟也。楚是以无分而彼皆有。周今与四国服事君王，将惟命是从，岂敢爱鼎？"灵王曰："昔我皇祖伯父昆吾旧许是宅，今郑人贪其田，不我予，今我求之，其予我乎？"对曰："周不爱鼎，郑安敢爱田？"灵王曰："昔诸侯远我而畏晋，今吾大城陈、蔡、不羹，赋皆千乘，诸侯畏我乎？"对曰："畏哉！"灵王喜曰："析父善言古事焉。"

十二年春，楚灵王乐乾溪，不能去也。国人苦役。初，灵王会兵于申，僇越大夫常寿过，杀蔡大夫观起。起子从亡在吴，乃劝吴王伐楚，为间越大夫常寿过而作乱，为吴间。使矫公子弃疾命召公子比于晋，至蔡，与吴、越兵欲袭蔡。令公子比见弃疾，与盟于邓。遂入杀灵王太子禄，立子比为王，公子子晳为令尹，弃疾为司马。先除王宫，观从从师于乾溪，令楚众曰："国有王矣。先归，复爵邑田室。后者迁之。"楚众皆溃，去灵王而归。

灵王闻太子禄之死也，自投车下，而曰："人之爱子亦如是乎？"侍者曰："甚是。"王曰："余杀人之子多矣，能无及此乎？"右尹曰："请待于郊以听国人。"王曰："众怒不可犯。"曰："且入大县而乞师于诸侯。"王曰："皆叛矣。"又曰："且奔诸侯以听大国之虑。"王曰："大福不再，只取辱耳。"于是王乘舟将欲入鄢。右尹度王不用其计，惧俱死，亦去王亡。

灵王于是独傍偟山中，野人莫敢入王。王行遇其故锅人，谓曰："为我求食，我已不食三日矣。"锅人曰："新王下法，有敢饷王从王者，罪及三族，且又无所得食。"王因枕其股而卧。

餷人又以土自代，逃去。王觉而弗见，遂饥弗能起。芋尹申无宇之子申亥曰："吾父再犯王命，王弗诛，恩孰大焉！"乃求王，遇王饥于釐泽，奉之以归。夏五月癸丑，王死申亥家，申亥以二女从死，并葬之。

是时楚国虽已立比为王，畏灵王复来，又不闻灵王死，故观从谓初王比曰："不杀弃疾，虽得国犹受祸。"王曰："余不忍。"从曰："人将忍王。"王不听，乃去。弃疾归。国人每夜惊，曰："灵王入矣！"乙卯夜，弃疾使船人从江上走呼曰："灵王至矣！"国人愈惊。又使曼成然告初王比及令尹子皙曰："王至矣！国人将杀君，司马将至矣！君蚤自图，无取辱焉。众怒如水火，不可救也。"初王及子皙遂自杀。丙辰，弃疾即位为王，改名熊居，是为平王。

平王以诈弑两王而自立，恐国人及诸侯叛之，乃施惠百姓。复陈蔡之地而立其后如故，归郑之侵地。存恤国中，修政教。吴以楚乱故，获五率以归。平王谓观从："恣尔所欲。"欲为卜尹，王许之。

初，共王有宠子五人，无適立，乃望祭群神，请神决之，使主社稷，而阴与巴姬埋璧于室内，召五公子斋而入。康王跨之，灵王肘加之，子比、子皙皆远之。平王幼，抱其上而拜，压纽。故康王以长立，至其子失之；围为灵王，及身而弑；子比为王十余日，子皙不得立，又俱诛。四子皆绝无后。唯独弃疾后立，为平王，竟续楚祀，如其神符。

初，子比自晋归，韩宣子问叔向曰："子比其济乎？"对曰："不就。"宣子曰："同恶相求，如市贾焉，何为不就？"对曰："无与同好，谁与同恶？取国有五难：有宠无人，一也；有人无主，二也；有主无谋，三也；有谋而无民，四也；有民无德,五也。子比在晋十三年矣,晋、楚之从不闻通者,可谓无人矣;族尽亲叛,可谓无主矣;无衅而动,可谓无谋矣;为羁终世,可谓无民矣;亡无爱征,可谓无德矣。王虐而不忌,子比涉五难以弑君,谁能济之!有楚国者,其弃疾乎,君陈、蔡,方城外属焉。苟慝不作,盗贼伏隐,私欲不违,民无怨心。先神命之,国民信之。芈姓有乱,必季实立,楚之常也。子比之官,则右尹也;数其贵宠,则庶子也;以神所命,则又远之;民无怀焉,将何以立?"宣子曰:"齐桓、晋文不亦是乎?"对曰:"齐桓,卫姬之子也,有宠于釐公。有鲍叔牙、宾须无、隰朋以为辅,有莒、卫以为外主,有高、国以为内主。从善如流,施惠不倦。有国,不亦宜乎?昔我文公,狐季姬之子也,有宠于献公,好学不倦。生十七年,有士五人,有先大夫子余、子犯以为腹心,有魏犫、贾佗以为股肱,有齐、宋、秦、楚以为外主,有栾、郤、狐、先以为内主。亡十九年,守志弥笃。惠、怀弃民,民从而与之。故文公有国,不亦宜乎?子比无施于民,无援于外,去晋,晋不送;归楚,楚不迎。何以有国!"子比果不终焉,卒立者弃疾,如叔向言也。

平王二年,使费无忌如秦为太子建取妇。妇好,来,未至,无忌先归,说平王曰:"秦女好,可自娶,为太子更求。"平王听之,卒自娶秦女,生熊珍。更为太子娶。是时伍奢为太子太傅,无忌为少傅。无忌无宠于太子,常谗恶太子建。建时年十五矣,其母蔡女也,无宠于王,王稍益疏外建也。

六年,使太子建居城父,守边。无忌又日夜谗太子建于王曰:"自无忌入秦女,太子怨,亦不能无望于王,王少自备焉。且太子居城父,擅兵,外交诸侯,且欲入矣。"平王召其傅伍奢责之。伍奢知无忌谗,乃曰:"王奈何以小臣疏骨肉?"无忌曰："今不制，后悔也。"于是王遂囚伍奢。乃令司马奋扬召太子建，欲诛之。太子闻之，亡奔宋。

无忌曰："伍奢有二子，不杀者为楚国患。盍以免其父召之，必至。"于是王使使谓奢："能致二子则生，不能将死。"奢曰："尚至，胥不至。"王曰："何也？"奢曰："尚之为人，廉，死节，慈孝而仁，闻召而免父，必至，不顾其死。胥之为人，智而好谋，勇而矜功，知来必死，必不来。然为楚国忧者必此子。"于是王使人召之，曰："来，吾免尔父。"伍尚谓伍胥曰："闻父免而莫奔，不孝也；父戮莫报，无谋也；度能任事，知也。子其行矣，我其归死。"伍尚遂归。伍胥弯弓属矢，出见使者，曰："父有罪，何以召其子为？"将射，使者还走，遂出奔吴。伍奢闻之，曰："胥亡，楚国危哉？"楚人遂杀伍奢及尚。

十年，楚太子建母在居巢，开吴。吴使公子光伐楚，遂败陈、蔡，取太子建母而去。楚恐，城郢。初，吴之边邑卑梁与楚边邑钟离小童争桑，两家交怒相攻，灭卑梁人。卑梁大夫怒，发邑兵攻钟离。楚王闻之怒，发国兵灭卑梁。吴王闻之大怒，亦发兵，使公子光因建母家攻楚，遂灭钟离、居巢。楚乃恐而城郢。

十三年，平王卒。将军子常曰："太子珍少，且其母乃前太子建所当娶也。"欲立令尹子西。子西，平王之庶弟也，有义。子西曰："国有常法，更立则乱，言之则致诛。"乃立太子珍，是为昭王。

昭王元年，楚众不说费无忌，以其谗亡太子建，杀伍奢子父与郤宛。宛之宗姓伯氏子嚭及子胥皆奔吴，吴兵数侵楚，楚人怨无忌甚。楚令尹子常诛无忌以说众，众乃喜。

四年，吴三公子奔楚，楚封之以捍吴。五年，吴伐取楚之

六、潜。七年，楚使子常伐吴，吴大败楚于豫章。

十年冬，吴王阖闾、伍子胥、伯嚭与唐、蔡俱伐楚，楚大败，吴兵遂入郢，辱平王之墓，以伍子胥故也。吴兵之来，楚使子常以兵迎之，夹汉水阵。吴伐败子常，子常亡奔郑。楚兵走，吴乘胜逐之，五战及郢。己卯，昭王出奔。庚辰，吴人入郢。

昭王亡也至云梦。云梦不知其王也，射伤王。王走郧。郧公之弟怀曰："平王杀吾父，今我杀其子，不亦可乎？"郧公止之，然恐其弑昭王，乃与王出奔随。吴王闻昭王往，即进击随，谓随人曰："周之子孙封于江汉之间者，楚尽灭之。"欲杀昭王。王从臣子綦乃深匿王，自以为王，谓随人曰："以我予吴。"随人卜予吴，不吉，乃谢吴王曰："昭王亡，不在随。"吴请入自索之，随不听，吴亦罢去。

昭王之出郢也，使申鲍胥请救于秦。秦以车五百乘救楚，楚亦收余散兵，与秦击吴。十一年六月，败吴于稷。会吴王弟夫概见吴王兵伤败，乃亡归，自立为王。阖闾闻之，引兵去楚，归击夫概。夫概败，奔楚，楚封之堂溪，号为堂溪氏。

楚昭王灭唐。九月，归入郢。十二年，吴复伐楚，取番。楚恐，去郢，北徙都鄀。

十六年，孔子相鲁。二十年，楚灭顿，灭胡。二十一年，吴王阖闾伐越。越王句践射伤吴王，遂死。吴由此怨越而不西伐楚。

二十七年春，吴伐陈，楚昭王救之，军城父。十月，昭王病于军中，有赤云如鸟，夹日而蜚。昭王问周太史，太史曰："是害于楚王，然可移于将相。"将相闻是言，乃请自以身祷于神。昭王曰："将相，孤之股肱也，今移祸，庸去是身乎！"弗听。卜而河为祟，大夫请祷河。昭王曰："自吾先王受封，望不过江、汉，而河非所获罪也。"止不许。孔子在陈，闻是言，曰：

"楚昭王通大道矣。其不失国，宜哉！"

昭王病甚，乃召诸公子大夫曰："孤不佞，再辱楚国之师，今乃得以天寿终，孤之卒也。"让其弟公子申为王，不可。又让次弟公子结，亦不可。乃又让次弟公子闾，五让，乃后许为王。将战，庚寅，昭王卒于军中。子闾曰："王病甚，舍其子让群臣，臣所以许王，以广王意也。今君王卒，臣岂敢忘君王之意乎！"乃与子西、子綦谋，伏师闭涂，迎越女之子章立之，是为惠王。然后罢兵归，葬昭王。

惠王二年，子西召故平王太子建之子胜于吴，以为巢大夫，号曰白公。白公好兵而下士，欲报仇。六年，白公请兵令尹子西伐郑。初，白公父建亡在郑，郑杀之，白公亡走吴，子西复召之，故以此怨郑，欲伐之。子西许而未为发兵。八年，晋伐郑，郑告急楚，楚使子西救郑，受赂而去。白公胜怒，乃遂与勇力死士石乞等袭杀令尹子西、子綦于朝，因劫惠王，置之高府，欲弑之。惠王从者屈固负王亡走昭王夫人宫。白公自立为王。月余，会叶公来救楚，楚惠王之徒与共攻白公，杀之。惠王乃复位。是岁也，灭陈而县之。

十三年，吴王夫差强，陵齐、晋，来伐楚。十六年，越灭吴。四十二年，楚灭蔡。四十四年，楚灭杞。与秦平。是时越已灭吴而不能正江、淮北；楚东侵，广地至泗上。

五十七年，惠王卒，子简王中立。

简王元年，北伐灭莒。八年，魏文侯、韩武子、赵桓子始列为诸侯。

二十四年，简王卒，子声王当立。声王六年，盗杀声王，子悼王熊疑立。悼王二年，三晋来伐楚，至乘丘而还。四年，楚伐周。郑杀子阳。九年，伐韩，取负黍。十一年，三晋伐楚，败我大梁、榆关。楚厚赂秦，与之平。二十一年，悼王卒，子肃王臧立。

肃王四年，蜀伐楚，取兹方。于是楚为扞关以距之。十年，魏取我鲁阳。十一年，肃王卒，无子，立其弟熊良夫，是为宣王。

宣王六年，周天子贺秦献公。秦始复强，而三晋益大，魏惠王、齐威王尤强。三十年，秦封卫鞅于商，南侵楚。是年，宣王卒，子威王熊商立。

威王六年，周显王致文武胙于秦惠王。

七年，齐孟尝君父田婴欺楚，楚威王伐齐，败之于徐州，而令齐必逐田婴。田婴恐，张丑伪谓楚王曰："王所以战胜于徐州者，田盼子不用也。盼子者，有功于国，而百姓为之用。婴子弗善而用申纪。申纪者，大臣不附，百姓不为用，故王胜之也。今王逐婴子，婴子逐，盼子必用矣。复搏其士卒以与王遇，必不便于王矣。"楚王因弗逐也。

十一年，威王卒，子怀王熊槐立。魏闻楚丧，伐楚，取我陉山。

怀王元年，张仪始相秦惠王。四年，秦惠王初称王。

六年，楚使柱国昭阳将兵而攻魏，破之于襄陵，得八邑。又移兵而攻齐，齐王患之。陈轸适为秦使齐，齐王曰："为之奈何？"陈轸曰："王勿忧，请令罢之。"即往见昭阳军中，曰："愿闻楚国之法，破军杀将者何以贵之？"昭阳曰："其官为上柱国，封上爵执珪。"陈轸曰："其有贵于此者乎？"昭阳曰："令尹。"陈轸曰："今君已为令尹矣，此国冠之上。臣请得譬之。人有遗其舍人一卮酒者，舍人相谓曰：'数人饮此，不足以遍，请遂画地为蛇，蛇先成者独饮之。'一人曰：'吾蛇先成。'举酒而起，曰：'吾能为之足。'及其为之足，而后成人夺之酒而饮之，曰：'蛇固无足，今为之足，是非蛇也。'今君相楚而攻魏，破军杀将，功莫大焉，冠之上不可以加矣。今又移兵而攻齐，攻齐胜之，官爵不加于此；攻之不胜，身死爵夺，有毁于楚。此为蛇为足之说也。不若引兵而去以德齐，此持满之术也。"昭阳曰："善。"引兵而去。

燕、韩君初称王。秦使张仪与楚、齐、魏相会，盟啮桑。

十一年，苏秦约从山东六国共攻秦，楚怀王为从长。至函谷关，秦出兵击六国，六国兵皆引而归，齐独后。十二年，齐湣王伐败赵、魏军，秦亦伐败韩，与齐争长。

十六年，秦欲伐齐，而楚与齐从亲，秦惠王患之，乃宣言张仪免相，使张仪南见楚王，谓楚王曰："敝邑之王所甚说者无先大王，虽仪之所甚愿为门阑之厮者亦无先大王。敝邑之王所甚憎者无先齐王，虽仪之所甚憎者亦无先齐王。而大王和之，是以敝邑之王不得事王，而令仪亦不得为门阑之厮也。王为仪闭关而绝齐，今使使者从仪西取故秦所分楚商於之地方六百里，如是则齐弱矣。是北弱齐，西德于秦，私商於以为富，此一计而三利俱至也。"怀王大悦，乃置相玺于张仪，日与置酒，宣言"吾复得吾商於之地"。群臣皆贺，而陈轸独吊。怀王曰："何故？"陈轸对曰："秦之所为重王者，以王之有齐也。今地未可得而齐交先绝，是楚孤也。夫秦又何重孤国哉，必轻楚矣。且先出地而后绝齐，则秦计不为。先绝齐而后责地，则必见欺于张仪。见欺于张仪，则王必怨之。怨之，是西起秦患，北绝齐交。西起秦患，北绝齐交，则两国之兵必至。臣故吊。"楚王弗听，因使一将军西受封地。

张仪至秦，详醉坠车，称病不出三月，地不可得。楚王曰："仪以吾绝齐为尚薄邪？"乃使勇士宋遗北辱齐王。齐王大怒，折楚符而合于秦。秦齐交合，张仪乃起朝，谓楚将军曰："子何不受地？从某至某，广袤六里。"楚将军曰："臣之所以见命者六百里,不闻六里。"即以归报怀王。怀王大怒,兴师将伐秦。陈轸又曰:"伐秦非计也。不如因赂之一名都,与之伐齐,是我亡于秦,取偿于齐也,吾国尚可全。今王已绝于齐而责欺于秦,是吾合秦齐之交而来天下之兵也,国必大伤矣。"楚王不听,遂绝和于秦,发兵西攻秦。秦亦发兵击之。

十七年春,与秦战丹阳,秦大败我军,斩甲士八万,虏我大将军屈匄、裨将军逢侯丑等七十余人,遂取汉中之郡。楚怀王大怒,乃悉国兵复袭秦,战于蓝田,大败楚军。韩、魏闻楚之困,乃南袭楚,至于邓。楚闻,乃引兵归。

十八年,秦使使约复与楚亲,分汉中之半以和楚。楚王曰:"愿得张仪,不愿得地。"张仪闻之,请之楚。秦王曰:"楚且甘心于子,奈何?"张仪曰:"臣善其左右靳尚,靳尚又能得事于楚王幸姬郑袖,袖所言无不从者。且仪以前使负楚商於之约,今秦楚大战,有恶,臣非面自谢楚不解。且大王在,楚不宜敢取仪。诚杀仪以便国,臣之愿也。"仪遂使楚。

至,怀王不见,因而囚张仪,欲杀之。仪私于靳尚,靳尚为请怀王曰:"拘张仪,秦王必怒。天下见楚无秦,必轻王矣。"又谓夫人郑袖曰:"秦王甚爱张仪,而王欲杀之,今将以上庸之地六县赂楚,以美人聘楚王,以宫中善歌者为之媵。楚王重地,秦女必贵,而夫人必斥矣。夫人不若言而出之。"郑袖卒言张仪于王而出之。仪出,怀王因善遇仪,仪因说楚王以叛从约而与秦合亲,约婚姻。张仪已去,屈原使从齐来,谏王曰:"何不诛张仪?"怀王悔,使人追仪,弗及。是岁,秦惠王卒。

二十年,齐湣王欲为从长,恶楚之与秦合,乃使使遗楚王书曰:"寡人患楚之不察于尊名也。今秦惠王死,武王立,张仪走魏,樗里疾、公孙衍用,而楚事秦。夫樗里疾善乎韩,而公孙衍善乎魏；楚必事秦，韩、魏恐，必因二人求合于秦，则燕、赵亦宜事秦。四国争事秦，则楚为郡县矣。王何不与寡人并力收韩、魏、燕、赵，与为从而尊周室，以案兵息民，令于天下？莫敢不乐听，则王名成矣。王率诸侯并伐，破秦必矣。王取武关、蜀、汉之地，私吴、越之富而擅江海之利，韩、魏割上党，西薄函谷，则楚之强百万也。且王欺于张仪，亡地汉中，兵锉蓝田，天下莫不代王怀怒。今乃欲先事秦！愿大王孰计之。"

楚王业已欲和于秦，见齐王书，犹豫不决，下其议群臣。群臣或言和秦，或曰听齐。昭雎曰："王虽东取地于越，不足以刷耻；必且取地于秦，而后足以刷耻于诸侯。王不如深善齐、韩以重樗里疾，如是则王得韩、齐之重以求地矣。秦破韩宜阳，而韩犹复事秦者，以先王墓在平阳，而秦之武遂去之七十里，以故尤畏秦。不然，秦攻三川，赵攻上党，楚攻河外，韩必亡。楚之救韩，不能使韩不亡，然存韩者楚也。韩已得武遂于秦，以河山为塞，所报德莫如楚厚，臣以为其事王必疾。齐之所信于韩者，以韩公子昧为齐相也。韩已得武遂于秦，王甚善之，使之以齐、韩重樗里疾，疾得齐、韩之重，其主弗敢弃疾也。今又益之以楚之重，樗里子必言秦，复与楚之侵地矣。"于是怀王许之，竟不合秦，而合齐以善韩。

二十四年，倍齐而合秦。秦昭王初立，乃厚赂于楚。楚往迎妇。二十五年，怀王入与秦昭王盟，约于黄棘。秦复与楚上庸。二十六年，齐、韩、魏为楚负其从亲而合于秦，三国共伐楚。楚使太子入质于秦而请救。秦乃遣客卿通将兵救楚，三国引兵去。

二十七年，秦大夫有私与楚太子斗，楚太子杀之而亡归。二十八年，秦乃与齐、韩、魏共攻楚，杀楚将唐昧，取我重丘而去。二十九年，秦复攻楚，大破楚，楚军死者二万，杀我将军景缺。怀王恐，乃使太子为质于齐以求平。三十年，秦复伐楚，取八城。秦昭王遗楚王书曰："始寡人与王约为弟兄，盟于黄棘，太子为质，至欢也。太子陵杀寡人之重臣，不谢而亡去，寡人诚不胜怒，使兵侵君王之边。今闻君王乃令太子质于齐以求平。寡人与楚接境壤界，故为婚姻，所从相亲久矣。而今秦楚不欢，则无以令诸侯。寡人愿与君王坐武关，面相约，结盟而去，寡人之愿也。敢以闻下执事。"楚怀王见秦王书，患之。欲往，恐见欺；无往，恐秦怒。昭雎曰："王毋行，而发兵自守耳。秦虎狼，不可信，有并诸侯之心。"怀王子子兰劝王行，曰："奈何绝秦之欢心！"于是往会秦昭王。昭王诈令一将军伏兵武关，号为秦王。楚王至，则闭武关，遂与西至咸阳，朝章台，如蕃臣，不与亢礼。楚怀王大怒，悔不用昭子言。秦因留楚王，要以割巫、黔中之郡。楚王欲盟，秦欲先得地。楚王怒曰："秦诈我而又强要我以地！"不复许秦。秦因留之。

楚大臣患之，乃相与谋曰："吾王在秦不得还，要以割地，而太子为质于齐，齐、秦合谋，则楚无国矣。"乃欲立怀王子在国者。昭雎曰："王与太子俱困于诸侯，而今又倍王命而立其庶子，不宜。"乃诈赴于齐，齐湣王谓其相曰："不若留太子以求楚之淮北。"相曰："不可，郢中立王，是吾抱空质而行不义于天下也。"或曰："不然。郢中立王，因与其新王市曰'予我下东国，吾为王杀太子，不然，将与三国共立之'，然则东国必可得矣。"齐王卒用其相计而归楚太子。太子横至，立为王，是为顷襄王。乃告于秦曰："赖社稷神灵，国有王矣。"

顷襄王横元年，秦要怀王不可得地，楚立王以应秦，秦昭王怒，发兵出武关攻楚，大败楚军，斩首五万，取析十五城而去。二年，楚怀王亡逃归，秦觉之，遮楚道，怀王恐，乃从间道走赵以求归。赵主父在代，其子惠王初立，行王事，恐，不敢入楚王。楚王欲走魏，秦追至，遂与秦使复之秦。怀王遂发病。顷襄王三年，怀王卒于秦，秦归其丧于楚。楚人皆怜之，如悲亲戚。诸侯由是不直秦。秦楚绝。

六年，秦使白起伐韩于伊阙，大胜，斩首二十四万。秦乃遗楚王书曰："楚倍秦，秦且率诸侯伐楚，争一旦之命。愿王之饬士卒，得一乐战。"楚顷襄王患之，乃谋复与秦平。七年，楚迎妇于秦，秦楚复平。

十一年，齐秦各自称为帝，月余，复归帝为王。

十四年，楚顷襄王与秦昭王好会于宛，结和亲。十五年，楚王与秦、三晋、燕共伐齐，取淮北。十六年，与秦昭王好会于鄢。其秋，复与秦王会穰。

十八年，楚人有好以弱弓微缴加归雁之上者，顷襄王闻，召而问之。对曰："小臣之好射鶀雁、罗鸗，小矢之发也，何足为大王道也。且称楚之大，因大王之贤，所弋非直此也。昔者三王以弋道德，五霸以弋战国。故秦、魏、燕、赵者，鶀雁也；齐、鲁、韩、卫者，青首也；驺、费、郯、邳者，罗鸗也。外其余则不足射者。见鸟六双，以王何取？王何不以圣人为弓，以勇士为缴，时张而射之？此六双者，可得而囊载也。其乐非特朝昔之乐也，其获非特凫雁之实也。王朝张弓而射魏之大梁之南，加其右臂而径属之于韩，则中国之路绝而上蔡之郡坏矣。还射圉之东，解魏左肘而外击定陶，则魏之东外弃而大宋、方与二郡者举矣。且魏断二臂，颠越矣；膺击郯国，大梁可得而有也。王绪缴兰台，饮马西河，定魏大梁，此一发之乐也。若王之于弋诚好而不厌，则出宝弓，碆新缴，射嘼鸟于东海，还盖长城以为防，朝射东莒，夕发溟丘，夜加即墨，顾据午道，则长城之东收而太山之北举矣。西结境于赵而北达于燕，三国布翅，则从不待约而可成也。北游目于燕之辽东而南登望于越之会稽，此再发之乐也。若夫泗上十二诸侯，左萦而右拂之，可一旦而尽也。今秦破韩以为长忧，得列城而不敢守也；伐魏而无功，击赵而顾病，则秦魏之勇力屈矣，楚之故地汉中、析、郦可得而复有也。王出宝弓，碆新缴，涉鄾塞，而待秦之倦也，山东、河内可得而一也。劳民休众，南面称王矣。故曰秦为大鸟，负海内而处，东面而立，左臂据赵之西南，右臂傅楚鄢郢，膺击韩魏，垂头中国，处既形便，势有地利，奋翼鼓翅，方三千里，则秦未可得独招而夜射也。"欲以激怒襄王，故对以此言。襄王因召与语，遂言曰："夫先王为秦所欺而客死于外，怨莫大焉，今以匹夫有怨，尚有报万乘，白公、子胥是也。今楚之地方五千里，带甲百万，犹足以踊跃中野也，而坐受困，臣窃为大王弗取也。"于是顷襄王遣使于诸侯，复为从，欲以伐秦。秦闻之，发兵来伐楚。

楚欲与齐、韩连和伐秦，因欲图周。周王赧使武公谓楚相昭子曰："三国以兵割周郊地以便输，而南器以尊楚，臣以为不然。夫弑共主，臣世君，大国不亲；以众胁寡，小国不附。大国不亲，小国不附，不可以致名实。名实不得，不足以伤民。夫有图周之声，非所以为号也。"昭子曰："乃图周则无之。虽然，周何故不可图也？"对曰："军不五不攻，城不十不围。夫一周为二十晋，公之所知也。韩尝以二十万之众辱于晋之城下，锐士死，中士伤，而晋不拔。公之无百韩以图周，此天下之所知也。夫怨结于两周以塞驺鲁之心，交绝于齐，声失天下，其为事危矣。夫危两周以厚三川，方城之外必为韩弱矣。何以知其然也？西周之地，绝长补短，不过百里。名为天下共主，裂其地不足以肥国，得其众不足以劲兵。虽无攻之，名为弑君。然而好事之君，喜攻之臣，发号用兵，未尝不以周为终始。是何也？见祭器在焉，欲器之至而忘弑君之乱。今韩以器之在楚，臣恐天下以器雠楚也。臣请譬之。夫虎肉臊，其兵利身，人犹攻之也。若使泽中之麋蒙虎之皮，人之攻之必万于虎矣。裂楚之地，足以肥国；诎楚之名，足以尊主。今子将以欲诛残天下之共主，居三代之传器，吞三翮六翼，以高世主，非贪而何？《周书》曰'欲起无先'，故器南则兵至矣。"于是楚计辍不行。

十九年，秦伐楚，楚军败，割上庸、汉北地予秦。二十年，秦将白起拔我西陵。二十一年，秦将白起遂拔我郢，烧先王墓夷陵。楚襄王兵散，遂不复战，东北保于陈城。二十二年，秦复拔我巫、黔中郡。

二十三年，襄王乃收东地兵，得十余万，复西取秦所拔我江旁十五邑以为郡，距秦。二十七年，使三万人助三晋伐燕。复与秦平，而入太子为质于秦。楚使左徒侍太子于秦。

三十六年，顷襄王病，太子亡归。秋，顷襄王卒，太子熊元代立，是为考烈王。考烈王以左徒为令尹，封以吴，号春申君。

考烈王元年，纳州于秦以平。是时楚益弱。

六年，秦围邯郸，赵告急楚，楚遣将军景阳救赵。七年，至新中。秦兵去。十二年，秦昭王卒，楚王使春申君吊祠于秦。十六年，秦庄襄王卒，秦王赵政立。二十二年，与诸侯共伐秦，不利而去。楚东徙都寿春，命曰郢。

二十五年，考烈王卒，子幽王悍立。李园杀春申君。幽王三年，秦、魏伐楚。秦相吕不韦卒。九年，秦灭韩。十年，幽王卒，同母弟犹代立，是为哀王。哀王立二月余，哀王庶兄负刍之徒袭杀哀王而立负刍为王。是岁，秦虏赵王迁。

王负刍元年，燕太子丹使荆轲刺秦王。二年，秦使将军伐楚，大破楚军，亡十余城。三年，秦灭魏。四年，秦将王翦破我军于蕲，而杀将军项燕。

五年，秦将王翦、蒙武遂破楚国，虏楚王负刍，灭楚名为郡云。

太史公曰：楚灵王方会诸侯于申，诛齐庆封，作章华台，求周九鼎之时，志小天下；及饿死于申亥之家，为天下笑。操行之不得，悲夫！势之于人也，可不慎与？弃疾以乱立，嬖淫秦女，甚乎哉，几再亡国！

译文：

楚人的先祖出自帝颛顼高阳。高阳是黄帝的孙子，昌意的儿子。高阳生下称，称生下卷章，卷章生下重黎。重黎为帝喾高辛身居火正之职，很有功绩，能使天下光明和乐，帝喾命名他为祝融。共工氏发动叛乱，帝喾派重黎诛伐共工氏，但没有斩尽杀绝。于是，帝喾在庚寅那天诛杀重黎，而让他的弟弟吴回作为重黎后继者，又居火正之职，仍为祝融氏。

吴回生下陆终。陆终生下六个儿子，是剖裂身体而生下的。其中老大叫昆吾；老二叫参胡；老三叫彭祖；老四叫会人；老五为曹姓；老六叫季连，为芈姓，楚人是他的后裔。昆吾氏，夏朝的时候曾经为侯伯，夏桀的时候商汤灭亡了昆吾氏。彭祖氏，殷朝的时候曾经为侯伯，殷朝末世灭亡了彭祖氏。季连生下附沮，附沮生下穴熊。他的后代中道衰微，有的在华夏中土，有的在蛮夷域外，不能记录他们的世系。

周文王的时候，季连的后裔叫鬻熊。鬻熊侍奉周文王，早年去世。他的儿子叫熊丽。熊丽生下熊狂，熊狂生下熊绎。

熊绎正当周成王的时代，周成王举立周文王、周武王功臣的后裔，而将熊绎封在楚地，封给子男这一等级的田土，姓为芈氏，居住丹阳。楚子熊绎和鲁公伯禽、卫康叔子牟、晋侯燮、齐太公子吕伋一同侍奉周成王。

熊绎生下熊艾，熊艾生下熊䵣，熊䵣生下熊胜。熊胜将弟弟熊杨作为继承人。熊杨生下熊渠。

熊渠生下儿子三人。当周夷王的时候，周王室衰微，诸侯有的不来朝见，互相攻伐。熊渠很得江、汉之间百姓的欢心，于是起兵攻伐庸国、杨粤，到达鄂国。熊渠说："我们是蛮夷之邦，与华夏中土的称号封谥无涉。"于是立他的长子康为句亶王，二儿子红为鄂王，小儿子执疵为越章王，都封在长江边上楚蛮之地。等到周厉王的时候，残暴凶虐，熊渠害怕他讨伐楚地，就自己去掉儿子们的王号。

熊渠的继承人为熊毋康，但熊毋康早年去世。熊渠去世，儿子熊挚红即位。熊挚红去世，他的弟弟杀死合法继承人而取代即位，叫熊延。熊延生下熊勇。

熊勇在位第六年，周人发动暴乱，进攻周厉王，厉王逃出京城奔赴彘地。熊勇在位第十年，去世，弟弟熊严为继承人。

熊严在位十年，去世。有儿子四人，老大叫伯霜，老二叫仲雪，老三叫叔堪，老小叫季徇。熊严去世，长子伯霜继位，这就是熊霜。

熊霜元年，周宣王开始即位。熊霜在位六年，去世，三个弟弟争夺君位。仲雪死去；叔堪逃亡，跑到百濮避难；因而小弟季徇即位，这就是熊徇。熊徇十六年，郑桓公开始被封于郑地。二十二年，熊徇去世，儿子熊咢即位。熊咢九年，熊咢去世，儿子熊仪即位，这就是若敖。

若敖二十二年，周幽王被犬戎所杀，周王室向东迁移，秦襄公开始被列为诸侯。

二十七年，若敖去世，儿子熊坎即位，这就是霄敖。霄敖六年，霄敖去世，儿子熊眴即位，这就是蚡冒。蚡冒十三年，晋国开始出现动乱，因为晋昭侯将叔父成师封在曲沃的缘故。蚡冒在位十七年，去世。蚡冒弟弟熊通杀死蚡冒儿子而取代即位，这就是楚武王。

楚武王十七年，晋国的曲沃庄伯杀死国君晋孝侯。十九年，郑伯的弟弟段发动叛乱。二十一年，郑人侵犯周天子的田。二十三年，卫人杀死自己的国君卫桓公。二十九年，鲁人杀死自己的国君鲁隐公。三十一年，宋国太宰华督杀死他的国君宋殇公。

楚武王三十五年，楚人出兵攻伐随国。随侯说："我没有罪。"楚君熊通说："我住在蛮夷之地啊。如今诸侯都发动反叛互相侵犯，有的相互残杀。我有军队，打算以此参与中原的政事，请向王室尊崇我的封号。"随侯为他前往周京，请求尊崇楚的封号，周王室不准许，随侯返回报告楚君。三十七年，楚君熊通发怒说："我的先人鬻熊，是周文王的老师，早年去世。周成王举立我的先公，于是封给子男等级的田土，让他居住楚地，蛮夷部族全都顺从归服，但周王不加封爵位，我就只好自尊自重了。"于是自己封立为武王，与随侯订立盟约而离去。到这时开始开发百濮之地而占有它。

五十一年，周天子召见随侯，数落立楚君为王的事。楚武王发怒，以为随侯背叛自己，便出兵伐随国。楚武王死在出兵途中，因而撤军作罢。他的儿子楚文王熊赀即位，开始建都于郢。

楚文王熊赀二年，出兵攻伐申国，途经邓国，邓国大臣说"楚王容易拿取"，但邓侯不答应。六年，楚文王攻伐蔡国，俘虏蔡哀侯而返回，不久释放了蔡哀侯。楚人强悍，欺凌长江、汉水间的弱小国家，小国君主都畏惧楚国。十一年，齐桓公开始称霸，楚国也开始强大。

十二年，楚国出兵攻伐邓国，灭亡邓国。十三年，楚文王去世，儿子熊囏即位，这就是庄敖。庄敖五年，打算杀死他的弟弟熊恽，熊恽逃奔随国，和随人袭击杀死庄敖而继代即位，这就是楚成王。

楚成王恽元年，他刚即位，广泛布施恩德实惠，与各国诸侯续结旧日友好。派人向周天子进献贡品，周天子赐给祭肉，说："平定你南方蛮夷百越的叛乱，不要侵犯中原。"于是楚国领地扩展到方圆千里。

十六年，齐桓公领兵侵略楚国，到达陉山。楚成王派将军屈完率军抵御，和齐桓公订立盟约。齐桓公当面数落楚国不按规定向周王室缴纳贡品的罪状，楚成王答应了他，齐军才离去。

十八年，楚成王领兵北上攻伐许国，许君袒露上身前来谢罪，于是释免了他。二十二年，楚军攻伐黄国。二十六年，攻灭英国。

三十三年，宋襄公准备举行盟会，派使者召见楚成王。楚成王发怒说："竟敢召见我，我将好生前往袭击羞辱他。"于是出发，到达盂地，接着拘留侮辱宋襄公，事毕返回。三十四年，郑文公南下朝见楚成王。楚成王北上攻伐宋国，在泓水击败宋军，用箭射伤宋襄公，于是宋襄公因箭伤发病而死。

三十五年，晋国公子重耳路过楚国，楚成王以招待诸侯过客的礼仪宴请，并且厚礼馈赠，送他前往秦国。

三十九年，鲁僖公前来请求援兵去攻伐齐国，楚成王派申侯领兵攻伐齐国，夺取谷地，将齐桓公儿子雍安置在谷。齐桓公的七个儿子全都逃奔楚国，楚成王把他们全封为大夫。攻灭夔国，因为夔君不祭祀祖宗祝融、鬻熊的缘故。

夏天，楚军攻伐宋国，宋人向晋国告急，晋国出兵救援宋国，楚成王撤军返回。楚国将军子玉请求出战，成王说："重耳流亡居住在外很久，结果得以返回晋国，是上天的佑助，不可抵挡。"子玉再三请求，于是成王给他少量的部队而离去。晋军果然在城濮打败子玉。成王发怒，诛杀子玉。

四十六年，当初，楚成王将要立商臣为太子，告诉了令尹子上。子上说："国君的年纪不算大，而且又有许多宠爱的妻妾，将来再废除已立太子的话，就会发生乱子。楚国举立国君，常常落在年少的儿子身上。况且商臣黄蜂眼睛而豺狼声音，是个残忍的人，不可立为太子。"成王不听，封立商臣为太子。后来楚成王又要封立儿子职而废除太子商臣。商臣听说此事但不明详情，告诉他的师傅潘崇说："怎么获得实情？"潘崇说："宴请成王宠爱的姬妾江芈而不尊敬她。"商臣听从此计。江芈果然发怒说："难怪大王要杀你而立职为太子。"商臣告诉潘崇说："证实了。"潘崇问："你能侍奉子职吗？"商臣回答说："不能。"又问："你能逃跑离去吗？"回答说："不能。"又问："你能干大事吗？"商臣回答："能。"冬季十月，商臣率领宫中卫兵包围成王。成王请求吃了熊掌后再死，商臣不准。丁未日，楚成王上吊自杀。商臣继代即位，这就是楚穆王。

楚穆王即位，将他太子时的宫室赐给潘崇，让他为太师，执掌国家政事。穆王三年，攻灭江国。四年，攻灭六国、蓼国。六国、蓼国，是皋陶的后裔。八年，攻伐陈国。十二年，楚穆王去世。儿子庄王侣即位。

楚庄王即位三年，不发布号令，日夜寻欢作乐，在国中下令说："有敢进谏的立即处死，不得赦免！"伍举入宫劝谏。庄王左手抱着郑姬，右手搂着越女，坐在钟鼓的中间。伍举说："希望能进陈隐语。隐语说：'有只鸟停在土山上，三年之中不飞不叫。'这是什么鸟呢？"楚庄王说："三年不飞，要飞就直冲云天；三年不叫，一叫就惊骇世人。你退下吧，我知道了。"过了几个月，庄王荒淫无度更加严重。于是，大夫苏从入宫进谏。庄王说："你没听说我下的令吗？"苏从回答说："杀臣之身来使国君贤明，是臣下的愿望。"于是庄王就停止纵欲取乐，听理政事，所诛杀的有几百人，所进用的有几百人，任用伍举、苏从处理政务，国人皆大欢喜。当年攻灭庸国。六年，攻伐宋国，缴获战车五百辆。

八年，楚庄王领兵攻伐陆浑戎，于是到达洛邑，在周都郊外举行阅兵。周定王派遣王孙满慰劳楚庄王。楚庄王询问王室九鼎的大小轻重，王孙满回答说："统治天下在于德政而不在于九鼎。"庄王说："你不要仗恃有九鼎！楚国只要折下钩戟的锋刃，就足以铸成九鼎。"王孙满说："啊！君王难道忘记了吗？昔日有虞、夏朝隆盛的时候，远方各国使者全都到达，进贡九州出产的金属，铸造九鼎饰以不同物体的形象，各种怪物因此齐备，使百姓知道神鬼怪物。夏桀败坏德政，九鼎便迁移到殷人手中，殷朝延续了六百年。殷纣王残暴酷虐，九鼎迁移到周人手中。道德美好清明，宝鼎即使再小也必定重而难移；道德奸邪昏乱，宝鼎即使再大也必定轻而易失。从前周成王在郏鄏定都安放九鼎，占卜周朝世系有三十代，占卜周朝年数有七百年，这是上天所授的大命。周朝的德政尽管衰败，但天命没有改变。九鼎的轻重，是不可以问的。"于是，楚庄王返回。

九年，楚庄王任命若敖氏为相。有人向楚庄王进谗言，若敖氏害怕被诛杀，反过来进攻庄王，庄王出击杀灭若敖氏家族。十三年，攻灭舒国。

十六年，楚国攻伐陈国，杀死陈国大夫夏征舒。夏征舒杀死他的国君，所以诛杀他。楚庄王攻破陈国后，就以陈为楚县。群臣都来祝贺，大夫申叔时出使齐国归来，不来祝贺。楚庄王问他，申叔时回答说："俗话说：牵牛经过别人的田，田主夺取那人的牛。牵牛经过别人田的固然没有道理，但夺取那牛的田主不也更过分吗？况且大王因为陈国内乱而率领诸侯攻伐它，用仁义的名义讨伐它却贪图它的国土而设置县，今后又用什么再向天下诸侯发布号令呢！"于是，庄王恢复陈国，重立陈君。

十七年春天，楚庄王领兵围攻郑国，三个月攻克郑都。楚庄王从皇门入城，郑伯袒露身体手牵着羊来迎接，说："我不被上天保佑，不能侍奉您，您因为胸怀愤怒，以致来到郑国，这是我的罪啊。岂敢不唯命是听！把我流放到南海，或者将我当作奴隶赐给诸侯，都听从您的命令。倘若您没有忘记周厉王、周宣王、郑桓公、郑武公，不断绝他们后裔的国脉，而让我改过来侍奉您，这是我的心愿，但不敢奢望啊。斗胆陈布肺腑之言。"楚国群臣说："大王不要答应。"庄王说："郑国国君能够屈居人下，必定能够信任使用他的百姓，岂能毁灭呢！"楚庄王亲自手持军旗，左右指挥军队，往后退兵离去三十里后而驻下，于是答应与郑国讲和。楚国大夫潘尪入城缔结盟约，郑国子良出城作为人质。夏季六月，晋军救援郑国，与楚军交战，在黄河岸畔楚军大败晋军，于是楚军直到衡雍而返回。

二十年，楚军围攻宋国，因为杀死楚国使者的缘故。围困宋都五个月，城中粮食吃尽，互相交换子女而当食物吃，拆裂骸骨而当柴烧。宋国大夫华元出城报告城中实情。楚庄王说："是位君子啊！"便撤兵离去。

二十三年，楚庄王去世，儿子共王审即位。

楚共王十六年，晋军攻伐郑国。郑人前来告急，楚共王出兵救援郑国。同晋军在鄢陵交战，晋军击败楚军，发箭射中共王的眼睛。楚共王召见将军子反。子反嗜好饮酒，侍从竖阳谷送进好酒，子反喝得酩酊大醉。共王大怒，用箭射杀子反，接着撤兵返回。

三十一年，楚共王去世，儿子康王招即位。康王在位十五年去世，儿子员即位，这就是郏敖。

楚康王有宠弟公子围、子比、子皙、弃疾。郏敖三年，任用他叔父楚康王的弟弟公子围为令尹，主掌军事。四年，公子围出使郑国，在途中听说郏敖患病而返回。十二月己酉日，公子围入宫探问郏敖病情，用冠冕上的带子勒死郏敖，接着杀死他的儿子莫和平夏。公子围派出使者到郑国报丧。伍举问使者："谁为继承人？"使者回答说："寡大夫围。"伍举更正说："共王的儿子公子围最年长。"子比逃奔晋国，公子围即位，这就是楚灵王。

楚灵王三年六月，楚国派遣使者告诉晋君，准备会见诸侯。诸侯都到申来会见楚灵王。伍举说："昔日夏启有钧台的宴飨，商汤有景亳的册命，周武王有盟津的誓师，周成王有岐阳的狩猎，周康王有丰宫的朝觐，周穆王有涂山的聚会，齐桓公有召陵的会师，晋文公有践土的盟会，国君用哪种礼仪？"楚灵王说："用齐桓公的。"当时，郑国大夫子产在场。于是晋国、宋国、鲁国、卫国没有前往赴会。楚灵王盟会诸侯后，面有骄色。伍举说:"夏桀举行有仍的盟会,有缗氏反叛他。商纣举行黎山的盟会,东夷族反叛他。周幽王举行太室的盟会,戎人、翟人反叛他。您要慎重对待后果啊!"

七月,楚灵王率领诸侯军队攻伐吴国,包围朱方。八月,攻克朱方,囚禁庆封,杀死他的家族。将庆封示众,楚灵王说:"不要仿效齐国庆封杀死他的国君而削弱国君遗孤的力量,来同众大夫缔结盟约!"庆封反唇相讥说:"不要像楚共王的庶出儿子围杀死他国君兄长的儿子员而取代即位!"于是楚灵王派人立刻杀死庆封。

七年,建成章华台,楚灵王下令接纳逃亡人员充实其中。

八年,楚灵王派公子弃疾领兵灭亡陈国。十年,楚灵王召见蔡侯,灌醉后杀了他。派弃疾领兵平定蔡国,就封弃疾为陈蔡公。

十一年,楚军攻伐徐国来恫吓吴国。楚灵王停留在乾溪来等待结果。灵王说:"齐国、晋国、鲁国、卫国,他们封立时都接受宝器,唯独我楚国没有。如今我派遣使者向周王要求九鼎作为分封赏赐的宝器,会给我吗?"大夫析父回答说:"会给君王的!从前我们的先王熊绎远在偏僻的荆山,赶着柴车,衣衫褴褛,居住草地荒野,跋山涉水穿过丛林来侍奉天子,只有桃木弓、棘刺箭来供王室使用。齐君,是周王的舅父;晋君以及鲁君、卫君,是周王的同母弟。楚君因此没有分赐的宝器而他们都有。周王室如今和四国服侍君王,将会唯命是从,岂敢吝惜九鼎?"灵王说:"从前我的先祖伯父昆吾居住在旧许,如今郑人贪图那里的田地,不给我。如今我求取的话,会给我吗?"析父回答说:"周王不吝惜九鼎,郑人怎么敢吝惜许田?"灵王说:"从前诸侯疏远我而敬畏晋国,如今我在陈、蔡、不羹大修城池,都拥有千辆战车的军赋,诸侯害怕我吗？"析父回答说："害怕啊！"楚灵王高兴地说："析父善于谈论典故旧事啊。"

十二年春天，楚灵王在乾溪寻欢作乐，无法离去，但国人深受徭役之苦。当初，楚灵王在申地与诸侯会师，侮辱越国大夫常寿过，杀死蔡国大夫观起。观起的儿子观从流亡在吴国，就劝说吴王攻伐楚国，并挑拨越国大夫常寿过而反叛作乱，做吴国的间谍。观从派人假冒公子弃疾的命令从晋国召来公子比，到达蔡国，和吴国、越国军队准备袭击蔡国。让公子比面见公子弃疾，在邓订立盟约。于是进入王宫杀死灵王太子禄，拥立子比为楚王，公子子晳出任令尹，弃疾任司马。先清除完王官，观从随同军队到乾溪，向楚军将士发布命令道："国中已有王了。先返回国都的，保留他的爵位封邑田地房屋。后返回的迁出国都。"楚军将士全部溃散，离开楚灵王而返回国都。

楚灵王听说太子禄死的消息，自己掉到车下，还说："人们爱惜儿子也像我这样吗？"侍从说："超过这样。"灵王说："我杀人的儿子太多了，我能不落到这步田地吗？"右尹说："请在郊外等待来听从国人的决定。"灵王说："众人的愤怒无法冒犯。"右尹说："暂且进入大县而向诸侯请求出兵。"灵王说："大县都背叛我了。"右尹又说："暂且投奔诸侯来听从大国的安排。"灵王说："大的福运不会有第二次，只能自取耻辱而已。"于是灵王乘船将要进入鄢城。右尹估计灵王不会采用自己的计谋，惧怕一道去死，也离开灵王逃走。

楚灵王于是独自在山中徘徊，乡野山民没人敢接纳灵王。灵王在路上遇到他原来宫中的涓人，对涓人说："替我寻找些食物，我已经三天没有进食了。"涓人说："新即位的王颁下法令，有敢送你食物、随从你的，治罪连及三族，况且在这里又没有取得食物的地方。"灵王就枕着涓人的大腿躺下。涓人趁灵王入睡又用土块代替自己被枕着的大腿，逃跑离去。灵王醒来没有看见涓人，已经饿得不能起身。芋尹申无宇的儿子申亥说："我的父亲两次冒犯王命，灵王不加诛杀，恩德没有比这更大的了！"于是寻找灵王，在釐泽遇见灵王在挨饿，接他回到家。夏季五月癸丑日，灵王死在申亥的家，申亥让两个女儿殉死，一起安葬。

这时候楚国虽然已经拥立公子比为王，但害怕灵王重新回来，又没有得到灵王的死讯，所以观从对新立楚王比说："不杀弃疾，即使得到国家也还是会遭受祸害。"楚王说："我不忍心。"观从说："别人将忍心杀您。"楚王不听从，于是观从离去。弃疾返回国中。国人常常夜晚受惊，喊："灵王入城了！"乙卯日夜里，弃疾派船夫从长江边上跑着呼叫："灵王到了！"国人愈发惊恐。弃疾又派曼成然告诉新王比和令尹子皙说："灵王到了！国人将要杀死你，司马弃疾也将要到了！君王早点自谋后路，不要自取凌辱。众人的愤怒如同水火，是无法救的。"于是，新王和令尹子皙自杀。丙辰日，弃疾即位为王，改名叫熊居，这就是楚平王。

楚平王使用欺诈手段杀死两位楚王而自己即位，所以恐怕国人和诸侯反叛自己，就向百姓施舍恩惠。恢复陈国、蔡国的领地而封立他们的后裔如同从前，归还侵占的土地给郑国。慰问抚恤国中臣民，修明改良政法教令。吴军因为楚国内乱的缘故，俘获楚军五名将领而返回。楚平王对观从说："随你的意愿挑选官职。"观从说想当卜尹，平王答应了他。

当初，楚共王有宠爱的儿子五个，但没有嫡长子可立，于是祭祀山川百神，请神来决定立谁为太子，让他来主理国政，就暗中和巴姬在室内埋下玉璧，召见五位公子斋戒沐浴后进入。康王跨璧而过，灵王手肘放在璧上，子比、子皙都远离璧。平王年幼，由人抱着上前跪拜，正好压在璧纽上。所以楚康王凭年长即位，但到他的儿子便失去王位；公子围后来为灵王，到自身为王时就被杀；子比当王十几天，子皙不得即位，又一同被诛杀。四位公子都断子绝孙没有后代。唯独弃疾最后即位，为楚平王，结果继承接续楚国的祭祀，完全如同神灵的符命。

当初，子比从晋国归来，晋国的韩宣子问叔向道："子比能实现目的吗？"叔向回答说："不会成功。"韩宣子说："子比和国人共同憎恶楚灵王而互相需求，有如市场商贾做买卖，为什么不会成功？"叔向回答说："没有人和子比有共同的爱好，又有谁和他有共同的憎恶？取得国家有五难：有君主的宠幸但没有辅佐的贤人，是一难；有辅佐的贤人而没有靠山，是二难；有内外的靠山而没有谋略，是三难；有谋略而没有民众，是四难；有民众而没有德行，是五难。子比在晋国十三年了，他在晋国、楚国的随从没听说有出名的，可以说是没有辅佐的贤人了；族人夷灭亲戚背叛，可以说是没有靠山了；没有可乘之机却轻举妄动，可以说是没有谋略了；在外寓居一辈子，可以说是没有民众了；流亡在外而无人怀念，可以说是没有德行了。灵王暴虐但不忌刻，子比兼有五难来弑君犯上，谁能助佑他！能有楚国的，那是弃疾吧！统领陈、蔡之地，方城之外归属于他。扰民邪恶的事没有发生，偷盗强贼销声匿迹，虽有私人欲望但不违背礼仪，民众没有怨恨心理。祖先神灵授命给他，国家民众信任他。芈姓出现变乱，最终必定幼子即位，这是楚国的常事。子比的官位，只是右尹；论他的权势宠幸，只是庶出的儿子；按照神灵的符命，则又远离玉璧；民众不怀念他，将靠什么来即位呢？"韩宣子说：

"齐桓公、晋文公不也这样吗？"叔向回答说："齐桓公是卫姬的儿子，得到齐釐公的宠爱。有鲍叔牙、宾须无、隰朋作为辅佐，有莒国、卫国作为外面的靠山，有高子、国子作为内部的靠山。乐于听取意见从善如流，布施恩惠不知疲倦。齐桓公能有齐国，不也应该吗？从前我们的晋文公，是狐季姬的儿子，得到晋献公的宠爱，喜好学习乐此不倦。长到十七岁，有贤士五人，有先大夫子余、子犯作为心腹知己，有魏犨、贾佗作为左膀右臂，有齐国、宋国、秦国、楚国作为外部的靠山，有栾氏、郤氏、狐氏、先氏作为内部的靠山。流亡十九年，恪守志向历久弥坚。晋惠公、晋怀公离弃百姓，百姓追随他而帮助他。所以晋文公享有国家，不也应该吗？子比对百姓没有施舍，在外面没有援助，离开晋国，晋人不护送；回归楚国，楚人不迎接。怎么会有国家！"子比果真不得善终，最后即位的是弃疾，如同叔向所说的那样。

楚平王二年，派遣费无忌前往秦国为太子建迎娶媳妇。那个女人长得姣美，前来楚国，还没到达，费无忌先返回，劝说平王道："秦国女子长得好，可以自己娶，给太子另外找一位。"平王听从他的话，结果自己娶了秦国女子，生下熊珍。另外给太子娶妻。当时伍奢任太子太傅，费无忌任少傅。费无忌不受太子宠幸，经常进谗言诬陷太子建。太子建当时年纪十五岁了，他的母亲是蔡国女子，不受平王宠幸，平王逐渐疏远排斥太子建。

六年，楚平王派太子建居住城父，守卫边疆。费无忌又日夜向平王说太子建的坏话道："自从费无忌送入秦国女子，太子怨恨我，也不能不怨恨大王，大王对此要自己稍加防范。况且太子居住在城父，独揽兵权，对外交结诸侯，将打算入宫为王了。"平王召见太子的太傅伍奢责备他。伍奢知道是费无忌在进说谗言，于是说："大王怎么能因为小臣的话而疏远自己的骨肉？"无忌说："如今不制裁，日后就会悔恨。"于是平王就囚禁伍奢。接着命令司马奋扬召见太子建，准备诛杀他。太子闻讯，逃亡投奔宋国。

无忌说："伍奢有两个儿子，不杀死会成为楚国的祸患。何不用赦免他们父亲作为条件召见他们，他们必定到达。"于是平王派使者对伍奢说："你能让两个儿子到来就能活命，不能的话将去死。"伍奢说："伍尚会到，伍胥不会到。"平王说："什么原因呢？"伍奢说："伍尚的为人，正直不阿，舍身守节，慈爱孝顺而仁义，听说召见而能赦免父亲，必定到达，不顾自己的死。伍胥的为人，聪明而善于谋略，勇敢而好大喜功，知道来的话必死无疑，肯定不来。因此成为楚国忧患的必定是这个儿子。"于是平王派人召见他们，说："来的话，我赦免你们的父亲。"伍尚对伍胥说："听说父亲能获赦免而没人奔赴，是不孝；父亲被杀戮而没人报仇，是无谋；估量才能委任事务，是知。你就走吧，我将回去赴死。"于是，伍尚归来。伍胥挽弓搭箭，出来面见使者，说："父亲有罪，为什么召见他的儿子呢？"将要发射，使者回头逃跑，于是伍胥出奔吴国。伍奢闻讯，说："伍胥流亡在外，楚国危险了。"楚王就杀了伍奢和伍尚。

楚平王十年，楚太子建母亲住在居巢，勾结吴人。吴王派遣公子光攻伐楚国，于是击败陈、蔡的军队，接走太子建的母亲而离开。楚人害怕，修筑加固郢城。起初，吴国边邑卑梁和楚国边邑钟离的小孩争夺桑叶，那两家人因此都发怒而互相攻打，钟离那家人杀灭了卑梁的一家人。卑梁大夫很愤怒，发动邑中军队攻打楚国的钟离。楚王闻讯大怒，调发国都军队攻灭卑梁。吴王闻讯勃然大怒，也调发军队，派公子光利用太子建母家攻打楚国，于是攻下钟离、居巢。于是，楚人恐慌而加固郢城。

十三年，楚平王去世。将军子常说："太子珍年纪小，况且他的母亲是前太子建所应娶的。"想拥立令尹子西为王。子西是楚平王的庶出弟弟，有仁义。子西说："国家有通常的法度，改立他人为王就会出乱子，谈论这种事就会招致杀身之祸。"于是拥太子珍为王，这就是楚昭王。

楚昭王元年，楚国众臣不喜欢费无忌，因为他进谗言让太子建流亡在外，并杀死伍奢父子和郤宛。郤宛同宗伯氏的儿子嚭和子胥都出奔吴国，吴国军队多次侵略楚国，楚人因此怨恨费无忌更加厉害。楚国令尹子常诛杀费无忌来取悦众臣，众臣才高兴。

四年，吴国三位公子逃奔楚国，楚昭王封立他们来抵御吴军。五年，吴军攻伐取得楚国的六、潜。七年，楚昭王派遣子常攻伐吴国，吴军在豫章大败楚军。

十年冬天，吴王阖闾、伍子胥、伯嚭和唐军、蔡军一同攻伐楚国，楚军大败，于是吴军进入郢都，凌辱楚平王的墓，因为伍子胥的缘故。吴军前来，楚昭王派遣子常领兵迎敌，隔着汉水布阵。吴军进攻打败子常，子常逃亡投奔郑国。楚兵逃跑，吴军乘胜追逐，五次交战追到郢都。己卯日，楚昭王出都逃奔。庚辰日，吴人进入郢都。

楚昭王逃亡到达云梦。云梦人不认识他是楚王，用箭射伤了昭王。昭王逃奔郧县。郧公的弟弟斗怀说："平王杀死我们的父亲，现在我杀死他的儿子，不也可以吗？"郧公阻止他，但还怕他杀昭王，于是就和昭王出奔随国。吴王听说昭王前往随国，立即进兵攻击随国，对随人说："周王子孙分封在长江、汉水之间的国家，楚人全部吞灭了它们。"随君准备杀死昭王。昭王身边的侍从大臣子綦就将昭王深藏起来，自己装作昭王，对随人说："把我交给吴国。"随人对将昭王给吴国这件事进行占卜，结果是不吉利，于是谢绝吴王说："昭王逃亡了，不在随地。"吴人要求进入随都自己搜索，随人不答应，吴军也就撤兵离去。

楚昭王逃出郢都的时候，派大臣申鲍胥到秦国请求救援。秦国出动战车五百辆援救楚国，楚人也收集残余散兵，与秦军一道攻击吴军。十一年六月，在稷击败吴军。恰好吴王弟弟夫概看到吴王军队损伤战败，就逃跑返回国都，自己立为吴王。阖闾闻讯，领兵离开楚地，返回攻击夫概。夫概战败，逃奔楚国，楚昭王将他封在堂谿，号称堂谿氏。

楚昭王灭亡唐国。九月，回国进入郢都。十二年，吴军再次攻伐楚国，夺取番。楚昭王恐慌，离开郢都，往北将国都迁到鄀。

十六年，孔子在夹谷之会中担任鲁国的赞礼官。二十年，楚国灭亡顿国，灭亡胡国。二十一年，吴王阖闾攻伐越国。越王句践用箭射伤吴王，吴王阖闾随即死去。吴国从此怨恨越国而不向西攻伐楚国。

二十七年春季，吴军攻伐陈国，楚昭王出兵救陈，驻扎在城父。十月，昭王在军中患病，看到天上有赤云如同鸟一样，绕着太阳而飞翔。昭王问周太史，太史说："这对楚王有危害，然而可以转移到将相身上。"将相听说这话，就请求用自己的身体代王受灾而向神灵祈祷。昭王说："将相，是我的大腿手臂，如今转移灾祸给将相，难道算是让灾祸离开我的身体吗！"不准许。占卜后知道是河神作祟，大夫请求向黄河祈祷消灾免祸。昭王说："自从我的先王受封以来，祭祀的山川之神不超过长江、汉水的范围，而黄河不是我该获罪的河流啊。"制止而不许向黄河祈祷。孔子在陈国，听到这话，说："楚昭王堪称通晓大道理了。他没有失去国家，是应该的啊！"

楚昭王病情加重，于是召见各位公子大夫说："我不成才，两次让楚国军队蒙受耻辱，现在居然能享受天年而寿终正寝，是我的幸运啊。"昭王让位给他弟弟公子申，使他为王，公子申不答应。又要让位给二弟公子结，公子结也不答应。于是又让位给三弟公子闾，公子闾五次推让，才最后应许为王。将要交战，庚寅日，楚昭王在军中去世。子闾说："昭王病得很重，舍弃自己的儿子而让位给众大臣，臣之所以应许昭王，是为了发扬光大昭王的意志。如今君王去世，臣子岂敢忘却君王的意志呢！"于是与子西、子綦商议，埋伏军队封锁道路，迎接昭王和越女所生的儿子章，拥立他即位，这就是楚惠王。然后撤兵返回，安葬楚昭王。

楚惠王二年，子西从吴国召来原平王太子建的儿子胜，任命他为巢大夫，号称白公。白公喜好军事而且礼贤下士，想报父亲的仇。六年，白公向令尹子西请求出兵攻伐郑国。当初，白公的父亲建流亡在郑国，郑人杀了他，白公逃亡奔赴吴，子西又召见他，所以白公因此怨恨郑国，想要攻伐郑国。子西答应但没有为此发兵。八年，晋军攻伐郑国，郑人向楚国告急，楚惠王派子西领兵救援郑国，子西接受贿赂而离开郑国。白公胜发怒，于是就和勇猛有力的敢死壮士石乞等人在朝廷袭击杀死令尹子西、子綦，乘机劫持楚惠王，将他安置在高府，打算杀死惠王。惠王的侍从屈固背着惠王逃跑到昭王夫人宫。白公自己立为楚王。一个多月后，遇到叶公前来救助楚王，楚惠王的徒众与叶公共同进攻白公，杀死了他。于是，楚惠王复位。这一年，楚国灭亡陈国而设置县。

十三年，吴王夫差国力强大，凌驾于齐国、晋国之上，前来攻伐楚国。十六年，越国灭亡吴国。四十二年，楚国灭亡蔡国。四十四年，楚国灭亡杞国。与秦国媾和。这时越国已经灭亡吴国但不能统治长江、淮河以北地区；楚军向东侵略，扩展土地到达泗水之滨。

五十七年，楚惠王去世，儿子简王中即位。

楚简王元年，出兵北伐灭亡莒国。八年，魏文侯、韩武子、赵桓子开始正式受封列为诸侯。

二十四年，楚简王去世，儿子声王当即位。楚声王六年，盗贼杀死声王，儿子悼王熊疑即位。悼王二年，韩、赵、魏三国军队前来攻伐楚国，到达乘丘而回转。四年，楚军攻伐周王室。郑国杀死国相子阳。九年，楚军攻伐韩国，取得负黍。十一年，韩、赵、魏三国军队攻伐楚国，在大梁、榆关打败楚军。楚国用厚礼贿赂秦国，与秦国媾和。二十一年，楚悼王去世，儿子肃王臧即位。

楚肃王四年，蜀国军队攻伐楚国，夺取兹方。于是楚国设置扞关来抵抗蜀军。十年，魏军夺取楚国鲁阳。十一年，肃王去世，没有儿子，立他的弟弟熊良夫为王，这就是楚宣王。

楚宣王六年，周天子向秦献公祝贺秦军获胜。秦国开始再次强盛起来，同时韩、赵、魏三国日益壮大，魏惠王、齐威王尤其强大。三十年，秦国把商封给卫鞅，出兵南下侵犯楚国。当年，楚宣王去世，儿子楚威王熊商即位。

楚威王六年，周显王把作为供品祭祀周文王、周武王的肉赐送给秦惠王。

七年，齐国孟尝君的父亲田婴欺骗楚国，楚威王领兵攻伐齐国，在徐州击败齐军，接着命令齐国必须驱逐田婴。田婴恐慌，张丑设诈对楚威王说："大王之所以能在徐州战胜齐军，是因为田盼子没有起用。田盼子，对齐国有功，而且百姓愿为他效力。田婴与田盼关系不好而任用申纪。申纪这个人，大臣不亲附，百姓不愿意为他效力，所以大王能战胜齐军。如今大王驱逐田婴，田婴一旦被驱逐，田盼子必定起用了。齐人重新聚集他们的士卒来与大王相遇，必定对大王不利了。"楚王因此就不再要求驱逐田婴。

十一年，楚威王去世，儿子怀王熊槐即位。魏国闻知楚王的丧讯，出兵攻伐楚国，夺取楚国陉山。

楚怀王元年，张仪开始任秦惠王的相。四年，秦惠王初次称王。

六年，楚怀王派遣柱国昭阳领兵而攻伐魏国，在襄陵打败魏军，取得八个城邑。接着又转移军队攻打齐国，齐王忧虑楚军。陈轸恰好为秦国出使到齐国，齐王问："对楚军怎么办？"陈轸说："大王不必忧虑，请让我去叫他们撤兵。"立即前往，在军中会见昭阳，说："我希望领教楚国的法令，攻破敌军杀死敌将的用什么使他显贵？"昭阳说："授予的官职是上柱国，封赐的上等爵位是执珪。"陈轸说："还有比这更尊贵的吗？"昭阳说："令尹。"陈轸说："当今您已经是令尹了，这是楚国最高的官位。臣下请求能打个譬喻。有人留给他的舍人一卮酒。舍人们互相议论说：'几个人一起喝这卮酒，不够每人喝一口，请就在地上每人画条蛇，蛇先画成的独自喝掉。'一个人说：'我的蛇先画成。'举起酒而起身，说：'我能为蛇添足。'等到他为蛇添上足，却被后画成的人夺过酒来而喝掉，那人说：'蛇原本没足，如今你为蛇添上足，这就不是蛇了。'如今您为楚相而进攻魏国，打败魏军杀死魏将，功劳没有比这更大的，但官位到顶无法再升加了。现在又掉转军队而进攻齐国，如果攻齐获胜，官职爵位不会超过令尹；攻打不胜的话，自己战死爵位削夺，还有损于楚国。这就成了画蛇添足。不如领兵离开而来施恩德给齐国，这是持满守盈的万全之术啊。"昭阳说："好。"便领兵而离去。

燕君、韩君初次称王。秦王派遣张仪和楚人、齐人、魏人相会，在啮桑订立盟约。

十一年，苏秦与山东中原六国缔约合纵共同攻伐秦国，楚怀王任合纵首领。联军到达函谷关下，秦国出兵攻击六国军队，六国军队都后退而返回，只有齐军最后撤走。十二年，齐湣王攻伐打败赵军、魏军，秦国也出兵攻伐打败韩军，与齐国争当诸侯之长。

十六年，秦国打算攻伐齐国，但楚国和齐国合纵亲善，秦惠王对此感到担忧，就扬言免除张仪相职，派遣张仪南下去见楚怀王，张仪对楚怀王说："鄙国君王最喜欢的人没有胜过您大王的，张仪我最愿意为之做看门役徒的人也没有胜过您大王的。鄙国君王最憎恨的人没有胜过齐王的，张仪我最憎恨的人也没有胜过齐王的。然而大王与齐王和好，因此鄙国君王不能侍奉大王，从而使得张仪也不能成为您看门的役徒。大王如能为张仪闭上关口而断绝与齐国的交往，现在派遣使者随从张仪西行取得从前秦国所分取的楚国商於之地方圆六百里，照这样就使齐国削弱了。这样北面削弱齐国，西面对秦国有恩德，占有商於之地作为自己的财富，这是一计行而三利同时来到啊。"楚怀王大喜，于是将相印交给张仪，每天和他设宴饮酒，扬言道："我又获得我们的商於之地。"朝廷群臣都来祝贺，只有陈轸一人悲哀。楚怀王问："什么缘故？"陈轸回答说："秦王之所以看重大王，是因为大王有齐国的亲善。如今土地没能得到而齐国的交往断绝，这样楚国就孤立了。那秦国又怎么会尊重孤立之国呢，就必将轻视楚国了。况且先让秦国交出土地然后断绝与齐国交往，秦人的计谋就不能得逞。如果先断绝与齐国关系然后要求土地，就必然会被张仪欺骗。被张仪欺骗，大王就必定会怨恨他。怨恨张仪，这就西边惹起秦国的祸患，北边断绝齐国交往。西边惹起秦国的祸患，北边断绝齐国的交往，那么两国的军队必定到达。臣下所以悲哀。"楚怀王不听，就派一名将军随张仪西进接受封地。

张仪到达秦国，假装喝醉酒从车上掉下来，称病不出家门三个月，楚国无法得到商于之地。楚王说："张仪认为我只是断绝齐交还不够吧？"于是派遣勇士宋遗北上去羞辱齐王。齐王勃然大怒，折断楚国的信符而与秦国联合。秦国、齐国交好联合，张仪才起身上朝，对楚将军说："你为什么不接受封地？从某地到某地，长宽各六里。"楚将军说："臣所接受的使命是六百里，没听说六里。"立即回国禀报楚怀王。楚怀王勃然大怒，兴师动众准备攻伐秦国。陈轸又说："攻伐秦国不是上策。不如就送秦国一座名城，和秦人攻伐齐国，这样我们虽然丢失土地给秦国，但能从齐国取得补偿，我国还可得以保全。如今大王已经同齐国断绝关系而又向秦国追究欺诈的责任，这是我们在让秦齐两国交好联合而招来天下的军队啊，国家必然大伤元气了。"楚怀王不听从，就断绝同秦国的媾和，调发军队向西攻打秦国。秦国也发兵出击楚国。

十七年春季，同秦军在丹阳交战，秦国大败楚军，斩杀甲士八万，俘虏楚国大将军屈匄、裨将军逢侯丑等七十多人，接着攻取汉中郡。楚怀王极为愤怒，于是倾国之兵再次袭击秦军，在蓝田交战，秦军又大败楚军。韩国、魏国听说楚国的困境，就南下袭击楚国，进军到达邓。楚怀王闻讯，就退兵返回。

十八年，秦国派遣使者缔约重新与楚国亲善，分出汉中郡的一半来同楚怀王媾和。楚怀王说："情愿得到张仪，也不愿意得到土地。"张仪闻讯，请求前往楚国。秦王说："楚王对你正求之不得，怎么办？"张仪说："臣下与楚王身边近臣靳尚亲善，靳尚又能巴结侍奉楚王宠幸的姬妾郑袖，而郑袖所说的话怀王没有不听从的。况且我从前出使违背给楚国以商于之地的约定，如今秦国、楚国大战，结下仇恨，臣下不当面自己向楚王道歉就不能消解。再说有大王您在，楚王应该不敢杀我。倘若杀死我而对国家有利，是臣下的愿望啊。"张仪就出使楚国。

张仪到达楚都，怀王不肯见面，就囚禁张仪，打算杀他。张仪私下到靳尚那里活动，靳尚为张仪向怀王请求说："拘留张仪，秦王必定发怒。天下诸侯见楚国没有秦国的支持，必定轻视大王了。"靳尚又对夫人郑袖说："秦王非常喜爱张仪，但大王要杀他，如今秦王将会用上庸地方的六个县贿赂大王，把美女许配给楚王，将宫中能歌善舞的女子作陪嫁。楚王看重土地，秦国美女必能宠贵，从而夫人就必定被排斥了。夫人不如说个情而释放张仪。"郑袖结果向怀王说张仪的事而放出张仪。张仪出来，怀王就善待他，张仪乘机劝说怀王背叛合纵之约而和秦国联合亲善，缔结婚姻。张仪离去后，屈原出使从齐国归来，向怀王进谏说："为什么不诛杀张仪？"怀王后悔，派人追拿张仪，没有赶上。当年，秦惠王去世。

二十年，齐湣王想当合纵的首领，又害怕楚国与秦国联合，于是派遣使者送信给楚怀王说："寡人担心楚国对于尊严名声不很明白啊。如今秦惠王已死，秦武王即位，张仪逃奔魏国，樗里疾、公孙衍当政，但楚国侍奉秦国。那樗里疾亲韩国，而公孙衍亲魏国；楚国一定要侍奉秦国的话，韩国、魏国就会恐慌，必然会通过樗里疾、公孙衍二人请求与秦国联合，那么燕国、赵国也会侍奉秦国。四国争相侍奉秦国，那么楚国便成为秦国的郡县了。大王为什么不与寡人合力聚集韩国、魏国、燕国、赵国，一起合纵结盟而尊奉周室，来制止战争休养百姓，号令天下？那便没人不乐意听从，大王的功名也就建立了。大王率领诸侯共同攻伐，打败秦国是必定的了。大王取得武关、蜀、汉的土地，占有吴、越的财富而独擅江海鱼盐的利益，韩国、魏国割让上党，西面直逼函谷关，楚国的强大就会增加百万倍了。况且大王被张仪欺骗，丧失汉中土地，军队在蓝田受挫，天下人无不代大王胸怀怨怒。可如今居然有人打算让楚国带头侍奉秦国！希望大王仔细考虑此事。"

楚怀王原已想与秦国讲和，看到齐王的书信，又犹豫不决，将此事下交群臣商议。群臣中有的主张与秦国和好，有的主张听从齐王。大臣昭雎说："大王虽然东面向越国取得土地，也不足以刷洗耻辱；必须从秦国取得土地，然后才足以向诸侯洗刷耻辱。大王不如深交善待齐国、韩国来加强樗里疾的地位，照这样做的话，大王就能获得韩国、齐国的力量来要回土地了。秦军攻破韩国的宜阳，而韩国还是继续侍奉秦国，是因为韩国先王的坟墓在平阳，而秦国的武遂距离平阳只有七十里，因此特别畏惧秦国。不然的话，秦国进攻三川，赵国进攻上党，楚国进攻河外，韩国必定灭亡。楚国救援韩国，不能肯定使韩国不灭亡，然而能保存韩国的只有楚国。韩国从秦国取得武遂的话，以黄河、大山作为要塞，他所要回报的恩德没有比楚国更深厚的，臣下认为韩国侍奉大王必定卖力。齐国之所以信任韩国，是因为任用韩国公子眛作齐相。韩国从秦国取得武遂后，大王好好善待他，使得能用齐国、韩国的力量加强樗里疾的地位，樗里疾获得齐国、韩国的力量，秦国君主就不敢随便抛弃樗里疾。如今又增加楚国的力量，樗里子必定劝说秦王，重新将侵占的土地归还给楚国了。"

于是楚怀王应许昭雎的建议,结果不联合秦国,而联合齐国来善待韩国。

二十四年,楚怀王背叛齐国而联合秦国。秦昭王刚即位,于是向楚怀王重赠财礼。楚人前往秦国迎娶女子。二十五年,楚怀王入秦与秦昭王盟会,在黄棘缔约。秦人又给楚国上庸之地。二十六年,齐国、韩国、魏国因为楚国背叛合纵盟友而和秦国联合,三国共同出兵攻伐楚国。楚怀王派遣太子作为人质入秦而请求救援。于是,秦昭王派遣客卿通领兵救助楚国,齐、韩、魏三国退兵离去。

二十七年,秦国大夫为私事与楚太子斗殴,楚太子杀死秦大夫而逃亡回国。二十八年,秦国就与齐国、韩国、魏国共同进攻楚国,杀死楚将唐昧,夺取楚国的重丘而离去。二十九年,秦军再次进攻楚国,大败楚军,楚军死者达二万人,杀死楚国将军景缺。楚怀王恐慌,于是派太子作为人质到齐国来求和。三十年,秦国又攻伐楚国,夺取八座城。秦昭王写书信给楚怀王说:"当初寡人与大王结为兄弟,在黄棘订立盟约,太子作为人质,极为欢悦。但太子凌辱杀死寡人的重臣,不来告谢反而逃亡离去,寡人实在按捺不住怒火,派兵侵犯君王的边地。如今听说君王竟命令太子作为人质到齐国以求取和好。寡人秦国与楚国连境接界,原已结为婚姻,互相交往亲善很久了。然而当今秦国、楚国不和,就无法号令诸侯。寡人希望同君王在武关相会,当面立约,缔结盟好而离去,这是寡人的愿望。冒昧地告知陛下。"楚怀王看到秦昭王的书信,十分忧愁。打算前往,恐怕被欺骗;不去的话,又恐怕秦王发怒。昭雎说:"大王不要去,只需调发军队坚守自卫即可。秦王如同虎狼,不可相信,胸怀并吞诸侯的野心。"楚怀王的小儿子子兰鼓动怀王上路,说:"怎么能断绝秦王的欢心!"于是,怀王前往会见秦昭王。秦昭王设计命令一位将军在武关埋伏军队,假称是秦王。楚怀王到达,就闭上武关,那将军就和怀王西行到达咸阳,在章台朝见秦昭王,秦人如同对待蕃臣附庸,不用对等的礼节。楚怀王勃然大怒,后悔不听昭子的话。秦昭王就扣留楚怀王,要挟他割让巫郡、黔中郡。楚怀王打算订立盟约,但秦王想先得到土地。楚王发怒说:"秦人欺诈我,又用强力胁迫我割让土地!"不再答应秦王要求。秦国就扣留楚怀王。

楚国大臣忧虑国中无主,于是互相商议说:"我们的君王在秦国不能回来,要挟他割让土地,而太子在齐国做人质,齐国、秦国联合谋划算计的话,楚人就没国家了。"于是打算拥立楚怀王在国都中的儿子。昭雎说:"大王和太子同时被困在诸侯国家,然而现在又违背君王之命拥立他的庶出儿子为王,不合适。"于是派使者到齐国假报国丧。齐王对他的国相说:"不如扣留太子来索求楚国的淮北。"国相说:"不可以,如果郢都之中拥立新王,这样我们便抱着无用的人质而在天下人面前干下不义之事。"有人说:"不是这样。郢都之中拥立新王,就乘机与楚国新王进行交易说:'给我们淮北,我们为新王杀死太子,不然的话,将和秦、韩、魏三国共同拥立太子为王。'这样淮北就必然可以得到了。"齐王最终采用国相的计策而送楚太子回国。太子横到达楚国,即位为王,这就是顷襄王。于是,楚人向秦国通告说:"依赖社稷神灵的保佑,楚国有王了。"

顷襄王横元年,秦人要挟楚怀王而没能获得土地,楚人拥立新王来对付秦国,秦昭王大怒,发兵从武关而出攻打楚国,大败楚军,斩首五万,夺取析十五座城邑而离去。二年,楚怀王逃亡回国,秦人发觉,在通往楚国的道路上拦阻,怀王害怕,就从小路逃奔赵国来寻求回国。赵主父在代郡，他的儿子赵惠王刚即位，行使王权，害怕秦国，不敢接纳楚怀王。楚怀王打算逃奔魏国，秦兵追到，就与秦国使者重新前往秦国。怀王旋即发病。顷襄王三年，楚怀王死在秦国，秦人将怀王尸体送还楚国。楚人都怜惜怀王，如同失去自己亲戚那样地悲哀。各国诸侯从此认为秦国不义。秦、楚两国绝交。

六年，秦王派遣白起在伊阙山攻伐韩国，大获全胜，斩首达二十四万。于是，秦王给楚王书信说："楚国背叛秦国，秦国将率领诸侯讨伐楚国，决一死战。希望大王整顿军队，痛快打一仗。"楚顷襄王忧虑此事，于是谋求重新与秦国和好。七年，楚人到秦国迎娶新妇，秦国、楚国重新媾和。

十一年，齐王、秦王各自称帝，一个多月后，又放弃帝号恢复称王。

十四年，楚顷襄王与秦昭王在宛举行友好会见，缔结和约亲善。十五年，楚顷襄王和秦国、三晋、燕国一同攻伐齐国，取得淮北之地。十六年，又与秦昭王在鄢友好相会。这年秋天，又和秦昭王在穰相会。

十八年，楚国有个人善于用轻弓细缴射猎飞归巢窝的大雁，顷襄王听说后，召见而询问他。那人回答说："小臣善好射鹍雁、罗鸗，发的是小箭，有什么值得向大王称道的呢？况且衡量楚国的广大，凭借大王的贤能，所能射取的不只是这些啊。从前夏、商、周三代圣王所猎取的是王道德政，春秋五霸所猎取的是争斗的列国。所以秦国、魏国、燕国、赵国，是鹍雁；齐国、鲁国、韩国、魏国，是青首；驺、费、郯、邳，是罗鸗。除此之外其余的不值得射猎。现在有鸟六对，大王用什么来获取呢？大王为什么不将圣人当作弓，将勇士作为缴，看准时机张弓而射呢？

这六对鸟，都可获得而装袋载车占为己有。那种快乐不只是一朝一夕的快乐，那种收获也不只是野鸭飞雁的实物。大王早上张弓搭箭去射取魏国大梁的南部，再射取魏国的西部而直接连带到韩国，那样韩国通向中原的道路就会被截断，同时上蔡郡也不攻自破了。环绕而下射取围邑的东面，肢解魏国的东部，从而向外攻击齐国的定陶，那么魏国东部之外的地方被放弃，同时大宋、方与两郡就可以夺取了。况且魏国丧失东、西两部，便一蹶不振了；再正面攻击郯国，大梁就可以得到而占有了。大王在兰台收起弓箭丝绳，到魏国西河饮马，平定魏都大梁，这是第一次发射的快乐啊。倘若大王对于射猎实在喜好而不感厌倦，就取出宝弓，箭头系上新缴，到东海去射长着钩嘴的大鸟，环绕山河加筑长城作为防线，早上射取东莒，傍晚猎获浿丘，夜里得到即墨，回头占据午道，那样便长城以东收复而泰山之北取得了。西面连接赵国边境而北面直达燕国，齐、赵、燕三国地形如同张开的翅膀，合纵之盟不等缔约就可以形成了。北上到燕国的辽东郡游玩观览，南下到越国的会稽山登高眺望，这是第二次发射的快乐啊。至于泗上十二诸侯小国，左右开弓，可以一个早上而全部得到。如今秦国攻破韩国造成了长久的忧患，取得许多城邑却不敢据守；攻伐魏国但没有功绩，出击赵国反而自己受困，秦国、魏国的勇气力量消耗尽了，楚国的故土汉中、析、郦可以得到而重新拥有了。大王拿出宝弓，箭头系上新缴，涉足鄢塞，坐待秦国的疲倦困乏，山东、河内广大地域可以得到而统一了。慰劳百姓休养民众，便可坐北朝南称王天下了。所以说秦国是只大鸟，背靠内陆而居住，面朝东方而立，左臂占据赵国的西南部，右臂直逼楚国的鄢郢，正面搏击韩国、魏国，低头俯视中原，居处优越，地势有利，展翅奋翼，方圆三千里，秦国是无法用蜡烛照明而能在夜晚射取的。"那人想激怒楚顷襄王，所以用这些话作回答。顷襄王因此召见那人与他交谈，于是又说："先王被秦国欺骗而客死在外，仇恨没有比这更大的。如今以匹夫之力而身有怨仇，尚且有向万乘之国报仇雪恨的，白公、子胥就是。如今楚国地域方圆五千里，全副武装的甲士上百万，还足以驰骋原野战场，却坐视不起，自受困厄，臣子私下认为大王不可采取这种做法。"于是顷襄王派遣使者到诸侯各国，重新缔结合纵盟约，准备攻伐秦国。秦王闻讯，发兵前来攻伐楚国。

楚顷襄王打算与齐国、韩国联合和好攻伐秦国，乘机准备图谋灭周。周王赧派武公对楚相昭子说："楚、齐、韩三国准备用兵割取周京郊外之地来便利运输，同时将天子九鼎重器南迁来尊崇楚王，臣子认为大谬不然。杀死天下共主，以世代为君的天子为臣，大国就不会亲近；凭着人多势众挟持势单力薄的王室，小国就不会归附。大国不亲近，小国不归附，便不可以得到名号实惠。名号实惠不能得到，就不值得兴师动众而伤害民众。有图谋周室的名声，是无法向诸侯发号施令的。"昭子说："至于图谋周室是实无其事。尽管如此，周王室为什么就不能图谋呢？"武公回答说："没有五倍于敌军的兵力就不发起进攻，没有十倍于守城的兵力就不实施包围。一个周王室等于二十个魏国，是您所知道的。韩国曾经出动二十万军队而受挫于魏国都城之下，打先锋的士兵死亡，中间的士兵受伤，然而魏都没有攻破。您没有百倍于韩国的兵力来谋取周王室，这是天下众所周知的。与东周、西周结下怨仇来伤害驺、鲁之地的人心，同齐国断绝交往，在天下丧失声望，那样做事就岌岌可危了。危害东周、西周来加强韩国的三川郡，方城之外的楚地必然会被韩国所削弱了。凭什么知道会这样呢？西周的土地，截长补短拼凑起来，不过方圆百里。周王室名义上为天下共主，然而割取它的土地不能够使国家富饶，获得它的民众不能够使军队强大。即使不进攻周王室，名声还是杀害天子。然而好事的君主，好战的臣子，发布号令动用军队，没有不以周王室作为最终目标的。这是什么原因呢？因为他们看到祭祀的重器在王室，只想重器到手而忘却了制造杀君之乱的罪名。如今韩国将把重器迁移安置在楚国，臣下恐怕天下会因为重器而以楚国作为进攻对象了。臣下请求打个譬喻。老虎肉质腥膻，它爪牙厉害利于防身，但人们还是攻击它而谋取虎皮。倘若让沼泽中的麋鹿蒙上老虎的皮，人们向它进攻的可能就会比对老虎高出一万倍了。瓜分楚国的土地，足以使国家富裕；毁坏楚王的名声，足以使国君尊崇。如今你将要残害天下的共主，占有夏、商、周三代相传的宝器，独吞九鼎，来傲视天子，这不是贪婪又是什么呢？《周书》说'想要起来就不能先动'，因此一旦重器南迁楚国，军队就会来到了。"于是楚王停止原计划而不采取行动。

十九年，秦军攻伐楚国，楚军战败，割让上庸、汉水以北之地给秦国。二十年，秦国将领白起攻拔楚国的西陵。二十一年，秦国将领白起接着攻下楚国的郢都，烧毁楚人先王墓夷陵。楚襄王因军队溃散，就不再作战，撤向东北保守陈城。二十二年，秦军又攻下楚国的巫郡、黔中郡。

二十三年，楚襄王才收罗集合东部地区的军队，得到十几万，又向西攻取秦军所攻克的楚国长江沿线十五个城邑建立了郡，抵御秦国。二十七年，楚襄王派遣三万军队帮助韩、赵、魏三国攻伐燕国。又与秦国讲和，同时将太子送入秦国作为人质。楚襄王派左徒在秦国侍奉太子。

三十六年，楚顷襄王患病，太子逃亡回国。秋天，顷襄王去世，太子熊元继位，这就是楚考烈王。考烈王任命左徒为令尹，把吴地封给他，号称春申君。

楚考烈王元年，将州邑献纳给秦国来求和。这时楚国日益衰弱。

六年，秦军围攻邯郸，赵国向楚国告急，考烈王派遣将军景阳领兵救援赵国。七年，楚军到达新中。秦军离去。十二年，秦昭王去世，楚考烈王派遣春申君前往秦国吊唁祭祀。十六年，秦庄襄王去世，秦王赵政即位。二十二年，楚国和诸侯共同出兵攻伐秦国，交战失利而离去。楚国东迁都城于寿春，将寿春命名为郢。

二十五年，楚考烈王去世，儿子幽王悍即位。李园杀死春申君。楚幽王三年，秦军、魏军攻伐楚国。秦相吕不韦去世。九年，秦国灭亡韩国。十年，楚幽王去世，同母弟犹继位，这就是楚哀王。楚哀王即位两个多月，哀王的庶出兄长负刍的党徒袭击杀死哀王而拥立负刍为王。这一年，秦军俘虏赵王迁。

楚王负刍元年，燕国太子丹派遣荆轲刺杀秦王。二年，秦王派遣将军攻伐楚国，大败楚军，楚国丢失十余座城邑。三年，秦国灭亡魏国。四年，秦国将领王翦在蕲击败楚军，杀死将军项燕。

五年，秦国将领王翦、蒙武接连击败楚国，俘虏楚王负刍，灭亡楚国，用""作为郡名。

太史公说：楚灵王当他在申盟会诸侯，诛杀齐国庆封，建造章华台，谋求周王室九鼎的时候，志向远大，藐视天下；等到他在申亥家中饿死，却被普天下的人所嗤笑。没有操守德行，下场实在可悲啊！权势对于人来说，能不谨慎吗？弃疾利用变乱登上君位，宠幸秦国女子到了淫乱的程度，太过分了，几乎两度导致国家灭亡！

史记卷四十一

越王句践世家第十一

越王句践,其先禹之苗裔,而夏后帝少康之庶子也。封于会稽,以奉守禹之祀。文身断发,披草莱而邑焉。后二十余世,至于允常。允常之时,与吴王阖庐战而相怨伐。允常卒,子句践立,是为越王。

元年,吴王阖庐闻允常死,乃兴师伐越。越王句践使死士挑战,三行,至吴陈,呼而自刭。吴师观之,越因袭击吴师,吴师败于檇李,射伤吴王阖庐。阖庐且死,告其子夫差曰:"必毋忘越。"

三年,句践闻吴王夫差日夜勒兵,且以报越,越欲先吴未发往伐之。范蠡谏曰:"不可。臣闻兵者凶器也,战者逆德也,争者事之末也。阴谋逆德,好用凶器,试身于所末,上帝禁之,行者不利。"越王曰:"吾已决之矣。"遂兴师。吴王闻之,悉发精兵击越,败之夫椒。越王乃以余兵五千人保栖于会稽。吴王追而围之。

越王谓范蠡曰:"以不听子故至于此,为之奈何?"蠡对曰:"持满者与天,定倾者与人,节事者以地。卑辞厚礼以遗之,不许,而身与之市。"句践曰:"诺。"乃令大夫种行成于吴,膝行顿首曰:"君王亡臣句践使陪臣种敢告下执事:句践请为臣，妻为妾。"吴王将许之。子胥言于吴王曰："天以越赐吴，勿许也。"种还，以报句践。句践欲杀妻子，燔宝器，触战以死。种止句践曰："夫吴太宰嚭贪，可诱以利，请间行言之。"于是句践乃以美女宝器令种间献吴太宰嚭。嚭受，乃见大夫种于吴王。种顿首言曰："愿大王赦句践之罪，尽入其宝器。不幸不赦，句践将尽杀其妻子，燔其宝器，悉五千人触战，必有当也。"嚭因说吴王曰："越以服为臣，若将赦之，此国之利也。"吴王将许之。子胥进谏曰："今不灭越，后必悔之。句践贤君，种、蠡良臣，若反国，将为乱。"吴王弗听，卒赦越，罢兵而归。

句践之困会稽也，喟然叹曰："吾终于此乎？"种曰："汤系夏台，文王囚羑里，晋重耳奔翟，齐小白奔莒，其卒王霸。由是观之，何遽不为福乎？"

吴既赦越，越王句践反国，乃苦身焦思，置胆于坐，坐卧即仰胆，饮食亦尝胆也。曰："女忘会稽之耻邪？"身自耕作，夫人自织，食不加肉，衣不重采，折节下贤人，厚遇宾客，振贫吊死，与百姓同其劳。欲使范蠡治国政，蠡对曰："兵甲之事，种不如蠡；填抚国家，亲附百姓，蠡不如种。"于是举国政属大夫种，而使范蠡与大夫柘稽行成，为质于吴。二岁而吴归蠡。

句践自会稽归七年，拊循其士民，欲用以报吴。大夫逢同谏曰："国新流亡，今乃复殷给，缮饰备利，吴必惧，惧则难必至。且鸷鸟之击也，必匿其形。今夫吴兵加齐、晋，怨深于楚、越，名高天下，实害周室，德少而功多，必淫自矜。为越计，莫若结齐，亲楚，附晋，以厚吴。吴之志广，必轻战。是我连其权，三国伐之，越承其弊，可克也。"句践曰："善。"

居二年，吴王将伐齐。子胥谏曰："未可。臣闻句践食不重味,与百姓同苦乐。此人不死,必为国患。吴有越,腹心之疾,齐与吴,疥癣也。愿王释齐先越。"吴王弗听,遂伐齐,败之艾陵,虏齐高、国以归。让子胥。子胥曰:"王毋喜!"王怒,子胥欲自杀,王闻而止之。越大夫种曰:"臣观吴王政骄矣,请试尝之贷粟,以卜其事。"请贷,吴王欲与,子胥谏勿与,王遂与之,越乃私喜。子胥言曰:"王不听谏,后三年吴其墟乎!"太宰嚭闻之,乃数与子胥争越议,因谗子胥曰:"伍员貌忠而实忍人,其父兄不顾,安能顾王?王前欲伐齐,员强谏,已而有功,用是反怨王。王不备伍员,员必为乱。"与逢同共谋,谗之王。王始不从,乃使子胥于齐,闻其托子于鲍氏,王乃大怒,曰:"伍员果欺寡人!"役反,使人赐子胥属镂剑以自杀。子胥大笑曰:"我令而父霸,我又立若,若初欲分吴国半予我,我不受,已,今若反以谗诛我。嗟乎,嗟乎,一人固不能独立!"报使者曰:"必取吾眼置吴东门,以观越兵入也!"于是吴任嚭政。

居三年,句践召范蠡曰:"吴已杀子胥,导谀者众,可乎?"对曰:"未可。"

至明年春,吴王北会诸侯于黄池,吴国精兵从王,惟独老弱与太子留守。句践复问范蠡,蠡曰:"可矣。"乃发习流二千人,教士四万人,君子六千人,诸御千人,伐吴。吴师败,遂杀吴太子。吴告急于王,王方会诸侯于黄池,惧天下闻之,乃秘之。吴王已盟黄池,乃使人厚礼以请成越。越自度亦未能灭吴,乃与吴平。

其后四年,越复伐吴。吴士民罢弊,轻锐尽死于齐、晋。而越大破吴,因而留围之三年,吴师败,越遂复栖吴王于姑苏之山。吴王使公孙雄肉袒膝行而前,请成越王曰:"孤臣夫差敢布腹心,异日尝得罪于会稽,夫差不敢逆命,得与君王成以归。今君王举玉趾而诛孤臣,孤臣惟命是听,意者亦欲如会稽之赦孤臣之罪乎?"句践不忍,欲许之。范蠡曰:"会稽之事,天以越赐吴,吴不取。今天以吴赐越,越其可逆天乎?且夫君王蚤朝晏罢,非为吴邪?谋之二十二年,一旦而弃之,可乎?且夫天与弗取,反受其咎。'伐柯者其则不远',君忘会稽之厄乎?"句践曰:"吾欲听子言,吾不忍其使者。"范蠡乃鼓进兵,曰:"王已属政于执事,使者去,不者且得罪。"吴使者泣而去。句践怜之,乃使人谓吴王曰:"吾置王甬东,君百家。"吴王谢曰:"吾老矣,不能事君王!"遂自杀。乃蔽其面,曰:"吾无面以见子胥也!"越王乃葬吴王而诛太宰嚭。

句践已平吴,乃以兵北渡淮,与齐、晋诸侯会于徐州,致贡于周。周元王使人赐句践胙,命为伯。句践已去,渡淮南,以淮上地与楚,归吴所侵宋地于宋,与鲁泗东方百里。当是时,越兵横行于江、淮东,诸侯毕贺,号称霸王。

范蠡遂去,自齐遗大夫种书曰:"蜚鸟尽,良弓藏;狡兔死,走狗烹。越王为人长颈鸟喙,可与共患难,不可与共乐。子何不去?"种见书,称病不朝。人或谗种且作乱,越王乃赐种剑曰:"子教寡人伐吴七术,寡人用其三而败吴,其四在子,子为我从先王试之。"种遂自杀。

句践卒,子王鼫与立。王鼫与卒,子王不寿立。王不寿卒,子王翁立。王翁卒,子王翳立。王翳卒,子王之侯立。王之侯卒,子王无彊立。

王无彊时,越兴师北伐齐,西伐楚,与中国争强。当楚威王之时,越北伐齐,齐威王使人说越王曰:"越不伐楚,大不王,小不伯。图越之所为不伐楚者,为不得晋也。韩、魏固不攻楚。韩之攻楚,覆其军,杀其将,则叶、阳翟危;魏亦覆其军,杀其将，则陈、上蔡不安。故二晋之事越也，不至于覆军杀将，马汗之力不效。所重于得晋者何也？"越王曰："所求于晋者，不至顿刃接兵，而况于攻城围邑乎？愿魏以聚大梁之下，愿齐之试兵南阳莒地，以聚常、郯之境，则方城之外不南，淮、泗之间不东，商、於、析、郦、宗胡之地，夏路以左，不足以备秦，江南、泗上不足以待越矣。则齐、秦、韩、魏得志于楚也，是二晋不战而分地，不耕而获之。不此之为，而顿刃于河山之间以为齐秦用，所待者如此其失计，奈何其以此王也！"齐使者曰："幸也越之不亡也！吾不贵其用智之如目，见豪毛而不见其睫也。今王知晋之失计，而不自知越之过，是目论也。王所待于晋者，非有马汗之力也，又非可与合军连和也，将待之以分楚众也。今楚众已分，何待于晋？"越王曰："奈何？"曰："楚三大夫张九军，北围曲沃、於中，以至无假之关者三千七百里，景翠之军北聚鲁、齐、南阳，分有大此者乎？且王之所求者，斗晋楚也；晋楚不斗，越兵不起，是知二五而不知十也。此时不攻楚，臣以是知越大不王，小不伯。复雠、庞、长沙，楚之粟也；竟泽陵，楚之材也。越窥兵通无假之关，此四邑者不上贡事于郢矣。臣闻之，图王不王，其敝可以伯。然而不伯者，王道失也。故愿大王之转攻楚也。"

于是越遂释齐而伐楚。楚威王兴兵而伐之，大败越，杀王无彊，尽取故吴地至浙江，北破齐于徐州。而越以此散，诸族子争立，或为王，或为君，滨于江南海上，服朝于楚。

后七世，至闽君摇，佐诸侯平秦。汉高帝复以摇为越王，以奉越后。东越，闽君，皆其后也。

范蠡事越王句践，既苦身戮力，与句践深谋二十余年，竟灭吴，报会稽之耻，北渡兵于淮以临齐、晋，号令中国，以尊周室，句践以霸，而范蠡称上将军。还反国，范蠡以为大名之下，难以久居，且句践为人可与同患，难与处安，为书辞句践曰："臣闻主忧臣劳，主辱臣死。昔者君王辱于会稽，所以不死，为此事也。今既以雪耻，臣请从会稽之诛。"句践曰："孤将与子分国而有之。不然，将加诛于子。"范蠡曰："君行令，臣行意。"乃装其轻宝珠玉，自与其私徒属乘舟浮海以行，终不反。于是句践表会稽山以为范蠡奉邑。

范蠡浮海出齐，变姓名，自谓鸱夷子皮，耕于海畔，苦身戮力，父子治产。居无几何，致产数十万。齐人闻其贤，以为相。范蠡喟然叹曰："居家则致千金，居官则至卿相，此布衣之极也。久受尊名，不祥。"乃归相印，尽散其财，以分与知友乡党，而怀其重宝，间行以去，止于陶，以为此天下之中，交易有无之路通，为生可以致富矣。于是自谓陶朱公。复约要父子耕畜，废居，候时转物，逐什一之利。居无何，则致赀累巨万。天下称陶朱公。

朱公居陶，生少子。少子及壮，而朱公中男杀人，囚于楚。朱公曰："杀人而死，职也。然吾闻千金之子不死于市。"告其少子往视之。乃装黄金千溢，置褐器中，载以一牛车。且遣其少子，朱公长男固请欲行，朱公不听。长男曰："家有长子曰家督，今弟有罪，大人不遣，乃遣少弟，是吾不肖。"欲自杀。其母为言曰："今遣少子，未必能生中子也，而先空亡长男，奈何？"朱公不得已而遣长子，为一封书遗故所善庄生。曰："至则进千金于庄生所，听其所为，慎无与争事。"长男既行，亦自私赍数百金。

至楚，庄生家负郭，披藜藋到门，居甚贫。然长男发书进千金，如其父言。庄生曰："可疾去矣，慎毋留！即弟出，勿问所以然。"

长男既去，不过庄生而私留，以其私赍献遗楚国贵人用事者。

庄生虽居穷阎，然以廉直闻于国，自楚王以下皆师尊之。及朱公进金，非有意受也，欲以成事后复归之以为信耳。故金至，谓其妇曰："此朱公之金。有如病不宿诫，后复归，勿动。"而朱公长男不知其意，以为殊无短长也。

庄生间时入见楚王，言"某星宿某，此则害于楚"。楚王素信庄生，曰："今为奈何？"庄生曰："独以德为可以除之。"楚王曰："生休矣，寡人将行之。"王乃使使者封三钱之府。楚贵人惊告朱公长男曰："王且赦。"曰："何以也？"曰："每王且赦，常封三钱之府。昨暮王使使封之。"朱公长男以为赦，弟固当出也，重千金虚弃庄生，无所为也，乃复见庄生。庄生惊曰："若不去邪？"长男曰："固未也。初为事弟，弟今议自赦，故辞生去。"庄生知其意欲复得其金，曰："若自入室取金。"长男即自入室取金持去，独自欢幸。

庄生羞为儿子所卖，乃入见楚王曰："臣前言某星事，王言欲以修德报之。今臣出，道路皆言陶之富人朱公之子杀人囚楚，其家多持金钱赂王左右，故王非能恤楚国而赦，乃以朱公子故也。"楚王大怒曰："寡人虽不德耳，奈何以朱公之子故而施惠乎！"令论杀朱公子，明日遂下赦令。朱公长男竟持其弟丧归。

至，其母及邑人尽哀之，唯朱公独笑，曰："吾固知必杀其弟也！彼非不爱其弟，顾有所不能忍者也。是少与我俱，见苦，为生难，故重弃财。至如少弟者，生而见我富，乘坚驱良逐狡兔，岂知财所从来，故轻弃之，非所惜者。前日吾所为欲遣少子，固为其能弃财故也。而长者不能，故卒以杀其弟，事之理也，无足悲者。吾日夜固以望其丧之来也。"

故范蠡三徙，成名于天下，非苟去而已，所止必成名。卒老死于陶,故世传曰陶朱公。

太史公曰:禹之功大矣,渐九川,定九州,至于今诸夏艾安。及苗裔句践,苦身焦思,终灭强吴,北观兵中国,以尊周室,号称霸王。句践可不谓贤哉!盖有禹之遗烈焉。范蠡三迁皆有荣名,名垂后世。臣主若此,欲毋显得乎!

译文:

越王句践,他的祖先是禹的后代,是夏后帝少康的庶子,被封在会稽,以祭祀和守护禹的宗庙。他们身刺花纹,头剪短发,斩草辟荒,在那里建立了城邑。这以后传了二十多代,到了允常。当允常在位的时候,与吴王阖庐因战争结下仇怨而互相征伐。允常死后,他的儿子句践即位,这就是越王。

元年,吴王阖庐听到越王允常去世的消息,便起兵征伐越国。越王句践派敢死的武士前去挑战,队伍排成三行,走到吴军阵地前,大叫一声就自杀了。正当吴军注意观看这一举动的时候,越军乘机突然袭击吴军。吴军在檇李这个地方被打败了,吴王阖庐也被箭射成重伤。阖庐临终的时候,告诫他的儿子夫差说:"一定不要忘记对越国的仇恨!"

三年,句践听说吴王夫差日夜练兵,准备报复越国,就打算在吴国尚未兴师时征伐他们。范蠡劝谏说:"不能这样做。我听说,兵器是不吉利的东西,战争是违反道义的行为,争斗是最坏的事情,企图违背道义,喜欢使用凶器,亲身去做坏事,是上天所不允许的,做这样的事是不会有好处的。"越王说:"我的决心已经下定了。"于是就发兵了。吴王闻讯后,全部出动精锐部队打击越军,在夫椒山把越军打败。越王只好带着残存的五千人马退守在会稽山上，吴王率兵追来并包围了越军。

越王对范蠡说："我因为没听你的劝告，所以弄到了这般地步，该怎么办呢？"范蠡回答说："能够不骄傲自满的，就可以得到天助；能够使国家转危为安的，就可以得人心；能够简省节约的，就可以得地利。以谦卑的言辞给他们送去丰厚的礼品，如果还不肯讲和的话，就用你的身子去同他们换取妥协。"句践说："好吧。"便命令大夫文种去到吴军营寨求和。文种跪在地上，一边匍匐一边叩头说："大王的亡命之臣句践派属官文种向您手下的官员报告：句践请求做您的臣子，他的妻子做您的侍妾。"吴王准备答应文种的要求。伍子胥对吴王说："天把越国赐给吴国，不要答应他们。"文种回来后，把上述情况报告给句践。句践绝望地想杀死妻子儿女，烧毁珍宝器物，孤注一掷去战死。文种劝阻句践说："吴国太宰伯嚭贪财，可以用重利来诱使他帮忙。请让我单独秘密去见他。"于是，句践便让文种悄悄地把美女珠宝献给吴国太宰伯嚭。伯嚭接受了贿赂，就带文种去见吴王。文种顿首致礼后说："希望大王宽赦句践的罪过，他将把所有的珍宝器物都献给您。如果不幸不能赦免的话，句践打算全部杀掉他的妻子儿女，烧毁所有珍宝，以仅有的五千人决一死战，那一定会有相应的结果。"伯嚭因而劝吴王说："越国已经降服为臣子了，如果宽赦了他们，这对我国是有利的。"吴王打算答应下来。伍子胥进谏道："现在不灭越，以后一定要后悔。句践是贤明的国君，文种、范蠡是忠良的大臣，如果让他们返回越国，将会造成叛乱。"吴王不听伍子胥的劝谏，最终还是赦免了越国，停止作战返回吴国。

句践被围困在会稽山的时候，叹息说："我难道就要死在这里了吗？"文种说："商汤被桀囚禁在夏台，文王被纣囚禁在羑里，晋公子重耳亡命翟国，齐公子小白逃到莒国，最终都成就了王霸之业。由此看来，哪能一定就说不是一种福气呢？"

吴国赦免了越国之后，越王句践回到越国，便苦身励志，发愤图强，在座旁悬挂一个苦胆，不论坐卧都能看到苦胆，吃饭时也要尝一尝苦胆，向自己发问："你忘记会稽之耻了吗？"自己亲身躬耕，夫人也亲手纺织，不吃两种荤菜，不穿两种色彩的衣服，礼贤下士，优厚待客，赈济贫民，慰问遭丧人家，与百姓同甘共苦。句践想让范蠡治理国政，范蠡回答说："在带兵打仗方面，文种不如我，但在能使国家安定，人民拥戴方面，我不如文种。"因此，句践就把国政全部交给文种大夫管理，而让范蠡与大夫柘稽去吴国作求和人质。两年后，吴国放回了范蠡。

句践从会稽返回已经七年，这期间他安抚官吏百姓，想以此向吴国复仇。大夫逢同进谏说："国家刚刚经历流离失所之苦，现在才重新富足起来，如果现在就整治武备，吴国一定恐惧，一恐惧，战争的灾难就一定会降临。况且猎鹰在出击之前，必先隐蔽好自己。现在吴国向齐、晋两国兴兵，又同楚、越两国结下深怨。在天下威名赫赫，实际上对周王室形成了威胁，德行少而战功多，必然会过分矜傲。为越国着想，不如结交齐国，亲近楚国，随附晋国，而在外表却更尊重吴国。吴国野心膨胀，必然会轻易地发动战争。这就使我们把握时势，在三国伐吴之时，越国乘其疲困进攻，就可以攻克了。"句践说："好。"

过了二年，吴王准备征伐齐国，伍子胥进谏说："不行。我听说句践不吃两样菜，与百姓同甘共苦。这个人不死，必然会成为我国的后患。吴国有越国存在，是腹心之疾，而齐国对于吴国来说，则不过是表面上的皮肤病。希望大王把齐国先放在一边，先讨伐越国。"吴王不听，于是便讨伐齐国，把齐国打败在艾陵，俘虏了高昭子和国惠子凯旋。回来后，吴王责备伍子胥，伍子胥说："大王不要高兴！"吴王发怒，伍子胥打算自杀。吴王听说后制止了。越国大夫文种说："我看吴王正处于骄傲自大的状态中，请试探一下，向他借粮，来观察一下他对越国有无戒心。"于是就向吴国请求借粮。吴王准备借给，伍子胥劝谏不要借给，吴王到底还是借给了越国，越国便暗自高兴。伍子胥说："大王不听谏言，三年之后，吴国恐怕就要变成一片废墟了。"太宰伯嚭听说了此事，便在讨论越国问题时多次故意与伍子胥发生争执。因而向吴王进谗言谮毁伍子胥说："伍员貌似忠厚，实际上是个心肠残忍的人，他连自己父兄的死活都不顾，难道还能顾及大王您吗？大王上次准备讨伐齐国，伍员横加阻拦，不久伐齐成功，他又反过来拿这件事来指责大王。大王如不防备伍员，伍员一定会作乱。"并同逢同一起谋划，向吴王进谗言。吴王起初不听，便派伍子胥出使齐国。后来听说他把儿子托付给齐国大夫鲍氏抚养，吴王大怒，说："伍员果然在欺骗我！"伍子胥出使回来后，吴王派人赐给伍子胥属镂剑，让他自杀。伍子胥大笑说："我使你父亲成就了霸业，我又拥立你为王，你最初把吴国分一半给我，我不接受就算了，现在反而听信谗言杀我。可叹呀！可叹呀！你孤家寡人是一定不能独立长久的！"并且告诉来的人说："一定要把我的眼睛取下来放在吴都东门上，我要看着越兵打进来！"从此，吴王让太宰嚭管理国政。

过了三年，句践叫来范蠡问道："吴王已经杀了伍子胥，周围尽是些阿谀奉承的人，可以讨伐了吗？"回答说："不行。"

到了第二年春天，吴王北上在黄池与诸侯会盟，吴国的精兵都随从吴王去了，只剩下老弱兵将和太子在国内留守。句践又问范蠡能否讨伐，范蠡说可以了。于是兴发水兵二千人，训练有素的士兵四万人，国君的禁卫部队六千人，担任各种职务的军官一千人，讨伐吴国。吴军战败，杀死了吴国太子。国内向吴王告急，吴王正在黄池与诸侯会盟，怕天下诸侯知道这件事，就把消息隐瞒下来。直到吴王在黄池与各国签订盟约后，才派人送厚礼去向越国求和。越国估计还一时不能够灭吴，便同吴国讲和了。

又过了四年，越国再次伐吴。吴国的士兵和百姓这时都已疲困不堪，精兵全都战死在齐晋两国。所以，越军大破吴军，并乘势驻军在吴国境内围困了吴军三年，吴军战败，越军又将吴王围困在姑苏之山。吴王派公孙雄光着上身，屈膝来到越王面前求和说："罪臣夫差冒昧地向您陈述由衷之言，过去曾在会稽山得罪了您，夫差未曾敢违抗您的要求，让大王您平安地回国了。现在大王您即使举足诛杀罪臣，罪臣也一定服从。但我猜想您也能像会稽事件那样赦免我的罪过吧！"句践不忍心拒绝，打算答应他的要求。范蠡说："会稽那次，天把越国赐给吴国，吴国不要。现在天把吴国赐给了越国，越国难道还要违背天意吗？况且大王您天天一清早就上朝理政，直到很晚才休息，难道不就是为了灭吴吗？筹划了二十二年，一下子就把机会放弃了，能甘心吗？而且天已经赐给了还不要，反过来就要受害。'到山林中去砍伐做斧柄的材料，手里拿着的斧柄就是制作的榜样，不必远求。'您难道忘记了会稽山的灾难了吗？"句践说："我想听从你的话，但我又不忍心拒绝那个使者。"范蠡便击鼓进军，说道："大王已经把军政大权交给了我，使者赶快走，不然将受到惩罚。"吴国使者哭泣着离开了。句践动了恻隐之心，便派人对吴王说："我将您安置在甬东，去做一百户人的君主。"吴王谢绝道："我老啦，不能服侍大王了。"便自杀了。临死前遮住自己的脸说："我没脸见伍子胥呀！"于是，越王安葬了吴王，并杀掉了太宰伯嚭。

句践灭吴以后，便挥师北渡淮水，与齐、晋两国诸侯在徐州盟会，向周王室纳贡。周元王派人向句践赐胙，任命他为伯。句践离开徐州后，渡过淮水南归，把淮上一带割给楚国，把吴国过去侵占宋国的土地归还宋国，割给鲁国泗水东岸方圆百里。在那个时候，越国军队在长江和淮水以东畅行无阻，诸侯都来祝贺，号称句践为霸王。

范蠡在越王已成就霸业后便离开了越国，他从齐国捎给文种大夫一封信说："飞鸟一旦被猎尽，猎人就要把良弓收藏起来了，狡猾的兔一旦被打死，猎狗就要被人烹食了。越王长得鸟嘴长脖颈，可以同他共患难，却不可以同他共享乐，你为什么还不离开他？"文种看了这封信，便称病不再上朝了。有人向句践进谗言说文种要作乱，越王便赐给文种一把剑说："你教给我七条伐吴的计策，我只用了三条就把吴国打败了。那四条计策还在你那里，你为我跟着先王去试试它吧！"文种便自杀了。

句践去世后，他的儿子王鼫与即位。王鼫与去世后，他的儿子王不寿即位。王不寿去世后，他的儿子王翁即位。王翁去世后，他的儿子王之侯即位。王之侯去世后，他的儿子王无疆即位。

越王无疆在位期间，越国兴兵北向伐齐，西向伐楚，同中原各国争夺霸权。在楚威王即位的时候，越国北伐齐国，齐威王派人劝说越王："越国如果不讨伐楚国，往大了说，不能为王，往小了说，不能称伯。猜度越国之所以不讨伐楚国成的原因，是因为没有取得同晋的结盟。韩、魏本来就不打算进攻楚国。韩国如果攻楚，就会损兵折将，而且叶与阳翟两地就危险了。魏国如果攻楚，也会损兵折将，那么陈与上蔡就不稳定了。所以说，即便是二晋追随越国，也达不到去为越国攻楚而损兵折将的程度，不会效汗马之劳。那么，越国如此看重同晋的盟约是为什么呢？"

越王说:"要求晋与我们结盟,并不是让他们去交兵作战,更谈不上攻城围邑了。只希望魏国把兵驻扎于大梁城下,希望齐国出兵在南阳莒地一带演习,并屯兵于常、郯二地的边境。这样威慑的结果,将使楚国方城之将不敢南下伐越,淮河之间的楚兵不敢向东伐齐,对越国形成威胁。楚国的商、於、析、郦、宗胡等地以及夏路以西,就不足以抵御秦国,江南、泗上就不足以对抗越国了。齐、秦、韩、魏等国从楚分得利益,这就使二晋不经攻战而分得土地,不加耕耘而有收获。但魏、韩两国不做这些事,却在黄河、华山一带征战,来为齐秦两国所利用,我们所寄希望的人竟如此失策,想以此来称王称霸又怎么谈得到呢?"齐国的使者说:"越国没有灭亡真是万幸呀!我不认为那种像转动眼珠一样运用智慧,能看得见毫毛却看不见睫毛是值得看重的。现在大王知道晋的失策所在,对越国的失误却自己没有察觉。这就是刚才我用眼睛所作的比喻。大王所期待晋的,既不是让他们效汗马之劳,又不是与越国军队结成同盟,只是希望他们来分散牵制楚国的兵力。现在楚国的兵力已经分散了,还有什么期待于晋的呢?"越王问道:"为什么这样说?"回答说:"楚国屈、景、昭三姓大夫布置九军,北围曲沃、於中,一直到无假之关,共有三千七百里;景翠大夫的军队屯集在北面鲁、齐、南阳等处,兵力分散还有比这更大的吗?况且大王所冀求的是使晋楚相斗,晋楚如果不互相征伐,越国就不起兵,这是只知二五,而不知一十。这样好的时机不进攻楚国,我由此知道越国是大不足以称王,小不足以称伯的。再说,雠、庞、长沙等地是楚国的粮食产地,竟陵泽一带是楚国的木材产地,越国如果寻找机会用兵打通无假之关,那么这四邑就不能向楚国郢都进贡粮草物资了。我听说图谋称王而没达到,至少也可以称伯。然而不能称伯的原因,是由于策略上的失误。因此希望大王掉转兵锋,进攻楚国。"

于是,越国便放弃进攻齐国,转而征伐楚国。楚威王兴兵反攻越国,把越军打得大败,杀死了越王无疆,全部夺得了吴国旧地,一直达到浙江,北面在徐州击败齐国军队,而越国从此也散亡了。许多王室子孙争抢继位,有的称王,有的称君,在靠近长江以南的海滨居住,臣服朝拜于楚国。

以后过了七代,到了闽君摇,协助诸侯灭秦,汉高祖又把摇封为越王,来延续越国的后代。东越、闽君,都是他的后裔。

范蠡为越王句践服务,苦身励志,竭尽全力,与句践共同深筹远谋了二十余年,终于灭掉了吴国,报了会稽之耻。然后挥师北渡淮水,兵临齐、晋,在中原发号施令,来尊崇周王室,句践由此称霸中原,而范蠡也被称作上将军。返回越国之后,范蠡认为负有过大的名声,难以同句践长期相处。况且句践的为人,是可以与他共患难,难以同他共安乐。因此,向句践写信告辞说:"我听说主上忧虑,臣子应当替主上承担;主上被侮辱,臣下应当替主上去死。过去大王在会稽受辱,我之所以不死的原因,就是为了有今天。现在既然已经雪耻,我请求让我为大王曾受侮辱而死。"句践说:"我将同你分割国土,每人都有一份。你不同意这样做的话,我就杀了你。"范蠡说:"君王发布命令,臣下按照君王的旨意行事。"于是就装上他的细软珠宝,独自同他手下的人一起乘船渡海走了,始终没有返回。于是句践降诏分封会稽山作为供奉范蠡的城邑。

范蠡渡海来到齐国,改变了姓名,自称叫鸱夷子皮,在海滨耕耘,亲自尽力劳作,父子整治家产。过了不久,就达到了数十万的家业。齐国人听说了他的贤明名声,就推他为丞相。范蠡喟然感叹道:"居家治产就获得千金,做官就达到了卿相,这是一个老百姓的顶点了。长期享有尊崇的名声,这是不祥之兆。"于是就归还了相印,把他的财产都分散出去,分送给知己的朋友和邻里乡亲,然后带着贵重的东西,悄悄地离去了,定居在陶地。范蠡认为这个地方是天下的中心,经商贸易的途径多,在这里谋生可以致富。于是自称陶朱公,再次苦身励志,父子同耕垄亩,牧养牲畜。把卖价低的东西先贮存起来,等到市场缺乏时卖出去,来争取获得十分之一的余利。过了没多久,就获得了亿万资产。天下人都称道陶朱公。

朱公住在陶地的时候,生了小儿子。当小儿子长大的时候,朱公的二儿子因杀人被囚禁在楚国。朱公说:"杀人偿命,理当如此。但我听说家有千金的孩子,可以不在大庭广众的市场上被处死。"便告诉他的小儿子前去探视。并拿不显眼的粗糙器具装了千镒黄金,用一辆牛车拉着。准备打发他的小儿子去的时候,朱公的大儿子非要去不可。朱公不让,大儿子说:"家中长子可以称得上是管家,现在弟弟获罪,大人不派兄长去,而让小弟弟去,这是因为我不好呀!"于是就要自杀。他的母亲发话了:"现在让小儿子去,也不见得就能救活二儿子,但却白白地叫大儿子丧了命,如何是好?"朱公没办法,只好让大儿子去了,并写了一封信让他带给旧日的朋友庄生,嘱咐道:"到了那里就把这一千金交给庄生,他要怎么办就怎么办,千万小心不要同他争辩!"大儿子上了路,还私下带了几百镒金。

到了楚国,见到庄生家的房子靠近城墙,需要拨开荒草才能走到门口,生活很贫困。大儿子按照他父亲所说的拿出信件,把千金交给庄生,庄生说:"你快走吧,切勿逗留;即使你弟弟被释放了,也不要问是为什么。"大儿子离开后,没再拜访庄生,却私自逗留在楚国。用他私下带来的那部分钱来贿赂楚国当权的贵族。

庄生尽管住在穷巷，但以廉洁正直闻名国内，从楚王以下都把他尊奉为老师。当朱公给他送钱的时候，他并没有意接受，打算事成之后再还给朱公，表明信誉。所以收到钱的时候，对他的妻子说："这是朱公的钱，就像有病不能预测什么时候好一样，以后说不上什么时候要奉还给他，请不要动用。"但朱公的大儿子不知道庄生的意图，认为把钱交给庄生没什么用。

庄生寻机入宫拜见楚王，说某个星宿出现在某个位置上，这对楚国有害。楚王向来相信庄生的话，就问："现在对它怎么办？"庄生说："只有用恩德才能消除灾难。"楚王说："庄生放心吧，我将行德政。"楚王便派使者密封了贮存各种钱币的府库。楚国的那个当权的贵族惊喜地告诉朱公的长子说："楚王将要进行赦免了。"问道："从何说起呢？"回答说："每次楚王临行赦免以前，总要密封金库，以免有人乘机抢劫。昨天傍晚楚王派人去密封金库了。"朱公长子认为既然赦免，弟弟自然会被释放，而那么多的钱白白扔到庄生那里了，没起什么作用。就又去见庄生，庄生惊讶地问："你没有走呀？"朱公长子说："本来就没走，开始是为了照顾弟弟，弟弟现在人们都说要被自行赦免，所以来向先生辞行。"庄生明白他的用意是想再要回那笔钱，就说："你自己进屋里把钱拿走。"朱公长子就自己进握把钱拿走了，并且一个人暗自得意。

庄生对被后生小子愚弄很羞恼，便进宫拜见楚王说："我上次说了某星宿不祥一事，大王说要行德政来改变它，现在我在外面走，路上纷纷议论陶地富翁朱公的儿子因杀人被监禁在楚国，而他家里多次拿钱来贿赂大王手下的大臣，因此认为大王不是为了挽救楚国才大赦的，而是因为朱公儿子的缘故。"楚王大怒，说道："我虽然无德，但怎么会单单因为朱公儿子的缘故而施恩呢？"就下令杀了朱公的儿子，第二天便发布了大赦令。朱公长子最后是带着弟弟的丧讯而归。

回家后，他母亲和乡里人都很悲伤。唯独朱公笑着说："我本来就知道他一定是会使他弟弟丧命的。他并不是不爱他的弟弟，只是因为有不忍割舍的东西。这是因为他从小就同我一起受苦，为生计所窘迫，所以把破财看得很重。至于他的小弟弟，一生下来就处于我富裕的时候，乘着坚固的车子，驾驭良马，追逐狡兔，哪知道钱是从哪来的，所以会轻易舍弃，一点也不吝惜。最初我之所以想派小儿子去，就是因为他能轻易舍财的缘故。而长子却做不到这一点，致使最终使弟弟丧了命。事情必然会发展到这一步，没有什么可悲伤的，我白天晚上本来就是在等待着这个丧讯的到来呢！"

所以说，范蠡三次迁徙，在天下成了名，并非仅仅是避名离开而已，所到一处，又一定会在那里成名。最后在陶地老死，所以世人相传叫他陶朱公。

太史公说：禹的功绩很大呀，疏导九川，安定九州，直到今天中原太平无事。到了他的后代句践，苦身励志，终于消灭了强大的吴国，北上陈兵中原，来尊崇周王室，被称为霸主，句践能说不贤明吗？大概在他身上还存有禹的遗风余烈吧！范蠡三迁都获得了荣耀的声名，名垂后世。臣子君主如果像他们这样，即便自己不想显赫，难道可能吗？

史记卷四十二

郑世家第十二

郑桓公友者，周厉王少子而宣王庶弟也。宣王立二十二年，友初封于郑。封三十三岁，百姓皆便爱之。幽王以为司徒。和集周民，周民皆说，河、雒之间，人便思之。为司徒一岁，幽王以褒后故，王室治多邪，诸侯或畔之。于是桓公问太史伯曰："王室多故，予安逃死乎？"太史伯对曰："独雒之东土，河、济之南可居。"公曰："何以？"对曰："地近虢、郐，虢、郐之君贪而好利，百姓不附。今公为司徒，民皆爱公，公诚请居之，虢、郐之君见公方用事，轻分公地。公诚居之，虢、郐之民皆公之民也。"公曰："吾欲南之江上，何如？"对曰："昔祝融为高辛氏火正，其功大矣，而其于周未有兴者，楚其后也。周衰，楚必兴。兴，非郑之利也。"公曰："吾欲居西方，何如？"对曰："其民贪而好利，难久居。"公曰："周衰，何国兴者？"对曰："齐、秦、晋、楚乎！夫齐，姜姓，伯夷之后也，伯夷佐尧典礼。秦，嬴姓，伯翳之后也，伯翳佐舜怀柔百物。及楚之先，皆尝有功于天下。而周武王克纣后，成王封叔虞于唐，其地阻险，以此有德与周衰并，亦必兴矣。"桓公曰："善。"于是卒言王，东徙其民雒东，而虢、郐果献十邑，竟国之。

二岁，犬戎杀幽王于骊山下，并杀桓公。郑人共立其子掘突，是为武公。

武公十年，娶申侯女为夫人，曰武姜。生太子寤生，生之难，及生，夫人弗爱。后生少子叔段，段生易，夫人爱之。二十七年，武公疾。夫人请公，欲立段为太子，公弗听。是岁，武公卒，寤生立，是为庄公。

庄公元年，封弟段于京，号太叔。祭仲曰："京大于国，非所以封庶也。"庄公曰："武姜欲之，我弗敢夺也。"段至京，缮治甲兵，与其母武姜谋袭郑。二十二年，段果袭郑，武姜为内应。庄公发兵伐段，段走。伐京，京人畔段，段出走鄢。鄢溃，段出奔共。于是庄公迁其母武姜于城颍，誓言曰："不至黄泉，毋相见也。"居岁余，已悔思母。颍谷之考叔有献于公，公赐食。考叔曰："臣有母，请君食赐臣母。"庄公曰："我甚思母，恶负盟，奈何？"考叔曰："穿地至黄泉，则相见矣。"于是遂从之，见母。

二十四年，宋缪公卒，公子冯奔郑。郑侵周地，取禾。二十五年，卫州吁弑其君桓公自立，与宋伐郑，以冯故也。二十七年，始朝周桓王。桓王怒其取禾，弗礼也。二十九年，庄公怒周弗礼，与鲁易祊、许田。三十三年，宋杀孔父。三十七年，庄公不朝周，周桓王率陈、蔡、虢、卫伐郑。庄公与祭仲、高渠弥发兵自救，王师大败。祝聸中王臂。祝聸请从之，郑伯止之，曰："犯长且难之，况敢陵天子乎？"乃止。夜令祭仲问王疾。

三十八年，北戎伐齐，齐使求救，郑遣太子忽将兵救齐。齐釐公欲妻之，忽谢曰："我小国，非齐敌也。"时祭仲与俱，劝使取之，曰："君多内宠，太子无大援将不立，三公子皆君也。"所谓三公子者，太子忽，其弟突，次弟子亹也。

四十三年，郑庄公卒。初，祭仲甚有宠于庄公，庄公使为卿；公使娶邓女，生太子忽，故祭仲立之，是为昭公。

庄公又娶宋雍氏女，生厉公突。雍氏有宠于宋。宋庄公闻祭仲之立忽，乃使人诱召祭仲而执之，曰："不立突，将死。"亦执突以求赂焉。祭仲许宋，与宋盟，以突归，立之。昭公忽闻祭仲以宋要立其弟突，九月丁亥，忽出奔卫。己亥，突至郑，立，是为厉公。

厉公四年，祭仲专国政，厉公患之，阴使其婿雍纠欲杀祭仲。纠妻，祭仲女也，知之，谓其母曰："父与夫孰亲？"母曰："父一而已，人尽夫也。"女乃告祭仲，祭仲反杀雍纠，戮之于市。厉公无奈祭仲何，怒纠曰："谋及妇人，死固宜哉！"夏，厉公出居边邑栎。祭仲迎昭公忽。六月乙亥，复入郑，即位。

秋，郑厉公突因栎人杀其大夫单伯，遂居之。诸侯闻厉公出奔，伐郑，弗克而去。宋颇予厉公兵，自守于栎，郑以故亦不伐栎。

昭公二年，自昭公为太子时，父庄公欲以高渠弥为卿，太子忽恶之，庄公弗听，卒用渠弥为卿。及昭公即位，惧其杀己。冬十月辛卯，渠弥与昭公出猎，射杀昭公于野。祭仲与渠弥不敢入厉公，乃更立昭公弟子亹为君，是为子亹也，无谥号。

子亹元年七月，齐襄公会诸侯于首止。郑子亹往会，高渠弥相，从，祭仲称疾不行。所以然者，子亹自齐襄公为公子之时，尝会斗，相仇，及会诸侯，祭仲请子亹无行。子亹曰："齐强，而厉公居栎，即不往，是率诸侯伐我，内厉公。我不如往，往何遽必辱，且又何至是！"卒行。于是祭仲恐齐并杀之，故称疾。子亹至，不谢齐侯，齐侯怒，遂伏甲而杀子亹。高渠弥亡归，归与祭仲谋，召子亹弟公子婴于陈而立之，是为郑子。是岁，齐襄公使彭生醉拉杀鲁桓公。

郑子八年，齐人管至父等作乱，弑其君襄公。十二年，宋人长万弑其君湣公。郑祭仲死。

十四年，故郑亡厉公突在栎者使人诱劫郑大夫甫假，要以求入。假曰："舍我，我为君杀郑子而入君。"厉公与盟，乃舍之。六月甲子，假杀郑子及其二子而迎厉公突，突自栎复入即位。初，内蛇与外蛇斗于郑南门中，内蛇死。居六年，厉公果复入。入而让其伯父原曰："我亡国外居，伯父无意入我，亦甚矣。"原曰："事君无二心，人臣之职也。原知罪矣。"遂自杀。厉公于是谓甫假曰："子之事君有二心矣。"遂诛之。假曰："重德不报，诚然哉！"

厉公突后元年，齐桓公始霸。

五年，燕、卫与周惠王弟颓伐王，王出奔温，立弟颓为王。六年，惠王告急郑，厉公发兵击周王子颓，弗胜，于是与周惠王归，王居于栎。七年春，郑厉公与虢叔袭杀王子颓而入惠王于周。

秋，厉公卒，子文公踕立。厉公初立四岁，亡居栎，居栎十七岁，复入，立七岁，与亡凡二十八年。

文公十七年，齐桓公以兵破蔡，遂伐楚，至召陵。

二十四年，文公之贱妾曰燕姞，梦天与之兰，曰："余为伯儵。余，尔祖也。以是为而子，兰有国香。"以梦告文公，文公幸之，而予之草兰为符。遂生子，名曰兰。

三十六年，晋公子重耳过，文公弗礼。文公弟叔詹曰："重耳贤，且又同姓，穷而过君，不可无礼。"文公曰："诸侯亡公子过者多矣，安能尽礼之！"詹曰："君如弗礼，遂杀之；弗杀，使即反国，为郑忧矣。"文公弗听。

三十七年春，晋公子重耳反国，立，是为文公。秋，郑入滑，滑听命，已而反与卫，于是郑伐滑。周襄王使伯服请滑。郑文公怨惠王之亡在栎，而文公父厉公入之，而惠王不赐厉公爵禄，又怨襄王之与卫、滑，故不听襄王请而囚伯服。王怒，与翟人伐郑，弗克。冬，翟攻伐襄王，襄王出奔郑，郑文公居王于氾。三十八年，晋文公入襄王成周。

四十一年，助楚击晋。自晋文公之过无礼，故背晋助楚。四十三年，晋文公与秦穆公共围郑，讨其助楚攻晋者，及文公过时之无礼也。初，郑文公有三夫人，宠子五人，皆以罪蚤死。公怒，溉逐群公子。子兰奔晋，从晋文公围郑。时兰事晋文公甚谨，爱幸之，乃私于晋，以求入郑为太子。晋于是欲得叔詹为僇郑文公恐，不敢谓叔詹言。詹闻，言于郑君曰："臣谓君，君不听臣，晋卒为患。然晋所以围郑，以詹。詹死而赦郑国，詹之愿也。"乃自杀。郑人以詹尸与晋。晋文公曰："必欲一见郑君，辱之而去。"郑人患之，乃使人私于秦曰："破郑益晋，非秦之利也。"秦兵罢。晋文公欲入兰为太子，以告郑。郑大夫石癸曰："吾闻姞姓乃后稷之元妃，其后当有兴者。子兰母，其后也。且夫人子尽已死，余庶子无如兰贤。今围急，晋以为请，利孰大焉！"遂许晋，与盟，而卒立子兰为太子，晋兵乃罢去。

四十五年，文公卒，子兰立，是为缪公。

缪公元年春，秦缪公使三将将兵欲袭郑，至滑，逢郑贾人弦高诈以十二牛劳军，故秦兵不至而还。晋败之于崤。初，往年郑文公之卒也，郑司城缯贺以郑情卖之，秦兵故来。三年，郑发兵从晋伐秦，败秦兵于汪。往年楚太子商臣弑其父成王代立。

二十一年，与宋华元伐郑。华元杀羊食士，不与其御羊斟，怒以驰郑，郑囚华元。宋赎华元，元亦亡去。晋使赵穿以兵伐郑。

二十二年，郑缪公卒，子夷立，是为灵公。

灵公元年春，楚献鼋于灵公。子家、子公将朝灵公，子公之食指动，谓子家曰："佗日指动，必食异物。"及入见灵公，进鼋羹，子公笑曰："果然！"灵公问其笑故，具告灵公。灵公召之，独弗予羹。子公怒，染其指，尝之而出。公怒，欲杀子公。子公与子家谋，先。夏，弑灵公。郑人欲立灵公弟去疾，去疾让曰："必以贤，则去疾不肖；必以顺，则公子坚长。"坚者，灵公庶弟，去疾之兄也。于是乃立子坚，是为襄公。

襄公立，将尽去缪氏。缪氏者，杀灵公子公之族家也。去疾曰："必去缪氏，我将去之。"乃止，皆以为大夫。

襄公元年，楚怒郑受宋赂纵华元，伐郑。郑背楚，与晋亲。五年，楚复伐郑，晋来救之。六年，子家卒，国人复逐其族，以其弑灵公也。

七年，郑与晋盟鄢陵。八年，楚庄王以郑与晋盟，来伐，围郑三月，郑以城降楚。楚王入自皇门，郑襄公肉袒擎羊以迎，曰："孤不能事边邑，使君王怀怒以及弊邑，孤之罪也。敢不惟命是听。君王迁之江南，及以赐诸侯，亦惟命是听。若君王不忘厉、宣王，桓、武公，哀不忍绝其社稷，锡不毛之地，使复得改事君王，孤之愿也，然非所敢望也。敢布腹心，惟命是听。"庄王为却三十里而后舍。楚群臣曰："自郢至此，士大夫亦久劳矣。今得国舍之，何如？"庄王曰："所为伐，伐不服也。今已服，尚何求乎？"卒去。晋闻楚之伐郑，发兵救郑。其来持两端，故迟，比至河，楚兵已去。晋将率或欲渡，或欲还，卒渡河。庄王闻，还击晋。郑反助楚，大破晋军于河上。十年，晋来伐郑，以其反晋而亲楚也。

十一年，楚庄王伐宋，宋告急于晋。晋景公欲发兵救宋，伯宗谏晋君曰："天方开楚，未可伐也。"乃求壮士，得霍人解扬，字子虎，诓楚，令宋毋降。过郑，郑与楚亲，乃执解扬而献楚。楚王厚赐与约，使反其言，令宋趣降，三要乃许。于是楚登解扬楼车，令呼宋。遂负楚约而致其晋君命曰："晋方悉国兵以救宋，宋虽急，慎毋降楚，晋兵今至矣！"楚庄王大怒，将杀之。解扬曰："君能制命为义，臣能承命为信。受吾君命以出，有死无陨。"庄王曰："若之许我，已而背之，其信安在？"解扬曰："所以许王，欲以成吾君命也。"将死，顾谓楚军曰："为人臣无忘尽忠得死者！"楚王诸弟皆谏王赦之，于是赦解扬使归。晋爵之为上卿。

十八年，襄公卒，悼公㵒立。

悼公元年，鄬公恶郑于楚，悼公使弟睔于楚自讼。讼不直，楚囚睔。于是郑悼公来与晋平，遂亲。睔私于楚子反，子反言归睔于郑。

二年，楚伐郑，晋兵来救。是岁，悼公卒，立其弟睔，是为成公。

成公三年，楚共王曰"郑成公孤有德焉"，使人来与盟。成公私与盟。秋，成公朝晋，晋曰"郑私平于楚"，执之。使栾书伐郑。四年春，郑患晋围，公子如乃立成公庶兄繻为君。其四月，晋闻郑立君，乃归成公。郑人闻成公归，亦杀君繻，迎成公。晋兵去。

十年，背晋盟，盟于楚。晋厉公怒，发兵伐郑，楚共王救郑。晋、楚战鄢陵，楚兵败，晋射伤楚共王目，俱罢而去。十三年，晋悼公伐郑，兵于洧上。郑城守，晋亦去。

十四年，成公卒，子恽立，是为釐公。

釐公五年，郑相子驷朝釐公，釐公不礼。子驷怒，使厨人药杀釐公，赴诸侯曰"釐公暴病卒"。立釐公子嘉，嘉时年五岁，是为简公。

简公元年，诸公子谋欲诛相子驷，子驷觉之，反尽诛诸公子。二年，晋伐郑，郑与盟，晋去。冬，又与楚盟。子驷畏诛，故两亲晋、楚。三年，相子驷欲自立为君，公子子孔使尉止杀相子驷而代之。子孔又欲自立。子产曰："子驷为不可，诛之，今又效之，是乱无时息也。"于是子孔从之而相郑简公。

四年，晋怒郑与楚盟，伐郑，郑与盟。楚共王救郑，败晋兵。简公欲与晋平，楚又囚郑使者。

十二年，简公怒相子孔专国权，诛之，而以子产为卿。十九年，简公如晋请卫君还，而封子产以六邑。子产让，受其三邑。二十二年，吴使延陵季子于郑，见子产如旧交，谓子产曰："郑之执政者侈，难将至，政将及子。子为政，必以礼；不然，郑将败。"子产厚遇季子。二十三年，诸公子争宠相杀，又欲杀子产。公子或谏曰："子产仁人，郑所以存者子产也，勿杀！"乃止。

二十五年，郑使子产于晋，问平公疾。平公曰："卜而曰实沈、台骀为祟，史官莫知，敢问。"对曰："高辛氏有二子，长曰阏伯，季曰实沈，居旷林，不相能也，日操干戈以相征伐。后帝弗臧，迁阏伯于商丘，主辰，商人是因，故辰为商星。迁实沈于大夏，主参，唐人是因，服事夏、商，其季世曰唐叔虞。当武王邑姜方娠大叔，梦帝谓己：'余命而子曰虞，乃与之唐，属之参而蕃育其子孙。'及生有文在其掌曰'虞'，遂以命之，及成王灭唐，而国大叔焉。故参为晋星。由是观之，则实沈，参神也。昔金天氏有裔子曰昧，为玄冥师，生允格、台骀。台骀能业其官，宣汾、洮，障大泽，以处太原。帝用嘉之，国之汾川。沈、姒、蓐、黄实守其祀。今晋主汾川而灭之。由是观之，则台骀，汾、洮神也。然是二者不害君身。山川之神，则水旱之灾禜之；日月星辰之神，则雪霜风雨不时禜之；若君疾，饮食哀乐女色所生也。"平公及叔向曰：

"善，博物君子也！"厚为之礼于子产。

二十七年夏，郑简公朝晋。冬，畏楚灵王之强，又朝楚，子产从。二十八年，郑君病，使子产会诸侯，与楚灵王盟于申，诛齐庆封。

三十六年，简公卒，子定公宁立。秋，定公朝晋昭公。

定公元年，楚公子弃疾弑其君灵王而自立，为平王。欲行德诸侯，归灵王所侵郑地于郑。

四年，晋昭公卒，其六卿强，公室卑。子产谓韩宣子曰："为政必以德，毋忘所以立。"

六年，郑火，公欲禳之。子产曰："不如修德。"

八年，楚太子建来奔。十年，太子建与晋谋袭郑。郑杀建，建子胜奔吴。

十一年，定公如晋。晋与郑谋，诛周乱臣，入敬王于周。

十三年，定公卒，子献公虿立。献公十三年卒，子声公胜立。当是时，晋六卿强，侵夺郑，郑遂弱。

声公五年，郑相子产卒，郑人皆哭泣，悲之如亡亲戚。子产者，郑成公少子也。为人仁爱人，事君忠厚。孔子尝过郑，与子产如兄弟云。及闻子产死，孔子为泣曰："古之遗爱也！"

八年，晋范、中行氏反晋，告急于郑，郑救之。晋伐郑，败郑军于铁。

十四年，宋景公灭曹。二十年，齐田常弑其君简公，而常相于齐。二十二年，楚惠王灭陈。孔子卒。

三十六年，晋知伯伐郑，取九邑。

三十七年，声公卒，子哀公易立。哀公八年，郑人弑哀公而立声公弟丑，是为共公。共公三年，三晋灭知伯。三十一年，共公卒，子幽公已立。幽公元年，韩武子伐郑，杀幽公。郑人立幽公弟骀,是为繻公。

鳌公十五年,韩景侯伐郑,取雍丘。郑城京。

十六年,郑伐韩,败韩兵于负黍。二十年,韩、赵、魏列为诸侯。二十三年,郑围韩之阳翟。

二十五年,郑君杀其相子阳。二十七年,子阳之党共弑繻公骀而立幽公弟乙为君,是为郑君。

郑君乙立二年,郑负黍反,复归韩。十一年,韩伐郑,取阳城。

二十一年,韩哀侯灭郑,并其国。

太史公曰:语有之,"以权利合者,权利尽而交疏",甫瑕是也。甫瑕虽以劫杀郑子内厉公,厉公终背而杀之,此与晋之里克何异?守节如荀息,身死而不能存奚齐。变所从来,亦多故矣!

译文:

郑桓公友,是周厉王的小儿子、周宣王的庶弟。周宣王在位第二十二年,友开始被封在郑。友受封后第三十三年,百姓都很安适而爱戴他。周幽王任命友为司徒。友团结安抚宗周百姓,宗周百姓都很高兴,连黄河与雒水之间的成周百姓也感安适而思慕他。友任司徒一年,周幽王因为宠幸褒后的缘故,朝廷政治颇多弊端,诸侯当中有的叛离周室。在这种情况下,郑桓公问太史伯道:"王室多难,我该往哪里去逃命呢?"太史伯回答说:"只有雒邑东土之地,黄河、济水的南边可以安居。"桓公又问:"为什么?"太史伯回答说:"那地方靠近虢国、郐国,虢国、郐国的君主贪婪好利,百姓不亲附他们。如今您担任司徒,百姓都爱戴您,您当真请求迁居那一带,虢国、郐国的君主看到您正身负要职，便会轻易分给您土地。您如果真的住到那里，虢国、郐国的百姓就都是您的百姓了。"桓公说："我想南下到长江之畔，怎么样？"太史伯回答说："从前祝融当高辛氏的火正，他的功劳很大，但其子孙在周朝没有兴盛的，而楚国是他的后裔啊。周朝衰败，楚国必定兴盛。楚国兴盛，不是对（要想在长江之畔立足的）郑国有利的事情。"桓公说："我想居住到西方去，怎么样？"太史伯回答说："那里的人贪心好利，难以长久居住。"桓公问："周朝衰落，什么国家会兴盛？"回答说："大概是齐国、秦国、晋国、楚国吧！那齐国，姜姓，是伯夷的后代，伯夷辅佐帝尧主管礼仪制度。秦国，嬴姓，是伯翳的后代，伯翳辅佐帝舜调理各类财物。齐国、秦国同楚国的先祖，都曾经对天下有很大功劳。（至于晋国，）周武王战胜商纣以后，周成王分封叔虞在唐，地势十分险要，凭借地利，又有德行，而同衰败的周室并存，也一定会兴盛。"郑桓公说："好。"于是就向周幽王提出请求，把他的百姓迁到雒邑东土，而虢国、郐国果然奉献十个邑，终于在那里立了国。

（郑桓公任司徒的）第二年，犬戎在骊山脚下杀死周幽王，同时杀死郑桓公。郑国人共同拥立他的儿子掘突为君，这就是郑武公。

郑武公十年，娶申侯之女为夫人，叫作武姜。她生下太子寤生，生得非常艰难，到生下来，夫人不喜欢。后来生下小儿子段叔，段叔生得很顺利，夫人喜欢他。二十七年，武公得病。夫人向武公请求，想立段为太子，武公不答应。这一年，郑武公去世，寤生即位，这就是郑庄公。

庄公元年，封其弟段于京，号称太叔。祭仲说："京城比都城大，不是用来封赐庶弟的地方。"庄公说："武姜要这样，我不能不给啊。"段到达京,修缮整治武器,同他的母亲武姜密谋偷袭国都。庄公二十二年,段果真袭击郑都,武姜做内应。庄公发兵攻伐段,段败奔。庄公又发兵攻伐京,京人反叛段,段出奔鄢。鄢溃败失守,段出奔共国。在这之后,庄公把他的母亲武姜迁居到城颍,立下誓言说:"不到黄泉,不再相见。"过了一年多,庄公后悔而思念母亲。颍谷的考叔有东西来进献给庄公,庄公赐予食物。考叔说:"臣下有母亲,请求国君将这食物赐给我的母亲。"庄公说:"我很想念母亲,但又厌恶背弃当初的誓约,怎么办呢?"考叔说:"您若挖一条地道到达黄泉,就可以再相见了。"于是庄公就听从考叔的话,(真的掘了隧道,)与母亲相见。

郑庄公二十四年,宋缪公去世,公子冯出奔到郑国。郑国军队侵犯成周之地,掳掠庄稼。二十五年,卫国州吁杀了他的国君桓公自立为君,与宋国军队一起攻伐郑国,因为(郑国收容)公子冯的缘故。二十七年,郑庄公开始朝觐周桓王。周桓王因恼怒郑国军队掳掠庄稼,便不加礼遇。二十九年,庄公恼怒周桓王不以礼相待,就擅自跟鲁国交换枋、许田。三十三年,宋国杀死孔父。三十七年,郑庄公不朝觐周天子,周桓王率领陈国、蔡国、虢国、卫国的军队攻伐郑国。庄公与大夫祭仲、高渠弥起兵自卫,周王率领的军队被打得大败。祝瞻发箭射中周桓王的胳膊。祝瞻请求追逐桓王,郑伯制止他,说:"冒犯尊长尚且感到恐惧,何况胆敢凌辱天子呢?"就收了兵。夜间郑庄公命令祭仲去问候桓王伤势。

郑庄公三十八年,北戎攻伐齐国,齐国使者前来请求救援,郑伯派遣太子忽率领军队援救齐国。齐釐公想把女儿嫁给太子忽,忽推辞说:"我们郑国是小国,不能与齐国般配啊。"当时祭仲与太子忽同行，劝说让他娶齐釐公的女儿，说："国君有许多宠幸的姬妾，太子您没有强大的外援，将来不容易即位，三位公子都是国君的人选啊。"所说的三位公子，是太子忽，他的大弟突，二弟子亹。

四十三年，郑庄公去世。当初，祭仲很得庄公的宠信，庄公让他为卿。庄公派祭仲出使为自己迎娶邓国之女，邓女生下太子忽，所以祭仲拥立太子忽继位，这就是郑昭公。

郑庄公还娶了宋国雍氏的女儿，生下厉公突。雍氏在宋国很得宠。宋庄公听说祭仲立忽为国君，就派人诱骗召来祭仲而扣留他，说："不立突为国君，就处死你。"同时也扣留突来索求贿赂。祭仲答应宋君的要求，同宋君订立盟约，带着突返归郑国，立他为君。昭公忽听说祭仲由于宋国的要挟立他的弟弟突为国君，就在九月丁亥这一天，忽出逃投奔卫国。己亥这天，突到达郑国国都，即君位，这就是郑厉公。

郑厉公四年，祭仲独揽国政，厉公忧虑这种状况，就暗中支使祭仲的女婿雍纠打算除掉祭仲。雍纠的妻子，是祭仲的女儿，知道了这件事，便对她的母亲说："父亲与丈夫相比，哪个更亲？"母亲说："父亲只有一个，而凡男人都可做你的丈夫。"女儿就把事情告诉祭仲。祭仲反而抢先杀了雍纠，并将他的尸体陈放在闹市示众。郑厉公对祭仲毫无办法，只能把怒气出到雍纠身上说："跟妇道人家商议大事，死得活该！"夏天，郑厉公出走，居住到边境都邑栎。祭仲迎回昭公忽。六月乙亥那天，昭公再次进入国都，就国君之位。

秋天，郑厉公突利用栎邑的人杀死守邑大夫单伯，就在栎邑定居下来。诸侯听说郑厉公出走外奔，就攻伐郑都，没能攻克而离去。宋国供给厉公很多武器，厉公自己守在栎，郑昭公因为这缘故也就不攻伐栎邑。

郑昭公二年，还在昭公做太子的时候，父亲庄公想用高渠弥为卿，太子忽憎恶高渠弥，庄公不加理睬，结果任用高渠弥为卿。及至昭公即位，高渠弥惧怕昭公杀自己。冬天十月辛卯这天，渠弥与昭公出去打猎，乘机在野外用箭射杀昭公。祭仲和渠弥不敢迎纳厉公，就改立昭公另一个弟弟子亹为国君，这就是子亹，没有谥号。

子亹元年七月，齐襄公在首止盟会诸侯。郑国子亹前往与会，高渠弥担任相，随行，祭仲说有病不能同行。祭仲这样做的原因，是由于子亹在齐襄公还是公子的时候，曾经相会争斗，彼此结下仇，所以到了盟会诸侯的时候，祭仲请求子亹不要去。子亹说："齐国强大，而厉公又居住在栎，倘若不去，这就会促成齐襄公率领诸侯讨伐我，而送纳厉公。我还不如去，去了为什么就一定受辱，而且又为什么会到达你说的那种地步！"结果去了。在这种情况下，祭仲害怕齐襄公会一同杀了自己，便故意推说生病。子亹到达首止，没有向齐侯谢罪，齐侯很气愤，就埋伏武士而杀了子亹。高渠弥逃跑回国，回来后同祭仲商量，决定从陈国召回子亹的弟弟公子婴，立他为国君，这就是郑子。这一年，齐襄公指使彭生趁酒醉之际折断鲁桓公的肋骨并杀了他。

郑子八年，齐国大夫管至父等人发动暴乱，杀死他们的国君齐襄公。十二年，宋国大夫长万杀死他的国君宋湣公。郑国祭仲去世。

郑子十四年，旧居郑都而流亡到厉公突所在栎邑的人，派人诱骗劫持郑国大夫甫假，郑厉公用威胁手段来要求进入郑都。甫假说："释放我，我就为您杀掉郑子而让您进入郑都。"厉公与甫假立下盟约，就释放了他。六月甲子这天，甫假杀死郑子及其两个儿子而迎接厉公突,突从栎邑再次进入国都即位。当初,城内蛇与城外蛇在郑都城南门中相斗,城内蛇死了。过了六年,厉公果然又进入国都。厉公进入国都后责备他的伯父原说:"我流亡在国都之外居住,伯父无意让我回归,也太过分了。"原说:"侍奉君主不三心二意,是做人臣的天职。我知道自己的罪过了。"就自杀了。厉公接着对甫假说:"你侍奉君主有三心二意啊。"就杀甫假。甫假说:"大德不得好报,果真如此啊!"

郑厉公突后元年,齐桓公开始称霸。

郑厉公后五年,燕国、卫国与周惠王之弟颓攻伐周惠王,周惠王出走逃奔温,拥立其弟颓为王。六年,周惠王向郑国告急。郑厉公发兵进攻成周王子颓,没有打胜,于是与周惠王返回郑国,周惠王居住在栎邑。七年春天,郑厉公和虢叔起兵袭击杀死王子颓,送周惠王进入成周。

这年秋天,郑厉公去世,儿子文公踕即位。厉公第一次在位四年,接着流亡居住在栎,在栎居住十七年,再次进入国都,在位七年,在位与流亡的时间统共二十八年。

郑文公十七年,齐桓公率领军队击溃蔡军,于是攻伐楚国,到达召陵。

二十四年,郑文公有位下等的姬妾叫燕姞,她在梦中看见天帝给她一枝兰草,说:"我是伯儵。我,是你的先祖啊。把这枝兰草作为你的孩子,兰花有通国之香。"燕姞把梦告诉郑文公,文公就让她侍寝,而且给她兰草作为信物。于是生下一个儿子,取名叫兰。

郑文公三十六年,晋国公子重耳来拜访,郑文公不以礼相待。文公弟弟叔詹说:"重耳贤明,而且又和我们同姓,在困窘之中来拜访您,不可以无礼。"文公说:"诸侯流亡的公子来拜访的多了，哪能都以礼相待呢！"叔詹说："您如不以礼相待，就杀了他；不杀他，倘若他返回晋国，那就成为郑国的忧患了。"郑文公不听。

郑文公三十七年春天，晋公子重耳返回国都，即位，这就是晋文公。秋天，郑军入侵滑国，滑国归服，不久反过来亲附卫国，于是郑军讨伐滑国。周襄王派遣伯服来为滑国说情。郑文公怨恨周惠王，惠王流亡居住在栎，文公的父亲厉公帮助他进入成周，但惠王却不赏赐厉公爵位财物，同时又怨恨周襄王袒护卫国、滑国，所以不听襄王的说情，反而囚禁伯服。周襄王大怒，同翟人讨伐郑国，没有取胜。冬天，翟人攻击周襄王，襄王出走逃奔郑国，郑文公安排周襄王居住在氾。三十八年，晋文公送周襄王进入成周。

郑文公四十一年，郑军帮助楚军进攻晋国。因当初晋文公来拜访不以礼遇，（郑文公害怕晋国报复，）所以背弃晋国帮助楚国。四十三年，晋文公和秦穆公共同围困郑都，声讨郑文公帮助楚国进攻晋国，以及从前对晋文公过访郑国时的无礼。当初，郑文公有三位夫人，宠爱的儿子五个，五个儿子都因有罪而早死。文公很恼怒，把其余的公子们全部驱逐出国。子兰投奔晋国，这次跟随晋文公来围攻郑都。平时兰侍奉晋文公非常恭敬小心，晋文公爱怜宠幸他，兰就私下在晋国活动，以企求进入郑国做太子。晋文公在围城时想得到叔詹羞辱杀死他。郑文公很恐惧，但又不敢对叔詹说。叔詹听说后，对郑文公说："臣下告诉过君上，（对重耳要么以礼相待，要么杀死他，）国君不听臣言，晋国终于成为祸患。然而晋文公所以围攻郑都，是因为我的缘故。我死而能免除郑国之难，是我心甘情愿的啊。"说完就自杀。郑国人把叔詹的尸体给了晋国。晋文公说："一定要见一下郑君，当面羞辱他一番再离开。"郑文公对此很犯愁,就派人私下对秦穆公说:"攻破郑国只能有益于晋国,没有秦国的好处啊!"于是秦国撤兵。晋文公想送兰回国让他做太子,把这意思告诉郑国。郑国大夫石癸说:"我听说姞姓之女是后稷的正妻,她的后代应当有兴旺的。子兰的母亲,就是姞姓的后裔啊。况且国君夫人生的儿子都已死去,余下庶出的儿子没有像兰那样贤能的。如今城围情急,晋文公提出立兰为太子作为要求,(这对目前的郑国来说,)还有什么比答应这个要求更好的呢!"于是答应了晋国,与晋国订立盟约,结果立了兰为太子,晋国军队才撤离。

四十五年,郑文公去世,子兰即位,这就是郑缪公。

郑缪公元年春天,秦缪公派(孟明视、西乞术、白乙丙)三位将军领兵准备袭击郑国,行军到滑国,恰好遇上郑国商人弦高,弦高谎称君命用十二头牛犒劳秦军,所以秦国军队没到郑国就返回。晋国军队在崤山击败秦军。起初,前一年郑文公去世,郑国司城缯贺把郑国情报出卖给秦国,秦军因此前来。三年,郑国发兵跟随晋军攻伐秦国,在汪击败秦军。前一年,楚国太子商臣杀死他的父亲楚成王而接替君位。

郑缪公二十一年,郑军同宋国华元率领的军队交战。(战前)华元杀羊给将士吃,没给他的御者羊斟,(接战后)羊斟怀怒长驱直入郑军,郑人俘虏华元。宋国出资赎华元,华元也就乘机逃跑离去。晋君派赵穿带领军队攻伐郑国。

二十二年,郑缪公去世,子夷即位,这就是郑灵公。

郑灵公元年春天,楚人进献大鳖给灵公。子家、子公将要朝见灵公,子公的食指突然动了,便对子家说:"往日食指动,必定吃到不同一般的食物。"到入朝进见灵公,果然送上大鳖做的羹,子公笑着说:"果真如此!"灵公问他笑的缘故,子公如实禀告灵公。灵公招呼他过来，单单不给他羹。子公发怒，用指头蘸羹，尝了味道而走出。灵公很生气，想杀子公。子公与子家商议，抢先下手。夏天，杀了灵公。郑国人想立灵公的弟弟去疾为国君，去疾推让说：“（立国君）如果论贤能的话，那我无德无才；如果论长幼顺序的话，那公子坚最年长。”坚，是郑灵公的庶出弟弟，去疾的兄长。于是立子坚为国君，这就是郑襄公。

郑襄公即位，将要把缪氏全部驱逐。所说的缪氏，指谋杀郑灵公的子公那一族人家。去疾说：“一定要驱逐缪氏的话，我也将离开郑国。”襄公这才罢休，都让他们做了大夫。

郑襄公元年，楚国怨恨郑国接受宋国贿赂放走华元，讨伐郑国。郑国背叛楚国，与晋国亲近。五年，楚军再次攻伐郑国，晋军前来救援。六年，子家去世。国人再次驱逐他的家族，因为他杀了郑灵公。

郑襄公七年，郑国与晋国在鄢陵订立盟约。八年，楚庄王因为郑国与晋国结盟，前来攻伐，围困郑都三个月，郑国举城投降楚国。楚庄王从皇门入城，郑襄公袒胸露背，左手牵羊，前往迎接，说：“我不能管理好边境都邑，使得君王胸怀愤怒来到鄙国，这是我的罪过啊。对您我岂敢不唯命是听。君王倘若将郑国迁移到长江之南，乃至将郑赏赐给诸侯，我都唯命是听。倘若君王不忘周厉王、周宣王和郑桓公、郑武公在天之灵，哀怜不忍断绝其国脉，赐给一块不毛之地，让我再能够重新侍奉君王，是我的心愿，然而不是我所敢企望的啊。斗胆披露衷情，唯命是听。”楚庄王为之退兵三十里而后安营扎寨。楚国群臣说：“从郢都到达此地，士大夫早已疲劳了。如今取得郑国又放弃它，为什么？”楚庄王说：“所以举行讨伐，是讨伐其不归顺。如今郑国已经归顺，还有什么可求的呢？”结果楚军离去。晋君得知楚军攻伐郑国，发兵救援郑国。晋军将领在来的路上各持不同主张，所以行进迟缓，待等到达黄河，楚国军队已经离去。晋军将领有的主张渡河追击，有的主张就地返回，最后还是渡过了黄河。楚庄王闻讯，回兵攻击晋军。郑国反过来帮助楚军，在黄河岸边重创晋国军队。十年，晋军前来攻伐郑国，因为郑国背弃晋国而亲附楚国。

郑襄公十一年，楚庄王攻伐宋国，宋国向晋国告急。晋景公打算发兵救援宋国，伯宗劝谏晋君说："上天正在保佑楚国，不可以出兵攻伐啊。"于是寻求壮士，找得一位霍邑人解扬，解扬字子虎，（晋君命他前去）诈骗楚国，叫宋国不要投降。他故意经由郑国过，郑国与楚国亲善，就逮住解扬将他献给楚军。楚庄王厚加赏赐，与他立约，让他一反原话，叫宋人赶快投降，再三威胁利诱，解扬才答应。于是楚人让解扬登上楼车，叫他向宋人喊话。于是，解扬违背与楚庄王的约定而传达晋国国君的命令说："晋君正在集结全国的军队来援救宋国，宋国虽然危急，但千万不要投降楚国，晋国军队现在就要到了。"楚庄王大怒，要杀死解扬。解扬说："君主能够制定发布命令叫作义，臣子能够承担完成命令叫作信。接受我君主的使命出国，宁肯一死也不能破坏君命。"庄王说："你已经应许了我，过后又背弃，那信在何处？"解扬说："我之所以应许大王，是想完成我国君的命令啊。"解扬临死时，回头对楚军将士说："做人臣子的不要忘记我这个竭尽忠诚而死去的人！"楚庄王的诸位兄弟都劝谏庄王赦免他，于是赦免解扬让他回国。晋景公封赐他上卿的爵位。

十八年，郑襄公去世，儿子悼公濆即位。

郑悼公元年，鄦灵公到楚国说郑国的坏话，悼公派弟弟睔到楚国为自己辩解。因辩解没理，楚国囚禁睔。于是郑悼公前来同晋君讲和，便又跟晋国亲近起来。䖍与楚国子反有私交，子反为他在庄王面前说情，让䖍返归到郑国。

郑悼公二年，楚军攻伐郑国，晋军前来救援。这一年，郑悼公去世，立他的弟弟䖍为国君，这就是郑成公。

郑成公三年，楚共王说"郑成公我对他有恩德"，派人前来与郑国订立盟约。郑成公私下与楚国缔结盟约。秋天，郑成公朝见晋君，晋景公说"郑成公私下与楚国讲和"，扣留了他。并派栾书领兵攻伐郑国。四年春天，郑人忧虑晋军围城，公子如就拥立郑成公的庶兄繻为国君。这年四月，晋人听说郑人已立国君，就送回郑成公。郑人听说成公归来，便杀了新立国君繻，迎纳郑成公。晋军离去。

郑成公十年，郑国背弃与晋国的盟约，同楚国订立盟约。晋厉公大怒，发兵攻伐郑国。楚共王率军援救郑国。晋军、楚军在鄢陵交战，楚军溃败，晋人射伤楚共王的眼睛，双方罢兵而去。十三年，晋悼公率军攻伐郑国，进兵到洧水岸畔。郑人加固都城坚守，晋军也就离去。

十四年，郑成公去世，儿子恽即位，这就是郑釐公。

郑釐公五年，郑国相子驷朝见釐公。釐公不以礼相待。子驷发怒，指使厨子用毒药害死釐公，向诸侯报丧说"釐公得急病去世"。立郑釐公的儿子嘉为国君，嘉当时年仅五岁，这就是郑简公。

郑简公元年，公子们商议诛杀国相子驷，子驷觉察此事，反过来把公子们全部杀死。二年，晋军攻伐郑国，郑国与之立盟约，晋军离去。冬天，郑国又与楚国订立盟约。子驷害怕被杀，所以两面讨好晋国、楚国。三年，国相子驷打算自己即位当国君，公子子孔派尉止杀死国相子驷而取代他。子孔又打算自己即位。子产说："子驷做不该做的事，你杀了他，如今你又仿效他，这样祸乱就没有尽头了。"于是子孔听从子产的劝告而辅助郑简公。

郑简公四年，晋国恼怒郑国与楚国订立盟约，攻伐郑国，郑国便再与晋国订立盟约。楚共王率军援救郑国，打败晋军。郑简公准备同晋军讲和，楚国就又囚禁了郑国的使者。

十二年，郑简公恼怒国相子孔独揽国家大权，诛杀了他，而任用子产为卿。十九年，郑简公去晋国请求让卫献公回国，而后封给子产六个邑。子产谦让，接受了其中的三个邑。二十二年，吴王派遣延陵季子到郑国，看见子产就像世交旧友，对子产说："郑国眼下的当政者骄横奢侈，大难将要降临，那么政务就会落到你的身上。你治理政务，一定要按照礼的规定；不这样的话，郑国必将败落。"子产隆重款待季子。二十三年，公子们争宠夺权互相残杀，还要杀子产。公子中有的劝阻说："子产是位仁人，郑国所以存在是由于有子产，不能杀。"于是作罢。

郑简公二十五年，郑国派遣子产到晋国，问候晋平公的病情。平公说："占卜的结果说实沈、台骀在作怪，史官中没有人知道实沈、台骀，就贸然相问了。"子产回答说："高辛氏有两个儿子，大的叫阏伯，小的叫实沈，居住在大树林中，不能和睦相处，整天拿着武器来回攻打。帝尧觉得很不好，把阏伯迁移到商丘，主祀辰宿，商人因袭，所以辰宿成为商人奉祀的星宿。把实沈迁移到大夏，主祀参宿，唐人因袭，唐前后侍奉夏朝、商朝，唐最末一代君主叫唐叔虞。当周武王夫人邑姜身怀大叔的时候，梦见天帝对自己说：'我为你的孩子取名虞，赐给他唐国，将奉祀参宿的事交付给他，让他在那里繁衍养育子孙后代。'等到生下来，果然有字在婴儿的手掌，是'虞'字，就以此命名。到周成王灭了唐国，便封大叔在唐立国。因此参成为晋国奉祀的星宿。由此看来，实沈是参宿之神。从前金天氏有个后裔子孙叫昧，为水官之长，生了允格、台骀。台骀能够继承昧的事业，疏通汾水、洮水，阻止湖泽泛滥，从而居住在广大的高平之地。帝颛顼因此嘉奖他，让他在汾水流域立国。台骀后裔沈国、姒国、蓐国、黄国奉守祖先的祭祀。如今晋国主宰汾水流域而灭亡四国。由此看来，台骀是汾水、洮水之神。然而实沈、台骀这两位神不会加害您的身体。高山大川的神灵，遇见水涝干旱时进行祭祀祈求平安；日月星辰的神灵，遇见雪霜风雨不合时令进行祭祀祈求平安；至于国君的疾病，是饮食不调、喜怒无常、贪恋女色所产生的啊。"晋平公对叔向说："讲得好，真是位见多识广的君子啊！"用隆重丰厚的礼节款待子产。

二十七年夏天，郑简公朝见晋君。冬天，因畏惧楚灵王的强大，又朝见楚君，子产随从。二十八年，郑君病重，派遣子产会见诸侯，与楚灵王在申订立盟约，诛杀齐国庆封。

三十六年，郑简公去世，儿子定公宁即位。秋天，郑定公朝见晋昭公。

郑定公元年，楚国公子弃疾杀死他的国君灵王而自己即位，就是楚平王。他想对诸侯行施德政，把楚灵王所侵占的郑国土地归还给郑国。

郑定公四年，晋昭公去世，晋国六卿强盛，公室卑微。子产对韩宣子说："执掌国政一定要用德，不能忘记立国的根本。"

郑定公六年，郑国发生火灾，定公准备举行祭祀祈求消除火灾。子产说："不如修行德政。"

郑定公八年，楚国太子建前来投奔。十年，太子建与晋人密谋袭击郑国。郑人杀死太子建，建的儿子胜逃奔吴国。

十一年，郑定公前往晋国。晋君与郑定公商议，诛杀周朝王室的乱臣贼子，送周敬王进入成周。

十三年，郑定公去世，儿子献公虿即位。郑献公在位十三年去世，儿子声公胜即位。在此期间，晋国六卿强盛，侵犯掳掠郑国，郑国便逐渐衰弱。

郑声公五年，郑国国相子产去世，郑国的人都为之痛哭流涕，悲伤得像失去亲人一样。子产，是郑成公的小儿子。为人仁义爱怜百姓，侍奉国君忠诚厚道。据说孔子曾经访问郑国，同子产亲如兄弟。等到听说子产去世，孔子为之哭泣说："（子产是）古代遗留下来的仁爱之人啊！"

郑声公八年，晋国范氏、中行氏在晋国造反，向郑国告急，郑国军队救援他们。晋国军队攻伐郑国，在铁地击败郑国军队。

郑声公十四年，宋景公吞灭曹国。二十年，齐国田常杀死他的国君齐简公，而后田常在齐国当了国相。二十二年，楚惠王吞灭陈国。孔子去世。

郑声公三十六年，晋国知伯攻伐郑国，夺取九个都邑。

三十七年，郑声公去世，儿子哀公易即位。郑哀公八年，郑人杀死哀公而拥立声公之弟丑为国君，这就是郑共公。郑共公三年，晋国韩、赵、魏三家灭亡知伯。三十一年，郑共公去世，儿子幽公已即位。郑幽公元年，韩武子攻伐郑国，杀死幽公。郑人拥立幽公之弟骀为国君，这就是郑繻公。

郑繻公十五年，韩景侯攻伐郑国，夺取雍丘，郑国在京筑城加固。

郑繻公十六年，郑军攻伐韩国，在负黍击败韩国军队。二十年，韩氏、赵氏、魏氏正式受封列为诸侯。二十三年，郑军围攻韩国的阳翟。

郑繻公二十五年，郑君杀死其相子阳。二十七年，子阳的同党联合起来共同杀死繻公骀而拥立幽公之弟乙为国君，这就是郑君。

郑君乙即位第二年，郑国的负黍反叛，再次归属韩国。十一年，韩军攻伐郑国，夺取阳城。

郑君乙二十一年，韩哀侯灭亡郑国，吞并了这个国家。

太史公说：常言有这样一句，"凭着权势利害关系相结合的人，一旦权势利害关系没了，其间的交往也就疏淡了"，甫瑕就是这样的啊。甫瑕虽然用暴力杀害郑子而接纳郑厉公，但郑厉公最终还是食言处死他，这与晋国的里克有什么区别呢？可是守持节操像荀息那样的，结果以身殉职也没能保住奚齐。因为事情变化的发生，是有许多缘故的啊！

史记卷四十三

赵世家第十三

赵氏之先,与秦共祖。至中衍,为帝大戊御。其后世蜚廉有子二人,而命其一子曰恶来,事纣,为周所杀,其后为秦。恶来弟曰季胜,其后为赵。

季胜生孟增。孟增幸于周成王,是为宅皋狼。皋狼生衡父,衡父生造父。造父幸于周缪王。造父取骥之乘匹,与桃林盗骊、骅骝、绿耳,献之缪王。缪王使造父御,西巡狩,见西王母,乐之忘归。而徐偃王反,缪王日驰千里马,攻徐偃王,大破之。乃赐造父以赵城,由此为赵氏。

自造父以下六世至奄父,曰公仲。周宣王时伐戎,为御。及千亩战,奄父脱宣王。奄父生叔带。叔带之时,周幽王无道,去周如晋,事晋文侯,始建赵氏于晋国。

自叔带以下,赵宗益兴,五世而至赵夙。赵夙。晋献公之十六年,伐霍、魏、耿。而赵夙为将伐霍。霍公求奔齐。晋大旱,卜之,曰"霍太山为祟"。使赵夙召霍君于齐,复之,以奉霍太山之祀。晋复穰。晋献公赐赵夙耿。

夙生共孟,当鲁闵公之元年也。共孟生赵衰,字子余。

赵衰卜事晋献公及诸公子,莫吉;卜事公子重耳,吉,即事重耳。重耳以骊姬之乱亡奔翟，赵衰从。翟伐廧咎如，得二女，翟以其少女妻重耳，长女妻赵衰而生盾。初，重耳在晋时，赵衰妻亦生赵同、赵括、赵婴齐。赵衰从重耳出亡，凡十九年，得反国。重耳为晋文公，赵衰为原大夫，居原任国政。文公所以反国及霸，多赵衰计策。语在《晋》事中。

赵衰既反晋，晋之妻固要迎翟妻，而以其子盾为適嗣，晋妻三子皆下事之。晋襄公之六年，而赵衰卒，谥为成季。

赵盾代成季任国政，二年而晋襄公卒。太子夷皋年少，盾为国多难，欲立襄公弟雍。雍时在秦，使使迎之。太子母日夜啼泣，顿首谓赵盾曰："先君何罪，释其適子而更求君？"赵盾患之，恐其宗与大夫袭诛之，乃遂立太子，是为灵公。发兵距所迎襄公弟于秦者。灵公既立，赵盾益专国政。

灵公立十四年，益骄。赵盾骤谏，灵公弗听。及食熊蹯，胹熟，杀宰人，持其尸出，赵盾见之。灵公由此惧，欲杀盾。盾素仁爱人，尝所食桑下饿人反扞救盾，盾以得亡。未出境，而赵穿弑灵公，而立襄公弟黑臀，是为成公。赵盾复反，任国政。君子讥盾"为正卿，亡不出境，反不讨贼"，故太史书曰"赵盾弑其君"。晋景公时而赵盾卒，谥为宣孟，子朔嗣。

赵朔。晋景公之三年，朔为晋将下军救郑，与楚庄王战河上。朔娶晋成公姊为夫人。

晋景公之三年，大夫屠岸贾欲诛赵氏。初，赵盾在时，梦见叔带持要而哭，甚悲；已而笑，拊手且歌。盾卜之，兆绝而后好。赵史援占之。曰："此梦甚恶，非君之身，乃君之子，然亦君之咎。至孙，赵将世益衰。"屠岸贾者，始有宠于灵公，及至于景公而贾为司寇。将作难，乃治灵公之贼以致赵盾，遍告诸将曰："盾虽不知，犹为贼首。以臣弑君，子孙在朝，何以惩辠，请诛之。"韩厥曰："灵公遇贼，赵盾在外，吾先君以为无罪，故不诛。今诸君将诛其后，是非先君之意，而今妄诛。妄诛谓之乱。臣有大事而君不闻，是无君也。"屠岸贾不听，韩厥告赵朔趣亡。朔不肯，曰："子必不绝赵祀，朔死不恨。"韩厥许诺，称疾不出。贾不请而擅与诸将攻赵氏于下宫，杀赵朔、赵同、赵括、赵婴齐，皆灭其族。

赵朔妻成公姊，有遗腹，走公宫匿。赵朔客曰公孙杵臼，杵臼谓朔友人程婴曰："胡不死？"程婴曰："朔之妇有遗腹，若幸而男，吾奉之；即女也，吾徐死耳。"居无何，而朔妇免身，生男。屠岸贾闻之，索于宫中。夫人置儿绔中。祝曰："赵宗灭乎，若号；即不灭，若无声。"及索，儿竟无声。已脱，程婴谓公孙杵臼曰："今一索不得，后必且复索之，奈何？"公孙杵臼曰："立孤与死孰难？"程婴曰："死易，立孤难耳。"公孙杵臼曰："赵氏先君遇子厚，子彊为其难者，吾为其易者，请先死。"乃二人谋取他人婴儿负之，衣以文葆，匿山中。程婴出，谬谓诸将军曰："婴不肖，不能立赵孤。谁能与我千金，吾告赵氏孤处。"诸将皆喜，许之，发师随程婴攻公孙杵臼。杵臼谬曰："小人哉程婴！昔下宫之难不能死，与我谋匿赵氏孤儿，今又卖我。纵不能立，而忍卖之乎！"抱儿呼曰："天乎天乎！赵氏孤儿何罪？请活之，独杀杵臼可也。"诸将不许，遂杀杵臼与孤儿。诸将以为赵氏孤儿良已死，皆喜。然赵氏真孤乃反在，程婴卒与俱匿山中。

居十五年，晋景公疾，卜之，大业之后不遂者为祟。景公问韩厥，厥知赵孤在，乃曰："大业之后在晋绝祀者，其赵氏乎？夫自中衍者皆嬴姓也。中衍人面鸟噣，降佐殷帝大戊，及周天子，皆有明德。下及幽厉无道，而叔带去周适晋，事先君文侯，至于成公，世有立功，未尝绝祀。今吾君独灭赵宗，国人哀之，故见龟策。唯君图之。"景公问："赵尚有后子孙乎？"韩厥具以实告。于是景公乃与韩厥谋立赵孤儿，召而匿之宫中。诸将入问疾，景公因韩厥之众以胁诸将而见赵孤。赵孤名曰武。诸将不得已，乃曰："昔下宫之难，屠岸贾为之，矫以君命，并命群臣。非然，孰敢作难！微君之疾，群臣固且请立赵后。今君有命，群臣之愿也。"于是召赵武、程婴遍拜诸将，遂反与程婴、赵武攻屠岸贾，灭其族。复与赵武田邑如故。

及赵武冠，为成人，程婴乃辞诸大夫，谓赵武曰："昔下宫之难，皆能死。我非不能死，我思立赵氏之后。今赵武既立，为成人，复故位，我将下报赵宣孟与公孙杵臼。"赵武啼泣顿首固请，曰："武愿苦筋骨以报子至死，而子忍去我死乎！"程婴曰："不可，彼以我为能成事，故先我死；今我不报，是以我事为不成。"遂自杀。赵武服齐衰三年，为之祭邑，春秋祠之，世世勿绝。

赵氏复位十一年，而晋厉公杀其大夫三郤。栾书畏及，乃遂弑其君厉公，更立襄公曾孙周，是为悼公。晋由是大夫稍强。

赵武续赵宗二十七年，晋平公立。平公十二年，而赵武为正卿。十三年，吴延陵季子使于晋。曰："晋国之政卒归于赵武子、韩宣子、魏献子之后矣。"赵武死，谥为文子。

文子生景叔。景叔之时，齐景公使晏婴于晋。晏婴与晋叔向语。婴曰："齐之政后卒归田氏。"叔向亦曰："晋国之政将归六卿。六卿侈矣，而吾君不能恤也。"

赵景叔卒，生赵鞅，是为简子。

赵简子在位，晋顷公之九年，简子将合诸侯戍于周，其明年，入周敬王于周，辟弟子朝之故也。

晋顷公之十二年，六卿以法诛公族祁氏、羊舌氏，分其邑为十县。六卿各令其族为之大夫。晋公室由此益弱。

后十三年,鲁贼臣阳虎来奔。赵简子受赂,厚遇之。

赵简子疾,五日不知人,大夫皆惧。医扁鹊视之,出,董安于问。扁鹊曰:"血脉治也,而何怪!在昔秦缪公尝如此,七日而寤。寤之日,告公孙支与子舆曰:'我之帝所甚乐。吾所以久者,适有学也。帝告我:"晋国将大乱,五世不安;其后将霸,未老而死;霸者之子且令,而国男女无别。"'公孙支书而藏之,秦谶于是出矣。献公之乱,文公之霸,而襄公败秦师于殽而归纵淫,此子之所闻。今主君之疾与之同,不出三日疾必间,间必有言也。"

居二日半,简子寤。语大夫曰:"我之帝所甚乐,与百神游于钧天广乐,九奏万舞,不类三代之乐,其声动人心。有一熊欲来援我,帝命我射之,中熊,熊死。又有一罴来,我又射之,中罴,罴死。帝甚喜,赐我二笥,皆有副。吾见儿在帝侧,帝属我一翟犬,曰:'及而子之壮也,以赐之。'帝告我:'晋国且世衰,七世而亡,嬴姓将大,败周人于范魁之西,而亦不能有也。今余思虞舜之勋,适余将以其胄女孟姚配而七世之孙。'"董安于受言而书藏之。以扁鹊言告简子,简子赐扁鹊田四万亩。

他日,简子出,有人当道,辟之不去。从者怒,将刃之。当道者曰:"吾欲有谒于主君。"从者以闻。简子召之,曰:"譆,吾有所见子晳也。"当道者曰:"屏左右,愿有谒。"简子屏人。当道者曰:"主君之疾,臣在帝侧。"简子曰:"然,有之。子之见我,我何为?"当道者曰:"帝令主君射熊与罴,皆死。"简子曰:"是,且何也?"当道者曰:"晋国且有大难,主君首之。帝令主君灭二卿,夫熊与罴皆其祖也。"简子曰:"帝赐我二笥,皆有副,何也?"当道者曰:"主君之子将克二国于翟,皆子姓也。"简子曰:"吾见儿在帝侧,帝属我一翟犬,曰'及而子之长以赐之'。夫儿何谓以赐翟犬?"当道者曰:"儿,主君之子也。翟犬者,代之先也。主君之子,且必有代。及主君之后嗣,且有革政而胡服,并二国于翟。"简子问其姓名而延之以官。当道者曰:"臣野人,致帝命耳。"遂不见。简子书藏之府。

异日,姑布子卿见简子,简子遍召诸子相之。子卿曰:"无为将军者。"简子曰:"赵氏其灭乎?"子卿曰:"吾尝见一子于路,殆君之子也。"简子召子毋恤。毋恤至,则子卿起曰:"此真将军矣!"简子曰:"此其母贱,翟婢也,奚道贵哉?"子卿曰:"天所授,虽贱必贵。"自是之后,简子尽召诸子与语,毋恤最贤。简子乃告诸子曰:"吾藏宝符于常山上,先得者赏。"诸子驰之常山上,求无所得。毋恤还,曰:"已得符矣。"简子曰:"奏之。"毋恤曰:"从常山上临代,代可取也。"简子于是知毋恤果贤,乃废太子伯鲁,而以毋恤为太子。

后二年,晋定公十四年,范、中行作乱。明年春,简子谓邯郸大夫午曰:"归我卫士五百家,吾将置之晋阳。"午许诺,归而其父兄不听,倍言。赵鞅捕午,囚之晋阳。乃告邯郸人曰:"我私有诛午也,诸君欲谁立?"遂杀午。赵稷、涉宾以邯郸反。晋君使籍秦围邯郸。荀寅、范吉射与午善,不肯助秦而谋作乱,董安于知之。十月,范、中行氏伐赵鞅,鞅奔晋阳,晋人围之。范吉射、荀寅仇人魏襄等谋逐荀寅,以梁婴父代之;逐吉射,以范皋绎代之。荀栎言于晋侯曰:"君命大臣始乱者死。今三臣始乱,而独逐鞅,用刑不均,请皆逐之。"十一月,荀栎、韩不佞、魏哆奉公命以伐范、中行氏,不克。范、中行氏反伐公,公击之,范、中行败走。丁未,二子奔朝歌。韩、魏以赵氏为请。十二月辛未,赵鞅入绛,盟于公宫。其明年,知伯文子谓赵鞅曰:"范、中行虽信为乱,安于发之,是安于与谋也。晋国有法,始乱者死。夫二子已伏罪而安于独在!"赵鞅患之。安于曰:"臣死,赵氏定,晋国宁,吾死晚矣。"遂自杀。赵氏以告知伯,然后赵氏宁。

孔子闻赵简子不请晋君而执邯郸午,保晋阳,故书《春秋》曰:"赵鞅以晋阳叛。"

赵简子有臣曰周舍,好直谏。周舍死,简子每听朝,常不悦。大夫请罪。简子曰:"大夫无罪。吾闻千羊之皮不如一狐之腋。诸大夫朝,徒闻唯唯,不闻周舍之鄂鄂,是以忧也。"简子由此能附赵邑而怀晋人。

晋定公十八年,赵简子围范、中行于朝歌,中行文子奔邯郸。明年,卫灵公卒。简子与阳虎送卫太子蒯聩于卫,卫不内,居戚。

晋定公二十一年,简子拔邯郸,中行文子奔柏人。简子又围柏人。中行文子、范昭子遂奔齐。赵竟有邯郸、柏人。范、中行余邑入于晋。赵名晋卿,实专晋权,奉邑侔于诸侯。

晋定公三十年,定公与吴王夫差争长于黄池。赵简子从晋定公,卒长吴。定公三十七年卒,而简子除三年之丧,期而已。是岁,越王句践灭吴。

晋出公十一年,知伯伐郑。赵简子疾,使太子毋恤将而围郑。知伯醉,以酒灌击毋恤。毋恤群臣请死之。毋恤曰:"君所以置毋恤,为能忍訽。"然亦惮知伯。知伯归,因谓简子,使废毋恤,简子不听。毋恤由此怨知伯。

晋出公十七年,简子卒,太子毋恤代立,是为襄子。

赵襄子元年,越围吴。襄子降丧食,使楚隆问吴王。

襄子姊前为代王夫人。简子既葬，未除服，北登夏屋，请代王。使厨人操铜枓以食代王及从者，行斟，阴令宰人各以枓击杀代王及从官，遂兴兵平代地。其姊闻之，泣而呼天，摩笄自杀。代人怜之，所死地名之为摩笄之山。遂以代封伯鲁子周为代成君。伯鲁者，襄子兄，故太子。太子蚤死，故封其子。

襄子立四年，知伯与赵、韩、魏尽分其范、中行故地。晋出公怒，告齐、鲁欲以伐四卿。四卿恐，遂共攻出公。出公奔齐，道死。知伯乃立昭公曾孙骄，是为晋懿公。知伯益骄。请地韩、魏，韩、魏与之。请地赵，赵不与，以其围郑之辱。知伯怒，遂率韩、魏攻赵。赵襄子惧，乃奔保晋阳。

原过从，后至于王泽，见三人，自带以上可见，自带以下不可见。与原过竹二节，莫通。曰："为我以是遗赵毋恤。"原过既至，以告襄子。襄子齐三日，亲自剖竹，有朱书曰："赵毋恤，余霍泰山山阳侯天使也。三月丙戌，余将使女反灭知氏。女亦立我百邑，余将赐女林胡之地。至于后世，且有伉王，赤黑，龙面而鸟噣，鬓麋髭髯，大膺大胸，修下而冯，左衽界乘。奄有河宗，至于休溷诸貉，南伐晋别，北灭黑姑。"襄子再拜，受三神之令。

三国攻晋阳，岁余，引汾水灌其城，城不浸者三版。城中悬釜而炊，易子而食。群臣皆有外心，礼益慢，惟高共不敢失礼。襄子惧，乃夜使相张孟同私于韩、魏。韩、魏与合谋，以三月丙戌，三国反灭知氏，共分其地。于是襄子行赏，高共为上。张孟同曰："晋阳之难，惟共无功。"襄子曰："方晋阳急，群臣皆懈，惟共不敢失人臣礼，是以先之。"于是赵北有代，南并知氏，强于韩、魏。遂祠三神于百邑，使原过主霍泰山祠祀。其后娶空同氏，生五子。襄子为伯鲁之不立也，不肯立子，且必欲传位与伯鲁子代成君。成君先死，乃取代成君子浣立为太子。襄子立三十三年卒，浣立，是为献侯。

献侯少，即位，治中牟。

襄子弟桓子逐献侯，自立于代，一年卒。国人曰桓子立非襄子意，乃共杀其子而复迎立献侯。

十年，中山武公初立。十三年，城平邑。十五年，献侯卒。子烈侯籍立。

烈侯元年，魏文侯伐中山，使太子击守之。六年，魏、韩、赵皆相立为诸侯，追尊献子为献侯。烈侯好音，谓相国公仲连曰："寡人有爱，可以贵之乎？"公仲曰："富之可，贵之则否。"烈侯曰："然。夫郑歌者枪、石二人，吾赐之田，人万亩。"公仲曰："诺。"不与。居一月，烈侯从代来，问歌者田。公仲曰："求，未有可者。"有顷，烈侯复问。公仲终不与，乃称疾不朝。番吾君自代来，谓公仲曰："君实好善，而未知所持。今公仲相赵，于今四年，亦有进士乎？"公仲曰："未也。"番吾君曰："牛畜、荀欣、徐越皆可。"公仲乃进三人。及朝，烈侯复问："歌者田如何？"公仲曰："方使择其善者。"牛畜侍烈侯以仁义，约以王道，烈侯逌然。明日，荀欣侍以选练举贤，任官使能。明日，徐越侍以节财俭用，察度功德。所与无不充，君说。烈侯使使谓相国曰："歌者之田且止。"官牛畜为师，荀欣为中尉，徐越为内史，赐相国衣二袭。

九年，烈侯卒，弟武公立。武公十三年卒，赵复立烈侯太子章，是为敬侯。是岁，魏文侯卒。

敬侯元年，武公子朝作乱，不克，出奔魏。赵始都邯郸。

二年，败齐于灵丘。三年，救魏于廪丘，大败齐人。四年，魏败我兔台。筑刚平以侵卫。五年，齐、魏为卫攻赵，取我刚平。六年，借兵于楚伐魏，取棘蒲。八年，拔魏黄城。九年，伐齐。齐伐燕，赵救燕。十年，与中山战于房子。

十一年，魏、韩、赵共灭晋，分其地。伐中山，又战于中人。十二年，敬侯卒，子成侯种立。

成侯元年，公子胜与成侯争立，为乱。二年六月，雨雪。三年，太戊午为相。伐卫，取乡邑七十三。魏败我蔺。四年，与秦战高安，败之。五年，伐齐于鄄。魏败我怀。攻郑，败之，以与韩。韩与我长子。六年，中山筑长城。伐魏，败涿泽，围魏惠王。七年，侵齐，至长城。与韩攻周。八年，与韩分周以为两。九年，与齐战阿下。十年，攻卫，取甄。十一年，秦攻魏，赵救之石阿。十二年，秦攻魏少梁，赵救之。十三年，秦献公使庶长国伐魏少梁，虏其太子、痤。魏败我浍，取皮牢。成侯与韩昭侯遇上党。十四年，与韩攻秦。十五年，助魏攻齐。

十六年，与韩、魏分晋，封晋君以端氏。

十七年，成侯与魏惠王遇葛孽。十九年，与齐、宋会平陆，与燕会阿。二十年，魏献荣、椽，因以为檀台。二十一年，魏围我邯郸。二十二年，魏惠王拔我邯郸。齐亦败魏于桂陵。二十四年，魏归我邯郸，与魏盟漳水上。秦攻我蔺。二十五年，成侯卒。公子绁与太子肃侯争立，绁败，亡奔韩。

肃侯元年，夺晋君端氏，徙处屯留。二年，与魏惠王遇于阴晋。三年，公子范袭邯郸，不胜而死。四年，朝天子。六年，攻齐，拔高唐。七年，公子刻攻魏首垣。十一年，秦孝公使商君伐魏，虏其将公子卬。赵伐魏。十二年，秦孝公卒，商君死。十五年，起寿陵。魏惠王卒。

十六年，肃侯游大陵，出于鹿门，大戊午扣马曰："耕事方急，一日不作，百日不食。"肃侯下车谢。

十七年，围魏黄，不克。筑长城。

十八年，齐、魏伐我，我决河水灌之，兵去。二十二年，张仪相秦。赵疵与秦战，败，秦杀疵河西，取我蔺、离石。二十三年，韩举与齐、魏战，死于桑丘。

二十四年，肃侯卒。秦、楚、燕、齐、魏出锐师各万人来会葬。子武灵王立。

武灵王元年，阳文君赵豹相。梁襄王与太子嗣、韩宣王与太子仓来朝信宫。武灵王少，未能听政，博闻师三人，左右司过三人。及听政，先问先王贵臣肥义，加其秩。国三老年八十，月致其礼。

三年，城鄗。四年，与韩会于区鼠。五年，娶韩女为夫人。

八年，韩击秦，不胜而去。五国相王，赵独否，曰："无其实，敢处其名乎！"令国人谓己曰"君"。

九年，与韩、魏共击秦，秦败我，斩首八万级。齐败我观泽。十年，秦取我中都及西阳。齐破燕，燕相子之为君，君反为臣。十一年，王召公子职于韩，立以为燕王，使乐池送之。十三年，秦拔我蔺，虏将军赵庄。楚、魏王来，过邯郸。十四年，赵何攻魏。

十六年，秦惠王卒。王游大陵。他日，王梦见处女鼓琴而歌诗曰："美人荧荧兮，颜若苕之荣。命乎命乎，曾无我嬴！"异日，王饮酒乐，数言所梦，想见其状。吴广闻之，因夫人而内其女娃嬴，孟姚也。孟姚甚有宠于王，是为惠后。

十七年，王出九门，为野台，以望齐、中山之境。

十八年，秦武王与孟说举龙文赤鼎，绝膑而死。赵王使代相赵固迎公子稷于燕，送归，立为秦王，是为昭王。

十九年春正月，大朝信宫。召肥义与议天下，五日而毕。

王北略中山之地，至于房子，遂之代，北至无穷，西至河，登黄华之上。召楼缓谋曰："我先王因世之变，以长南藩之地，属阻漳、滏之险，立长城，又取蔺、郭狼，败林人于荏，而功未遂。今中山在我腹心，北有燕，东有胡，西有林胡、楼烦、秦、韩之边，而无强兵之救，是亡社稷，奈何？夫有高世之名，必有遗俗之累。吾欲胡服。"楼缓曰："善。"群臣皆不欲。

于是肥义侍，王曰："简、襄主之烈，计胡、翟之利。为人臣者，宠有孝弟长幼顺明之节，通有补民益主之业，此两者臣之分也。今吾欲继襄主之迹，开于胡、翟之乡，而卒世不见也。为敌弱，用力少而功多，可以毋尽百姓之劳，而序往古之勋。夫有高世之功者，负遗俗之累；有独智之虑者，任骜民之怨。今吾将胡服骑射以教百姓，而世必议寡人，奈何？"肥义曰："臣闻疑事无功，疑行无名。王既定负遗俗之虑，殆无顾天下之议矣。夫论至德者不和于俗，成大功者不谋于众。昔者舜舞有苗，禹袒裸国，非以养欲而乐志也，务以论德而约功也。愚者暗成事，智者睹未形，则王何疑焉。"王曰："吾不疑胡服也，吾恐天下笑我也。狂夫之乐，志者哀焉，愚者所笑，贤者察焉。世有顺我者，胡服之功未可知也。虽驱世以笑我，胡地中山吾必有之。"于是遂胡服矣。

使王𬘘告公子成曰："寡人胡服，将以朝也，亦欲叔服之。家听于亲而国听于君，古今之公行也。子不反亲，臣不逆君，兄弟之通义也。今寡人作教易服而叔不服，吾恐天下议之也。制国有常，利民为本，从政有经，令行为上。明德先论于贱，而行政先信于贵。今胡服之意，非以养欲而乐志也；事有所止而功有所出，事成功立，然后善也。今寡人恐叔之逆从政之经，以辅叔之议。且寡人闻之，事利国者行无邪，因贵戚者名不累，故愿慕公叔之义，以成胡服之功。使缂谒之叔，请服焉。"公子成再拜稽首曰："臣固闻王之胡服也。臣不佞，寝疾，未能趋走以滋进也。王命之，臣敢对，因竭其愚忠。曰：臣闻中国者，盖聪明徇智之所居也，万物财用之所聚也，圣贤之所教也，仁义之所施也，《诗》、《书》礼乐之所用也，异敏技能之所试也，远方之所观赴也，蛮夷之所义行也。今王舍此而袭远方之服，变古之教，易古之道，逆人之心，而怫学者，离中国，故臣愿王图之也。"使者以报，王曰："吾固闻叔之疾也。我将自往请之。"

王遂往之公子成家，因自请之，曰："夫服者，所以便用也；礼者，所以便事也。圣人观乡而顺宜，因事而制礼，所以利其民而厚其国也。夫剪发文身，错臂左衽，瓯越之民也。黑齿雕题，却冠秫绌，大吴之国也。故礼服莫同，其便一也。乡异而用变，事异而礼易。是以圣人果可以利其国，不一其用；果可以便其事，不同其礼。儒者一师而俗异，中国同礼而教离，况于山谷之便乎？故去就之变，智者不能一，远近之服，贤圣不能同。穷乡多异，曲学多辩。不知而不疑，异于己而不非者，公焉而众求尽善也。今叔之所言者俗也，吾所言者所以制俗也。吾国东有河、薄洛之水，与齐、中山同之，无舟楫之用。自常山以至代、上党，东有燕、东胡之境，而西有楼烦、秦、韩之边，今无骑射之备。故寡人无舟楫之用，夹水居之民，将何以守河、薄洛之水。变服骑射，以备燕、三胡、秦、韩之边。且昔者简主不塞晋阳以及上党，而襄主并戎取代以攘诸胡，此愚智所明也。先时中山负齐之强兵，侵暴吾地，系累吾民，引水围鄗，微社稷之神灵，则鄗几于不守也，先王丑之，而怨未能报也。今骑射之备，近可以便上党之形，而远可以报中山之怨。而叔顺中国之俗以逆简、襄之意，恶变服之名以忘鄗事之丑，非寡人之所望也。"公子成再拜稽首曰："臣愚，不达于王之义，敢道世俗之闻，臣之皋也。今王将继简、襄之意以顺先王之志，臣敢不听命乎！"再拜稽首。乃赐胡服。明日，服而朝。于是始出胡服令也。

赵文、赵造、周袑、赵俊皆谏止王毋胡服，如故法便。王曰："先王不同俗，何古之法？帝王不相袭，何礼之循？虙戏、神农教而不诛，黄帝、尧、舜诛而不怒。及至三王，随时制法，因事制礼。法度制令各顺其宜，衣服器械各便其用。故礼也不必一道，而便国不必古。圣人之兴也不相袭而王，夏、殷之衰也不易礼而灭。然则反古未可非，而循礼未足多也。且服奇者志淫，则是邹、鲁无奇行也；俗僻者民易，则是吴、越无秀士也。且圣人利身谓之服，便事谓之礼。夫进退之节，衣服之制者，所以齐常民也，非所以论贤者也。故齐民与俗流，贤者与变俱。故谚曰：'以书御者不尽马之情，以古制今者不达事之变。'循法之功，不足以高世；法古之学，不足以制今。子不及也。"遂胡服招骑射。

二十年，王略中山地，至宁葭，西略胡地，至榆中。林胡王献马。归，使楼缓之秦，仇液之韩，王贲之楚，富丁之魏，赵爵之齐。代相赵固主胡，致其兵。

二十一年，攻中山。赵袑为右军，许钧为左军，公子章为中军，王并将之。牛翦将车骑。赵希并将胡、代。赵与之陉，合军曲阳，攻取丹丘、华阳、鸱之塞。王军取鄗、石邑、封龙、东垣。中山献四邑和，王许之，罢兵。二十三年，攻中山。二十五年，惠后卒。使周袑胡服傅王子何。二十六年，复攻中山，攘地北至燕、代，西至云中、九原。

二十七年五月戊申，大朝于东宫，传国，立王子何以为王。王庙见礼毕，出临朝。大夫悉为臣，肥义为相国，并傅王。是为惠文王。惠文王，惠后吴娃子也。武灵王自号为主父。主父欲令子主治国，而身胡服将士大夫西北略胡地，而欲从云中、九原直南袭秦，于是诈自为使者入秦。秦昭王不知，已而怪其状甚伟，非人臣之度，使人逐之，而主父驰已脱关矣。审问之，乃主父也。秦人大惊。主父所以入秦者，欲自略地形，因观秦王之为人也。

惠文王二年，主父行新地，遂出代，西遇楼烦王于西河而致其兵。

三年，灭中山，迁其王于肤施。起灵寿，北地方从，代道大通。还归行赏，大赦，置酒酺五日。封长子章为代安阳君。章素侈，心不服其弟所立。主父又使田不礼相章也。

李兑谓肥义曰："公子章强壮而志骄，党众而欲大，殆有私乎？田不礼之为人也，忍杀而骄。二人相得，必有谋阴贼起，一出身徼幸。夫小人有欲，轻虑浅谋，徒见其利而不顾其害，同类相推，俱入祸门，以吾观之，必不久矣。子任重而势大，乱之所始，祸之所集也，子必先患。仁者爱万物，而智者备祸于未形。不仁不智，何以为国？子奚不称疾毋出，传政于公子成？毋为怨府，毋为祸梯。"肥义曰："不可。昔者主父以王属义也，曰：'毋变而度，毋异而虑，坚守一心，以殁而世。'义再拜受命而籍之。今畏不礼之难而忘吾籍，变孰大焉。进受严命，退而不全，负孰甚焉。变负之臣，不容于刑。谚曰：'死者复生，生者不愧。'吾言已在前矣，吾欲全吾言，安得全吾身！且夫贞臣也，难至而节见。忠臣也，累至而行明。子则有赐而忠我矣。虽然，吾有语在前者也，终不敢失。"李兑曰："诺，子勉之矣！吾见子已今年耳。"涕泣而出。李兑数见公子成，以备田不礼之事。

异日，肥义谓信期曰："公子与田不礼甚可忧也。其于义也声善而实恶，此为人也，不子不臣。吾闻之也，奸臣在朝，国之残也。谗臣在中,主之蠹也。此人贪而欲大,内得主而外为暴。矫令为慢,以擅一旦之命,不难为也,祸且逮国。今吾忧之,夜而忘寐,饥而忘食。盗贼出入不可不备。自今以来,若有召王者必见吾面,我将先以身当之,无故而王乃入。"信期曰:"善哉,吾得闻此也!"

四年,朝群臣,安阳君亦来朝。主父令王听朝,而自从旁观窥群臣宗室之礼。见其长子章傫然也,反北面为臣,诎于其弟,心怜之,于是乃欲分赵而王章于代,计未决而辍。

主父及王游沙丘,异宫。公子章即以其徒与田不礼作乱,诈以主父令召王。肥义先入,杀之。高信即与王战。公子成与李兑自国至,乃起四邑之兵入距难,杀公子章及田不礼,灭其党贼而定王室。公子成为相,号安平君,李兑为司寇。

公子章之败,往走主父,主父开之,成、兑因围主父宫。公子章死,公子成、李兑谋曰:"以章故围主父,即解兵,吾属夷矣。"乃遂围主父。令宫中人"后出者夷",宫中人悉出。主父欲出不得,又不得食,探爵鷇而食之,三月余而饿死沙丘宫。主父定死,乃发丧赴诸侯。

是时王少,成、兑专政,畏诛,故围主父。主父初以长子章为太子,后得吴娃,爱之,为不出者数岁,生子何,乃废太子章而立何为王。吴娃死,爱弛,怜故太子,欲两王之,犹豫未决,故乱起,以至父子俱死,为天下笑,岂不痛乎!

主父死,惠文王立立。五年,与燕鄚、易。八年,城南行唐。九年,赵梁将,与齐合军攻韩,至鲁关下及。十年,秦自置为西帝。十一年,董叔与魏氏伐宋,得河阳于魏。秦取梗阳。十二年,赵梁将攻齐。十三年,韩徐为将,攻齐。公主死。十四年,相国乐毅将赵、秦、韩、魏、燕攻齐,取灵丘。与秦会中阳。十五年，燕昭王来见。赵与韩、魏、秦共击齐，齐王败走，燕独深入，取临菑。

十六年，秦复与赵数击齐，齐人患之。苏厉为齐遗赵王书曰：

臣闻古之贤君，其德行非布于海内也，教顺非洽于民人也，祭祀时享非数常于鬼神也。甘露降，时雨至，年谷丰孰，民不疾疫，众人善之，然而贤主图之。

今足下之贤行功力，非数加于秦也，怨毒积怒，非素深于齐也。秦、赵与国，以强征兵于韩，秦诚爱赵乎？其实憎齐乎？物之甚者，贤主察之。秦非爱赵而憎齐也。欲亡韩而吞二周，故以齐餤天下。恐事之不合，故出兵以劫魏、赵。恐天下畏己也，故出质以为信。恐天下亟反也，故征兵于韩以威之。声以德与国，实而伐空韩，臣以秦计为必出于此。夫物固有势异而患同者，楚久伐而中山亡，今齐久伐而韩必亡。破齐，王与六国分其利也。亡韩，秦独擅之。收二周，西取祭器，秦独私之。赋田计功，王之获利，孰与秦多？

说士之计曰："韩亡三川，魏亡晋国，市朝未变而祸已及矣。"燕尽齐之北地，去沙丘、巨鹿敛三百里，韩之上党去邯郸百里，燕、秦谋王之河山，间三百里而通矣。秦之上郡近挺关，至于榆中者千五百里，秦以三郡攻王之上党，羊肠之西，句注之南，非王有已。逾句注，斩常山而守之。三百里而通于燕，代马胡犬不东下，昆山之玉不出，此三宝者亦非王有已。王久伐齐，从强秦攻韩，其祸必至于此。愿王孰虑之。

且齐之所以伐者，以事王也。天下属行，以谋王也。燕、秦之约成，而兵出有日矣。五国三分王之地，齐倍五国之约而殉王之患，西兵以禁强秦，秦废帝请服，反高平、根柔于魏，反巠分、先俞于赵。齐之事王，宜为上佼，而今乃抵皋，臣恐天下后事王者之不敢自必也。愿王孰计之也。

今王毋与天下攻齐，天下必以王为义。齐抱社稷而厚事王，天下必尽重王。义，王以天下善秦，秦暴，王以天下禁之，是一世之名宠制于王也。

于是赵乃辍，谢秦不击齐。

王与燕王遇。廉颇将，攻齐昔阳，取之。

十七年，乐毅将赵师攻魏伯阳。而秦怨赵不与己击齐，伐赵，拔我两城。十八年，秦拔我石城。王再之卫东阳，决河水，伐魏氏。大潦，漳水出。魏冉来相赵。十九年，秦取我二城。赵与魏伯阳。赵奢将，攻齐麦丘，取之。

二十年，廉颇将，攻齐。王与秦昭王遇西河外。

二十一年，赵徙漳水武平西。二十二年，大疫。置公子丹为太子。

二十三年，楼昌将，攻魏幾，不能取。十二月，廉颇将，攻幾，取之。二十四年，廉颇将，攻魏房子，拔之，因城而还。又攻安阳，取之。二十五年，燕周将，攻昌城、高唐，取之。与魏共击秦。秦将白起破我华阳，得一将军。二十六年，取东胡欧代地。

二十七年，徙漳水武平南。封赵豹为平阳君。河水出，大潦。

二十八年，蔺相如伐齐，至平邑。罢城北九门大城。燕将成安君公孙操弑其王。二十九年，秦、韩相攻，而围阏与。赵使赵奢将，击秦，大破秦军阏与下。赐号为马服君。

三十三年，惠文王卒，太子丹立，是为孝成王。

孝成王元年，秦伐我，拔三城。赵王新立，太后用事。秦急攻之，赵氏求救于齐。齐曰："必以长安君为质，兵乃出。"

太后不肯，大臣强谏。太后明谓左右曰："复言长安君为质者，老妇必唾其面。"左师触龙言愿见太后，太后盛气而胥之。入，徐趋而坐，自谢曰："老臣病足，曾不能疾走，不得见久矣。窃自恕，而恐太后体之有所苦也，故愿望见太后。"太后曰："老妇恃辇而行耳。"曰："食得毋衰乎？"曰："恃粥耳。"曰："老臣间者殊不欲食，乃强步，日三四里，少益嗜食，和于身也。"太后曰："老妇不能。"太后不和之色少解。左师公曰："老臣贱息舒祺最少，不肖，而臣衰，窃怜爱之，愿得补黑衣之缺以卫王宫，昧死以闻。"太后曰："敬诺。年几何矣？"对曰："十五岁矣。虽少，愿及未填沟壑而托之。"太后曰："丈夫亦爱怜少子乎？"对曰："甚于妇人。"太后笑曰："妇人异甚。"对曰："老臣窃以为媪之爱燕后贤于长安君。"太后曰："君过矣，不若长安君之甚。"左师公曰："父母爱子，则为之计深远。媪之送燕后也，持其踵，为之泣，念其远也，亦哀之矣。已行，非不思也，祭祀则祝之曰'必勿使反'，岂非计长久，为子孙相继为王也哉？"太后曰："然。"左师公曰："今三世以前，至于赵主之子孙为侯者，其继有在者乎？"曰："无有。"曰："微独赵，诸侯有在者乎？"曰："老妇不闻也。"曰："此其近者祸及其身，远者及其子孙。岂人主之子侯则不善哉？位尊而无功，奉厚而无劳，而挟重器多也。今媪尊长安君之位，而封之以膏腴之地，多与之重器，而不及今令有功于国，一旦山陵崩，长安君何以自托于赵？老臣以媪为长安君之计短也，故以为爱之不若燕后。"太后曰："诺，恣君之所使之。"于是为长安君约车百乘，质于齐，齐兵乃出。

子义闻之，曰："人主之子，骨肉之亲也，犹不能持无功之尊，无劳之奉，而守金玉之重也，而况于予乎？"

齐安平君田单将赵师而攻燕中阳，拔之。又攻韩注人，拔之。二年，惠文后卒。田单为相。

四年，王梦衣偏裻之衣，乘飞龙上天，不至而坠，见金玉之积如山。明日，王召筮史敢占之，曰："梦衣偏裻之衣者，残也。乘飞龙上天不至而坠者，有气而无实也。见金玉之积如山者，忧也。"

后三日，韩氏上党守冯亭使者至，曰："韩不能守上党，入之于秦。其吏民皆安为赵，不欲为秦。有城市邑十七，愿再拜入之赵，财王所以赐吏民。"王大喜，召平阳君豹告之曰："冯亭入城市邑十七，受之何如？"对曰："圣人甚祸无故之利。"王曰："人怀吾德，何谓无故乎？"对曰："夫秦蚕食韩氏地，中绝，不令相通，固自以为坐而受上党之地也。韩氏所以不入于秦者，欲嫁其祸于赵也。秦服其劳而赵受其利，虽强大不能得之于小弱，小弱顾能得之于强大乎？岂可谓非无故之利哉！且夫秦以牛田之水通粮蚕食，上乘倍战者，裂上国之地，其政行，不可与为难，必勿受也。"王曰："今发百万之军而攻，逾年历岁，未得一城也。今以城市邑十七币吾国，此大利也。"

赵豹出，王召平原君与赵禹而告之。对曰："发百万之军而攻，逾岁未得一城。今坐受城市邑十七，此大利，不可失也。"王曰："善。"乃令赵胜受地，告冯亭曰："敝国使者臣胜，敝国君使胜致命，以万户都三封太守，千户都三封县令，皆世世为侯，吏民皆益爵三级，吏民能相安，皆赐之六金。"冯亭垂涕不见使者，曰："吾不处三不义也：为主守地，不能死，固不义一矣。入于秦，不听主令，不义二矣。卖主地而食之，不义三矣。"赵遂发兵取上党，廉颇将军军长平。

七年，廉颇免，而赵括代将。秦人围赵括，赵括以军降，卒四十余万皆坑之。王悔不听赵豹之计，故有长平之祸焉。

王还，不听秦，秦围邯郸。武垣令傅豹、王容、苏射率燕众反燕地。赵以灵丘封楚相春申君。

八年，平原君如楚请救。还，楚来救。及魏公子无忌亦来救，秦围邯郸乃解。

十年，燕攻昌壮，五月拔之。赵将乐乘、庆舍攻秦信梁军，破之。太子死。而秦攻西周，拔之。徒父祺出。十一年，城元氏，县上原。武阳君郑安平死，收其地。十二年，邯郸廥烧。十四年，平原君赵胜死。

十五年，以尉文封相国廉颇为信平君。燕王令丞相栗腹约欢，以五百金为赵王酒，还归，报燕王曰："赵氏壮者皆死长平，其孤未壮，可伐也。"王召昌国君乐间而问之。对曰："赵，四战之国也，其民习兵，伐之不可。"王曰："吾以众伐寡，二而伐一，可乎？"对曰："不可。"王曰："吾即以五而伐一，可乎？"对曰："不可。"燕王大怒。群臣皆以为可。燕卒起二军，车二千乘，栗腹将而攻鄗，卿秦将而攻代。廉颇为赵将，破杀栗腹，虏卿秦、乐间。

十六年，廉颇围燕。以乐乘为武襄君。十七年，假相大将武襄君攻燕，围其国。十八年，延陵钧率师从相国信平君助魏攻燕。秦拔我榆次三十七城。十九年，赵与燕易土，以龙兑、汾门、临乐与燕。燕以葛、武阳、平舒与赵。

二十年，秦王政初立。秦拔我晋阳。

二十一年，孝成王卒。廉颇将，攻繁阳，取之。使乐乘代之。廉颇攻乐乘，乐乘走，廉颇亡入魏。子偃立，是为悼襄王。

悼襄王元年，大备魏。欲通平邑、中牟之道，不成。

二年，李牧将，攻燕，拔武遂、方城。秦召春平君，因而留之。泄钧为之谓文信侯曰："春平君者，赵王甚爱之，而郎中妒之，故相与谋曰'春平君入秦，秦必留之'，故相与谋而内之秦也。今君留之，是绝赵而郎中之计中也，君不如遣春平君而留平都。春平君者言行信于王，王必厚割赵而赎平都。"文信侯曰："善。"因遣之。城韩皋。

三年，庞煖将，攻燕，擒其将剧辛。四年，庞煖将赵、楚、魏、燕之锐师，攻秦蕞。不拔，移攻齐，取饶安。五年，傅抵将，居平邑。庆舍将东阳河外师，守河梁。六年，封长安君以饶。魏与赵邺。

九年，赵攻燕，取貍、阳城。兵未罢，秦攻邺，拔之。悼襄王卒，子幽缪王迁立。

幽缪王迁元年，城柏人。二年，秦攻武城，扈辄率师救之，军败死焉。

三年，秦攻赤丽、宜安，李牧率师与战肥下，却之。封牧为武安君。四年，秦攻番吾，李牧与之战，却之。

五年，代地大动，自乐徐以西，北至平阴，台屋墙垣太半坏，地坼东西百三十步。六年，大饥，民讹言曰："赵为号，秦为笑。以为不信，视地之生毛。"

七年，秦人攻赵，赵大将李牧、将军司马尚将，击之。李牧诛，司马尚免。赵怱及齐将颜聚代之。赵怱军破，颜聚亡去。以王迁降。

八年十月，邯郸为秦。

太史公曰：吾闻冯王孙曰："赵王迁，其母倡也，嬖于悼襄王。悼襄王废適子嘉而立迁。迁素无行，信谗，故诛其良将李牧，用郭开。"岂不缪哉！秦既虏迁，赵之亡大夫共立嘉为王，王代六岁,秦进兵破嘉,遂灭赵以为郡。

译文:

赵的先世,与秦同祖。传至中衍,为殷帝大戊当驭手。中衍的后代蜚廉有子二人。一名恶来,是商纣的臣下,被周人所杀。恶来的后代为嬴秦氏。一名季胜,为恶来之弟。季胜的后代,就是赵氏。

季胜生孟增,孟增得到周成王的宠幸。孟增又被称作"宅皋狼"。皋狼生衡父。衡父生造父。造父是周缪王的宠臣。造父善于驯调良马。他把从桃林调驯好了的良马:盗骊、骅骝、绿耳等诸骏,献给缪王。造父亲自驾车,载着缪王去中国西部地区巡游,会见了西王母。正当缪王乐而忘返的时刻,徐偃王造反。缪王坐上造父驾驭的日驰千里的车乘,攻打徐偃王,大获全胜。于是缪王将赵城赏赐给造父。自此,造父就以赐邑赵作为自己的姓氏。

造父下传六代到奄父。奄父号曰公仲。周宣王征讨戎人时,奄父为周王驭车。在千亩地方作战时,奄父掩护宣王突围。奄父生叔带。叔带时,周幽王无道。叔带离开周去晋国,臣事晋文侯。自此,赵氏在晋国开始建立自己的基业。

自叔带以下,赵氏宗族愈益兴旺,下传五代而至赵夙。

赵夙。晋献公于十六年讨伐霍、魏、耿三小国。赵夙率军伐霍。霍公求逃往齐国。这一年,晋旱魃为灾。献公命人占卜,说是"霍太山的神灵在作祟"。献公派赵夙去齐国召回霍君,允许他复国,并主持霍太山神灵的祭祀。晋国再次获得丰收。晋献公将耿赐给赵夙。

赵夙生共孟,时当鲁闵公元年。共孟生赵衰,字子余。

赵衰用占卜来决定是否臣事晋献公及诸公子,都不吉。卜及公子重耳时，吉利。赵衰就去臣事重耳。重耳由于骊姬之乱逃亡到翟，赵衰跟着去翟。翟君讨伐廧咎如时，抢走廧咎如的两个女儿。翟君将小女儿嫁给重耳，大女儿嫁给赵衰，生下了赵盾。当初重耳在晋国时，赵衰原配妻已经生下赵同、赵括、赵婴齐。赵衰随同重耳逃亡在外，总共十九年，才得以返回晋国。重耳即位为晋文公，任赵衰为原大夫，居住在原，掌管国政。文公所以能够回到晋国，成为诸侯霸主，多亏赵衰为之出谋划策。所有这些情况，都记载在《晋世家》中。

赵衰回到晋国后，晋妻坚持要赵衰把在翟娶的妻子迎来晋国，并以翟妻所生赵盾为嫡子。晋妻所生三子位皆在赵盾下。晋襄公六年，赵衰去世，谥号成季。

赵盾继承成季执掌国政的第二年，晋襄公去世。太子夷皋年少。赵盾考虑正值国家多事，想拥立襄公之弟雍继位。雍时在秦国，乃派遣使者迎雍回国。太子夷皋的母亲日日夜夜啼哭不休，叩着头对赵盾说："先君犯什么罪啦！为何抛弃他亲生的儿子而另立国君呀！"赵盾有些害怕，生恐母后宗亲和大臣们不平，把他搞掉。只好仍立太子为君，即位为晋灵公。同时发兵阻拦去秦迎接公子雍的使者。灵公即位后，赵盾进一步专擅国政。

灵公即位十四年，愈益骄横。赵盾屡次劝谏，灵公不听。有回吃熊掌，炖煮的火候不够，灵公杀了厨师。尸体抛出宫外时，被赵盾看见了。灵公有些惧怕，便想杀掉赵盾。赵盾素来仁厚爱人。一个曾经饿倒在桑下，被他送水送饭救活的汉子，挺身而出，保护了赵盾，赵盾得以逃脱。尚未逃出国境，赵穿弑杀了灵公，迎立襄公弟黑臀为国君，是为成公。赵盾回到了都城，依然执掌国政。君子讥讽赵盾说："身为一国的正卿，逃亡未出国境，回来又不惩治弑杀国君的贼臣！"所以太史秉笔写道："赵盾弑杀国君。"晋景公时，赵盾去世，谥号为宣子，儿子赵朔嗣位。

赵朔，晋景公三年，赵朔为晋国统帅下军救援郑国，与楚庄王在黄河沿岸作战。赵朔娶成公的姊姊为夫人。

晋景公三年，大夫屠岸贾图谋诛灭赵氏。当赵盾在世时，有回梦见叔带手搂着腰在哭，哭得真伤心。一会儿又笑，一边抚掌，一边唱歌。赵盾求教占卜。结果，烧灼显示的龟背纹，先有断裂，后又完好。赵史官援解释说："这是一场噩梦，虽与你本身无关，但关系到你儿子身上。不过，也是你种下的祸根。到你孙子时，赵氏将更加衰落。"屠岸贾这人在晋灵公时就有宠。晋景公时，当上了司寇。他在发难时，借口惩治弑杀灵公的贼臣而追查到赵盾。他向三军将领们宣称："赵盾虽未与闻，仍然是祸首。以臣下弑杀君上，子孙仍然在朝做官，今后如何能依法惩办罪犯呀！非诛灭赵氏不可！"韩厥说："灵公被贼臣杀害时，赵盾流亡在外，先君成公认为赵盾无罪，所以未加诛伐。现在诸位要诛杀他的子孙，是违背先君的旨意，而乱杀无辜。乱杀无辜就是作乱。臣下处理这样的大案而不禀告国君，那是目无君上。"屠岸贾不听。韩厥告知赵朔快逃走。赵朔不肯。说："你若能保住赵氏的香火维持不断，我死也无憾。"韩厥答应了，装病不出门。屠岸贾也不禀告国君，擅自率领诸将攻打赵氏于下宫，杀害了赵朔、赵同、赵括、赵婴齐，赵氏宗族被斩尽杀绝。

赵朔妻是成公的姊姊。赵朔死时，怀着身孕逃到宫里藏起来。赵朔有位名叫公孙杵臼的家臣，找到赵朔的朋友程婴问道："为何不死？"程婴说："赵朔妻怀着身孕。如有幸是男孩，我要抚养他。如果是女孩，我再死也不迟。"没有多久，朔妻分娩，生下男孩。屠岸贾知道后，在宫中大事搜索。夫人把孩子藏在裤裆中，暗自祷告："赵氏如果注定断子绝孙，你就哭；

如果不该断子绝孙,你就不要有声音。"临到搜查时,孩子竟一声不响。孩子脱险了。程婴对公孙杵臼说:"一次搜查未得,一定还会反复搜查,怎么办?"公孙杵臼问道:"扶立孤儿与殉死哪个难?"程婴说:"死容易,扶立孤儿那可难啦!"公孙杵臼说:"那好,赵氏先君对您恩厚,您就勉为其难。我呢,拣容易的做,请让我先死。"于是二人商量好,弄来一个别人的孩子抚养,裹着绣花的儿衣,躲到山里藏着。程婴从山里出来,骗将军们说:"我程婴没能耐,不能扶立赵氏孤儿。谁肯给我千金之赏,我就说出藏匿赵孤的地方。"将军们很高兴,答应给予赏金,派兵跟着程婴进山搜捕公孙杵臼。杵臼假意骂道:"程婴啊!程婴啊!你真是小人!过去在下宫蒙难时没死,我俩商量藏匿赵氏孤儿,今天你却来出卖我。你不能扶立赵孤也就算了,反而出卖我,你好忍心啊!"杵臼抱着孩子呼号:"天老爷啊!天老爷啊!小孩子有什么罪,请你们饶了孩子吧!要杀,杀我杵臼一人好啦!"诸将不答应,杀了杵臼和孩子。诸将以为赵氏孤儿确实已死,很高兴。不知赵氏真正孤儿仍然活着。程婴悄悄地和孤儿一起藏匿在山中。

过了十五年,晋景公生病。占卜说是"大业因断了后代的香火而作祟"。景公问韩厥怎么回事。韩厥知道赵孤尚在人世,回答说:"大业的后代在晋国断了香火的,不就是说的赵氏吗!从中衍以来的后代都姓嬴。中衍人面鸟喙,来到人间辅佐殷帝大戊和周天子,都有明显的功绩。及至周幽王、周厉王两个无道的君王时,叔带才离开周,来到晋,臣事先君文侯。一直到成公,赵氏世世代代,建立功勋,从未断过祭祀。是您灭了赵氏宗族,老百姓都哀怜赵氏的不幸。这一切都显现在龟策上,您可得好好想个办法才对。"景公问道:"赵氏还有没有后代子孙呀?"韩厥以实情相告。于是景公和韩厥商量，谋立赵氏孤儿，便把赵武召来，藏匿在宫中。诸将入宫问疾。景公嘱咐韩厥布置好警卫武士，强令诸将与赵孤相见。赵氏孤儿名曰武，诸将不得已，只好说："过去下宫发难，都是屠岸贾的主意。他假传君命，强迫大家跟着他作乱。否则的话，谁敢哟！要不是君王有病，我们早就打好主意，请求重立赵氏的后代啦！今天君王下达的旨意，本来就是我们大家的愿望啊！"于是召来赵武、程婴，一一拜见诸将。诸将反而跟着程婴、赵武袭击屠岸贾，灭其全族。景公把原来赵氏的封邑，依然赐给赵武。

不久赵武长大成人，行了冠礼。程婴辞别诸大夫，对赵武说："当年下宫那场灾难，许多人都以身殉难，我不是不能死。我是想要为赵氏立后。现在赵武已立，长大成人，恢复故位。我将到泉下向赵宣子和公孙杵臼通报这一情况。"赵武啼哭不止，一再叩首请求说："赵武愿意劳苦一辈子来报答您老人家，直到为您送终，老人家怎能忍心丢下我去死哟！"程婴说："不行，他们相信我能成事，才先我而死。我不去告诉他们，还以为我办不成事啦！"程婴终于自杀。赵武为之服齐衰之丧三年，并为他设置祭邑，春秋两祭，世世代代不绝。

赵氏复位后第十一个年头，晋厉公杀了大夫三郤。栾书害怕株连及己，索性弑杀厉公，改立襄公曾孙周为晋君，是为悼公，晋国大夫从此逐步强大。

赵氏复位后第二十七个年头，晋平公即位。平公十二年，任赵武为正卿。十三年，吴延陵季子聘访晋国。他说："晋国的政权，终归要落到赵武子、韩宣子、魏献子们的后人的手中了。"赵武死，谥号文子。

文子生景叔。景叔执政时期，齐景公派晏婴来晋聘访。晏婴和叔向私下议论。晏婴说:"齐国政权将来必定属于田氏。"叔向也说:"晋国政权也将归于六卿。六卿坐大,可叹我们国君,一点也不犯愁!"

赵景叔去世,生赵鞅,就是简子。

赵简子执政时期,在晋顷公九年,简子统率来会的诸侯陈兵于周境。明年,护送周敬王返回王城,驱逐其弟子朝之故。

晋顷公十二年,六卿援法诛灭姬姓公族祁氏、羊舌氏,将他们的食邑分为十县。六卿安插各自的宗族为这些县的大夫。晋公室自此更加衰弱。

其后十三年,鲁国贼臣阳虎前来投靠。赵简子接受阳虎的贿赂,予以优待。

赵简子生病,五天不省人事。大夫们都害怕。请来名医扁鹊为之诊治。扁鹊看完病出来,董安于询问病情。扁鹊说:"是血份上的毛病,不要大惊小怪。以前秦穆公也有过这种病。七天后苏醒过来。醒来那天,告诉公孙支和子舆说:'我到了天帝的住所,太好啦!我为何逗留那么久呢?正好有些事情需要知道。天帝告诉我:"晋国将大乱,五世不得安宁。后代将霸,可惜未老就死去。称霸的人号令诸侯,可怜的老百姓将不分男女,流离于道路了。"'公孙支记下了这些话,藏之策府。秦王之谶,终于传开了。献公之乱,文公之霸,襄公败秦师于殽,战胜归来,纵情淫乱,这些事,你都是知道的。今天主公的病与秦穆公同,不出三天,病就见好。病一好,一定有话要讲。"

过了两天半,简子醒来,对董安于说:"我到了天帝的住所,很高兴。上天百神陪我遨游于钧天、广乐之宫。天帝的乐队为我奏九成之乐,诸神为我舞干戚之舞。到底是天乐,与三代人间之乐不一样,那是撼人心旌的声音。有一熊跑来抓我。天帝命我发箭射之。一箭中熊,熊死。又有一罴冲我奔来,我又发箭射之,中罴,罴死。天帝很高兴,赐给我两个饭笥,都盛有饭食。我见一个孩子站在天帝身旁。天帝牵来一条翟犬,吩咐我说:'等到你儿子长大成人,把这条翟犬赐给他。'天帝告诉我:'晋氏将逐步衰落下去,到第七代就亡了,嬴姓将兴旺起来,在范魁之西战败周人,可是也不能有天下。我缅怀虞舜的功勋,我会将其胤女孟姚配给你的七世孙为妻。'"董安于聆听了简子的话就书而藏之,并把扁鹊的那番话禀告简子。简子以四万亩良田赏赐扁鹊。

一天,简子外出,有一人挡住去路,赶也不走。随从的人很生气,举起刀就要砍过去。挡道的人说:"我有话要和主君说。"随从当即禀报。简子招呼那人过来。见到那人时说:"哎呀!我在哪儿好像见过你呀!没错!"挡道的说:"请屏退左右,有事奉告。"简子命令随从走开。那人说:"您生病那时光,我正侍立天帝一旁。"简子说:"不错,有这么回事。你见到我时,我在干吗呀?"挡道的说:"天帝让你射熊和罴,都被你射死了。"简子说:"是的,将来会怎么样呢?"挡道的说:"晋国将有大难,而首先发难的是您。天帝命您诛灭二卿,熊和罴就是二卿的祖先。"简子说:"天帝赐我两个饭笥,里面装着饭食,这是什么意思?"挡道的说:"您的世子将在翟地征服两个国,它们都是子姓的国。"简子问:"我见到有个孩子站在天帝身旁。天帝赐我翟犬时说:'等到你儿子长大时,将翟犬赐给你的儿子。'那个孩子是怎么回事?赏赐翟犬又是怎么回事?"挡道的说:"孩子,是您的儿子。翟犬,是代国的祖先。您的儿子将占有代国。您的后代还会有进行改革,衣胡人衣裳的人,并在翟地兼并两个国家。"简子问其姓名,并请他做官。挡道的那人说:"我是个粗人,不过是来传达天帝意旨的呀!"一霎间,那人不见了。简子记下这事,藏之于册府。

又一天,姑布子卿来看简子。简子把儿子们都叫来,请子卿看相。子卿说:"没有一个当将军的相。"简子说:"照这么说,赵氏将要绝灭啦!"子卿说:"适才在大街上看到一个孩子,兴许也是您的儿子。"简子把儿子毋恤叫来。毋恤走到跟前,子卿立即站起来说:"这才真是将军的相啊!"简子说:"这孩子的母亲出身卑贱,是翟人送来的婢妾,哪里谈得上贵呀!"子卿说:"天帝所赐,虽出身卑贱,将来也必然尊贵。"不久,简子把儿子们找来交谈,发觉毋恤最有才能。简子向儿子们宣称:"我把宝符藏在常山之巅,你们都去找,先找到的有赏。"诸子连奔带跑向常山进发,可什么也没有找到。独有毋恤回来,声称:"我找到宝符啦!"简子说:"说说看!"毋恤说:"登常山之巅,可以鸟瞰代国,代国可以占而有之呀!"简子由此知道毋恤确实有才能,于是废去太子伯鲁,以毋恤为太子。

过了二年,晋定公十四年。范氏、中行氏作乱。翌年春天,赵简子通知邯郸大夫赵午说:"还给我卫国贡户五百家。我将把他们安置在晋阳。"赵午答应了。回到邯郸,父兄们不答应。赵午无法实现诺言。赵鞅逮捕赵午,把他关押在晋阳。告诉邯郸人说:"我有权诛杀赵午,你们考虑继位人选吧!"简子杀了赵午。赵稷、涉宾在邯郸造反。晋君派籍秦率军进围邯郸。荀寅、范吉射和赵午友善,不肯帮助籍秦而图谋作乱。董安于知道这件事。十月,范氏、中行氏起兵讨伐赵鞅。赵鞅跑到晋阳。晋兵包围晋阳。范吉射、荀寅的仇人魏襄策划驱逐荀寅,代之以梁婴父;驱逐范吉射,代之以范皋绎。荀栎向晋侯进言说:"君王的法规，大臣带头作乱者死。今带头作乱的是三家，而单独讨伐赵鞅，这不公道，请对三家同时下令讨伐。"十一月，荀栎、韩不佞、魏哆奉晋公之命讨伐范、中行氏，未能取胜。范、中行氏反而袭击晋公。晋公回击，范、中行氏战败逃走。丁未，二人逃到朝歌。韩不佞、魏哆请求晋公宽赦赵鞅。十二月辛未，赵鞅来到绛都，和晋公在宫中结盟。明年，知伯文子对赵鞅说："范、中行氏带头作乱不假，董安于告发他们，可见董安于也参与其事。晋国有法，带头作乱处死刑。范、中行二人已依法治罪，而董安于至今逍遥法外。"赵鞅很为难。董安于说："我死，赵氏安宁，晋国太平。我现在去死，可已经晚了。"董安于自杀身死。赵鞅告诉知伯，董安于已死。赵氏才算安宁无事。

孔子听说赵简子不请示晋君就拘捕邯郸午，退保晋阳，所以在《春秋》中直书："赵鞅在晋阳发动叛乱。"

赵简子有臣名周舍，好直言规谏。周舍死后，简子每于上朝议处政事时，常常不高兴。大夫们以为自己有了过失，引咎请罪。简子说："你们没有过错。我听人说：一千张羊皮，抵不上一只狐的狐腋。诸位大夫上朝，凡事都是好！好！好！却听不到周舍那样的声音：不可以！不可以！我为此担忧呀！"简子有此谦虚谨慎的作风，所以能安抚赵邑，怀柔晋人。

晋定公十八年，赵简子围攻范、中行氏于朝歌。中行文子逃奔邯郸。明年，卫灵公去世。简子与阳虎护送卫太子蒯聩回国。卫拒绝蒯聩回来，蒯聩居留于戚。

晋定公二十一年，赵简子攻克邯郸。中行文子逃奔柏人。简子又围柏人。中行文子、范昭子逃奔齐国。赵的疆域扩展到邯郸、柏人。范、中行的其余领地，为晋所并吞。赵鞅名义上是晋卿，实际上垄断晋国的政权，俸禄和封邑与诸侯相等。

晋定公三十年，定公与吴王夫差在黄池盟会，争当诸侯盟主。赵简子随从晋定公赴会，勉强占了吴国的先。定公三十七年去世，简子为之服丧三年，实际仅一年。这年越王句践灭吴。

晋出公十一年，知伯伐郑。赵简子有病，让太子毋恤领兵围攻郑国。知伯喝醉了，跑来强灌毋恤的酒。毋恤群臣要求杀死知伯。毋恤不答应，说："主君所以安排我替他将兵，就是因为我能忍辱负重。"不过毋恤也怨恨知伯。知伯归来后，要求简子废黜毋恤，简子不听，毋恤由此恨透知伯。

晋出公十七年，简子去世，太子毋恤继位，是为襄子。

赵襄子元年，越军围攻吴都。襄子降低祭馔规格，以示同情，并派楚隆慰问吴王。

襄子之姊原是代王夫人。安葬了简子以后，守制之期未满，襄子北登夏屋山，宴请代王。吩咐厨师用铜斗盛肴馔招待代王及其随从。在进羹汤时，暗中命令宰人们各自用铜斗击杀代王和随从的官员，并立即兴兵平定代地。姊姊得到消息，仰呼苍天，号哭不止，用磨尖的发笄，自杀身死。代国百姓可怜代王夫人的死，名其杀身之地为"摩笄之山"。襄子以代国封给伯鲁的儿子周，号代成君。伯鲁是襄子之兄，原先的太子。太子早就去世，所以封他的儿子。

襄子继位四年，知伯和赵、韩、魏全部瓜分范、中行原来的领地。晋出公很生气，通告齐、鲁出兵，准备讨伐四卿。四卿害怕，联合起来攻打出公。出公逃奔齐国，死在道途中。知伯立昭公曾孙名骄的继承王位，是为晋懿公。知伯自此更加骄横，向韩、魏索取土地，韩、魏割让土地给他。又向赵国索取土地。因为过去围郑时，有过一段不愉快的往事，赵拒绝割让土地。知伯生气，率领韩、魏之师攻赵。赵襄子害怕，跑到晋阳固守。

原过随从襄子奔逃晋阳，走到王泽地方，前面出现三个人，腰带以上，看得清楚，腰带以下，模糊不清。三个路人递给原过两节竹筒，不让剖竹观看，说："请为我们把竹筒交给赵毋恤。"到了晋阳，原过禀告襄子。襄子斋戒沐浴三天，亲自剖竹，见到朱书上写道："赵毋恤，我是霍太山阳侯的天使。三月丙戌，我将保佑你反败为胜，诛灭知氏。你就在百邑为我建庙，我将以林胡之地赏赐给你。你的后代，将有一位勇猛的王。紫铜色的皮肤，龙脸鸟嘴，鬓发浓眉纠结。满脸髭须虬髯，虎背熊腰，腿长头大，穿的是左衽衽衣襟，骑的是高头大马。他将奄有河宗之地，直到沐涺、诸貉地界。南攻晋国其他城邑，北灭黑姑。"襄子再拜，接受三神的指令。

三国围攻晋阳，历时一年，引来汾河水倒灌晋阳城，不被水淹的城墙只胜下六尺余。城中居民把炊具悬挂起来做饭，交换孩子杀了吃。群臣渐怀二心，礼节一天比一天疏慢，唯有高共一人不敢失礼。襄子也害怕了。连夜派其相张孟同出城，私下与韩、魏结盟。韩、魏与张孟同一起策划，于三月丙戌日，三家联合起来，消灭知氏，共分其土地。事成以后，襄子论功行赏，授予高共一等奖赏。张孟同说："晋阳被围时，只有高共没有立功呀！"襄子说："当晋阳危急的时候，大家都松松垮垮，不讲礼节。唯独高共不敢失人臣之礼，所以给他一等奖。"这时，赵北边有代地，南方吞并知氏土地，比韩、魏强大。赵在百邑为三神立庙祭祀，派原过主持霍太山神祠的祭典。

襄子娶空同氏女为妻，生下五个儿子，为了伯鲁未能嗣位，襄子迟迟不肯立后，一定要传位给伯鲁的儿子代成君。代成君却先死了，乃立代成君的儿子浣为太子。襄子在位三十三去世。浣继立，是为献侯。

献侯嗣位时年少，治所在中牟。

襄子弟桓子把献侯赶走，自立于代，一年死去。国人认为桓子之立并非襄子本意，大家把桓子的儿子杀了，迎接献侯复位。

献侯十年，中山武公初即位。十三年，修筑平邑城。十五年，献侯去世，子烈侯籍嗣位。

烈侯元年，魏文侯讨伐中山国，使太子击守中山。六年，魏、韩、赵相继立为诸侯。追尊献子为献侯。烈侯爱好音乐。一天，对相国公仲连说："我所喜爱的人，可以给他们显贵的地位吗？"公仲连说："可以让他们富裕起来，不能给他们显贵的地位。"烈侯说："那好。郑国来的歌手枪、石二人，我赐给他俩每人一万亩田。"公仲说："好吧！"实际上没有给田。过了一个月，烈侯从代回来，问起赐田歌者的事。公仲说："正在办，没有找到合适的。"又过些时，烈侯又查问此事。公仲依然不给歌者田，声称有病不上朝。番吾君从代地来，对公仲说："你确具一片善心，但不知道应该怎么去办。公仲作为赵相，于今已有四年，你可曾保荐过有贤能的人？"公仲说："没有。"番吾君说："牛畜、荀欣、徐越都有才能哟！"于是，公仲保荐三位贤者于朝。上朝的时候，烈侯又问："赐田歌者的事，办得如何？"公仲说："正在派人挑选良田。"牛畜以仁义开导烈侯，劝他实行王道，很合烈侯的心意。荀欣建议烈侯选拔精干，起用贤才。徐越进言烈侯节财俭用，考核臣下的功绩品德。他们所提的建议，都取得很好的效果。烈侯非常高兴，派人通知相国说："赐田歌者的事，就暂且停一停吧！"于是任命牛畜为师，荀欣为中尉，徐越为内史，赐给相国两套衣裳。

九年，烈侯去世，弟武公继位。武公十三年去世，赵复立烈侯太子章继位，是为敬侯。这一年，魏文侯去世。

敬侯元年，武公儿子赵朝作乱，没有成功，出奔魏国，赵开始以邯郸为都城。

敬侯二年，在灵丘打败齐军。三年，发兵救魏，在廪丘大败齐人。四年，魏败赵于兔台。赵筑刚平准备侵卫。五年，齐、魏会同卫国攻赵，夺取我刚平。六年，向楚国借兵攻打魏国，攻占棘蒲。八年，攻占魏国黄城。九年，讨伐齐国。齐国征讨燕国，赵救燕。十年，与中山战于房子。

十一年，魏、韩、赵一起灭掉晋国，瓜分晋地。讨伐中山，又和中山战于中人。十二年，敬侯去世，子成侯种嗣位。

成侯元年，公子赵胜与成侯争位，发生动乱。二年六月，下雪。三年，大戊午为相，讨伐卫国，占领了七十三个乡镇。魏败我于蔺。四年，和秦国在高安发生战事，打败秦国。五年，攻打齐国的鄄城。魏在怀打败赵。攻打郑国，把郑打败，以郑地给韩国。韩给赵长子。六年，中山修筑长城。攻打魏国，败魏于浍泽，围困魏惠王。七年，侵略齐国，进至长城。与韩进攻周。八年，与韩瓜分周为两部分。九年，与齐战于东阿城下。十年，攻打卫国，占领甄城。十一年，秦攻魏，赵救魏于石阿。十二年，秦攻魏少梁，赵来救。十三年，秦献公使庶长国再次攻魏少梁，虏魏太子和公孙痤。魏在浍河水域打败赵国，攻占皮牢。成侯与韩昭侯在上党会晤。十四年，联合韩国攻秦。十五年，协同魏国攻齐。

十六年，赵与韩、魏瓜分晋国，以端氏封晋君。

十七年，赵成侯、魏惠王会于葛孽。十九年，成侯与齐、宋会于平陆，与燕会于东阿。二十年，魏进献荣、椽两种器材，因而修筑檀台。二十一年，魏围我邯郸。二十二年，魏攻占我邯郸。同时，齐在桂陵打败魏国。二十四年，魏归还我邯郸，和魏在漳水上结盟。秦攻我蔺城。二十五年，成侯去世。公子緤与太子肃侯争位，緤失败，逃奔韩。

肃侯元年，夺取晋君端氏，流放晋君于屯留。二年，肃侯与魏惠王会于阴晋。三年，公子赵范进袭邯郸，战败而死。四年，朝觐周天子。六年，进攻齐国，占领高唐。七年，公子赵刻进攻魏国首垣。十一年，秦孝公派商君伐魏，俘魏将公子卬。赵进攻魏。十二年，秦孝公去世，商君死。十五年，修建寿陵生圹。魏惠王去世。

十六年，肃侯巡狩大陵。经过鹿门，大戊午牵着马进谏说："现在正是农忙季节，一天不耕作，一百天没有饭吃呀！"肃侯下车认错。

十七年，围攻魏国黄城，攻不下。这年修筑赵长城。

十八年，齐、魏伐赵，赵打开黄河堤坝，水淹齐、魏兵。齐、魏兵撤退。二十二年，张仪任秦相。赵疵与秦战，战败，秦杀赵疵于河西，攻占我蔺、离石二地。二十三年，赵将韩举与齐、魏作战，在桑丘阵亡。

二十四年，赵肃侯去世。秦、楚、燕、齐、魏各派精兵万人来会葬。子武灵王继位。

武灵王元年，阳文君赵豹为相国。梁襄（惠）王与太子嗣、韩宣王与太子仓来信宫朝贺。武灵王年少，未能听政，有博闻师三人、左右司过三人为之辅佐。到他亲政时，首先存问先王贵臣肥义，晋升他的官秩。国内年跻八十的三老，每月馈致礼物。

三年，修筑鄗城。四年，与韩会于区鼠。五年，娶韩女为夫人。

八年，韩进攻秦，打了败仗。五国互贺称王，独赵不参加。灵王说："无王之实，要此虚名何用？"通告国人，称自己为"君"。

九年，与韩、魏联兵攻秦，被秦打败，斩首八万级。齐在观泽败赵。十年，秦攻占我中都及西阳。齐打败燕。燕相子之当了国君，君反为臣。十一年，武灵王召回居住在韩国的公子职回燕。由乐池护送回国，立为燕王。十三年，秦攻占赵国的蔺，俘虏将军赵庄。楚王、魏王来赵，到达邯郸。十四年，赵何攻魏。

十六年，秦惠王去世。武灵王巡狩大陵。有一天，他梦见一位姑娘弹着琴，唱着歌，歌辞说："漂亮的姑娘呀！像紫云英花儿一般的艳丽。命运呀！命运呀！为何没有人欣赏我的美丽？"过一天，武灵王饮酒作乐，一再谈起他那一天的美梦，描绘所见姑娘的姣好。吴广听说此事，通过韩氏夫人把他的女儿孟姚奉献给王。孟姚很受王的宠爱，是为惠后。

十七年，王出九门，修建野台，借以瞭望齐和中山的国土。

十八年，秦武王和力士孟说比赛共举龙文赤鼎，膝盖骨骨折，受伤而死。赵王派代相赵固去燕迎接公子稷，将他护送回国，立为秦王，是为昭王。

十九年春正月，大会群臣于信宫。召见肥义，共议天下大事，历时五天结束。王北行巡视中山边境，到达房子，因此来到代国，北行到达无穷。西行到黄河边，登上黄华山的山顶。召见楼缓议事。王说："我先王适应时局的演变，称雄长于南藩之地，凭借漳河滏水之险，修建长城，又攻取蔺、郭狼，击败林胡于荏，可是大功尚未告成。现在中山埋藏在我的腹心之中，北有燕，东有东胡，西接林胡、楼烦、秦、韩的边境，如果没有强大武力作后盾，国家社稷危亡在即，如何是好！凡有超人的作为，就会遭到落后势力的反对。我要改衣胡人之服如何？"楼缓说："好啊！"群臣都反对。

这时肥义侍王左右，王说："简子、襄子的功业，衡量匈奴西翟的轻重。（按：本文此处有误。据《赵策》，"简襄主之烈，计胡翟之利"，是肥义侍坐时所说；"为人臣者"以下，始为王言。）为人臣者，受宠则应保持孝、悌、长、幼、顺、明的操守，显达则应从事造福民众增加君王威信的工作。这两件事是人臣的本分。现在我要继承襄主的步伐，开拓疆土于匈奴西翟之乡，恐怕辛苦一辈子也不见得成功。为了削弱敌人，事半而功倍，可以节省老百姓的劳役，达到光大列祖列宗的勋业。凡有超人作为的人，必定遭到落后势力的反对。有独到见解的思维，就要承担傲慢无知的老百姓的埋怨。我打算改衣匈奴之服，训练老百姓骑射的功夫，肯定要遭受社会舆论的非议，咋办？"肥义说："我听人们说：犹疑不决，办不了大事。行止无常，不会有好声名。王既然决定不顾落后势力的反对，就不要管天下人的议论了。须知有崇高德行的人，不迁就世俗的成见，创建宏伟事业的人，不一定凡事皆就商于民众。从前，舜与有苗同舞。禹光着身子来到裸国，哪里是为了涵养身心而乐其所欲，而是为了弘扬圣德以取得成功哟！愚人对如何走上成功之路，心中无数；智者对未来的发展，则了如指掌。大王还有什么顾虑呀！"赵王说："我对胡服的信念，并不动摇，我怕的是天下人笑我。狂人之所喜乐，聪明人认为可悲。愚人所讪笑的事，明哲之士看得很清楚。世人会拥护我的。胡服取得的成功，不可限量啊！即使世间的人都跑来笑我，胡地中山是会为我所有的。"于是武灵王改穿胡服。

武灵王派王緤告诉公子成说："寡人已经穿上胡服，即将上朝会见群臣，想请叔父也换上胡服。在家中应听命于长上，在朝中则听命于君王，此古今通行的准则。子女不该反对父母，臣子不该违背君王，这是先王定下的规矩。今寡人公布易服的条令，而叔父不肯易服，我担心要引起天下人议论。治理国家有常规，而利民是根本。参议政事有原则，贯彻执行最重要。彰明盛德先要在基层作宣传，而推行政令则首先要取得上层社会的拥护。今改衣胡服的宗旨，并非为了涵养身心而乐其所欲。凡事皆有既定的目标，而后才能有的放矢，事成功立，然后趋于完善。今寡人唯恐叔父违背从政的常规，所以帮助叔父达成共识。同时寡人听说：凡有利于国家的行为都是正义的。得到贵戚拥护的事，名声不会受损，希望凭借叔父的声望，促进胡服改革政令的成功。特派王緤求见叔父，请改衣胡服。"公子成再拜叩首说："臣已听说大王改穿胡服的事了。臣不才，卧病在家，未能前来进谒。大王既如此垂问，请恕我直言回答，以表达个人的愚昧和忠诚。臣听说中国这个国家，是聪明才智者汇聚之区，万方财货集中之所在，圣哲贤人在这里弘扬教化，仁义道德在这里贯彻施行，《诗》、《书》、《礼》、《乐》在这里普遍应用，精巧技能在这里得到尝试，远方之人来此观光学习，蛮夷之邦莫不仰慕中国的义行。今天王竟然不惜抛弃这许多宝贵的东西，而仿效远方的服饰，改变圣贤的教导，抛弃古贤的成规，违背民心，使有识之士彷徨不知所措，其后果必将使中国人遭受苦难。臣愿大王好好考虑。"使者将公子成的一番话回报。王说："我早听说叔父有病，过些时我自己去看望他。"

武灵王来到公子成家，亲自向叔父请安，并说："服饰是为了使用方便；礼制是为了办事顺利。圣人根据不同情况，因地制宜，从具体出发而制定礼法，所以既利于民，国家亦深受其益。至于剪短头发，在肌肤上雕刺花纹，涂饰两臂，衣襟左掩，那是瓯越地区的民俗。染黑牙齿，额上雕花，鱼皮作冠，长针缝衣，那是大吴地区的民俗。礼法服饰虽有所不同，其目的在于方便都是一致的。不同地方有不同的用舍变幻，不同性质的事物，在礼法就应该区别对待。因此，圣人认为只要于国家有利，方法就不一定雷同；只要于事方便，礼法就不必拘于一格。儒家同一师承，而礼法有所不同；中国风俗相同，而教化却有差异。何况穷山荒谷，只好方便行事了。所以事物的变化，智者不能强求一致。边远地区与内地的服饰，虽圣贤也不强求一律。穷乡僻壤，风俗多奇异。只见一隅的陋儒之学多诡辩。不明真相就不要胡乱猜疑。和自己的想法不一样，也不妄加非议，才是公正的态度，以求达到尽善尽美。今叔父讲的是一般的风俗问题，而我所主张的是如何改革风俗的问题。我国东有黄河和薄洛之水，与齐、中山共享其利，却缺少舟楫的利用。自常山以至代、上党以东，有燕和东胡的国境，而西与楼烦、秦、韩接壤，现在却没有武力防御。寡人如果缺少舟楫的设施，濒水而居的老百姓，将何以守卫黄河和薄洛之水。今变服骑射，是为了保卫赵国与燕、三胡、秦、韩边境的安全。当初简主不在晋阳和上党设防，而襄主兼并戎国、掠取代国以防御诸胡的入侵，这是愚人、智者都明白的事理。早些时候，中山仗恃齐国的强兵，侵占我土地，捆绑我人民，引水倒灌鄗邑。若非社稷神灵的保佑，鄗邑几乎不守。先王为此而感到羞愧，这种怨恨至今未报。今设骑射以为备，近则可以改变上党的形势，而远可以报中山的怨恨。可是叔父拘泥于中国的习俗，违背简、襄先王的遗愿，讨厌改变服饰的名义而忘记鄗城的耻辱，这不是寡人所希望的。"公子成再拜叩首说："臣实在太愚蠢，不明白大王的意图，竟敢附和世俗之见，这是臣的罪过。今大王将继承先王简、襄的遗愿，完成先王未遂的事业，臣怎敢不服从听命呀！"再次下拜，叩头谢罪。于是赐给公子成胡服。明天，公子成穿着胡服上朝。于是开始颁布"胡服令"。

赵文、赵造、周袑、赵俊都劝阻赵武灵王不要改制胡服，还是老办法方便。赵王说："先王习俗皆不相同，效法哪个古法好呢？帝王们都不因袭前人，有什么礼法可以遵循的呢？伏羲神农推行教化而不用刑罚，黄帝尧舜使用刑罚而不动声色。到了夏、商、周三王随着时代的前进制定法规，因事物的变化规范礼制，规章制度，都从实际出发，衣服器械，各自为了使用方便。所以礼制不必千篇一律，只要便于国家，无须仿效古法。圣人的兴起，不需要因袭前代，皆能统治天下。夏、殷的衰败灭亡，不是也没有变更传统的礼制吗？可见不用古制未必是错，而因循旧礼也不见得可取。如果说，服饰奇异就意志淫荡，那么邹鲁之乡就不会有操守高尚的人啦！风俗奇特老百姓就落后，那么吴越就出不来聪明才智的人啦！何况圣人量体裁衣，礼制的标准是办事方便。进退的礼节，衣服的款式，用来管理老百姓，并非用以限制贤人的。所以管理老百姓与习俗同流，贤者与改革同在。谚语云：'靠书本知识去驾驭马的人摸不清马的脾气。用古法处理今天的事务不理解事物的变化。'遵循旧法不可能超越世俗；泥古不化，解决不了今天的问题，你们都欠明白。"于是穿起胡服，招募勇士，训练骑射。

武灵王二十年，王巡视中山边境，到达宁葭；西行巡视胡人地区，到达榆中，林胡王献马。回来，派楼缓使秦，仇液使韩，王贲使楚，富丁使魏，赵爵使齐。代相赵固主持诸胡事务，向胡人展示军威。

二十一年进攻中山。赵袑为右军将，许钧为左军将，公子章为中军将。赵王任总指挥。牛翦任战车和骑兵的首领。赵希统管胡、代两地兵马。赵与率军向陉进发，在曲阳与赵希会师，攻取丹丘、华阳、鸱诸要塞。赵王统率大军攻取鄗、石邑、封龙、东垣。中山割让四邑求和，赵王许和停战。二十三年，进攻中山。二十五年，惠后去世，派周袑衣胡服为王子何师傅。二十六年，复攻中山，扩张领地北至燕、代，西至云中、九原。

二十七年五月戊申日，在东宫举行传授王位的盛大朝会，立王子何为赵王。祭祀祖宗宗庙之礼完毕，新王临朝亲政。任命大夫悉为大臣，肥义为相国，共同为王师。是为惠文王。惠文王，惠后吴娃之子。武灵王自号为主父。主父为了让儿子独立主持国政，自己身着胡服率领大夫一行去西北勘察胡地。他设想从云中、九原径直南下，袭击秦国。于是自己诈称是赵国使者奉派来秦。秦昭王不知其诈。不久，他对这位使者体态伟岸，气度非凡，不是人臣的模样发生怀疑，乃派人追赶。而主父骑马飞奔，已经出关了。抓到几个落在后面的随从，加以审问，果然是主父，秦人大惊。主父所以入秦的原因，是为了亲自考察秦国的地形，顺便观察一下秦王的为人。

惠文王二年，主父巡行新开拓的土地，离开代国国境，西行与楼烦王在西河相遇，向楼烦王展示军威。

三年，灭中山，流放中山王于肤施。修建灵寿生圹，北方之国刚刚归顺，去往代国的道路畅通。主父出巡归来，论功行赏，进行大赦，接连五天赐臣民酒醴庆祝。封长子章为代国安阳君。章一向骄奢放纵，立弟为王，心有不服。主父又叫田不礼为章相。

李兑对肥义说："公子章身强力壮、意志骄横，广结党羽，野心很大，一定有图谋不轨的打算。田不礼这个人，残忍好杀而又骄纵不驯。二人臭味相投，必定滋生阴谋诡计。田不礼是个出身侥幸的小人。小人有所企求，考虑问题往往草率从事，只看到有利的一面，而看不到不利的一面，同类相残，共归于尽。依我看来，祸必不久矣。先生责任重，影响大，动乱一爆发，矛盾要集中在你身上，先生将先受其祸。仁者博爱，智者防患于未然。不仁不智，何以治国。先生何不称病不上朝，把国政交给公子成。您不要成为众人埋怨的对象，也别给祸乱创造条件。"肥义说："不可以。当初主父把今王托付给我时说：'你的态度要坚定，切勿动摇自己的信念，坚守一心，直到生命的最后一刻。'我再拜接受主父的委托，并记录在册。现在害怕田不礼发难而忘记诺言，还有比这更大的变心吗？接受庄严的使命，一转身就不认账，还有比这更严重的负义吗？变心负义之臣，刑法所不容。谚云：'死者复生，生者不愧。'我已有言在先，既欲实现自己的诺言，哪能考虑保全自己的身躯！须知：坚贞之臣，只有在患难中方能见忠节。忠信之臣，只有在祸乱中才能表现其德行。承你赐教，可谓忠于我矣。可是，我已有言在先，绝对不敢食言。"李兑说："好啦！您多保重！过了今年，将再也见不到你了。"李兑挥泪而出。李兑多次去见公子成，商量如何对付田不礼。

又过些时，肥义对信期说："公子与田不礼的事真令人担忧。他们对我表面上说得好听，骨子里却用心险恶。公子不能尽为子之孝，田不礼不能尽为臣之忠。人们说，朝廷里出了奸佞，是国家的祸害；宫中有了谗臣，是国君的蠹虫。此人贪婪，野心很大，内得主父的欢心，外则胡作非为。矫主父之命横行霸道，一旦攫取政权，并不为难，国家就要遭殃了。我现在非常担忧，夜里睡不着觉，白天吃不下饭。国君出入宫禁不可不加强警戒以防盗贼。从现在起，主父如果召见国君，一定立即通知我。我将用自己的身躯先作抵挡。国君的安全有了确实保证，才能应召。"信期说："我能听到这番话，真是好极了。"

四年，群臣朝见，安阳君也来朝。主父令惠文王上朝听政，自己从旁观察群臣宗室礼仪的得失。主父看到长子章神情沮丧，反而北面称臣，屈居其弟之下，顿生怜惜之心。他想把代从赵分出，令章为代王。这一设想未获实现而中辍。

主父和惠文王游览沙丘，寝宫不在一处。公子章即与田不礼率其党徒作乱，诈称主父命令召见惠文王。肥义先王而入，被公子章杀害。高信即为王与公子章战。公子成、李兑闻讯自邯郸赶来，征召四邑之兵勤王平叛。杀了公子章和田不礼，消灭叛乱党羽而安定王室。公子成为相，号安平君，李兑为司寇。

公子章兵败时，逃往主父寝宫。主父开门纳之。公子成、李兑因此围攻主父寝宫。公子章战死。公子成、李兑商量说："由于公子章的反叛，我们才围攻主父寝宫，现如撤后解围，我们全都活不了。"公子成、李兑便围攻主父寝宫。下令曰："宫中所有人等，立即出宫，后出者格杀弗格族。"宫中人全都出来了。主父欲出不能，又没有吃的，饿得到处寻找雏雀充饥。三个多月，主父饿死在沙丘宫。主父肯定死了，才发讣告向诸侯报丧。

此时惠文王年少，公子成、李兑专擅国政。二人因罪惧诛才围攻主父。主父最初以长子章为太子。后来得到吴娃，受到宠爱，好几年不外出巡察，生下儿子何。于是废掉太子章，立何为太子。吴娃死，对何的怜爱之心减弱了，却滋生怜悯故太子之情，想立二子皆为王，犹豫不决，造成这个大乱子，结果父子二人皆身死，为天下人所耻笑，这是多么可悲啊！

五年，以郑、易二州与燕。八年。筑城南行唐。九年，赵梁为将与齐联合攻韩，前锋到达鲁关，旋即撤退。十年，秦昭王自立为西帝。十一年，董叔率军与魏氏伐宋，取得魏国的河阳。秦攻取赵国的梗阳。十二年，赵梁率军攻齐。十三年，韩徐为将，攻齐。公主去世。十四年，国相乐毅统率赵、秦、韩、魏、燕五国联军攻齐，占领灵丘。惠文王与秦昭王在中阳会见。十五年，燕昭王来赵会见惠文王。赵与韩、魏、秦联合进攻齐国。齐王败走，燕孤军深入齐境，攻占临菑。

十六年，秦多次联赵攻齐，齐人深以为患。苏厉为齐国给赵王上书说：

臣听说古时贤明的君主，要是他道德懿行尚未遍布于海内，教训恩泽尚未普及全民，对鬼神的四时祭飨还不很经常。然而甘露时降，风调雨顺，五谷丰登，瘟疫绝迹。众人感戴贤主，而贤主并不以此为满足。

今足下的懿行功德，对秦国来说，并非经常得到重视。而对齐国的积怨深仇，亦并非不共戴天。可是秦、赵结盟，迫使韩国出兵。秦果真爱赵国吗？秦果真憎恨齐国吗？如此严正的问题，贤主应该慎重考虑。秦国并非爱赵而憎齐，不过是想灭亡韩国，吞并二周，把齐国当钓饵，等着天下诸侯上钩。唯恐事不成，出兵裹胁魏、赵。又恐天下畏惧秦国，就以人质来取信。害怕诸侯起而攻秦，则要求韩国出兵，壮自己的声威。名义上施恩德于邻邦，实际上危害国力空虚的韩国。臣以为秦国的谋略必定如此。天下事有形势异而所患则同的情况。楚长期苦于征伐，无力他顾，而中山遂亡于赵。今齐亦久苦于征战，必定会导致韩国的灭亡。打败齐国，王与六国共分其利。而灭韩，则秦独吞其果。然后秦国吞并二周，将祭器运往西方，所有的胜利果实，都被秦一家独占。为了助秦攻战，赵国赋田计税，耗费巨大财力，请问大王得到哪些好处？比一比，能有秦国那么多吗？

游说之士的计谋说："韩亡三川、魏亡安邑，不崇朝就要祸延赵国。"燕国要是占有齐国北部疆土，燕的南界至赵国沙丘、巨鹿的路程，缩短了三百里。韩属上党距邯郸只有百来里。要是燕、秦觊觎赵国的河山，抄近路三百里就能到达。秦之上郡接近赵国的挺关，到榆中也就是千五百里。秦以三郡之众进攻赵国的上党，那么，羊肠以西、句注以南的地区，就不为大王所有了。秦国越过句注，断绝常山的对外交通而固守之，只有三百里的路程就和燕国联成一气了。从此西北的代马胡犬不能东入赵，而昆山之玉也无法输出，这三件宝也不为大王所有了。大王长期攻伐齐国，纵容强秦攻打韩国，祸患必定会到这种地步，愿大王好好想一想。

何况齐国所以被征讨，是由于齐国亲近大王啊！当年诸侯相属出兵以图赵，燕、秦结成联盟，兵临赵境也为期不远啦。五国图谋瓜分大王的土地，而齐独退出五国同盟，为了大王的危难处境做出了牺牲，引兵西向，制服强秦。秦王废去西帝的称号而求和解。将高平、根柔归还给魏，巠分、先俞归还给赵。齐国侍奉大王，应该是最好不过的了，谁想到今天反而受到惩罚。臣怕天下诸侯，今后想亲近侍奉大王，不敢自以为是了。希望大王慎重加以考虑。

大王不参与诸侯攻齐，举世必定认为大王的行动是正义的。齐得以保全社稷，会加倍输诚侍奉大王，天下诸侯必定都尊重大王。秦王如讲道义，大王率领天下与秦和好。秦王如肆暴虐，大王率领天下共同制裁之。如此，举世的声名威望，都集中于大王一人之身了。

于是，赵乃罢兵，谢绝秦国，不攻打齐国。赵王与燕王相会。廉颇为将，进攻齐国的昔阳，夺取了昔阳。

十七年，乐毅率领赵军攻占魏伯阳。秦埋怨赵不与秦结盟进攻齐国，兴兵伐赵，攻占赵二城。十八年，秦攻下我石城。王再次来到卫东阳地区，溃决黄河水，进攻魏国。洪涝成灾，漳河水泛滥。魏冉来任赵相。十九年，秦袭取我二城。赵答应归还伯阳给魏。赵奢为将，进攻齐麦丘。

二十年，廉颇为将，进攻齐国。赵王与秦昭王会于西河外。

二十一年，赵筑坝引漳河水流经武平西。二十二年，瘟疫大流行。立公子丹为太子。

二十三年，楼昌为将，进攻魏国幾城，没有攻下。十二月，廉颇为将，攻取幾城。二十四年，廉颇率军进攻魏房子，修葺城池而还。又攻取安阳。二十五年，燕周为将，攻取昌城、高唐。答应魏国一起攻秦。秦将白起在华阳打败我军，一名将军被俘。二十六年，攻取东胡所占代地及瓯脱地。

二十七年，引漳河水流经武平之南。封赵豹为平阳君。河水泛滥，大片土地被淹。

二十八年，蔺相如伐齐，进军至平邑。停止修筑北九门大城工程。燕将成安君公孙操弑杀燕王。二十九年，秦、韩相互攻战，秦围阏与。赵派赵奢为将，抗击秦军，在阏与城下大败秦军。赵王赐赵奢封号为马服君。

三十三年，惠文王去世，太子丹继位，是为孝成王。

孝成王元年，秦攻赵，占领赵三城。赵王新即位，太后掌权。秦猛烈攻赵，赵求救于齐。齐曰："必须长安君为质，才发救兵。"太后不肯。大臣极力劝谏。太后干脆对左右说："谁要再来讲长安君为质的事，老妇就吐唾沫啐他的脸。"左师触龙说愿见太后。太后一肚子气，等候左师来到。进来了，左师不紧不慢走到太后跟前坐下，向太后抱歉说："老臣腿脚不灵便,总是走不快,有好长时间没有来拜见太后了。私下揣谋,不知太后尊体近来安适否,所以想来拜望您。"太后说:"我也是离开车子走不了道儿呀!"左师问道:"饭量不减吗?"太后说:"凑合喝点粥。"左师说:"老臣前些时很不想吃东西,勉强散散步,一天三四里,饭量才好一些,身体也感到松和一些。"太后说:"我可不行。"太后不高兴的脸色稍稍缓解。左师公说:"老臣的儿子舒祺,最小的那个,没有多大出息。老臣日益衰老,私下疼爱小儿子,想在黑衣卫补个缺,让他也能保卫王宫,特冒死罪向您请求。"太后说:"可以嘛。今年多大啦?"答曰:"十五岁啦!年龄是小一点。我忖思还是在我填于沟壑以前,亲自拜托您为好。"太后说:"男人也疼爱小儿子吗?"答曰:"可不,比女人还利害呐!"太后笑着说:"哪里,女人比男人利害。"答曰:"老臣愚见,您老人家疼爱燕后超过长安君。"太后说:"老先生错啦!我疼爱燕后,哪里比得上长安君啊!"左师公说:"大凡父母之爱子女,无不为子女深谋远虑。老人家送燕后出嫁时,紧跟着她的脚步,为她远嫁而哭泣,是多么的悲哀呀!已经出嫁,还能不思念吗?可是在祭祀祷告时却说:可千万别回来哟!难道不是从长远考虑,希望她的子孙世世代代继承王位吗?"太后说:"对呀!"左师公接着说:"从现在算起,三世以前,凡赵王子孙受封为侯的,其后代还有在位的吗?"太后说:"没有。"左师公又说:"抛开赵不谈,其他诸侯后代有仍然在位的吗?"太后说:"老妇没有听说过。"左师说:"得!时间短的,祸及其人,时间长的,祸延其子孙。莫非人主的子孙都没有好下场吗!?而是由于他们身居高位,鲜有功勋,俸禄优厚,却无劳绩,可是他们拥有大量的珍宝重器!

今天老人家可以给予长安君以显贵的地位，可以把肥沃的土地封赐给他，可以多多赏赐他珍宝重器，就是不让他为国家建立功勋，一旦您老人家山陵崩塌，请问长安君凭什么能在赵国安身立命！？所以老臣以为您为长安君考虑得太少，故以为您疼爱长安君，比不上疼爱燕后。"太后说："好啦！好啦！你说咋办就咋办吧！"于是为长安君配备车骑一百乘，去齐国为质。齐国方才派出救兵。

子义听说这件事后说："国君的儿子，那是骨肉之亲啊，尚且不能凭借于国无功的尊显地位，和不劳而获的俸禄，以永远保有国家的金玉重器，更何况是人臣呢！"

齐安平君田单率领赵军进攻燕中阳（中人），占领中阳。又进攻韩注人，占领注人。二年，惠文后去世，田单任赵相。

四年，孝成王在梦中穿着衣背中缝左右两色的衣服，驾驭飞龙飞升，未达所至就溅落在地上，却看到金玉堆积如山。第二天，王召见名叫敢的筮史，命他占卜吉凶。筮史说："梦中穿着背缝两侧异色的衣服，意味着残缺不全。御飞龙上天，不到天庭就溅落，意味着徒具虚声，而无实际。见到金玉珠宝堆积如山，意味着一场灾祸。"

后三天，韩国上党守将冯亭的使者来到，说："韩守不住上党，将要纳入秦国。上党吏民都习惯赵的风土人情，不愿做秦臣民。上党十七个城邑，都愿叩求大王并归于赵，如何赐福全体吏民，听王裁夺。"赵王大喜，召见平阳君赵豹告知此事。赵王说："冯亭献纳十七座城邑，接受它怎么样？"赵豹说："圣人把无功受益看作是祸害。"赵王说："人家感怀我的恩德，怎能说成是无功受益呢？"赵豹说："秦蚕食韩氏土地，阻绝通往上党的道路。秦人自己认为上党之地唾手可得。韩国不让上党归并于秦，是想嫁祸于赵。秦国付出了代价而赵坐享其利。即便是强国大国，也不能用这种方式占小国之利，小国弱国又怎能用这种方式去占大国的便宜呢？这怎么可以说不是无功得利呢？何况秦国以牛田之水向前方输送军粮以蚕食韩国，秦以第一流的军事装备占领韩国土地。秦国政令畅行，不能和他作对，一定不能接受上党的城邑。"赵王说："动员百万大军攻城略地，穷年累月，未必能攻取一城。如今眼看十七座城邑如同礼品一样送来我国，这是多么大的一笔财富呀！"

赵豹出宫。赵王召见平原君和赵禹，告知此事。二人说："动员百万大军作战，经年累月，也打不下一座城池。今坐受十七座城邑，这是大利，不可失去机会。"赵王称善。于是命令赵胜受地。向冯亭宣告说："敝国使者臣赵胜。敝国君命令赵胜宣布：以三万户都邑封太守，三千户都邑封县令，皆世世为侯。吏民一律加爵三级。吏民应相安无事。每人赐金六溢。"冯亭流涕不肯见使者。冯亭说："我不能处在三不义的境地：为国家守地，不能以死殉国，是一不义。韩王入地于秦，我不服从，是二不义。出卖国家土地而受食邑，是三不义。"赵国发兵占领上党，廉颇率军进驻长平。

七月，廉颇被免，以赵括代之为将。秦军包围赵括。赵括死，全军投降，所部四十余万众全被活埋。赵王后悔不听赵豹之言，招致长平的一场灾难。

赵王依旧不肯屈从秦国。秦军包围邯郸。武垣令傅豹、王容、苏射率领燕民叛赵回归燕国。赵以灵丘赐封楚相春申君。

八年，平原君前往楚国请救兵，回国后，楚国救兵来到。魏公子无忌，也率兵来救。秦解除对邯郸的包围。

十年，燕进攻赵昌城，五月攻占昌城。赵将乐乘、庆舍进攻并打败秦将信梁的部队。赵国太子去世。秦军攻占西周。赵命大夫徒父祺巡边。十一年，修葺元氏城，设上原县。武阳君郑安平逝世，收回其封地。十二年，邯郸仓被焚。十四年，平原君赵胜逝世。

十五年，赵王以尉文地方封相国廉颇为信平君。燕王派遣丞相栗腹赴赵修好，以五百金献赵王为寿酒之资。栗腹归燕向燕王报告说："赵国壮男都战死在长平，下一代尚未成长起来，可乘机出兵讨伐。"燕王召见昌国君乐间征求意见。昌国君说："赵是四面受敌的国家，老百姓娴习军事，不可用兵讨伐。"燕王说："咱们以多胜少，两个人对付一个人，不行吗？"乐间说："不行！"燕王说："我用五个对付一个，行不行呢？"乐间回答说："不行！"燕王大怒。群臣也都认为没有问题。燕国终于派遣两个军和战车二千乘，栗腹率领一军攻打赵国的鄗邑，卿秦率领一军攻打赵国的代邑。廉颇出任赵军主将，打败并杀死栗腹，俘虏卿秦、乐间。

十六年，廉颇围燕，赵封乐乘为武襄君。十七年，代理相国大将军武襄君进攻燕国，包围燕都。十八年，延陵钧率军随从相国信平君助魏攻燕。秦发兵攻占我榆次等三十七座城邑。十九年，赵与燕交换国土。赵把龙兑、汾门、临乐给燕国。燕把葛、武阳、平舒给赵国。

二十年，秦王嬴正新立，秦攻占我晋阳。

二十一年，廉颇为将，攻占魏繁阳。孝成王去世，子赵偃即位，是为悼襄王。悼襄王改派乐乘代替廉颇为将。廉颇不听，袭击乐乘，乐乘败走。廉颇畏罪逃亡到魏国。

悼襄王元年，赵对魏进行紧急战备。赵计划打通平邑至中牟的通道，没有成功。

二年，李牧为将，进攻燕国，占领武遂、方城。秦邀请赵国春平君，借故扣留不放。泄钧替春平君向秦文信侯吕不韦说情："春平君这个人，受到赵王的宠信，却招致近侍郎中们的嫉妒。他们在一起商量，认为'春平君入秦，秦人必定要加以扣留'。因此算计好让春平君来到秦国。现在您扣留春平君，恶化了和赵国的关系，恰恰中了郎中们的计，您不如遣返春平君而扣留平都侯。春平君的言行在赵王面前受到重视，赵王必定多割赵地取赎平都侯。"文信侯说："好的。"因而遣返春平君。赵修筑韩皋城。

三年，庞煖为将，进攻燕国，擒杀燕将剧辛。四年，庞煖率领赵、楚、魏、燕的精锐部队进攻秦国蕞城，没有攻下，转而进攻齐国，夺取饶安。五年，任命傅抵为将，驻守平邑。庆舍率领东阳、河外部队驻守黄河渡口。六年，以饶阳赐封长安君。魏答应将邺城给赵。

九年，赵进攻燕，占领狸、阳城。赵未及还师，秦攻占邺城。悼襄王去世，子幽缪王迁继位。

幽缪王迁元年，修筑柏人城。二年，秦进攻武城，扈辄率军赴救，兵败，扈辄战死。

三年，秦进攻赤丽、宜安，李牧率部与秦战于肥下，打败秦军。封李牧为武安君。四年，秦进攻番吾，李牧与秦作战，打败秦军。

五年，代大地震，自乐徐以西，北到平阴，楼台房舍墙垣大部分倒塌，地面裂成地沟东西宽一百三十步。六年，大饥馑，百姓的谣言说："赵人张口嚎，秦人开口笑。如若不相信，请看地上毛。"

七年，秦进攻赵，赵大将李牧、将军司马尚率军与之战。赵王听信谗言，诛李牧，废司马尚，命赵忽及齐将颜聚代替李牧、司马尚。赵忽军为秦消灭，颜聚败逃。赵王迁投降。

八年十月，秦占领邯郸。

太史公说，我听冯王孙说："赵王迁的母亲是邯郸倡家女，得到悼襄王的宠爱。悼襄王废嫡子嘉而立迁为太子。赵迁向来品行卑劣，听信谗言，诛杀良将李牧，信用佞人郭开。"这是多么的荒谬啊！秦俘虏赵迁以后，赵国逃亡的大夫们拥立赵嘉为王。赵嘉在代地称王六年。秦进兵破嘉，赵国灭亡，秦改建赵地为郡。

史记卷四十四

魏世家第十四

魏之先,毕公高之后也。毕公高与周同姓。武王之伐纣,而高封于毕。于是为毕姓。其后绝封,为庶人,或在中国,或在夷狄。其苗裔曰毕万,事晋献公。

献公之十六年,赵夙为御,毕万为右,以伐霍、耿、魏,灭之。以耿封赵夙,以魏封毕万,为大夫。卜偃曰:"毕万之后必大矣。万,满数也;魏,大名也。以是始赏,天开之矣。天子曰兆民,诸侯曰万民。今命之大,以从满数,其必有众。"初,毕万卜事晋,遇《屯》之《比》。辛廖占之,曰:"吉。《屯》固《比》入,吉孰大焉,其必蕃昌。"

毕万封十一年,晋献公卒,四子争更立,晋乱。而毕万之世弥大,从其国名为魏氏。生武子。魏武子以魏诸子事晋公子重耳。晋献公之二十一年,武子从重耳出亡。十九年反,重耳立为晋文公,而令魏武子袭魏氏之后封,列为大夫,治于魏。生悼子。魏悼子徙治霍。生魏绛。

魏绛事晋悼公。悼公三年,会诸侯。悼公弟杨干乱行,魏绛僇辱杨干。悼公怒曰:"合诸侯以为荣,今辱吾弟!"将诛魏绛。或说悼公,悼公止。卒任魏绛政,使和戎、翟,戎、翟亲附。悼公之十一年，曰："自吾用魏绛，八年之中，九合诸侯，戎、翟和，子之力也。"赐之乐，三让然后受之。徙治安邑。魏绛卒，谥为昭子。生魏嬴，嬴生魏献子。

献子事晋昭公。昭公卒而六卿强，公室卑。

晋顷公之十二年，韩宣子老，魏献子为国政。晋宗室祁氏、羊舌氏相恶，六卿诛之，尽取其邑为十县，六卿各令其子为之大夫。献子与赵简子、中行文子、范献子并为晋卿。

其后十四岁而孔子相鲁。后四岁，赵简子以晋阳之乱也，而与韩、魏共攻范、中行氏。魏献子生魏侈。魏侈与赵鞅共攻范、中行氏。

魏侈之孙曰魏桓子，与韩康子、赵襄子共伐灭知伯，分其地。

桓子之孙曰文侯都。魏文侯元年，秦灵公之元年也。与韩武子、赵桓子、周威王同时。

六年，城少梁。十三年，使子击围繁、庞，出其民。十六年，伐秦，筑临晋元里。

十七年，伐中山，使子击守之，赵仓唐傅之。子击逢文侯之师田子方于朝歌，引车避，下谒。田子方不为礼。子击因问曰："富贵者骄人乎？且贫贱者骄人乎？"子方曰："亦贫贱者骄人耳。夫诸侯而骄人则失其国，大夫而骄人则失其家。贫贱者，行不合，言不用，则去之楚、越，若脱躧然，奈何其同之哉！"子击不怿而去。西攻秦，至郑而还，筑雒阴、合阳。

二十二年，魏、赵、韩列为诸侯。

二十四年，秦伐我，至阳狐。

二十五年，子击生子䓨。

文侯受子夏经艺，客段干木，过其闾，未尝不轼也。秦尝欲伐魏，或曰："魏君贤人是礼，国人称仁，上下和合，未可图也。"文侯由此得誉于诸侯。

任西门豹守邺，而河内称治。

魏文侯谓李克曰："先生尝教寡人曰：'家贫则思良妻，国乱则思良相。'今所置非成则璜，二子何如？"李克对曰："臣闻之，卑不谋尊，疏不谋戚。臣在阙门之外，不敢当命。"文侯曰："先生临事勿让。"李克曰："君不察故也。居视其所亲，富视其所与，达视其所举，穷视其所不为，贫视其所不取，五者足以定之矣，何待克哉！"文侯曰："先生就舍，寡人之相定矣。"李克趋而出，过翟璜之家。翟璜曰："今者闻君召先生而卜相，果谁为之？"李克曰："魏成子为相矣。"翟璜忿然作色曰："以耳目之所睹记，臣何负于魏成子？西河之守，臣之所进也。君内以邺为忧，臣进西门豹。君谋欲伐中山，臣进乐羊。中山以拔，无使守之，臣进先生。君之子无傅，臣进屈侯鲋。臣何以负于魏成子！"李克曰："且子之言克于子之君者，岂将比周以求大官哉？君问置相'非成则璜，二子何如'？克对曰：'君不察故也。居视其所亲，富视其所与，达视其所举，穷视其所不为，贫视其所不取，五者足以定之矣，何待克哉！'是以知魏成子之为相也。且子安得与魏成子比乎？魏成子以食禄千钟，什九在外，什一在内，是以东得卜子夏、田子方、段干木。此三人者，君皆师之。子之所进五人者，君皆臣之。子恶得与魏成子比也？"翟璜逡巡再拜曰："璜，鄙人也，失对，愿卒为弟子。"

二十六年，虢山崩，壅河。三十二年，伐郑。城酸枣。败秦于注。三十五年，齐伐取我襄陵。三十六年，秦侵我阴晋。

三十八年，伐秦，败我武下，得其将识。是岁，文侯卒，子击立，是为武侯。

魏武侯元年，赵敬侯初立，公子朔为乱，不胜，奔魏，与魏袭邯郸，魏败而去。

二年，城安邑、王垣。

七年，伐齐，至桑丘。九年，翟败我于浍。使吴起伐齐，至灵丘。齐威王初立。

十一年，与韩、赵三分晋地，灭其后。

十三年，秦献公县栎阳。十五年，败赵北蔺。

十六年，伐楚，取鲁阳。武侯卒，子罃立，是为惠王。

惠王元年。初，武侯卒也，子罃与公中缓争为太子。公孙颀自宋入赵，自赵入韩，谓韩懿侯曰："魏罃与公中缓争为太子，君亦闻之乎？今魏罃得王错，挟上党，固半国也。因而除之，破魏必矣，不可失也。"懿侯说，乃与赵成侯合军并兵以伐魏，战于浊泽，魏氏大败，魏君围。赵谓韩曰："除魏君，立公中缓，割地而退，我且利。"韩曰："不可。杀魏君，人必曰暴；割地而退，人必曰贪。不如两分之。魏分为两，不强于宋、卫，则我终无魏之患矣。"赵不听。韩不说，以其少卒夜去。惠王之所以身不死，国不分者，二家谋不和也。若从一家之谋，则魏必分矣。故曰："君终无适子，其国可破也。"

二年，魏败韩于马陵，败赵于怀。三年，齐败我观。五年，与韩会宅阳。城武堵。为秦所败。六年，伐取宋仪台。九年，伐败韩于浍。与秦战少梁，虏我将公孙痤。取庞。秦献公卒，子孝公立。

十年，伐取赵皮牢。彗星见。十二年，星昼坠，有声。

十四年，与赵会鄗。十五年，鲁、卫、宋、郑君来朝。十六年，与秦孝公会杜平。侵宋黄池，宋复取之。

十七年，与秦战元里，秦取我少梁。围赵邯郸。十八年，拔邯郸。赵请救于齐，齐使田忌、孙膑救赵，败魏桂陵。

十九年，诸侯围我襄陵。筑长城，塞固阳。

二十年，归赵邯郸，与盟漳水上。二十一年，与秦会彤。赵成侯卒。二十八年，齐威王卒。中山君相魏。

三十年，魏伐赵，赵告急齐。齐宣王用孙子计，救赵击魏。魏遂大兴师，使庞涓将，而令太子申为上将军。过外黄，外黄徐子谓太子曰："臣有百战百胜之术。"太子曰："可得闻乎？"客曰："固愿效之。"曰："太子自将攻齐，大胜并莒，则富不过有魏，贵不益为王。若战不胜齐，则万世无魏矣。此臣之百战百胜之术也。"太子曰："诺，请必从公之言而还矣。"客曰："太子虽欲还，不得矣。彼劝太子战攻，欲啜汁者众。太子虽欲还，恐不得矣。"太子因欲还，其御曰："将出而还，与北同。"太子果与齐人战，败于马陵。齐虏魏太子申，杀将军涓，军遂大破。

三十一年，秦、赵、齐共伐我，秦将商君诈我将军公子卬而袭夺其军，破之。秦用商君，东地至河，而齐、赵数破我，安邑近秦，于是徙治大梁。以公子赫为太子。

三十三年，秦孝公卒，商君亡秦归魏，魏怒，不入。三十五年，与齐宣王会平阿南。

惠王数被于军旅，卑礼厚币以招贤者。邹衍、淳于髡、孟轲皆至梁。梁惠王曰："寡人不佞，兵三折于外，太子虏，上将死，国以空虚，以羞先君宗庙社稷，寡人甚丑之。叟不远千里，辱幸至弊邑之廷，将何以利吾国？"孟轲曰："君不可以言利若是。夫君欲利，则大夫欲利，大夫欲利，则庶人欲利，上下争利，国则危矣。为人君，仁义而已矣，何以利为！"

三十六年，复与齐王会甄。是岁，惠王卒，子襄王立。

襄王元年，与诸侯会徐州，相王也。追尊父惠王为王。

五年，秦败我龙贾军四万五千于雕阴，围我焦、曲沃。予秦河西之地。

六年，与秦会应。秦取我汾阴、皮氏、焦。魏伐楚，败之陉山。七年，魏尽入上郡于秦。秦降我蒲阳。八年，秦归我焦、曲沃。

十二年，楚败我襄陵。诸侯执政与秦相张仪会啮桑。十三年，张仪相魏。魏有女子化为丈夫。秦取我曲沃、平周。

十六年，襄王卒，子哀王立。张仪复归秦。

哀王元年，五国共攻秦，不胜而去。

二年，齐败我观津。五年，秦使樗里子伐取我曲沃，走犀首岸门。六年，秦来立公子政为太子。与秦会临晋。七年，攻齐。与秦伐燕。

八年，伐卫，拔列城二。卫君患之。如耳见卫君曰："请罢魏兵，免成陵君可乎？"卫君曰："先生果能，孤请世世以卫事先生。"如耳见成陵君曰："昔者魏伐赵，断羊肠，拔阏与，约斩赵，赵分而为二，所以不亡者，魏为从主也。今卫已迫亡，将西请事于秦。与其以秦醳卫，不如以魏醳卫，卫之德魏必终无穷。"成陵君曰："诺。"如耳见魏王曰："臣有谒于卫。卫故周室之别也，其称小国，多宝器。今国迫于难而宝器不出者，其心以为攻卫醳卫不以王为主，故宝器虽出必不入于王也。臣窃料之，先言醳卫者，必受卫者也。"如耳出，成陵君入，以其言见魏王。魏王听其说，罢其兵，免成陵君，终身不见。

九年，与秦王会临晋。张仪、魏章皆归于魏。魏相田需死。楚害张仪、犀首、薛公。楚相昭鱼谓苏代曰："田需死，吾恐张仪、犀首、薛公有一人相魏者也。"代曰："然相者欲谁而君便之？"昭鱼曰："吾欲太子之自相也。"代曰："请为君北，必相之。"昭鱼曰："奈何？"对曰："君其为梁王，代请说君。"昭鱼曰："奈何？"对曰："代也从楚来，昭鱼甚忧，曰：'田需死，吾恐张仪、犀首、薛公有一人相魏者也。'代曰：'梁王，长主也，必不相张仪。张仪相，必右秦而左魏。犀首相，必右韩而左魏。薛公相，必右齐而左魏。梁王，长主也，必不便也。'王曰：'然则寡人孰相？'代曰：'莫若太子之自相。太子之自相，是三人者皆以太子为非常相也，皆将务以其国事魏，欲得丞相玺也。以魏之强，而三万乘之国辅之，魏必安矣。故曰莫若太子之自相也。'"遂北见梁王，以此告之。太子果相魏。

十年，张仪死。十一年，与秦武王会应。十二年，太子朝于秦。秦来伐我皮氏，未拔而解。十四年，秦来归武王后。十六年，秦拔我蒲反、阳晋、封陵。十七年，与秦会临晋。秦予我蒲反。十八年，与秦伐楚。二十一年，与齐、韩共败秦军函谷。

二十三年，秦复予我河外及封陵为和。哀王卒，子昭王立。

昭王元年，秦拔我襄城。二年，与秦战，我不利。三年，佐韩攻秦，秦将白起败我军伊阙二十四万。六年，予秦河东地方四百里。芒卯以诈重。七年，秦拔我城大小六十一。八年，秦昭王为西帝，齐湣王为东帝，月余，皆复称王归帝。九年，秦拔我新垣、曲阳之城。

十年，齐灭宋，宋王死我温。十二年，与秦、赵、韩、燕共伐齐，败之济西，湣王出亡。燕独入临淄。与秦王会西周。

十三年，秦拔我安城。兵到大梁，去。十八年，秦拔郢，楚王徙陈。

十九年，昭王卒，子安釐王立。

安釐王元年，秦拔我两城。二年，又拔我二城，军大梁下，韩来救，予秦温以和。三年，秦拔我四城，斩首四万。四年，秦破我及韩、赵,杀十五万人,走我将芒卯。魏将段干子请予秦南阳以和。苏代谓魏王曰:"欲玺者段干子也,欲地者秦也。今王使欲地者制玺,使欲玺者制地,魏氏地不尽则不知已。且夫以地事秦,譬犹抱薪救火,薪不尽,火不灭。"王曰:"是则然也。虽然,事始已行,不可更矣。"对曰:"王独不见夫博之所以贵枭者,便则食,不便则止矣。今王曰'事始已行,不可更',是何王之用智不如用枭也?"

九年,秦拔我怀。十年,秦太子外质于魏死。十一年,秦拔我郪丘。

秦昭王谓左右曰:"今时韩、魏与始孰强?"对曰:"不如始强。"王曰:"今时如耳、魏齐与孟尝、芒卯孰贤?"对曰:"不如。"王曰:"以孟尝、芒卯之贤,率强韩、魏以攻秦,犹无奈寡人何也。今以无能之如耳、魏齐而率弱韩、魏以伐秦,其无奈寡人何亦明矣。"左右皆曰:"甚然。"中旗冯琴而对曰:"王之料天下过矣。当晋六卿之时,知氏最强,灭范、中行,又率韩、魏之兵以围赵襄子于晋阳,决晋水以灌,晋阳之城不湛者三版。知伯行水,魏桓子御,韩康子为参乘。知伯曰:'吾始不知水之可以亡人之国也,乃今知之。汾水可以灌安邑,绛水可以灌平阳。'魏桓子肘韩康子,韩康子履魏桓子,肘足接于车上,而知氏地分,身死国亡,为天下笑。今秦兵虽强,不能过知氏;韩、魏虽弱,尚贤其在晋阳之下也。此方其用肘足之时也,愿王之勿易也!"于是秦王恐。

齐、楚相约而攻魏,魏使人求救于秦,冠盖相望也,而秦救不至。魏人有唐雎者,年九十余矣,谓魏王曰:"老臣请西说秦王,令兵先臣出。"魏王再拜,遂约车而遣之。唐雎到,入见秦王。秦王曰:"丈人芒然乃远至,此甚苦矣!夫魏之来求救数矣，寡人知魏之急已。"唐雎对曰："大王已知魏之急，而救不发者，臣窃以为用策之臣无任矣。夫魏，一万乘之国也，然所以西面而事秦，称东藩，受冠带，祠春秋者，以秦之强，足以为与也。今齐、楚之兵已合于魏郊矣，而秦救不发，亦将赖其未急也。使之大急，彼且割地而约从，王尚何救焉？必待其急而救之，是失一东藩之魏而强二敌之齐、楚，则王何利焉？"于是秦昭王遽为发兵救魏。魏氏复定。

赵使人谓魏王曰："为我杀范痤，吾请献七十里之地。"魏王曰："诺。"使吏捕之，围而未杀。痤因上屋骑危，谓使者曰："与其以死痤市，不如以生痤市。有如痤死，赵不予王地，则王将奈何？故不若与先定割地，然后杀痤。"魏王曰："善。"痤因上书信陵君曰："痤，故魏之免相也，赵以地杀痤而魏王听之，有如强秦亦将袭赵之欲，则君且奈何？"信陵君言于王而出之。

魏王以秦救之故，欲亲秦而伐韩，以求故地。无忌谓魏王曰：

秦与戎翟同俗，有虎狼之心，贪戾好利无信，不识礼义德行。苟有利焉，不顾亲戚兄弟，若禽兽耳，此天下之所识也，非有所施厚积德也。故太后母也，而以忧死；穰侯舅也，功莫大焉，而竟逐之；两弟无罪，而再夺之国。此于亲戚若此，而况于仇雠之国乎？今王与秦共伐韩而益近秦患，臣甚惑之。而王不识则不明，群臣莫以闻则不忠。

今韩氏以一女子奉一弱主，内有大乱，外交强秦魏之兵，王以为不亡乎？韩亡，秦有郑地，与大梁邻，王以为安乎？王欲得故地，今负强秦之亲，王以为利乎？

秦非无事之国也，韩亡之后必将更事，更事必就易与利，就易与利必不伐楚与赵矣。是何也？夫越山逾河，绝韩上党而攻强赵，是复阏与之事，秦必不为也。若道河内，倍邺、朝歌，绝漳、滏水，与赵兵决于邯郸之郊，是知伯之祸也，秦又不敢。伐楚，道涉谷，行三千里。而攻冥阸之塞，所行甚远，所攻甚难，秦又不为也。若道河外，倍大梁，右蔡左召陵，与楚兵决于陈郊，秦又不敢。故曰秦必不伐楚与赵矣，又不攻卫与齐矣。

夫韩亡之后，兵出之日，非魏无攻已。秦固有怀、茅、邢丘，城垝津，以临河内，河内共、汲必危，有郑地，得垣雍，决荥泽水灌大梁，大梁必亡。王之使者出过，而恶安陵氏于秦，秦之欲诛之久矣。秦叶阳、昆阳与舞阳邻，听使者之恶之，随安陵氏而亡之，绕舞阳之北，以东临许，南国必危，国无害已？

夫憎韩不爱安陵氏可也，夫不患秦之不爱南国非也。异日者，秦在河西，晋国去梁千里，有河山以阑之，有周韩以间之。从林乡军以至于今，秦七攻魏，五入囿中，边城尽拔，文台堕，垂都焚，林木伐，麋鹿尽，而国继以围。又长驱梁北，东至陶、卫之郊，北至平监。所亡于秦者，山南山北，河外河内，大县数十，名都数百。秦乃在河西，晋去梁千里，而祸若是矣。又况于使秦无韩，有郑地，无河山而阑之，无周韩而间之，去大梁百里，祸必由此矣。

异日者，从之不成也，楚、魏疑而韩不可得也。今韩受兵三年，秦桡之以讲，识亡不听，投质于赵，请为天下雁行顿刃，楚、赵必集兵，皆识秦之欲无穷也，非尽亡天下之国而臣海内，必不休矣。是故臣愿以从事王，王速受楚、赵之约，赵挟韩之质以存韩，而求故地，韩必效之。此士民不劳而故地得，其功多于与秦共伐韩，而又与强秦邻之祸也。

夫存韩安魏而利天下，此亦王之天时已。通韩上党于共、宁,使道安成,出入赋之,是魏重质韩以其上党也。今有其赋,足以富国。韩必德魏爱魏重魏畏魏,韩必不敢反魏,是韩则魏之县也。魏得韩以为县,卫、大梁、河外必安矣。今不存韩,二周、安陵必危,楚、赵大破,卫、齐甚畏,天下西乡而驰秦入朝而为臣不久矣。

二十年,秦围邯郸,信陵君无忌矫夺将军晋鄙兵以救赵,赵得全。无忌因留赵。二十六年,秦昭王卒。

三十年,无忌归魏,率五国兵攻秦,败之河外,走蒙骜。魏太子增质于秦,秦怒,欲囚魏太子增。或为增谓秦王曰:"公孙喜固谓魏相曰:'请以魏疾击秦,秦王怒,必囚增。魏王又怒,击秦,秦必伤。'今王囚增,是喜之计中也。故不若贵增而合魏,以疑之于齐、韩。"秦乃止增。

三十一年,秦王政初立。

三十四年,安釐王卒,太子增立,是为景湣王。信陵君无忌卒。

景湣王元年,秦拔我二十城,以为秦东郡。二年,秦拔我朝歌。卫徙野王。三年,秦拔我汲。五年,秦拔我垣、蒲阳、衍。十五年,景湣王卒,子王假立。

王假元年,燕太子丹使荆轲刺秦王,秦王觉之。

三年,秦灌大梁,虏王假,遂灭魏以为郡县。

太史公曰:吾适故大梁之墟,墟中人曰:"秦之破梁,引河沟而灌大梁,三月城坏,王请降,遂灭魏。"说者皆曰魏以不用信陵君故,国削弱至于亡,余以为不然。天方令秦平海内,其业未成,魏虽得阿衡之佐,曷益乎?

译文：

魏的先世，是毕公高的后代。毕公高与周同姓。武王伐纣之际，封高于毕，因此以毕为姓。后来封爵中断，毕氏后代，成为平民，或定居中国，或寄籍夷乡。毕氏后代毕万，在晋献公朝中做官。

晋献公十六年，赵夙驾驭戎车，坐于车左，毕万手执干戈，立于车右。二人护卫献公出征霍、耿、魏。三小国破灭之后，献公把耿封赐给赵夙，把魏封赐给毕万，任命二人为大夫。晋掌卜大夫郭偃说："毕万的后代必定会昌大。万是满数，魏乃巍巍盛名。如此开始封赏，是天意替他创始基业。天子统驭兆民，诸侯统驭万民。今名声如此之大，又与满数契合，一定能得到民众的拥护。"早年，毕万占卜在晋做官的吉凶。卜到"屯卦"，变而为"比卦"。辛廖释卜时说："吉利。'屯卦'象征艰难与坚固，固则宠禄不衰。'比卦'象征亲密而得入，入则君臣亲密而无间。哪里找比这更吉利的卦象啊！其后必定蕃绵昌盛。"

毕万受封十一年后，晋献公去世。献公的四个儿子争夺君位，晋国内乱。毕万的后代繁衍甚众。依照先世封国之名，称为魏氏。毕万生武子。魏武子以魏庶子的身份为晋公子重耳做事。晋献公二十一年，武子随从重耳流亡在外。十九年后返回晋国，重耳即位，是为晋文公。文公任命魏武子承袭魏后，封他为列大夫，治所在魏邑。武子生悼子。魏悼子迁移治所至霍。悼子生魏绛。

魏绛在晋悼公朝中做官。悼公三年，会盟诸侯。悼公弟杨干指挥的队伍阵容不整饬。魏绛戮杀杨干的仆人以示警诫。悼公生气，说："盟合诸侯本是晋国的光荣，今当场羞辱我弟！"悼公将诛杀魏绛，有人谏劝悼公，悼公才作罢。后来终于授魏绛以国政，命他处理和戎、翟的关系，戎、翟纷纷亲近归附晋国。悼公十一年，悼公说道："自我任用魏绛以来，八年之中，多次与诸侯盟会，戎、翟和好相亲，都是魏子的功劳。"赐赏魏绛女乐歌钟。魏绛再三谦让，然后才接受赏赐。魏绛把治所迁至安邑。魏绛逝世，谥为昭子。魏绛生魏嬴。魏嬴生魏献子。

魏献子在晋昭公朝中做官。昭公去世，六卿的势力强盛，晋公室渐趋式微。

晋顷公十二年，韩宣子告老，魏献子执掌国政。晋宗族祁氏、羊舌氏两家起内讧，六卿趁机诛灭他们。没收他们的封邑分为十县，六卿各派自己的子弟为十县县大夫。魏献子与赵简子、中行文子、范献子同时担任晋卿。

其后十四年，孔子在大国会盟时，为鲁行侯相事。后四年，赵简子因为晋阳动乱，与韩、魏联合进攻范、中行氏。魏献子生魏侈。魏侈与赵鞅共同进攻范、中行氏。

魏侈的孙子叫魏桓子，与韩康子、赵襄子共同讨伐攻灭知伯，瓜分其土地。

桓子之孙名文侯魏斯。魏文侯元年，即秦灵公元年。魏文侯与韩武子、赵桓子、周威王同时。

六年，修筑少梁城。十三年，派太子击围攻繁、庞，迁走两城民众。十六年，讨伐秦国，修筑临晋、元里二城。

十七年，讨伐中山国，派子击留守中山，赵仓唐为之辅佐。子击在朝歌大街上遇见文侯之师田子方，引车让道，下车拜见。田子方不还礼。子击问道："是富贵之人有资格在人们面前摆架子呢？还是贫贱之人有资格在人们面前摆架子呢？"田子方说："当然贫贱之人有资格在人们面前摆架子。诸侯摆架子就会亡国；大夫摆架子就会亡家。贫贱之人啊，可不在乎，走不到一块，说不到一起，那就远走高飞，前去楚、越之乡，就像扔掉一双趿鞋一样，无所谓，富贵之人能与之相比吗！"子击听了，满脸不高兴地走开。魏向西进军攻打秦国，打到郑邑而还师。修筑雒阴、合阳二城。

二十二年，魏、韩、赵列为诸侯。

二十四年，秦进攻魏，到达阳狐。

二十五年，子击生子䓨。

子夏传授文侯经书六艺。文侯礼遇贤者段干木。他乘车经过段氏闾巷，往往凭轼俯首，表示敬意。秦曾经要攻伐魏国，有人劝谏说："魏王崇贤礼士，国人颂扬他是仁人。上下团结同心，不可轻举妄动。"文侯由此在诸侯间颇享声誉。

任命西门豹为邺都守。河内地区政绩显著。

魏文侯对李克说："先生曾经开导过寡人：'家境贫寒则思念良妻，国家动乱则思念良相。'今内定的相国人选，不是季成，就是翟璜，二人谁当相国合适呀？"李克回答说："臣闻位卑之人不应对尊者说三道四，疏远之人不应对亲者妄加评议。臣居宫门之外，不敢承命。"文侯说："先生当仁不让，不必客气。"李克说："您平时没有留心罢了。考查一个人：平居时，看他和哪些人亲近交往。富裕时，看他把钱财花在什么地方。显达时，看他如何选贤与能。困厄时，看他在什么事情上不肯迁就。贫苦时，看他什么钱财不苟取。有此五项标准，完全可以确定相国的人选了，还问我做什么！"文侯说："先生请回府，寡人心目中的相国有啦！"李克赶忙出宫，来到翟璜家中。翟璜问道："听说君王找您商量相国人选，到底谁任相国呀？"李克说："魏成子当相国啦！"翟璜不高兴，愠形于色说："以耳之所闻，目之所见来说，我哪些地方不如魏成子？西河守将吴起是我推荐的。君王甄选治邺人选，西门豹是我保举的。君王策划讨伐中山，主将乐羊是我提拔的。攻克中山，无人可任防守之责，（您往守中山，）是我推荐的。君王的世子没有师傅，屈侯鲋是我介绍的。我哪些地方不如魏成子？"李克说："噢！原来如此。您把我推荐给国君，是为了结伙营私，捞取做大官的资本呀！君王谈起设置相国的事，说：'不是魏成，就是翟璜，两人谁当相国合适呀？'我答曰：'君王平时没有留心罢了。考查一个人：平居看他和哪些人亲近交往。富裕看他把钱财花在哪些地方。显达看他如何选贤与能。困厄看他在什么事情上不肯迁就。贫苦看他什么钱财不苟取。有此五项标准，完全可以确定相国的人选了，还问我做什么！'因此知道魏成子是合适的人选。况且，您怎能和魏成子比呢？魏成子食禄千钟，十之九用在结交贤士上，十之一才自己享用。他从东方礼聘卜子夏、田子方、段干木。三位贤者，君王尊之为师。您所推荐的五人，备人臣之位而已。您如何能跟魏成子相比呢？"翟璜不好意思，再拜说："翟璜是个村鄙野人，刚才说的很不像话，愿终身做您的弟子。"

二十六年，虢山崩塌，壅塞黄河。

三十二年，魏进攻郑国，筑酸枣城。魏败秦于注。三十五年，齐伐魏，占我襄陵。三十六年，秦进犯魏之阴晋。三十八年，魏进攻秦国。秦败魏于武城下，魏亦俘秦将识。这一年，文侯卒，子击嗣位，是为武侯。

魏武侯元年，赵敬侯新即位。公子朔作乱，失败后逃奔魏国，引魏军袭击邯郸，魏败而去。

二年，筑安邑、王垣二城。

七年，魏进攻齐国，到达桑丘。九年，翟在浍水打败魏军。魏派吴起进攻齐国，到达灵丘。齐威王新即位。

十一年，魏国与韩、赵三分晋地，灭绝晋君后嗣。

十三年，秦献公徙都栎阳。十五年，魏败赵于北蔺。

十六年，魏伐楚，占领鲁阳。武侯去世，子䓨立，是为惠王。

魏惠王元年。当初，武侯去世时，子䓨与公仲缓争立为太子。公孙颀自宋入赵，又自赵入韩，对韩懿侯说："魏䓨与公中缓争为太子，您大概听说了吧？现在魏䓨得到王错做辅佐，雄踞上党，实际上拥有半个魏国。趁此机会剪除之，消灭整个魏国一定不成问题，机不可失呀！"韩懿侯听了高兴，因而约同赵成侯组成韩赵联军进攻魏国。双方在浊泽交战，魏军大败，魏君被围。赵对韩说："除掉魏君，拥立公中缓，割取魏地而后撤军，对我们有利。"韩说："不可以，诛杀魏君，人们一定说我们残暴。割地而退，人们一定说我们贪婪。不如把魏国一分为二。魏分为二，不会比宋、卫强。这样，我们永远没有魏国为患了。"赵不同意。韩王不高兴，连夜率其精兵撤走。惠王能够身不死，国不分，是由于两家意见不投之故。如果两家意见一致，魏国就要被分裂了。所以说："国君逝世之时，仍未确定嗣位的嫡子，这个国家必定容易被攻破。"

惠王二年，魏于马陵打败韩军，于怀打败赵军。三年，魏在观被齐打败。五年，与韩在宅阳相会。修筑武堵城。魏军被秦军打败。六年，攻占宋国仪台。九年，进攻韩，在浍河打败韩军。与秦战于少梁，秦虏魏将公孙痤，攻占庞城。秦献公去世，儿子孝公嗣位。

十年，进军攻赵，占领皮牢。彗星出现。十二年，陨星白天溅落，坠地有声。

十四年，与赵在鄗邑会盟。十五年，鲁君、卫君、宋君、郑君来朝会。十六年，与秦孝公在杜平相会。魏袭取宋黄池，宋收复黄池。

十七年，魏与秦战于元里。秦攻占魏少梁。魏围赵邯郸。十八年，魏占领邯郸。赵求救于齐。齐派田忌、孙膑率兵救赵，在桂陵打败魏军。十九年，诸侯联军围魏襄陵。修筑长城，在固阳设防。

二十年，归还赵国邯郸城，在漳水旁和赵签订盟约。二十一年，魏王、秦王在彤相会。赵成侯去世。二十八年，齐威王去世。中山君任魏相。

三十年，魏兴兵伐赵，赵向齐告急求援。齐宣王采纳孙膑的计谋，救赵击魏。魏国动员大量军队，庞涓为将，太子申为上将军。部队前进，行至外黄。外黄徐子对太子申说："臣有百战百胜之术。"太子曰："能够说给我听听吗？"客曰："本来就是要说给您听的。"又说："太子亲自统率大军攻齐，即使大胜齐兵，并吞莒邑，则富顶多也就是拥有魏国，贵顶多不过是当魏国之王。如果不能战胜齐兵，恐怕子孙后代会永远失去魏国。这就是臣的百战百胜之术。"太子说："明白啦！这就听你的话班师。"客曰："太子现在虽欲班师，恐怕回不去了！那些鼓动太子战伐攻取，要分享一杯羹的人太多啦！太子虽然要班师，恐怕回不去了！"太子准备班师。他的御者说："大将出征，不战而还，与战败一样！"太子没有办法，只好与齐军作战，在马陵被打败。齐人俘虏太子申，杀将军庞涓，魏军大败。

三十一年，秦、赵、齐联合进攻魏国。秦将商鞅欺诈我将军公子卬，袭击攻破魏军。秦任用商鞅，扩地东至黄河。齐、赵也多次打败魏国。安邑与秦邻近，于是迁都大梁。立公子赫为太子。

三十三年，秦孝公去世，商鞅逃离秦国，回到魏国。魏怒，拒不接纳。三十五年，魏王与齐宣王在平阿南相会。

魏惠王在军事上屡遭挫败，为挽救垂危，以卑躬屈节之礼、优厚丰盛的财物招聘贤者。邹衍、淳于髡、孟轲都来到大梁。梁惠王说:"寡人不才,用兵于外,三次受到挫折。太子被虏,上将战死,国库因此空虚。寡人羞对先君宗庙社稷,实在惭愧得很。老先生不远千里而来,屈尊莅临敝国之廷,将有何高见以利我国呀?"孟轲曰:"君王不可以如此言利。国君言利,大夫跟着也言利,大夫言利,庶民跟着也言利,上下争着言利,国家就危险啦!作为国君,实行仁义是根本,何必言利呢!"

三十六年,再次与齐王会于甄。这年,魏惠王去世,子襄王嗣位。

襄王元年(实为惠王后元元年),与诸侯会于徐州,相互承认为王。襄王追尊父惠王为王。

五年,秦打败魏龙贾军四万五千人于雕阴,包围魏国焦、曲沃二城。魏割让河西地给秦。

六年,魏王、秦王会于应。秦攻占魏汾阴、皮氏、焦三城。魏用兵伐楚,在陉山打败楚军。七年,魏割让上郡全部土地与秦。魏蒲阳降秦。八年,秦归还焦、曲沃二城给魏。

十二年,楚败魏于襄陵。诸侯执政大臣与秦相张仪在啮桑会见。十三年,张仪任魏相。魏有女子变性为男子。秦攻取魏曲沃、平周。

十六年,襄王(实为惠王)去世,子哀王嗣位。张仪又回秦国。

哀王元年,五国联合攻秦,没有打赢就退兵。

二年,齐在观津打败魏军。五年,秦使樗里子伐魏,攻占曲沃,在岸门打败犀首。六年,秦派使来魏,贺魏公子政立为太子。魏王与秦王在临晋相会。七年,魏攻齐。魏与秦伐燕。

八年,魏进攻卫,攻下相毗邻的两个城邑。卫君很为忧愁。

魏大夫如耳来见卫君说:"我能阻止魏国进攻和罢免主将成陵君的官,怎么样?"卫君说:"先生果能如此,孤将世世代代倾卫国之富来侍奉先生。"如耳去见成陵君说:"从前魏进攻赵,切断羊肠阪,攻占阏与,计划腰斩赵国,赵国果然被分割为二。然而赵国并没有亡,知道为什么吗?因为当时魏是合纵盟主的缘故呀!现在卫已濒临灭亡,将要向西请求臣事于秦。与其由秦来解救卫,不如由魏来解救卫,卫对魏的感恩戴德必将永无穷尽。"成陵君说:"好啊!"如耳又去见魏王说:"臣来求见是想说说关于卫的事。卫原是周王室的别支,虽说是小国,可是贮藏宝器甚多。现在国家处于危难中却不肯献出宝器,是因为他们内心认为:攻打卫国和解救卫国,大王都充当不了主宰。即使献出宝器,也到不了大王手里。我琢磨着,最先前来建议解救卫的人,必定是接受了卫国贿赂的人。"如耳辞出,成陵君求见,按照如耳的说法向魏王进言。魏王听从成陵君的建议,停止对卫用兵,同时罢免成陵君,终身不和他见面。

哀王九年,与秦王在临晋会见。张仪、魏章都来投奔魏国。魏相田需死。楚国不喜欢张仪、犀首、薛公。楚相昭鱼对苏代说:"田需死了,我恐怕张仪、犀首、薛公他们之中有一人要当魏相。"苏代说:"那么谁当魏相才合您的心意呢?"昭鱼说:"我想最好太子自己当魏相。"苏代说:"我这就为您北上跑一趟,一定要让太子担任魏相。"昭鱼说:"能行吗?"苏代说:"您现在暂时充当梁王,让我来试一试。"昭鱼说:"怎么说呀?"苏代说:"苏代从楚国来,昭鱼很忧虑,他说:'田需死了,我恐怕张仪、犀首、薛公其中有一人将要担任魏相。'我说:'梁王是贤明的君主,不会让张仪任魏相。张仪相,一定厚秦而薄魏。犀首相,一定厚韩而薄魏。薛公相,一定厚齐而薄魏。梁王是贤明的君主，不会随随便便做出决定的。'梁王问道：'那么寡人任命谁当魏相好呢？'苏代说：'最好不过由太子自己任魏相。太子自己任魏相，那三位都明白太子不会长期任魏相，他们必定尽其心力务使其本国与魏搞好关系，以期获得魏国丞相的玺印。魏是强国，又有三个万乘之国来辅助，魏国必定获得安宁。所以说不如太子自己任魏相。'"苏代就此北上见梁王，如此这般向梁王一说，太子果然当了魏相。

十年，张仪死。十一年，与秦武王相会于应。十二年，太子朝见秦王。秦进犯我皮氏，没有攻下皮氏而去。十四年，秦送回武王王后。十六年，秦攻克魏蒲反、阳晋、封陵。十七年，与秦昭襄王在临晋相会。秦将蒲反归还魏国。十八年，魏与秦进攻楚国。二十一年，魏与齐、韩在函谷联合打败秦军。

二十三年，秦再次将河外及封陵归还魏国，与魏言和。哀王去世，子昭王嗣位。

昭王元年，秦攻克魏国襄城。二年，魏与秦战，仗没有打好。三年，魏助韩攻秦。秦将白起败韩、魏联军于伊阙，斩首二十四万。六年，割让河东地四百里给秦国。芒卯以善于用诈见重于魏。七年，秦攻占魏城大小六十一座。八年，秦昭王僭号西帝，齐湣王僭号东帝。一个多月以后，又都去掉帝号，恢复称王。九年，秦攻占我新垣、曲阳二城。

十年，齐灭宋，宋王死在魏国温邑。十二年，魏与秦、赵、韩、燕联合起来进攻齐国，在济西打败齐军，齐湣王流亡在外。燕军独自攻入临淄。魏王与秦王相会于西周。

十三年，秦攻占魏安城，兵至大梁而还。十八年，秦兵攻占郢都，楚王迁都于陈邑。

十九年，昭王去世，子安釐王嗣位。

安釐王元年，秦攻占我两城。二年，又攻占我二城，秦军直薄大梁城下，韩军前来援救，魏将温割让给秦以议和。三年，秦攻占我四城，斩首四万。四年，秦击败魏、韩、赵联军，斩首十五万，赶跑魏将芒卯。魏将段干子请求魏王将南阳割让给秦以求和。苏代对魏王说："想得魏玺的是段干子，想得魏地的是秦王。现在大王使觊觎魏国土地的人拿着封玺，使向往魏国封玺的人管着土地，魏国土地不丧失殆尽不得罢休。况且拿土地去孝敬秦国，如同抱着薪柴去救火，薪柴不烧光，火不会熄灭。"魏王说："你说的很对，不过，割地求和之事正在进行，无法更改了。"苏代说："大王难道没有见过行博时掷枭的关键时刻吗？有利时便食其子，不利时则不食其子。今大王说'割地求和之事正在进行，无法更改'，为什么大王在运筹用智方面，不如行博掷枭那样精明呢？"

九年，秦攻占我怀。十年，来到魏国当人质的秦太子死了。十一年，秦攻占魏国郪丘。

秦昭王对左右说："现时的韩、魏，与初期时的韩、魏相比，哪个时期强大？"群臣答曰："现时韩、魏，不如初期时强大。"秦王又问："现时的如耳、魏齐和孟尝、芒卯相比，谁有才能？"答曰："如耳、魏齐不行。"秦王说："以孟尝、芒卯之贤，率领强大的韩、魏之军攻打秦国，尚且奈何我不得。今以无能之辈的如耳和魏齐，率领孱弱的韩、魏之军，攻打秦国，其奈何寡人不得，更是显而易见的了。"左右都说："没错。"独有中旗手抚着琴抗辩说："大王把天下的形势估计错啦！当年晋国六卿执政之时，知伯最强，剪灭范氏、中行氏，又率领韩、魏之兵围困赵襄子于晋阳，溃决晋水淹没晋阳城，晋阳城只剩下三版未被水淹。知伯巡行晋阳城外，察看水势。魏桓子为御戎，韩康子为骖乘。知伯说：'我原来并不知道水可以灭亡别人的国家呀！今天可知道啦！汾水可以淹没安邑，绛水也可以淹没平阳！'这时魏桓子用胳膊肘碰一下韩康子，韩康子也用脚踩一下魏桓子，胳膊肘和脚一时在车上交接。结果如何呢？知氏土地被瓜分，身死国亡，给天下人看笑话。今秦军虽兵强马壮，但也超不过知伯。韩、魏虽弱，也比陈兵晋阳城下时强。现在正是韩、魏肘足交加的时刻，大王切切不可以掉以轻心呀！"于是秦王开始警惕起来。

齐、楚相约联合攻魏，魏派遣使者去秦国求救。使者络绎于途，冠盖相望，而秦国迟迟不发救兵。魏国有位名叫唐雎的人，九十多岁了，对魏王说："请允许老臣西行劝说秦王，让秦的救兵在我回国之前来到魏国。"魏王向唐雎两次作揖，准备车辆请唐雎出发。唐雎来到秦国，晋见秦王。秦王说："老人家远道而来，累了吧？太辛苦啦！魏国求救的使者为数不少，寡人知道魏国在危急中。"唐雎曰："大王既然知道魏国在危急中，却迟迟不发救兵，臣私下认为秦国决策的大臣不负责任。须知，魏是拥有万乘兵车的大国。魏国西向与秦交亲，成为秦国东方的屏障，接受秦国所赐衣帽冠带，春秋两祀向秦国敬献祭品，是因为秦国之强，可以成为魏的盟国。现在齐、楚联军已经兵临魏国城下，而秦国不发救兵。所幸现在尚未到最危急的时刻。真是到了最危急的时刻，他们也只有割地求和，签订合纵的盟约。到那时候，大王还有什么好救的呢？一定要等待最危急的时候，才发救兵，其结果无非是失去一个东方屏障的魏国，而加强了齐、楚两敌国的威力，请问对大王有什么好处？"于是秦昭王立刻发兵救魏，魏国复趋安定。

赵派人对魏王说："给我杀掉范痤，我愿意献地七十里作报酬。"魏王说："行。"派人拘捕范痤，包围其住宅。还未及捕杀范痤，范痤已经上房，骑在屋脊上对捕吏说："与其拿一个死范痤做交易，不如拿一个活范痤做交易。假如我死了，赵不给魏土地，魏王怎么办呢？不如先和赵确定割地的办法，然后再杀痤。"魏王说："有理。"范痤乘此机会上书信陵君说："痤本是魏国免职的相国。赵以割地诱杀我，魏王居然听从。如果强秦也步赵的后尘，如法炮制，请问您将怎么办？"信陵君向魏王进言，放了范痤。

魏王因为秦发兵相救之故，打算与秦亲善，进攻韩国，以索回过去的失地。无忌对魏王说：

秦与戎狄习俗相同，有虎狼一样的野心，贪婪残暴，见利忘义，不讲信用，不懂礼仪德行。只要有利，不顾父母兄弟，简直就是禽兽，从来不懂得对别人应该施惠积德，这是天下人的共识。已经逝世的宣太后是秦王之母，却忧伤而死。穰侯乃秦王之舅，论功劳谁也比不过，却被流放。两个弟弟无罪，却一再削夺其封邑，命他们回到自己的封邑去。其对父母兄弟已经如此，更何况是敌国呢？今大王与秦共同进攻韩国，是日益贴近秦国的祸患。臣对此很不理解。大王不明辨此事的利害，就是糊涂。群臣不把此事利害向大王说清楚，就是不忠。

现在韩国以一女子辅佐一个弱君，内有大乱，对外还要支应强大的秦魏联军，大王以为韩能不亡吗？韩亡，秦占有故郑土地，与大梁为邻，大王以为能相安吗？大王要想收复失地，反而背上强秦为邻的包袱，大王认为有好处吗？

秦不是安分守己的国家。韩亡以后，必将寻衅生事。寻衅生事必择其易行而有利的先下手。易行而有利，肯定不会进攻楚国和赵国。为什么呢？爬山过河，跨越韩国上党而进攻强大的赵国，是阏与战役的重演，秦一定不干。如果经过河内，向邺、朝歌相反的方向进军，渡过漳水、滏水，与赵兵决胜负于邯郸的城郊，那是知伯覆灭的道路，秦又不敢。至于伐楚，经由涉谷，行军三千里，进攻冥院要塞，道途遥远，险峻难攻，秦国依然不干。如果经由黄河南岸，朝着与大梁相反的方向进军，折向西南，过蔡、召陵与楚兵决胜负于陈都之郊，秦又下不了决心。所以秦一定不会进攻楚国和赵国。也不会进攻卫与齐。

韩国灭亡之后，秦军兵出之日，其目标除去魏国，没有其他。秦本来就占有怀、茅、邢丘等战略要地，现又修筑垝津城以威胁河内。河内的共和汲必定危急。灭韩以后，秦占有郑故地，必定夺取垣雍，溃决荥泽，引水淹灌大梁，大梁必亡。大王使者以过分的言行在秦王面前中伤安陵氏。秦早就打主意诛灭安陵氏。秦叶阳、昆阳与舞阳毗邻，听信使者的中伤，毁灭安陵而亡其国，秦就可以绕过舞阳之北，东向威逼许邑，南部城邑危急，魏国能太平吗？

憎恶韩国，不爱安陵氏，还说得过去。但不防范秦国和忽视南部城邑的安全，那就错了。很早以前，秦在河西，晋国安邑远距大梁千里，有黄河大山的遮绝，有二周韩国的阻隔。从林乡战役以来，直到现在，秦七次进攻魏国，五次进入魏王狩猎园囿，边境城邑全部沦陷。摧毁文台，焚烧垂都，林木砍光，麋鹿杀尽，接着围困国都。秦军又长驱劫掠大梁北部城邑，东进至陶、卫的城郊，北面到达监邑。魏国疆土被秦所占领的：山南山北、河外河内，大的县城数十座，著名的都邑几百处。彼时秦的根据地仅仅是河西，晋国安邑去大梁尚有千里之遥，魏被秦之祸已如此惨重。更何况秦吞并韩国，占有故郑的领地，没有黄河大山的遮绝，没有二周韩国的阻隔，秦距离大梁不过百里的路程，魏国的灾难，将百倍于往昔了。

往日，合纵的战略所以不成功，是由于楚国、魏国相互猜疑，而韩国又不积极参加。现在韩国遭受战祸已有三年，秦纠缠韩国，要它讲和。韩知道这样要亡国，所以不听。韩以质子入于赵，愿意追随天下诸侯，戮力奋战，楚国、赵国一定会集结军队，准备一战。因为楚、赵都知道秦贪婪的欲望没有止境，不尽灭天下之国和臣服海内之民，绝不罢休。所以臣愿执行合纵的战略为大王效力，请大王从速接受楚、赵的盟约，利用韩国质子关系而亲近韩，再索取旧日的失地，韩必从命。老百姓不用费劲就能收回失地。这样，收获要多于与秦共谋伐韩。同时又能避免与强秦为邻的祸害。

保全韩国，安定魏国，天下皆受其惠，这就是大王的天时。开通韩上党到共、宁二邑的道路，取道安成，沿途征收过往商贾的赋税，无异于韩以上党作为向魏进献的贽礼。魏享有赋税之利，足以富国。韩必定感戴魏国、亲近魏国、尊重魏国、畏惧魏国。韩国一定不敢反对魏国。韩国就成为魏国的属县。韩国成为魏国的属县，大梁、河外可保安宁。如果不保全韩国和二周，安陵必处于危殆中。楚、赵为秦所破，燕、齐害怕秦国，天下诸侯西向趋奔秦国，朝见秦王，俯首称臣的日子就不远了。

魏安釐王二十年，秦军包围邯郸。信陵君无忌假传魏王之命夺取将军晋鄙的兵符救赵。赵国得到安全。无忌因而居留赵国。二十六年，秦昭王去世。

三十年，无忌回归魏国。率领五国联军进攻秦国，在河外打败秦兵，赶跑蒙骜。魏太子增时为质于秦，秦王生气，打算囚禁太子增。有人在秦王面前为太子增说情道："公孙喜本来告诉魏相说：'请命令魏军立即进攻秦军，秦王愤怒，必定囚禁太子增。魏王又因此发怒，进攻秦军，秦王必定伤害太子。'今大王囚禁太子增，正好中了公孙喜的计。不如优待太子增，与魏和好，使得齐、韩对魏产生怀疑。"秦王这才中止囚禁太子增。

三十一年，秦王政新即位。

三十四年，魏安釐王去世，太子增嗣位，是为景湣王。信陵君无忌去世。

景湣王元年，秦攻占魏二十城，设为秦东郡。二年，秦攻占魏朝歌。卫君被遣送到野王。三年，秦攻占魏汲邑。五年，秦攻占垣、蒲阳、衍。十五年，景湣王去世，子王假嗣位。

王假元年，燕太子丹派遣荆轲行刺秦王，被秦王发觉。

三年，秦引水淹灌大梁，王假被俘。于是灭魏，以其地为郡县。

太史公说：我到过大梁的故城，城中人说："秦军攻陷大梁的时候，引河沟水淹灌大梁，历时三月，城垣倒塌，魏王求降，于是灭魏。"议论的人都说，魏王由于不重用信陵君，国家逐步削弱，最后灭亡，我却不以为然。天意正要秦王平定四海，大功尚未告成之时，魏国即使得到阿衡作辅佐，能管什么用呢？

史记卷四十五

韩世家第十五

韩之先与周同姓,姓姬氏。其后苗裔事晋,得封于韩原,曰韩武子。武子后三世有韩厥,从封姓为韩氏。

韩厥,晋景公之三年,晋司寇屠岸贾将作乱,诛灵公之贼赵盾。赵盾已死矣,欲诛其子赵朔。韩厥止贾,贾不听。厥告赵朔令亡。朔曰:"子必能不绝赵祀,死不恨矣。"韩厥许之。及贾诛赵氏,厥称疾不出。程婴、公孙杵臼之藏赵孤赵武也,厥知之。

景公十一年,厥与郤克将兵八百乘伐齐,败齐顷公于鞍,获逢丑父。于是晋作六卿,而韩厥在一卿之位,号为献子。

晋景公十七年,病,卜,大业之不遂者为祟。韩厥称赵成季之功,今后无祀,以感景公。景公问曰:"尚有世乎?"厥于是言赵武,而复与故赵氏田邑,续赵氏祀。

晋悼公之十年,韩献子老。献子卒,子宣子代。宣子徙居州。

晋平公十四年,吴季札使晋,曰:"晋国之政卒归于韩、魏、赵矣。"晋顷公十二年,韩宣子与赵、魏共分祁氏、羊舌氏十县。晋定公十五年,宣子与赵简子侵伐范、中行氏。宣子卒,子贞子代立。贞子徙居平阳。

贞子卒,子简子代。简子卒,子庄子代。庄子卒,子康子代。

康子与赵襄子、魏桓子共败知伯，分其地，地益大，大于诸侯。

康子卒，子武子代。武子二年，伐郑，杀其君幽公。十六年，武子卒，子景侯立。

景侯虔元年，伐郑，取雍丘。二年，郑败我负黍。

六年，与赵、魏俱得列为诸侯。

九年，郑围我阳翟。景侯卒，子列侯取立。

列侯三年，聂政杀韩相侠累。九年，秦伐我宜阳，取六邑。十三年，列侯卒，子文侯立。是岁魏文侯卒。

文侯二年，伐郑，取阳城。伐宋，到彭城，执宋君。七年，伐齐，至桑丘。郑反晋。九年，伐齐，至灵丘。十年，文侯卒，子哀侯立。

哀侯元年，与赵、魏分晋国。二年，灭郑，因徙都郑。

六年，韩严弑其君哀侯，而子懿侯立。

懿侯二年，魏败我马陵。五年，与魏惠王会宅阳。九年，魏败我浍。十二年，懿侯卒，子昭侯立。

昭侯元年，秦败我西山。二年，宋取我黄池。魏取朱。六年，伐东周，取陵观、邢丘。

八年，申不害相韩，修术行道，国内以治，诸侯不来侵伐。

十年，韩姬弑其君悼公。十一年，昭侯如秦。二十二年，申不害死。二十四年，秦来拔我宜阳。

二十五年，旱，作高门。屈宜曰曰："昭侯不出此门。何也？不时。吾所谓时者，非时日也，人固有利不利时。昭侯尝利矣，不作高门。往年秦拔宜阳，今年旱，昭侯不以此时恤民之急，而顾益奢，此谓'时绌举赢'。"二十六年，高门成，昭侯卒。果不出此门。子宣惠王立。

宣惠王五年，张仪相秦。八年，魏败我将韩举。十一年，君号为王。与赵会区鼠。十四年，秦伐败我鄢。

十六年，秦败我脩鱼，虏得韩将鲠、申差于浊泽。韩氏急，公仲谓韩王曰："与国非可恃也。今秦之欲伐楚久矣，王不如因张仪为和于秦，赂以一名都，具甲，与之南伐楚，此以一易二之计也。"韩王曰："善。"乃警公仲之行，将西购于秦。楚王闻之大恐，召陈轸告之。陈轸曰："秦之欲伐楚久矣，今又得韩之名都一而具甲，秦韩并兵而伐楚，此秦所祷祀而求也。今已得之矣，楚国必伐矣。王听臣为之警四境之内，起师言救韩，命战车满道路，发信臣，多其车，重其币，使信王之救己也。纵韩不能听我，韩必德王也，必不为雁行以来，是秦韩不和也，兵虽至，楚不大病也。为能听我，绝和于秦，秦必大怒，以厚怨韩。韩之南交楚，必轻秦。轻秦，其应秦必不敬，是因秦、韩之兵而免楚国之患也。"楚王曰："善。"乃警四境之内，兴师言救韩。命战车满道路，发信臣，多其车，重其币。谓韩王曰："不榖国虽小，已悉发之矣。愿大国遂肆志于秦，不榖将以楚殉韩。"韩王闻之大说，乃止公仲之行。公仲曰："不可。夫以实伐我者秦也，以虚名救我者楚也。王恃楚之虚名，而轻绝强秦之敌，王必为天下大笑。且楚韩非兄弟之国也，又非素约而谋伐秦也。已有伐形，因发兵言救韩，此必陈轸之谋也。且王已使人报于秦矣，今不行，是欺秦也。夫轻欺强秦而信楚之谋臣，恐王必悔之。"韩王不听，遂绝于秦。秦因大怒，益甲伐韩，大战，楚救不至韩。十九年，大破我岸门。太子仓质于秦以和。

二十一年，与秦共攻楚，败楚将屈丐，斩首八万于丹阳。是岁，宣惠王卒，太子仓立，是为襄王。

襄王四年，与秦武王会临晋。其秋，秦使甘茂攻我宜阳。五年，秦拔我宜阳，斩首六万。秦武王卒。六年，秦复与我武遂。

九年，秦复取我武遂。十年，太子婴朝秦而归。十一年，秦伐我，取穰。与秦伐楚，败楚将唐眛。

十二年，太子婴死。公子咎、公子虮虱争为太子。时虮虱质于楚。苏代谓韩咎曰："虮虱亡在楚，楚王欲内之甚。今楚兵十余万在方城之外，公何不令楚王筑万室之都雍氏之旁，韩必起兵以救之，公必将矣。公因以韩楚之兵奉虮虱而内之，其听公必矣，必以楚、韩封公也。"韩咎从其计。

楚围雍氏，韩求救于秦。秦未为发，使公孙昧入韩。公仲曰："子以秦为且救韩乎？"对曰："秦王之言曰'请道南郑、蓝田，出兵于楚以待公'，殆不合矣。"公仲曰："子以为果乎？"对曰："秦王必祖张仪之故智。楚威王攻梁也，张仪谓秦王曰：'与楚攻魏，魏折而入于楚，韩固其与国也，是秦孤也。不如出兵以到之，魏楚大战，秦取西河之外以归。'今其状阳言与韩，其实阴善楚。公待秦而到，必轻与楚战。楚阴得秦之不用也，必易与公相支也。公战而胜楚，遂与公乘楚，施三川而归。公战不胜楚，楚塞三川守之，公不能救也。窃为公患之。司马庚三反于郢，甘茂与昭鱼遇于商於，其言收玺，实类有约也。"公仲恐，曰："然则奈何？"曰："公必先韩而后秦，先身而后张仪。公不如亟以国合于齐楚，齐楚必委国于公。公之所恶者张仪也，其实犹不无秦也。"于是楚解雍氏围。

苏代又谓秦太后弟芈戎曰："公叔伯婴恐秦楚之内虮虱也，公何不为韩求质子于楚？楚王听入质子于韩，则公叔伯婴知秦楚之不以虮虱为事，必以韩合于秦楚。秦楚挟韩以窘魏，魏氏不敢合于齐，是齐孤也。公又为秦求质子于楚，楚不听，怨结于韩。韩挟齐魏以围楚，楚必重公。公挟秦楚之重以积德于韩，公叔伯婴必以国待公。"于是虮虱竟不得归韩。韩立咎为太子。齐、魏王来。

十四年,与齐、魏王共击秦,至函谷而军焉。十六年,秦与我河外及武遂。襄王卒,太子咎立,是为釐王。

釐王三年,使公孙喜率周、魏攻秦。秦败我二十四万,虏喜伊阙。五年,秦拔我宛。六年,与秦武遂地二百里。十年,秦败我师于夏山。十二年,与秦昭王会西周而佐秦攻齐。齐败,湣王出亡。十四年,与秦会两周间。二十一年,使暴鸢救魏,为秦所败,鸢走开封。

二十三年,赵、魏攻我华阳。韩告急于秦,秦不救。韩相国谓陈筮曰:"事急,愿公虽病,为一宿之行。"陈筮见穰侯。穰侯曰:"事急乎?故使公来。"陈筮曰:"未急也。"穰侯怒曰:"是可以为公之主使乎?夫冠盖相望,告敝邑甚急,公来言未急,何也?"陈筮曰:"彼韩急,则将变而佗从,以未急,故复来耳。"穰侯曰:"公无见王,请今发兵救韩。"八日而至,败赵、魏于华阳之下。是岁,釐王卒,子桓惠王立。

桓惠王元年,伐燕。九年,秦拔我陉,城汾旁。十年,秦击我于太行,我上党郡守以上党郡降赵。十四年,秦拔赵上党,杀马服子卒四十余万于长平。十七年,秦拔我阳城、负黍。二十二年,秦昭王卒。二十四年,秦拔我城皋、荥阳。二十六年,秦悉拔我上党。二十九年,秦拔我十三城。

三十四年,桓惠王卒,子王安立。

王安五年,秦攻韩,韩急,使韩非使秦,秦留非,因杀之。

九年,秦虏王安,尽入其地,为颍川郡。韩遂亡。

太史公曰:韩厥之感晋景公,绍赵孤之子武,以成程婴、公孙杵臼之义,此天下之阴德也。韩氏之功,于晋未睹其大者也。然与赵、魏终为诸侯十余世,宜乎哉!

译文：

韩的先世，与周同姓，姓姬氏。他的后代子孙在晋国做官，封于韩原，称为韩武子。武子传世三代，有个名叫韩厥的人，从其封邑，姓为韩氏。

韩厥。晋景公三年，晋司寇屠岸贾将作乱，声称要诛杀灵公的贼臣赵盾。赵盾已死，便要诛杀赵盾的儿子赵朔。韩厥阻止屠岸贾，屠岸贾不听。韩厥告诉赵朔，叫他赶快逃走。赵朔说："你如能不让赵氏的香火断绝，我死而无憾。"韩厥答应了他。屠岸贾诛灭赵氏时，韩厥装病，不出家门。程婴、公孙杵臼藏匿赵氏孤儿赵武的事，韩厥知情。

景公十一年，韩厥与郤克统率兵车八百乘进攻齐国，败齐顷公于鞌，俘获逢丑父。晋设置六卿的职位。韩厥身居一卿之位，号称献子。

晋景公十七年，景公因病而卜，说是大业因绝祀而作祟。韩厥称颂赵成季对晋室的功劳，现在却断了香火，没有后代为他祭祀。韩厥用这些话来感悟景公。景公问道："赵氏还有后代吗？"韩厥因而把赵武的情况告诉景公。景公把赵家原有的封地田邑发还给赵武，由赵武继承赵氏的祭祀。

晋悼公七年，韩献子告老。献子去世，儿子宣子嗣位。宣子迁居到州邑。

晋平公十四年，吴国公子季札出使晋国，他说："晋国的政权都集中到韩、魏、赵三家手里了。"晋顷公十二年，韩宣子与赵、魏共同瓜分祁氏与羊舌氏的十个县邑。晋定公十五年，宣子（宣子已卒，应为韩简子）与赵简子侵伐范氏、中行氏领地。宣子去世，儿子贞子嗣位。贞子迁徙到平阳。

贞子去世，儿子简子嗣位。简子去世，儿子庄子嗣位。庄子去世，儿子康子嗣位。韩康子与赵襄子、魏桓子共同打败知伯，瓜分其封邑领地。韩的领地日益扩大，大到可与诸侯的领地相比。

康子去世，儿子武子嗣位。武子二年，讨伐郑国，杀死郑国国君幽公。十六年，武子去世，儿子景侯嗣位。

景侯虔元年，讨伐郑国，占领雍丘。二年，郑败韩于负黍。六年，韩与赵、魏同时列为诸侯。九年，郑派兵围攻韩国阳翟。景侯去世，儿子列侯取嗣位。

列侯三年，聂政刺杀韩相侠累。九年，秦进攻韩国宜阳，占领六个城邑。十三年，列侯去世，儿子文侯嗣位。这一年，魏文侯去世。

文侯二年，讨伐郑国，夺取阳城。讨伐宋国，到达彭城，囚执宋国国君。七年，讨伐齐国，打到桑丘。郑国打败韩国。九年，讨伐齐国，打到灵丘。十年，文侯去世，儿子哀侯嗣位。

哀侯元年，韩与赵、魏三分晋国。二年，韩灭郑，把都城迁到新郑。六年，韩严弑杀其君哀侯。哀侯的儿子懿侯嗣位。

懿侯二年，魏在马陵打败韩国。五年，懿侯与魏惠王在宅阳相会。九年，魏在浍水附近打败韩国。十二年，懿侯去世，儿子昭侯嗣位。

昭侯元年，秦国在西山打败韩军。二年，宋夺取韩国的黄池。魏夺取韩国的朱邑。六年，韩讨伐东周，占领陵观、邢丘。八年，申不害为韩国相，内修政教，外应诸侯，国内政治走上轨道，诸侯不敢前来侵犯。十年，韩姬弑杀晋君悼公。十一年，昭侯赴秦聘问。二十二年，申不害死。二十四年，秦来犯，攻占宜阳。

二十五年，韩国发生旱灾。昭侯决定修建高门。屈宜白说："昭侯走不出这座高门。为什么呢？是时运不济啊！我所说的时，不是'时日'的时。人总是有走运和不走运的时候。昭侯也曾走过运（指申不害为相时），那时候却不修建高门。去年，秦攻占宜阳，今年又旱魃为灾。这种时候，昭侯不体恤老百姓的难处，反而更加奢侈，这叫作'时绌举赢'。"二十六年，高门建成，昭侯去世。昭侯果然未能走出这座高门。昭侯的儿子宣惠王嗣位。

宣惠王五年，张仪为秦国相。八年，魏打败韩将韩举。十一年，韩君改名号为王。韩王与赵在区鼠相会。十四年，秦在鄢陵打败韩军。

十六年，秦在脩鱼打败韩军，俘虏韩将鲠和申差于浊泽。韩王着急。相国公仲侈对韩王说："盟国靠不住。秦早就蓄谋讨伐楚国。大王何不通过张仪与秦讲和，以一个大县，并附甲士和武器装备来贿赂秦国，共同南下讨伐楚国，这是拿一个换两个的好办法呀！"韩王说："好。"于是公仲准备出发，将西行与秦媾和。楚王听说此事，大为恐惧不安，把陈轸找来商议。陈轸说："秦蓄谋进攻楚国很久啦！现在又得到韩国一个大县并附人员武器装备，秦、韩联合进攻楚国，是秦国梦寐以求的事，现已实现，进攻楚国是无疑的了。请大王听我的话：立即在全国实施警戒，宣布出兵援韩，援韩的战车，使之塞满道路。同使派遣使臣去韩，大批车辆满载丰盛的礼品，使韩王相信大王是在出兵援救韩国。即使韩王不能立即按照大王的意旨行事，至少感戴大王，那就不会如雁行那样，紧跟在秦的后面，进攻楚国。秦、韩因而不和。他们的兵，虽进入楚国，不会对楚构成很大的威胁。如果韩国听从我，与秦绝交，秦王必大怒，恨透韩国。韩南与楚结交，自然轻视秦国。轻视秦国，应付秦国必不周到。如此，秦、韩之兵各具戒心，楚国的祸患也就减免了。"楚王说："很好。"于是楚在全国实施警戒，宣布出兵援韩。援韩的战车，塞满道路。同时遣使去韩，大批车辆，满载丰盛的礼品，向韩国进发。使者对韩王说："楚国虽小，已动员全国的力量。希望贵国放心大胆和秦国打交道，楚王将以整个楚国，为支援韩国做出牺牲。"韩王听了使者的话，特别高兴，命令公仲取消秦国之行。公仲说："不可以！你知道吗？真正进攻韩国的是秦国，而虚张声势救助韩国的是楚国。大王凭借楚国的虚张声势，就轻易与强敌秦国绝交，大王一定会被天下人耻笑。何况韩、楚并非兄弟之国，又无约在先共谋进攻秦国。只是由于有了秦、韩攻楚的迹象，楚才声称发兵援韩。这一定是陈轸出的主意。何况大王已将使者报聘的事通知秦国，现在不去，这不是欺骗秦国吗！轻易欺骗强大的秦国，而听信楚国的谋臣，大王一定要后悔的。"韩王不听，终于与秦绝交。秦王大怒，增兵讨伐韩国。秦、韩之间一场大战，而楚国并没有向韩派出援兵。宣惠王十九年，秦大破韩于岸门。太子仓为质于秦以和。

宣惠王二十一年，韩与秦共同进攻楚国，打败楚国将军屈丐。斩首八万于丹阳。这年，宣惠王去世。太子仓嗣位，是为襄王。

襄王四年，与秦武王在临晋会见。秋天，秦派甘茂攻韩国宜阳。襄王五年，秦军攻占宜阳，斩首六万。这年，秦武王去世。襄王六年，秦再次归还武遂给韩。九年，秦又夺取韩国武遂。十年，太子婴朝见秦王回国。十一年，秦进攻韩，占领穰城。这年，韩、秦联兵伐楚，打败楚国将军唐眛。

襄王十二年，太子去世。公子咎、公子虮虱争立为太子。时虮虱为质居留在楚。苏代对韩咎说："虮虱流亡在楚。楚王很想护送他回国。楚兵十余万已部署在方城之外。您何不建议楚王在雍氏附近，修建可容万户人家的城邑。韩王将发兵保卫雍氏，您准会被任命为统帅。您拥韩楚之兵，护送虮虱回国。虮虱一定听你的。韩、楚两国都会给你封赏。"韩咎采纳苏代出的主意。

楚国发兵围困雍氏，韩求救于秦。秦国救兵未发，派公孙昧来韩。公仲说："您以为秦国会救援韩国吗？"公孙昧回答说："秦王说'秦将经由南郑和蓝田，兵分两路进入楚国，等待您的来到'，这恐怕与韩国的希望不符。"公仲说："您以为秦王的话是真的吗？"对曰："秦王袭用张仪的故技。楚威王攻梁时，张仪对秦王讲：'如果和楚一道攻打魏国，是逼迫魏国投入楚国的怀抱。韩本就与魏为盟，秦国完全陷入孤立。不如出兵做出支援魏国的模样，等到魏、楚大战一场时，秦国乘虚掠取西河之外的土地而归。'现在秦王诈称发兵救韩，暗中和楚修好。您只看到秦国救韩的假象，轻率与楚作战。楚知道秦王不会真的援救韩国，可以从容不迫地对付你们。如你们打败楚国，秦将乘楚之危，掳掠三川的财富而归。如果你们败于楚国，楚扼守三川的险要，韩也无法得到秦救。我私下为您担忧。如今司马庚三次出入郢都。秦相甘茂和楚相昭鱼私下在商於见面，说是为了回收军符，恐怕是在缔结密约呀！"公仲害怕，说："那怎么办呢？"公孙昧说："您要首先做好迎敌的准备，然后再求秦助。考虑自身的条件，再研究对付张仪旧计的策略。您何不立即与齐、楚结盟，齐、楚必将全力支持您。您所讨厌的只是张仪的故技，实际上仍不能轻视秦的作用。"于是楚解除对雍氏的围困。

苏代又对秦国宣太后之弟芈戎说："公叔伯婴害怕秦、楚护送虮虱回国。您何不示意韩要求楚国送回质子。楚王如不同意将质子送回韩国，公叔伯婴就能知道秦、楚并不重视虮虱。公叔伯婴就会与秦、楚联合。秦、楚挟制韩国威胁魏国，魏就不敢和齐国结盟。齐国就孤立了。然后您又让秦国出面，要求楚国送质子虮虱来秦。楚王不听，必与韩国结怨。韩挟持齐、魏围困楚国。您就会得到楚国的尊重。凭借您在秦、楚两国的崇高声望，又积德于韩，公叔伯婴必以国家之重待您。"就这样，公子虮虱始终未能回归韩国。韩立公子咎为太子。齐王、魏王来韩国访聘。

十四年，韩与齐王、魏王共同进攻秦国。军次函谷关驻扎下来。十六年，秦将河外地方及武遂归还给韩。襄王去世。太子咎嗣位，是为韩釐王。

韩釐王三年，韩派公孙喜率领韩、魏联军进攻秦国。秦在伊阙打败韩、魏联军二十四万，虏公孙喜。五年，秦攻占韩国的宛城。六年，韩将武遂二百里地割让给秦国。十年，秦在夏山打败韩师。十二年，与秦昭王在西周相会，帮助秦国攻打齐国。齐国战败，齐湣王出亡在外。十四年，韩国与秦国在东周与西周之间相会。二十一年，韩派暴戟援救魏国，被秦打败。暴戟逃跑到开封。

釐王二十三年，赵、魏联军进攻韩国华阳。韩向秦告急。秦不出兵援救。韩相国对陈筮说："情况非常危急，您虽然有病，只有麻烦您连夜辛苦一趟。"陈筮来到秦国会见穰侯。穰侯说："是不是情况紧急啦！才派你来。"陈筮说："不急。"穰侯怒曰："你这样的态度，能担当国家的特使吗？韩国使臣，一个紧接一个来秦，都说韩国情况危急，您来到却说不急，怎么回事儿！"陈筮说："韩国要是危急，则将改变方针，另谋出路，不到您这儿来啦！因为不急，所以才再次派我来。"穰侯说："好啦！您也无须去见秦王，马上发兵援救韩国。"八天后，援军来到韩国，败赵、魏军于华阳城下。这年，韩釐王去世，儿子桓惠王嗣位。

桓惠王元年，韩进攻燕。九年，秦攻占韩国的陉，在汾水旁筑城。十年，秦在太行山进攻韩军。（十一年）韩上党郡守以上党郡降赵。十四年，秦军占领赵上党。杀马服子及其部卒四十余万于长平。十七年，秦攻占韩国阳城、负黍。二十二年，秦昭王去世。二十四年，秦攻占韩国成皋、荥阳。二十六年，秦攻占韩全部上党地区。二十九年，秦攻占韩国十三座城池。

三十四年，桓惠王去世，儿子王安嗣位。

王安五年，秦攻韩，韩国危急，派韩非使秦，秦扣留韩非。不久，杀掉韩非。九年，王安被秦俘虏。秦占领韩国所有土地，设为颍川郡。韩国灭亡。

太史公曰：韩厥感化晋景公，使赵氏孤儿赵武得以继承赵祀，同时也成就了程婴、公孙杵臼的义行。这真是天下的阴德啊！韩氏的功勋，在晋国还未见到比这更大的了！韩氏能与赵、魏一样，绵延十余世为诸侯，完全是应该的。

史记卷四十六

田敬仲完世家第十六

陈完者,陈厉公他之子也。完生,周太史过陈,陈厉公使卜完,卦得《观》之《否》:"是为观国之光,利用宾于王。此其代陈有国乎?不在此而在异国乎?非此其身也,在其子孙。若在异国,必姜姓。姜姓,四岳之后。物莫能两大,陈衰,此其昌乎?"

厉公者,陈文公少子也,其母蔡女。文公卒,厉公兄鲍立,是为桓公。桓公与他异母。及桓公病,蔡人为他杀桓公鲍及太子免而立他,为厉公。厉公既立,娶蔡女。蔡女淫于蔡人,数归,厉公亦数如蔡。桓公之少子林怨厉公杀其父与兄,乃令蔡人诱厉公而杀之。林自立,是为庄公。故陈完不得立,为陈大夫。厉公之杀,以淫出国,故《春秋》曰"蔡人杀陈他",罪之也。

庄公卒,立弟杵臼,是为宣公。宣公二十一年,杀其太子御寇。御寇与完相爱,恐祸及己,完故奔齐。齐桓公欲使为卿,辞曰:"羁旅之臣幸得免负檐,君之惠也,不敢当高位。"桓公使为工正。齐懿仲欲妻完,卜之,占曰:"是谓凤皇于蜚,和鸣锵锵。有妫之后,将育于姜。五世其昌,并于正卿。八世之后,莫之与京。"卒妻完。完之奔齐,齐桓公立十四年矣。

完卒,谥为敬仲。仲生稚孟夷。敬仲之如齐,以陈字为田氏。

田稚孟夷生湣孟庄，曰湣孟庄生文子须无。田文子事齐庄公。

晋之大夫栾逞作乱于晋，来奔齐，齐庄公厚客之。晏婴与田文子谏，庄公弗听。

文子卒，生桓子无宇。田桓子无宇有力，事齐庄公，甚有宠。

无宇卒，生武子开与釐子乞。田釐子乞事齐景公为大夫，其收赋税于民以小斗受之，其禀予民以大斗，行阴德于民，而景公弗禁。由此田氏得齐众心，宗族益强，民思田氏。晏子数谏景公，景公弗听。已而使于晋，与叔向私语曰："齐国之政其卒归于田氏矣。"

晏婴卒后，范、中行氏反晋。晋攻之急，范、中行请粟于齐。田乞欲为乱，树党于诸侯，乃说景公曰："范、中行数有德于齐，齐不可不救。"齐使田乞救之而输之粟。

景公太子死，后有宠姬曰芮子，生子荼。景公病，命其相国惠子与高昭子以子荼为太子。景公卒，两相高、国立荼，是为晏孺子。而田乞不说，欲立景公他子阳生。阳生素与乞欢。晏孺子之立也，阳生奔鲁。田乞伪事高昭子、国惠子者，每朝代参乘，言曰："始诸大夫不欲立孺子。孺子既立，君相之，大夫皆自危，谋作乱。"又绐大夫曰："高昭子可畏也，及未发先之。"诸大夫从之。田乞、鲍牧与大夫以兵入公室，攻高昭子。昭子闻之，与国惠子救公。公师败。田乞之众追国惠子，惠子奔莒，遂返杀高昭子。晏圉奔鲁。

田乞使人之鲁，迎阳生。阳生至齐，匿田乞家。请诸大夫曰："常之母有鱼菽之祭。幸而来会饮。"会饮田氏。田乞盛阳生橐中，置坐中央。发橐，出阳生，曰："此乃齐君矣。"大夫皆伏谒。将盟立之，田乞诬曰："吾与鲍牧谋共立阳生也。"鲍牧怒曰："大夫忘景公之命乎？"诸大夫欲悔，阳生乃顿首曰：

"可则立之，不可则已。"鲍牧恐祸及己，乃复曰："皆景公之子，何为不可！"遂立阳生于田乞之家，是为悼公。乃使人迁晏孺子于骀，而杀孺子荼。悼公既立，田乞为相，专齐政。

四年，田乞卒，子常代立，是为田成子。

鲍牧与齐悼公有郤，弑悼公。齐人共立其子壬，是为简公。田常成子与监止俱为左右相，相简公。田常心害监止，监止幸于简公，权弗能去。于是田常复修釐子之政，以大斗出贷，以小斗收。齐人歌之曰："妪乎采芑，归乎田成子！"齐大夫朝，御鞅谏简公曰："田、监不可并也，君其择焉。"君弗听。

子我者，监止之宗人也，常与田氏有郤。田氏疏族田豹事子我有宠。子我曰："吾欲尽灭田氏适，以豹代田氏宗。"豹曰："臣于田氏疏矣。"不听。已而豹谓田氏曰："子我将诛田氏，田氏弗先，祸及矣。"子我舍公宫，田常兄弟四人乘如公宫，欲杀子我。子我闭门。简公与妇人饮檀台，将欲击田常。太史子余曰："田常非敢为乱，将除害。"简公乃止。田常出，闻简公怒，恐诛，将出亡。田子行曰："需，事之贼也。"田常于是击子我。子我率其徒攻田氏，不胜，出亡。田氏之徒追杀子我及监止。

简公出奔，田氏之徒追执简公于徐州。简公曰："蚤从御鞅之言，不及此难。"田氏之徒恐简公复立而诛己，遂杀简公。简公立四年而杀。于是田常立简公弟骜，是为平公。平公即位，田常为相。

田常既杀简公，惧诸侯共诛己，乃尽归鲁、卫侵地，西约晋、韩、魏、赵氏，南通吴、越之使，修功行赏，亲于百姓，以故齐复定。

田常言于齐平公曰："德施人之所欲，君其行之；刑罚人之所恶，臣请行之。"行之五年，齐国之政皆归田常。田常于是尽诛鲍、晏、监止及公族之强者，而割齐自安平以东至琅邪，自为封邑。封邑大于平公之所食。

田常乃选齐国中女子长七尺以上为后宫，后宫以百数，而使宾客舍人出入后宫者不禁。及田常卒，有七十余男。

田常卒，子襄子盘代立，相齐。常谥为成子。

田襄子既相齐宣公，三晋杀知伯，分其地。襄子使其兄弟宗人尽为齐都邑大夫，与三晋通使，且以有齐国。

襄子卒，子庄子白立。田庄子相齐宣公。宣公四十三年，伐晋，毁黄城，围阳狐。明年，伐鲁、葛及安陵。明年，取鲁之一城。

庄子卒，子太公和立。田太公相齐宣公。宣公四十八年，取鲁之郕。明年，宣公与郑人会西城。伐卫，取毌丘。宣公五十一年卒，田会自廪丘反。

宣公卒，子康公贷立。贷立十四年，淫于酒、妇人，不听政。太公乃迁康公于海上，食一城，以奉其先祀。明年，鲁败齐平陆。

三年，太公与魏文侯会浊泽，求为诸侯。魏文侯乃使使言周天子及诸侯，请立齐相田和为诸侯。周天子许之。康公之十九年，田和立为齐侯，列于周室，纪元年。

齐侯太公和立二年，和卒，子桓公午立。桓公午五年，秦、魏攻韩，韩求救于齐。齐桓公召大臣而谋曰："蚤救之孰与晚救之？"驺忌曰："不若勿救。"段干朋曰："不救，则韩且折而入于魏，不若救之。"田臣思曰："过矣君之谋也！秦、魏攻韩、楚，赵必救之，是天以燕予齐也。"桓公曰："善。"乃阴告韩使者而遣之。韩自以为得齐之救，因与秦、魏战。楚、赵闻之，果起兵而救之。齐因起兵袭燕国，取桑丘。

六年，救卫。桓公卒，子威王因齐立。是岁，故齐康公卒，绝无后，奉邑皆入田氏。

齐威王元年，三晋因齐丧来伐我灵丘。三年，三晋灭晋后而分其地。六年，鲁伐我，入阳关。晋伐我，至博陵。七年，卫伐我，取薛陵。九年，赵伐我，取甄。

威王初即位以来，不治，委政卿大夫，九年之间，诸侯并伐，国人不治。于是威王召即墨大夫而语之曰："自子之居即墨也，毁言日至。然吾使人视即墨，田野辟，民人给，官无留事，东方以宁。是子不事吾左右以求誉也。"封之万家。召阿大夫语曰："自子之守阿，誉言日闻。然使使视阿，田野不辟，民贫苦。昔日赵攻甄，子弗能救。卫取薛陵，子弗知。是子以币厚吾左右以求誉也。"是日，烹阿大夫，及左右尝誉者皆并烹之。遂起兵西击赵、卫，败魏于浊泽而围惠王。惠王请献观以和解，赵人归我长城。于是齐国震惧，人人不敢饰非，务尽其诚。齐国大治。诸侯闻之，莫敢致兵于齐二十余年。

驺忌子以鼓琴见威王，威王说而舍之右室。须臾，王鼓琴，驺忌子推户入曰："善哉鼓琴！"王勃然不说，去琴按剑曰："夫子见容未察，何以知其善也？"驺忌子曰："夫大弦浊以春温者，君也；小弦廉折以清者，相也；攫之深，醳之愉者，政令也；钧谐以鸣，大小相益，回邪而不相害者，四时也：吾是以知其善也。"王曰："善语音。"驺忌子曰："何独语音，夫治国家而弭人民皆在其中。"王又勃然不说曰："若夫语五音之纪，信未有如夫子者也。若夫治国家而弭人民，又何为乎丝桐之间？"驺忌子曰："夫大弦浊以春温者，君也；小弦廉折以清者，相也；攫之深而舍之愉者，政令也；钧谐以鸣，大小相益，回邪而不相害者，四时也。夫复而不乱者，所以治昌也；连而径者，所以存亡也；故曰琴音调而天下治。夫治国家而弭人民者，无若乎五音者。"王曰："善。"

驺忌子见三月而受相印。淳于髡见之曰："善说哉！髡有愚志，愿陈诸前。"驺忌子曰："谨受教。"淳于髡曰："得全全昌，失全全亡。"驺忌子曰："谨受令，请谨毋离前。"淳于髡曰："狶膏棘轴，所以为滑也，然而不能运方穿。"驺忌子曰："谨受令，请谨事左右。"淳于髡曰："弓胶昔干，所以为合也，然而不能傅合疏罅。"驺忌子曰："谨受令，请谨自附于万民。"淳于髡曰："狐裘虽敝，不可补以黄狗之皮。"驺忌子曰："谨受令，请谨择君子，毋杂小人其间。"淳于髡曰："大车不较，不能载其常任；琴瑟不较，不能成其五音。"驺忌子曰："谨受令，请谨修法律而督奸吏。"淳于髡说毕，趋出，至门，而面其仆曰："是人者，吾语之微言五，其应我若响之应声，是人必封不久矣。"居期年，封以下邳，号曰成侯。

威王二十三年，与赵王会平陆。二十四年，与魏王会田于郊。魏王问曰："王亦有宝乎？"威王曰："无有。"梁王曰："若寡人国小也，尚有径寸之珠照车前后各十二乘者十枚，奈何以万乘之国而无宝乎！"威王曰："寡人之所以为宝与王异。吾臣有檀子者，使守南城，则楚人不敢为寇东取，泗上十二诸侯皆来朝。吾臣有肹子者，使守高唐，则赵人不敢东渔于河。吾吏有黔夫者，使守徐州，则燕人祭北门，赵人祭西门，徙而从者七千余家。吾臣有种首者，使备盗贼，则道不拾遗。将以照千里，岂特十二乘哉！"梁惠王惭，不怪而去。

二十六年，魏惠王围邯郸，赵求救于齐。齐威王召大臣而谋曰："救赵孰与勿救？"驺忌子曰："不如勿救。"段干朋曰："不救则不义，且不利。"威王曰："何也？"对曰：

"夫魏氏并邯郸，其于齐何利哉？且夫救赵而军其郊，是赵不伐而魏全也。故不如南攻襄陵以弊魏，邯郸拔而乘魏之弊。"威王从其计。

其后成侯驺忌与田忌不善，公孙阅谓成侯忌曰："公何不谋伐魏，田忌必将。战胜有功，则公之谋中也；战不胜，非前死则后北，而命在公矣。"于是成侯言威王，使田忌南攻襄陵。十月，邯郸拔，齐因起兵击魏，大败之桂陵。于是齐最强于诸侯，自称为王，以令天下。

三十三年，杀其大夫牟辛。

三十五年，公孙阅又谓成侯忌曰："公何不令人操十金卜于市，曰'我田忌之人也。吾三战而三胜，声威天下。欲为大事，亦吉乎不吉乎'？"卜者出，因令人捕为之卜者，验其辞于王之所。田忌闻之，因率其徒袭攻临淄，求成侯，不胜而奔。

三十六年，威王卒，子宣王辟彊立。

宣王元年，秦用商鞅。周致伯于秦孝公。

二年，魏伐赵。赵与韩亲，共击魏。赵不利，战于南梁。宣王召田忌复故位。韩氏请救于齐。宣王召大臣而谋曰："蚤救孰与晚救？"驺忌子曰："不如勿救。"田忌曰："弗救，则韩且折而入于魏，不如蚤救之。"孙子曰："夫韩、魏之兵未弊而救之，是吾代韩受魏之兵，顾反听命于韩也。且魏有破国之志，韩见亡，必东面而愬于齐矣。吾因深结韩之亲而晚承魏之弊，则可重利而得尊名也。"宣王曰："善。"乃阴告韩之使者而遣之。韩因恃齐，五战不胜，而东委国于齐。齐因起兵，使田忌、田婴将，孙子为师，救韩、赵以击魏，大败之马陵，杀其将庞涓，虏魏太子申。其后三晋之王皆因田婴朝齐王于博望，盟而去。

七年，与魏王会平阿南。明年，复会甄。魏惠王卒。明年，与魏襄王会徐州，诸侯相王也。十年，楚围我徐州。十一年，与魏伐赵，赵决河水灌齐、魏，兵罢。十八年，秦惠王称王。

宣王喜文学游说之士，自如驺衍、淳于髡、田骈、接予、慎到、环渊之徒七十六人，皆赐列第，为上大夫，不治而议论。是以齐稷下学士复盛，且数百千人。

十九年，宣王卒，子湣王地立。

湣王元年，秦使张仪与诸侯执政会于啮桑。三年，封田婴于薛。四年，迎妇于秦。七年，与宋攻魏，败之观泽。

十二年，攻魏。楚围雍氏，秦败屈丐。苏代谓田轸曰："臣愿有谒于公，其为事甚完，使楚利公，成为福，不成亦为福。今者臣立于门，客有言曰魏王谓韩冯、张仪曰：'煮枣将拔，齐兵又进，子来救寡人则可矣；不救寡人，寡人弗能拔。'此特转辞也。秦、韩之兵毋东，旬余，则魏氏转韩从秦，秦逐张仪，交臂而事齐楚，此公之事成也。"田轸曰："奈何使无东？"对曰："韩冯之救魏之辞，必不谓韩王曰'冯以为魏'，必曰'冯将以秦韩之兵东却齐宋，冯因抟三国之兵，乘屈丐之弊，南割于楚，故地必尽得之矣'。张仪救魏之辞，必不谓秦王曰'仪以为魏'，必曰'仪且以秦韩之兵东距齐宋，仪将抟三国之兵，乘屈丐之弊，南割于楚，名存亡国，实伐三川而归，此王业也'。公令楚王与韩氏地，使秦制和，谓秦王曰'请与韩地，而王以施三川，韩氏之兵不用而得地于楚'。韩冯之东兵之辞且谓秦何？曰'秦兵不用而得三川，伐楚韩以窘魏，魏氏不敢东，是孤齐也'。张仪之东兵之辞且谓何？曰'秦韩欲地而兵有案，声威发于魏，魏氏之欲不失齐楚者有资矣'。魏氏转秦韩争事齐楚，楚王欲而无与地，公令秦韩之兵不用而得地，有一大德也。秦韩之王劫于韩冯、张仪而东兵以徇服魏，公常执左券以责于秦韩，此其善于公而恶张子多资矣。"

十三年,秦惠王卒。二十三年,与秦击败楚于重丘。二十四年,秦使泾阳君质于齐。二十五年,归泾阳君于秦。孟尝君薛文入秦,即相秦。文亡去。二十六年,齐与韩魏共攻秦,至函谷军焉。二十八年,秦与韩河外以和,兵罢。二十九年,赵杀其主父。齐佐赵灭中山。

三十六年,王为东帝,秦昭王为西帝。苏代自燕来,入齐,见于章华东门。齐王曰:"嘻,善,子来!秦使魏冉致帝,子以为何如?"对曰:"王之问臣也卒,而患之所从来微,愿王受之而勿备称也。秦称之,天下安之,王乃称之,无后也。且让争帝名,无伤也。秦称之,天下恶之,王因勿称,以收天下,此大资也。且天下立两帝,王以天下为尊齐乎?尊秦乎?"王曰:"尊秦。"曰:"释帝,天下爱齐乎?爱秦乎?"王曰:"爱齐而憎秦。"曰:"两帝立约伐赵,孰与伐桀宋之利?"王曰:"伐桀宋利。"对曰:"夫约钧,然与秦为帝而天下独尊秦而轻齐,释帝则天下爱齐而憎秦,伐赵不如伐桀宋之利,故愿王明释帝以收天下,倍约宾秦,无争重,而王以其间举宋。夫有宋,卫之阳地危;有济西,赵之阿东国危;有淮北,楚之东国危;有陶、平陆,梁门不开。释帝而贷之以伐桀宋之事,国重而名尊,燕楚所以形服,天下莫敢不听,此汤武之举也。敬秦以为名,而后使天下憎之,此所谓以卑为尊者也。愿王孰虑之。"于是齐去帝复为王,秦亦去帝位。

三十八年,伐宋。秦昭王怒曰:"吾爱宋与爱新城、阳晋同。韩聂与吾友也,而攻吾所爱,何也?"苏代为齐谓秦王曰:"韩聂之攻宋,所以为王也。齐强,辅之以宋,楚魏必恐,恐必西事秦,是王不烦一兵,不伤一士,无事而割安邑也,此韩聂之所祷于王也。"秦王曰："吾患齐之难知。一从一衡，其说何也？"对曰："天下国令齐可知乎？齐以攻宋，其知事秦以万乘之国自辅，不西事秦则宋治不安。中国白头游敖之士皆积智欲离齐秦之交，伏式结轶西驰者，未有一人言善齐者也，伏式结轶东驰者，未有一人言善秦者也。何则？皆不欲齐秦之合也。何晋楚之智而齐秦之愚也！晋楚合必议齐秦，齐秦合必图晋楚，请以此决事。"秦王曰："诺。"于是齐遂伐宋，宋王出亡，死于温。齐南割楚之淮北，西侵三晋，欲以并周室，为天子。泗上诸侯邹鲁之君皆称臣，诸侯恐惧。

三十九年，秦来伐，拔我列城九。

四十年，燕、秦、楚、三晋合谋，各出锐师以伐，败我济西。王解而却。燕将乐毅遂入临淄，尽取齐之宝藏器。湣王出亡，之卫。卫君辟宫舍之，称臣而共具。湣王不逊，卫人侵之。湣王去，走邹、鲁，有骄色，邹、鲁君弗内，遂走莒。楚使淖齿将兵救齐，因相齐湣王。淖齿遂杀湣王而与燕共分齐之侵地卤器。

湣王之遇杀，其子法章变名姓为莒太史敫家庸。太史敫女奇法章状貌，以为非恒人，怜而常窃衣食之，而与私通焉。淖齿既以去莒，莒中人及齐亡臣相聚求湣王子，欲立之。法章惧其诛己也，久之，乃敢自言"我湣王子也"。于是莒人共立法章，是为襄王。以保莒城而布告齐国中："王已立在莒矣。"

襄王既立，立太史氏女为王后，是为君王后，生子建。太史敫曰："女不取媒因自嫁，非吾种也，污吾世。"终身不睹君王后。君王后贤，不以不睹故失人子之礼。

襄王在莒五年，田单以即墨攻破燕军，迎襄王于莒，入临淄。齐故地尽复属齐。齐封田单为安平君。

十四年，秦击我刚、寿。十九年，襄王卒，子建立。

王建立六年，秦攻赵，齐楚救之。秦计曰："齐楚救赵，亲则退兵，不亲遂攻之。"赵无食，请粟于齐，齐不听。周子曰："不如听之以退秦兵，不听则秦兵不却，是秦之计中而齐楚之计过也。且赵之于齐楚，扞蔽也，犹齿之有唇也，唇亡则齿寒。今日亡赵，明日患及齐楚。且救赵之务，宜若奉漏瓮沃焦釜也。夫救赵，高义也；却秦兵，显名也。义救亡国，威却强秦之兵，不务为此而务爱粟，为国计者过矣。"齐王弗听。秦破赵于长平四十余万，遂围邯郸。

十六年，秦灭周。君王后卒。二十三年，秦置东郡。二十八年，王入朝秦，秦王政置酒咸阳。三十五年，秦灭韩。三十七年，秦灭赵。三十八年，燕使荆轲刺秦王，秦王觉，杀轲。明年，秦破燕，燕王亡走辽东。明年，秦灭魏，秦兵次于历下。四十二年，秦灭楚。明年，虏代王嘉，灭燕王喜。

四十四年，秦兵击齐。齐王听相后胜计，不战，以兵降秦。秦虏王建，迁之共。遂灭齐为郡。天下壹并于秦，秦王政立号为皇帝。始，君王后贤，事秦谨，与诸侯信，齐亦东边海上，秦日夜攻三晋、燕、楚，五国各自救于秦，以故王建立四十余年不受兵。君王后死，后胜相齐，多受秦间金，多使宾客入秦，秦又多予金，客皆为反间，劝王去从朝秦，不修攻战之备，不助五国攻秦，秦以故得灭五国。五国已亡，秦兵卒入临淄，民莫敢格者。王建遂降，迁于共。故齐人怨王建不蚤与诸侯合从攻秦，听奸臣宾客以亡其国，歌之曰："松耶柏耶？住建共者客耶？"疾建用客之不详也。

太史公曰：盖孔子晚而喜《易》。《易》之为术，幽明远矣，非通人达才孰能注意焉！故周太史之卦田敬仲完，占至十世之后；及完奔齐，懿仲卜之亦云。田乞及常所以比犯二君，专齐国之政，非必事势之渐然也，盖若遵厌兆祥云。

译文：

　　陈完这个人，是陈厉公陈他的儿子。陈完出生时，周朝的太史路过陈国，陈厉公让他给陈完卜一卦，得到的卦象是由《观》卦变成《否》卦。周太史说："这种卦象是能观看到国家的光芒，利用的是在王室做宾客的机会。这可能是说这个孩子代替陈氏拥有国家吧？可能不在这里而在别的国家吧？但不是他自己，而是在他的子孙身上应验。如果是在别的国家，一定是在姜姓国家。姜姓是四岳官员的后代。事物不可能两者同时强大，陈国衰亡时，这个孩子的后代可能会昌盛吧？"

　　陈厉公这个人是陈文公的小儿子。他的母亲是蔡侯的女儿。陈文公去世后，陈厉公的哥哥陈鲍被立为国君，就是陈桓公。陈桓公和陈他是异母兄弟。到了陈桓公患病的时候，蔡国人替陈他杀死了陈桓公和太子免，立陈他为君，就是陈厉公。陈厉公即位后，娶了蔡侯的女儿。蔡侯的女儿和蔡国人私通，多次回蔡国去。陈厉公也多次去蔡国。陈桓公的小儿子陈林怨恨陈厉公杀死他的父亲和哥哥，就叫蔡国人把陈厉公诱骗出来杀死了。陈林自己立为国君，就是陈庄公。所以陈完不能被立为国君，做了陈国的大夫。陈厉公被杀死，是由于色欲而出国去，所以《春秋》上记载道"蔡国人杀了陈他"，是认为他有罪过。

　　陈庄公去世，立他的弟弟陈杵臼为国君，就是陈宣公。陈宣公二十一年，杀死了太子御寇。陈御寇和陈完相互友爱。陈完害怕自己会受连累，所以逃到齐国去。齐桓公想要让他作卿。陈完推辞说："逃亡流浪的臣子，有幸能免除挑着担子奔走的命运，已经是您的恩惠了。不敢再担任高官。"齐桓公委派他做工正。齐国的懿仲要把女儿嫁给陈完,对此进行占卜。占卜的结果是:"这是凤凰一齐飞翔,相互应和,鸣叫锵锵。有妫氏的后裔,将要在姜姓国家繁育。五代后会昌盛,与正卿的地位相同。八代以后,就没有人能和他相比。"最终把女儿嫁给了陈完。陈完逃到齐国时,齐桓公即位有十四年了。

陈宗去世,被谥为敬仲。敬仲生了稚孟夷。敬仲到了齐国后,把陈姓改为田姓。

田稚孟夷生了湣孟庄,田湣孟庄生了文子须无。田文子服侍齐庄公。

晋国的大夫栾逞在晋国作乱,来投奔齐国。齐庄公把他作为客人优厚招待。晏婴和田文子劝谏齐庄公。庄公不接受。

田文子去世。他生了桓子无宇。田桓子无宇很有力气,侍奉齐庄公,十分得宠。

桓子无宇去世。他生了武子开和釐子乞。田釐子乞侍奉齐景公,任大夫。他向百姓收赋税时用小斗称量,给百姓借粮食时用大斗称量。暗暗地给人民施恩德,而齐景公不加禁止。田氏由此获得了齐国的人心,田氏宗族越来越强盛。人民都思念田氏的恩德。晏子多次劝谏齐景公。齐景公不听从。后来晏子出使晋国,和叔向私下谈论,说:"齐国的政权最终要归到田氏手中了。"

晏婴去世后,范氏和中行氏反叛晋国。晋国攻打他们,十分激烈。范氏、中行氏向齐国请求借粮。田乞想要叛乱,要在诸侯中树立私党,就劝说齐景公:"范氏、中行氏多次对齐国有恩。齐国不能不救他们。"齐国派田乞去救援他们,并且给他们运送粮食。

齐景公的太子死了,他后宫中有个宠姬叫芮子,生了儿子,名茶。齐景公病了，命令齐相国惠子和高昭子封荼为太子。齐景公去世后，国惠子、高昭子两个相立荼为国君，就是晏孺子。而田乞不高兴，想要立景公的另一个儿子阳生为国君。阳生一向与田乞交好。晏孺子立为国君后，阳生逃到鲁国去。田乞装出服从侍奉高昭子、国惠子的样子，每次朝见都代替侍卫在高昭子、国惠子的车上随侍，对他们说："起初各位大夫们都不想要立孺子。孺子即位后，你们做他的国相，大夫们人人自危，商议要叛乱。"田乞又骗大夫们说："高昭子很可怕呀，你们要赶在他动手之前先发制人。"大夫们都听从田乞。田乞、鲍牧和大夫们带兵进入王宫，攻打高昭子。高昭子听到消息，和国惠子去援救齐君。国君的军队打败了。田乞的部下去追击国惠子，国惠子逃到莒城。田乞就返回来杀了高昭子。晏婴的儿子晏圉逃到鲁国去。

田乞派人到鲁国去迎接阳生。阳生回到齐国，藏在田乞家中。田乞去邀请各位大夫，说："我儿子田常的母亲有个用鱼和豆子作祭品的祭祀。希望你们能来我家聚会饮酒，我会感到很荣幸。"在田家聚会饮酒时，田乞把阳生装进一个皮囊，放在酒席的中央。打开皮囊，让阳生出来，说："这就是齐君了。"大夫们全都俯伏着拜见阳生。将要盟誓立阳生为君时，田乞哄骗说："我和鲍牧一起谋划立阳生为国君的。"鲍牧发怒了，问："大夫们忘了景公的命令吗？"大夫们又想要反悔。阳生就叩头说："可以，就立我为君，不可以，就算了吧。"鲍牧恐怕自己招致灾祸，就又说："全都是景公的儿子，有什么不可以的！"于是在田乞家中立阳生为国君，就是齐悼公。就派人把晏孺子迁到骀地去，接着又把他杀了。齐悼公即位后，田乞做了相，独掌齐国的政权。

四年，田乞去世，他的儿子田常代替了他的地位，就是田成子。

鲍牧与齐悼公不和，杀了悼公。齐国人共同立齐悼公的儿子壬为国君，就是齐简公。田常成子和监止共同任左右相，辅佐齐简公。田常心中惧怕监止。监止得到齐简公的宠幸，无法夺去他的权力。于是田常再次施行田釐子的施政方法，用大斗贷出粮食，用小斗收回债务。齐国人歌唱他说："老奶奶啊采芑菜，送呀送给田成子！"齐国大夫上朝时，掌御官田鞅劝谏齐简公说："田氏和监氏不能并存，请您选择一个吧。"齐简公不听从。

子我这个人是监止的同宗，和田氏常有嫌隙。田氏的远房宗族田豹侍奉子我，得到他的宠信。子我说："我想要把田氏的嫡支全都消灭掉，让田豹取代田氏的族长。"田豹说："我在田氏宗族中只是疏远的分支罢了。"不肯答应。过后田豹对田氏讲："子我将要杀尽田氏，田氏不先下手，祸害就要来临了。"子我住在齐景公宫中。田常兄弟四个人驾着车到宫中去，想要杀子我。子我关起门。齐简公和妃子们在檀台饮酒，准备要攻打田常。太史子余说："田常不是敢于作乱，只是要除害。"齐简公就作罢了。田常出动后，听说齐简公发怒了，害怕被诛杀。准备要逃亡。田子行说："犹豫不决是办事最大的危害。"于是，田常去攻打子我。子我率领他的部下攻打田氏，没有打胜，逃亡出走。田氏的部下追击，杀死了子我和监止。

齐简公逃出去。田氏的部下追击，在徐州抓住了齐简公。齐简公说："早采纳御鞅的话，也不会遇上这种灾难。"田氏的部下害怕齐简公再次即位会诛杀自己，就杀了齐简公。齐简公即位四年后被杀死。于是田常把齐简公的弟弟骜立为国君，就是齐平公。齐平公即位后，田常任相。

田常杀了齐简公以后，害怕诸侯们共同来征讨自己，就把侵占鲁国、卫国的土地都归还了，和西方的晋国、韩氏、魏氏、赵氏订约结盟，与南方的吴国、越国通使交好。论功行赏，亲近百姓，因此齐国又安定下来。

田常对齐平公说："施予恩德，是人们都想要的，您来做这件事。执行刑罚，是人们所憎恶的，请让臣子我来做这件事。"这样做了五年，齐国的政事全归于田常。于是，田常把鲍氏、晏氏、监止和公族中强大的势力都诛杀光了，而且把齐国自安平以东至琅邪的土地都割给自己，作为封邑。田常的封邑比齐平公享有的食邑还大。

田常就挑选齐国中身高七尺以上的女子作后宫妃子。后宫中的妃子数以百计。而田常让他的宾客和舍人们出入后宫，不加禁止。到田常去世时，有了七十多个儿子。

田常去世，他的儿子襄子盘代替了他的地位，任齐相。田常被谥为田成子。

田襄子任齐宣公的相以后，韩、赵、魏三家杀死了知伯，分了他的领地。田襄子把他的兄弟和宗族亲属全委派做齐国各个城邑的大夫，又和韩、赵、魏三家互通使节，将要借此占有齐国。

田襄子去世，他的儿子庄子白继位。田庄子做齐宣公的相。宣公四十三年，齐国攻打晋国，捣毁了黄城，包围了阳狐。第二年，攻打鲁国、葛城和安陵。下一年，又攻取了鲁国的一个城。

庄子去世后，他的儿子太公和继位。田太公任齐宣公的相。宣公四十八年，夺取了鲁国的郕城。第二年，齐宣公和郑国国君在西城相会。攻打卫国，夺取了毌丘。宣公五十一年去世，田会在廪丘造反。

齐宣公去世。他的儿子康公贷被立为国君。贷即位十四年，沉溺于酒和妇女，不过问政务。田太公就把康公放逐到海边去，给他一个城作食邑，用来供奉祭祀他的祖先。第二年，鲁国在平陆打败了齐国。

三年，田太公与魏文侯在浊泽会见，请求列为诸侯。魏文侯就派使节去向周天子和各国诸侯传言，请求将齐国相田和立为诸侯。周天子答应了。齐康公的十九年，田和被立为齐侯，排列在周朝的诸侯中，纪为元年。

齐侯太公和即位二年后去世。他的儿子齐桓公田午即位。桓公午五年，秦国、魏国攻打韩国，韩国向齐国求援。齐桓公召来大臣们商议，问："早点去救韩国呢？还是晚点去救呢？"驺忌说："不如不去救。"段干朋说："不去救，韩国就将受到挫败而且被魏国吞并。不如去救韩国吧。"田臣思说："您的想法太过分了！秦国、魏国去攻打韩国、楚国，赵国一定会去救它们。这是上天把燕国交给齐国呀。"齐桓公说："好。"就在私下答复韩国使者，把他打发走了。韩国自以为得到了齐国的救助，因此和秦国、魏国作战。楚国、赵国听到这个消息，果然起兵去救韩国。齐国趁机起兵袭击燕国，夺取了桑丘。

六年，齐国援救卫国。齐桓公去世，他的儿子威王因齐即位。这一年，原来的齐康公去世了，他没有后嗣，封邑全都归了田氏。

齐威王元年，三晋趁齐国办丧事来攻打齐国的灵丘。威王三年，韩、赵、魏三家灭了晋国，然后分了晋国的土地。六年，鲁国攻打齐国，攻入阳关。三晋攻打齐国，到了博陵。七年，卫国攻打齐国，夺取了薛陵。九年，赵国攻打齐国，占领了甄地。

齐威王开始即位以来，不管国事，把政务全交给卿大夫处理。九年之间，诸侯们纷纷来侵略。人民得不到治理。于是齐威王把即墨大夫召来，对他说："自从你到即墨以来，每天都有人来诋毁你。然而我派人去视察即墨，田野被开辟出来，人民衣食充足，官府里没有延误耽搁的公事。东方因此安宁。这是由于你不巴结我的左右近臣来求取赞誉的缘故。"封赠他一万家人口的食邑。又把阿大夫召来说："自从你去守阿城，每天都听到赞誉你的话。然而我派人去视察阿地，田野没有得到开垦，人民生活贫困。前些时赵国攻打甄地，你不能救助。卫国夺取了薛陵，你不知道。这是因为你用金钱财物重重地贿赂我的左右近臣以求得赞誉。"当天，齐威王把阿大夫煮死，连身旁近臣中曾经称誉阿大夫的人也全都煮死。接着起兵向西方攻击赵国、卫国，在浊泽打败了魏军而且包围了魏惠王。魏惠王请求献出观城来达成和解。赵国归还了齐国长城。于是齐国内人人震惊畏惧，都不敢文过饰非，竭尽诚意为国服务。齐国大治。各国诸侯听到后，有二十多年不敢对齐国发动战争。

驺忌子依靠弹琴的技艺见到威王。齐威王很喜欢他，让他住在右边的房间中，作为上宾。过了一会儿，威王弹琴，驺忌子推开门进来说："琴弹得真好啊！"威王很不高兴，放下琴，握着剑柄说："先生没有仔细看我弹琴的样子，根据什么知道我弹得好呢？"驺忌子说："那大弦的声音重浊，像春天般温和，是代表国君。小弦的声音明快而清晰，是象征国相。手持琴弦紧而有力，放开时舒缓适度，是表示政令。声音均匀和谐地奏响，大小互相配合，声音曲折缠绕又不互相妨害，这是在显现四时。因此我知道您弹琴弹得好。"齐威王说："你很善于谈音乐。"驺忌子说："何止谈音乐？治理国家，安定人民的道理都在这里面。"齐威王又不高兴了，变了脸色，说："如果说谈论五音的原理，我相信没有能像先生您这样的。如果说治理国家和安定人民的道理，又怎么会在弹琴中呢？"驺忌子说："那大弦的声音重浊，像春天般温和，是代表国君。小弦的声音明快而清晰，是象征国相。手持琴弦紧而有力,放开时舒缓适度,是表示政令。声音均匀和谐地奏响,大小互相配合,声音曲折缠绕又不互相妨害,这是在显现四时。重复而不杂乱,是国家治理昌盛的缘由,连续不断又直接相通,是保存国家不致灭亡的根本。所以说琴声调和,天下大治。表现治理国家,安定人民的道理,没有能像五音这样明白的了。"齐威王说:"好啊!"

  驺忌子见到齐威王三个月后就接受了相印。淳于髡去见他,说:"您很善于说话啊!我有一些愚笨的看法,愿意在您面前讲一讲。"驺忌子说:"恭听教诲。"淳于髡说:"侍奉周到,礼节周全,就会完全成功。侍奉不周,丧失礼仪,就会完全败亡。"驺忌子说:"恭谨地接受您的教导,请让这些教诲永远不离开我的眼前。"淳于髡说:"猪油抹在棘木车轴上,是为了润滑。但是它不能在方孔中运转。"驺忌子说:"恭谨地接受您的教导,请让我恭顺小心地侍奉国君身边的人。"淳于髡说:"用胶粘合旧的弓身,是为了让它聚合在一起,但是仍不能填塞弥补住所有的缝隙。"驺忌子说:"恭谨地接受您的教导,请让我把自身依附于千万民众之中。"淳于髡说:"狐皮袍子虽然破旧,也不能用黄狗的皮去补。"驺忌子说:"恭谨地接受您的教导,请让我小心地选择君子,不使小人夹杂到他们中间。"淳于髡说:"大车不进行校正调整,不能负担一般的载重量。琴瑟不校正调整,不能形成协调的音响。"驺忌子说:"恭谨地接受您的教导,请让我修订法律,监督奸吏。"淳于髡说完后,快步走出去,到了门口,面向他的仆从说:"这个人啊,我对他讲了五句隐含喻义的话,他回答我就像回声一样迅速。这个人一定会在不久后受封的。"过了一年,齐威王把下邳封给驺忌,封号为成侯。

齐威王二十三年，与赵王在平陆会见。二十四年，与魏王（梁惠王）在郊野上聚会打猎。魏王问道："您也有宝物吗？"齐威王说："没有。"魏王说："像我这样的小国，还有十颗能照亮车乘前后各十二辆车那么远的直径一寸的夜明珠。齐国这样一个有上万辆兵车的大国，怎么会没有宝物呢？"齐威王说："我对珍宝的看法与您不同。我的大臣中有一个叫檀子的，派他去守南城，那样楚国就不敢向东方来侵犯，泗水地区的十二国诸侯全都来朝见。我的大臣中有一个叫盼子的，派他守高唐，那样赵国就不敢到东面的河中来捕鱼。我的官吏中有一个叫黔夫的，叫他守徐州，就使得燕国人到徐州北门来祭告，赵国人到西门来祭告，迁移来跟随他的人有七千多家。我的臣子中有一个叫种首的，派他防备盗贼，就道不拾遗。我要用这些人照耀千里远近，岂止是十二辆车远近呢！"梁惠王十分惭愧，怏怏不乐地离开了。

齐威王二十六年，魏惠王包围了邯郸，赵国到齐国求救。齐威王召集大臣来商议，说："救赵呢？还是不救？"驺忌子说："不如不救。"段干朋说："不救就是不义，而且也对我们不利。"齐威王说："为什么呢？"段干朋回答说："魏国并吞了邯郸，那对齐国有什么好处呢？而且去救赵国，把军队驻扎在赵国郊外，这样赵国不受攻打，但魏国仍能保全。所以不如向南去攻打襄陵，以削弱魏国，邯郸被攻占了也能趁机利用魏国被削弱的时机。"齐威王依从了他的计策。

以后成侯驺忌与田忌不和。公孙阅对成侯驺忌说："您为什么不谋划去征伐魏国，这样田忌一定任大将。战胜了有功，就是您的谋划适宜。作战不获胜，田忌不是在前军阵亡，就是在后军逃跑，他的命运就由您控制了。"于是成侯就对齐威王说，派田忌去南方攻打襄陵。十月,邯郸被攻克了,齐国接着起兵攻打魏国,在桂陵把魏军打得大败。于是齐国在诸侯中最强大,自己称为王,以此号令天下。

三十三年,齐国杀死了大夫牟辛。

三十五年,公孙阅又对成侯驺忌说:"您何不派人拿着十斤黄金到市上占卜,让他说'我是田忌的家人。我的主人三战三胜,威震天下。他想要办大事,是吉利呢还是不吉利'?"去占卜的人出走后,接着就派人去抓给他占卜的人,在国王那里核实查证他的供词。田忌听说后,就率领他的部下去袭击临淄,要抓成侯,没有取胜就出逃了。

三十六年,齐威王去世,他的儿子宣王辟彊被立为王。

宣王元年,秦国任用商鞅。周天子赠给秦孝公霸主的名号。

二年,魏国攻打赵国。赵国和韩国友好,共同去攻打魏国。赵国作战不利,和敌军在南梁交战。齐宣王召回田忌来官复原职。韩国向齐国请求救援,齐宣王召来大臣们商议说:"早救呢?还是晚救?"驺忌子说:"不如不救。"田忌说:"不救,就会使韩国受到挫败而且被魏国吞并,不如早去援救。"孙子说:"韩国、魏国的军队没有被削弱时前去救援,这是我们代替韩国来承受魏国的军队,反而要听命于韩国了。而且魏国有灭亡韩国的打算,韩国眼看要被灭亡,一定会到东方来向齐国求告。我们因此能和韩国结下深厚的情谊,又能在晚些时候利用魏国的疲惫不堪,就能获得重大的利益,而且得到尊贵的名分。"齐宣王说:"好。"就在私下里答复了韩国的使者,打发他们回去。韩国因此依仗有齐国支持,五次交战,都没有取胜,从而到东方来把国家命运托付给齐国。齐国趁机起兵,派田忌、田婴为大将,孙子为军师,去援救韩国、赵国,攻打魏国。在马陵把魏军打得大败,杀死了魏将庞涓,俘虏了魏国的太子申。这以后,韩、赵、魏三国的国王全都通过田婴引见,在博望朝见齐王,盟誓以后归去。

七年,齐王与魏王在平阿以南会见。第二年,又在甄地会见。魏惠王去世。第二年,与魏襄王在徐州会见,诸侯们互相称为王。十年,楚国包围了齐国的徐州。十一年,齐国和魏国攻打赵国,赵国决开河水堤防,用水灌齐国和魏国军队,战争才停止。十八年,秦惠王称为王。

齐宣王喜好擅长文学和游说的士人,像驺衍、淳于髡、田骈、接予、慎到、环渊一类的人有七十六位,全被赐予府第,任官上大夫,不从事政务,只发议论。因此齐国的稷下学宫中读书人又多起来,将近数百上千人。

十九年,齐宣王去世,他的儿子齐湣王地即位。

齐湣王元年,秦国派遣张仪和诸侯国的执政大臣在啮桑会见。三年,把田婴封在薛地。四年,从秦国迎来王后。七年,和宋国攻打魏国,在观泽打败了魏军。

十二年,攻打魏国。楚国包围了雍氏,秦国打败了楚将屈丐。苏代对田轸说:"我希望能有机会拜见您,是为了办一件非常完美的事,使楚国给您利益,办成对您有好处,办不成也对您有好处。今天我站在门口时,有个客人说魏王对韩冯、张仪讲:'煮枣快被攻占了,齐国军队又在进攻,你们来救寡人还罢了,如果不来救,寡人就没法阻止齐军攻占城池了。'这只是一种转弯的托词。秦国、韩国的军队不向东来援救,只要十来天,魏国就会转向韩国,跟随秦国,秦国听从张仪的话,携手共同与齐、楚交好。这就是您的成功业绩了。"田轸说:"怎么能让他们不向东出兵呢?"苏代回答说:"韩冯要求救魏国的话,一定不会对韩王说'我是为魏国出兵'。一定会说'我将用秦国、韩国的兵向东去击退齐军、宋军,我趁机总管三国的军队,乘屈丐被削弱的机会,向南去割占楚国的土地,我们原有的土地一定能全部收回了'。张仪要求救魏国的话,必定不会说'我是为了魏国',一定会说'我将要用秦国、韩国的军队向东去抵挡齐军、宋军,我将要聚集三国的兵力,乘屈丐被削弱的机会,向南去割占楚国的土地,名义上是保存将要灭亡的国家,实际上去攻占三川地区后返回,这是称王的基业啊'。您让楚王给韩国土地,让秦国钳制他们订立和约,对秦王说'请让楚国给韩国土地,而大王您得以在三川地区施加影响。韩国不用动用兵力就能从楚国得到土地'。韩冯要向东出兵的话将怎么对秦国说呢?他会说'秦国不用发兵就得到了三川地区,讨伐楚国、韩国,使魏国处于窘困的境地,魏国不敢与东方联合,这就孤立了齐国'。张仪要向东出兵的话将如何说呢?他说'秦国、韩国想得到土地,而按兵不动,声威影响到魏国。魏国就有了理由,想到不能失去齐国和楚国的支持了'。魏国转变,离弃秦国、韩国,争着去侍奉齐国、楚国。楚王想要魏国依从又不想给它土地。您能让秦国和韩国的军队不出动就得到土地,对它们有大恩德啊!秦王、韩王被张仪、韩冯胁迫而向东发兵,使魏国顺服。您可以经常手执债券向秦国、韩国去索取报偿。这样秦、韩两国会认为您友善,而厌恶张仪他们索取无度了。"

十三年,秦惠王去世。二十三年,齐国与秦国在重丘打败了楚国。二十四年,秦国派泾阳君到齐国做人质。二十五年,齐国让泾阳君回秦国去。孟尝君薛文到秦国去,就任了秦相。薛文逃走了。二十六年,齐国与韩国、魏国共同攻打秦国,军队到了函谷驻扎下来。二十八年,秦国把河外的土地割给韩国以达成和约,双方停止战争。二十九年,赵国杀死了主父。齐国帮助赵国灭掉了中山国。

三十六年，齐王称东帝，秦昭王称西帝。苏代从燕国来，进入齐国，在章华东门受接见。齐王说："啊，好啊，你过来！秦国派魏冉来给我送上帝号，你认为怎么样？"苏代回答说："大王您问臣子问得很仓促，而祸患是从很微小的地方产生的。我希望大王把帝号接受下来但不要同时就称帝。秦王称帝以后，天下能对他处之安然，大王就称帝，也不算落后。而且在争帝名上谦让，也没有伤害。秦国称了帝后，天下都憎恶它，大王因此就不称帝，以收服天下，这是一种大资本。而且天下立了两个皇帝，大王认为天下是尊重齐国呢？还是尊重秦国呢？"齐王说："尊重秦国。"苏代说："放弃帝号，天下是敬爱齐国呢？还是敬爱秦国呢？"齐王说："敬爱齐国，而憎恶秦国。"苏代说："两位帝王订立盟约去攻打赵国，与攻打夏桀一样的宋国暴君比起来，哪一个有利呢？"齐王说："攻打夏桀一样的宋国暴君有利。"苏代说："哪种约定都是均等的，然而与秦国一起称帝，会使天下只尊崇秦国而轻视齐国，放弃帝号就使天下敬爱齐国而憎恶秦国，攻打赵国不如攻打宋国的暴君有利。所以我希望大王明确地放弃帝号，以收服天下人心，背离约定，将秦国作为宾客一样相待，不和它争尊崇的名号，而大王利用这个空隙攻占宋国。占有宋国，会让卫国的阳地处于危险中；占有济西，赵国的阿城一带的东方领土处于危险中；占有淮北，楚国的东方领地感到危险；占有陶和平陆，大梁城的城门都不敢打开。放弃称帝而代之攻打宋国暴君一事，国家受到了尊重，名望崇高，燕国、楚国也被这种形势慑服，天下各国没有人敢不听您的命令，这是商汤王、周武王所做的事业。我们在名义上敬重秦国，然后让天下人去憎恶它，这就是所谓的以卑下地位转为尊者的方法。希望大王慎重考虑这件事。"于是齐国放弃帝号重新称王。秦国也放弃了帝位。

三十八年,攻打宋国。秦昭王发怒说:"我喜爱宋国的程度和喜爱新城、阳晋相同。韩聂和我是朋友,却攻打我所喜爱的地方,这是为什么?"苏代为齐国向秦王解说:"韩聂攻打宋国,正是为了大王。齐国强大,再加上宋国的土地辅助,楚国、魏国必定会害怕,害怕就一定会来西方侍奉秦国。这样大王可以不使用一个士兵,不损伤一个战士,不做什么事就割占了安邑。这就是韩聂为大王所祈祷的啊。"秦王说:"我担心的是齐国难以捉摸。一时合纵,一时连横,这怎么解释呢?"苏代回答:"天下的各国能让齐国捉摸透吗?齐国所以攻打宋国,由于它知道服侍秦国,可得到有上万辆军车的大国来辅助自己。不向西方服侍秦国就会使宋地不平安。中原地区上了年纪的游说说客们全都在处心积虑地想要离间齐国和秦国的友情。乘着车子纷纷向西行驶的人们,没有一个说齐国好的。驾车纷纷东奔的人们,没有一个说秦国的好话。为什么呢?他们全都不愿意齐国和秦国联合。怎么晋、楚这些国家如此聪明,而齐国、秦国这样愚昧呢?晋、楚各国联合起来,一定是商议谋算齐国、秦国。齐国、秦国联合起来,必定图谋晋、楚各国。请您根据这一点来决定。"秦王说:"是的。"于是齐国就去攻伐宋国。宋王出逃,死在温城。齐国向南割占了楚国的淮河以北一带,向西攻入三晋,想要借此并吞周王室,自己作天子。泗水一带的诸侯,如郑、鲁等国君全都向齐国称臣,诸侯们恐惧不安。

三十九年,秦国来进攻,攻占了齐国的九个城。

四十年,燕、秦、楚、韩、赵、魏各国合谋,各自派出精锐军队攻打齐国,在济西打败齐军。齐国的军队崩溃,退却了。燕国将军乐毅就进了临淄，把齐国的库藏宝器全部掳取走。齐湣王逃走，跑到卫国。卫国国君腾出宫殿来给他住，向他称臣，供给他用品。齐湣王傲慢不逊，卫国人攻打他。齐湣王逃走，逃到邹国、鲁国，表现出骄傲的神色。邹、鲁的国君不让他入城。齐湣王就逃到莒城去。楚国派淖齿率领军队救齐国，淖齿趁机做了齐湣王的相。淖齿便杀了齐湣王而和燕国共同分了侵占齐国的土地与抢夺的宝器。

齐湣王遭杀害，他的儿子法章改了姓名，给莒城太史敫家做佣人。太史敫的女儿看法章容貌奇特，认为他不是平常人，心中怜爱他，经常偷偷给他衣裳食物，而且和法章私通。淖齿离开莒城后，莒城中的人民与齐国逃亡的大臣聚到一起寻找湣王的儿子，想要立他为王。法章还害怕他们是在追杀自己，过了好久，才敢说出"我就是湣王的儿子"。于是莒人共同立法章为齐王，就是齐襄王。以此保卫莒城，并且向齐国内宣布说："国王已经在莒城即位了。"

齐襄王即位后，立太史家的女儿为王后，就是君王后，生了儿子建。太史敫说："女儿不通过媒人，自己嫁人，这不是我的后代，污辱了我的门风家世。"就一辈子不见君王后。君王后很贤德，不由于不见面而失去做子女的礼节。

齐襄王在莒城五年，田单就用即墨军队打败了燕军，到莒城迎接襄王，进入临淄。齐国的原有土地全部重归齐国。齐国封田单为安平君。

十四年，秦军攻打齐国的刚、寿。十九年，齐襄王去世，他的儿子建被立为国王。

齐王建即位六年，秦国攻打赵国，齐国、楚国去救援。秦国君臣谋划说："齐、楚两国去救赵国，他们亲密我们就退兵，不亲密就去攻打他们。"赵国没有粮食，请求齐国给粮食，齐国不答应。周子说："不如答应给粮食，以使秦军退走，不答应秦军就不会退却。这使秦国的计谋得逞，而齐国、楚国的计谋就失算了。而且赵国对齐国和楚国来讲是一种屏障，就像牙齿外面有嘴唇一样，唇亡齿寒。今天秦国灭了赵国，明天祸患就危及齐国、楚国。而且救援赵国这件事应该像捧着漏水的瓮去浇烧干的锅一样紧急。救助赵国，是崇高的道义，打退秦军，是大显威名。救助要灭亡的国家这种仁义，退走强大的秦军这种威名，您不去致力争取却偏要吝惜粮食。这样为国家谋划是错的。"齐王不肯听从。秦国在长平打败了赵国四十多万军队，接着包围了邯郸。

十六年，秦国消灭了周王室。齐国的君王后去世。二十三年，秦国设置了东郡。二十八年，齐王去朝见秦王。秦王嬴政在咸阳设酒宴招待。三十五年，秦国灭掉韩国。三十七年，秦国灭掉赵国。三十八年，燕国派荆轲刺杀秦王，秦王发觉了，杀死了荆轲。第二年，秦军攻克燕国，燕王逃到辽东去。第二年，秦军灭掉魏国，秦国军队进驻历下。四十二年，秦国灭掉楚国。第二年，秦军俘虏了代王嘉，消灭了燕王喜。

四十四年，秦国军队攻打齐国。齐国国王听从了相国后胜的计策，不作战，让军队投降了秦国。秦国俘虏了齐王建，把他流放到共地去。便把齐国灭亡，改为郡。天下被秦统一了，秦王嬴政自己确定称号为皇帝。起先，君王后贤德，侍奉秦国很恭谨，与各国诸侯讲信义，齐国又是在临近大海的东方，秦国日夜不停地攻打三晋和燕国、楚国，这五个国家各自在秦国进攻中忙于自救。因此齐王建即位四十多年来没有遭受战争。君王后去世，后胜做齐相。他接受了很多秦国用来离间的贿赂，派很多宾客到秦国去。秦国又给了他们很多金钱，宾客们全都反过来为秦国离间齐国，劝齐王废除合纵，去朝见秦王，不整治军需战备，不帮助韩、赵、魏、燕、楚五国攻打秦国，秦国因此得以灭掉五国。五国已经灭亡了，最终秦国军队也进入了临淄，民众没有敢于拼斗的。齐王建便投降了，被流放到共地。所以齐国人怨恨齐王建不早些和诸侯们合纵抗秦，听任奸臣宾客们，造成亡国，编成歌唱道："是松树吗？是柏树吗？让王建住到共地的是宾客们吧？"这首歌是痛恨齐王建在任用宾客时不认真审察的。

太史公说：孔子在晚年喜欢读《易经》。《易经》作为一种学术，非常深奥明晰，不是通达事物的人才，谁能注意到这些呢！所以周太史给田敬仲完占卦，占到十世以后。等到田完逃到齐国，懿仲给他占卜也这么说。田乞和田常所以能接连侵犯悼公、简公，独揽齐国的大权，不一定是事态逐渐发展而成的，倒好像是在遵循着卜兆，实现预言啊。

史记卷四十七

孔子世家第十七

孔子生鲁昌平乡陬邑。其先宋人也,曰孔防叔。防叔生伯夏,伯夏生叔梁纥。纥与颜氏女野合而生孔子,祷于尼丘得孔子,鲁襄公二十二年而孔子生,生而首上圩顶,故因名曰丘云。字仲尼,姓孔氏。

丘生而叔梁纥死,葬于防山。防山在鲁东,由是孔子疑其父墓处,母讳之也。孔子为儿嬉戏,常陈俎豆,设礼容。孔子母死,乃殡五父之衢,盖其慎也。郰人挽父之母诲孔子父墓,然后往合葬于防焉。

孔子要绖,季氏飨士,孔子与往。阳虎绌曰:"季氏飨士,非敢飨子也。"孔子由是退。

孔子年十七,鲁大夫孟釐子病且死,诫其嗣懿子曰:"孔丘,圣人之后,灭于宋。其祖弗父何始有宋而嗣让厉公。及正考父佐戴、武、宣公,三命兹益恭,故鼎铭云:'一命而偻,再命而伛,三命而俯。循墙而走,亦莫敢余侮。饘于是,鬻于是,以糊余口。'其恭如是。吾闻圣人之后,虽不当世,必有达者。今孔丘年少好礼,其达者欤!吾即没,若必师之。"及釐子卒,懿子与鲁人南宫敬叔往学礼焉。是岁,季武子卒,平子代立。

孔子贫且贱。及长，尝为季氏史，料量平；尝为司职吏而畜蕃息。由是为司空。已而去鲁，斥乎齐，逐乎宋、卫，困于陈、蔡之间，于是反鲁。孔子长九尺有六寸，人皆谓之"长人"而异之。鲁复善待，由是反鲁。

鲁南宫敬叔言鲁君曰："请与孔子适周。"鲁君与之一乘车，两马，一竖子俱，适周问礼，盖见老子云。辞去，而老子送之曰："吾闻富贵者送人以财，仁人者送人以言。吾不能富贵，窃仁人之号，送子以言，曰：'聪明深察而近于死者，好议人者也。博辩广大危其身者，发人之恶者也。为人子者毋以有己，为人臣者毋以有己。'"孔子自周反于鲁，弟子稍益进焉。

是时也，晋平公淫，六卿擅权，东伐诸侯；楚灵王兵强，陵轹中国；齐大而近于鲁。鲁小弱，附于楚则晋怒；附于晋则楚来伐；不备于齐，齐师侵鲁。

鲁昭公之二十年，而孔子盖年三十矣。齐景公与晏婴来适鲁，景公问孔子曰："昔秦穆公国小处辟，其霸何也？"对曰："秦，国虽小，其志大；处虽辟，行中正。身举五羖，爵之大夫，起累绁之中，与语三日，授之以政。以此取之，虽王可也，其霸小矣。"景公说。

孔子年三十五，而季平子与郈昭伯以斗鸡故得罪鲁昭公，昭公率师击平子，平子与孟氏、叔孙氏三家共攻昭公，昭公师败，奔于齐，齐处昭公乾侯。其后顷之，鲁乱。孔子适齐，为高昭子家臣，欲以通乎景公。与齐太师语乐，闻《韶》音，学之，三月不知肉味，齐人称之。

景公问政孔子，孔子曰："君君，臣臣，父父，子子。"景公曰："善哉！信如君不君，臣不臣，父不父，子不子，虽有粟，吾岂得而食诸！"他日又复问政于孔子，孔子曰："政在节财。"景公说，将欲以尼溪田封孔子。晏婴进曰："夫儒者滑稽而不可轨法；倨傲自顺，不可以为下；崇丧遂哀，破产厚葬，不可以为俗；游说乞贷，不可以为国。自大贤之息，周室既衰，礼乐缺有间。今孔子盛容饰，繁登降之礼，趋详之节，累世不能殚其学，当年不能究其礼。君欲用之以移齐俗，非所以先细民也。"后景公敬见孔子，不问其礼。异日，景公止孔子曰："奉子以季氏，吾不能。"以季、孟之间待之。齐大夫欲害孔子，孔子闻之。景公曰："吾老矣，弗能用也。"孔子遂行，反乎鲁。

孔子年四十二，鲁昭公卒于乾侯，定公立。定公立五年，夏，季平子卒，桓子嗣立。季桓子穿井得土缶，中若羊，问仲尼云"得狗"。仲尼曰："以丘所闻，羊也。丘闻之，木石之怪夔、罔阆，水之怪龙、罔象，土之怪坟羊。"

吴伐越，堕会稽，得骨节专车。吴使使问仲尼："骨何者最大？"仲尼曰："禹致群神于会稽山，防风氏后至，禹杀而戮之，其节专车，此为大矣。"吴客曰："谁为神？"仲尼曰："山川之神足以纲纪天下，其守为神，社稷为公侯，皆属于王者。"客曰："防风何守？"仲尼曰："汪罔氏之君，守封、禹之山，为釐姓。在虞、夏、商为汪罔，于周为长翟，今谓之大人。"客曰："人长几何？"仲尼曰："僬侥氏三尺，短之至也。长者不过十之，数之极也。"于是吴客曰："善哉，圣人！"

桓子嬖臣曰仲梁怀，与阳虎有隙。阳虎欲逐怀，公山不狃止之。其秋，怀益骄，阳虎执怀。桓子怒，阳虎因囚桓子，与盟而谊之。阳虎由此益轻季氏。季氏亦僭于公室，陪臣执国政，是以鲁自大夫以下皆僭离于正道。故孔子不仕，退而修《诗》、

《书》、《礼》、《乐》,弟子弥众,至自远方,莫不受业焉。

定公八年,公山不狃不得意于季氏,因阳虎为乱,欲废三桓之適,更立其庶孽阳虎素所善者,遂执季桓子。桓子诈之,得脱。定公九年,阳虎不胜,奔于齐。是时孔子年五十。

公山不狃以费畔季氏,使人召孔子。孔子循道弥久,温温无所试,莫能己用,曰:"盖周文、武起丰、镐而王,今费虽小,傥庶几乎!"欲往。子路不说,止孔子。孔子曰:"夫召我者岂徒哉?如用我,其为东周乎!"然亦卒不行。

其后定公以孔子为中都宰,一年,四方皆则之。由中都宰为司空,由司空为大司寇。

定公十年春,及齐平,夏,齐大夫黎鉏言于景公曰:"鲁用孔丘,其势危齐。"乃使使告鲁为好会,会于夹谷。鲁定公且以乘车好往。孔子摄相事,曰:"臣闻有文事者必有武备,有武事者必有文备。古者诸侯出疆,必具官以从。请具左右司马。"定公曰:"诺。"具左右司马。会齐侯夹谷,为坛位,土阶三等,以会遇之礼相见,揖让而登。献酬之礼毕,齐有司趋而进曰:"请奏四方之乐。"景公曰:"诺。"于是旍旄羽被矛戟剑拨鼓噪而至。孔子趋而进,历阶而登,不尽一等,举袂而言曰:"吾两君为好会,夷狄之乐何为于此!请命有司!"有司却之,不去,则左右视晏子与景公。景公心怍,麾而去之。有顷,齐有司趋而进曰:"请奏宫中之乐。"景公曰:"诺。"优倡侏儒为戏而前。孔子趋而进,历阶而登,不尽一等,曰:"匹夫而营惑诸侯者罪当诛!请命有司!"有司加法焉,手足异处。景公惧而动,知义不若,归而大恐,告其群臣曰:"鲁以君子之道辅其君,而子独以夷狄之道教寡人,使得罪于鲁君,为之奈何?"有司进对曰:"君子有过则谢以质,小人有过则谢以文。君若悼之，则谢以质。"于是齐侯乃归所侵鲁之郓、汶阳、龟阴之田以谢过。

定公十三年夏，孔子言于定公曰："臣无藏甲，大夫毋百雉之城。"使仲由为季氏宰，将堕三都。于是叔孙氏先堕郈。季氏将堕费，公山不狃、叔孙辄率费人袭鲁。公与三子入于季氏之宫，登武子之台。费人攻之，弗克，入及公侧。孔子命申句须、乐颀下伐之。费人北。国人追之，败诸姑蔑。二子奔齐，遂堕费。将堕成，公敛处父谓孟孙曰："堕成，齐人必至于北门。且成，孟氏之保鄣，无成是无孟氏也。我将弗堕。"十二月，公围成，弗克。

定公十四年，孔子年五十六，由大司寇行摄相事，有喜色。门人曰："闻君子祸至不惧，福至不喜。"孔子曰："有是言也。不曰'乐其以贵下人'乎？"于是诛鲁大夫乱政者少正卯。与闻国政三月，粥羔豚者弗饰贾；男女行者别于涂；涂不拾遗；四方之客至乎邑者，不求有司，皆予之以归。

齐人闻而惧，曰："孔子为政必霸，霸则吾地近焉，我之为先并矣，盍致地焉？"黎鉏曰："请先尝沮之；沮之而不可则致地，庸迟乎！"于是选齐国中女子好者八十人，皆衣文衣而舞《康乐》，文马三十驷，遗鲁君。陈女乐文马于鲁城南高门外。季桓子微服往观再三，将受，乃语鲁君为周道游，往观终日，怠于政事。子路曰："夫子可以行矣。"孔子曰："鲁今且郊，如致膰乎大夫，则吾犹可以止。"桓子卒受齐女乐，三日不听政；郊，又不致膰俎于大夫。孔子遂行，宿乎屯。而师己送，曰："夫子则非罪。"孔子曰："吾歌可夫？"歌曰："彼妇之口，可以出走；彼妇之谒，可以死败。盖优哉游哉，维以卒岁！"师己反，桓子曰："孔子亦何言？"师己以实告。桓子喟然叹曰：

"夫子罪我以群婢故也夫!"

孔子遂适卫,主于子路妻兄颜浊邹家。卫灵公问孔子:"居鲁得禄几何?"对曰:"奉粟六万。"卫人亦致粟六万。居顷之,或谮孔子于卫灵公,灵公使公孙余假一出一入。孔子恐获罪焉,居十月,去卫。

将适陈,过匡,颜刻为仆,以其策指之曰:"昔吾入此,由彼缺也。"匡人闻之,以为鲁之阳虎,阳虎尝暴匡人,匡人于是遂止孔子。孔子状类阳虎,拘焉五日。颜渊后,子曰:"吾以汝为死矣。"颜渊曰:"子在,回何敢死!"匡人拘孔子益急,弟子惧。孔子曰:"文王既没,文不在兹乎?天之将丧斯文也,后死者不得与于斯文也。天之未丧斯文也,匡人其如予何!"孔子使从者为甯武子臣于卫,然后得去。

去即过蒲。月余,反乎卫,主蘧伯玉家。灵公夫人有南子者,使人谓孔子曰:"四方之君子不辱欲与寡君为兄弟者,必见寡小君。寡小君愿见。"孔子辞谢,不得已而见之。夫人在絺帷中。孔子入门,北面稽首。夫人自帷中再拜,环佩玉声璆然。孔子曰:"吾乡为弗见,见之礼答焉。"子路不说。孔子矢之曰:"予所不者,天厌之!天厌之!"居卫月余,灵公与夫人同车,宦者雍渠参乘,出,使孔子为次乘,招摇市过之。孔子曰:"吾未见好德如好色者也。"于是丑之,去卫,过曹。是岁,鲁定公卒。

孔子去曹适宋,与弟子习礼大树下。宋司马桓魋欲杀孔子,拔其树。孔子去。弟子曰:"可以速矣。"孔子曰:"天生德于予,桓魋其如予何!"

孔子适郑,与弟子相失,孔子独立郭东门。郑人或谓子贡曰:"东门有人,其颡似尧,其项类皋陶,其肩类子产,然自要以下不及禹三寸,累累若丧家之狗。"子贡以实告孔子。孔子欣然笑曰："形状，末也。而谓似丧家之狗，然哉，然哉！"

孔子遂至陈，主于司城贞子家。岁余，吴王夫差伐陈，取三邑而去。赵鞅伐朝歌。楚围蔡，蔡迁于吴。吴败越王句践会稽。

有隼集于陈廷而死，楛矢贯之，石砮，矢长尺有咫。陈湣公使使问仲尼。仲尼曰："隼来远矣，此肃慎之矢也。昔武王克商，通道九夷百蛮，使各以其方贿来贡，使无忘职业。于是肃慎贡楛矢石砮，长尺有咫。先王欲昭其令德，以肃慎矢分大姬，配虞胡公而封诸陈。分同姓以珍玉，展亲；分异姓以远方职，使无忘服。故分陈以肃慎矢。"试求之故府，果得之。

孔子居陈三岁，会晋、楚争强，更伐陈，及吴侵陈，陈常被寇。孔子曰："归与归与！吾党之小子狂简，进取不忘其初。"于是孔子去陈。

过蒲，会公叔氏以蒲畔，蒲人止孔子。弟子有公良孺者，以私车五乘从孔子。其为人长贤，有勇力，谓曰："吾昔从夫子遇难于匡，今又遇难于此，命也已。吾与夫子再罹难，宁斗而死。"斗甚疾。蒲人惧，谓孔子曰："苟毋适卫，吾出子。"与之盟，出孔子东门。孔子遂适卫。子贡曰："盟可负邪？"孔子曰："要盟也，神不听。"

卫灵公闻孔子来，喜，郊迎。问曰："蒲可伐乎？"对曰："可。"灵公曰："吾大夫以为不可。今蒲，卫之所以待晋、楚也，以卫伐之，无乃不可乎？"孔子曰："其男子有死之志，妇人有保西河之志。吾所伐者不过四五人。"灵公曰："善。"然不伐蒲。

灵公老，怠于政，不用孔子。孔子喟然叹曰："苟有用我者，期月而已，三年有成。"孔子行。

佛肸为中牟宰。赵简子攻范、中行，伐中牟。佛肸畔，使人召孔子。孔子欲往。子路曰:"由闻诸夫子:'其身亲为不善者,君子不入也。'今佛肸亲以中牟畔,子欲往,如之何?"孔子曰:"有是言也。不曰坚乎,磨而不磷;不曰白乎,涅而不淄。我岂匏瓜也哉,焉能系而不食?"

孔子击磬。有荷蒉而过门者,曰:"有心哉,击磬乎!硁硁乎,莫己知也夫而已矣!"

孔子学鼓琴师襄子,十日不进。师襄子曰:"可以益矣。"孔子曰:"丘已习其曲矣,未得其数也。"有间,曰:"已习其数,可以益矣。"孔子曰:"丘未得其志也。"有间,曰:"已习其志,可以益矣。"孔子曰:"丘未得其为人也。"有间,有所穆然深思焉,有所怡然高望而远志焉。曰:"丘得其为人,黯然而黑,几然而长,眼如望羊,如王四国,非文王其谁能为此也!"师襄子辟席再拜,曰:"师盖云《文王操》也。"

孔子既不得用于卫,将西见赵简子。至于河而闻窦鸣犊、舜华之死也,临河而叹曰:"美哉水,洋洋乎!丘之不济此,命也夫!"子贡趋而进曰:"敢问何谓也?"孔子曰:"窦鸣犊、舜华,晋国之贤大夫也。赵简子未得志之时,须此两人而后从政;及其已得志,杀之乃从政。丘闻之也,刳胎杀夭则麒麟不至郊,竭泽涸渔则蛟龙不合阴阳,覆巢毁卵则凤皇不翔。何则?君子讳伤其类也。夫鸟兽之于不义也尚知辟之,而况乎丘哉!"乃还息乎陬乡,作为《陬操》以哀之。而反乎卫,入主蘧伯玉家。

他日,灵公问兵陈,孔子曰:"俎豆之事则尝闻之,军旅之事未之学也。"明日,与孔子语,见蜚雁,仰视之,色不在孔子。孔子遂行,复如陈。

夏,卫灵公卒,立孙辄,是为卫出公。六月,赵鞅内太子蒯聩于戚。阳虎使太子絻,八人衰绖,伪自卫迎者,哭而入,遂居焉。冬，蔡迁于州来。是岁鲁哀公三年，而孔子年六十矣。齐助卫围戚，以卫太子蒯聩在故也。

夏，鲁桓、釐庙燔，南宫敬叔救火。孔子在陈，闻之，曰："灾必于桓、釐庙乎？"已而果然。

秋，季桓子病，辇而见鲁城，喟然叹曰："昔此国几兴矣，以吾获罪于孔子，故不兴也。"顾谓其嗣康子曰："我即死，若必相鲁；相鲁，必召仲尼。"后数日，桓子卒，康子代立。已葬，欲召仲尼。公之鱼曰："昔吾先君用之不终，终为诸侯笑。今又用之，不能终，是再为诸侯笑。"康子曰："则谁召而可？"曰："必召冉求。"于是使使召冉求。冉求将行，孔子曰："鲁人召求，非小用之，将大用之也。"是日，孔子曰："归乎归乎！吾党之小子狂简，斐然成章，吾不知所以裁之。"子赣知孔子思归，送冉求，因诫曰："即用，以孔子为招"云。

冉求既去，明年，孔子自陈迁于蔡。蔡昭公将如吴，吴召之也。前昭公欺其臣迁州来，后将往，大夫惧复迁，公孙翩射杀昭公。楚侵蔡。秋，齐景公卒。

明年，孔子自蔡如叶。叶公问政，孔子曰："政在来远附迩。"他日，叶公问孔子于子路，子路不对。孔子闻之，曰："由，尔何不对曰，'其为人也，学道不倦，诲人不厌，发愤忘食，乐以忘忧，不知老之将至'云尔。"

去叶，反于蔡。长沮、桀溺耦而耕，孔子以为隐者，使子路问津焉。长沮曰："彼执舆者为谁？"子路曰："为孔丘。"曰："是鲁孔丘与？"曰："然。"曰："是知津矣。"桀溺谓子路曰："子为谁？"曰："为仲由。"曰："子，孔丘之徒与？"曰："然。"桀溺曰："悠悠者天下皆是也，而谁以易之？且与其从辟人之士，岂若从辟世之士哉！"耰而不辍。子路以告孔子,孔子怃然曰:"鸟兽不可与同群。天下有道,丘不与易也。"

他日,子路行,遇荷蓧丈人,曰:"子见夫子乎?"丈人曰:"四体不勤,五谷不分,孰为夫子!"植其杖而芸。子路以告,孔子曰:"隐者也。"复往,则亡。

孔子迁于蔡三岁,吴伐陈。楚救陈,军于城父。闻孔子在陈、蔡之间,楚使人聘孔子。孔子将往拜礼,陈、蔡大夫谋曰:"孔子贤者,所刺讥皆中诸侯之疾。今者久留陈、蔡之间,诸大夫所设行皆非仲尼之意。今楚,大国也,来聘孔子。孔子用于楚,则陈、蔡用事大夫危矣。"于是乃相与发徒役围孔子于野。不得行,绝粮。从者病,莫能兴。孔子讲诵弦歌不衰,子路愠见曰:"君子亦有穷乎?"孔子曰:"君子固穷,小人穷斯滥矣。"

子贡色作。孔子曰:"赐,尔以予为多学而识之者与?"曰:"然。非与?"孔子曰:"非也。予一以贯之。"

孔子知弟子有愠心,乃召子路而问曰:"《诗》云:'匪兕匪虎,率彼旷野。'吾道非邪?吾何为于此?"子路曰:"意者吾未仁邪!人之不我信也。意者吾未知邪!人之不我行也。"孔子曰:"有是乎!由,譬使仁者而必信,安有伯夷、叔齐?使知者而必行,安有王子比干?"

子路出,子贡入见。孔子曰:"赐,《诗》云:'匪兕匪虎,率彼旷野。'吾道非邪?吾何为于此?"子贡曰:"夫子之道至大也,故天下莫能容夫子。夫子盖少贬焉?"孔子曰:"赐,良农能稼而不能为穑,良工能巧而不能为顺。君子能修其道,纲而纪之,统而理之,而不能为容。今尔不修尔道而求为容。赐,而志不远矣!"

子贡出,颜回入见。孔子曰:"回,《诗》云:'匪兕匪虎,率彼旷野。'吾道非邪?吾何为于此?"颜回曰:"夫子之道至大,故天下莫能容。虽然,夫子推而行之,不容何病?不容然后见君子!夫道之不修也,是吾丑也;夫道既已大修而不用,是有国者之丑也。不容何病?不容然后见君子!"孔子欣然而笑曰:"有是哉,颜氏之子!使尔多财,吾为尔宰。"

于是使子贡至楚。楚昭王兴师迎孔子,然后得免。

昭王将以书社地七百里封孔子。楚令尹子西曰:"王之使使诸侯有如子贡者乎?"曰:"无有。""王之辅相有如颜回者乎?"曰:"无有。""王之将率有如子路者乎?"曰:"无有。""王之官尹有如宰予者乎?"曰:"无有。""且楚之祖封于周,号为子男五十里。今孔丘述三五之法,明周、召之业,王若用之,则楚安得世世堂堂方数千里乎!夫文王在丰,武王在镐,百里之君卒王天下。今孔丘得据土壤,贤弟子为佐,非楚之福也。"昭王乃止。其秋,楚昭王卒于城父。

楚狂接舆歌而过孔子,曰:"凤兮凤兮,何德之衰?往者不可谏兮,来者犹可追也!已而已而,今之从政者殆而!"孔子下,欲与之言。趋而去,弗得与之言。

于是孔子自楚反乎卫。是岁也,孔子年六十三,而鲁哀公六年也。

其明年,吴与鲁会缯,征百牢。太宰嚭召季康子。康子使子贡往,然后得已。

孔子曰:"鲁、卫之政,兄弟也。"是时,卫君辄父不得立,在外,诸侯数以为让。而孔子弟子多仕于卫,卫君欲得孔子为政。子路曰:"卫君待子而为政,子将奚先?"孔子曰:"必也正名乎!"子路曰:"有是哉,子之迂也!何其正也？"孔子曰："野哉由也！夫名不正则言不顺，言不顺则事不成，事不成则礼乐不兴，礼乐不兴则刑罚不中，刑罚不中则民无所错手足矣。夫君子为之必可名，言之必可行。君子于其言，无所苟而已矣。"

其明年，冉有为季氏将师，与齐战于郎，克之。季康子曰："子之于军旅，学之乎？性之乎？"冉有曰："学之于孔子。"季康子曰："孔子何如人哉？"对曰："用之有名；播之百姓，质诸鬼神而无憾。求之至于此道，虽累千社，夫子不利也。"康子曰："我欲召之，可乎？"对曰："欲召之，则毋以小人固之，则可矣。"而卫孔文子将攻太叔，问策于仲尼。仲尼辞不知，退而命载而行，曰："鸟能择木，木岂能择鸟乎？"文子固止。会季康子逐公华、公宾、公林，以币迎孔子，孔子归鲁。

孔子之去鲁凡十四岁而反乎鲁。

鲁哀公问政，对曰："政在选臣。"季康子问政，曰："举直错诸枉，则枉者直。"康子患盗，孔子曰："苟子之不欲，虽赏之不窃。"然鲁终不能用孔子，孔子亦不求仕。

孔子之时，周室微而礼乐废，《诗》、《书》缺。追迹三代之礼，序《书传》，上纪唐、虞之际，下至秦缪，编次其事。曰："夏礼吾能言之，杞不足征也。殷礼吾能言之，宋不足征也。足，则吾能征之矣。"观殷、夏所损益，曰："后虽百世可知也，以一文一质。周监二代，郁郁乎文哉！吾从周。"故《书传》、《礼记》自孔氏。

孔子语鲁大师："乐其可知也。始作，翕如，纵之，纯如，皦如，绎如也，以成。""吾自卫反鲁，然后乐正，雅、颂各得其所。"

古者《诗》三千余篇，及至孔子，去其重，取可施于礼义，上采契、后稷，中述殷、周之盛，至幽、厉之缺。始于衽席，故曰："《关雎》之乱以为《风》始，《鹿鸣》为《小雅》始，《文王》为《大雅》始，《清庙》为《颂》始。"三百五篇孔子皆弦歌之，以求合《韶》、《武》、《雅》、《颂》之音。礼乐自此可得而述，以备王道，成六艺。

孔子晚而喜《易》，序《彖》、《系》、《象》、《说卦》、《文言》。读《易》，韦编三绝。曰："假我数年，若是，我于《易》则彬彬矣。"

孔子以《诗》、《书》、《礼》、《乐》教，弟子盖三千焉，身通六艺者七十有二人。如颜浊邹之徒，颇受业者甚众。

孔子以四教：文，行，忠，信。绝四：毋意，毋必，毋固，毋我。所慎：齐，战，疾。子罕言利与命与仁。不愤不启，举一隅不以三隅反，则弗复也。

其于乡党，恂恂似不能言者。其于宗庙朝廷，辩辩言，唯谨尔。朝，与上大夫言，訚訚如也；与下大夫言，侃侃如也。

入公门，鞠躬如也；趋进，翼如也。君召使傧，色勃如也。君命召，不俟驾行矣。

鱼馁，肉败，割不正，不食。席不正，不坐。

食于有丧者之侧，未尝饱也。是日哭，则不歌。见齐衰、瞽者，虽童子必变。

"三人行，必得我师。""德之不修，学之不讲，闻义不能徙，不善不能改，是吾忧也。"使人歌，善，则使复之，然后和之。

子不语：怪，力，乱，神。

子贡曰："夫子之文章，可得闻也。夫子言天道与性命，弗可得闻也已。"颜渊喟然叹曰："仰之弥高，钻之弥坚。瞻之在前，忽焉在后。夫子循循然善诱人，博我以文，约我以礼，欲罢不能。

既竭我才，如有所立，卓尔。虽欲从之，蔑由也已。"达巷党人曰："大哉孔子，博学而无所成名。"子闻之曰："我何执？执御乎？执射乎？我执御矣。"牢曰："子云：'不试，故艺。'"

鲁哀公十四年春，狩大野。叔孙氏车子鉏商获兽，以为不祥。仲尼视之，曰："麟也。"取之。曰："河不出图，雒不出书，吾已矣夫！"颜渊死，孔子曰："天丧予！"及西狩见麟，曰："吾道穷矣！"喟然叹曰："莫知我夫！"子贡曰："何为莫知子？"子曰："不怨天，不尤人，下学而上达，知我者其天乎！"

"不降其志，不辱其身，伯夷、叔齐乎！"谓"柳下惠、少连，降志辱身矣"。谓"虞仲、夷逸，隐居放言，行中清，废中权"。"我则异于是，无可无不可。"

子曰："弗乎弗乎，君子病没世而名不称焉。吾道不行矣，吾何以自见于后世哉？"乃因史记作《春秋》，上至隐公，下讫哀公十四年，十二公。据鲁，亲周，故殷，运之三代。约其文辞而指博。故吴、楚之君自称王，而《春秋》贬之曰"子"；践土之会实召周天子，而《春秋》讳之曰"天王狩于河阳"：推此类以绳当世，贬损之义，后有王者举而开之。《春秋》之义行，则天下乱臣贼子惧焉。

孔子在位听讼，文辞有可与人共者，弗独有也。至于为《春秋》，笔则笔，削则削，子夏之徒不能赞一辞。弟子受《春秋》，孔子曰："后世知丘者以《春秋》，而罪丘者亦以《春秋》。"

明岁，子路死于卫。孔子病，子贡请见。孔子方负杖逍遥于门，曰："赐，汝来何其晚也？"孔子因叹，歌曰："太山坏乎！梁柱摧乎！哲人萎乎！"因以涕下。谓子贡曰："天下无道久矣，莫能宗予。夏人殡于东阶，周人于西阶，殷人两柱间。昨暮予梦坐奠两柱之间，予始殷人也。"后七日卒。

孔子年七十三，以鲁哀公十六年四月己丑卒。

哀公诔之曰："旻天不吊，不慭遗一老，俾屏余一人以在位，茕茕余在疚。呜呼哀哉！尼父，毋自律！"子贡曰："君其不没于鲁乎！夫子之言曰：'礼失则昏，名失则愆。'失志为昏，失所为愆。生不能用，死而诔之，非礼也。称'余一人'，非名也。"

孔子葬鲁城北泗上，弟子皆服三年。三年心丧毕，相诀而去，则哭，各复尽哀；或复留。唯子赣庐于冢上，凡六年，然后去。弟子及鲁人往从冢而家者百有余室，因命曰孔里。鲁世世相传以岁时奉祠孔子冢，而诸儒亦讲礼乡饮大射于孔子冢。孔子冢大一顷。故所居堂、弟子内，后世因庙，藏孔子衣冠琴车书，至于汉二百余年不绝。高皇帝过鲁，以太牢祠焉。诸侯、卿、相至，常先谒然后从政。

孔子生鲤，字伯鱼。伯鱼年五十，先孔子死。

伯鱼生伋，字子思，年六十二。尝困于宋。子思作《中庸》。

子思生白，字子上，年四十七。子上生求，字子家，年四十五。子家生箕，字子京，年四十六。子京生穿，字子高，年五十一。子高生子慎，年五十七，尝为魏相。

子慎生鲋，年五十七。为陈王涉博士，死于陈下。

鲋弟子襄，年五十七，尝为孝惠皇帝博士，迁为长沙太守。长九尺六寸。

子襄生忠，年五十七。忠生武，武生延年及安国。安国为今皇帝博士，至临淮太守，蚤卒。安国生卬，卬生欢。

太史公曰：《诗》有之："高山仰止，景行行止。"虽不能至，然心乡往之。余读孔氏书，想见其为人。适鲁，观仲尼庙堂、车服、礼器，诸生以时习礼其家，余祗回留之不能去云。天下君王至于贤人众矣，当时则荣，没则已焉。孔子布衣，传十余世，学者宗之。自天子王侯，中国言六艺者折中于夫子，可谓至圣矣！

译文：

　　孔子出生在鲁国昌平乡陬邑。他的祖先是宋国人，名叫孔防叔。孔防叔生下伯夏，伯夏生下叔梁纥。叔梁纥和颜氏的女儿在野外交媾而生下孔子，他们向尼丘进行祈祷而得到孔子。鲁襄公二十二年孔子出生，孔子生下来头顶中间凹陷，所以就取名叫丘，取字叫仲尼，姓为孔氏。

　　孔丘生下来，叔梁纥便死了，安葬在防山。防山在鲁国都城的东面，因此孔子不清楚他父亲的墓址，孔母隐讳这件事。孔子孩童时做游戏，经常陈列俎豆各种礼器，演习礼仪动作。孔子母亲去世，他先将灵柩停放在五父之衢，这是出于孔子谨慎从事的考虑。郰邑人挽父的母亲告诉孔子其父的墓址，这之后孔子才将母亲灵柩送往防山合葬。

　　孔子服丧腰间系着麻带，这时季氏宴请士人，孔子随同前往。阳虎斥退孔子说："季氏宴请的是士人，没敢请你啊。"孔子因此退去。

　　孔子十七岁那年，鲁国大夫孟釐子病重将死，告诫他的继承人孟懿子说："孔子是圣人的后代，他的家族在宋国败落。他的先祖弗父何当初本该享有宋国而继位，却让给了弟弟宋厉公。等到他的先祖正考父，辅佐宋戴公、宋武公、宋宣公，三次接受册命，一次比一次恭敬，所以正考父鼎的铭文说：'第一次册命，曲背行礼；第二次册命，折腰行礼；第三次册命，俯身行礼，平时走路顺着墙根小跑，也就没人敢来欺侮我了。用这个鼎煮厚粥，用这个鼎煮薄粥,来喂我这张嘴。'他的恭敬有礼就是如此。我听说那圣人的后代,即使不当国执政,也必定会有通达显赫的。如今孔丘年纪轻轻喜好礼仪,他恐怕将是通达显赫的人吧!如果我死了,你一定要以他为师。"等到孟釐子去世,孟懿子和鲁人南宫敬叔前往孔子那里学礼。这一年,季武子去世,季平子继位。

孔子家境贫寒,又地位低下。等到长大成人,曾经做过季氏手下的官吏,管理统计准确无误;又曾做过司职的小吏,使牧养的牲畜繁殖增多。由此出任司空。不久离开鲁国,在齐国受到排挤,被宋人、卫人所驱逐,在陈国、蔡国之间受困,于是返回鲁国。孔子身高九尺六寸,人们都称他为"长人"而感到奇异。鲁君又善待孔子,因此返回鲁国。

鲁人南宫敬叔对鲁昭公说:"请让我跟随孔子前往周京洛邑。"鲁昭公给他们一辆车、两匹马,还有一名童仆同行,前往周京洛邑询问周礼,据说见到了老子。孔子告辞离去时,老子送他说:"我听说富贵之人用财物来送人,仁义之人用言语来送人。我不能富贵,只好盗用仁人的名义,用言语来送你,这几句话是:'聪慧明白洞察一切反而濒临死亡,是因为喜好议论他人的缘故。博洽善辩宽广宏大反而危及其身,是因为抉发别人丑恶的缘故。做人儿子的就不要有自己,做人臣子的就不要有自己。'"孔子从周京洛邑返回鲁国,投到他门下的弟子逐渐增多。

这时候,晋平公荒淫无度,国中韩氏、赵氏、魏氏、知氏、范氏、中行氏六家世卿专擅权柄,向东攻伐诸侯别国;楚灵王兵力强大,侵略欺凌中原各国;齐是大国而挨近鲁国。鲁国小而弱,依附于楚国,晋国就恼怒;依附于晋国,楚国便来攻伐;对齐国侍奉不周,齐国军队就侵犯鲁国。

鲁昭公二十年,孔子年纪已三十岁了。齐景公和晏婴来到鲁国,齐景公问孔子说:"昔日秦穆公国家弱小,地方偏僻,他称霸的原因是什么呢?"孔子回答说:"秦穆公,国家虽小,但他的志向大;地方虽然偏僻,但行为符合正道。亲自提拔百里奚,赐给大夫的爵位,从囚犯之中起用他,同百里奚交谈三天,立即将国政委授于他。凭这种做法取得人才,即使称王天下都可以,他称霸诸侯只能算小了。"齐景公听了很高兴。

孔子三十五岁那年,季平子和郈昭伯因为斗鸡的缘故得罪了鲁昭公。鲁昭公率领军队攻击季平子,季平子和孟孙氏、叔孙氏三家联合攻打鲁昭公,昭公的军队战败,他逃奔到齐国,齐景公把昭公安置在乾侯。此后不久,鲁国大乱。孔子去到齐国,当齐卿高昭子的家臣,打算以此来与齐景公交往。孔子与齐国太师谈论音乐,听到《韶》的乐曲,学习《韶》乐,陶醉得居然三个月不知道肉的滋味,齐国人称赞孔子。

齐景公问孔子如何为政,孔子说:"国君要像国君,臣子要像臣子,父亲要像父亲,儿子要像儿子。"景公说:"讲得好啊!如果真的国君不像国君,臣子不像臣子,父亲不像父亲,儿子不像儿子,纵然有粮食,我怎么能吃得到呢!"改日齐景公又向孔子询问为政,孔子说:"为政在于节约财物。"景公很高兴,将要把尼溪的田地封赐给孔子。晏婴进言说:"这些儒者能言善辩不能用法度来规范;高傲自大自以为是,不能任用他们来教育百姓;崇尚丧礼尽情致哀,破费财产厚葬死人,不可将这形成习俗;四处游说乞求借贷,不可以此治理国家。自从圣君贤相相继去世,周朝王室衰落以后,礼乐残缺有很长时间了。如今孔子盛装打扮,烦琐地规定尊卑上下的礼仪,举手投足的节度,连续几代不能穷尽其中的学问,从幼到老不能学完他的礼乐。国君打算用这一套来改造齐国的习俗,恐怕不是引导小民的好办法。"此后齐景公虽然恭敬地接见孔子,但不再问有关礼的事。有一天,齐景公挽留孔子说:"按照季氏上卿的规格来待你,我不能做到。"于是就用介于鲁国季氏和孟氏之间的规格来接待孔子。齐国大夫企图谋害孔子,孔子听说此事。齐景公说:"我老了,不能用你了。"孔子就上路离开齐国,返回鲁国。

孔子四十二岁那年,鲁昭公死在乾侯,鲁定公即位。鲁定公在位的第五年,夏天,季平子去世,季桓子继位。季桓子掘井得到一个陶罐,里面有个像羊的东西,派人询问孔子,说是"得到一条狗"。孔子说:"据我所知,应该是只羊。我听说,木石的精怪为夔、罔阆,水中的精怪为龙、罔象,土中的精怪为坟羊。"

吴军攻伐越国,毁坏越国都城会稽,得到人骨,一节就装满一车。吴王派遣使者询问孔子:"人的骨头,数谁的最大?"孔子说:"大禹在会稽山召集众神,防风氏误期后到,大禹下令将他杀死并陈尸示众。防风氏的一节骨头就占满一车,他骨头最大了。"吴国客人问:"谁是神呢?"孔子说:"山川的神灵足以造福天下百姓,守护祭祀它的就是神,祭祀社稷的是公侯,全都隶属于王。"客人问:"防风氏守护祭祀什么呢?"孔子说:"汪罔氏的君主祭祀封山、禺山,是釐姓。在有虞氏、夏朝、商朝叫作汪罔,在周朝叫作长翟,如今称为大人。"客人问:"人最长的有多长?"孔子说:"僬侥氏身长三尺,短到了极点。最长的不过十倍于此,这是数字上的极限。"于是吴国客人说:"高明啊,圣人!"

季桓子的宠臣叫仲梁怀,和阳虎有怨恨。阳虎打算驱逐仲梁怀,公山不狃阻止他。那年秋季,仲梁怀越来越骄横,阳虎拘捕了仲梁怀。季桓子发怒,阳虎乘机囚禁季桓子,和他订立盟约然后释放他。阳虎从此越发看不起季氏。季氏自己也僭越礼法凌驾于公室之上，大夫执掌国政，因此鲁国从大夫以下全都僭越礼法背离正道。所以孔子不做官，隐退下来整理《诗》、《书》、《礼》、《乐》，弟子更加众多，纷纷从远方到达，无不接受孔子传授的学业。

鲁定公八年，公山不狃在季氏手下不得志，利用阳虎作乱，准备废黜季孙氏、叔孙氏、孟孙氏三家的嫡长继承人，另立阳虎平素所亲善的其他庶子，于是拘捕季桓子。季桓子设诈骗过阳虎，得以脱身。鲁定公九年，阳虎交战没有取胜，逃奔到齐国。这时孔子年纪五十岁。

公山不狃利用费邑反叛季氏，派人征召孔子。孔子遵循周道修行很久，但处处受压抑没有施展才能的地方，没人能任用自己，说："周文王、周武王起于丰、镐之地而称王天下，如今费邑尽管小，但或许有希望吧！"打算前往。子路不高兴，阻止孔子。孔子说："他们召请我，岂能徒劳无益呢？如果任用我，我将在东方复兴周道！"然而结果没有成行。

此后，鲁定公任命孔子为中都宰，经过一年的时间，四处都来效法他。孔子由中都宰升任司空，又由司空升任大司寇。

鲁定公十年春季，鲁国与齐国和好。夏季，齐国大夫黎鉏对齐景公说："鲁国任用孔丘，这形势就会危及齐国。"于是齐国派出使者告知鲁定公举行友好会见，约定在夹谷会面。鲁定公准备乘坐车辆友好前往。孔子兼任盟会司仪之事，说："臣下听说有文事的话必须有武备，有武事的话必须有文备。古代诸侯越出自己的疆界，必定配备文武官员作为随从。请配备左、右司马。"鲁定公说："好。"配备了左、右司马。到夹谷会见齐景公，在那里建筑盟坛，排定席位，修起土台阶三级，按诸侯间会遇之礼相见，鲁定公与齐景公互相作揖谦让而登坛。宴饮献酬之礼完毕后，齐国官吏小步疾走进来说："请演奏四方的舞乐。"齐景公说："好。"于是莱夷乐人打着旌旗，挥舞羽毛、彩缯，手持矛戟剑盾，击鼓呼叫而到来。孔子快步上前，一步跨越一级台阶而往上登，离坛上还有一级台阶时，挥举长袖而说："我们两国的君主举行友好盟会，夷狄的舞乐为何在此！请命令有关官员下令撤走。"主管官员发令退下，但乐人不离去，左右的人看着晏子和齐景公。景公内心有愧，挥手让他们离去。过了一会儿，齐国的官吏小步疾走进来说："请演奏宫中的舞乐。"齐景公说："好。"艺人侏儒便演戏调笑而上前。孔子又快步进去，一步跨越一级台阶而往上登，离坛上还有一级台阶时说："百姓而胆敢蛊惑诸侯的，罪该诛杀！请命令有关官员执行！"有关官员施加刑法，艺人侏儒都被处以腰斩而手足分离。齐景公恐惧而震动，知道理义不如鲁国，回国后大为惊恐，告诉他的群臣说："鲁国臣子用君子之道辅佐他们的君主，而你们只是用夷狄之道来教我，使我得罪了鲁君，对这如何是好？"有关官员上前回答说："君子有了过错就用实际行动来道歉，小人有了过错则用花言巧语来道歉。国君倘若真的对此感到恐惧，就用实际行动去道歉。"于是齐景公便归还所侵占鲁国的郓、汶阳、龟阴之田来认错道歉。

  鲁定公十三年夏季，孔子对鲁定公说："臣子没有私藏的武器，大夫不能拥有周长三百丈的城邑。"派仲由为季氏的管家，将要拆毁季孙氏、叔孙氏、孟孙氏三家的都邑。于是叔孙氏首先拆毁了郈城。季孙氏将要拆毁费城，公山不狃、叔孙辄率领费邑人袭击鲁国国都。鲁定公和季孙斯、叔孙州仇、仲孙何忌进入季氏宅第，登上季武子台。费邑人攻打季氏宅第，没有成功，射出的箭飞到了定公的身边。孔子命令大夫申句须、乐颀下台攻伐，费邑人战败逃跑。鲁都国人追击，在姑蔑打败费邑人。公山不狃、叔孙辄逃奔齐国,于是拆毁费城。接着准备拆毁成城,公敛处父对孟孙说:"拆毁成城,齐国军队必定能直接到达国都北门。况且成邑,是孟氏的保护屏障,没有成邑就是没有孟氏啊。我将不拆城。"十二月,鲁定公领兵包围成邑,没有攻克。

鲁定公十四年,孔子五十六岁,由大司寇代理国相事务,面有喜色。门人说:"听说君子祸患降临不恐惧,福运到来不喜悦。"孔子说:"是有这样的话。但不是还有'身居高位礼贤下士而自得其乐'的话吗?"于是诛杀鲁国扰乱政事的大夫少正卯。参与治理国政三个月,卖羊羔猪豚的不随意抬价;男女行路分道而走;遗留在路上的东西没人捡拾;从四方来到城邑的客人不必向官吏请求,全都给予接待,如同回到了家。

齐国人闻悉鲁国的情况后感到恐惧,说:"孔子当政的话,鲁国必然称霸,鲁国称霸而我齐国土地挨近它,我齐国的土地就会最先被兼并了。何不赶紧献送土地呢?"大夫黎鉏说:"请先尝试设法阻止孔子当政;如果没法阻止孔子当政再献送土地,难道算晚吗!"于是挑选齐国国中漂亮的女子八十人,全都穿上华丽服装而跳起《康乐》舞蹈,连同有花纹的马一百二十四,馈赠给鲁国国君。齐人将盛装女乐、有纹骏马陈列在鲁国都城南面的高门外。季桓子换上平民服装前往观看多次,打算接受,就告诉鲁定公要外出巡回周游,终日前往观看,懒于处理政事。子路说:"您可以上路出走了。"孔子说:"鲁国现在将要举行郊祀,如果能将郊祀祭肉分送大夫的话,我就还可以留下。"季桓子结果接受了齐国的女乐,三天没有上朝听政;举行郊祀典礼后,又不向大夫分发祭肉。于是,孔子上路,住宿在屯。大夫师己前来送行,说:"您可没有什么罪过。"孔子说:"我唱首歌可以吗?"接着唱道:"那妇人的口啊,可以让人出走;那妇人的话啊，可以叫人身死名败。悠闲自在啊，聊以消磨时光！"师已返回国都，季桓子问："孔子说了什么？"师已将实情相告。季桓子喟然长叹说："夫子因为那群女乐的缘故怪罪我啊！"

孔子于是去到卫国，寄居在子路的妻兄颜浊邹家。卫灵公问孔子："在鲁国得俸禄多少？"孔子回答说："俸禄粮食六万。"卫国人也致送粮食六万。过了不久，有人向卫灵公说孔子的坏话。卫灵公派大夫公孙余假频繁出入孔子住所。孔子害怕得罪卫灵公，居住了十个月，离开卫国。

孔子打算前往陈国，经过匡邑。颜刻当驾车的，用他手中的鞭子指给孔子看，说："昔日我进入此地，是从那个缺口。"匡人听说来了人，以为是鲁国的阳虎。阳虎曾经残害过匡人，于是匡人就留下孔子。孔子样子长得像阳虎，在匡拘留了五天。颜渊落在后面，（见到后，）孔子说："我以为你死了。"颜渊说："您健在，我怎么敢死！"匡人拘留孔子，情况愈来愈紧急，弟子们感到恐惧。孔子说："周文王死后，周朝的文化不就在我这里吗？上天打算毁灭这周朝文化，我这个后来人便不应该掌握周朝的文化。上天不想毁灭周朝的文化啊，匡人能把我怎么样！"孔子派随从子弟到卫国国都做甯武子的家臣，然后得以离开。

孔子离开匡邑随即经过蒲邑。一个多月后，返回卫都，寄居在蘧伯玉家。卫灵公有个叫南子的夫人，灵公派人对孔子说："四方来的君子不以为辱想与寡人结为兄弟的，必定会见我的夫人。我的夫人希望见到你。"孔子推辞谢绝，最后不得已而拜见南子。夫人在细葛帷帐之中。孔子进门，面朝北行稽首之礼。夫人从帷帐中行拜礼两次，身上的佩玉叮当作响。孔子说："我原来不想见她，既然见了便以礼相答。"子路不高兴。孔子起誓说："我如果不是所说的那样，就让上天厌弃我！上天厌弃我！"在卫都居住一个多月，（有一天，）卫灵公和夫人同乘一辆车，宦官雍渠为车右担任护卫，出宫游览，让孔子乘第二辆车，招摇过市。孔子说："我没看见他爱好德行如同爱好女色啊。"于是厌恶卫灵公，离开卫国，经过曹国。这一年，鲁定公去世。

孔子离开曹国前往宋国，和弟子们在大树下演习礼仪。宋国司马桓魋想要杀死孔子，拔起那株大树。孔子离开那个地方。弟子说："可以赶快走了。"孔子说："上天把德行降生在我身上。桓魋能把我怎么样？"

孔子前往郑国，和弟子互相走失，孔子独自站在外城的东门。有个郑人对子贡说："东门有个人，他的额头像唐尧，他的脖子像皋陶，他的肩像子产，然而从腰以下比夏禹差三寸，瘦瘠疲惫的样子好似丧家之犬。"子贡把实话告诉孔子。孔子欣然笑着说："他说的形状，那倒未必。但说我像丧家之犬，是啊！是啊！"

孔子于是到达陈国，寄居在司城贞子家。一年多以后，吴王夫差攻伐陈国，夺取三个城邑而离开。晋国赵鞅领兵攻伐朝歌。楚军围攻蔡国，蔡人迁居到吴地。吴军在会稽击败越王句践。

有只隼落在陈湣公的庭院中而死去，楛木箭杆穿透身子，箭镞是石制的，箭长一尺八寸。陈湣公派人询问孔子。孔子说："隼飞来的地方很远啊，这是肃慎部族的箭。从前周武王攻灭商朝，打通与四方各个蛮夷部族的道路，让他们各自将那里的地方特产送来进贡，使之不忘记应尽的分内义务。于是肃慎部族进贡楛木箭杆、石头箭镞，箭长一尺八寸。先王为了昭彰他的美德，把肃慎进贡的箭分赐给长女大姬，又将大姬许配给虞胡公而封虞胡公在陈。将珍宝玉器赏赐给同姓诸侯，是要推广加深亲族的关系；将远方献纳的贡品分赐给异姓诸侯，让他们不忘记义务。所以把肃慎的箭分赐给陈国。"陈湣公试着派人到旧仓库中寻找,果真得到这种箭。

孔子在陈国居住三年,适逢晋国、楚国争霸,轮番攻伐陈国,还有吴国也侵犯陈国,陈国经常受到劫掠。孔子说:"回去吧!回去吧!我家乡的那些小子志向远大,努力进取而没忘记初衷。"于是孔子离开陈国。

途经蒲邑,遇到卫国大夫公孙氏占据蒲邑反叛,蒲邑人扣留孔子。有个叫公良孺的弟子,带着五辆私车随从孔子。他为人长大贤能,又有勇气力量,对孔子说:"我昔日跟着您在匡遭遇危难,如今又在这里遭遇危难,这是命啊。我与您再次蒙难,宁可搏斗而死。"搏斗非常激烈。蒲邑人恐惧,对孔子说:"如果你不去卫都,我们放了你。"孔子和他们立了盟誓,蒲邑人将孔子放出东门。孔子接着前往卫都。子贡说:"盟誓难道可以背弃吗?"孔子说:"这是要挟订立的盟誓,神是不会理睬的。"

卫灵公听说孔子前来,非常喜欢,到郊外迎接。卫灵公问:"蒲邑可以攻伐吗?"孔子回答说:"可以。"卫灵公说:"我的大夫认为不可。如今蒲邑,是卫国用以防御晋国、楚国的屏障,用卫国军队去攻伐蒲,恐怕不行吧?"孔子说:"那里的男人有决死的志气,女人有保卫西河的志气。我们所要讨伐的叛乱者只不过四五个人。"卫灵公说:"好。"然而没有攻伐蒲邑。

卫灵公年老,懒于理政,没有任用孔子。孔子长长地叹了一口气说:"如果有人起用我的话,只需一年的时间罢了,三年的话就会大见成效。"孔子上路离去。

晋国佛肸任中牟邑宰。赵简子领兵攻打范氏、中行氏,进攻中牟。佛肸反叛赵简子,派人召请孔子。子路说:"我听您说过这样的话:'那个人本身在做不好的事,君子是不会去加入的。'如今佛肸自己占据中牟反叛,您却打算前往,怎么解释呢?"孔子说:"我是说过这句话。但不是说坚硬吗,再磨砺也不会变薄;不是说洁白吗,再污染也不会变黑。我哪能是匏瓜呢,怎么可以挂在那里而不能食用?"

孔子击奏石磬。有个扛着草筐从门口经过的人说:"有心思呀,就击打石磬吧!硁硁的声音啊,是在诉说没人赏识自己罢了!"

孔子向师襄子学习弹琴,学了十天仍止步不进。师襄子说:"可以增加学习内容了。"孔子说:"我已经熟习曲子,但还没有掌握演奏的技巧。"过了一段时间,师襄子说:"已经熟习演奏的技巧,可以继续往下学了。"孔子说:"我还没有领会其中的志趣啊。"过了一段时间,师襄子说:"已经熟习其中的志趣,可以继续往下学了。"孔子说:"我还不知道乐曲的作者啊。"过了一段时间,孔子默然沉思,心旷神怡,高瞻远望而意志升华。说:"我知道乐曲的作者了,那人皮肤深黑,体形颀长,眼睛深邃远望,如同统治着四方诸侯,不是周文王还有谁能撰作这首乐曲呢!"师襄子离开坐席连行两次拜礼,说:"老师说这乐曲叫作《文王操》啊。"

孔子在卫国得不到任用后,打算西行去见赵简子。来到黄河边而听说窦鸣犊、舜华被杀身死,他面对黄河而感叹道:"美啊,黄河的水,浩浩荡荡啊!我不能渡过它,是命中注定的啊!"子贡快步上前说:"请问您说的是什么?"孔子说:"窦鸣犊、舜华,是晋国的贤能大夫。赵简子没有得志掌权的时候,等待这两个人然后从政;及至他已经得志掌权,就杀死二人而从政。我听说过,剖腹取胎,杀死幼兽,麒麟就不会来到郊野;竭泽而渔,一网打尽,蛟龙就不会调和阴阳;捣毁巢窠,打碎鸟蛋，凤凰就不会飞翔前来。什么缘故呢？君子忌讳伤害他的同类啊。鸟兽对于不义之举尚且知道躲避，何况我孔丘呢！"于是返回住宿在陬乡，撰作了《陬操》的琴曲来哀悼被害的晋国大夫。接着返回卫都，进入蘧伯玉家寄居。

有一天，卫灵公询问用兵的阵法。孔子说："摆弄礼器的事倒曾听说过，军队作战的事没有学过啊。"第二天，卫灵公与孔子交谈，看到天上飞翔的雁，仰头注视，神色心思不在孔子身上。于是，孔子上路，又前往陈国。

夏季，卫灵公去世，卫人拥立灵公的孙子辄即位，这就是卫出公。六月，赵鞅将卫太子蒯聩送入戚邑。阳虎让太子身着孝服，又派八个人穿戴丧服，装成是从卫都前来迎接太子的，哭着进入戚邑，于是太子蒯聩就居住在那里。冬季，蔡人迁都到州来。这一年是鲁哀公即位的第三年，而孔子年已六十了。齐国帮助卫人围攻戚邑，因为卫太子蒯聩在那里的缘故。

夏季，鲁国桓公、釐公的庙起火，鲁大夫南宫敬叔前去救火。孔子在陈国，听说鲁国火灾的消息，说："火灾必定发生在桓公、釐公的庙吧！"事后果真如此。

秋季，季桓子病重，坐在辇车上望见鲁都的城墙，深深地叹息道："昔日这个国家将要振兴了，因为我得罪了孔子，所以不兴旺了。"回头对他的继承人季康子说："我如果死了，你必定为鲁国之相；你担任鲁国之相的话，必须召请仲尼。"几天后，季桓子去世，季康子继位。季桓子安葬完毕，季康子打算召请孔子。大夫公之鱼说："往日我们的先君任用孔子有始无终，结果被诸侯所嗤笑。如今又要起用他，不能有始有终，这就会再次被诸侯所嗤笑。"季康子说："那召请谁可以呢？"公之鱼说："一定要召请冉求。"于是派出使者召请冉求。冉求将要上路，孔子说："鲁人来召冉求，不是小用你，将要大用你啊。"这一天，孔子说："回去吧！回去吧！我家乡的小子志向远大，文采斐然而有章法，我不知道调教他们的办法了。"子赣知道孔子心想回去，他去送冉求起程，趁机告诫说："倘若任用你，就一定要招聘孔子。"

冉求离开陈国后，第二年，孔子从陈国迁居蔡国。蔡昭公准备前往吴国，是吴王召他去的。以前蔡昭公欺骗他的大臣迁居州来，这之后又准备前往吴国，大夫们害怕再次迁都，大夫公孙翩用箭射杀了蔡昭公。楚军侵犯蔡国。秋季，齐景公去世。

第二年，孔子从蔡国前往楚国叶县。叶公询问为政之道，孔子说："为政之道在于招徕远方贤人而安抚身边百姓。"有一天，叶公向子路问孔子的为人，子路没作回答。孔子听说此事，说："仲由，你为什么不回答说'他为人呀，学习道理不感疲倦，教诲别人不觉厌烦，发奋努力废寝忘食，乐于此道而忘却了忧愁，不知衰老将要到来'。"

孔子离开叶县，返回到蔡国。长沮、桀溺两人在路边并肩耕田，孔子认为他们是隐士，派子路向他们询问渡口。长沮说："那个手中拿着缰绳的人是谁？"子路说："是孔丘。"长沮说："是鲁国的孔丘吗？"子路说："是。"长沮说："这个人就知道渡口呀！"桀溺对子路说："你是谁？"子路说："是仲由。"桀溺说："你，是孔丘的门徒吗？"子路说："是。"桀溺说："浑浑噩噩，天下到处是这样啊，有谁来改变这世道呢？况且与其跟从躲避恶人的士子，哪里比得上跟从避开整个世道的士子呢！"两人说完仍然耕作不止。子路把他们的话告诉孔子，孔子惆怅地说："鸟兽不可与之同流合群。天下有道的话，我就不必参与改变这世道了。"

有一天，子路行走，遇到一位肩扛蓧的老人，问："你看到我的老师了吗？"老人说："你四肢不劳动，五谷分不清，谁是你的老师！"老人把他的拐杖竖置在一边而耘除田中的杂草。子路把老人的话告诉孔子，孔子说："是个隐士啊。"子路再次前往，老人已经不在了。

孔子迁居到蔡国的第三年，吴国军队攻伐陈国。楚国出兵援救陈国，驻扎在城父。听说孔子在陈国、蔡国之间，楚昭王派人聘请孔子。孔子准备前往拜见回礼，陈国、蔡国的大夫谋划说："孔子是个贤人，他所讥刺抨击的都切中诸侯的弊病。如今他长久滞留在陈国、蔡国之间，众大夫所作所为都违反仲尼的心意。如今楚国，是大国，派人前来聘请孔子，倘若孔子在楚国起用，我们这些在陈国、蔡国主事的大夫就危险了。"于是就共同调发役徒将孔子围困在野外。孔子没法行路，断绝了粮食。随从的弟子疲惫不堪，饿得站不起来。但孔子仍讲习诵读，演奏歌唱，传授诗书礼乐毫不间断。子路生气，来见孔子说："君子也有穷困吗？"孔子说："君子能固守穷困而不动摇，小人穷困就胡作非为了。"

子贡怒气发作。孔子说："赐啊，你以为我是个博学强记的人吗？"子贡说："是。难道不是吗？"孔子说："不是啊。我是用一个思想贯穿于全部学说。"

孔子知道弟子们有怨恨之心，就召见子路而询问道："《诗》中说：'不是犀牛也不是老虎，却疲于奔命在空旷的原野。'我们的学说难道有不对的地方吗？我们为什么沦落到这个地步？"子路说："猜想我们还没有达到仁吧！所以别人不信任我们。猜想我们还没有达到知吧！所以别人不实行我们的学说。"孔子说："有这些缘由吗！仲由，我打比方给你听，假如仁者就必定受到信任，那怎么还会有伯夷、叔齐？假如知者就必定能行得通,那怎么还会有王子比干?"

子路出去,子贡进入见面。孔子说:"赐啊,《诗》中说:'不是犀牛也不是老虎,却疲于奔命在空旷的原野。'我们的学说难道有不对的地方吗?我们为什么沦落到这个地步?"子贡说:"老师的学说极其宏大,所以天下没有国家能容得下您。老师是否可以稍微降低一点标准呢?"孔子说:"赐,优秀的农夫善于播种耕耘却不能保证获得好收成,优秀的工匠擅长工艺技巧却不能迎合所有人的要求。君子能够修明自己的学说,用法度来规范国家,用道统来治理臣民,但不能保证被世道所容。如今你不修明你奉行的学说却去追求被世人收容。赐,你的志向太不远大了!"

子贡出去,颜回入门进见。孔子说:"回啊,《诗》中说:'不是犀牛也不是老虎,却疲于奔命在空旷的原野。'我们的学说难道有不对的地方吗?我们为什么沦落到这个地步?"颜回说:"老师的学说极其宏大,所以天下没有国家能够容纳。即使如此,老师推广而实行它,不被容纳怕什么?正是不被容纳,然后才现出君子本色!老师的学说不修明,这是我们的耻辱。老师的学说已经努力修明而不被采用,这是当权者的耻辱。不被容纳怕什么?不被容纳然后才现出君子本色!"孔子高兴地笑道:"有道理啊,颜家的孩子!假使你拥有许多财产,我给你当管家。"

于是,孔子派子贡到达楚国。楚昭王兴师动众迎接孔子,孔子然后得以脱身。

楚昭王准备把有户籍的民社方圆七百里之地封给孔子。楚国令尹子西说:"大王出使诸侯的使者有像子贡这样的吗?"昭王说:"没有。"令尹子西说:"大王的宰辅国相有像颜回这样的吗?"昭王说:"没有。"令尹子西说:"大王的将帅有像子路这样的吗?"昭王说:"没有。"令尹子西说:"大王的各部长官有像宰予这样的吗?"昭王说:"没有。"令尹子西说:"况且楚国的祖先在周受封时,名号为子男,封地方圆五十里。如今孔丘祖述三皇五帝的法度,彰明周公、召公的事业,大王倘若任用他,那楚国还怎么能世世代代拥有堂堂正正方圆几千里之地呢!周文王在丰京,周武王在镐京,从只有百里之地的君主最终统一天下。如今孔丘得以占据封地,有贤能的子弟作为辅佐,这不是楚国的幸福啊。"于是,楚昭王作罢。当年秋季,楚昭王在城父去世。

楚国狂人接舆唱着歌经过孔子的旁边,歌词唱道:"凤凰啊,凤凰啊,为什么道德这样衰落啊?以往的事已无法挽回,未来的事还可以补救啊!完了完了,当今从政的权贵们岌岌可危了。"孔子走下车,打算与他说话。狂人接舆快步离去,孔子没能与他说话。

于是孔子从楚国返回卫国。这一年,孔子六十三岁,是鲁哀公在位的第六年。

第二年,吴国和鲁国在缯邑会盟,吴国向鲁国征集牲畜猪、牛、羊各一百头。吴国太宰嚭召见季康子。季康子派子贡前往交涉,然后才得以取消。

孔子说:"鲁国、卫国的政治,如同兄弟一样相似。"这时候,卫国君主辄的父亲不能按礼制即位,流亡在外,各国诸侯屡次对此加以指责。而孔子的许多弟子在卫国做官,卫出公辄想请得孔子来治理国政。子路说:"卫国国君等待您来治理国政,您将先做什么?"孔子说:"一定要先做的是端正名分啊!"子路说:"有这样治理国政的吗,您迂阔啊!何必去端正名分呢?"

孔子说:"粗鲁啊,仲由呀!名分不正的话,言语就不顺当;言语不顺当,事情就不成功;事情不成功,礼乐就不振兴;礼乐不振兴,刑罚就不准确;刑罚不准确,百姓就会感到无所措手足了。君子做事必须符合名分,言语必须可以实行。君子对于自己的言语,只求一点都不马虎罢了。"

此后第二年,冉有为季氏率领鲁国军队,同齐军在郎邑交战,打败齐军。季康子问:"你在军事方面的本领,是学习得来的呢?还是天生就有的呢?"冉有说:"是向孔子学习的。"季康子问:"孔子是个怎样的人呢?"冉有回答说:"起用他就会有名声;将他宣扬到百姓中间,向鬼神询问他的为人而毫无缺憾。但我学通这军事之道,即使积累功劳有千社的封赏,老师也不认为有利。"季康子又问:"我打算召请他,可以吗?"冉求回答说:"你打算召请他的话,就不要用小人来牵制他,那便可以了。"而卫卿孔文子准备攻打大夫太叔,向孔子询问计策。孔子推辞说不知道,退出后命令驾好车马而上路,说:"鸟儿可以选择树木,树木怎么能选择鸟儿呢!"孔文子坚决挽留。恰好季康子派遣大夫公华、公宾、公林,带着征聘的礼物来迎接孔子,孔子就返回鲁国。

孔子离开鲁国总共十四年而返回到鲁国。

鲁哀公询问为政之道,孔子回答说:"为政之道在于选择大臣。"季康子询问为政之道,孔子说:"荐举正直的人安置在邪曲小人的上面,邪曲的人就会变得正直了。"季康子忧愁盗贼为患,孔子说:"如果你自己不贪,即使悬赏盗贼,他们也不敢偷窃。"然而鲁国最终没能任用孔子,孔子也不再谋求官职。

孔子的时代,周王室衰微而礼乐废弃,《诗》、《书》残缺。孔子追寻探索夏、商、周三代的礼制,整理《书传》,上记唐尧、虞舜之际，下至秦缪公之时，依次编排其间史事。孔子说："夏代的礼制我能说出来，但夏人后裔杞国的文献不足为证了。殷代的礼制我能说出来，但殷人后裔宋国的文献不足为证了。如果文献足够的话，我就能加以验证了。"孔子考察周代对殷礼、殷代对夏礼所做的变动后，说："往后即使推到一百代，它的礼制也可以知道，因为总是一代崇尚文采而一代崇尚质实。周礼借鉴了夏、殷两代，郁郁乎文采斐然啊。我依从周代的礼制。"所以《书传》、《礼记》出自孔门。

孔子告诉鲁国的大师说："乐曲的演奏过程是可以知道的。开始演奏的时候，一齐出来气势盛大；接着展开，和谐清纯，层次分明，连续不断，一直到乐章演奏完成。""我从卫国返回鲁国，然后审定各类乐曲的音调声律，使雅乐、颂乐分别恢复了原貌。"

古代留传下来的《诗》有三千多篇，等到孔子整理的时候，删去其中重复的，选取可以在礼节仪式中使用的，往上采集歌颂商人始祖契、周人始祖后稷的诗篇，中间搜罗叙述殷朝、周朝盛世的诗篇，往下包括记录周幽王、周厉王时礼乐残缺情景的诗篇。《诗经》全书从描写男女关系的诗篇开始，所以说："《关雎》为《国风》的第一篇，《鹿鸣》为《小雅》的第一篇，《文王》为《大雅》的第一篇，《清庙》为《颂》的第一篇。"三百零五篇诗，孔子都用琴瑟伴奏而一一歌唱过，以求符合《韶》、《武》、《雅》、《颂》的音律。礼仪、音乐从此又可得到而称述记录，以此具备了王道的礼乐制度，编成了《礼》、《乐》、《书》、《诗》、《易》、《春秋》六经。

孔子晚年喜好研究《周易》，编撰《彖辞》、《系辞》、《象辞》、《说卦》、《文言》等解说《周易》的《易传》。孔子反复阅读《周易》，以致编连简册的绳子多次断开。他说："再给我几年时间，像这样的话，我对《周易》就能融会贯通了。"

孔子用《诗》、《书》、《礼》、《乐》进行教授，弟子大约有三千，其中一人兼通六经的有七十二人。像颜浊邹之流的门徒，略微接受过学业的就更加众多了。

孔子设立四种教学内容：文献，行为，忠恕，信用。戒绝四种陋习：不随意猜测，不固执己见，不孤陋寡闻，不突出自己。他所谨慎对待的有：斋戒，战争，疾病。孔子对自己很少讲到利益、命运和仁德。对弟子不到为渴求知识而急得不知如何是好的地步就不去启发，不能举一反三，便不再教他。

孔子在乡里，谦恭谨慎好似不会讲话的人。他在宗庙朝廷，明白流畅地发言，只是慎重小心罢了。上朝的时候，与上大夫交谈，不卑不亢；与下大夫交谈，和颜悦色。

孔子进入国君的大门，弯着身子十分恭敬谨慎的样子；小步快走向前，小心翼翼的样子。国君召见派他接引宾客，神色庄严肃穆。国君下令召见，不等驾好车马就上路。

鱼臭烂，肉腐败，牲体部位切割得不合规定，他就不吃。坐席位置朝向摆放不合礼制，他就不坐。

在有丧事的人旁边吃饭，他不曾吃饱过。这一天哭过，就不再唱歌。看见穿丧服的人、瞎了眼睛的人，即是儿童也必定变得严肃起来。

"三个人在行走，其中必定能得到我可效法的人。""道德不能修养，学问不能讲习，闻知正义不能追随，不好的地方不能改正，这是我的忧虑啊。"孔子让人唱歌，唱得好的话，就让他再唱一次，然后自己和他。

孔子不谈论：怪异，暴力，祸乱，鬼神。

子贡说："老师整理的文献典籍，可以听得到。但老师谈论天道和性命的话,不能听得到啊。"颜渊感慨地叹息道:"仰望老师的形象越来越觉得高大,钻研老师的学问越来越感到坚实。眼看就在前面,忽然又在后边。老师循序渐进善于诱导人们,用文献来广博我们的知识,用礼仪来约束我们的言行,使得我们想要停下来也不可能。竭尽我们的才智后,好像有所建树,有点特立超群的感觉。但想要继续跟进,又无从下手了。"住在达巷党的一个人说:"伟大啊孔子,博学洽闻却没有用以成名的专长。"孔子听到这话后说:"我干什么呢?干驾车呢?还是当射手呢?我就干驾车了。"弟子牢说:"您说过:'因为不得任用,所以学会了一些手艺。'"

鲁哀公十四年春季,在大野泽打猎。叔孙氏的车夫子鉏商猎获一头野兽,认为不吉祥。孔子细看野兽,说:"是麒麟啊。"就取走了。孔子说:"黄河不再出现河图,雒水不再出现雒书,我也该完了啊!"颜渊死了,孔子说:"上天要让我死啊!"等到在鲁国西部打猎见到麒麟,孔子说:"我的道路到头了!"感慨地叹息说:"没人知道我啊!"子贡问:"为什么没人知道您?"孔子说:"不怨天,不怪人,我下学人事,上通天命,知道我的恐怕只有上天吧!"

"不降低自己的志向,不玷污自己的人格,那就是伯夷、叔齐吧!"孔子认为"柳下惠、少连降低志向,玷污人格了"。认为"虞仲、夷逸二人避世隐居,放浪言论,品行堪称清白,放弃仕途合乎权变"。孔子说:"我却和他们不同,没有什么可以,也没有什么不可以。"

孔子说:"不行了不行了,君子痛恨活了一辈子而名声不被人们称道。我的主张不能实行了,我用什么将自己显现给后人呢?"于是利用鲁国史官的记载撰作《春秋》,上溯至鲁隐公,下讫于鲁哀公十四年,包括十二位君主。以鲁国为中心,以周王室为亲承的前朝,以殷代为隔朝的故旧,将道统贯穿于三代。简约精练其中的文辞而意旨博大恢宏。所以,吴国、楚国的君主自称为王,但《春秋》贬称他们为"子";晋文公在践土的盟会实际上是他召来周天子,但《春秋》避讳此事写作"天王狩于河阳":推衍这类《春秋》笔法来绳正当时的世道。《春秋》中褒贬的大义,后代有王者兴起的话,就能推广开来。《春秋》大义实行之后,那么天下的乱臣贼子便都害怕了。

孔子在司寇职位上审理诉讼案件时,判词有可以和别人相同处,就不独自决断。至于撰作《春秋》,他认为该写的就写,该删的就删,即使是子夏之流的高足弟子也不能改动一字一句。弟子们听受《春秋》时,孔子说:"后代了解我的凭这部《春秋》,而怪罪我的也凭这部《春秋》。"

第二年,子路在卫国死去。孔子病重,子贡请求见面。孔子正拄着手杖在门口闲逛,说:"赐,你来得为什么这样迟啊?"孔子因此叹息,歌唱道:"泰山在崩溃啊!栋梁在折断啊!哲人在死亡啊!"接着潸然泪下。对子贡说:"天下没有王道很久了,没有人能尊崇我。夏人死后在东边的台阶上停灵,周人死后在西边的台阶上停灵,殷人死后则在厅堂前的两根柱子间停灵。昨天夜晚我做梦坐定在堂前两根柱子之间,我的始祖是殷人啊。"此后第七天孔子去世。

孔子享年七十三岁,于鲁哀公十六年四月己丑日去世。

鲁哀公撰写诔文悼念孔子道:"上天不行善,不姑且留下这位老人,让他辅佐余一人在位为君,孤独无依的我忧心忡忡。呜呼哀哉!仲尼老人,再也没有人来用礼法来要求我了。"子贡说:"国君恐怕不能在鲁国寿终正寝了吧!老师的话说:'礼仪丧失就会昏乱，名分丧失就会谬误。'丧失意志叫作昏乱，丧失身份叫作谬误。生前不能重用，死后才作诔文悼念他，不合礼制啊。自称'余一人'，不合名分啊。"

孔子被安葬在鲁国都城北面的泗水之滨，弟子们都服三年之丧。三年心丧完毕，互相告别而离去，就最后痛哭一场，各人再次尽情致哀；有的人又留下。只有子贡在坟地上盖了房子继续服丧，前后总共六年，然后才离开。孔子弟子以及鲁国人前往依傍墓冢安家的有一百多户，因此取名叫孔里。鲁人世世代代相传一年四季按时供奉祭祀孔子的坟墓，而且儒生们还在孔子坟前讲习礼仪，举行乡饮大射之礼。孔子的坟地有一顷大。原先孔子住所的厅堂、弟子们的居室，后代就此建庙，收藏孔子的衣冠、琴瑟、车辆、书籍，一直到汉代经历二百多年仍没有毁坏。汉高祖经过鲁地，用太牢之礼祭祀孔子，受封的诸侯王、卿、相到达鲁地，经常是先谒拜孔庙然后就任从政。

孔子生下鲤，字伯鱼。伯鱼享年五十岁，比孔子先死。

伯鱼生下伋，字子思，享年六十二岁。曾经在宋国受困。子思撰作《中庸》。

子思生下白，字子上，享年四十七岁。子上生下求，字子家，享年四十五岁。子家生下箕，字子京，享年四十六岁。子京生下穿，字子高，享年五十一岁。子高生下子慎，享年五十七岁，曾经担任魏国之相。

子慎下生鲋，享年五十七岁，当过陈王涉的博士，死在陈县城下。

孔鲋的弟弟子襄，享年五十七岁。曾经担任汉惠帝的博士，后来迁升为长沙太守。身高九尺六寸。

子襄生下忠，享年五十七岁。忠生下武，武生下延年和安国。孔安国为当今皇帝的博士，官至临淮太守，早年去世。孔安国生下卬，卬生下欢。

太史公说：《诗经》有这样的话："巍峨的高山令人仰望，宽阔的大路让人行走。"尽管我不能回到孔子的时代，然而内心非常向往。我阅读孔氏的书籍，可以想见到他的为人。去到鲁地，观看仲尼的宗庙厅堂、车辆服装、礼乐器物，儒生们按时在孔子故居演习礼仪，我流连忘返以致留在那里无法离去。天下从君王直至贤人，是很多很多了，生前都荣耀一时，死后也就完了。孔子是个平民，传世十几代，学者尊崇他。上起天子王侯，中原凡是讲习六经的都要以孔夫子为标准来判断是非，孔子可说是至高无上的圣人了！

史记卷四十八

陈涉世家第十八

陈胜者，阳城人也，字涉。吴广者，阳夏人也，字叔。陈涉少时，尝与人佣耕，辍耕之垄上，怅恨久之，曰："苟富贵，无相忘。"庸者笑而应曰："若为庸耕，何富贵也？"陈涉太息曰："嗟乎，燕雀安知鸿鹄之志哉！"

二世元年七月，发闾左，適戍渔阳，九百人屯大泽乡。陈胜、吴广皆次当行，为屯长。会天大雨，道不通，度已失期。失期，法皆斩。陈胜、吴广乃谋曰："今亡亦死，举大计亦死，等死，死国可乎！"陈胜曰："天下苦秦久矣。吾闻二世少子也，不当立，当立者乃公子扶苏。扶苏以数谏故，上使外将兵。今或闻无罪，二世杀之。百姓多闻其贤，未知其死也。项燕为楚将，数有功，爱士卒，楚人怜之。或以为死，或以为亡。今诚以吾众诈自称公子扶苏、项燕，为天下唱，宜多应者。"吴广以为然。乃行卜。卜者知其指意，曰："足下事皆成，有功。然足下卜之鬼乎！"陈胜、吴广喜，念鬼，曰："此教我先威众耳。"乃丹书帛曰"陈胜王"，置人所罾鱼腹中。卒买鱼烹食，得鱼腹中书，固以怪之矣。又间令吴广之次所旁丛祠中，夜篝火，狐鸣呼曰"大楚兴，陈胜王"。卒皆夜惊恐。旦日，卒中往往语，皆指目陈胜。

吴广素爱人，士卒多为用者。将尉醉，广故数言欲亡，忿恚尉，令辱之，以激怒其众。尉果笞广。尉剑挺，广起，夺而杀尉。陈胜佐之，并杀两尉。召令徒属曰："公等遇雨，皆已失期，失期当斩。藉弟令毋斩，而戍死者固十六七。且壮士不死即已，死即举大名耳，王侯将相宁有种乎！"徒属皆曰："敬受命。"乃诈称公子扶苏、项燕，从民欲也。袒右，称大楚。为坛而盟，祭以尉首。陈胜自立为将军，吴广为都尉。攻大泽乡，收而攻蕲。蕲下，乃令符离人葛婴将兵徇蕲以东。攻铚、酂、苦、柘、谯皆下之。行收兵。比至陈，车六七百乘，骑千余，卒数万人。攻陈，陈守令皆不在，独守丞与战谯门中。弗胜，守丞死，乃入据陈。数日，号令召三老、豪杰与皆来会计事。三老、豪杰皆曰："将军身被坚执锐，伐无道，诛暴秦，复立楚国之社稷，功宜为王。"陈涉乃立为王，号为张楚。

当此时，诸郡县苦秦吏者，皆刑其长吏，杀之以应陈涉。乃以吴叔为假王，监诸将以西击荥阳。令陈人武臣、张耳、陈余徇赵地，令汝阴人邓宗徇九江郡。当此时，楚兵数千人为聚者，不可胜数。

葛婴至东城，立襄彊为楚王。婴后闻陈王已立，因杀襄彊，还报。至陈，陈王诛杀葛婴。陈王令魏人周市北徇魏地。吴广围荥阳。李由为三川守，守荥阳，吴叔弗能下。陈王征国之豪杰与计，以上蔡人房君蔡赐为上柱国。

周文，陈之贤人也，尝为项燕军视日，事春申君，自言习兵，陈王与之将军印，西击秦。行收兵至关，车千乘，卒数十万，至戏，军焉。秦令少府章邯免郦山徒、人奴产子生，悉发以击楚大军，尽败之。周文败，走出关，止次曹阳二三月。章邯追败之，复走次渑池十余日。章邯击，大破之。周文自刭，军遂不战。

武臣到邯郸，自立为赵王，陈余为大将军，张耳、召骚为左右丞相。陈王怒，捕系武臣等家室，欲诛之。柱国曰："秦未亡而诛赵王将相家属，此生一秦也。不如因而立之。"陈王乃遣使者贺赵，而徙系武臣等家属宫中，而封耳子张敖为成都君，趣赵兵亟入关。赵王将相相与谋曰："王王赵，非楚意也。楚已诛秦，必加兵于赵。计莫如毋西兵，使使北徇燕地以自广也。赵南据大河，北有燕、代，楚虽胜秦，不敢制赵。若楚不胜秦，必重赵。赵乘秦之弊，可以得志于天下。"赵王以为然，因不西兵，而遣故上谷卒史韩广将兵北徇燕地。

燕故贵人豪杰谓韩广曰："楚已立王，赵又已立王。燕虽小，亦万乘之国也，愿将军立为燕王。"韩广曰："广母在赵，不可。"燕人曰："赵方西忧秦，南忧楚，其力不能禁我。且以楚之强，不敢害赵王将相之家，赵独安敢害将军之家！"韩广以为然，乃自立为燕王。居数月，赵奉燕王母及家属归之燕。

当此之时，诸将之徇地者，不可胜数。周市北徇地至狄，狄人田儋杀狄令，自立为齐王，以齐反击周市。市军散，还至魏地，欲立魏后故宁陵君咎为魏王。时咎在陈王所，不得之魏。魏地已定，欲相与立周市为魏王，周市不肯。使者五反，陈王乃立宁陵君咎为魏王，遣之国。周市卒为相。

将军田臧等相与谋曰："周章军已破矣，秦兵旦暮至，我围荥阳城弗能下，秦军至，必大败。不如少遗兵，足以守荥阳，悉精兵迎秦军。今假王骄，不知兵权，不可与计，非诛之，事恐败。"因相与矫王令以诛吴叔，献其首于陈王。陈王使使赐田臧楚令尹印，使为上将。田臧乃使诸将李归等守荥阳城，自以精兵西迎秦军于敖仓。与战，田臧死，军破。章邯进兵击李归等荥阳下，破之，李归等死。

阳城人邓说将兵居郯，章邯别将击破之，邓说军散走陈。铚人伍徐将兵居许，章邯击破之，伍徐军皆散走陈。陈王诛邓说。

陈王初立时，陵人秦嘉、铚人董緤、符离人朱鸡石、取虑人郑布、徐人丁疾等皆特起，将兵围东海守庆于郯。陈王闻，乃使武平君畔为将军，监郯下军。秦嘉不受命，嘉自立为大司马，恶属武平君。告军吏曰："武平君年少，不知兵事，勿听！"因矫以王命杀武平君畔。

章邯已破伍徐，击陈，柱国房君死。章邯又进兵击陈西张贺军。陈王出监战，军破，张贺死。

腊月，陈王之汝阴，还至下城父，其御庄贾杀以降秦。陈胜葬砀，谥曰隐王。

陈王故涓人将军吕臣为仓头军，起新阳，攻陈下之，杀庄贾，复以陈为楚。

初，陈王至陈，令铚人宋留将兵定南阳，入武关。留已徇南阳，闻陈王死，南阳复为秦。宋留不能入武关，乃东至新蔡，遇秦军，宋留以军降秦。秦传留至咸阳，车裂留以徇。

秦嘉等闻陈王军破出走，乃立景驹为楚王，引兵之方与，欲击秦军定陶下。使公孙庆使齐王，欲与并力俱进。齐王曰："闻陈王战败，不知其死生，楚安得不请而立王！"公孙庆曰："齐不请楚而立王，楚何故请齐而立王！且楚首事，当令于天下。"田儋诛杀公孙庆。

秦左右校复攻陈，下之。吕将军走，收兵复聚。鄱盗当阳君黥布之兵相收，复击秦左右校，破之青波，复以陈为楚。会项梁立怀王孙心为楚王。

陈胜王凡六月。已为王，王陈。其故人尝与庸耕者闻之，之陈，扣宫门曰："吾欲见涉。"宫门令欲缚之。自辩数，乃置，不肯为通。陈王出，遮道而呼涉。陈王闻之，乃召见，载与俱归。入宫，见殿屋帷帐，客曰："夥颐！涉之为王沈沈者！"楚人谓多为夥，故天下传之，夥涉为王，由陈涉始。客出入愈益发舒，言陈王故情。或说陈王曰："客愚无知，颛妄言，轻威。"陈王斩之。诸陈王故人皆自引去，由是无亲陈王者。陈王以朱房为中正，胡武为司过，主司群臣。诸将徇地，至，令之不是者，系而罪之，以苛察为忠。其所不善者，弗下吏，辄自治之。陈王信用之。诸将以其故不亲附，此其所以败也。

陈胜虽已死，其所置遣侯王将相竟亡秦，由涉首事也。高祖时为陈涉置守冢三十家砀，至今血食。

褚先生曰：地形险阻，所以为固也；兵革刑法，所以为治也。犹未足恃也。夫先王以仁义为本，而以固塞文法为枝叶，岂不然哉！吾闻贾生之称曰：

秦孝公据殽函之固，拥雍州之地，君臣固守，以窥周室。有席卷天下，包举宇内，囊括四海之意，并吞八荒之心。当是时也，商君佐之，内立法度，务耕织，修守战之备；外连衡而斗诸侯。于是秦人拱手而取西河之外。

"孝公既没，惠文王、武王、昭王蒙故业，因遗策，南取汉中，西举巴蜀，东割膏腴之地，收要害之郡。诸侯恐惧，会盟而谋弱秦。不爱珍器重宝肥饶之地，以致天下之士。合从缔交，相与为一。当此之时，齐有孟尝，赵有平原，楚有春申，魏有信陵：此四君者，皆明知而忠信，宽厚而爱人，尊贤而重士。约从连衡，兼韩、魏、燕、赵、宋、卫、中山之众。于是六国之士有宁越、徐尚、苏秦、杜赫之属为之谋，齐明、周最、陈轸、邵滑、楼缓、翟景、苏厉、乐毅之徒通其意，吴起、孙膑、带他、兒良、王廖、田忌、廉颇、赵奢之伦制其兵。尝以什倍之地，百万之师，仰关而攻秦。秦人开关而延敌，九国之师遁逃而不敢进。秦无亡矢遗镞之费，而天下固已困矣。于是从散约败，争割地而赂秦。秦有余力而制其弊，追亡逐北，伏尸百万，流血漂橹，因利乘便，宰割天下，分裂山河，强国请服，弱国入朝。

"施及孝文王、庄襄王，享国之日浅，国家无事。

"及至始皇，奋六世之余烈，振长策而御宇内，吞二周而亡诸侯，履至尊而制六合，执敲朴以鞭笞天下，威振四海。南取百越之地，以为桂林、象郡，百越之君俯首系颈，委命下吏。乃使蒙恬北筑长城而守藩篱，却匈奴七百余里，胡人不敢南下而牧马，士亦不敢贯弓而报怨。于是废先王之道，燔百家之言，以愚黔首。堕名城，杀豪俊，收天下之兵聚之咸阳，销锋镝，铸以为金人十二，以弱天下之民。然后践华为城，因河为池，据亿丈之城，临不测之溪以为固。良将劲弩，守要害之处，信臣精卒，陈利兵而谁何。天下已定，始皇之心，自以为关中之固，金城千里，子孙帝王万世之业也。

"始皇既没，余威振于殊俗。然而陈涉瓮牖绳枢之子，甿隶之人，而迁徙之徒也。材能不及中人，非有仲尼、墨翟之贤，陶朱、猗顿之富也。蹑足行伍之间，俯仰仟佰之中，率罢散之卒，将数百之众，转而攻秦。斩木为兵，揭竿为旗，天下云会响应，赢粮而景从，山东豪俊遂并起而亡秦族矣。

"且天下非小弱也；雍州之地，崤函之固自若也。陈涉之位，非尊于齐、楚、燕、赵、韩、魏、宋、卫、中山之君也；鉏耰棘矜，非铦于句戟长铩也；谪戍之众，非侔于九国之师也；深谋远虑，行军用兵之道，非及乡时之士也。然而成败异变，功业相反也。尝试使山东之国与陈涉度长絜大，比权量力，则不可同年而语矣。然而秦以区区之地,致万乘之权,抑八州而朝同列,百有余年矣。然后以六合为家,殽函为宫。一夫作难而七庙堕,身死人手,为天下笑者,何也?仁义不施,而攻守之势异也。"

译文:

  陈胜是阳城人,字涉。吴广是阳夏人,字叔。陈涉年轻的时候,曾和别人受雇耕田,有一次他停止耕作走到田埂上,惆怅恼恨了很久,说:"如果有朝一日富贵了,大家互相不要忘记。"一起受雇耕田的人笑着回答说:"你被人雇来耕田,怎么富贵呢?"陈涉长叹道:"唉,燕子麻雀哪里懂得大雁天鹅的志向呢!"

  秦二世元年七月,征发居住在里巷左边的平民,派遣其中有罪的去渔阳郡戍边,有九百人驻扎在大泽乡。陈胜、吴广都依次编入队伍,担任屯长。碰到天下大雨,道路不通,估计已经误期。超过规定期限,依法都要斩首。陈胜、吴广于是密谋:"如今逃亡是死,举行起义也是死,同样是死,为楚国而死该可以吧!"陈胜说:"天下遭受秦朝的痛苦很久了。我听说秦二世是小儿子,不应当即位,应当即位的是公子扶苏。扶苏因为多次直言进谏的缘故,皇上派他在外领兵。如今有人听说扶苏没有任何罪过,秦二世杀了他。百姓中很多人听说他的贤明,但不知道他的死。项燕担任楚国将军,屡立战功,爱护士兵,楚地人怜惜他。有的以为他死了,有的以为他跑了。今天如果用我们这些人假冒自称是公子扶苏、项燕部下,为天下带头起义,就应该有许多响应的人。"吴广认为是这样。于是举行占卜。占卜的人知道他们的意思,说:"你们的事都能成,会建功立业。然而你们向鬼神占卜了吗?"陈胜、吴广很高兴,就考虑利用鬼神的事,说:"这是教我们先在众人中树立威信罢了。"于是用朱砂在绢帛上书写"陈胜王",放入别人所打鱼的肚子里。士卒买来那条鱼准备烹煮吃,得到鱼肚子里的帛书,这原已使人很奇怪了。陈胜又让吴广到驻地旁的丛社神祠中,夜里点起篝火,学着狐狸的声音叫道"大楚兴,陈胜王"。士卒一夜都惊恐不安。第二天,士卒中间纷纷谈论,都指点注视陈胜。

吴广平素爱护他人,因此士卒中有许多人愿意为他效力。将尉喝醉了酒,吴广故意多次说想逃跑,以此激怒将尉,让他来侮辱自己,借以激起众人愤怒。将尉果然鞭打吴广。将尉拔剑出鞘,吴广起身,夺过佩剑杀死将尉。陈胜帮助他,一起杀死两名将尉。然后召集号令部下说:"诸公遇上大雨,都已错过期限,错过期限应当斩首。即使仅仅下令不斩首,然而戍边死亡的人也必定会占到十分之六七。况且大丈夫不死则已,死就要立下大名,王侯将相难道是天生的种吗!"部属都说:"坚决服从命令。"于是假冒公子扶苏、项燕的名义,顺从民众的欲望。大家袒露右臂,号称大楚。筑起高台宣誓立约,用将尉的首级进行祭祀。陈胜自己立为将军,封吴广为都尉。进攻大泽乡,取得后又进攻蕲县。蕲县攻下后,陈胜便命令符离人葛婴领兵收取蕲县以东之地。进攻铚县、酂县、苦县、柘县、谯县,全部攻克。一路召集兵马。等到达陈县,已有兵车六七百辆,骑兵一千余,士卒几万人。进攻陈县,陈郡的郡守、县令都不在,只有郡丞独自在谯楼下城门中作战。秦兵没有获胜,郡丞战死,于是入城占据陈县。过了几天,陈涉发出号令召集当地三老、豪杰一起都来集会商议事情。当地三老、豪杰都说:"将军亲自身披铠甲手持利剑,讨伐无道,诛灭暴秦,重建楚国的江山,论功应该称王。"于是,陈涉立为王,国号叫张楚。

当这个时候,各郡县深受秦朝官吏之苦的人,都起来惩处当地的长官，杀死他们来响应陈涉。于是，陈涉任命吴叔为假王，监领众将向西进击荥阳。又命令陈人武臣、张耳、陈余收取赵地，命令汝阴人邓宗收取九江郡。当这个时候，楚地士兵几千人聚集起义的，多得无法计算。

葛婴到达东城，拥立襄疆为楚王。葛婴后来听说陈王已经即位，就杀死襄疆，返回来禀报。他到达陈县，陈王诛杀葛婴。陈王命令魏人周市向北收取魏地。吴广领兵围困荥阳。李由任三川郡守，坚守荥阳，吴叔没能攻下。陈王征召国中的豪杰一起来商议，任命上蔡人房君蔡赐为上柱国。

周文是陈县的贤人，曾经当过项燕军中占卜时日吉凶的官，侍奉过春申君，自称熟习军事，陈王授予他将军印，向西攻击秦军。一路上收集兵马，到达函谷关，有战车一千辆，士卒几十万，来到戏水岸边，安营扎寨。秦廷命令少府章邯赦免骊山的刑徒、奴隶生的儿子，全部征发来攻击张楚大军，将几十万楚军统统打败。周文兵败，逃跑闯出函谷关，停留驻扎在曹阳亭约二三个月。章邯领兵追赶击败周文，楚军又逃跑驻扎在渑池十几天。章邯进击，大败楚军。周文拔剑自杀，楚军就不再战斗。

武臣到达邯郸，自己立为赵王，陈余任大将军，张耳、召骚任左、右丞相。陈王发怒，逮捕关押武臣等人的家属，打算诛杀他们。上柱国蔡赐说："秦朝没有灭亡而诛杀赵王及其将相的家属，这是在制造又一个为敌的秦国。不如因此而封立他为王。"于是，陈王派遣使者前往赵地祝贺，同时将关押的武臣等人的家属迁移到宫中，还封张耳儿子张敖为成都君，催促赵兵立即进入函谷关。赵王的将相一同谋议说："大王在赵地为王，并非楚王的本意。楚王诛灭秦朝后，必定进攻赵国。眼下之计不如不向西进兵，派使者北上收取燕地来扩展自己。赵国南面依仗黄河，北面占有燕、代之地，楚王即使战胜秦国，也不敢欺压赵国。倘若楚王不能战胜秦国，必定会器重赵国。赵国利用秦国的衰败，便可以取得天下。"赵王认为是这样，因而不向西进兵，而派遣原上谷郡卒史韩广领兵北上收取燕地。

燕国原来的权贵豪杰对韩广说："楚国已经立了王，赵国也已经立了王。燕国尽管小，但也是曾拥有万辆战车的国家，希望将军立为燕王。"韩广说："我的母亲在赵地，不可这样做。"燕人说："赵国正西边担忧秦国，南边担忧楚国，它的力量无法禁止燕国立王。况且凭着楚国的强大，尚不敢杀害赵王及其将相的家属，赵国哪敢单单杀害将军的家属！"韩广认为是这样，于是自立为燕王。过了几个月，赵国将燕王的母亲和家属送归燕国。

当这个时候，众将领到各处收地占城的，数不胜数。周市北上收取土地到达狄县，狄县人田儋杀死狄县县令，自己立为齐王，率领齐军反过来攻击周市。周市军队被打散，返回到达魏地，打算拥立魏国公室后裔原宁陵君咎为魏王。当时魏咎在陈王住地，没能前往魏地。魏地平定以后，将领们准备共同拥立周市为魏王，周市不肯。周市派使者经过五次往返，陈王才封立宁陵君咎为魏王，遣送他回国。周市结果任魏相。

将军田臧等在一起密谋说："周章的军队已经溃败了，秦兵早晚就会来到，我们围攻荥阳不能攻下，那么秦兵一到，必定会大败。不如少许留下一部分兵力，便足以监守荥阳，集中其余所有精锐部队迎击秦军。如今假王吴广骄傲，不懂用兵谋略，无法和他商量。不诛杀他的话，事情恐怕会失败。"于是一起假托陈王命令来诛杀吴广，把他的首级献送给陈王。陈王派使者赐给田臧楚令尹的印，让他担任上将。田臧就派将领李归等监守荥阳城，自己率领精锐部队在敖仓迎击秦军。一交战，田臧战死，军队溃败。章邯进兵到荥阳城下攻击李归等，打败楚军，李归等人战死。

阳城人邓说领兵占居郏县，章邯的偏将领兵击败他，邓说的部队溃散逃奔到陈。铚人伍徐领兵居住许县，章邯领兵击败他，伍徐的部队全都溃散逃奔陈地。陈王诛杀邓说。

陈王初立为王时，陵人秦嘉、铚人董緤、符离人朱鸡石、取虑人郑布、徐人丁疾等都各自起兵，率部在郯县围攻东海郡守庆。陈王闻知此事，就派武平君畔担任将军，监领郯县城下军队。秦嘉不接受陈王命令，他自己封立为大司马，憎恶隶属于武平君。他告诉军吏说："武平君年轻，不懂军事，不要听他的！"于是假托陈王命令杀死武平君畔。

章邯击败伍徐后，攻击陈县，上柱国房君蔡赐战死。章邯又进兵攻击陈县西面张贺军队。陈王出城督战，军队溃败，张贺战死。

十二月，陈王前往汝阴，旋即到达下城父，他的车夫庄贾杀死陈王向秦军投降。陈胜葬在砀县，谥号为隐王。

陈王原来的涓人将军吕臣组建仓头军，在新阳县起兵，进攻陈县，攻克县城，杀死庄贾，重新以陈县作为楚地。

当初，陈王到达陈县，命令铚人宋留领兵平定南阳，进入武关。宋留收取南阳后，听说陈王已死，南阳重新归属秦朝。宋留无法进入武关，于是东进到达新蔡，遇到秦军，宋留率军投降秦朝。秦人用驿站车马把宋留解送到咸阳，将宋留处以五马分尸的酷刑来示众。

秦嘉等人听说陈王军队战败出陈逃奔，于是拥立景驹为楚王，领兵前往方与，打算在定陶城下攻击秦军。楚王派遣公孙庆为使者出使齐王，想和他合力一道进兵。齐王说："听说陈王战败，不知他的生死下落，楚人怎能不来请示而自立为王！"公孙庆说："齐王不请示楚王而自立为王，楚王何故要请示齐王而封立为王！况且楚人首先起事，应当号令天下。"田儋诛杀公孙庆。

秦朝左右校部又进攻陈县，攻占县城。吕将军逃跑，收拾部众重新聚集。鄱县强盗当阳君黥布的军队与吕臣部联合，又进攻秦左右校部，在青波击败秦军，重新以陈县为楚地。恰好这时项梁拥立楚怀王的孙子熊心为楚王。

陈胜称王前后总共六个月。他为王后，居住在陈。他的旧友中有个曾经一起受雇耕田的人听说此讯，来到陈，敲打宫门说："我要见陈涉。"宫门令想把他捆绑起来。那人自己辩解多次，才放开，但宫门令不肯替他通报。陈王出门，那人拦路呼喊陈涉的名字。陈涉听到喊声，于是下令召见，用车载他一起回归。进入宫殿，看到殿宇房舍、帷幔帐幄，客人说："夥颐！陈涉当了王，房子真高大深沉啊！"楚地人把"多"说成"夥"，所以天下流传"夥涉为王"这句话，那是从陈涉开始的。客人出入宫殿愈来愈放纵无忌，随意谈说陈王旧日的情形。有人劝说陈王道："客人愚昧无知，专门胡言乱语，有损大王威严。"陈王下令斩了客人。其他陈王的旧友都自动引退离去，从此没有亲近陈王的人了。陈王任命朱房为中正，胡武为司过，负责监视群臣。众将领外出收取土地，回来到陈，凡是不服从朱房、胡武命令的，就抓起来治罪，以苛刻详察作为忠诚。二人所不喜欢的，不交付司法官吏审理，就擅自处治。陈王信任重用他们。众将领因为这个缘故不再亲近依附他，这就是陈王失败的原因。

陈胜尽管已经死去，但他安置派遣的侯王将相最后灭亡了秦朝，是由于陈涉首先举事的缘故。汉高祖时替陈涉在砀设置了看守坟墓的三十户人家，直至今日仍享受祭祀。

褚先生说：地理形势险要阻隘，是固守边防的条件；军队武器、刑律法令，是治理国家的手段。但还不足以依赖。先王把仁义作为根本，而将险固要塞、法律条文作为枝叶，难道不是这个道理吗！我听说贾生评论道：

"秦孝公占据崤山、函谷关的牢固天险，拥有雍州的地域，君臣坚守，来觊觎周室王权。怀有席卷天下，夺取中原，统一四海的意志，吞并域外八方的雄心。当这时候，商君辅佐孝公，在内建立法律制度，致力耕田织布，做好防守攻战的准备；对外推行连横政策而让诸侯自相争斗。于是秦人拱着手毫不费力就取得西河以外的地方。

"秦孝公死后，秦惠文王、秦武王、秦昭王继承孝公的事业，遵循遗传的策略，南面取得汉中，西面攻占巴国、蜀国，东面割取肥沃的地域，接收险要的州郡。诸侯惊恐惧怕，集会结盟而商量削弱秦国。不惜珍奇的器物、贵重的宝贝和肥田沃土，来招致天下的士人。合纵抗秦缔约交好，团结一致。当这时候，齐国有孟尝君，赵国有平原君，楚国有春申君，魏国有信陵君：这四位君子，都明智聪慧而忠诚有信，宽容厚道而爱护人民，尊崇贤才而敬重士人。缔结合纵的联盟，瓦解连横的阵线，联络韩国、魏国、燕国、赵国、宋国、卫国、中山国等众多国家。在这时候，东方六国的士人有宁越、徐尚、苏秦、杜赫之流为之出谋划策，齐明、周最、陈轸、邵滑、楼缓、翟景、苏厉、乐毅之辈沟通他们的意见，吴起、孙膑、带他、兒良、王廖、田忌、廉颇、赵奢之类统领他们的军队。诸侯曾经用十倍于秦国的土地、百万的军队，兵临函谷关而进攻秦国。秦人打开关门而引纳敌军，九国的军队仓皇逃遁而不敢前进。秦国没有损失一支箭、一个箭头的耗费，可天下的诸侯却已陷入困境了。于是合纵离散、盟约破坏，诸侯争相割地而贿赂秦国。秦国有足够的力量来利用诸侯的弊端，追逐逃兵败将，杀得倒伏的尸体有上百万，流注的血能够漂起硕大的盾牌，趁借便利形势，宰割天下土地，瓜分诸侯山河，强国请求臣服，弱国投降入朝。

"延续到秦孝文王、秦庄襄王，他们在位的时间短促，国家没有重大事件。

"等到秦始皇这一代，振兴六代君王的丰功伟业，挥舞长鞭而驾驭中原，吞并东、西二周而灭亡诸侯列国，登上天子宝座而统治上下四方，手持刑杖来鞭打天下臣民，威震四海。南下夺取百越领地，以此建置桂林郡、象郡，百越部族的君主屈膝俯身、颈上套着绳索，把性命交付给秦朝官吏处置。于是，秦始皇派遣蒙恬在北方修筑长城而守卫边疆，使匈奴退却七百多里，胡人从此不敢南下牧马，骑士也不敢挽弓搭箭来报仇泄恨。到这时秦始皇废弃夏商周三代的先王之道，焚毁诸子百家的文献典籍，来让人民愚昧无知。夷平各地古都名城，屠杀英雄豪杰，收缴天下的武器集中到咸阳，销熔锋刃箭镞，铸造成十二尊铜人，来削弱天下百姓的反抗力量。然后截断华山作为城墙，利用黄河作为城壕，依仗亿丈高城，面临无底深渊，以此作为坚固屏障。派出优秀将领配备强弓劲弩，把守要害地方，让可信的大臣率领精兵锐卒，拿着锋利的兵器盘问检查过往行人。天下平定以后，秦始皇的心思，自以为关中的坚固，有如千里金城，是子子孙孙称帝称王万代相传的基业。

"秦始皇死后,余威还震慑着异域他乡。然而陈涉只不过是个出身破屋陋室的贫民子弟,受雇耕田的穷人,发配流浪的役徒,才能及不上一般人,没有仲尼、墨翟的贤能,陶朱、猗顿的财富,行进在戍卒行列之间,劳作在田野阡陌之中,统率疲惫散漫的戍卒,带领几百部众,转过头来进攻秦朝。砍下树木当作兵器,举起竹竿作为旗帜,天下百姓像云朵那样汇集,像回声那样响应,背着干粮如同影子一样追随跟从,山东各国英雄豪杰接着同时起来而灭亡了秦皇家族。

"况且当时秦的天下并没有缩小减弱;雍州的地理,殽山、函谷关的险固依然照旧。陈涉的地位,并不比齐、楚、燕、赵、韩、魏、宋、卫、中山各国的君主尊贵;锄耙、戟柄,并不比钩戟、长矛锋利;发配戍边的民众,不能同东方九国的军队相比;他们的深谋远虑,行军作战的方略,比不上六国旧时的谋士。然而结果的成败迥然不同,建立的功业截然相反。试让山东各国与陈涉比较长短、大小,衡量权势、力量,那简直就是不可同日而语了。然而秦国凭着区区雍州之地,达到了万乘强国的权势,控制其他八州而让地位相同的诸侯前来朝拜,有一百多年了。然后又以天下为家,以殽山、函谷关拱卫宫殿。匹夫一人发难而祖宗七庙毁为瓦砾,子孙先后死于他人之手,被普天下所耻笑,什么原因呢?是因为不施仁义,所以造成进攻防守的形势与从前完全不同。"

史记卷四十九

外戚世家第十九

自古受命帝王及继体守文之君,非独内德茂也,盖亦有外戚之助焉。夏之兴也以涂山,而桀之放也以末喜。殷之兴也以有娀,纣之杀也嬖妲己。周之兴也以姜原及大任,而幽王之禽也淫于褒姒。故《易》基《乾》《坤》,《诗》始《关雎》,《书》美厘降,《春秋》讥不亲迎。夫妇之际,人道之大伦也。礼之用,唯婚姻为兢兢。夫乐调而四时和,阴阳之变,万物之统也。可不慎与?人能弘道,无如命何。甚哉,妃匹之爱,君不能得之于臣,父不能得之于子,况卑下乎!既欢合矣,或不能成子姓;能成子姓矣,或不能要其终,岂非命也哉?孔子罕称命,盖难言之也。非通幽明之变,恶能识乎性命哉?

太史公曰:秦以前尚略矣,其详靡得而记焉。汉兴,吕娥姁为高祖正后,男为太子。及晚节色衰爱弛,而戚夫人有宠,其子如意几代太子者数矣。及高祖崩,吕后夷戚氏,诛赵王,而高祖后宫唯独无宠疏远者得无恙。

吕后长女为宣平侯张敖妻,敖女为孝惠皇后。吕太后以重亲故,欲其生子万方,终无子,诈取后宫人子为子。及孝惠帝崩,天下初定未久,继嗣不明。于是贵外家,王诸吕以为辅,而以吕禄女为少帝后，欲连固根本牢甚，然无益也。

高后崩，合葬长陵。禄、产等惧诛，谋作乱。大臣征之，天诱其统，卒灭吕氏。唯独置孝惠皇后居北宫。迎立代王，是为孝文帝，奉汉宗庙。此岂非天邪？非天命孰能当之？

薄太后，父吴人，姓薄氏，秦时与故魏王宗家女魏媪通，生薄姬，而薄父死山阴，因葬焉。

及诸侯畔秦，魏豹立为魏王，而魏媪内其女于魏宫。媪之许负所相，相薄姬，云当生天子。是时项羽方与汉王相距荥阳，天下未有所定。豹初与汉击楚，及闻许负言，心独喜，因背汉而畔，中立，更与楚连和。汉使曹参等击虏魏王豹，以其国为郡，而薄姬输织室。豹已死，汉王入织室，见薄姬有色，诏内后宫，岁余不得幸。始姬少时，与管夫人、赵子儿相爱，约曰："先贵无相忘。"已而管夫人、赵子儿先幸汉王。汉王坐河南宫成皋台，此两美人相与笑薄姬初时约。汉王闻之，问其故，两人具以实告汉王。汉王心惨然，怜薄姬，是日召而幸之。薄姬曰："昨暮夜妾梦苍龙据吾腹。"高帝曰："此贵征也，吾为女遂成之。"一幸生男，是为代王。其后薄姬希见高祖。

高祖崩，诸御幸姬戚夫人之属，吕太后怒，皆幽之，不得出宫。而薄姬以希见故，得出，从子之代，为代王太后。太后弟薄昭从如代。

代王立十七年，高后崩。大臣议立后，疾外家吕氏强，皆称薄氏仁善，故迎代王，立为孝文皇帝，而太后改号曰皇太后，弟薄昭封为轵侯。

薄太后母亦前死，葬栎阳北。于是乃追尊薄父为灵文侯，会稽郡置园邑三百家，长丞已下吏奉守冢，寝庙上食祠如法。而栎阳北亦置灵文侯夫人园，如灵文侯园仪。薄太后以为母家魏王后，早失父母，其奉薄太后诸魏有力者，于是召复魏氏，赏赐各以亲疏受之。薄氏侯者凡一人。

薄太后后文帝二年，以孝景帝前二年崩，葬南陵。以吕后会葬长陵，故特自起陵，近孝文皇帝霸陵。

窦太后，赵之清河观津人也。吕太后时，窦姬以良家子入宫侍太后。太后出宫人以赐诸王，各五人，窦姬与在行中。窦姬家在清河，欲如赵近家，请其主遣宦者吏："必置我籍赵之伍中。"宦者忘之，误置其籍代伍中。籍奏，诏可，当行。窦姬涕泣，怨其宦者，不欲往，相强，乃肯行。至代，代王独幸窦姬，生女嫖，后生两男。而代王王后生四男。先代王未入立为帝而王后卒。及代王立为帝，而王后所生四男更病死。孝文帝立数月，公卿请立太子，而窦姬长男最长，立为太子。立窦姬为皇后，女嫖为长公主。其明年，立少子武为代王，已而又徙梁，是为梁孝王。

窦皇后亲蚤卒，葬观津。于是薄太后乃诏有司，追尊窦后父为安成侯，母曰安成夫人。令清河置园邑二百家，长丞奉守，比灵文园法。

窦皇后兄窦长君，弟曰窦广国，字少君。少君年四五岁时，家贫，为人所略卖，其家不知其处。传十余家，至宜阳，为其主入山作炭，暮卧岸下百余人，岸崩，尽压杀卧者，少君独得脱，不死。自卜数日当为侯，从其家之长安。闻窦皇后新立，家在观津，姓窦氏。广国去时虽小，识其县名及姓，又常与其姊采桑堕，用为符信，上书自陈。窦皇后言之于文帝，召见，问之，具言其故，果是。又复问他何以为验？对曰："姊去我西时，与我决于传舍中，丐沐沐我，请食饭我，乃去。"于是窦后持之而泣，泣涕交横下。侍御左右皆伏地泣，助皇后悲哀。乃厚赐田宅金钱，封公昆弟，家于长安。

绛侯、灌将军等曰："吾属不死，命乃且县此两人。两人所出微，不可不为择师傅宾客，又复效吕氏大事也。"于是乃选长者士之有节行者与居。窦长君、少君由此为退让君子，不敢以尊贵骄人。

窦皇后病，失明。文帝幸邯郸慎夫人、尹姬，皆毋子。孝文帝崩，孝景帝立，乃封广国为章武侯。长君前死，封其子彭祖为南皮侯。吴楚反时，窦太后从昆弟子窦婴，任侠自喜，将兵，以军功为魏其侯。窦氏凡三人为侯。

窦太后好黄帝、老子言，帝及太子诸窦不得不读《黄帝》、《老子》，尊其术。

窦太后后孝景帝六岁崩，合葬霸陵。遗诏尽以东宫金钱财物赐长公主嫖。

王太后，槐里人，母曰臧儿。臧儿者，故燕王臧荼孙也。臧儿嫁为槐里王仲妻，生男曰信，与两女。而仲死，臧儿更嫁长陵田氏，生男蚡、胜。臧儿长女嫁为金王孙妇，生一女矣，而臧儿卜筮之，曰两女皆当贵。因欲奇两女，乃夺金氏。金氏怒，不肯予决，乃内之太子宫。太子幸爱之，生三女一男。男方在身时，王美人梦日入其怀。以告太子，太子曰："此贵征也。"未生而孝文帝崩。孝景帝即位，王夫人生男。

先是臧儿又入其少女兒姁，兒姁生四男。

景帝为太子时，薄太后以薄氏女为妃。及景帝立，立妃曰薄皇后。皇后毋子，毋宠。薄太后崩，废薄皇后。

景帝长男荣，其母栗姬。栗姬，齐人也。立荣为太子。长公主嫖有女，欲予为妃。栗姬妒，而景帝诸美人皆因长公主见景帝，得贵幸，皆过栗姬，栗姬日怨怒，谢长公主，不许。长公主欲予王夫人，王夫人许之。长公主怒，而日谗栗姬短于景帝曰："栗姬与诸贵夫人幸姬会，常使侍者祝唾其背，挟邪媚道。"景帝以故望之。

景帝尝体不安，心不乐，属诸子为王者于栗姬，曰："百岁后，善视之。"栗姬怒，不肯应，言不逊。景帝恚，心嗛之而未发也。

长公主日誉王夫人男之美，景帝亦贤之，又有曩者所梦日符，计未有所定。王夫人知帝望栗姬，因怒未解，阴使人趣大臣立栗姬为皇后。大行奏事毕，曰："'子以母贵，母以子贵'，今太子母无号，宜立为皇后。"景帝怒曰："是而所宜言邪！"遂案诛大行，而废太子为临江王。栗姬愈恚恨，不得见，以忧死。卒立王夫人为皇后，其男为太子，封皇后兄信为盖侯。

景帝崩，太子袭号为皇帝。尊皇太后母臧儿为平原君。封田蚡为武安侯，胜为周阳侯。

景帝十三男，一男为帝，十二男皆为王。而儿姁早卒，其四子皆为王。王太后长女号曰平阳公主，次为南宫公主，次为林虑公主。

盖侯信好酒。田蚡、胜贪，巧于文辞。王仲蚤死，葬槐里，追尊为共侯，置园邑二百家。及平原君卒，从田氏葬长陵，置园比共侯园。而王太后后孝景帝十六岁，以元朔四年崩，合葬阳陵。王太后家凡三人为侯。

卫皇后字子夫，生微矣。盖其家号曰卫氏，出平阳侯邑。子夫为平阳主讴者。武帝初即位，数岁无子。平阳主求诸良家子女十余人，饰置家。武帝祓霸上还，因过平阳主。主见所侍美人，上弗说。既饮，讴者进，上望见，独说卫子夫。是日，武帝起更衣，子夫侍尚衣轩中，得幸。上还坐，欢甚，赐平阳主金千斤。主因奏子夫奉送入宫。子夫上车，平阳主拊其背曰："行矣，强饭，勉之！即贵，无相忘。"入宫岁余，竟不复幸。武帝择宫人不中用者，斥出归之。卫子夫得见，涕泣请出。上怜之，复幸，遂有身，尊宠日隆。召其兄卫长君、弟青为侍中。而子夫后大幸，有宠，凡生三女一男。男名据。

初，上为太子时，娶长公主女为妃。立为帝，妃立为皇后，姓陈氏，无子。上之得为嗣，大长公主有力焉，以故陈皇后骄贵。闻卫子夫大幸，恚，几死者数矣。上愈怒。陈皇后挟妇人媚道，其事颇觉，于是废陈皇后，而立卫子夫为皇后。

陈皇后母大长公主，景帝姊也，数让武帝姊平阳公主曰："帝非我不得立，已而弃捐吾女，壹何不自喜而倍本乎！"平阳公主曰："用无子故废耳。"陈皇后求子，与医钱凡九千万，然竟无子。

卫子夫已立为皇后，先是卫长君死，乃以卫青为将军，击胡有功，封为长平侯。青三子在襁褓中，皆封为列侯。及卫皇后所谓姊卫少儿，少儿生子霍去病，以军功封冠军侯，号骠骑将军。青号大将军。立卫皇后子据为太子。卫氏枝属以军功起家，五人为侯。

及卫后色衰，赵之王夫人幸，有子，为齐王。

王夫人蚤卒。而中山李夫人有宠，有男一人，为昌邑王。

李夫人蚤卒，其兄李延年以音幸，号协律。协律者，故倡也。兄弟皆坐奸，族。是时其长兄广利为贰师将军，伐大宛，不及诛，还，而上既夷李氏，后怜其家，乃封为海西侯。

他姬子二人为燕王、广陵王。其母无宠，以忧死。

及李夫人卒，则有尹婕妤之属，更有宠。然皆以倡见，非王侯有土之士女，不可以配人主也。

褚先生曰：臣为郎时，问习汉家故事者钟离生。曰：王太后在民间所生一女者，父为金王孙。王孙已死，景帝崩后，武帝已立，王太后独在。而韩王孙名嫣素得幸武帝，承间白言太后有女在长陵也。武帝曰："何不蚤言！"乃使使往先视之，在其家。武帝乃自往迎取之。跸道，先驱旄骑出横城门，乘舆驰至长陵。当小市西入里，里门闭，暴开门，乘舆直入此里，通至金氏门外止，使武骑围其宅，为其亡走，身自往取不得也。即使左右群臣入呼求之。家人惊恐，女亡匿内中床下。扶持出门，令拜谒。武帝下车泣曰："嚄！大姊，何藏之深也！"诏副车载之，迴车驰还，而直入长乐宫。行诏门著引籍，通到谒太后。太后曰："帝倦矣，何从来？"帝曰："今者至长陵得臣姊，与俱来。"顾曰："谒太后！"太后曰："女某邪？"曰："是也。"太后为下泣，女亦伏地泣。武帝奉酒前为寿，奉钱千万，奴婢三百人，公田百顷，甲第，以赐姊。太后谢曰："为帝费焉。"于是召平阳主、南宫主、林虑主三人俱来谒见姊，因号曰修成君。有子男一人，女一人。男号为修成子仲，女为诸侯王王后。此二子非刘氏，以故太后怜之。修成子仲骄恣，陵折吏民，皆患苦之。

卫子夫立为皇后，后弟卫青字仲卿，以大将军封为长平侯。四子，长子伉为侯世子，侯世子常侍中，贵幸。其三弟皆封为侯，各千三百户，一曰阴安侯，二曰发干侯，三曰宜春侯，贵震天下。天下歌之曰："生男无喜，生女无怒，独不见卫子夫霸天下！"

是时平阳主寡居，当用列侯尚主。主与左右议长安中列侯可为夫者,皆言大将军可。主笑曰:"此出吾家,常使令骑从我出入耳,奈何用为夫乎?"左右侍御者曰:"今大将军姊为皇后,三子为侯,富贵振动天下,主何以易之乎?"于是主乃许之。言之皇后,令白之武帝,乃诏卫将军尚平阳公主焉。

褚先生曰:丈夫龙变。《传》曰:"蛇化为龙,不变其文;家化为国,不变其姓。"丈夫当时富贵,百恶灭除,光耀荣华,贫贱之时何足累之哉!

武帝时,幸夫人尹婕妤。邢夫人号娙娥,众人谓之"娙何"。娙何秩比中二千石,容华秩比二千石,婕妤秩比列侯。常从婕妤迁为皇后。

尹夫人与邢夫人同时并幸,有诏不得相见。尹夫人自请武帝,愿望见邢夫人,帝许之。即令他夫人饰,从御者数十人,为邢夫人来前。尹夫人前见之,曰:"此非邢夫人身也。"帝曰:"何以言之?"对曰:"视其身貌形状,不足以当人主矣。"于是帝乃诏使邢夫人衣故衣,独身来前。尹夫人望见之,曰:"此真是也。"于是乃低头俯而泣,自痛其不如也。谚曰:"美女入室,恶女之仇。"

褚先生曰:浴不必江海,要之去垢;马不必骐骥,要之善走;士不必贤世,要之知道;女不必贵种,要之贞好。《传》曰:"女无美恶,入室见妒;士无贤不肖,入朝见嫉。"美女者,恶女之仇。岂不然哉!

钩弋夫人姓赵氏,河间人也。得幸武帝,生子一人,昭帝是也。武帝年七十，乃生昭帝。昭帝立时，年五岁耳。

卫太子废后，未复立太子。而燕王旦上书，愿归国入宿卫。武帝怒，立斩其使者于北阙。

上居甘泉宫，召画工图画周公负成王也。于是左右群臣知武帝意欲立少子也。后数日，帝谴责钩弋夫人。夫人脱簪珥叩头。帝曰："引持去，送掖庭狱！"夫人还顾，帝曰："趣行，女不得活！"夫人死云阳宫。时暴风扬尘，百姓感伤。使者夜持棺往葬之，封识其处。

其后帝闲居，问左右曰："人言云何？"左右对曰："人言且立其子，何去其母乎？"帝曰："然。是非儿曹愚人所知也。往古国家所以乱也，由主少母壮也。女主独居骄蹇，淫乱自恣，莫能禁也。女不闻吕后邪？"故诸为武帝生子者，无男女，其母无不谴死，岂可谓非贤圣哉！昭然远见，为后世计虑，固非浅闻愚儒之所及也。谥为"武"，岂虚哉！

译文：

自古以来，承受天命开基创业的帝王以及继承正统谨守法度的君主，不仅本身具有许多内在的美德，同时也得到后妃外戚的辅助。夏朝的兴起，因为有涂山氏之女，而桀被放逐，则由于末喜的缘故。殷朝的兴起，是因为有有娀氏之女；而纣的被杀，则是由于他宠爱妲己。周朝的兴起，因为有姜原和大任，而幽王被人所擒，则由于他被褒姒所迷惑。所以《易经》以《乾》《坤》两卦开头，《诗经》以《关雎》一篇为始，《书经》赞美尧命二女下嫁于舜，《春秋》则讥刺纪侯娶妇不行亲迎之礼。夫妇之间，存在着人们相互关系中最重要的伦理。礼的应用，在婚姻方面最为戒慎。乐声协调则四季和顺，阴阳的变化，是万物生长化育的根本。（处理夫妇关系，）难道可以不谨慎吗？人能够发扬道义，却对命毫无办法。真了不得啊，夫妇之间的爱，君主无法从臣下那里得到，父亲不能从儿子那里得到，何况地位卑下的人呢？（夫妇）既然欢好结合了，有的却不能生育子孙；有的能生育子孙，却又得不到好结果。这难道不是由于命吗？孔子极少谈"命"，这是因为命太难讲了吧！如果不是能通达幽明变化的人，又怎能认识人天生的资质及其禀受的命运呢？

太史公说：秦以前的事太简略了，其详情已无法得知而予以记载。汉代兴起，吕娥姁为高祖的正后，她生的儿子为太子。到了晚年，容色衰老，高祖对吕后的爱也大不如前了，而戚夫人得宠，她生的儿子如意好几次差一点取代了太子的位置。等到高祖驾崩，吕后杀了戚夫人，又害死了赵王如意，高祖后宫的妃妾，只有那些平时不得宠爱并被疏远的，才得以平安地活下来。

吕后的长女为宣平侯张敖的妻子，张敖的女儿为孝惠皇后。吕太后因为亲上加亲的缘故，千方百计想让张后生下能继承皇位的儿子，然而张后始终未能生子，就取后宫妃妾生的孩子冒称是自己的儿子。等到孝惠帝驾崩，其时天下统一未久，继位的子嗣身份不明。于是，吕后使自己娘家的人显贵起来，封诸吕为王作为辅佐。又立吕禄的女儿为少帝的皇后，企图以联姻来巩固统治的根本，使之坚牢无比，然而终究无益于事。

高后驾崩，与高祖合葬于长陵。吕禄、吕产等惧怕遭到杀戮，阴谋作乱。大臣们起来讨伐诸吕，上天诱导汉家得以恢复自己的统治，终于消灭了吕氏。只留下了孝惠皇后，让她居住在北宫。大臣们迎立代王继位，这就是孝文帝，以奉承汉家的宗庙。这难道不是天意吗？不是天命所归，谁能当得起呢？

薄太后，她父亲是吴人，姓薄氏。在秦朝的时候与从前魏王宗室的女子魏媪私通，生下了薄姬。薄姬的父亲死在山阴，也就葬在那里。

到诸侯起来反叛秦朝的时候，魏豹自立为魏王，而魏媪把她的女儿送进魏宫。魏媪到许负那里去看相算命，许负为薄姬看相，说她将来会生天子。当时项羽正与汉王在荥阳对峙，天下的归属，还未见定局。魏豹最初是助汉击楚，听到许负的话，心中暗喜，便背叛汉王而中立，后变为与楚联合约和。汉王派遣曹参等攻打并俘虏了魏王豹，把他的国土改为郡，而薄姬被送进汉宫的织室服役。魏豹已死，汉王有一次去织室，看到薄姬有姿色，就下诏把她纳入后宫。进宫一年多，薄姬未得皇上的亲幸。起初薄姬年少时，与管夫人、赵子儿友爱，相互约定说："谁先贵显了，别忘记提携好友。"后来管夫人、赵子儿先被汉王宠幸。汉王一次坐在河南宫成皋台上，管、赵这两个美人在一起取笑薄姬当初的约言。汉王听到了，问她们发笑的原因。两人原原本本地把事情告诉汉王。汉王心里感到凄惨，同情薄姬，这一天便把她召来侍奉。薄姬说："昨天深夜我梦见一条苍龙盘踞在我腹部。"高帝说："这是大贵的征兆，我为你成全这件事。"同宿一次就生下了儿子，这就是代王。此后薄姬就很少有机会见到高祖。

高祖崩，那些被高祖宠爱亲幸的美人嫔御如戚夫人之类，吕太后对她们怀恨在心，把她们都幽禁起来，不让出宫。而薄姬由于很少见到高祖的缘故，得以出宫，跟随儿子去代国，为代王太后。太后的弟弟薄昭也跟着到代国。

代王立后十七年，高后驾崩。大臣们商议选立皇位继承人，大家痛恨外戚吕氏的强横，都称赞薄氏仁爱善良，所以迎代王入长安，立为孝文皇帝，而太后改号为皇太后，她的弟弟薄昭被封为轵侯。

薄太后的母亲早已去世，葬在栎阳之北。于是追尊薄太后的父亲为灵文侯，在葬地会稽郡置设园邑三百家，由长丞以下的官吏奉职守墓，寝庙献食祭祀都依规定的礼法进行。而在栎阳北置灵文侯夫人的墓园，一切比照灵文侯墓园的礼仪。薄太后认为自己母家是魏王的后裔，又早早失去了双亲，当初照顾薄太后，诸魏是出过力的，于是就召见并优待魏氏，并按亲疏关系让他们接受不同的赏赐。薄氏封侯的有一个人。

薄太后后于文帝两年，在孝景帝前二年驾崩，葬在南陵。因为吕后先已与高祖合葬于长陵，所以特地另造陵墓，靠近孝文皇帝的霸陵。

窦太后是赵地清河郡观津县人。吕太后当政时，她以良家子的身份被选入宫中侍奉太后。太后把一些宫女遣送出宫赐给诸王，每个王得五人，窦姬被列入发遣之列。窦姬家在清河，因此希望能被送到赵国，靠近家乡，就请求主管发遣宫女的宦官："一定把我的名字安排在去赵国的那一批里面。"宦官忘记了这事，误把她的名字列入去代国的一批中。名籍上奏，吕太后下诏认可，便当上路。窦姬伤心地哭泣，怨恨那个宦官，不愿去代国，在逼迫之下，才肯登程。到了代国，代王唯独宠幸窦姬，窦姬生了个女儿名嫖，后来又生了两个儿子。代王的王后生有四个儿子。代王还没进京被立为皇帝，王后就先去世了。等到代王被立为皇帝，王后所生的四个儿子接连病死。孝文帝继位后几个月，朝廷大臣请求立太子，而窦姬生的大儿子年最长，就被立为太子。又立窦姬为皇后，女儿嫖则封为长公主。第二年，又立窦姬的小儿子武为代王，不久改封梁，这就是梁孝王。

窦皇后的父母亲早已去世，葬在观津。于是薄太后下诏命令有关官署，追尊窦皇后的父亲为安成侯，母亲为安成夫人。命令清河郡置设园邑二百家，由长丞奉职守墓，比照灵文侯园邑的礼仪。

窦皇后的哥哥叫窦长君；弟弟叫窦广国，字少君。少君四五岁的时候，家里穷，被人掠走贩卖为奴，家里不知他的下落。辗转卖了十几家，到了宜阳，替他的主人进山烧炭。夜间一百多人一起睡在山崖下，山崖崩塌，睡着的人全被压死，只有少君脱险，没有遇难。自己占卜日后当封为侯，就跟随主人到长安去。听说窦皇后刚刚被立为皇后，老家在观津，姓窦。广国离家时年龄虽小，却记得老家的县名和自己的姓氏，又记得曾经与姐姐一起采桑，从桑树上掉下来这件事，以此作为凭证，上书自己陈述是皇后的亲弟弟。窦皇后把这件事告诉给文帝，召见广国，问他详情，广国一一说明有关情况，果然符合实情。又再一次问他有什么可以验证，回答说："姐姐离开我西去时，与我在驿馆中告别，讨来淘米水给我洗头，又要得食物让我吃，然后才离去。"于是窦皇后抱着他痛哭，涕泪纵横而下。左右的侍者也都趴在地上哭泣，与皇后一起悲哀。（文帝）于是厚厚地赏赐广国土地、住宅、黄金、钱币，同时分封皇后的同祖兄弟，家住长安。

绛侯周勃、将军灌婴等商量说："我们这些人如果一时不死，性命将决定于这两个人。这两个人出身低微，必须替他们选择好的师傅和宾客，不然的话，恐怕又会仿效吕氏闹出大事来。"于是就选择年长有德者以及操守端正的士人，与窦氏兄弟相处。窦长君、少君因此而成为谦虚逊让的君子，不敢因尊贵的地位而骄气凌人。

窦皇后患病，双目失明了。文帝宠幸邯郸慎夫人和尹姬，二人都未能生儿子。孝文帝驾崩，孝景帝继位，就封广国为章武侯；长君先已去世，封他的儿子彭祖为南皮侯。吴楚叛变作乱时，窦太后堂弟的儿子窦婴喜欢打抱不平，并以此自负，他受命统率军队，因为有军功而被封为魏其侯。窦氏共有三人为侯。

窦太后喜欢黄帝、老子的学说。景帝、太子以及诸窦不得不去读《黄帝》、《老子》之类的书，尊崇其学说。

窦太后在孝景帝之后六年驾崩，合葬于文帝的霸陵。遗诏命把东宫的金钱财物全部赐给长公主嫖。

王太后是槐里人。母亲叫臧儿。臧儿是先前的燕王臧荼的孙女。臧儿出嫁为槐里王仲的妻子，生了个儿子名信。还生了两个女儿。王仲死，臧儿改嫁长陵田氏，生了蚡、胜两个儿子。臧儿的长女嫁给金王孙为妻，已经生了一个女儿，而臧儿卜筮算命，说是两个女儿都会大贵。因而企图依靠两个女儿求得富贵，就硬把长女从金氏那里接走。金氏十分愤怒，不肯离绝，臧儿就把长女送进太子宫中。太子亲幸宠爱她，生了三个女儿一个儿子。儿子还在母腹中时，王美人梦见太阳投入自己怀中，她把这件事告诉给太子，太子说："这是大贵的征兆。"还没有分娩而孝文帝驾崩；孝景帝即位后，王夫人生下了儿子。

早先，臧儿又把小女儿儿姁送入太子宫中，儿姁生了四个儿子。

景帝当太子的时候，薄太后把薄氏的女儿配他为妃，到景帝立为天子，立薄妃为皇后。皇后没有生儿子，不得宠。薄太后驾崩后，景帝就废掉了薄皇后。

景帝的长子名荣，他母亲是栗姬。栗姬是齐人。景帝立荣为太子，长公主嫖有个女儿，想配给太子作妃。栗姬生性嫉妒，而景帝的那些美人都是通过长公主的推荐才见到景帝的，她们得到的尊荣和宠幸，都超过了栗姬。栗姬天天都怨恨生气，就拒绝了长公主，不答应让太子娶她的女儿。长公主又要把女儿嫁给王夫人的儿子，王夫人答应了。长公主因此恼怒栗姬，天天在景帝面前说栗姬的坏话："栗姬同那些贵夫人、得宠的美人聚会，经常派自己的侍者在她们的背后念咒语吐唾沫，搞歪门邪道。"景帝因此而对栗姬产生了恶感。

景帝曾经身体欠安，心中不乐，（疑心自己将不久于世，）就把已经封王的那些儿子嘱托给栗姬照顾，说道："我死了以后，你好好看待他们。"栗姬有气，不肯答应，还出言不逊。景帝也生气了，心里对栗姬衔恨而没有发作。

长公主天天在景帝面前称赞王夫人的儿子好，景帝也认为这个儿子有贤德，又有以前王夫人怀孕时梦见太阳入怀的吉兆，但对改易太子的大计，还没有作最后决定。王夫人知道景帝对栗姬怀恨，趁着怒气未消，暗中派人催促大臣建议立栗姬为皇后。（一天，）大行上奏完毕，说道："古话说'子以母贵，母以子贵'，现在太子的母亲没有封号，应该立她为皇后。"景帝发怒道："这是你们应该讲的话吗！"于是就追究查办，处死了大行，而把太子废为临江王。栗姬更加恼怒怨恨，却见不到皇上，因此忧闷而死。（景帝）终于立王夫人为皇后，立她生的儿子为太子。封皇后的哥哥信为盖侯。

景帝驾崩，太子继承名号为皇帝。尊封皇太后的母亲臧儿为平原君。封田蚡为武安侯，田胜为周阳侯。

景帝共有十三个儿子，一个儿子继位为帝，其余十二个儿子封王。而儿姁早已去世，她生的四个儿子都封为王。王夫人的长女封号为平阳公主，次女为南宫公主，三女为林虑公主。

盖侯王信喜欢饮酒。田蚡、田胜生性贪婪，能说会道。王仲早死，葬在槐里，追封为共侯，设置园邑二百家。等到平原君去世，从后夫田氏合葬在长陵，设置园邑比照共侯园的规格。王太后后于孝景帝十六年，在元朔四年驾崩，同景帝合葬在阳陵。王太后家共有三人为侯。

卫皇后字子夫，出身低微。她家号称卫氏，出自平阳侯的封邑。子夫是平阳公主家的歌伎。武帝即位之初，几年未有子嗣。平阳公主访求挑选了十几个良家女子，装扮好了放在家中。武帝三月上巳去霸上祓禊归来，顺便过访平阳公主。平阳公主让装扮好的美人出来见武帝，皇上看了都不喜欢。到宴饮时，歌伎上来献歌，皇上望见卫子夫，单单就爱上她。这一天，武帝起来换衣服，子夫在尚衣的车中侍奉，得到了亲幸。皇上回到宴会的座位上，极其高兴，赐给平阳公主黄金千斤。公主从而奏请进献子夫，把她送入宫中。子夫上车时，平阳公主轻轻地拍着她的背说："去吧，多吃些饭，保重身体，要努力啊！如果显贵了，别忘了我。"入宫一年多，竟不再得到亲幸。武帝挑选宫女中不中用的，斥退出宫，让她们回家。卫子夫得以见到皇上，哭哭啼啼地请求让她出宫。皇上对她生了怜爱之心，又亲幸她，于是子夫有了身孕，得到的尊荣和宠爱，一天比一天增多。武帝把她的哥哥卫长君、弟弟卫青召来任为侍中。子夫后来大被皇上亲幸，非常得宠，一共生了三个女儿一个儿子，儿子名据。

当初，皇上为太子时，娶了长公主的女儿为妃。立为皇帝后，这个妃子就立为皇后。皇后姓陈，没有生儿子。皇上之所以能被景帝立为继承皇位的太子，大长公主出了大力，所以陈皇后很骄贵。她听说卫子夫大得宠幸，很恼怒，好几次寻死觅活的。皇上得知后，更生她的气。陈皇后为了争宠，搞了妇人巫蛊求媚的那一套歪门邪道。这类事情多次被皇上觉察。于是，武帝废掉陈皇后，而立卫子夫为皇后。

陈皇后的母亲大长公主是景帝的姐姐，她责怪武帝的姐姐平阳公主说："皇上不是因为我的关系，不会被立。事后却抛弃了我的女儿，怎么这样不自爱，忘了本！"平阳公主说："是因为没能生儿子的缘故才被废的。"陈皇后想生儿子，给医生的钱共花了九千万，然而终究未能生子。

卫子夫已立为皇后，卫长君早先死了，武帝就以卫青为将军。卫青攻打匈奴有功，被封为长平侯。他三个儿子还是襁褓中的婴孩，也都封为列侯。连同卫皇后所谓的姐姐卫少儿生的儿子霍去病，也以军功封为冠军侯，号骠骑将军。卫青号大将军。武帝立卫皇后的儿子据为太子。卫家的亲属靠军功起家，共有五人为侯。

等到卫皇后容色衰老，赵地的王夫人得到宠幸，生有儿子，被封为齐王。

王夫人早死。而中山李夫人得宠，生了一个儿子，被封为昌邑王。

李夫人早死，她的哥哥李延年因精通音律而得宠，封官号称协律。协律之职原本系倡家。后来李延年和他的弟弟都因为与宫女通奸而遭灭族之祸。其时他们的长兄广利为贰师将军远出征伐大宛，没有跟着被杀。李广利回来，皇帝已经夷灭了李氏。后来又可怜李家，就封广利为海西侯。

武帝其他姬妾生的两个儿子被封为燕王、广陵王。他们的母亲不得宠，因忧闷而死。

等到李夫人去世，又有尹婕妤之类的女子，轮流得宠。但她们都出身倡家，因善于歌舞而得见皇上，不是有封土的王侯之女，不能与皇上匹配。

褚先生说：我当郎官的时候，曾经求教熟悉汉家故事的钟离生。钟离生说：王太后在民间时所生的女儿，生父是金王孙，王孙已死。景帝崩后，武帝已继位，王太后还在世。韩王孙名嫣，一向得到武帝的宠幸，乘机会告诉武帝太后还有个女儿在长陵。武帝说："为什么不早说！"于是就派人前去侦视，太后的那个女儿正在家里。武帝就亲自前往迎取。皇帝外出，清道戒严，先行开道的旄骑出横城门，武帝的车驾一路直驰到达长陵。从小市西面进入里坊，里门关着，就破门而入，车驾直入这个坊里，到金氏门外停下，派遣武装骑兵包围了金氏的宅第，为的是怕她逃走，皇上亲自去迎取时接不到。接着就叫左右群臣进门呼叫寻找。金家的人惊惶失措，那女子躲在内室的床底下。把她找到后扶她出门，令她拜见皇上。武帝下车哭着说："咳，大姐，为什么躲得那么隐密啊！"下诏用自己的副车载送她，掉转车头驰回长安，直入太后居住的长乐宫。在路上就下诏给她上了门籍，把通名状交给长乐宫守门的使者，让他到太后那里去通报。武帝进去谒见太后。太后说："皇帝你劳累了，从什么地方来？"武帝说："今天到长陵去找到了我的姐姐，同她一起来了。"回过头对金氏女子说："拜见太后！"太后说："你是某某吗？"回答说："是的。"太后不禁为之流下了眼泪，金氏女子也伏在地上哭泣。武帝举酒上前祝贺，致送钱一千万，奴婢三百人，公田一百顷，头等住宅一所，用来赐给这个姐姐。太后道谢说："使皇帝你破费了。"于是召来平阳公主、南宫公主、林虑公主三人，让她们都来拜见姐姐。武帝从而又封她为修成君。修成君有儿子一人，女儿一人。儿子号为修成子仲，女儿后来嫁诸侯王为王后。这两个孩子都不是刘氏的子女，因而太后怜爱他们。修成子仲骄纵任性，横行不法，欺压官吏和百姓，人们都为此害怕苦恼。

卫子夫被立为皇后,皇后的弟弟卫青,字仲卿,以大将军的身份被封为长平侯。他有四个儿子,长子伉为长平侯世子,侯世子经常在皇上身边侍从,显贵得宠。他三个弟弟都封为侯,各有封邑一千三百户。一个叫阴安侯,第二个叫发干侯,第三个叫宜春侯,地位尊贵,名震天下。人们编歌谣说:"生男孩别欢喜,生女孩别生气,难道没有看到卫子夫荣华富贵天下第一!"

当时平阳公主寡居在家,按常例应找一个列侯与公主结婚。公主与身边的人商议长安列侯中谁适合当自己的丈夫。身边的人都说大将军合适。公主笑着说:"他原是我家的下人,以前经常使唤他骑马随从我出入,怎么可以让他当我的丈夫呢!"左右侍奉的人说:"现在大将军的姐姐当上了皇后,三个儿子都封了侯,富贵震动天下,公主怎能看轻他呢?"于是公主就答应了。把这个心思告诉了皇后,让皇后禀告武帝。武帝就下诏让卫将军与平阳公主结婚。

褚先生说:大丈夫像龙一样可以变化。古书上说:"蛇能变为龙,但不改变它身上的花纹;家可以变为国,但不改变自己的姓氏。"大丈夫生逢其时,取得富贵,身上的一切过错和污点都会消除,只见光耀荣华,当初贫贱时的情况,哪里还能牵累他们!

武帝当时宠幸夫人尹婕妤,又有个邢夫人官号娙娥,而众人都叫她"娙何"。娙何的品级俸禄相当于中二千石,容华相当于二千石,婕妤相当于列侯。皇后经常是从婕妤升迁的。

尹夫人和邢夫人同时被武帝所宠幸，有诏命令她们二人不得相见。尹夫人自己向武帝请求，希望能从远处看一下邢夫人，武帝允许了。就让别的夫人打扮好，跟着几十个侍从，假装邢夫人前来。尹夫人上前与她相见，说："这不是邢夫人的自身。"武帝说："凭什么这样讲？"回答道："我看她的容貌体型，不足以称皇上的心。"于是武帝就下诏让邢夫人穿着旧衣服独自前来。尹夫人远远望见了，说："这真的是她。"于是低头俯身哭了起来，为自己不如人家而悲痛。这就如同谚语所说："美女进入家室，就成了丑女的仇敌。"

褚先生说：洗澡不必非到江海中去不可，关键在于能去掉身上的污垢；马不必非得到骐骥不可，关键在于要善于奔驰；士人不必非是当世最杰出的贤才不可，关键在于懂得道理；女子不必非有高贵的出身不可，关键在于操行清白容貌美丽。古书上说："女人不分美丑，一进入家室就会遭到嫉妒；士人不分贤和不贤，一进入朝廷就会遭到嫉恨。"美女是丑女的仇敌。难道不是这样吗？

钩弋夫人，姓赵，是河间人。得到武帝的宠幸，生了儿子，这就是昭帝。武帝年已七十岁，才生昭帝。昭帝立为皇帝时，年才五岁。

卫太子被废后，武帝没再立太子。而燕王旦上书，请求把封国归还朝廷，自己回长安入宫值宿警卫。武帝大怒，立刻把燕王的使者押到北阙斩首。

皇帝住在甘泉宫，召来画工画了周公背成王的图。于是左右群臣都知道武帝的意思是要立小儿子为皇位继承人。几天以后，武帝严厉地斥责钩弋夫人。夫人解下簪珥叩头请罪。武帝说："把她拉出去，送到掖庭的监狱里！"夫人一边走一边回顾，武帝说："快走，你活不成了。"夫人死在云阳宫。当时暴风骤起，尘土飞扬，百姓们都为钩弋夫人伤感。使者在夜里带了棺材前去埋葬夫人，在葬地做了标记。

此后武帝闲居无事时，问身边的人："人们对这件事有什么议论？"身边侍奉的回答道："人们说即将立她的儿子当太子了，为什么要除掉这个母亲呢？"武帝说："是啊，这可不是小孩子笨家伙们所能懂得的。古时候的国家为什么会有祸乱呢？就是因为国君年幼而母后壮年的缘故。女主独居骄慢，淫乱放纵，没有谁能禁止她。你们难道没有听说过吕后吗？"因此那些为武帝生儿育女的，无论是生儿子还是生女儿，孩子的母亲没有不被斥责处罚而死的。这难道可以说不是大贤大圣的作为吗？能明白地远见将来，为后世深思熟虑做好安排，这本来就不是那种见识浅薄的腐儒们所能比得上的。谥号称为"武"，难道是虚的吗！

史记卷五十

楚元王世家第二十

楚元王刘交者，高祖之同母少弟也，字游。

高祖兄弟四人，长兄伯，伯蚤卒。始高祖微时，尝辟事，时时与宾客过巨嫂食。嫂厌叔，叔与客来，嫂详为羹尽，栎釜，宾客以故去。已而视釜中尚有羹，高祖由此怨其嫂。及高祖为帝，封昆弟，而伯子独不得封。太上皇以为言，高祖曰："某非忘封之也，为其母不长者耳。"于是乃封其子信为羹颉侯。而王次兄仲于代。

高祖六年，已禽楚王韩信于陈，乃以弟交为楚王，都彭城。即位二十三年卒，子夷王郢立。夷王四年卒，子王戊立。

王戊立二十年，冬，坐为薄太后服私奸，削东海郡。春，戊与吴王合谋反，其相张尚、太傅赵夷吾谏，不听。戊则杀尚、夷吾，起兵与吴西攻梁，破棘壁。至昌邑南，与汉将周亚夫战。汉绝吴楚粮道，士卒饥，吴王走，楚王戊自杀，军遂降汉。

汉已平吴楚，孝景帝欲以德侯子续吴，以元王子礼续楚。窦太后曰："吴王，老人也，宜为宗室顺善。今乃首率七国，纷乱天下，奈何续其后！"不许吴，许立楚后。是时礼为汉宗正。乃拜礼为楚王，奉元王宗庙，是为楚文王。

文王立三年卒，子安王道立。安王二十二年卒，子襄王注立。襄王立十四年卒，子王纯代立。王纯立，地节二年，中人上书告楚王谋反，王自杀，国除，入汉为彭城郡。

赵王刘遂者，其父高祖中子，名友，谥曰"幽"。幽王以忧死，故为"幽"。高后王吕禄于赵，一岁而高后崩。大臣诛诸吕吕禄等，乃立幽王子遂为赵王。

孝文帝即位二年，立遂弟辟疆，取赵之河间郡为河间王，是为文王。立十三年卒，子哀王福立。一年卒，无子，绝后，国除，入于汉。

遂既王赵二十六年，孝景帝时坐晁错以適削赵王常山之郡。吴楚反，赵王遂与合谋起兵。其相建德、内史王悍谏，不听。遂烧杀建德、王悍，发兵屯其西界，欲待吴与俱西。北使匈奴，与连和攻汉。汉使曲周侯郦寄击之。赵王遂还，城守邯郸，相距七月。吴楚败于梁，不能西。匈奴闻之，亦止，不肯入汉边。栾布自破齐还，乃并兵引水灌赵城。赵城坏，赵王自杀，邯郸遂降。赵幽王绝后。

太史公曰：国之将兴，必有祯祥，君子用而小人退。国之将亡，贤人隐，乱臣贵。使楚王戊毋刑申公，遵其言，赵任防与先生，岂有篡杀之谋，为天下僇哉？贤人乎，贤人乎！非质有其内，恶能用之哉？甚矣，"安危在出令，存亡在所任"，诚哉是言也！

译文：

楚元王刘交，是汉高祖同母异父的小弟弟，字游。

高祖有兄弟四人，长兄叫伯，伯很早就去世了。当初，高祖贫微的时候，曾经为了躲避官吏，常常跟客人一块儿到大嫂家去吃饭。大嫂讨厌小叔子来白吃，当小叔子跟客人们来到时，大嫂便假装羹已吃光，用勺刮锅嘎嘎作响，结果客人们因此都离去了。事后高祖发觉锅中还有羹，为此而怨恨大嫂。到高祖当了皇帝，分封兄弟，只有伯的儿子不得封爵。太上皇为此而讲情，高祖说："并不是我忘了封他，只因为他母亲实在不像个长者的样子。"于是才封伯的儿子信为羹颉侯，而封二哥仲于代，为代王。

　　高祖六年，楚王韩信在陈地被捕，高祖便封自己的弟弟交为楚王，都城设在彭城。刘交在位二十三年而死，儿子夷王郢即位。夷王在位四年而死，儿子王戊即位。

　　王戊在位二十年的冬天，逢薄太后去世，王戊在为薄太后服丧的房屋里奸淫而犯罪，被削去封地东海郡。到了春天，王戊便同吴王合谋造反，其丞相张尚、太傅赵夷吾劝谏阻拦不听。王戊反而杀了张尚、赵夷吾，起兵同吴军一道西进攻打梁国，拿下了棘壁。军队到达昌邑之南，同汉将周亚夫交战。汉军断绝了吴、楚军队的粮道，士兵们挨饿，吴王逃走，楚王戊自杀，军队也就投降了汉军。

　　汉兵平定了吴、楚的叛乱，孝景帝想让（吴王濞之弟）德侯的儿子续封吴国，让楚元王交的儿子礼续封楚国。窦太后说："吴王濞本是皇族中的长辈了，应当爱护顺从宗室。现在却带头率领七国造反，扰乱天下，怎么能续封其后代！"因而不准许再立吴国的后代，只准许立楚国的后代。当时，礼是汉朝的宗正。于是，封礼为楚王，奉祀元王的宗庙，这就是楚文王。

　　文王在位三年而死，儿子安王道即位。安王在位二十二年而死，儿子襄王注即位。襄王在位十四年而死，儿子王纯继位。王纯即位后，地节二年，国中有人上书告发楚王谋反，王自杀。楚国被撤除，封地归入汉朝，成为彭城郡。

赵王刘遂，其父是高祖中子，名友，谥号为"幽"。因为幽王是忧伤而死的，所以叫作"幽"。高后封吕禄于赵地，做了赵王。一年后，高后驾崩，大臣们诛杀吕禄及吕氏全族，于是，立幽王的儿子遂为赵王。

孝文帝即位的第二年，封立遂的弟弟辟疆，取原属赵的河间郡为封地，为河间王。他就是河间文王。文王在位十三年而死，儿子哀王福即位。一年而死，没有儿子，绝了后嗣，河间国撤除，封地归入汉朝。

刘遂封赵王二十六年后，孝景帝时因晁错抓住刘遂过失削除赵王的常山郡。吴、楚反叛，赵王便同他们合谋起兵，其丞相建德、内史王悍劝谏，不听。刘遂烧死建德、王悍，发兵屯扎在赵国西部边界处，想等与吴军会师后一道西进。同时，又北上派人出使匈奴，要同他们联合起来攻汉。汉朝派曲周侯郦寄攻赵。赵王返回，固守邯郸城，与汉军相持七个月。后来，吴、楚军在梁国兵败，不能西进。匈奴听到了这个消息，也停止了军事行动，不肯进入汉界。栾布领兵攻克齐地返回，与郦寄会师，引水淹灌赵都。赵都城墙坍塌，赵王自杀，邯郸城便投降了。赵幽王也断绝了后嗣。

太史公说：一个国家将要兴起，必定有吉祥的征兆，这时，君子受重用而小人隐退。一个国家将要灭亡，贤人隐退而乱臣尊贵。假如楚王戊不加刑申公，而遵照他的话去做；假如赵王能够任用防与先生，他们怎么会有篡位杀主的阴谋，而被天下所共诛呢？贤人啊，贤人啊！如果国君不是内心有善良的本质，怎么可能任用贤人呢！多么重要啊，所谓"国家安危关键在于政令，国家存亡关键在于任用的人"，这句话千真万确啊！

史记卷五十一

荆燕世家第二十一

荆王刘贾者,诸刘,不知其何属、初起时。汉王元年,还定三秦,刘贾为将军,定塞地,从东击项籍。

汉四年,汉王之败成皋,北渡河,得张耳、韩信军,军修武,深沟高垒,使刘贾将二万人,骑数百,渡白马津入楚地,烧其积聚,以破其业,无以给项王军食。已而楚兵击刘贾,贾辄壁不肯与战,而与彭越相保。

汉五年,汉王追项籍至固陵,使刘贾南渡淮围寿春。还至,使人间招楚大司马周殷。周殷反楚,佐刘贾举九江,迎武王黥布兵,皆会垓下,共击项籍。汉王因使刘贾将九江兵,与太尉卢绾西南击临江王共尉。共尉已死,以临江为南郡。

汉六年春,会诸侯于陈,废楚王信,囚之,分其地为二国。当是时也,高祖子幼,昆弟少,又不贤,欲王同姓以镇天下,乃诏曰:"将军刘贾有功,及择子弟可以为王者。"群臣皆曰:"立刘贾为荆王,王淮东五十二城;高祖弟交为楚王,王淮西三十六城。"因立子肥为齐王。始王昆弟刘氏也。

高祖十一年秋,淮南王黥布反,东击荆。荆王贾与战,不胜,走富陵,为布军所杀。高祖自击破布。十二年,立沛侯刘濞为吴王，王故荆地。

燕王刘泽者，诸刘远属也。高帝三年，泽为郎中。高帝十一年，泽以将军击陈豨，得王黄，为营陵侯。

高后时，齐人田生游乏资，以画干营陵侯泽。泽大说之，用金二百斤为田生寿。田生已得金，即归齐。二年，泽使人谓田生曰："弗与矣。"田生如长安，不见泽，而假大宅，令其子求事吕后所幸大谒者张子卿。居数月，田生子请张卿临，亲修具。张卿许往。田生盛帷帐共具，譬如列侯。张卿惊。酒酣，乃屏人说张卿曰："臣观诸侯王邸弟百余，皆高祖一切功臣。今吕氏雅故本推毂高帝就天下，功至大，又亲戚太后之重。太后春秋长，诸吕弱，太后欲立吕产为王，王代。太后又重发之，恐大臣不听。今卿最幸，大臣所敬，何不风大臣以闻太后，太后必喜。诸吕已王，万户侯亦卿之有。太后心欲之，而卿为内臣，不急发，恐祸及身矣。"张卿大然之，乃风大臣语太后。太后朝，因问大臣。大臣请立吕产为吕王。太后赐张卿千斤金，张卿以其半与田生。田生弗受，因说之曰："吕产王也，诸大臣未大服。今营陵侯泽，诸刘，为大将军，独此尚觖望。今卿言太后，列十余县王之，彼得王，喜去，诸吕王益固矣。"张卿入言，太后然之。乃以营陵侯刘泽为琅邪王。琅邪王乃与田生之国。田生劝泽急行，毋留。出关，太后果使人追止之，已出，即还。

及太后崩，琅邪王泽乃曰："帝少，诸吕用事，刘氏孤弱。"乃引兵与齐王合谋西，欲诛诸吕。至梁，闻汉遣灌将军屯荥阳，泽还兵备西界，遂跳驱至长安。代王亦从代至。诸将相与琅邪王共立代王为天子。天子乃徙泽为燕王，乃复以琅邪予齐，复故地。

泽王燕二年薨，谥为敬王。传子嘉，为康王。

至孙定国，与父康王姬奸，生子男一人。夺弟妻为姬。与子女三人奸。定国有所欲诛杀臣肥如令郢人，郢人等告定国，定国使谒者以他法劾捕格杀郢人以灭口。至元朔元年，郢人昆弟复上书具言定国阴事，以此发觉。诏下公卿，皆议曰："定国禽兽行，乱人伦，逆天，当诛。"上许之。定国自杀，国除为郡。

太史公曰：荆王王也，由汉初定，天下未集，故刘贾虽属疏，然以策为王，填江淮之间。刘泽之王，权激吕氏，然刘泽卒南面称孤者三世。事发相重，岂不为伟乎！

译文：

荆王刘贾是刘氏皇族中的一员，但不知道属于哪个支派的，也不知道他最初参加起事的时间。汉元年，汉王回军平定三秦，刘贾被任为将军，率军平定了塞王司马欣的领地，又跟随汉王东下攻打项籍。

汉四年，汉王兵败成皋后，北渡黄河，得到了张耳、韩信所率的军队，驻扎在修武，深挖壕沟，高筑壁垒，派遣刘贾率领二万步兵和几百名骑兵，从白马津渡过黄河深入楚地，烧毁那里积存的粮草物资，来破坏楚人的生业，使他们无法向项王的军队供给粮食。过了不久，楚兵来攻打刘贾，刘贾就固守壁垒不肯同敌军交战，而与彭越互相支援，共同防御。

汉五年，汉王领兵追击项籍直到固陵，命刘贾南渡淮水去围攻寿春。刘贾回军到达那里，派人暗中招降楚军的大司马周殷。周殷就背叛楚王，帮助刘贾攻克九江郡。刘贾迎接武王黥布的军队，都去垓下会师，一起攻打项籍。汉王从而就让刘贾统率九江的军队，与太尉卢绾联合，向西南进攻临江王共尉。共尉被俘身死后，汉就把临江国改为南郡。

汉六年春，高祖在陈地大会诸侯，废掉楚王韩信，囚禁了他，并把他原有的封地分为两国。那时候，高祖的儿子都还年幼，兄弟人数少，又没有什么才德，所以就想封同姓人为王来镇抚天下，于是下诏说："将军刘贾有功，（应该封王，）同时选择我的子弟中可以封王的。"群臣都说："请立刘贾为荆王，统治淮东地区的五十二城；请立皇上的弟弟刘交为楚王，统治淮西地区的三十六城。"高祖因便又立自己的儿子刘肥为齐王。这就是封兄弟、族人为王的开端。

高祖十一年秋，淮南王黥布发动叛乱，率军向东进攻荆国。荆王刘贾与他交战，不能取胜，败走富陵，被黥布的追兵杀死。高祖亲自领兵击败黥布。到十二年，立沛侯刘濞为吴王，统治原先荆王的封地。

燕王刘泽，是刘氏的远宗疏属。高帝三年，刘泽担任郎中。高帝十一年，刘泽以将军的身份领兵进攻陈豨，俘虏了陈豨军中的重要将领王黄，被封为营陵侯。

高后执政时期，齐人田生出游缺少资用，就求见营陵侯刘泽，用计策打动他。刘泽听了田生为他策划的计谋，非常高兴，用二百斤金子作为礼物祝田生长寿。田生得到了金子，就回齐地去了。两年以后，刘泽派人去对田生说："您同我不再交好了吗？"田生就来到长安，却不去见刘泽，自己租了一座大宅住下，命他的儿子设法去侍奉吕后所宠爱的宦官张子卿。过了几个月，田生的儿子请张子卿到家里来，他亲自准备丰盛的酒肴。张子卿答应前往。田生隆重地张设华丽的帷帐和各种用具，把他当作列侯一般款待。张子卿很是吃惊。喝酒喝到高兴时，田生让旁人退下，向张子卿说道："我看长安城中诸侯王的宅第有一百多家，一概都是高祖时的功臣。当今吕氏原本最早辅佐高帝取得天下，功劳极大，又具有至亲太后的重要地位。太后年岁已高，而吕家的势力弱小。太后很想立吕产为王，让他统治代国。但太后又难以提出此事，恐怕大臣们不肯听从。而今您子卿最受太后宠信，又被大臣们所敬重，您为什么不示意大臣把请求封立吕产为王的事上报太后，太后听了，一定很高兴。等到诸吕都已封了王，万户侯也就是您子卿的了。太后心里想那样做，而您子卿作为内廷亲信却不赶紧提出来，恐怕要大祸临头了。"张子卿认为田生讲得对，大为赞赏，就示意大臣们把这意见说给太后听。太后上朝，就因此询问大臣。大臣们请求立吕产为吕王。太后赐给张子卿一千斤金子。张子卿把其中一半分给田生。田生不肯接受，乘便又游说张子卿，说道："这次吕产封王，大臣们并不完全心服。现在营陵侯是皇族中人，身为大将军，只有他对此还不满怨恨。子卿您现在去对太后讲，（从齐王的封地中）割出十几个县封刘泽为王，他当了王，就会欢天喜地地离开长安，而吕氏诸王的地位就更牢固了。"张子卿进宫把这番话讲给太后听，太后表示赞同。于是就把营陵侯刘泽封为琅邪王。琅邪王就同田生一起前往封国。田生劝刘泽抓紧赶路，不要停留，出了函谷关，太后果然派人追赶、留阻。刘泽已经出关，追赶的人就回去了。

等到太后驾崩，琅邪王刘泽就说："现今皇上年纪小，吕家的人当政，皇族反倒势孤力弱。"于是就率领军队与齐王合谋西进，想要诛灭诸吕。到了梁地，听说朝廷派遣灌将军屯兵荥阳，刘泽就回军防守西线，乘机脱身，急速赶到长安。当时代王也从代国来到长安。汉廷的将相大臣和琅邪王一起拥立代王为天子。天子改封刘泽为燕王，并把琅邪再次划给齐国，恢复齐国原有的领地。

刘泽当燕王二年后去世，谥为敬王。传位给儿子嘉，就是康王。

传到孙子定国为王，定国同父亲康王的姬妾通奸，生了一个儿子。他又把弟弟的妻子夺过来当自己的姬妾，还同三个亲生女儿通奸。定国有个想杀掉的臣属肥如县令郢人，郢人等就告发定国的罪状，定国派遣近侍用别的法令检举逮捕并击杀郢人消灭口舌。到了元朔元年，郢人的兄弟又上书详细揭发定国的隐私，定国的罪行因此被朝廷觉察。皇上的诏命下达到公卿那里，公议的结果，都说："定国的行为如同禽兽，败坏人伦，背逆天理，应判死刑。"皇上批准了这个判决。定国自杀，封国被撤销改为郡。

太史公说：荆王能被封王，是由于汉朝的统治刚刚奠定，而天下还没有安定，所以刘贾虽然是疏属远亲，然而也能被策立为王，让他镇抚长江、淮河之间。刘泽被封为王，是由于用权术激发鼓动了吕氏，然而刘泽及其子孙终于也南面称王达三世之久。事情的起缘虽然只是在于刘泽和田生互相引重，能取得这样的结果，难道不也是很了不起吗？

史记卷五十二

齐悼惠王世家第二十二

齐悼惠王刘肥者，高祖长庶男也。其母外妇也，曰曹氏。高祖六年，立肥为齐王，食七十城，诸民能齐言者皆予齐王。

齐王，孝惠帝兄也。孝惠帝二年，齐王入朝。惠帝与齐王燕饮，亢礼如家人。吕太后怒，且诛齐王。齐王惧不得脱，乃用其内史勋计，献城阳郡，以为鲁元公主汤沐邑。吕太后喜，乃得辞就国。

悼惠王即位十三年，以惠帝六年卒。子襄立，是为哀王。

哀王元年，孝惠帝崩，吕太后称制，天下事皆决于高后。二年，高后立其兄子郦侯吕台为吕王，割齐之济南郡为吕王奉邑。

哀王三年，其弟章入宿卫于汉，吕太后封为朱虚侯，以吕禄女妻之。后四年，封章弟兴居为东牟侯，皆宿卫长安中。

哀王八年，高后割齐琅邪郡立营陵侯刘泽为琅邪王。

其明年，赵王友入朝，幽死于邸。三赵王皆废。高后立诸吕为三王，擅权用事。

朱虚侯年二十，有气力，忿刘氏不得职。尝入侍高后燕饮，高后令朱虚侯刘章为酒吏。章自请曰："臣，将种也，请得以军法行酒。"高后曰："可。"酒酣，章进饮歌舞。已而曰："请为太后言耕田歌。"高后儿子畜之，笑曰："顾而父知田耳。若生而为王子，安知田乎？"章曰："臣知之。"太后曰："试为我言田。"章曰："深耕穊种，立苗欲疏；非其种者，锄而去之。"吕后默然。顷之，诸吕有一人醉，亡酒，章追，拔剑斩之而还报曰："有亡酒一人，臣谨行法斩之。"太后左右皆大惊。业已许其军法，无以罪也。因罢。自是之后，诸吕惮朱虚侯，虽大臣皆依朱虚侯，刘氏为益强。

其明年，高后崩。赵王吕禄为上将军，吕王产为相国，皆居长安中，聚兵以威大臣，欲为乱。朱虚侯章以吕禄女为妇，知其谋，乃使人阴出告其兄齐王，欲令发兵西，朱虚侯、东牟侯为内应，以诛诸吕，因立齐王为帝。

齐王既闻此计，乃与其舅父驷钧、郎中令祝午、中尉魏勃阴谋发兵。齐相召平闻之，乃发卒卫王宫。魏勃绐召平曰："王欲发兵，非有汉虎符验也。而相君围王，固善。勃请为君将兵卫卫王。"召平信之，乃使魏勃将兵围王宫。勃既将兵，使围相府。召平曰："嗟乎！道家之言'当断不断，反受其乱'，乃是也。"遂自杀。于是齐王以驷钧为相，魏勃为将军，祝午为内史，悉发国中兵。使祝午东诈琅邪王曰："吕氏作乱，齐王发兵欲西诛之。齐王自以儿子，年少，不习兵革之事，愿举国委大王。大王自高帝将也，习战事。齐王不敢离兵，使臣请大王幸之临淄见齐王计事，并将齐兵以西平关中之乱。"琅邪王信之，以为然，乃驰见齐王。齐王与魏勃等因留琅邪王，而使祝午尽发琅邪国而并将其兵。

琅邪王刘泽既见欺，不得反国，乃说齐王曰："齐悼惠王高皇帝长子，推本言之，而大王高皇帝適长孙也，当立。今诸大臣狐疑未有所定，而泽于刘氏最为长年，大臣固待泽决计。今大王留臣无为也，不如使我入关计事。"齐王以为然，乃益具车送琅邪王。

琅邪王既行，齐遂举兵西攻吕国之济南。于是齐哀王遗诸侯王书曰："高帝平定天下，王诸子弟，悼惠王于齐。悼惠王薨，惠帝使留侯张良立臣为齐王。惠帝崩，高后用事，春秋高，听诸吕擅废高帝所立，又杀三赵王，灭梁、燕、赵以王诸吕，分齐国为四。忠臣进谏，上惑乱不听。今高后崩，皇帝春秋富，未能治天下，固恃大臣诸侯。今诸吕又擅自尊官，聚兵严威，劫列侯忠臣，矫制以令天下，宗庙所以危。今寡人率兵入诛不当为王者。"

汉闻齐发兵而西，相国吕产乃遣大将军灌婴东击之。灌婴至荥阳，乃谋曰："诸吕将兵居关中，欲危刘氏而自立。我今破齐还报，是益吕氏资也。"乃留兵屯荥阳，使使喻齐王及诸侯，与连和，以待吕氏之变而共诛之。齐王闻之，乃西取其故济南郡，亦屯兵于齐西界以待约。

吕禄、吕产欲作乱关中，朱虚侯与太尉勃、丞相平等诛之。朱虚侯首先斩吕产，于是太尉勃等乃得尽诛诸吕。而琅邪王亦从齐至长安。

大臣议欲立齐王，而琅邪王及大臣曰："齐王母家驷钧，恶戾，虎而冠者也。方以吕氏故几乱天下，今又立齐王，是欲复为吕氏也。代王母家薄氏，君子长者；且代王又亲高帝子，于今见在，且最为长。以子则顺，以善人则大臣安。"于是大臣乃谋迎立代王，而遣朱虚侯以诛吕氏事告齐王，令罢兵。

灌婴在荥阳，闻魏勃本教齐王反，既诛吕氏，罢齐兵，使使召责问魏勃。勃曰："失火之家，岂暇先言大人而后救火乎！"因退立，股战而栗，恐不能言者，终无他语。灌将军熟视笑曰："人谓魏勃勇，妄庸人耳，何能为乎！"乃罢魏勃。魏勃父以善鼓琴见秦皇帝。及魏勃少时，欲求见齐相曹参，家贫无以自通，乃常独早夜埽齐相舍人门外。相舍人怪之，以为物，而伺之，得勃。勃曰："愿见相君，无因，故为子埽，欲以求见。"于是舍人见勃曹参，因以为舍人。一为参御，言事，参以为贤，言之齐悼惠王。悼惠王召见，则拜为内史。始，悼惠王得自置二千石。及悼惠王卒而哀王立，勃用事，重于齐相。

王既罢兵归，而代王来立，是为孝文帝。

孝文帝元年，尽以高后时所割齐之城阳、琅邪、济南郡复与齐，而徙琅邪王王燕，益封朱虚侯、东牟侯各二千户。

是岁，齐哀王卒，太子则立，是为文王。

齐文王元年，汉以齐之城阳郡立朱虚侯为城阳王，以齐济北郡立东牟侯为济北王。

二年，济北王反，汉诛杀之，地入于汉。

后二年，孝文帝尽封齐悼惠王子罢军等七人皆为列侯。

齐文王立十四年卒，无子，国除，地入于汉。

后一岁，孝文帝以所封悼惠王子分齐为王，齐孝王将闾以悼惠王子杨虚侯为齐王。故齐别郡尽以王悼惠王子：子志为济北王，子辟光为济南王，子贤为淄川王，子卬为胶西王，子雄渠为胶东王，与城阳、齐凡七王。

齐孝王十一年，吴王濞、楚王戊反，兴兵西，告诸侯曰"将诛汉贼臣晁错以安宗庙"。胶西、胶东、淄川、济南皆擅发兵应吴楚。欲与齐，齐孝王狐疑，城守不听，三国兵共围齐。齐王使路中大夫告于天子。天子复令路中大夫还告齐王："善坚守，吾兵今破吴楚矣。"路中大夫至，三国兵围临淄数重，无从入。三国将劫与路中大夫盟，曰："若反言汉已破矣，齐趣下三国，不且见屠。"路中大夫既许之，至城下，望见齐王，曰："汉已发兵百万，使太尉周亚夫击破吴楚，方引兵救齐，齐必坚守无下！"三国将诛路中大夫。

齐初围急，阴与三国通谋，约未定，会闻路中大夫从汉来，喜，及其大臣乃复劝王毋下三国。居无何，汉将栾布、平阳侯等兵至齐，击破三国兵，解齐围。已而复闻齐初与三国有谋，将欲移兵伐齐。齐孝王惧，乃饮药自杀。景帝闻之，以为齐首善，以迫劫有谋，非其罪也，乃立孝王太子寿为齐王，是为懿王，续齐后。而胶西、胶东、济南、淄川王咸诛灭，地入于汉。徙济北王王淄川。齐懿王立二十二年卒，子次景立，是为厉王。

齐厉王，其母曰纪太后。太后取其弟纪氏女为厉王后。王不爱纪氏女。太后欲其家重宠，令其长女纪翁主入王宫，正其后宫，毋令得近王，欲令爱纪氏女。王因与其姊翁主奸。

齐有宦者徐甲，入事汉皇太后。皇太后有爱女曰修成君，修成君非刘氏，太后怜之。修成君有女名娥，太后欲嫁之于诸侯，宦者甲乃请使齐，必令王上书请娥。皇太后喜，使甲之齐。是时齐人主父偃知甲之使齐以取后事，亦因谓甲："即事成，幸言偃女愿得充王后宫。"甲既至齐，风以此事。纪太后大怒，曰："王有后，后宫具备。且甲，齐贫人，急乃为宦者，入事汉，无补益，乃欲乱吾王家！且主父偃何为者？乃欲以女充后宫！"徐甲大穷，还报皇太后曰："王已愿尚娥，然有一害，恐如燕王。"燕王者，与其子昆弟奸，新坐以死，亡国，故以燕感太后。太后曰："无复言嫁女齐事。"事浸浔闻于天子。主父偃由此亦与齐有郤。

主父偃方幸于天子，用事，因言："齐临淄十万户，市租千金，人众殷富，巨于长安，此非天子亲弟爱子不得王此。今齐王于亲属益疏。"乃从容言："吕太后时齐欲反，吴楚时孝王几为乱。今闻齐王与其姊乱。"于是天子乃拜主父偃为齐相，且正其事。主父偃既至齐，乃急治王后宫宦者为王通于姊翁主所者，令其辞证皆引王。王年少，惧大罪为吏所执诛，乃饮药自杀。绝无后。

是时赵王惧主父偃一出废齐，恐其渐疏骨肉，乃上书言偃受金及轻重之短。天子亦既囚偃。公孙弘言："齐王以忧死毋后，国入汉，非诛偃无以塞天下之望。"遂诛偃。

齐厉王立五年死，毋后，国入于汉。

齐悼惠王后尚有二国，城阳及淄川。淄川地比齐。天子怜齐，为悼惠王冢园在郡，割临淄东环悼惠王冢园邑尽以予淄川，以奉悼惠王祭祀。

城阳景王章，齐悼惠王子，以朱虚侯与大臣共诛诸吕，而章身首先斩相国吕王产于未央宫。孝文帝既立，益封章二千户，赐金千斤。孝文二年，以齐之城阳郡立章为城阳王。立二年卒，子喜立，是为共王。

共王八年，徙王淮南。四年，复还王城阳。凡三十三年卒，子延立，是为顷王。

顷王二十六年卒，子义立，是为敬王。敬王九年卒，子武立，是为惠王。惠王十一年卒，子顺立，是为荒王。荒王四十六年卒，子恢立，是为戴王。戴王八年卒，子景立，至建始三年，十五岁，卒。

济北王兴居，齐悼惠王子，以东牟侯助大臣诛诸吕，功少。及文帝从代来，兴居曰："请与太仆婴入清宫。"废少帝，共与大臣尊立孝文帝。

孝文帝二年，以齐之济北郡立兴居为济北王，与城阳王俱立。立二年，反。始大臣诛吕氏时，朱虚侯功尤大，许尽以赵地王朱虚侯，尽以梁地王东牟侯。及孝文帝立，闻朱虚、东牟之初欲立齐王，故绌其功。及二年，王诸子，乃割齐二郡以王章、兴居。章、兴居自以失职夺功。章死，而兴居闻匈奴大入汉，汉多发兵，使丞相灌婴击之，文帝亲幸太原，以为天子自击胡，遂发兵反于济北。天子闻之，罢丞相及行兵，皆归长安。使棘蒲侯柴将军击破虏济北王，王自杀，地入于汉，为郡。

后十三年，文帝十六年，复以齐悼惠王子安都侯志为济北王。十一年，吴楚反时，志坚守，不与诸侯合谋。吴楚已平，徙志王淄川。

济南王辟光，齐悼惠王子，以勒侯孝文十六年为济南王。十一年，与吴楚反。汉击破，杀辟光，以济南为郡，地入于汉。

淄川王贤，齐悼惠王子，以武城侯文帝十六年为淄川王。十一年，与吴楚反，汉击破，杀贤。

天子因徙济北王志王淄川。志亦齐悼惠王子，以安都侯王济北。淄川王反，毋后，乃徙济北王王淄川。凡立三十五年卒，谥为懿王。子建代立，是为靖王。二十年卒，子遗代立，是为顷王。三十六年卒，子终古立，是为思王。二十八年卒，子尚立，是为孝王。五年卒，子横立，至建始三年，十一岁，卒。

胶西王卬，齐悼惠王子，以昌平侯文帝十六年为胶西王。十一年，与吴楚反。汉击破，杀卬，地入于汉，为胶西郡。

胶东王雄渠，齐悼惠王子，以白石侯文帝十六年为胶东王。十一年，与吴楚反，汉击破，杀雄渠，地入于汉，为胶东郡。

太史公曰：诸侯大国无过齐悼惠王。以海内初定，子弟少，激秦之无尺土封，故大封同姓，以填万民之心。及后分裂，固其理也。

译文：

齐悼惠王刘肥，是高祖刘邦庶出的长子。其母是高祖的外室，姓曹。高祖六年，封立刘肥为齐王，食邑七十城，百姓中凡是能说齐地方言的都划归齐王。

齐王是孝惠帝的兄长。孝惠帝二年，齐王入京朝见，惠帝宴请齐王，以如同百姓家人间对等之礼相待。吕太后很生气，要杀齐王。齐王十分害怕，担忧自己不能脱身，于是采用他的内史勋之计，献出城阳郡，作为鲁元公主的汤沐邑。吕太后高兴了，齐王才得以辞别归国。

悼惠王即位十三年，于惠帝六年去世。子襄继立，他就是齐哀王。

哀王元年，孝惠帝去世，吕太后临朝称制，天下的事全都取决于高后。第二年，高后封立其兄之子郦侯吕台为吕王，割出齐国的济南郡作为吕王的封地。

哀王三年，其弟刘章到汉朝宫中值宿警卫，吕太后封他为朱虚侯，把吕禄的女儿嫁给他为妻。四年之后，又封刘章之弟刘兴居为东牟侯，二人都在长安值宿警卫。

哀王八年，高后割出齐国的琅邪郡，封立营陵侯刘泽为琅邪王。

其明年，赵王刘友入京朝见，被幽禁致死于京都住所中。前后三个赵王都被废黜。高后封立吕氏宗人为梁、赵、燕三王，专权当政。

朱虚侯年方二十，有气力，对刘氏不能得到要职忿忿不平。

他曾经入宫侍候高后宴饮，高后命他担任酒吏。刘章自己请求说："臣是将门之后，请准许我能按军法监酒。"高后说："可以。"酒喝到兴头上，刘章劝酒，让歌舞乐人入宫表演助兴，然后说道："请让我为太后说一段耕田歌。"高后把他当作无知小儿看待，笑着说："想来只有你父亲知道耕田罢了，你生下来就是王子，怎么会知道耕田呢？"刘章说："臣知道。"太后说："那你试着为我说说耕田。"刘章说道："深深地耕田，密密地播种，栽苗要疏广；不是同种的，挥锄去掉它。"吕后听了，沉默不语。过了一会儿，吕姓族人中有一个人喝醉了，逃避劝酒，刘章追上去，拔剑把他斩了而回来禀报说："有一个从酒席上逃跑的人，臣谨按军法将他斩首。"太后及周围的人都大吃一惊。但既已准许他按军法监酒，无法办他的罪。于是停饮散席。从此之后，吕姓族人畏惧朱虚侯，即使是汉廷的大臣，也都依傍朱虚侯，刘氏为此而势力渐强。

其明年，高后去世。赵王吕禄为上将军，吕王产为相国，都坐镇长安城中，聚集军队以威胁大臣，企图作乱。朱虚侯刘章因吕禄的女儿是他的妻子，知道吕氏的阴谋，便派人暗中离开长安去告诉他的兄长齐王，想让齐王发兵西进，朱虚侯、东牟侯做内应，以诛灭吕姓诸人，乘机拥立齐王为帝。

齐王听到这一计谋后，便和舅父驷钧、郎中令祝午、中尉魏勃密谋发兵。齐相召平听说后，发兵围住王宫。魏勃欺骗召平说："王想要发兵，但并无汉廷的虎符为凭。现在相君包围王宫，实在是很应该的。我魏勃请求替您领兵禁卫王宫。"召平相信了，便让魏勃领兵包围王宫。魏勃领兵之后，却命令军队把相府围了起来。召平说："唉！道家有这样一句话，'当断不断，反受其乱'，现在正是如此啊！"便自杀身亡。于是齐王任命驷钧为相，魏勃为将军，祝午为内史，把国内的军队全数发动起来。齐王又派祝午往东去欺骗琅邪王刘泽说："吕氏作乱，齐王发兵，准备西进诛伐诸吕。齐王自己因为是小孩，年纪轻，不熟悉军事，愿把整个国家委托给大王。大王从高帝时起就领兵，熟悉战事。齐王不敢离开他的军队，派臣前来请大王驾临临淄见齐王商议大事，并统率齐兵西进平定关中之乱。"琅邪王信了他的话，觉得有理，便驱车去见齐王。齐王和魏勃等乘机扣留住琅邪王，而让祝午把琅邪国兵尽数发动起来，并统领这支军队。

琅邪王刘泽受到欺骗后，不能归国，便劝说齐王道："齐悼惠王是高皇帝的长子，从根本上推究起来，大王您是高皇帝的嫡长孙，应当嗣立为帝。如今诸大臣态度犹豫，定不下来，而我刘泽在刘氏宗族中最为年长，诸大臣肯定是在等我决定大计。现在大王您留我在这里也没有什么用处，不如让我入关去计议这嗣立大事。"齐王觉得他的话有理，便增派车马送琅邪王入关。

琅邪王出发之后，齐便举兵西攻吕国的济南。这时齐哀王向各诸侯王送信说："高帝平定天下，分封诸子弟为王，悼惠王封在齐国。悼惠王去世，惠帝派留侯张良立臣为齐王。惠帝去世，高后当权，年事已高，听任诸吕擅自废黜高帝所立，又杀害三位赵王，灭掉刘氏的梁、燕、赵国而封给诸吕为王，还把齐国割成了四份。忠臣进谏，高后迷乱糊涂，听不进去。如今高后去世，皇帝年轻，未能治理天下，本当依靠大臣诸侯。现在诸吕又擅自窃居高位，聚兵威胁，挟制列侯忠臣，诈称帝命以号令天下，以致宗庙危急。现在寡人率军入关，诛伐不当为王之人。"

汉廷得知齐国发兵西进，相国吕产派遣大将军灌婴东进迎击。灌婴到达荥阳，心里盘算道："诸吕领兵居关中，企图危害刘氏而自立。我现在破齐回报，那只是去给吕氏增添资本。"于是留兵屯驻荥阳，派使者晓谕齐王及诸侯，双方讲和联合，以待吕氏突发事变而共同来诛灭他们。齐王听灌婴如此说，便向西进军夺取其原辖的济南郡，然后也把军队屯驻在齐国西界，依约等待。

吕禄、吕产企图在关中作乱，朱虚侯与太尉周勃、丞相陈平等诛灭了他们。朱虚侯首先斩了吕产，于是太尉周勃等才得以把诸吕一网打尽。而琅邪王刘泽此时也从齐国到了长安。

大臣们商议要立齐王为帝，而琅邪王和一些大臣都说："齐王的母家人驷钧，凶恶乖戾，像是穿衣戴帽的老虎一样。刚刚因为吕氏的缘故，几乎使天下大乱，现在又立齐王，那是想要再制造一个吕氏啊。代王母家薄氏，是仁善的君子长者；而且代王又是嫡亲的高帝之子，如今就在那里，并且最年长。从立子以长这一点来看，迎立代王是名正言顺的；从薄氏是仁善长者这一点来看，与大臣也得以相安。"于是大臣们便商议迎立代王，而派朱虚侯把诛灭吕氏之事告诉齐王，让他罢兵。

灌婴在荥阳，听说魏勃原是教唆齐王起兵的主谋，在诛灭吕氏，让齐王罢兵后，便派使者召魏勃来责问。魏勃说："失火的人家，哪里有时间先禀报家长然后才来救火呢！"说罢，退后站立，两腿瑟瑟发抖，一副吓得说不出话来的样子，到最后也没有再说其他话。灌将军对魏勃细细打量了一阵，笑道："人称魏勃勇敢，看来不过是个狂妄平庸的人罢了，怎么能有所作为呢！"于是放了魏勃。魏勃的父亲因为善于鼓琴而进见过秦始皇。到魏勃年轻的时候，他想求见齐相曹参，因家境贫寒，无法自己打通门路，就常常一个人于清早夜晚在齐相舍人的门外扫地。齐相舍人很奇怪，以为是个鬼怪，便在一旁窥伺，发现了魏勃。魏勃说："我希望见到相君，没有机会，所以为您扫地，想因此而得以求见。"于是舍人向曹参引见魏勃，曹参便收留魏勃做了舍人。一次，魏勃为曹参驾车，谈论起事情，曹参认为他有才能，便推荐给齐悼惠王。悼惠王召见魏勃，拜他为内史。当初，悼惠王是可以自己任命内史这样二千石的官员的。等到悼惠王去世而哀王继立，魏勃主事，权力比齐相还重。

齐王罢兵归国后，代王来到长安嗣立为帝，他就是孝文帝。

孝文帝元年，把高后时分割出去的齐国的城阳、琅邪、济南三郡又尽数归还齐国，徙封琅邪王刘泽为燕王，加封朱虚侯、东牟侯各二千户。

这一年，齐哀王去世，太子则嗣立，他就是齐文王。

齐文王元年，汉廷用齐国的城阳郡封立朱虚侯刘章为城阳王，用齐国的济北郡封立东牟侯刘兴居为济北王。

二年，济北王谋反，汉廷诛杀了他，封地归入于汉。

又过后二年，孝文帝把齐悼惠王之子罢军等七人全部封为列侯。

齐文王嗣立十四年后去世，没有儿子，封国被废除，封地归入于汉。

过后一年，孝文帝把他所封立的悼惠王诸子分封在齐地为王，齐孝王将闾以悼惠王之子、杨虚侯的身份为齐王。原属齐国的另外一些郡全部用来分封悼惠王的其余儿子为王：子志为济北王，子辟光为济南王，子贤为淄川王，子卬为胶西王，子雄渠为胶东王，和城阳王、齐王一起总共有七王。

齐孝王十一年，吴王濞、楚王戊谋反，发兵西进，通告诸侯说："我们要诛杀汉廷贼臣晁错以安定刘氏宗庙。"胶西、胶东、淄川、济南等国都擅自发兵响应吴楚。他们企图联合齐国，齐孝王犹豫不决，据城而守，没有答应，三国的军队一起把齐包围起来。齐王派路中大夫报告天子。天子又令路中大夫归告齐王说："好好地坚守下去，我的军队现在就要攻破吴楚了。"路中大夫回到齐国，三国的军队把临淄围了好几层，无从进城。三国的将领捉住了路中大夫，威胁他，和他约定说："你要反过来说汉廷已经被攻破了，让齐国赶快向三国投降，你不这样说，就杀了你。"路中大夫答应之后，来到城下，望见齐王，说道："汉廷已经发兵百万，派太尉周亚夫击破吴楚，正领兵救齐，齐一定要坚守下去，不要投降！"三国的将领把路中大夫杀了。

齐当初被包围，情况十分危急的时候，齐王暗中曾和三国通谋，但还没约定，正好听说路中大夫从汉廷归来，很高兴，齐国的大臣便又劝说齐王不要投降三国。过不多久，汉将栾布、平阳侯等的军队开到齐国，击破三国叛军，解除了对齐国的包围。事后汉廷又听说齐国当初曾与三国通谋，准备移兵伐齐。齐孝王恐惧，便饮药自杀。景帝知道后，认为齐国起初并无谋反之心，因为受到逼迫威胁才和三国通谋，这不是齐王的罪过，于是封立孝王的太子寿为齐王，他就是懿王，继承齐国的王位。而胶西、胶东、济南、淄川王都被诛灭，其封地归入于汉。徙封济北王为淄川王。齐懿王嗣立二十二年去世，子次景嗣立，他就是齐厉王。

齐厉王，其母为纪太后。纪太后把她弟弟纪氏的女儿娶来做厉王王后。厉王不爱纪氏之女。纪太后想让纪家累世宠贵，便命其长女纪翁主进入王宫，整顿后宫，不让其余嫔妃得以接近厉王，想让厉王爱上纪氏之女。厉王却乘机和他的姊姊翁主发生了奸情。

齐国有个宦者徐甲，入京侍奉汉皇太后。皇太后有爱女叫修成君，修成君不是刘氏之女，太后很怜爱她。修成君有个女儿名娥，太后想把她嫁给诸侯，宦者徐甲便自请出使齐国，一定要设法让齐王上书请求娶娥。皇太后大喜，派徐甲到齐。这时齐人主父偃知道了徐甲到齐国去是因齐王娶后之事，便也乘机对徐甲说:"如果事情办成,希望您提及主父偃的女儿也愿充任齐王后宫之人。"徐甲到齐国后,把这件事委婉地说了。纪太后大怒,说道:"齐王有王后,后宫嫔妃也都够了。再说徐甲,原是齐国的一个穷人,生活窘迫才去当了宦者,入京侍奉汉廷,不但无所补益,竟还想扰乱我王家!再说主父偃又是干什么的?竟想把他女儿送到后宫来!"徐甲一筹莫展,回京禀报皇太后说:"齐王已经愿意娶娥,只是有一件祸患,那就是他恐怕会像燕王那样。"燕王刘定国,因为和他几个女儿私通,新近获罪身亡,封国也被废掉,所以徐甲用燕王的事来触动太后。太后说:"不要再提嫁女到齐国的事了。"这件事渐渐地也被天子知道了。主父偃从此也和齐国有了嫌隙。

主父偃当时正受宠于天子而当权治事,乘机向天子进言道:"齐国临淄有十万户,市集上的租税即有千金之多,人多,又富足,超过了京城长安,如果不是天子的亲弟或爱子是不能在这里为王的。可如今齐王在亲属关系上,与天子更加疏远了。"接着又从容说道:"吕太后时,齐国想要谋反;吴楚之乱时,孝王几乎叛乱。如今听说齐王和他的姊姊淫乱。"于是天子拜主父偃为齐相,准备让他整顿此事。主父偃到齐国后,便加紧查办那些替齐王到他的姊姊翁主住所联络牵线的后宫宦者,让他们把口供证词都牵连到齐王身上。齐王年少,惧怕自己有大罪要被法吏所拘执诛杀,便饮药自杀。齐王绝嗣,没有后代。

这时赵王对主父偃一出京就废掉了齐国很担忧,恐怕他会渐渐使刘氏骨肉疏远,于是上书揭发主父偃接受贿赂和居心不正等事。天子因此也把主父偃囚禁了起来。公孙弘说道:"齐王因忧惧而死,绝嗣无后,封国入于汉廷,不杀主父偃,无法满足天下人的愿望。"于是杀掉了主父偃。

齐厉王嗣立五年后去世，没有后代，封国归入于汉。

齐悼惠王的后代还有两国，即城阳国和淄川国。淄川国和齐国土地相邻。天子怜悯齐王，因为悼惠王的陵园原在齐郡，就割出临淄东面围着悼惠王陵园的城邑全都封给淄川王，让他奉守悼惠王的祭祀。

城阳景王刘章，齐悼惠王之子，以朱虚侯的身份和汉大臣共同诛灭诸吕，他亲自率先斩杀相国吕产于未央宫中。孝文帝即位之后，加封刘章二千户，赐金千斤。孝文帝二年，用齐的城阳郡封刘章为城阳王。封立之后二年去世，其子喜继立，他就是共王。

共王八年，徙封于淮南国为王。四年之后，又回城阳为王。他总共在位三十三年去世，其子延继立，他就是顷王。

顷王在位二十六年去世，其子义继立，他就是敬王。敬王在位九年去世，其子武继立，他就是惠王。惠王在位十一年去世，其子顺继立，他就是荒王。荒王在位四十六年去世，其子恢继立，他就是戴王。戴王在位八年去世，其子景继立，到成帝建始三年，在位十五年，去世。

济北王刘兴居，齐悼惠王之子，以东牟侯的身份协助汉大臣诛灭诸吕，功劳少。等到汉文帝从代国来到长安，刘兴居说："请允许我和太仆婴入内清宫。"他废了少帝，和大臣们一起尊立孝文帝。

孝文帝二年，用齐的济北郡分封刘兴居为济北王，和城阳王一起封立。封立之后二年，刘兴居谋反。当初大臣诛灭诸吕时，朱虚侯的功劳尤其大，朝廷曾答应把赵地全部分封给朱虚侯为王，把梁地全部分封给东牟侯为王。等到孝文帝即位，听说朱虚侯、东牟侯起初想立齐王为帝,所以贬黜他们的功劳。到了文帝二年,封诸子为王,这才割出齐国的两个郡封立刘章、刘兴居为王。刘章、刘兴居觉得自己是失去了应得的职位,被削减了功劳。刘章去世,刘兴居听说匈奴大举侵入汉地,汉朝征发了很多军队,派丞相灌婴迎击匈奴,文帝亲自来到太原,刘兴居因为天子亲自领兵击胡,便发兵在济北国反叛。天子听说后,命令丞相灌婴及出征的军队停止前进,都回到长安。派棘蒲侯柴将军击破济北叛军,俘虏了济北王。济北王自杀,封地归入于汉,成为郡。

过后十三年,在文帝十六年的时候,又把齐悼惠王之子安都侯刘志封为济北王。济北王十一年,吴楚反叛时,刘志坚守封国,不与反叛的诸侯合谋。吴楚被平定后,汉景帝改封刘志为淄川王。

济南王刘辟光,齐悼惠王之子,以勒侯的身份在孝文帝十六年封为济南王。济南王十一年,与吴楚一起反叛。汉廷击破叛军,杀了刘辟光,把济南国变为郡,封地归入于汉。

淄川王刘贤,齐悼惠王之子,以武城侯的身份在文帝十六年封为淄川王。淄川王十一年,与吴楚一起反叛,汉廷击破叛军,杀了刘贤。

天子于是改封济北王刘志为淄川王。刘志也是齐悼惠王之子,以安都侯的身份封为济北王。淄川王反叛被杀,没有后代,于是改封济北王为淄川王。刘志在济北、淄川为王共三十五年,去世,谥为懿王。其子建代立,他就是靖王。在位二十年去世,其子遗代立,他就是顷王。在位三十六年去世,其子终古继立,他就是思王。在位二十八年去世,其子尚继立，他就是孝王。在位五年去世，其子横继立，到建始三年，在位十一年，去世。

胶西王刘卬，齐悼惠王之子，以昌平侯的身份在文帝十六年封为胶西王。胶西王十一年，与吴楚一起反叛。汉廷击破叛军，杀了刘卬，封地归入于汉，成为胶西郡。

胶东王刘雄渠，齐悼惠王之子，以白石侯的身份在文帝十六年封为胶东王。胶东王十一年，与吴楚一起反叛，汉廷击破叛军，杀了刘雄渠，封地归入于汉，成为胶东郡。

太史公说：诸侯大国没有超过齐悼惠王的。当初因为海内初定，子弟少，有感于秦国对于子弟没有尺土之封，所以大封同姓，以安抚万民之心。到后来发生分裂，这原是理所当然的。

史记卷五十三

萧相国世家第二十三

萧相国何者，沛丰人也。以文无害，为沛主吏掾。

高祖为布衣时，何数以吏事护高祖。高祖为亭长，常左右之。高祖以吏繇咸阳，吏皆送奉钱三，何独以五。

秦御史监郡者与从事，常辨之。何乃给泗水卒史事，第一。秦御史欲入言征何，何固请，得毋行。

及高祖起为沛公，何常为丞督事。沛公至咸阳，诸将皆争走金帛财物之府分之，何独先入收秦丞相御史律令图书藏之。沛公为汉王，以何为丞相。项王与诸侯屠烧咸阳而去。汉王所以具知天下阸塞，户口多少，强弱之处，民所疾苦者，以何具得秦图书也。何进言韩信，汉王以信为大将军。语在《淮阴侯》事中。

汉王引兵东定三秦，何以丞相留收巴蜀，填抚谕告，使给军食。汉二年，汉王与诸侯击楚，何守关中，侍太子，治栎阳。为法令约束，立宗庙社稷宫室县邑，辄奏上，可，许以从事；即不及奏上，辄以便宜施行，上来以闻。关中事计户口转漕给军，汉王数失军遁去，何常兴关中卒，辄补缺。上以此专属任何关中事。

汉三年，汉王与项羽相距京索之间，上数使使劳苦丞相。鲍生谓丞相曰："王暴衣露盖，数使使劳苦君者，有疑君心也。为君计,莫若遣君子孙昆弟能胜兵者悉诣军所,上必益信君。"于是何从其计,汉王大说。

汉五年,既杀项羽,定天下,论功行封。群臣争功,岁余功不决。高祖以萧何功最盛,封为酂侯,所食邑多。功臣皆曰:"臣等身被坚执锐,多者百余战,少者数十合,攻城略地,大小各有差。今萧何未尝有汗马之劳,徒持文墨议论,不战,顾反居臣等上,何也?"高帝曰:"诸君知猎乎?"曰:"知之。""知猎狗乎?"曰:"知之。"高帝曰:"夫猎,追杀兽兔者狗也,而发踪指示兽处者人也。今诸君徒能得走兽耳,功狗也。至如萧何,发踪指示,功人也。且诸君独以身随我,多者两三人。今萧何举宗数十人皆随我,功不可忘也。"群臣皆莫敢言。

列侯毕已受封,及奏位次,皆曰:"平阳侯曹参身被七十创,攻城略地,功最多,宜第一。"上已桡功臣,多封萧何,至位次未有以复难之,然心欲何第一。关内侯鄂君进曰:"群臣议皆误。夫曹参虽有野战略地之功,此特一时之事。夫上与楚相距五岁,常失军亡众,逃身遁者数矣。然萧何常从关中遣军补其处,非上所诏令召,而数万众会上之乏绝者数矣。夫汉与楚相守荥阳数年,军无见粮,萧何转漕关中,给食不乏。陛下虽数亡山东,萧何常全关中以待陛下,此万世之功也。今虽亡曹参等百数,何缺于汉?汉得之不必待以全。奈何欲以一旦之功而加万世之功哉!萧何第一,曹参次之。"高祖曰:"善。"于是乃令萧何第一,赐带剑履上殿,入朝不趋。

上曰:"吾闻进贤受上赏。萧何功虽高,得鄂君乃益明。"于是因鄂君故所食关内侯邑封为安平侯。是日,悉封何父子兄弟十余人,皆有食邑。乃益封何二千户,以帝尝繇咸阳时何送我独嬴奉钱二也。

汉十一年，陈豨反，高祖自将，至邯郸。未罢，淮阴侯谋反关中，吕后用萧何计，诛淮阴侯，语在《淮阴》事中。上已闻淮阴侯诛，使使拜丞相何为相国，益封五千户，令卒五百人一都尉为相国卫。诸君皆贺，召平独吊。召平者，故秦东陵侯。秦破，为布衣，贫，种瓜于长安城东，瓜美，故世俗谓之"东陵瓜"，从召平以为名也。召平谓相国曰："祸自此始矣。上暴露于外而君守于中，非被矢石之事而益君封置卫者，以今者淮阴侯新反于中，疑君心矣。夫置卫卫君，非以宠君也。愿君让封勿受，悉以家私财佐军，则上心说。"相国从其计，高帝乃大喜。

汉十二年秋，黥布反，上自将击之，数使使问相国何为。相国为上在军，乃拊循勉力百姓，悉以所有佐军，如陈豨时。客有说相国曰："君灭族不久矣。夫君位为相国，功第一，可复加哉？然君初入关中，得百姓心，十余年矣，皆附君，常复孳孳得民和。上所为数问君者，畏君倾动关中。今君胡不多买田地，贱贳贷以自污？上心乃安。"于是相国从其计，上乃大说。

上罢布军归，民道遮行上书，言相国贱强买民田宅数千万。上至，相国谒。上笑曰："夫相国乃利民！"民所上书皆以与相国，曰："君自谢民。"相国因为民请曰："长安地狭，上林中多空地，弃，愿令民得入田，毋收稿为禽兽食。"上大怒曰："相国多受贾人财物，乃为请吾苑！"乃下相国廷尉，械系之。数日，王卫尉侍，前问曰："相国何大罪，陛下系之暴也？"上曰："吾闻李斯相秦皇帝，有善归主，有恶自与。今相国多受贾竖金而为民请吾苑，以自媚于民，故系治之。"王卫尉曰："夫职事苟有便于民而请之，真宰相事，陛下奈何乃疑相国受贾人钱乎！且陛下距楚数岁，陈豨、黥布反，陛下自将而往，当是时，相国守关中，摇足则关以西非陛下有也。相国不以此时为利，今乃利贾人之金乎？且秦以不闻其过亡天下，李斯之分过，又何足法哉？陛下何疑宰相之浅也。"高帝不怿。是日，使使持节赦出相国。相国年老，素恭谨，入，徒跣谢。高帝曰："相国休矣！相国为民请苑，吾不许，我不过为桀纣主，而相国为贤相。吾故系相国，欲令百姓闻吾过也。"

何素不与曹参相能，及何病，孝惠自临视相国病，因问曰："君即百岁后，谁可代君者？"对曰："知臣莫如主。"孝惠曰："曹参何如？"何顿首曰："帝得之矣！臣死不恨矣！"

何置田宅必居穷处，为家不治垣屋。曰："后世贤，师吾俭；不贤，毋为势家所夺。"

孝惠二年，相国何卒，谥为文终侯。

后嗣以罪失侯者四世，绝，天子辄复求何后，封续酂侯，功臣莫得比焉。

太史公曰：萧相国何于秦时为刀笔吏，录录未有奇节。及汉兴，依日月之末光，何谨守管籥，因民之疾秦法，顺流与之更始。淮阴、黥布等皆以诛灭，而何之勋烂焉。位冠群臣，声施后世，与闳夭、散宜生等争烈矣。

译文：

萧相国何是沛县丰邑人。因为他通晓律令，执法公平，没有别人能比得上，所以被任命为沛县的主吏掾。

高祖还是平民百姓的时候，萧何屡次利用自己县吏的职权保护他。高祖担任亭长，萧何又经常给他帮助。高祖以吏员的身份去咸阳服徭役，（临行时）县吏们都奉送三个大钱，只有萧何送了五个大钱。

秦朝的一个御史（来到泗水郡）监察郡政，与从事史一起处理公务，萧何总能把事情办得很妥当。于是萧何被委任为泗水郡的卒史，在同行考核中列为第一。秦朝的御史想向朝廷报告征调萧何，萧何坚决辞谢，终于获准可以不去。

等到高祖起兵当了沛公，萧何常常作为他的辅佐官，督察处理日常事务。沛公进入咸阳，将领们都争先奔向储藏金帛财物的仓库去分东西，唯独萧何先去把秦朝丞相和御史大夫保管的法律诏令以及各种图书文献收藏起来。沛公立为汉王，让萧何当丞相。项羽与诸侯的军队屠杀焚烧咸阳，然后离去。而汉王后来之所以能详细地知道全国各处的险关要塞，户口多少，兵力强弱，百姓们的疾苦，都是因为萧何完整地得到了秦朝的文献档案。萧何又向汉王进言，推荐韩信，汉王就任命韩信为大将军，这件事的详情记载在《淮阴侯列传》中。

汉王带兵东出，平定三秦，萧何以丞相的身份留在后方，负责收服巴蜀，镇守安抚，发布政令，告谕百姓，为在前方作战的军队供给粮食。汉王二年，汉王联合诸侯一起攻打项羽，萧何留守关中，侍奉太子，在栎阳处理政务。他制定各种法令制度，建立宗庙、社稷、宫殿、县邑，总是先向汉王上奏报告，汉王也总是予以批准，许他施行。有时来不及上奏，就因利乘便，用最合适的方式先行办理，等汉王回来再报告。萧何在关中管理户口，通过水路和陆路转运军粮，供应前方的军队。汉王在战场上多次损失军队逃走，萧何经常征发关中的士卒，随时补充汉王军队的损失。汉王因此把关中的事务专门委托给萧何。

汉王三年，汉王与项羽两支军队在京索之间对峙，汉王多次派遣使者到关中去慰劳丞相。鲍生对丞相说："君王在外，风餐露宿,却屡屡派人来慰劳您,这是起了怀疑您的心思。为您打算,您不如把自己子孙兄弟中能够作战的都派到前线军队中去,这样君王一定会更信任您。"于是萧何听从了他的计策,汉王大为高兴。

汉王五年,已经消灭了项羽,平定了天下,汉王要评定功劳,进行封赏。由于群臣争功,过了一年多仍然没把功劳的大小决定下来。高祖认为萧何的功劳最大,把他封为酂侯,给他的食邑很多。功臣们都说:"我们亲自身披铠甲,手执兵器作战,多的打过一百多仗,少的也经历了几十次战斗,攻破敌人的城池,夺取敌人的土地,或大或小,都有战功。现在萧何没有立过汗马功劳,只不过靠舞文弄墨,发发议论,从不上战场,却反而位居我们之上,这是什么道理?"高祖说:"诸位懂得打猎吗?"功臣们回答:"懂得。"又问:"你们知道猎狗的作用吗?"答道:"知道的。"高祖说:"打猎的时候,追赶扑杀野兽兔子的是猎狗,能够发现踪迹向猎狗指示野兽所在之处的是猎人。现在你们诸位只能奔走追获野兽,不过是有功的猎狗。至于萧何,他能发现踪迹,指示方向,是有功的猎人。何况你们都只是自己本人追随我,至多不过加上两三个亲属,而萧何全部宗族几十个人都跟随我,他的功劳是不能忘记的。"群臣听了,都不敢再说什么。

列侯们都已受封完毕,等到要奏报排列的位次的时候,大臣都说:"平阳侯曹参作战身受七十处创伤,攻破城池,夺取土地,功劳最多,应该位居第一。"高祖已经硬要功臣屈从自己,封给萧何很多食邑,到排定位次时,找不到理由驳倒功臣们的意见,但心里还是想让萧何居首。关内侯鄂君进言说:"群臣的议论都是错误的。那曹参虽然有野战杀敌、夺取土地的功劳,这只不过是一时的事情。陛下与项王相峙五年，经常因为战败而丧失军队，士卒逃散，单身逃走多次了。然而萧何总能从关中派遣士卒补充前线的军队，虽然没有得到陛下征召兵员的诏令，而在陛下危急的时候，他却能派遣几万士卒来到陛下身边，这也有多次了。汉楚两军在荥阳对抗几年，军队没有现成的粮食，而萧何从关中水陆转运，供给粮食，从不匮乏。陛下屡屡把山东地区丢失给项羽，但萧何一直保全关中等待陛下，（让陛下可以运用关中的人力物力组织反攻，）这是万世不朽的功劳。如今曹参这样的人即使少掉几百个，对汉朝来讲，算得了什么损失？汉朝有了这些人，也未必能靠他们得以保全。怎么能起意让一时的功劳凌驾于万世的功劳之上呢？（应该是）萧何为第一，曹参第二。"高祖说："说得好。"于是就下令定萧何在功臣中位居第一，赐给他特殊的礼遇：可以带剑穿履上殿，入朝拜见时不必同别的臣下一样小步快走。

高祖又说："我听说进荐贤能的人应该得到重赏。萧何的功劳固然很高，但得到鄂君的申说才更加明显。"于是依照鄂君原先所享关内侯的食邑，封他为安平侯。这一天，对萧何的父子兄弟共十多个人全都给予封赏，使他们都有食邑。又加封萧何食邑二千户，因为高祖当年去咸阳服徭役时，唯独萧何比别人多奉送两个大钱。

高祖十一年，陈豨反叛，高祖亲自统率军队，到达邯郸。战事还没有结束，淮阴侯韩信在关中谋反，吕后采用萧何的计策，杀了淮阴侯，此事记载在《淮阴侯列传》中。高祖听说淮阴侯已经被杀的消息后，就派遣使者拜丞相萧何为相国，加封食邑五千户，命令安排五百名士兵由一名都尉率领充任相国的卫队。当时许多人都向萧何道贺，只有召平表示哀吊。召平这个人本是秦朝的东陵侯。秦朝灭亡后，成了平民百姓，生活贫苦，在长安城东种瓜。他种的瓜味道好，人们俗称为"东陵瓜"，就是取名于召平从前的封号。召平对相国说："您的祸患从此开始了。皇上在外作战风餐露宿，而您留守京城，并不需要冒着矢石去冲锋陷阵，但皇上却要给您加封食邑、设置卫队，这是因为淮阴侯刚刚在关中谋反，皇上对您也起了疑心。设置卫队来保护您，这不是宠信您的表示。希望您辞让封赏不予接受，再把自己的全部家财私产拿出来赞助军需，这样皇上心里就会高兴了。"相国听从了召平的计策，高祖果然大为高兴。

高祖十二年秋天，黥布起兵反叛，高祖亲自统率军队前去讨伐，在军中多次派遣使者来问相国在做些什么。相国因为皇上在军中，就努力安抚勉励百姓，把所有的东西都送去供应军需，就像平定陈豨叛乱时一样。有个说客对相国说："您要不了多久就会遭受灭族的惨祸了。您位为相国，功居第一，难道还可以再增加吗？而您从刚进关中的时候起，就深得民心，到现在已有十多年了，百姓们都亲附您，您总是勤勉办事，得到百姓的欢心。皇上之所以屡次派人来问您的情况，是怕您利用自己的威望动摇关中。如今您何不多买些田地，并低价赊购、借贷来玷污自己，（如果这样做的话，）皇上对您就放心了。"于是相国听从了他的计策，高祖很是高兴。

高祖平定了黥布的叛乱，撤军返回长安。百姓们拦路上书告状，控告相国用低价强行购买民间的土地房屋，价值数千万之多。高祖回到宫中，相国前来拜见。皇上笑着说："当相国的竟然侵夺民众的财产，为自己谋利！"把百姓们的控告信全部交给相国，说道："你自己去向民众谢罪吧！"相国乘机为百姓们请求说："长安一带地方狭窄，而上林苑中空地很多，白白地抛荒，希望下令让民众进去耕种，（收成后粮食归耕者所有，）禾秸则不许收走，留下来做苑中禽兽的食料。"高祖大发雷霆，说："相国你大收商人的财物，却来讨取我的上林苑！"于是就下令把相国交给廷尉拘禁起来，还给他上了刑具。过了几天，一个姓王的卫尉侍从高祖，上前问道："相国犯了什么大罪，陛下怎么突然把他关起来了？"高祖说："我听说李斯担任秦始皇的宰相，办了好事都归功于主上，有了错误则自己承担。现在相国大量接受那些下贱的商人们的金钱，却来为百姓求取我的苑林，想以此来讨好百姓，所以我要把他关起来治罪。"王卫尉说："要说在自己的职责范围之内，如果有对民众有利的事就为他们向陛下请求，这真是宰相应做的事，陛下怎么竟然怀疑相国接受了商人的贿赂呢？况且当初陛下与楚军相持不下，有几年之久，陈豨、黥布反叛时，陛下亲自率军外出平叛，在那个时候，相国留守关中，（如存异心，）只要稍有举动，函谷关以西的地方就不属陛下所有了。相国不在那时为自己谋利，现在难道会贪求商人的金钱吗？再说秦皇是因为不知道自己的过错而失去了天下，李斯为主上分担过错的做法，又有什么值得效法的呢？陛下怎么能用这种浅陋的眼光来怀疑宰相。"高祖听了，心中很不愉快。当天，派遣使者手持符节赦相国出狱。相国已经年老，平日一向谦恭谨慎，进宫拜见皇上时，光着脚步行表示谢罪。高祖说："相国请别这样！相国为百姓请求上林苑中的空地，我不允许，不过是我成了桀、纣那样的昏暴君主，而相国却是贤明的宰相。我故意把相国关起来，是想让百姓们都知道我的过错。"

萧何向来与曹参不和，到萧何病重时，孝惠帝亲自去探望相国的病情，顺便问他："您百岁之后，谁可以继代您的职位？"萧何回答说："了解臣下的莫过于君主。"孝惠帝接着问："曹参这个人怎么样？"萧何叩头说："皇上您找到合适的人了！我死而无憾了！"

萧何购置土地房屋一定选择贫穷僻远的地方，营造宅第也从来不修建围墙。他说道："后代子孙如果贤德，可以从中学我的俭朴；如果不贤无能，（这种房屋）也不会被有势力的人家所侵夺。"

孝惠帝二年，相国萧何去世，谥为文终侯。

萧何的后嗣有四世因为犯罪而失掉爵位，绝封；但天子总是又寻找萧何的后代，重新封为酂侯，其他功臣无人能与他相比。

太史公说：萧相国在秦朝的时候是一个文牍小吏，平平庸庸，无所作为，没有什么突出的表现。等到大汉兴起，他追随高祖，依靠日月余光的照耀才名显天下。萧何谨慎地守护关中这一根本重地，利用民众痛恨秦朝严刑苛法，顺应时代的潮流，与百姓们一起更新政治。淮阴侯韩信及黥布等人都被诛杀，而萧何的功勋光辉灿烂。他位居群臣之首，声名流传后世，可以同周朝的闳夭、散宜生等争光比美了。

史记卷五十四

曹相国世家第二十四

平阳侯曹参者,沛人也。秦时为沛狱掾,而萧何为主吏,居县为豪吏矣。

高祖为沛公而初起也,参以中涓从。将击胡陵、方与,攻秦监公军,大破之。东下薛,击泗水守军薛郭西。复攻胡陵,取之。徙守方与。方与反为魏,击之。丰反为魏,攻之。赐爵七大夫。击秦司马㡱军砀东,破之,取砀、狐父、祁善置。又攻下邑以西,至虞,击章邯车骑。攻爰戚及亢父,先登。迁为五大夫。北救阿,击章邯军,陷陈,追至濮阳。攻定陶,取临济。南救雍丘,击李由军,破之,杀李由,虏秦候一人。秦将章邯破杀项梁也,沛公与项羽引而东。楚怀王以沛公为砀郡长,将砀郡兵。于是乃封参为执帛,号曰建成君。迁为戚公,属砀郡。

其后从攻东郡尉军,破之成武南。击王离军成阳南,复攻之杠里,大破之。追北,西至开封,击赵贲军,破之,围赵贲开封城中。西击秦将杨熊军于曲遇,破之,虏秦司马及御史各一人。迁为执珪。从攻阳武,下轘辕、缑氏,绝河津,还击赵贲军尸北,破之。从南攻犨,与南阳守齮战阳城郭东,陷陈,取宛,虏齮,尽定南阳郡。从西攻武关、峣关,取之。前攻秦军蓝田南,又夜击其北，秦军大破，遂至咸阳，灭秦。

项羽至，以沛公为汉王。汉王封参为建成侯。从至汉中，迁为将军。从还定三秦，初攻下辩、故道、雍、斄。击章平军于好畤南，破之，围好畤，取壤乡。击三秦军壤东及高栎，破之。复围章平，章平出好畤走。因击赵贲、内史保军，破之。东取咸阳，更名曰新城。参将兵守景陵二十日，三秦使章平等攻参，参出击，大破之。赐食邑于宁秦。参以将军引兵围章邯于废丘。以中尉从汉王出临晋关。至河内，下修武，渡围津，东击龙且、项他定陶，破之。东取砀、萧、彭城。击项籍军，汉军大败走。参以中尉围取雍丘。王武反于外黄，程处反于燕，往击，尽破之。柱天侯反于衍氏，又进破取衍氏。击羽婴于昆阳，追至叶。还攻武强，因至荥阳。参自汉中为将军中尉，从击诸侯及项羽，败，还至荥阳，凡二岁。

高祖二年，拜为假左丞相，入屯兵关中。月余，魏王豹反，以假左丞相别与韩信东攻魏将军孙遬军东张，大破之。因攻安邑，得魏将王襄。击魏王于曲阳，追至武垣，生得魏王豹。取平阳，得魏王母妻子，尽定魏地，凡五十二城。赐食邑平阳。因从韩信击赵相国夏说军于邬东，大破之，斩夏说。韩信与故常山王张耳引兵下井陉，击成安君，而令参还围赵别将戚将军于邬城中。戚将军出走，追斩之。乃引兵诣敖仓汉王之所。韩信已破赵，为相国，东击齐。参以右丞相属韩信，攻破齐历下军，遂取临淄。还定济北郡，攻著、漯阴、平原、鬲、卢。已而从韩信击龙且军于上假密，大破之，斩龙且，虏其将军周兰。定齐，凡得七十余县。得故齐王田广相田光，其守相许章，及故齐胶东将军田既。韩信为齐王，引兵诣陈，与汉王共破项羽，而参留平齐未服者。

项籍已死，天下定，汉王为皇帝，韩信徙为楚王，齐为郡。参归汉相印。高帝以长子肥为齐王，而以参为齐相国。以高祖六年赐爵列侯，与诸侯剖符，世世勿绝。食邑平阳万六百三十户，号曰平阳侯，除前所食邑。

以齐相国击陈豨将张春军，破之。黥布反，参以齐相国从悼惠王将兵车骑十二万人，与高祖会击黥布军，大破之。南至蕲，还定竹邑、相、萧、留。

参功：凡下二国，县一百二十二；得王二人，相三人，将军六人，大莫敖、郡守、司马、候、御史各一人。

孝惠帝元年，除诸侯相国法，更以参为齐丞相。参之相齐，齐七十城。天下初定，悼惠王富于春秋，参尽召长老诸生，问所以安集百姓，如齐故诸儒以百数，言人人殊，参未知所定。闻胶西有盖公，善治黄老言，使人厚币请之。既见盖公，盖公为言治道贵清静而民自定，推此类具言之。参于是避正堂，舍盖公焉。其治要用黄老术，故相齐九年，齐国安集，大称贤相。

惠帝二年，萧何卒。参闻之，告舍人趣治行，"吾将入相"。居无何，使者果召参。参去，属其后相曰："以齐狱市为寄，慎勿扰也。"后相曰："治无大于此者乎？"参曰："不然。夫狱市者，所以并容也，今君扰之，奸人安所容也？吾是以先之。"

参始微时，与萧何善；及为将相，有郤。至何且死，所推贤唯参。参代何为汉相国，举事无所变更，一遵萧何约束。

择郡国吏木讷于文辞，重厚长者，即召除为丞相史。吏之言文刻深，欲务声名者，辄斥去之。日夜饮醇酒。卿大夫已下吏及宾客见参不事事，来者皆欲有言。至者，参辄饮以醇酒，间之，欲有所言，复饮之，醉而后去，终莫得开说，以为常。

相舍后园近吏舍，吏舍日饮歌呼。从吏恶之，无如之何，乃请参游园中，闻吏醉歌呼，从吏幸相国召按之。乃反取酒张坐饮，亦歌呼与相应和。

参见人之有细过，专掩匿覆盖之，府中无事。

参子窋为中大夫。惠帝怪相国不治事，以为："岂少朕与？"乃谓窋曰："若归，试私从容问而父曰：'高帝新弃群臣，帝富于春秋，君为相，日饮，无所请事，何以忧天下乎？'然无言吾告若也。"窋既洗沐归，闲侍，自从其所谏参。参怒，而笞窋二百，曰："趣入侍，天下事非若所当言也。"至朝时，惠帝让参曰："与窋胡治乎？乃者我使谏君也。"参免冠谢曰："陛下自察圣武孰与高帝？"上曰："朕乃安敢望先帝乎！"曰："陛下观臣能孰与萧何贤？"上曰："君似不及也。"参曰："陛下言之是也。且高帝与萧何定天下，法令既明，今陛下垂拱，参等守职，遵而勿失，不亦可乎？"惠帝曰："善。君休矣！"

参为汉相国，出入三年。卒，谥懿侯。子窋代侯。百姓歌之曰："萧何为法，顜若画一；曹参代之，守而勿失。载其清净，民以宁一。"

平阳侯窋，高后时为御史大夫。孝文帝立，免为侯。立二十九年卒，谥为静侯。子奇代侯，立七年卒，谥为简侯。子时代侯。时尚平阳公主，生子襄。时病疠，归国。立二十三年卒，谥夷侯。子襄代侯。襄尚卫长公主，生子宗。立十六年卒，谥为共侯。子宗代侯。征和二年中，宗坐太子死，国除。

太史公曰：曹相国参攻城野战之功所以能多若此者，以与淮阴侯俱。及信已灭，而列侯成功，唯独参擅其名。参为汉相国，清静极言合道。然百姓离秦之酷后，参与休息无为，故天下俱称其美矣。

译文：

　　平阳侯曹参是沛县人。他在秦朝时当沛县的狱吏，而萧何任主吏掾，两人在县里是有权势威望的吏员。

　　高祖自立为沛公起兵反秦，一开始曹参就以中涓的身份追随他。曹参曾率领军队进击胡陵、方与，攻打秦朝泗水郡郡监的军队，把他们打得大败。又向东攻下薛县，在薛县外城的西面攻击泗水郡郡守的军队。再次攻打胡陵，拿下这个地方。然后率军转移防守方与，而方与背叛沛公倒向魏王，曹参就攻打方与。丰邑当时也反叛投魏，曹参又率军攻打丰邑。（因为屡建军功，）沛公赐给他七大夫的爵位。以后又在砀县的东面攻打秦朝司马䵮的军队，打败秦军，攻取了砀县、狐父和祁城的善置。还进攻下邑向西进军，到达虞县，进击秦将章邯率领的车队和骑兵。攻打爰戚和亢父，曹参身先士卒，最早登上城墙，爵位升迁为五大夫。又向北救援被秦军围困的东阿，攻打章邯的军队，冲进敌阵，追击敌军直至濮阳。转攻定陶，占领临济。南下救援雍丘，击溃了秦将李由的军队，杀死了李由，并且俘虏秦军军候一人。当时秦将章邯击溃了项梁的军队，杀死了项梁，沛公和项羽都领兵向东退却。楚怀王任命沛公为砀郡长，统率砀郡的军队。在这时沛公就封曹参为执帛，号称建成君。又迁任爰戚县县令，隶属于砀郡。

　　后来曹参又跟随沛公进攻秦朝东郡郡尉的军队，在成武南面战胜这支敌军。在成阳南面攻击秦将王离的军队，到了杠里再次发动攻击，大获全胜。一路追击，向西到达开封。又进击秦将赵贲的军队，打败了这支敌军，把赵贲围困在开封城中。

向西又在曲遇攻击并打败了秦将杨熊的军队,俘获秦军司马和监军御史各一人。爵位迁升为执珪。后又跟随沛公攻打阳武,攻下轘辕、缑氏,封锁了平阴地方的大河渡口,回军在尸乡北面击溃了赵贲的军队。又跟随沛公向南攻打犨县,在阳城外城东面与秦朝南阳郡守齮交战,冲进敌阵,攻下宛县,俘虏了齮,全部平定了南阳郡。跟随沛公向西进攻武关、峣关,夺取了这两个关隘。继续前进,在蓝田县南面攻打秦军,又在夜间攻击秦军北侧,把他们打得大败,于是就进军到达咸阳,灭亡了秦朝。

项羽来到关中,封沛公为汉王,汉王封曹参为建成侯。曹参跟着汉王到汉中,升任将军。又随从汉王回军平定三秦,先是进攻下辩、故道、雍县、斄县。在好畤南面进攻并战胜了章平的军队,围困好畤,攻取壤乡。在壤乡东面以及高栎进击三秦的军队,把他们击溃。又回军包围章平,章平从好畤突围出逃。于是,曹参进攻赵贲和内史保的军队,打败了他们。向东攻取了咸阳,把咸阳改名为新城。曹参带领军队驻守景陵二十天,三秦方面派遣章平等攻打曹参,曹参领兵出击,大败敌军。汉王把宁秦赐给他当食邑。曹参以将军的身份带兵把章邯包围在废丘,又以中尉的身份跟随汉王出临晋关,到达河内地区,攻下修武,渡过围津,东进定陶攻击龙且、项他的军队,打败了他们。向东攻取砀县、萧县和彭城。在进击项羽军队的战斗中,汉军大败溃逃。曹参以中尉的身份率军包围并攻取了雍丘。当时王武在外黄叛变,程处在燕县叛变,曹参前往攻击,全部击溃叛军。柱天侯又在衍氏反叛,曹参又进军打败柱天侯,攻下衍氏。接着在昆阳打败羽婴,一直追击到叶县。又回军进攻武强,从而到达荥阳。曹参自从在汉中担任将军、中尉,跟随汉王出汉中攻打诸侯和项羽，到被项羽打败，回军荥阳，前后共两年时间。

高祖二年，曹参被任命为代理左丞相，进入关中屯兵驻守。过了一个多月，魏王豹叛变，曹参以代理左丞相的身份，与韩信分别率领军队向东进军，在东张地方攻打魏王将军孙遬的军队，大败魏军。从而进攻安邑，俘虏了魏将王襄。在曲阳攻击魏王豹，追到武垣，把他活捉了。接着攻下平阳，俘获魏王的母亲和妻子儿女，全部平定了魏地，总计得到了五十二座城。汉王把平阳赐给曹参作为食邑。接着曹参又跟随韩信在邬县东面进击赵相国夏说的军队，大获全胜，杀死了夏说。韩信和原常山王张耳带兵直下井陉，进攻成安君，命令曹参回军把赵国偏将戚将军围困在邬县城中。戚将军突围出逃，曹参追上把他杀了。于是就带兵前往汉王所在的敖仓。韩信攻破赵国以后，被汉王任命为赵相国，率军东进，攻打齐国。曹参以右丞相的身份隶属韩信，击败齐国部署在历下的军队，从而夺取临淄。又回军平定济北郡，攻占著县、漯阴、平原、鬲县、卢县等地。不久，又跟随韩信在上假密大败龙且的军队，杀死了龙且，俘虏了这支军队的将军周兰。平定齐国，共得七十多个县。还活捉了原齐王田广的丞相田光、留守的代理丞相许章，以及原齐国的胶东将军田既。韩信当了齐王，带兵去陈郡与汉王会合，一起攻破项羽，而曹参就留在齐地平定那些还没有归服的地方。

项羽死后，天下全部平定，汉王做了皇帝。韩信被改封为楚王，齐地成了朝廷管辖的郡，曹参把丞相的印玺归还朝廷。高祖封长子刘肥为齐王，任命曹参为齐相国。曹参在高祖六年被赐给列侯的爵位，与其他列侯一起剖符受封，封爵世世代代传承不绝。曹参以平阳地方的一万六百三十户作为封邑，封号为平阳侯，而削除以前受封的食邑。

后来曹参以齐相国的身份进击陈豨部将张春的军队，把他们打垮。黥布反叛，曹参作为齐相国又跟随齐悼惠王刘肥率领步兵、车队、骑兵等共十二万人，与高祖会合，一起攻打黥布的军队，打得他们大败，向南一直追击到蕲县，又回军平定竹邑、相县、萧县、留县。

曹参的功绩：总共攻下两个诸侯国，一百二十二个县；活捉王二人，相三人，将军六人，大莫敖、郡守、司马、军候、御史各一人。

孝惠帝元年废除了诸侯王国设相国的法令，改任曹参为齐丞相。曹参当齐国的相，那时齐国有七十座城。天下刚刚平定，悼惠王还年轻，曹参把齐地受人尊敬的老年有德之人和儒生全都召来，向他们请教安抚百姓的办法。而齐国原先的儒生有好几百人，所说的话各不相同，曹参不知如何决定。他听说胶西地方有个盖公，擅长研究道家黄老学说，就派人致送厚礼把他请来。同盖公相见后，盖公给他讲治理国家应该崇尚清静无为而百姓自然安定，以此类推地讲了许多道理。于是，曹参就让出自己居住的正房，请盖公住进去。他治理国家主要就是采用黄老的一套办法，所以担任齐国丞相九年，齐国形势稳定，百姓安居乐业，被人们盛赞是个贤明的丞相。

惠帝二年，萧何去世。曹参听到这个消息就告诉自己身边的舍人赶快整理行装，说："我马上要去长安担任朝廷的相国了。"过了不多久，果然有使者来召曹参入朝。曹参离开齐国前嘱咐接任的齐国丞相说："你要把齐国的监狱和市场当作寄管的物品，千万别去扰乱变动。"后任的齐国丞相问道："治理国家难道没有比这更重要的吗？"曹参说："不能那样想。监狱和市场，是好人坏人都能容纳的地方，你如果随意去扰乱变动，（采用严厉的手段,)那叫坏人到何处安身?(无处安身,他们就会到处作乱,)所以我首先把这一点提出来。"

曹参微贱时,与萧何很要好;做了将相以后,两人有了隔阂。到萧何病重将死时,他向皇帝推荐的贤才只有曹参一人。曹参接替萧何当汉朝的相国,所做的事情与萧何生前毫无变更,完全遵循萧何制定的法规。

曹参从各郡和各诸侯王国的吏员中挑选不善于辞令然而稳重忠厚有德行的人,立即把他们召来担任丞相的属吏。吏员中那些擅于言辞、深文周纳、一心追求名声的人,就把他们斥退。曹参自己不分日夜,整天饮美酒。卿大夫以下的官吏以及宾客看到曹参不理政事,来见的人都想提出忠告。凡客人来到,曹参就让他饮美酒,客人找机会,想有所进言,曹参又让他饮酒,总是让客人喝醉了才离去,最终还是不能开口谏说,这种情况习以为常。

相国住宅的后园靠近吏员的住所。吏员住所中整天有人饮酒唱歌,呼叫喧闹。相国身边的办事人员很讨厌他们,但没有办法,于是就请曹参到后园去游玩,曹参听到了吏员住房中喝醉酒唱歌呼叫的声音,身边的办事人员希望相国会把那些家伙召来追究治罪。可是曹参竟然反而让人把酒取来摆开酒席,坐下饮酒,也唱歌呼叫,同那边互相应和。

曹参发现别人有细小的过错,总是帮他们掩藏遮盖,府中相安无事。

曹参的儿子曹窋任中大夫。惠帝见相国不理政事,感到奇怪,心想:"难道相国看不起我?"于是就对曹窋说:"你回家,试着私下在闲谈时问问你的父亲:'高祖去世不久,皇上正年轻,您当相国,整天饮酒,不向皇上请示,也不处理公务，怎么为治理天下忧虑呢？'但你可别讲是我告诉你的。"曹窋休假日回家，装作无事而在曹参身边侍候，就从自己的角度出发，规劝曹参。曹参听了大怒，打了曹窋二百板子，说道："赶快进宫侍奉皇上，天下大事不是你所应该说的。"到上朝的时候，惠帝责备曹参说："你为什么要惩治曹窋？先前可是我让他去劝你的。"曹参脱下所戴的冠，谢罪说："陛下自己观察，您的圣明英武同高帝相比怎么样？"惠帝说："我怎么敢同先帝比啊！"曹参又问："陛下看我的才能跟萧何比，谁更强一些？"惠帝说："您好像比不上萧何。"曹参说："陛下说得很对。再说高帝与萧何一起平定天下，制定的法令都很明白。现在陛下垂衣拱手，我等谨守职责，遵照执行而不违背偏离，不就可以了吗？"惠帝说："对啊，您就好生休息吧。"

曹参担任朝廷的相国，有三年左右时间。死后被谥为懿侯，由儿子曹窋继承爵位。百姓们歌唱称颂道："萧何定法律，明白又整齐；曹参接替他，遵守不偏离。施政贵清静，百姓安宁心欢喜。"

平阳侯曹窋，高后时任御史大夫。孝文帝即位，曹窋被解除职务，成为一般列侯。他在侯位二十九年去世，被谥为静侯。儿子曹奇继承侯位，在位七年去世，被谥为简侯。曹奇的儿子曹时继承侯位，与平阳公主结婚，生了儿子名襄。曹时患麻风病，后来就不在长安居住，回到自己的封国。他在位二十三年去世，被谥为夷侯。儿子曹襄继承侯位，与卫长公主结婚，生了儿子名宗。曹襄在位十六年去世，被谥为共侯。儿子曹宗继承侯位。征和二年，曹宗受卫太子事件的牵连而丧生，封国被撤除。

太史公说：曹相国参攻城野战的功劳之所以能有如此之多，是因为他同淮阴侯一起作战。等到韩信被杀以后，列侯中建立功勋的，就只有曹参独占美名了。曹参担任朝廷的相国，竭力主张清静无为，合乎道家的学说。然而在百姓遭受了秦朝的残酷统治之后，曹参能无为而治，与民休养生息，（这符合百姓的心愿，）所以天下人都称颂他的美名。

史记卷五十五

留侯世家第二十五

留侯张良者，其先韩人也。大父开地，相韩昭侯、宣惠王、襄哀王。父平，相釐王、悼惠王。悼惠王二十三年，平卒。卒二十岁，秦灭韩。良年少，未宦事韩。韩破，良家僮三百人，弟死不葬，悉以家财求客刺秦王，为韩报仇，以大父、父五世相韩故。

良尝学礼淮阳。东见仓海君。得力士，为铁椎重百二十斤。秦皇帝东游，良与客狙击秦皇帝博浪沙中，误中副车。秦皇帝大怒，大索天下，求贼甚急，为张良故也。良乃更名姓，亡匿下邳。

良尝闲从容步游下邳圯上，有一老父，衣褐，至良所，直堕其履圯下，顾谓良曰："孺子，下取履！"良鄂然，欲殴之。为其老，强忍，下取履。父曰："履我！"良业为取履，因长跪履之。父以足受，笑而去。良殊大惊，随目之。父去里所，复还，曰："孺子可教矣。后五日平明，与我会此。"良因怪之，跪曰："诺。"五日平明，良往。父已先在，怒曰："与老人期，后，何也？"去，曰："后五日早会。"五日鸡鸣，良往。父又先在，复怒曰："后，何也？"去，曰："后五日复早来。"五日，良夜未半往。有顷，父亦来，喜曰："当如是。"出一编书，曰："读此则为王者师矣。后十年兴。十三年孺子见我济北，谷城山下黄石即我矣。"遂去，无他言，不复见。旦日视其书，乃《太公兵法》也。良因异之，常习诵读之。

居下邳，为任侠。项伯常杀人，从良匿。

后十年，陈涉等起兵，良亦聚少年百余人。景驹自立为楚假王，在留。良欲往从之，道遇沛公。沛公将数千人，略地下邳西，遂属焉。沛公拜良为厩将。良数以《太公兵法》说沛公，沛公善之，常用其策。良为他人言，皆不省。良曰："沛公殆天授。"故遂从之，不去见景驹。

及沛公之薛，见项梁。项梁立楚怀王。良乃说项梁曰："君已立楚后，而韩诸公子横阳君成贤，可立为王，益树党。"项梁使良求韩成，立以为韩王。以良为韩申徒，与韩王将千余人西略韩地，得数城，秦辄复取之，往来为游兵颍川。

沛公之从雒阳南出轘辕，良引兵从沛公，下韩十余城，击破杨熊军。沛公乃令韩王成留守阳翟，与良俱南，攻下宛，西入武关。沛公欲以兵二万人击秦峣下军，良说曰："秦兵尚强，未可轻。臣闻其将屠者子，贾竖易动以利。愿沛公且留壁，使人先行，为五万人具食，益为张旗帜诸山上，为疑兵，令郦食其持重宝啖秦将。"秦将果畔，欲连和俱西袭咸阳，沛公欲听之。良曰："此独其将欲叛耳，恐士卒不从。不从必危，不如因其解击之。"沛公乃引兵击秦军，大破之。逐北至蓝田，再战，秦兵竟败。遂至咸阳，秦王子婴降沛公。

沛公入秦宫，宫室帷帐狗马重宝妇女以千数，意欲留居之。樊哙谏沛公出舍，沛公不听。良曰："夫秦为无道，故沛公得至此。夫为天下除残贼，宜缟素为资。今始入秦，即安其乐，此所谓'助桀为虐'。且'忠言逆耳利于行，毒药苦口利于病'，愿沛公听樊哙言。"沛公乃还军霸上。

项羽至鸿门下，欲击沛公，项伯乃夜驰入沛公军，私见张良，欲与俱去。良曰："臣为韩王送沛公，今事有急，亡去不义。"乃具以语沛公。沛公大惊，曰："为将奈何？"良曰："沛公诚欲倍项羽邪？"沛公曰："鲰生教我距关无内诸侯，秦地可尽王，故听之。"良曰："沛公自度能却项羽乎？"沛公默然良久，曰："固不能也。今为奈何？"良乃固要项伯。项伯见沛公。沛公与饮为寿，结宾婚。令项伯具言沛公不敢倍项羽，所以距关者，备他盗也。及见项羽后解，语在《项羽》事中。

汉元年正月，沛公为汉王，王巴蜀。汉王赐良金百溢，珠二斗，良具以献项伯。汉王亦因令良厚遗项伯，使请汉中地。项王乃许之，遂得汉中地。汉王之国，良送至褒中，遣良归韩。良因说汉王曰："王何不烧绝所过栈道，示天下无还心，以固项王意。"乃使良还。行，烧绝栈道。

良至韩，韩王成以良从汉王故，项王不遣成之国，从与俱东。良说项王曰："汉王烧绝栈道，无还心矣。"乃以齐王田荣反，书告项王。项王以此无西忧汉心，而发兵北击齐。

项王竟不肯遣韩王，乃以为侯，又杀之彭城。良亡，间行归汉王，汉王亦已还定三秦矣。复以良为成信侯，从东击楚。至彭城，汉败而还。至下邑，汉王下马踞鞍而问曰："吾欲捐关以东等弃之，谁可与共功者？"良进曰："九江王黥布，楚枭将，与项王有郄；彭越与齐王田荣反梁地：此两人可急使。而汉王之将独韩信可属大事，当一面。即欲捐之，捐之此三人，则楚可破也。"汉王乃遣随何说九江王布，而使人连彭越。及魏王豹反，使韩信将兵击之，因举燕、代、齐、赵。然卒破楚者，此三人力也。

张良多病，未尝特将也，常为画策臣，时时从汉王。

汉三年，项羽急围汉王荥阳，汉王恐忧，与郦食其谋桡楚权。食其曰："昔汤伐桀，封其后于杞。武王伐纣，封其后于宋。今秦失德弃义，侵伐诸侯社稷，灭六国之后，使无立锥之地。陛下诚能复立六国后世，毕已受印，此其君臣百姓必皆戴陛下之德，莫不乡风慕义，愿为臣妾。德义已行，陛下南乡称霸，楚必敛衽而朝。"汉王曰："善。趣刻印，先生因行佩之矣。"

食其未行，张良从外来谒。汉王方食，曰："子房前！客有为我计桡楚权者。"具以郦生语告，曰："于子房何如？"良曰："谁为陛下画此计者？陛下事去矣。"汉王曰："何哉？"张良对曰："臣请借前箸为大王筹之。"曰："昔者汤攻桀而封其后于杞者，度能制桀之死命也。今陛下能制项籍之死命乎？"曰："未能也。""其不可一也。武王伐纣封其后于宋者，度能得纣之头也。今陛下能得项籍之头乎？"曰："未能也。""其不可二也。武王入殷，表商容之闾，释箕子之拘，封比干之墓。今陛下能封圣人之墓，表贤者之闾，式智者之门乎？"曰："未能也。""其不可三也。发巨桥之粟，散鹿台之钱，以赐贫穷。今陛下能散府库以赐贫穷乎？"曰："未能也。""其不可四矣。殷事已毕，偃革为轩，倒置干戈，覆以虎皮，以示天下不复用兵。今陛下能偃武行文，不复用兵乎？"曰："未能也。""其不可五矣。休马华山之阳，示以无所为。今陛下能休马无所用乎？"曰："未能也。""其不可六矣。放牛桃林之阴，以示不复输积。今陛下能放牛不复输积乎？"曰："未能也。""其不可七矣。且天下游士离其亲戚，弃坟墓，去故旧，从陛下游者，徒欲日夜望咫尺之地。今复六国，立韩、魏、燕、赵、齐、楚之后，天下游士各归其主，从其亲戚，反其故旧坟墓，陛下与谁取天下乎？其不可八矣。且夫楚唯无强，六国立者复桡而从之，陛下焉得而臣之？诚用客之谋，陛下事去矣。"汉王辍食吐哺，骂曰："竖儒，几败而公事！"令趣销印。

汉四年，韩信破齐而欲自立为齐王，汉王怒。张良说汉王，汉王使良授齐王信印，语在《淮阴》事中。

其秋，汉王追楚至阳夏南，战不利而壁固陵，诸侯期不至。良说汉王，汉王用其计，诸侯皆至。语在《项籍》事中。

汉六年正月，封功臣。良未尝有战斗功，高帝曰："运筹策帷帐中，决胜千里外，子房功也。自择齐三万户。"良曰："始臣起下邳，与上会留，此天以臣授陛下。陛下用臣计，幸而时中，臣愿封留足矣，不敢当三万户。"乃封张良为留侯，与萧何等俱封。

上已封大功臣二十余人，其余日夜争功不决，未得行封。上在雒阳南宫，从复道望见诸将往往相与坐沙中语。上曰："此何语？"留侯曰："陛下不知乎？此谋反耳。"上曰："天下属安定，何故反乎？"留侯曰："陛下起布衣，以此属取天下，今陛下为天子，而所封皆萧、曹故人所亲爱，而所诛者皆生平所仇怨。今军吏计功，以天下不足遍封，此属畏陛下不能尽封，恐又见疑平生过失及诛，故即相聚谋反耳。"上乃忧曰："为之奈何？"留侯曰："上平生所憎，群臣所共知，谁最甚者？"上曰："雍齿与我故，数尝窘辱我。我欲杀之，为其功多，故不忍。"留侯曰："今急先封雍齿以示群臣，群臣见雍齿封，则人人自坚矣。"于是上乃置酒，封雍齿为什方侯，而急趣丞相、御史定功行封。群臣罢酒，皆喜曰："雍齿尚为侯，我属无患矣。"

刘敬说高帝曰："都关中。"上疑之。左右大臣皆山东人，多劝上都雒阳："雒阳东有成皋，西有殽黾，倍河，向伊雒，其固亦足恃。"留侯曰："雒阳虽有此固，其中小，不过数百里，田地薄,四面受敌,此非用武之国也。夫关中殽函,右陇蜀,沃野千里,南有巴蜀之饶,北有胡苑之利,阻三面而守,独以一面东制诸侯。诸侯安定,河渭漕挽天下,西给京师;诸侯有变,顺流而下,足以委输。此所谓金城千里,天府之国也,刘敬说是也。"于是高帝即日驾,西都关中。

留侯从入关。留侯性多病,即道引不食谷,杜门不出岁余。

上欲废太子,立戚夫人子赵王如意。大臣多谏争,未能得坚决者也。吕后恐,不知所为。人或谓吕后曰:"留侯善画计策,上信用之。"吕后乃使建成侯吕泽劫留侯,曰:"君常为上谋臣,今上欲易太子,君安得高枕而卧乎?"留侯曰:"始上数在困急之中,幸用臣策。今天下安定,以爱欲易太子,骨肉之间,虽臣等百余人何益。"吕泽强要曰:"为我画计。"留侯曰:"此难以口舌争也。顾上有不能致者,天下有四人。四人者年老矣,皆以为上慢侮人,故逃匿山中,义不为汉臣。然上高此四人。今公诚能无爱金玉璧帛,令太子为书,卑辞安车,因使辩士固请,宜来。来,以为客,时时从入朝,令上见之,则必异而问之。问之,上知此四人贤,则一助也。"于是吕后令吕泽使人奉太子书,卑辞厚礼,迎此四人。四人至,客建成侯所。

汉十一年,黥布反,上病,欲使太子将,往击之。四人相谓曰:"凡来者,将以存太子。太子将兵,事危矣。"乃说建成侯曰:"太子将兵,有功则位不益太子;无功还,则从此受祸矣。且太子所与俱诸将,皆尝与上定天下枭将也,今使太子将之,此无异使羊将狼也,皆不肯为尽力,其无功必矣。臣闻'母爱者子抱',今戚夫人日夜侍御,赵王如意常抱居前,上曰'终不使不肖子居爱子之上',明乎其代太子位必矣。君何不急请吕后承间为上泣言:'黥布,天下猛将也,善用兵,今诸将皆陛下故等夷，乃令太子将此属，无异使羊将狼，莫肯为用，且使布闻之，则鼓行而西耳。上虽病，强载辎车，卧而护之，诸将不敢不尽力。上虽苦，为妻子自强。'"于是吕泽立夜见吕后，吕后承间为上泣涕而言，如四人意。上曰："吾惟竖子固不足遣，而公自行耳。"于是上自将兵而东，群臣居守，皆送至灞上。留侯病，自强起，至曲邮，见上曰："臣宜从，病甚。楚人剽疾，愿上无与楚人争锋。"因说上曰："令太子为将军，监关中兵。"上曰："子房虽病，强卧而傅太子。"是时叔孙通为太傅，留侯行少傅事。

汉十二年，上从击破布军归，疾益甚，愈欲易太子。留侯谏，不听，因疾不视事。叔孙太傅称说引古今，以死争太子。上详许之，犹欲易之。及燕，置酒，太子侍。四人从太子，年皆八十有余，须眉皓白，衣冠甚伟。上怪之，问曰："彼何为者？"四人前对，各言名姓，曰东园公，角里先生，绮里季，夏黄公。上乃大惊，曰："吾求公数岁，公辟逃我，今公何自从吾儿游乎？"四人皆曰："陛下轻士善骂，臣等义不受辱，故恐而亡匿。窃闻太子为人仁孝，恭敬爱士，天下莫不延颈欲为太子死者，故臣等来耳。"上曰："烦公幸卒调护太子。"

四人为寿已毕，趋去。上目送之，召戚夫人指示四人者曰："我欲易之，彼四人辅之，羽翼已成，难动矣。吕后真而主矣。"戚夫人泣，上曰："为我楚舞，吾为若楚歌。"歌曰："鸿鹄高飞，一举千里。羽翮已就，横绝四海。横绝四海，当可奈何！虽有矰缴，尚安所施！"歌数阕，戚夫人嘘唏流涕，上起去，罢酒。竟不易太子者，留侯本招此四人之力也。

留侯从上击代，出奇计马邑下，及立萧何相国，所与上从容言天下事甚众，非天下所以存亡，故不著。留侯乃称曰："家世相韩，及韩灭，不爱万金之资，为韩报仇强秦，天下振动。今以三寸舌为帝者师，封万户，位列侯，此布衣之极，于良足矣。愿弃人间事，欲从赤松子游耳。"乃学辟谷，道引轻身。会高帝崩，吕后德留侯，乃强食之，曰："人生一世间，如白驹过隙，何至自苦如此乎！"留侯不得已，强听而食。

后八年卒，谥为文成侯。子不疑代侯。

子房始所见下邳圯上老父与《太公书》者，后十三年从高帝过济北，果见谷城山下黄石，取而葆祠之。留侯死，并葬黄石。每上冢伏腊，祠黄石。

留侯不疑，孝文帝五年坐不敬，国除。

太史公曰：学者多言无鬼神，然言有物。至如留侯所见老父予书，亦可怪矣。高祖离困者数矣，而留侯常有功力焉，岂可谓非天乎？上曰："夫运筹策帷帐之中，决胜千里外，吾不如子房。"余以为其人计魁梧奇伟，至见其图，状貌如妇人好女。盖孔子曰："以貌取人，失之子羽。"留侯亦云。

译文：

留侯张良，他的祖先是韩国人。祖父张开地是韩昭侯、宣惠王、襄哀王的宰相。父亲张平是釐王、悼惠王的宰相。悼惠王二十三年，张平去世。死后二十年，秦国消灭了韩国。因为张良年轻，未尝做过韩国的官吏。韩国灭亡时，张良家有僮奴三百人，他的弟弟死后没有厚葬，而是用全部家财来寻求刺客暗杀秦王，为韩国报仇，因他祖父、父亲历任韩国五代国君之相的缘故。

张良曾在淮阳学礼仪。在淮阳的东面见到仓海君，找到一个大力士，给他做了一柄重一百二十斤的铁锤。秦皇帝向东巡游，张良与刺客在博浪沙中狙击秦皇帝时误中了随行的车辆。秦皇帝非常愤怒,命令大搜天下,紧急捉拿刺客,这全是因为张良的缘故。于是张良更名改姓,逃亡到下邳躲藏起来。

张良曾在闲暇时从容信步在下邳桥上游逛,有一个老翁,穿着粗布短衣,走到张良的身边,故意把他的鞋掉到桥下,回过头来对张良说:"小伙子,下去把鞋拿上来。"张良感到惊讶,想打他一顿。因为他年老,就强忍着下去取上鞋来。老翁说:"给我穿上。"张良想既已为他取上鞋来,因此也就跪下为他穿上。老翁把脚伸出来让张良穿好,然后笑着走了。张良很吃惊,望着老人离去。老翁离开一里多路后又返了回来,说:"小伙子可以教导。五天以后平明时,和我在这里相会。"张良感到他很奇怪,跪下说:"是。"五天以后平明时,张良前往赴约。老翁已经先到了,他生气地说:"与老年人约会为什么迟到?"老翁扬长而去,并说:"五天以后早点来相会。"五天以后鸡鸣时张良前往。老翁又已经先到了,他又生气地说:"为什么又迟到?"扬长而去,并说:"五天以后再早点来。"五天以后,张良在夜未半时就前往赴约。过了一会儿,老翁也来了,高兴地说:"应当像这样。"于是拿出一本书,说:"读了这本书就可以做帝王的老师。十年以后就会有所成就。十三年以后你到济北来见我,谷城山下的黄石就是我。"说完就走了,也没有再说其他话,从此也没有再见过他。天亮后张良看老翁给的书,是《太公兵法》。张良很珍贵它,并经常学习诵读它。

张良住在下邳,爱打抱不平。项伯曾杀过人,依从张良隐藏起来。

十年以后,陈涉等起义,张良也聚集了一百多年轻人。景驹自立为楚假王,住在留县。张良打算去归属景驹,在路上遇见了沛公。沛公率领着几千人马，占领了下邳以西的地区，于是张良就去归属了沛公。沛公任张良为厩将。张良曾多次用《太公兵法》给沛公讲说，沛公很欣赏他，经常采纳他的计策。张良向他人讲说《太公兵法》，都不能听明白。张良说："沛公大概是天授予的聪明。"所以就跟从了沛公，不再离去见景驹了。

等到沛公到了薛县时，见到了项梁。项梁拥立熊心为楚怀王。于是，张良劝项梁说："你已经立了楚国的后代，而韩国公子中的横阳君成很贤能，可以立他为王，来增加盟党。"项梁派张良寻找韩成，立韩成为韩王，任张良为韩国的申徒，与韩王率领一千多人向西攻取原来韩国的领地，夺取了好几座城邑，不久秦国又夺了回去，于是他们就在颍川一带往来打游击。

沛公从雒阳南面穿过轘辕山时，张良率兵跟随沛公，攻下了韩地的十几座城，打败了杨熊的部队。于是，沛公命令韩王成留守阳翟，自己和张良一起南下，攻下宛城，西入武关。沛公打算用两万人马去攻击峣山下的秦军，张良劝说道："秦军还很强大，不可轻视。我听说他们的将领是屠户的儿子，买卖人容易用利益来动摇。希望沛公暂且坚壁留守，派一部分人先出发，准备好五万人的粮饷，在周围的山上多张挂旗帜，作为疑兵，然后派郦食其带着贵重的财宝去诱惑秦将。"秦军的将领果然反叛，并打算和沛公联合向西袭击咸阳，沛公想听从。张良说："这只是他们的将领想反叛罢了，恐怕士兵们不会听从。如不听从就一定会有危险，不如乘他们懈怠时去袭击他们。"于是沛公率兵袭击秦军，大败秦军。沛公一直追击败兵到了蓝田，再次交锋，秦军最终大败。于是到了咸阳，秦王子婴投降了沛公。

沛公进入秦宫，宫室、帷帐、狗马、贵重宝物以及美女数以千计，心里想留下来住在这里。樊哙劝沛公出去居住，沛公不听。

张良说:"秦皇暴虐无道,所以沛公才能来到这里。为天下铲除残贼,应该以简朴为本。现在刚入秦宫,就想耽溺于享乐,这样做就是所谓'助桀为虐',而且'忠言逆耳利于行,良药苦口利于病',希望沛公能听樊哙的话。"于是沛公返回驻扎在霸上。

项羽来到鸿门下,准备攻打沛公,于是项伯连夜进入沛公的军营,私下见了张良,打算和张良一起离开。张良说:"我为了韩王来护送沛公,现在事情紧急,我逃跑离去是不义。"于是把情况全部告诉了沛公。沛公大吃一惊,说:"怎么办呢?"张良说:"沛公真的想背叛项羽吗?"沛公说:"那小子教我把守住关口不要让诸侯们进来,秦国之地可全归我而称王。所以我听了他的话。"张良说:"沛公你自己估量一下能打败项羽吗?"沛公沉默了好久说:"当然不能,现在该怎么办呢?"于是,张良硬把项伯邀请来。项伯入见沛公。沛公与项伯一起敬酒,为他祝寿,缔结婚姻。让项伯回去说明沛公不敢背叛项羽,沛公所以拒守关口的原因是为了防备其他强盗。等到沛公见项羽后来解脱危难,记载在《项羽本纪》中。

汉元年正月,沛公封为汉王,领有巴、蜀地区。汉王赏赐给张良黄金百溢,珍珠二斗,张良全部献给了项伯。汉王因此也派张良去厚赠项伯,使项伯为他请领汉中地区。项王答应了,于是汉王得到了汉中地区。汉王前往封国时,张良送到褒中,后派张良回到韩地。张良因此劝汉王说:"大王为什么不烧毁断绝了所经过的栈道,告示天下的人你没有再回来的想法,用这个办法来稳住项王的心。"于是派张良回去。他一边走,一边烧绝了栈道。

张良回到了韩地,韩王成因为张良跟从汉王的缘故,项王不派韩王成到封国,让他跟从自己一起东去。张良劝项王说:"汉王烧绝了栈道,已无返回之心了。"于是把齐王田荣反叛的事上书告诉了项王。项王因此消除了西面对汉王的忧心,而向北发兵去攻打齐王。

项王到底不肯派韩王去封国,于是封他为侯,后又在彭城杀死他。张良逃跑了,从小路偷偷归依汉王,这时汉王也已经返回关中平定了三秦。又封张良为成信侯,让他跟从自己向东去攻打楚军。到了彭城,汉军战败而还。到了下邑,汉王下马蹲踞着坐在马鞍上问:"我打算把函谷关以东地区捐送给别人,不知谁可以和我共建功业?"张良进言说:"九江王黥布是楚军的猛将,他和项王有隔阂,彭越和齐王田荣在梁地反叛,这两个人马上就可以使用。而汉王的将领只有韩信可以委任大事,独当一面。如果打算捐弃关东之地,就送给这三个人,楚军就可以打败了。"于是汉王便派随何去劝说九江王黥布,又派人去联合彭越。到了魏王豹反叛时,汉王派韩信率兵去讨伐他,顺势攻下了燕、代、齐、赵。而最后击败楚军的,正是靠了这三个人的力量。

张良体弱多病,不曾单独领兵,经常作为谋臣,时时跟从在汉王身边。

汉高祖三年,项羽在荥阳紧急包围了汉王,汉王又害怕又发愁,于是和郦食其商量如何削弱楚军的策略。郦食其说:"从前商汤伐夏桀,分封他的后代于杞。武王伐纣,分封他的后代于宋。现在秦朝失德弃义,侵略诸侯国家,消灭六国的后嗣,使他们无立锥之地。陛下真能重新封立六国的后代,全部授予他们印玺,这样他们的君臣百姓一定都会对陛下感恩戴德,无不仰慕陛下的德义,希望做陛下的臣妾。德义推行之后,陛下就可以南向称霸,楚王一定会整理衣冠前来朝见陛下。"汉王说:"很好。赶快刻制印玺,趁先生此行就给他们带去。"

郦食其还没有出发,张良从外地回来拜见汉王。汉王正在吃饭,说:"子房到我跟前来!食客中有为我谋划削弱楚军计策的人。"于是把郦食其的话全部告诉了张良,说:"在你看来怎么样?"张良说:"谁给陛下谋划这个计策?(如果您这样做,)陛下的事就全完了。"汉王说:"为什么呢?"张良回答说:"请让我借用面前的筷子为大王筹算一下。"接着说:"从前商汤讨伐夏桀而在杞分封他的后代,是估计到能置桀于死地。现在陛下能置项籍于死地吗?"汉王说:"不能。"张良说:"这是第一个不能做到的。武王伐纣而在宋分封他的后代,是估计到能够得到纣王的头。现在陛下能够得到项籍的头吗?"汉王说:"不能。"张良说:"这是第二个不能做到的。武王入商之后,表彰商容的门里,释放了禁拘的箕子,修建比干的坟墓。现在陛下能修建圣人的坟墓,表彰贤者的门里,尊重智者的门第吗?"汉王说:"不能。"张良说:"这是第三个不能做到的。武王曾发放巨桥的粮食,散发鹿台府的钱财,用来赐给贫穷的人。现在陛下能散发府库里的钱粮来赐给贫穷的人吗?"汉王说:"不能。"张良说:"这是第四个不能做到的。武王灭商以后,把战车改为载人的车,倒置干戈,用虎皮蒙盖起来,以此告示天下不再用兵。现在陛下能废武行文,不再用兵吗?"汉王说:"不能。"张良说:"这是第五个不能做到的。武王曾把战马放在华山之南去牧养,表示不再打仗。现在陛下能让战马休息不再使用吗?"汉王说:"不能。"张良说:"这是第六个不能做到的。武王曾把牛放在桃林的北面去牧养,表示不再运输粮草。现在陛下能让牛去放牧而不再运输粮草吗?"汉王说:"不能。"张良说:"这是第七个不能做到的。况且现在天下的游士离开他们的亲戚,远弃祖墓,告别故旧,跟从陛下走南闯北,只是日夜盼望得到一块封地。如今恢复六国,封立韩、魏、燕、赵、齐、楚的后代,天下的游士都各自回去侍奉他们的君主,和他们的亲戚团聚,返回他们的故里祖坟,陛下和谁一起去夺取天下呢?这是第八个不能做到的。况且楚国当今强大无比,重新封立的六国后代就会再被削弱而屈从楚国,陛下怎么能够得到他们并使他们臣服呢?如真的采用了食客的计谋,陛下的事就全完了。"汉王停止了吃饭,并把嘴里的饭吐了出来,骂道:"这个书呆子,差点儿败坏了老子的大事!"命令立即销毁印玺。

汉高祖四年,韩信打败齐国以后想自立为齐王,汉王非常生气。张良劝说汉王,汉王才派张良前去授予齐王韩信王印。这件事记载在《淮阴侯列传》中。

这年秋天,汉王追击楚军到了阳夏的南面,因战斗失利而坚守固陵,诸侯们到了约定的时间还没到。张良劝说汉王,汉王采用了他的计谋,诸侯们才都来到。这件事记载在《项羽本纪》中。

汉高祖六年正月,封赏有功之臣,张良未曾立过战功,高帝说:"运筹谋划于帷帐之中,决战取胜在千里之外,是子房的功劳。你自己在齐地选择三万户作为封地。"张良说:"当初我在下邳起兵,与陛下在留县会合,这是上天把我授给了陛下。陛下采用我的计策,幸而时常料中,我希望封在留就满足了,不敢接受三万户的封地。"于是封张良为留侯,和萧何等人一同分封。

汉高祖已封赏了有大功的臣子二十多人,其余的因日夜争功不决,未能进行封赏。高祖在雒阳南宫里,从复道上望见将领们纷纷互相坐在沙地上谈说。高祖问道:"这些人在说什么?"留侯说:"陛下不知道吗?这些人在密谋反叛哩。"高祖说:"天下刚刚安定下来,为什么要反叛呢?"留侯说:

"陛下出身于平民,用这些人夺取了天下,现在陛下做了天子,而所封赏的都是萧何、曹参这些陛下的故旧亲朋,而所诛杀的都是陛下平时所怨恨有仇的。现在军吏在计算战功,因天下的土地不够全部封赏,这帮人怕陛下不能都封赏,又害怕平时的过失被陛下怀疑而受到诛杀,所以就相聚在一起密谋反叛。"高祖忧愁地说:"怎么办呢?"留侯说:"陛下平时所憎恨的,而且是大家所共知的,谁最厉害呢?"高祖说:"雍齿和我有旧仇,他曾多次使我受困受辱。我想杀掉他,因为他的功多,所以又不忍心。"留侯说:"现在赶快先封雍齿来让群臣看,群臣看到雍齿受到封赏,那么人人都会心情稳定。"于是高祖设酒宴,封雍齿为什方侯,并赶紧催促丞相、御史定功行封。群臣吃完酒宴后,都高兴地说:"雍齿尚且能封为侯,我们就没有什么可担心的了。"

刘敬劝高帝说:"建都关中。"高帝对此事犹豫不决。左右大臣都是山东六国人,多数人劝高帝建都雒阳,说:"雒阳东面有成皋,西面有崤山、黾池,背靠黄河,面向伊水、雒水,它的地势很坚固足以凭借。"留侯说:"雒阳虽然有此险固,但它地区狭小,不过数百里,土地也硗薄,若四面受敌,这里不是用武之地。至于关中,左有崤山、函谷关,右有陇蜀大山,沃野千里,南面有巴蜀一带的富饶资源,北有畜牧之利,凭借三面的险阻来防守,只用东边一面来控制诸侯。诸侯安定的话,黄河、渭水可以运输天下的物资,向西供给京师,若诸侯有变,出兵可顺流而下,足以靠它运输军需。这正是所谓金城千里,天府之国啊。刘敬所说是正确的。"于是高帝当天就准备车马起驾,西行定都关中。

留侯跟从高帝进入关中。留侯身体多病,于是就练导引健身术，不食谷物，闭门不出一年多。

高帝打算废掉太子，立戚夫人的儿子赵王如意，大臣们很多人进谏劝阻，但未能得到最后的决定。吕后恐慌，不知该怎么办。有人对吕后说："留侯善于出谋划策，皇上信任重用他。"于是吕后就派建成侯吕泽去强求留侯，说："你曾是皇上的谋臣，现在皇上打算更换太子，你怎么能够高枕而卧呢？"留侯说："当初皇上曾多次处于困难危急之中，侥幸采用了我的计策。现在天下安定了，由于偏爱的缘故而想更换太子，这是骨肉之间的事情，纵然臣下一百多人但又有什么用呢？"吕泽强求说："一定要为我出谋划策。"留侯说："此事难以用口舌相争。天下有四个人，连皇上也不能招致。这四人年纪老了，都因为皇上轻视侮辱人，所以逃避藏匿在山中，坚守节操不做汉朝臣子。然而皇上很尊重这四人。现在你真能不吝惜金玉璧帛，让太子写一封信，言辞卑躬，用安适的车子，派遣辩士去坚决邀请，应当会来。来了之后，以为宾客，时常跟从你上朝，让皇上看见他们，皇上一定会感到惊异而询问他们。问了他们，皇上知道这四个人贤能，对太子是一大帮助。"于是吕后让吕泽派人送去太子的信，用谦卑的言辞，丰厚的礼物，迎接这四个人。四个人到了，客居建成侯家。

汉高祖十一年，黥布反叛，皇帝生了病，打算派太子领兵前往攻击叛军。四个老人互相商量说："我们来这里是为了保全太子。太子率兵，事情就危险了。"于是就劝建成侯说："太子率兵打仗，有了功劳地位也不会再提高，若无功返回，那么从此就会受到祸害。况且和太子一起出征的众将领，都是曾经和皇帝一起平定天下的猛将，现在派太子去统率他们，这无异于让羊去统率狼，他们都不肯为太子效力，太子不能立功是必定的了。我听说'母亲受宠爱，儿子常被抱'，现在戚夫人日夜侍候皇帝，赵王如意常常被抱在胸前，皇帝曾说'终究不能让不肖之子居于爱子之上'，这就很明白，赵王如意取代太子地位是必定的了。你为什么不赶快请吕后乘机向皇帝哭诉说：'黥布是天下的猛将，而且善于用兵，现在众将都是陛下过去的同辈人，让太子去统率这帮人，无异于让羊去统率狼，没有人肯被太子所用，而且让黥布知道此事，就会击鼓向西进军。皇帝虽然生病，但只要勉强乘坐辎车，躺着统领军队，诸位将领就不敢不效力。皇帝虽然辛苦，但为了妻子儿女也要努力坚持。'"于是吕泽当夜去见吕后，吕后乘机在皇帝面前按照四人的意思哭诉了一番。皇帝说："我想这小子本来就不足派遣，老子自己去吧。"于是皇帝亲自率兵向东进发，留守的大臣们都送到灞上。留侯有病，也勉强起来，到了曲邮，拜见皇帝说："我应当随从您去，但病很重。楚人勇猛敏捷，希望皇帝不要和楚人硬拼。"乘机劝皇帝说："让太子为将军，监领关中的军队。"皇帝说："子房虽然有病，也要勉力躺着辅佐太子。"这时叔孙通为太傅，留侯兼任少傅的事务。

汉高祖十二年，皇帝从击败黥布的军队那里回来，病情益发严重，更加想改立太子。留侯进谏，没有被采用，因此就称病不再管事。太傅叔孙通引用古今事例称说，拼死为保全太子力争。皇帝假装答应了他，但还是打算改立太子。到皇上设置酒宴时，太子在旁侍奉。有四个人随从太子，年龄都有八十多岁，胡子眉毛雪白，衣冠非常奇特。皇帝很奇怪，问道："他们是干什么的？"四个人上前回话，各自报告姓名，分别叫东园公、角里先生、绮里季、夏黄公。于是，皇帝大为吃惊，说："我寻了你们多年，你们躲避我，今天你们为什么和我儿子交往呢？"四人都说："陛下轻待士人善于骂人，我们守义不愿受辱，所以害怕而逃亡躲藏起来。听说太子为人仁慈孝顺,恭敬爱士,天下没有人不伸长脖子想为太子而死,所以我们来了。"皇帝说:"麻烦诸位善始善终,好好地照应太子吧。"

四个人向皇帝祝寿完毕,小步急走离去。皇帝目送他们,招来戚夫人指着四个人给她看,说:"我想改立太子,那四个人却辅佐他,羽翼已成,难以变动了。吕后真的要做你的主人了。"戚夫人痛心落泪,皇帝说:"你为我跳楚舞,我为你唱楚歌。"于是他唱道:"鸿鹄高高飞,一举腾千里。羽翼已丰满,横越绝四海。横越绝四海,还有何法想?虽然有弓矢,还往哪里用?"唱了几遍以后,戚夫人痛哭流涕,皇帝起身离去,结束酒宴。最终没有改立太子,原本靠了留侯招来这四个人出山的力量。

留侯跟从皇帝去攻打代国,出奇计攻下马邑,以及立萧何为相国,留侯和皇帝从容地谈了很多天下大事,因为和天下存亡无关,所以没有记载。留侯常称说:"我家世代相韩,到韩国灭亡之后,不惜万金家产,为韩向强秦报仇,震动了天下。现在凭三寸之舌成为皇帝的老师,分封万户,位居列侯,这是平民百姓所企求的富贵之巅,对我张良来说很满足了。我希望丢开人间的事情,打算跟从赤松子交游。"于是学起辟谷、导引、轻身的养生之术。恰逢高帝驾崩,吕后感激留侯的恩德,就强让他吃饭,说:"人生一世,如白驹过隙那样短促,何必自找苦吃到如此地步呢?"留侯不得已,勉强听从吕后的话而进食。

八年以后,留侯去世,谥为文成侯。他的儿子不疑继承了侯爵。

子房当初在下邳桥上见到的那个给他《太公书》的老人(曾经预言过),十三年以后他跟从高帝路过济北,(后来)果然看到在谷城山下有块黄石,留侯把它取回去作为珍宝供奉起来。留侯死了以后，和黄石葬在一起。每逢冬夏到坟上祭祀留侯，同时也祭祀黄石。

留侯不疑，在孝文帝五年时因犯了不敬之罪，被削去了封爵，废除了封国。

太史公说：学者们多数认为没有鬼神，然而认为有精灵。至于像留侯所见到的给他书的老人，也可以说是件怪事了。高祖曾多次遭遇困厄，而留侯经常出力立功，难道可以说不是天意吗？高祖说："运筹谋划于帷帐之中，而夺取胜利在千里之外，我不如子房。"我原以为他人长得大概魁梧雄伟，到看见他的画像，相貌就像妇人美女一般。正如孔子所说："以貌取人，就会错看了子羽。"对于留侯也可以这么说。

史记卷五十六

陈丞相世家第二十六

陈丞相平者，阳武户牖乡人也。少时家贫，好读书，有田三十亩，独与兄伯居。伯常耕田，纵平使游学。平为人长大美色。人或谓陈平曰："贫何食而肥若是？"其嫂嫉平之不视家生产，曰："亦食糠覈耳。有叔如此，不如无有。"伯闻之，逐其妇而弃之。

及平长，可娶妻，富人莫肯与者，贫者平亦耻之。久之，户牖富人有张负，张负女孙五嫁而夫辄死，人莫敢娶。平欲得之。邑中有丧，平贫，侍丧，以先往后罢为助。张负既见之丧所，独视伟平，平亦以故后去。负随平至其家，家乃负郭穷巷，以弊席为门，然门外多有长者车辙。张负归，谓其子仲曰："吾欲以女孙予陈平。"张仲曰："平贫不事事，一县中尽笑其所为，独奈何予女乎？"负曰："人固有好美如陈平而长贫贱者乎？"卒与女。为平贫，乃假贷币以聘，予酒肉之资以内妇。负诫其孙曰："毋以贫故，事人不谨。事兄伯如事父，事嫂如母。"平既娶张氏女，赍用益饶，游道日广。

里中社，平为宰，分肉食甚均。父老曰："善，陈孺子之为宰！"平曰："嗟乎，使平得宰天下，亦如是肉矣！"

陈涉起而王陈，使周市略定魏地，立魏咎为魏王，与秦军相攻于临济。陈平固已前谢其兄伯，从少年往事魏王咎于临济。魏王以为太仆。说魏王不听，人或谗之，陈平亡去。

久之，项羽略地至河上，陈平往归之，从入破秦，赐平爵卿。项羽之东王彭城也，汉王还定三秦而东，殷王反楚。项羽乃以平为信武君，将魏王咎客在楚者以往，击降殷王而还。项王使项悍拜平为都尉，赐金二十溢。居无何，汉王攻下殷。项王怒，将诛定殷者将吏。陈平惧诛，乃封其金与印，使使归项王，而平身间行杖剑亡。渡河，船人见其美丈夫独行，疑其亡将，要中当有金玉宝器，目之，欲杀平。平恐，乃解衣裸而佐刺船。船人知其无有，乃止。

平遂至修武降汉，因魏无知求见汉王，汉王召入。是时万石君奋为汉王中涓，受平谒，入见平。平等七人俱进，赐食。王曰："罢，就舍矣。"平曰："臣为事来，所言不可以过今日。"于是汉王与语而说之，问曰："子之居楚何官？"曰："为都尉。"是日乃拜平为都尉，使为参乘，典护军。诸将尽讙，曰："大王一日得楚之亡卒，未知其高下，而即与同载，反使监护军长者！"汉王闻之，愈益幸平。遂与东伐项王。至彭城，为楚所败。引而还，收散兵至荥阳，以平为亚将，属于韩王信，军广武。

绛侯、灌婴等咸谗陈平曰："平虽美丈夫，如冠玉耳，其中未必有也。臣闻平居家时，盗其嫂；事魏不容，亡归楚；归楚不中，又亡归汉。今日大王尊官之，令护军。臣闻平受诸将金，金多者得善处，金少者得恶处。平，反覆乱臣也，愿王察之。"汉王疑之，召让魏无知。无知曰："臣所言者，能也；陛下所问者，行也。今有尾生、孝己之行而无益处于胜负之数，陛下何暇用之乎？楚汉相距，臣进奇谋之士，顾其计诚足以利国家不耳。且盗嫂受金又何足疑乎？"汉王召让平曰："先生事魏不中，遂事楚而去，今又从吾游，信者固多心乎？"平曰："臣事魏王，魏王不能用臣说，故去事项王。项王不能信人，其所任爱，非诸项即妻之昆弟，虽有奇士不能用，平乃去楚。闻汉王之能用人，故归大王。臣裸身来，不受金无以为资。诚臣计画有可采者，愿大王用之；使无可用者，金具在，请封输官，得请骸骨。"汉王乃谢，厚赐，拜为护军中尉，尽护诸将。诸将乃不敢复言。

其后，楚急攻，绝汉甬道，围汉王于荥阳城。久之，汉王患之，请割荥阳以西以和。项王不听。汉王谓陈平曰："天下纷纷，何时定乎？"陈平曰："项王为人，恭敬爱人，士之廉节好礼者多归之。至于行功爵邑，重之，士亦以此不附。今大王慢而少礼，士廉节者不来；然大王能饶人以爵邑，士之顽钝嗜利无耻者亦多归汉。诚各去其两短，袭其两长，天下指麾则定矣。然大王恣侮人，不能得廉节之士。顾楚有可乱者，彼项王骨鲠之臣亚父、钟离眜、龙且、周殷之属，不过数人耳。大王诚能出捐数万斤金，行反间，间其君臣，以疑其心，项王为人意忌信谗，必内相诛。汉因举兵而攻之，破楚必矣。"汉王以为然，乃出黄金四万斤，与陈平，恣所为，不问其出入。

陈平既多以金纵反间于楚军，宣言诸将钟离眜等为项王将，功多矣，然而终不得裂地而王，欲与汉为一，以灭项氏而分王其地。项羽果意不信钟离眜等。项王既疑之，使使至汉。汉王为太牢具，举进。见楚使，即详惊曰："吾以为亚父使，乃项王使！"复持去，更以恶草具进楚使。楚使归，具以报项王。项王果大疑亚父。亚父欲急攻下荥阳城，项王不信，不肯听。亚父闻项王疑之，乃怒曰："天下事大定矣，君王自为之！愿请骸骨归!"归未至彭城,疽发背而死。陈平乃夜出女子二千人荥阳城东门,楚因击之,陈平乃与汉王从城西门夜出去。遂入关,收散兵复东。

其明年,淮阴侯破齐,自立为齐王,使使言之汉王。汉王大怒而骂,陈平蹑汉王。汉王亦悟,乃厚遇齐使,使张子房卒立信为齐王。封平以户牖乡。用其奇计策,卒灭楚。常以护军中尉从定燕王臧荼。

汉六年,人有上书告楚王韩信反。高帝问诸将,诸将曰:"亟发兵坑竖子耳。"高帝默然。问陈平,平固辞谢,曰:"诸将云何?"上具告之。陈平曰:"人之上书言信反,有知之者乎?"曰:"未有。"曰:"信知之乎?"曰:"不知。"陈平曰:"陛下精兵孰与楚?"上曰:"不能过。"平曰:"陛下将用兵有能过韩信者乎?"上曰:"莫及也。"平曰:"今兵不如楚精,而将不能及,而举兵攻之,是趣之战也,窃为陛下危之。"上曰:"为之奈何?"平曰:"古者天子巡狩,会诸侯。南方有云梦,陛下弟出伪游云梦,会诸侯于陈。陈,楚之西界,信闻天子以好出游,其势必无事而郊迎谒。谒,而陛下因禽之,此特一力士之事耳。"高帝以为然,乃发使告诸侯会陈,"吾将南游云梦"。上因随以行。行未至陈,楚王信果郊迎道中。高帝豫具武士,见信至,即执缚之,载后车。信呼曰:"天下已定,我固当烹!"高帝顾谓信曰:"若毋声!而反,明矣!"武士反接之。遂会诸侯于陈,尽定楚地。还至雒阳,赦信以为淮阴侯,而与功臣剖符定封。

于是与平剖符,世世勿绝,为户牖侯。平辞曰:"此非臣之功也。"上曰:"吾用先生谋计,战胜克敌,非功而何?"平曰:"非魏无知臣安得进?"上曰:"若子可谓不背本矣。"乃复赏魏无知。其明年，以护军中尉从攻反者韩王信于代。卒至平城，为匈奴所围，七日不得食。高帝用陈平奇计，使单于阏氏，围以得开。高帝既出，其计秘，世莫得闻。

高帝南过曲逆，上其城，望见其屋室甚大，曰："壮哉县！吾行天下，独见洛阳与是耳。"顾问御史曰："曲逆户口几何？"对曰："始秦时三万余户，间者兵数起，多亡匿，今见五千户。"于是乃诏御史，更以陈平为曲逆侯，尽食之，除前所食户牖。

其后常以护军中尉从攻陈豨及黥布。凡六出奇计，辄益邑，凡六益封。奇计或颇秘，世莫能闻也。

高帝从破布军还，病创，徐行至长安。燕王卢绾反，上使樊哙以相国将兵攻之。既行，人有短恶哙者。高帝怒曰："哙见吾病，乃冀我死也。"用陈平谋而召绛侯周勃受诏床下，曰："陈平亟驰传载勃代哙将，平至军中即斩哙头！"二人既受诏，驰传未至军，行计之曰："樊哙，帝之故人也，功多，且又乃吕后弟吕媭之夫，有亲且贵，帝以忿怒故，欲斩之，则恐后悔。宁囚而致上，上自诛之。"未至军，为坛，以节召樊哙。哙受诏，即反接载槛车，传诣长安，而令绛侯勃代将，将兵定燕反县。

平行闻高帝崩，平恐吕太后及吕媭谗怒，乃驰传先去。逢使者诏平与灌婴屯于荥阳。平受诏，立复驰至宫，哭甚哀，因奏事丧前。吕太后哀之，曰："君劳，出休矣。"平畏谗之就，因固请得宿卫中。太后乃以为郎中令，曰："傅教孝惠。"是后吕媭谗乃不得行。樊哙至，则赦复爵邑。

孝惠帝六年，相国曹参卒，以安国侯王陵为右丞相，陈平为左丞相。

王陵者，故沛人，始为县豪，高祖微时，兄事陵。陵少文，任气，好直言。及高祖起沛，入至咸阳，陵亦自聚党数千人，居南阳，不肯从沛公。及汉王之还攻项籍，陵乃以兵属汉。项羽取陵母置军中，陵使至，则东乡坐陵母，欲以招陵。陵母既私送使者，泣曰："为老妾语陵，谨事汉王。汉王，长者也，无以老妾故，持二心。妾以死送使者。"遂伏剑而死。项王怒，烹陵母。陵卒从汉王定天下。以善雍齿，雍齿，高帝之仇，而陵本无意从高帝，以故晚封，为安国侯。

安国侯既为右丞相，二岁，孝惠帝崩。高后欲立诸吕为王，问王陵，王陵曰："不可。"问陈平，陈平曰："可。"吕太后怒，乃详迁陵为帝太傅，实不用陵。陵怒，谢疾免，杜门竟不朝请，七年而卒。

陵之免丞相，吕太后乃徙平为右丞相，以辟阳侯审食其为左丞相。左丞相不治，常给事于中。

食其亦沛人。汉王之败彭城，西，楚取太上皇、吕后为质，食其以舍人侍吕后。其后从破项籍为侯，幸于吕太后。及为相，居中，百官皆因决事。

吕媭常以前陈平为高帝谋执樊哙，数谗曰："陈平为相非治事，日饮醇酒，戏妇女。"陈平闻，日益甚。吕太后闻之，私独喜。面质吕媭于陈平曰："鄙语曰'儿妇人口不可用'，顾君与我何如耳。无畏吕媭之谗也。"

吕太后立诸吕为王，陈平伪听之。及吕太后崩，平与太尉勃合谋，卒诛诸吕，立孝文皇帝，陈平本谋也。审食其免相。

孝文帝立，以为太尉勃亲以兵诛吕氏，功多；陈平欲让勃尊位，乃谢病。孝文帝初立，怪平病，问之。平曰："高祖时，勃功不如臣平。及诛诸吕，臣功亦不如勃。愿以右丞相让勃。"于是孝文帝乃以绛侯勃为右丞相，位次第一；平徙为左丞相，位次第二。赐平金千斤,益封三千户。

居顷之,孝文皇帝既益明习国家事,朝而问右丞相勃曰:"天下一岁决狱几何?"勃谢曰:"不知。"问:"天下一岁钱谷出入几何?"勃又谢不知,汗出沾背,愧不能对。于是上亦问左丞相平。平曰:"有主者。"上曰:"主者谓谁?"平曰:"陛下即问决狱,责廷尉;问钱谷,责治粟内史。"上曰:"苟各有主者,而君所主者何事也?"平谢曰:"主臣!陛下不知其驽下,使待罪宰相。宰相者,上佐天子理阴阳,顺四时,下育万物之宜,外镇抚四夷诸侯,内亲附百姓,使卿大夫各得任其职焉。"孝文帝乃称善。右丞相大惭,出而让陈平曰:"君独不素教我对!"陈平笑曰:"君居其位,不知其任邪?且陛下即问长安中盗贼数,君欲强对邪?"于是绛侯自知其能不如平远矣。居顷之,绛侯谢病请免相,陈平专为一丞相。

孝文帝二年,丞相陈平卒,谥为献侯。子共侯买代侯。二年卒,子简侯恢代侯。二十三年卒,子何代侯。二十三年,何坐略人妻,弃市,国除。

始陈平曰:"我多阴谋,是道家之所禁。吾世即废,亦已矣,终不能复起,以吾多阴祸也。"然其后曾孙陈掌以卫氏亲贵戚,愿得续封陈氏,然终不得。

太史公曰:陈丞相平少时,本好黄帝、老子之术。方其割肉俎上之时,其意固已远矣。倾侧扰攘楚魏之间,卒归高帝。常出奇计,救纷纠之难,振国家之患。及吕后时,事多故矣,然平竟自脱,定宗庙,以荣名终,称贤相,岂不善始善终哉!非知谋孰能当此者乎?

译文：

陈丞相平，阳武县户牖乡人。少年时家境贫穷，喜好读书，有田地三十亩，独自和哥哥陈伯一起生活。陈伯常年在家种田，听任陈平外出游学。陈平身材高大，仪容俊美。有人议论他说："这么穷，吃了些什么而长得这样胖？"他的嫂嫂恨他毫不关心家里的谋生之业，说道："也是吃些糠里的粗屑罢了。有这样的小叔，还不如没有的好。"陈伯听到这些话后，把她赶出家门，休弃了她。

等到陈平长大，可以娶妻了，有钱人家没有人肯把姑娘嫁给他；娶穷人家的姑娘，他又感到羞耻。过了好久，户牖乡有个富人张负，张负的孙女五次嫁人，次次死了丈夫，没有人再敢娶她。陈平却想得到她。乡邑中有人死了，陈平因为家境贫穷，就去帮着操办丧事，早去晚歇，以此来贴补家用。张负在办丧事人家见到陈平后，独独对他十分看重，陈平也因为想获得张负的好感而很晚离开那里。张负尾随陈平来到他家，陈家原来在靠近城郭的偏僻小巷里，用破席当门，可是门外却有不少有身份人的车轮的印迹。张负回到自己家里，对她儿子张仲说："我想把孙女嫁给陈平。"张仲说："陈平贫穷，又不事生产，全县的人都耻笑他的所作所为，为什么偏偏要把女儿嫁给他呢？"张负说："人难道会有像陈平这样俊美出众而总是贫穷卑贱的吗？"结果把孙女嫁给了他。因为陈平穷，就借币帛给他作聘礼，还给他办酒席的钱来娶妻。张负告诫她的孙女说："不要因为他穷，侍奉人家就不恭敬。侍奉他哥哥陈伯要像侍奉父亲一样，侍奉嫂嫂要像侍奉母亲一样。"陈平娶了张家姑娘后，资财日益充裕，交游一天天广泛。

里中祭祀社神，陈平当主持人，分配祭肉分得很公平。父老们都说："好啊，陈平这孩子主持分肉！"陈平说："唉，如果让我能有机会治理天下，也就会像分这祭肉一样的了！"

陈涉起兵在陈县称王以后，派周市去攻占平定魏地，立魏咎为魏王，和秦军在临济交锋。在这之前陈平原已辞别了哥哥陈伯，和一些年轻人到临济投奔魏王咎了。魏王任命他为太仆。陈平向魏王进言，魏王不听，有人还说陈平坏话，陈平就逃离了那里。

隔了很长时间，项羽攻占土地到黄河边上，陈平前去投奔他，跟随他入关破秦，项羽赐给他卿一级的爵位。后来项羽东归在彭城称西楚霸王的时候，汉王刘邦回军平定了三秦，向东挺进，殷王司马卬反叛楚王。于是项羽封陈平为信武君，率领魏王咎客居在楚的部下前去讨伐，陈平攻打降服殷王后班师回楚。项王派项悍任命陈平为都尉，赐金二十镒。不久，汉王攻下了殷国。项王发怒，要杀以前平定殷国的将领官员。陈平害怕被杀，就把项王的赏金和官印封包起来，派使者送还项王，自己只身从小路带了宝剑逃走。在渡河的时候，船夫见他这样一个美男子独身赶路，怀疑他是逃亡的将领，腰里一定藏着金玉宝器，眼睛老盯着他，想谋害陈平。陈平害怕了，便衣服脱去，光着身子帮助撑船。船夫知道他实在没有什么财物，才作罢。

陈平于是到修武降汉，通过魏无知求见汉王。汉王召他进去。其时万石君石奋任汉王的中涓，接受了陈平的名帖，领他进去见汉王。陈平等七人一起去进见，汉王赏赐他们酒食，说："吃完后，诸位到客舍休息吧。"陈平说："我有事才来，我要说的话不可以过今天。"于是汉王跟他交谈起来，很喜欢他，问道："你在楚国做什么官？"回答说："做都尉。"汉王当天就任命他为都尉，让他担任自己的参乘，并负责监督军队。众将都喧哗起来，说："大王刚刚得到一名楚国的逃兵，还不知他才能的高下，就和他同乘一辆车，反让他监督军队里的老将！"汉王听了，更加宠信陈平。于是和他一起向东攻伐项王。到了彭城，被楚军打败。汉王退军而还，沿途收编失散的士兵，到达荥阳，任命陈平为亚将，隶属于韩王信，驻扎在广武。

这时绛侯周勃、灌婴等都说陈平的坏话，道："陈平尽管是个美男子，却像在帽子上装饰美玉，（表面好看，）内里未必有什么真本事。我们听说他在家里时，跟他嫂嫂私通；侍奉魏王，待不下去，逃出来投楚；投楚不合，又逃出来投汉。如今大王您尊重他，让他做官，命他监督军队。我们听说陈平接受将领们的金子，送金多的得好去处，送金少的得坏去处。陈平，是个反复无常的乱臣，愿大王明察。"汉王对陈平产生了怀疑，召见魏无知并责备了他。魏无知说："我所介绍的是他的才能，陛下所问的是他的品行。假如一个人有尾生、孝己那样的品行，但对决定战争胜负的谋略毫无益处，陛下哪有工夫任用他呢？楚汉相争，我推荐奇谋之士，我所考虑的只是他的计谋是否真正足以有利于国家而已。再说，和嫂嫂私通、受人金钱，这又有什么值得您疑虑的呢？"汉王又召来陈平，责备他说："先生您侍奉魏王不能相合，就去侍奉楚王，然而也离开了，现在又跟我交往，讲信义的人难道该是这样三心二意的吗？"陈平回答道："我侍奉魏王，魏王不能采用我的建议，所以我离开了，去侍奉项王。项王不能信任人，他所信任宠爱的不是项氏宗族便是妻子的兄弟，尽管有奇谋之士，却不能任用，我才又离开了楚。听说汉王您能用人，所以来投奔大王。我赤身而来，不接受别人的金钱就没有资产。如果我的计谋确有可采用的，愿大王采用；如果无可采用，诸将的贿金都在，请封存充公，愿您赏还我这把骨头让我离去。"汉王听完这番话后便向他道歉，还重重地赏赐了他，任命他为护军中尉,监督全体将领。将领们这才不敢再说什么了。

后来,楚军加紧进攻,截断了汉军的运粮甬道,把汉王围困在荥阳城里。日子一长,汉王忧虑起来,请求割据地荥阳之西来与楚讲和。项王不答应。汉王对陈平说:"天下乱纷纷的,什么时候才能够安定下来呢?"陈平说:"项王为人,恭敬爱人,廉节好礼的士人多去投奔他。等到要评功劳、赏爵邑了,他却十分看重,(总舍不得给,)士人因此不亲附于他。如今大王您对人轻慢少礼,廉节的士人不来;但是大王您能用爵邑重赏下人。那些圆滑、嗜利而不讲廉耻的士人大多来投奔您。如果大王能分别除去两人的短处,兼有两人的长处,那么天下在挥手之间就能平定了。然而大王您随意侮慢人,是不能得到廉节之士的。但楚国存在可以致乱的因素,那项王身边正直的臣子如亚父、钟离眜、龙且、周殷之类,只不过几个人罢了。大王您如果能拿出几万斤金,用来实施反间计,离间其君臣,使他们产生疑忌之心,项王为人好猜忌,听信谗言,必然会引起内部互相诛杀。汉乘机兴兵攻打,破楚是必定无疑的了。"汉王认为他说得对,便拿出黄金四万斤给陈平,任凭他支配,不过问开支情况。

陈平用大量黄金在楚军中放手进行离间活动后,便在诸将中扬言:钟离眜等人在项王部下为将,功劳很多,但始终不能分封土地而称王,他们想和汉联合在一起,灭掉项氏,分他的土地,各自为王。项王听了,果然心怀猜忌,对钟离眜等不信任起来。在起了疑心之后,项王派使者到汉王那里。汉王让人备了丰盛的宴席送进去,见到楚国使者,就假装惊讶道:"我以为是亚父的使者,却原来是项王的使者!"又把宴席撤走,换上粗劣的饭菜送进来给楚王使者。楚王使者回去,把情况统统报告项王。项王果然对亚父大起疑心。亚父想赶快把荥阳城攻下来,项王不信任他，不肯接受他的建议。亚父听到项王对他有怀疑，就生气地说："天下的事大局已定了，君王您自己干吧！愿您赏还我这把老骨头，让我回家！"他回去还没到彭城，就因背上痈疽发作而死了。于是，陈平在夜间从荥阳城东门放出二千名女子，楚军受诱出击，陈平就和汉王在夜色中乘机从城西门出去，于是进入函谷关，收集散兵再向东进。

第二年，淮阴侯韩信攻破齐国，自立为齐王，派使者报告汉王。汉王大怒而骂了起来，陈平踩了踩汉王的脚。汉王也醒悟过来了，于是厚待齐使并派张子房出使，结果封立韩信为齐王。汉王又把户牖乡封赏给陈平。汉王采用陈平的神机妙算，终于灭掉了楚王。后来陈平还曾作为护军中尉跟随汉王平定了燕王臧荼。

汉六年，有人上书告发楚王韩信谋反。高帝问将领们如何处置，将领们说："马上发兵活埋这小子算了！"高帝没作声。高帝问陈平，陈平一再推辞不答，问道："将领们说什么？"高帝把将领们的话统统告诉了他。陈平问："有人上书告发韩信谋反，这件事别人有知道的吗？"答："没有。"问："韩信本人知道吗？"答："不知道。"陈平问："陛下的精兵，和楚王相比怎样？"高帝答道："不能超过他。"陈平又问："陛下的将领用兵，有能胜过韩信的吗？"高帝答道："没有人及得上他。"陈平说："现在兵既不如楚精，将领用兵又不及韩信，却想兴兵进攻，这无异是在催促韩信起兵作战，我私下为陛下感到危险。"高帝说："那怎么办呢？"陈平说："古时候天子外出巡视，要会见诸侯。南方有大湖云梦，陛下只管出去装作巡游云梦，在陈县会见诸侯。陈县，在楚国西界。韩信听说天子以善意出游，料想必然不会发生什么意外之事而出郊远迎谒见。在他谒见的时候，陛下乘机捉住他，这不过是一名力士就能办到的事罢了。"高帝认为这办法好,便派出使者通知诸侯在陈县相会,说道:"我要到南方去巡游云梦了。"派出使者后,高帝也就跟着动身了。还没到达陈县,楚王韩信果然在郊外大道上迎接。高帝预先准备好武士,看见韩信到来,马上把他捆绑起来,装在后面车子里。韩信大声喊道:"天下已定,我本该烹杀!"高帝回过头去对韩信说:"你别嚷!你谋反,已经很明显了!"武士反绑住韩信的双手。于是,高帝在陈县会见诸侯,全部平定了楚地。回到雒阳,高帝赦免了韩信,改封为淮阴侯,又和功臣们剖符为凭,确定各人的封爵。

于是高帝和陈平剖符,子子孙孙永不断绝,封他为户牖侯。陈平推让说:"这不是我的功劳。"高帝说:"我用先生的计谋,克敌制胜,这不是你的功劳又是什么?"陈平说:"如果没有魏无知,我怎么能被进用呢?"高帝说:"像你这样,可以说是不忘本了。"于是又赏魏无知。下一年,陈平以护军中尉的身份跟随高帝在代地攻伐反叛者韩王信。他们仓促中到达平城,被匈奴围困,断食七天。高帝采用陈平的奇计,派使者到单于阏氏那里活动,由此得以解围。高帝出围城后,这个计策一直秘而不宣,世上无人知晓。

高帝南行经过曲逆县,登上城墙,望见城里的房屋都很高大,赞叹道:"壮观啊,曲逆!我走遍天下,只见到洛阳和这里有如此景象而已。"回头问御史:"曲逆户口多少?"回答说:"当初秦朝时有三万多户,近来屡经战乱,百姓大多逃离躲避起来,现在还剩五千户。"于是高帝下诏给御史,把陈平改封为曲逆侯,享用曲逆的全部赋税,收回过去所享用的户牖封地。

这之后,陈平又曾作为护军中尉跟随高帝攻伐谋反的陈豨和黥布。陈平一共六次献出奇计,每次总要增加封邑,共加封了六次。这些奇计有的相当隐秘，世上无人能知晓。

高帝从击破黥布的军中返回时，箭伤发作，只得缓行回到长安。这时燕王卢绾谋反，高帝派樊哙以相国身份领兵讨伐。军队出发后，有人说樊哙的坏话，高帝愤怒地说道："樊哙见我病重，就盼望我早点死掉。"他采用陈平的计谋，召绛侯周勃到病榻前受诏，说道："陈平赶快乘传车急行，载着周勃去代樊哙领兵，陈平到军中后立即斩下樊哙的头来！"陈平、周勃受诏后，乘传车急行还没到达樊哙军中，在路上计议道："樊哙是皇帝的老朋友，功多，而且又是吕后妹妹吕媭的丈夫，和皇帝有亲，地位又尊贵，皇帝出于一时的愤怒，要斩他，恐怕日后会懊悔。我们宁可把樊哙囚禁起来送交皇上，让皇上自己去诛杀他。"他们没有进入军营，在外面筑起土坛，用节召来樊哙。樊哙受诏后，立即被反绑双手关进囚车，通过驿站送到长安，同时传令绛侯周勃代樊哙为将，领兵平定燕国反叛的各县。

陈平在回来的路上听到高帝去世，生怕吕太后听信吕媭进谗而发怒，就乘传车急驰，离队先行。途中遇见使者下达诏令，命陈平和灌婴屯兵荥阳。陈平受诏后，立即又急驰至宫中，哭得十分悲哀，并在高帝灵前向吕太后奏明此事。吕太后哀怜他，说道："你辛苦了，出去休息吧。"陈平害怕谗言及身，就一再请求能在宫中值宿守卫。太后便任命他为郎中令，说道："辅佐教导孝惠帝吧。"这样之后吕媭进谗才没能行通。樊哙押到后，就被赦免而恢复了爵位封邑。

孝惠帝六年，相国曹参去世，朝廷任命安国侯王陵为右丞相，陈平为左丞相。

王陵原是沛县人，当初是县里的富豪，高祖贫贱时，对他以兄长相待。王陵不讲究仪节，任性使气，喜欢直言。等到高祖在沛起兵，入关至咸阳时，王陵也自己聚集党徒数千人，驻扎在南阳，不肯跟从沛公。直到汉王回师攻伐项籍时，王陵才把自己的部队归属汉王。项羽把王陵的母亲捉来安置在军营里，在王陵的使者到来时，就让她朝东坐着以示尊崇，想以此来招降王陵。王陵的母亲在私下里送别使者的时候，呜咽着说道："替老身传语王陵，好好侍奉汉王。汉王是位长者，不要因为我在项籍军中的缘故对汉王有二心。我现在以死来送别使者。"说完就拔剑自刎而死。项王发怒，烹了王陵的母亲。王陵终于跟随汉王平定了天下。但因为他和雍齿交好，而雍齿则是高帝所痛恨的人，再加上王陵自己本来又无意跟从高帝，所以受封较晚，被封为安国侯。

安国侯做了右丞相后，第二年，孝惠帝去世。高后要立吕氏族人为王，问王陵，王陵说："不可以。"问陈平，陈平说："可以。"吕太后生王陵的气，于是假意提升王陵做皇帝的太傅，实际上不再用他。王陵很生气，托病辞职，闭门居家，一直不进宫去朝见天子，七年后去世。

王陵免去丞相后，吕太后就调任陈平为右丞相，任命辟阳侯审食其为左丞相。左丞相不在官府治事，经常在宫中侍奉。

审食其也是沛县人。汉王兵败彭城向西撤退时，楚军捉住汉王的父亲和吕后做人质，审食其以舍人身份侍奉吕后。后来他跟随汉王打败项籍而被封侯，很得吕太后的宠幸。等做了左丞相后，常在宫中，百官都通过他来决定政事。

吕媭常常因以前陈平为高帝出谋逮捕樊哙而屡屡在吕后面前说陈平的坏话："陈平身为丞相，不理政事，天天饮美酒，玩女人。"陈平听说后，日益纵情于酒色。吕太后得知此事，心里却暗自高兴。她当着吕媭的面对陈平说："俗话说'小孩、妇人的话不可信'，就看你对我怎样罢了。别怕吕媭说你坏话。"

吕太后立吕氏族人为王，陈平假意顺从。等吕太后驾崩，陈平和太尉周勃一起设谋，终于把吕姓诸王除掉，拥立孝文皇帝。这件事，陈平是主要出谋的人。这时审食其被免除了相职。

孝文帝即位后，认为太尉周勃亲自领兵诛吕氏，功多；陈平也想让周勃居于尊位，就托病不管事。孝文帝刚即位，对陈平称病感到奇怪，就问他。陈平说："高祖时，周勃功劳不如我陈平；等到诛杀吕姓诸王，我的功劳不如周勃。我愿把右丞相的职位让给周勃。"于是孝文帝就任命绛侯周勃为右丞相，官位排在第一；陈平改任左丞相，官位排在第二。另赏赐陈平金千斤，加封食邑三千户。

不久，孝文帝对国家政事已经日益明了熟习，一次临朝时问右丞相周勃说："全国一年判决多少案件？"周勃推辞说："不知道。"又问："全国一年钱谷收入支出多少？"周勃又推辞说不知。周勃汗流浃背，对自己不能回答感到羞愧。于是皇帝又问左丞相陈平。陈平答道："各有主管的人。"上又问："主管的人是谁？"答道："陛下如果问判决案件，可责成廷尉回答；问钱谷出入，可责成治粟内史回答。"文帝问："如果各有主管者，那么你主管的是什么事呢？"陈平回答说："惶恐得很！陛下不知道我能力低下，让我担任宰相。宰相的职责，对上辅佐天子调理阴阳，顺应四时；对下抚育万物，使各得其宜；对外镇抚四方各族和诸侯；对内使百姓亲附，使各级官员都能胜任其职。"孝文帝称赞他回答得好。右丞相周勃大感惭愧，下朝出来责备陈平说："你偏偏平素不肯把这些答对的话教给我！"陈平笑着说："你身居其位，还不知其职责吗？再说，陛下如果问起长安城中有多少盗贼，你也打算勉强回答吗？"到这时周勃自知才能不如陈平很远。不久，周勃托病请求免去丞相之职，由陈平一人专任丞相。

孝文帝二年,丞相陈平去世,谥为献侯。他的儿子共侯陈买继承侯位。过了二年陈买去世,陈买的儿子简侯陈恢继承侯位。过了二十三年陈恢去世,陈恢的儿子陈何继承侯位。又过了二十三年,陈何因夺人之妻而获罪,在市上被公开处死,所封侯国废除。

当初陈平说过:"我出了很多诡秘的计谋,这是道家所禁忌的。我这一代如果被废掉爵位,就算完了,以后终究不会再度兴起的,因为我暗中积下的祸因已经很多了。"后来他的曾孙陈掌因为是卫氏亲戚而身份显贵,希望能续封陈氏后代为侯,但始终没有得到。

太史公说:陈丞相平少年时,本来喜好黄帝、老子的学说。当他在砧板上割肉的时候,他的志向原本已经很远大了。后来在楚魏之间彷徨不定,最后归附高帝。他常出奇计,解救纷乱的灾难,消除国家的忧患。到吕后当政时,事情多变故,然而陈平竟能自免于祸,安定刘氏宗庙,以荣耀的声名终其一生,人称贤相,这岂不是善始善终了吗!若不是足智多谋,哪一个人能做到这点呢?

史记卷五十七

绛侯周勃世家第二十七

绛侯周勃者，沛人也。其先卷人，徙沛。勃以织薄曲为生，常为人吹箫给丧事，材官引强。

高祖之为沛公初起，勃以中涓从攻胡陵，下方与。方与反，与战，却適。攻丰。击秦军砀东。还军留及萧。复攻砀，破之。下下邑，先登。赐爵五大夫。攻蒙、虞，取之。击章邯车骑，殿。定魏地。攻爰戚、东缗，以往至栗，取之。攻啮桑，先登。击秦军阿下，破之。追至濮阳，下甄城。攻都关、定陶，袭取宛朐，得单父令。夜袭取临济，攻张，以前至卷，破之。击李由军雍丘下。攻开封，先至城下为多。后章邯破杀项梁，沛公与项羽引兵东如砀。自初起沛还至砀，一岁二月。楚怀王封沛公号安武侯，为砀郡长。沛公拜勃为虎贲令，以令从沛公定魏地。攻东郡尉于城武，破之。击王离军，破之。攻长社，先登。攻颖阳、缑氏，绝河津。击赵贲军尸北。南攻南阳守齮，破武关、峣关。破秦军于蓝田，至咸阳，灭秦。

项羽至，以沛公为汉王。汉王赐勃爵为威武侯。从入汉中，拜为将军。还定三秦，至秦，赐食邑怀德。攻槐里、好畤，最。击赵贲、内史保于咸阳，最。北攻漆。击章平、姚卬军。西定汧。还下郿、频阳。围章邯废丘。破西丞。击盗巴军,破之。攻上邽。东守峣关。转击项籍。攻曲逆,最。还守敖仓,追项籍。籍已死,因东定楚地泗水、东海郡,凡得二十二县。还守雒阳、栎阳,赐与颍阴侯共食钟离。以将军从高帝击反者燕王臧荼,破之易下。所将卒当驰道为多。赐爵列侯,剖符世世勿绝。食绛八千一百八十户,号绛侯。

以将军从高帝击反韩王信于代,降下霍人。以前至武泉,击胡骑,破之武泉北。转攻韩信军铜鞮,破之。还,降太原六城。击韩信胡骑晋阳下,破之,下晋阳。后击韩信军于硰石,破之,追北八十里。还攻楼烦三城,因击胡骑平城下,所将卒当驰道为多。勃迁为太尉。

击陈豨,屠马邑。所将卒斩豨将军乘马絺。击韩信、陈豨、赵利军于楼烦,破之。得豨将宋最、雁门守圂。因转攻得云中守遬、丞相箕肆、将勋。定雁门郡十七县,云中郡十二县。因复击豨灵丘,破之,斩豨,得豨丞相程纵、将军陈武、都尉高肆。定代郡九县。

燕王卢绾反,勃以相国代樊哙将,击下蓟,得绾大将抵、丞相偃、守陉、太尉弱、御史大夫施,屠浑都。破绾军上兰,复击破绾军沮阳。追至长城,定上谷十二县,右北平十六县,辽西、辽东二十九县,渔阳二十二县。最从高帝得相国一人,丞相二人,将军、二千石各三人;别破军二,下城三,定郡五,县七十九,得丞相、大将各一人。

勃为人木强敦厚,高帝以为可属大事。勃不好文学,每召诸生说士,东乡坐而责之:"趣为我语。"其椎少文如此。

勃既定燕而归,高祖已崩矣,以列侯事孝惠帝。孝惠帝六年,置太尉官,以勃为太尉。十岁,高后崩。吕禄以赵王为汉上将军，吕产以吕王为汉相国，秉汉权，欲危刘氏。勃为太尉，不得入军门。陈平为丞相，不得任事。于是勃与平谋，卒诛诸吕而立孝文皇帝。其语在《吕后》、《孝文》事中。

文帝既立，以勃为右丞相，赐金五千斤，食邑万户。居月余，人或说勃曰："君既诛诸吕，立代王，威震天下，而君受厚赏，处尊位，以宠，久之即祸及身矣。"勃惧，亦自危，乃谢请归相印。上许之。岁余，丞相平卒，上复以勃为丞相。十余月，上曰："前日吾诏列侯就国，或未能行，丞相吾所重，其率先之。"乃免相就国。

岁余，每河东守尉行县至绛，绛侯勃自畏恐诛，常被甲，令家人持兵以见之。其后人有上书告勃欲反，下廷尉。廷尉下其事长安，逮捕勃治之。勃恐，不知置辞。吏稍侵辱之。勃以千金与狱吏，狱吏乃书牍背示之，曰"以公主为证"。公主者，孝文帝女也，勃太子胜之尚之，故狱吏教引为证。勃之益封受赐，尽以予薄昭。及系急，薄昭为言薄太后，太后亦以为无反事。文帝朝，太后以冒絮提文帝，曰："绛侯绾皇帝玺，将兵于北军，不以此时反，今居一小县，顾欲反邪！"文帝既见绛侯狱辞，乃谢曰："吏方验而出之。"于是使使持节赦绛侯，复爵邑。绛侯既出，曰："吾尝将百万军，然安知狱吏之贵乎！"

绛侯复就国。孝文帝十一年卒，谥为武侯。子胜之代侯。六岁，尚公主，不相中，坐杀人，国除。绝一岁，文帝乃择绛侯勃子贤者河内守亚夫，封为条侯，续绛侯后。

条侯亚夫自未侯为河内守时，许负相之，曰："君后三岁而侯。侯八岁为将相，持国秉，贵重矣，于人臣无两。其后九岁而君饿死。"亚夫笑曰："臣之兄已代父侯矣，有如卒，子当代，亚夫何说侯乎？然既已贵如负言，又何说饿死？指示我。"许负指其口曰："有从理入口，此饿死法也。"居三岁，其兄绛侯胜之有罪，孝文帝择绛侯子贤者，皆推亚夫，乃封亚夫为条侯，续绛侯后。

文帝之后六年，匈奴大入边。乃以宗正刘礼为将军，军霸上；祝兹侯徐厉为将军，军棘门；以河内守亚夫为将军，军细柳：以备胡。上自劳军。至霸上及棘门军，直驰入，将以下骑送迎。已而之细柳军，军士吏被甲，锐兵刃，彀弓弩，持满。天子先驱至，不得入。先驱曰："天子且至！"军门都尉曰："将军令曰'军中闻将军令，不闻天子之诏'。"居无何，上至，又不得入。于是上乃使使持节诏将军："吾欲入劳军。"亚夫乃传言开壁门。壁门士吏谓从属车骑曰："将军约，军中不得驱驰。"于是天子乃按辔徐行。至营，将军亚夫持兵揖曰："介胄之士不拜，请以军礼见。"天子为动，改容式车。使人称谢："皇帝敬劳将军。"成礼而去。既出军门，群臣皆惊。文帝曰："嗟乎，此真将军矣！曩者霸上、棘门军，若儿戏耳，其将固可袭而虏也。至于亚夫，可得而犯邪！"称善者久之。月余，三军皆罢。乃拜亚夫为中尉。

孝文且崩时，诫太子曰："即有缓急，周亚夫真可任将兵。"文帝崩，拜亚夫为车骑将军。

孝景三年，吴楚反。亚夫以中尉为太尉，东击吴楚。因自请上曰："楚兵剽轻，难与争锋。愿以梁委之，绝其粮道，乃可制。"上许之。

太尉既会兵荥阳，吴方攻梁，梁急，请救。太尉引兵东北走昌邑，深壁而守。梁日使使请太尉，太尉守便宜，不肯往。梁上书言景帝，景帝使使诏救梁。太尉不奉诏，坚壁不出，而使轻骑兵弓高侯等绝吴楚兵后食道。吴兵乏粮，饥，数欲挑战，终不出。夜，军中惊，内相攻击扰乱，至于太尉帐下。太尉终卧不起。顷之，复定。后吴奔壁东南陬，太尉使备西北。已而其精兵果奔西北，不得入。吴兵既饿，乃引而去。太尉出精兵追击，大破之。吴王濞弃其军，而与壮士数千人亡走，保于江南丹徒。汉兵因乘胜，遂尽虏之，降其兵，购吴王千金。月余，越人斩吴王头以告。凡相攻守三月，而吴楚破平。于是诸将乃以太尉计谋为是。由此梁孝王与太尉有卻。

归，复置太尉官。五岁，迁为丞相，景帝甚重之。景帝废栗太子，丞相固争之，不得。景帝由此疏之。而梁孝王每朝，常与太后言条侯之短。

窦太后曰："皇后兄王信可侯也。"景帝让曰："始南皮、章武侯先帝不侯，及臣即位乃侯之。信未得封也。"窦太后曰："人主各以时行耳。自窦长君在时，竟不得侯，死后乃其子彭祖顾得侯。吾甚恨之。帝趣侯信也！"景帝曰："请得与丞相议之。"丞相议之，亚夫曰："高皇帝约'非刘氏不得王，非有功不得侯。不如约，天下共击之'。今信虽皇后兄，无功，侯之，非约也。"景帝默然而止。

其后匈奴王唯徐卢等五人降，景帝欲侯之以劝后。丞相亚夫曰："彼背其主降陛下，陛下侯之，则何以责人臣不守节者乎？"景帝曰："丞相议不可用。"乃悉封唯徐卢等为列侯。亚夫因谢病。景帝中三年，以病免相。

顷之，景帝居禁中，召条侯，赐食。独置大胾，无切肉，又不置箸。条侯心不平，顾谓尚席取箸。景帝视而笑曰："此不足君所乎？"条侯免冠谢。上起，条侯因趋出。景帝以目送之，曰："此怏怏者非少主臣也！"

居无何，条侯子为父买工官尚方甲盾五百被可以葬者。取庸苦之，不予钱。庸知其盗买县官器，怒而上变告子，事连污条侯。书既闻上，上下吏。吏簿责条侯，条侯不对。景帝骂之曰："吾不用也。"召诣廷尉。廷尉责曰："君侯欲反邪？"亚夫曰："臣所买器，乃葬器也，何谓反邪？"吏曰："君侯纵不反地上，即欲反地下耳。"吏侵之益急。初，吏捕条侯，条侯欲自杀，夫人止之，以故不得死，遂入廷尉。因不食五日，呕血而死。国除。

绝一岁，景帝乃更封绛侯勃他子坚为平曲侯，续绛侯后。十九年卒，谥为共侯。子建德代侯，十三年，为太子太傅。坐酎金不善，元鼎五年，有罪，国除。

条侯果饿死。死后，景帝乃封王信为盖侯。

太史公曰：绛侯周勃始为布衣时，鄙朴人也，才能不过凡庸。及从高祖定天下，在将相位，诸吕欲作乱，勃匡国家难，复之乎正。虽伊尹、周公，何以加哉！亚夫之用兵，持威重，执坚刃，穰苴曷有加焉！足己而不学，守节不逊，终以穷困。悲夫！

译文：

绛侯周勃是沛县人，他的祖先是卷人，后来迁到沛县。周勃靠编织蚕箔为生，经常给别人去吹箫帮助办理丧事，后来也充当材官中拉强弓的射手。

高祖自称沛公刚起义时，周勃以中涓的身份跟从高祖攻打胡陵，打下方与。方与反叛后，周勃参加战斗打退敌人。攻打丰。在砀县东面打击秦军。回来的时候驻扎在留县和萧县。又进攻砀县，攻下了砀县。攻克下邑，周勃最先登上城楼。高祖赐给他五大夫的爵位。攻打并夺取了蒙、虞二县。攻击章邯战车骑兵，周勃的战功最大。平定魏地。攻打爰戚、东缗两县，一直到栗县，都攻了下来。进攻啮桑，周勃先登上城楼。在东阿城下打败了秦军，追击到濮阳，攻下了甄城。攻打都关、定陶，偷袭占领了宛朐，俘获了单父的县令。乘夜偷袭夺取了临济，进攻寿张县，周勃先到达卷县，攻破了卷城。在雍丘城下进攻李由的军队。进攻开封，周勃的士卒先到达城下的人数最多。后来章邯击败了楚军，杀了项梁，沛公与项羽领兵向东到了砀县。从开始在沛起义到返回砀县，前后一年两个月。楚怀王封沛公为安武侯，委任他为砀郡长官。沛公拜周勃为虎贲令，周勃以虎贲令的身份跟随沛公平定了魏地。在城武进攻东郡的郡尉，打败了他。又攻击王离的军队，打败了他们。进攻长社，周勃先登城。进攻颍阳、缑氏，切断了黄河的渡口。在尸乡北面打击赵贲的军队。向南进攻南阳郡守吕齮，攻下了武关、峣关。在蓝田大破秦军，一直进攻到咸阳，消灭了秦王朝。

项羽到达（咸阳后），封沛公为汉王。汉王赐周勃为威武侯。周勃跟随汉王进入汉中，汉王拜周勃为将军。回师平定三秦之后，到了秦地，汉王把怀德赐给周勃作为食邑。攻打槐里、好畤，周勃立上等功。在咸阳攻击赵贲、内史保部，周勃立上等功。北攻漆县。攻击章平、姚卬的部队。向西平定汧县。回师攻下了郿县和频阳。在废丘包围了章邯。打败了西县县丞。击败了盗巴的军队。攻打上邽，东行守卫峣关。转兵攻击项籍。攻打曲逆，立上等功。回师守卫敖仓，追击项籍。项籍死后，就率军平定楚地的泗水、东海郡，共收复了二十二个县。回师守卫雒阳、栎阳，高祖又把钟离县赏赐给他与颍阴侯作为共同的食邑。周勃以将军的身份跟随高帝在易水附近打败了举兵反叛的燕王臧荼。周勃率领士卒在驰道上阻击叛兵，立功最多，赏赐给他列侯的爵位，并剖分符节为信，使世世相传，永不断绝。把绛县八千一百八十户作为他的食邑,封号为绛侯。

周勃以将军的身份跟随高帝在代地讨伐反叛的韩王信,降服了霍人。又率领军队先前到达武泉攻打匈奴的骑兵,在武泉的北面击败了他们。转兵铜鞮打败了韩信。回师时降服了太原六城。在晋阳城下打败了韩信的匈奴骑兵,攻下了晋阳。又在硰石打败了韩信的军队,并追击败兵八十里。回师时攻打楼烦三城,顺便在平城下攻击匈奴的骑兵,周勃所率领的士卒在驰道上阻击匈奴骑兵,立功最多,被提升为太尉。

(周勃率兵)讨伐陈豨,屠杀马邑吏民。他所率领的士卒斩杀了陈豨的将领乘马絺。在楼烦打败了韩信、陈豨、赵利的军队,俘获了陈豨的将领宋最、雁门郡守圂。接着转攻云中,俘获云中郡守遬、丞相箕肆、将领勋。平定了雁门郡的十七个县,云中郡的十二个县。乘势又在灵丘进攻陈豨,并打败了他的部队,斩杀了陈豨,抓获了陈豨的丞相程纵、将军陈武、都尉高肆。平定了代郡的九个县。

燕王卢绾反叛时,周勃以相国的身份代替樊哙率领大军,攻下蓟县,抓获了卢绾的大将抵、丞相偃、郡守陉、太尉弱、御史大夫施,血洗浑都,在上兰打败了卢绾的军队,又在沮阳打败了卢绾的军队。一直追击到长城,平定了上谷郡的十二个县,右北平郡的十六个县,辽西、辽东二郡的二十九个县,渔阳郡的二十二个县。跟随高帝征战总共俘获了相国一人,丞相二人,将军、二千石官吏各三人。另外还打败了两支军队,攻下三座城,平定了五个郡、七十九个县,抓获丞相、大将各一人。

周勃为人质朴刚强忠厚,高帝认为可以委托大事。周勃不喜爱文学,每次召见儒生和说士时,总是不客气地东向而坐,并且命令他们说:"快给我说。"他那质朴无文的性格就像这样。

周勃平定燕地回来时，高祖已经驾崩，他以列侯的身份侍奉孝惠帝。孝惠帝六年，设置太尉官，任命周勃为太尉。十年以后，高后驾崩。吕禄以赵王的身份任汉朝上将军，吕产以吕王的身份担任汉朝相国，掌握汉朝的大权，想颠覆刘氏政权。周勃身为太尉，却不能进入军营的大门。陈平身为丞相，却不能处理国事。于是周勃与陈平密谋，终于诛灭了诸吕而拥立了孝文皇帝。这些事都记载在《吕太后本纪》、《孝文本纪》中。

文帝即位之后，任命周勃为右丞相，赏赐他黄金五千斤，食邑一万户。过了一个多月，有人劝周勃说："你已经诛杀了诸吕，拥立代王做了皇帝，威震天下，你又受到丰厚的赏赐，处于尊贵的地位，受到皇帝的尊宠，时间长了就会灾祸临头。"周勃听了感到害怕，也感到自己的处境危险，于是就向皇帝请求辞职并归还相印。皇帝答应了他的请求。一年多以后，丞相陈平去世，皇帝又任命周勃为丞相。十多个月以后，皇帝说："前些日子我下诏让列侯们都回到自己的封国去，有的人还没能走，丞相是我所器重的人，你带头先回到自己的封国去。"于是周勃免除了丞相的职务回到自己的封国。

一年多以后，每当河东郡守、尉巡行到绛县的时候，绛侯周勃害怕自己被诛杀，经常身披盔甲，命令家人拿着武器来和郡守、郡尉相见。后来有人上书告发周勃想要造反，（皇帝把这件事）交给廷尉处理。廷尉又把这件事交给长安，逮捕了周勃进行审讯。周勃心里害怕，不知说什么话。狱吏渐渐欺凌、侮辱他。周勃将黄金千斤送给狱吏，狱吏就在公文简牍的背面写字给他看，上面写着"以公主为证"。公主是孝文帝的女儿，周勃的长子周胜之娶她为妻，所以狱吏教他引公主作证。周勃把加封受赏所得全部给了薄昭。及至关押审讯紧急的时候，薄昭为周勃向薄太后说情，薄太后也认为周勃没有反叛的事情。当文帝来朝见时，太后拿冒絮掷文帝，说："绛侯曾挂着皇帝的玉玺在北军统率军队，他没有在那时反叛，如今居住在一个小县，反而打算造反吗？"文帝看了绛侯的狱辞以后，就告诉说："狱吏正在核验而准备释放他。"于是派了使者带着符节去赦免了绛侯，恢复了他的爵位和封邑。绛侯出狱以后，说："我曾率领过百万大军，然而怎么能知道狱吏的重要呢？"

绛侯又回到了封国。在孝文帝十一年时周勃去世，谥号为武侯。他的儿子胜之继代为侯。六年以后，胜之娶公主为妻，不和睦，又因为犯了杀人罪，被废除了封国。绝封一年后，文帝才选择了绛侯周勃的儿子中贤能的河内郡守周亚夫，封为条侯，继承了绛侯的爵位。

条侯周亚夫在未封为侯而做河内郡守的时候，许负给他相面说："你三年以后将封为侯。封侯八年以后将为将相，掌握国家大权，位贵权重，在大臣中独一无二。在这九年后你将会饿死。"周亚夫笑着说："我的哥哥已继承父亲的爵位为侯了，如果他死了，他的儿子当代他为侯，怎么说我周亚夫得到封侯呢？然而如你所说的我既已富贵了，又怎么能说我会饿死呢？请指给我看。"许负指着他的口说："你的嘴边有竖着的纹理进入口中，这就是饿死的相法。"过了三年，他的哥哥绛侯胜之犯了罪，孝文帝选择绛侯周勃儿子中的贤能者，大家都推举周亚夫，于是封周亚夫为条侯，继承了绛侯的爵位。

文帝后元六年，匈奴大举侵犯边境。于是文帝任命宗正刘礼为将军，驻扎在霸上；任命祝兹侯徐厉为将军，驻扎在棘门；任命河内郡守周亚夫为将军，驻扎在细柳；来防备匈奴的侵犯。皇帝亲自慰劳军队。到了霸上及棘门的军营，一直驰入军营，将军用下马之礼迎送。过后到了细柳军营，军营的士吏都穿着盔甲，拿着锋利的兵器，剑拔弩张。皇帝的先驱部队到达，未能进入。先驱部队的官吏说："天子将到。"营门都尉说："将军有令说'军中听将军的命令，不听天子的诏令'。"过了一会儿，皇帝到达，又不得进入军营。于是皇帝就派遣使者拿着符节诏令将军说："我要进入军营慰劳部队。"于是周亚夫才传令打开营门。营门的士吏对皇帝随从的车骑说："将军有规定，军营中不准车马奔跑。"于是天子就拉着缰绳慢慢地行走。到了军营，将军周亚夫拿着兵器行礼说："穿着盔甲的将士不能下拜，请允许用军礼拜见。"天子为之感动，改变面容，俯身扶着车前的横木表示致敬。派人称谢说："皇帝敬劳将军。"劳军的仪式完成后就离去。出了军营之后，群臣都感到惊讶。文帝说："啊！这才是真正的将军。前面经过的霸上、棘门军营就像儿戏一般，他们的将军必可袭击俘获的。至于周亚夫，难道可以侵犯他吗？"文帝赞美好久。一个多月以后，三支军队都撤了回来。文帝便任命周亚夫为中尉。

孝文帝快死的时候，告诫太子说："如果有了危急之事，周亚夫是真正可以统率军队的。"文帝驾崩，景帝任命周亚夫为车骑将军。

孝景三年，吴、楚等国反叛，周亚夫从中尉升为太尉，率兵东进攻打吴、楚。因而亲自向皇帝请示说："楚军剽悍轻捷，难与他们正面交锋。希望把梁国委弃给他们，断绝他们的粮道，这样就可以制服他们。"皇帝答应了他的请求。

太尉周亚夫在荥阳会合了各路军队后，吴军正在攻打梁国，梁国告急，请求援救。太尉率兵向东北直奔昌邑，深沟高垒，坚守不出。梁国天天都派遣使者来请求太尉援助，太尉为坚持认定的有利策略不肯前往援救。梁国上书景帝，景帝派遣使者去下诏援救梁国。太尉不执行诏令，坚守不出，而派轻骑兵弓高侯等去断绝吴楚部队后方的粮道。吴国的军队缺乏粮食，士兵饥饿，几次打算挑战，（但周亚夫的军队）始终不出来应战。一天夜晚，太尉军中突然惊乱，内部互相攻击扰乱，闹到太尉的帐下。太尉始终卧床不起。过了一会儿，又安定下来。后来吴军跑到营壁的东南角，太尉却派人去防备西北角。过了一会儿，吴军精兵果然奔向西北角，没能攻入。吴军已经饥饿，于是退兵离去。太尉派出精锐部队前往追击，结果大破吴军。吴王濞离弃了他的军队，而与壮士数千人逃跑，到了江南丹徒县坚守自保。汉军因此乘胜出击，全部俘虏了他们，使他们投降了汉军，并悬赏千金来捉拿吴王。一个多月以后，越人斩杀了吴王并拿着头前来报告。一共交战三个月，吴楚叛军溃败平定。到这时众将领才认为太尉的计谋是正确的。从此梁孝王与太尉之间产生了矛盾。

周亚夫回来以后，朝廷又设置太尉官。五年以后，周亚夫升为丞相，景帝很器重他。景帝废栗太子时，丞相周亚夫坚持力争，但没有成功。景帝因此疏远了他。而梁孝王每次朝见，常和太后说条侯的短处。

窦太后说："皇后的哥哥王信可以封侯。"景帝推辞说："当初南皮、章武侯先帝都没有封他们为侯，到了我即位才封他们为侯。王信还不能封。"窦太后说："为人君主各以当时的情况行事。窦长君在世时，结果没能封侯，他死了以后他的儿子彭祖反而得以封侯。我很悔恨这件事情。你赶快封王信为侯吧。"景帝说："请允许我和丞相商议一下这件事。"和丞相商议这件事时，周亚夫说："高皇帝曾经约定'非刘氏不得封王，没有功不得封侯。如不守约，天下共讨之'。现在王信虽然是皇后的哥哥，但他没有功劳，封他为侯，是不遵守高祖之约。"景帝默默不语，只好作罢。

后来匈奴王唯徐卢等五人投降了汉朝，景帝打算封他们为侯以鼓励后来的人。丞相周亚夫说："他们背叛了他们的君主来投降陛下，陛下封他们为侯，那怎么来责备那些不守节操的人臣呢？"景帝说："丞相的议论不可采用。"于是全部封唯徐卢等人为列侯。周亚夫因此告病。景帝中三年，以生病为理由免去了他的丞相职务。

不久以后，景帝在宫中召见条侯，赐他食物。只放了一块大肉，没有切开的肉，又不放筷子。条侯心中忿忿不平，回过头来告诉主管酒席的人去取筷子。景帝看着他笑着说："这难道还不够你吃吗？"条侯脱帽谢罪。景帝起身，条侯就此快步退出门外。景帝目送他出去，说："这个怏怏不乐的人不是少主的臣子啊！"

过了不多久，条侯的儿子为父亲从工官尚方那里买了五百具可作为殉葬品的甲盾，搬运甲盾的雇工很累，又不给钱。雇工知道他是偷买皇帝用的器物，于是怀怒上言以叛变事告发了条侯的儿子，事情牵连到条侯。皇帝看了上书以后，就交给下面的官吏来处理。官吏拿着文书去责问条侯，条侯不回答。景帝骂他说："我不用你了。"于是召条侯到廷尉那里。廷尉责问他说："你想要造反吗？"周亚夫说："我所买的器物都是随葬品，怎么说造反呢？"官吏说："你即使不在地上造反，也是想在地下造反罢了。"官吏威逼他更加厉害。当初，官吏逮捕条侯时，条侯想自杀，他的妻子劝阻了他，因此没有能死了，于是就进入廷尉那里。因为他五天不吃饭，最后因吐血而死。他的封国也就废除了。

绝封一年以后，景帝才又封绛侯周勃的另一个儿子周坚为平曲侯，继承了绛侯的爵位。十九年以后平曲侯去世，谥号为共侯。他的儿子建德继承了侯爵，十三年后担任了太子太傅。元鼎五年，因为犯了"酎金不善"的罪过，废除了他的封国。

条侯果然饿死了。死后，景帝就封王信为盖侯。

太史公说：绛侯周勃当初是百姓的时候，是一个粗鄙质朴的人，才能也超不过平常的人。到了跟随高祖平定天下时，位在将相，诸吕企图作乱，周勃拯救了国家的危难，使国家恢复了正常。即使是伊尹、周公，也不能超过他的功绩。周亚夫的用兵，守威持重，坚毅沉着，司马穰苴也不能超过他。（然而他）自己满足而不学习，遵守节操而不谦让，终于陷入困境。可悲啊！

史记卷五十八

梁孝王世家第二十八

梁孝王武者，孝文皇帝子也，而与孝景帝同母。母，窦太后也。

孝文帝凡四男：长子曰太子，是为孝景帝；次子武；次子参；次子胜。孝文帝即位二年，以武为代王，以参为太原王，以胜为梁王。二岁，徙代王为淮阳王。以代尽与太原王，号曰代王。参立十七年，孝文后二年卒，谥为孝王。子登嗣立，是为代共王。立二十九年，元光二年卒。子义立，是为代王。十九年，汉广关，以常山为限，而徙代王王清河。清河王徙以元鼎三年也。

初，武为淮阳王十年，而梁王胜卒，谥为梁怀王。怀王最少子，爱幸异于他子。其明年，徙淮阳王武为梁王。梁王之初王梁，孝文帝之十二年也。梁王自初王通历已十一年矣。

梁王十四年，入朝。十七年，十八年，比年入朝，留，其明年，乃之国。二十一年，入朝。二十二年，孝文帝崩。二十四年，入朝。二十五年，复入朝。是时上未置太子也。上与梁王燕饮，尝从容言曰："千秋万岁后传于王。"王辞谢。虽知非至言，然心内喜。太后亦然。其春，吴楚齐赵七国反。吴楚先击梁棘壁，杀数万人。梁孝王城守睢阳，而使韩安国、张羽等为大将军，以距吴楚。吴楚以梁为限，不敢过而西，与太尉亚夫等相距三月。吴楚破，而梁所破杀虏略与汉中分。明年，汉立太子。其后梁最亲，有功，又为大国，居天下膏腴地。地北界泰山，西至高阳，四十余城，皆多大县。

孝王，窦太后少子也，爱之，赏赐不可胜道。于是孝王筑东苑，方三百余里。广睢阳城七十里。大治宫室，为复道，自宫连属于平台三十余里。得赐天子旌旗，出从千乘万骑。东西驰猎，拟于天子。出言跸，入言警。招延四方豪桀，自山以东游说之士莫不毕至，齐人羊胜、公孙诡、邹阳之属。公孙诡多奇邪计，初见王，赐千金，官至中尉，梁号之曰公孙将军。梁多作兵器弩弓矛数十万，而府库金钱且百巨万，珠玉宝器多于京师。

二十九年十月，梁孝王入朝。景帝使使持节，乘舆驷马，迎梁王于关下。既朝，上疏因留，以太后亲故，王入则侍景帝同辇，出则同车游猎，射禽兽上林中。梁之侍中、郎、谒者著籍引出入天子殿门，与汉宦官无异。

十一月，上废栗太子，窦太后心欲以孝王为后嗣。大臣及袁盎等有所关说于景帝，窦太后义格，亦遂不复言以梁王为嗣事由此。以事秘，世莫知。乃辞归国。

其夏四月，上立胶东王为太子。梁王怨袁盎及议臣，乃与羊胜、公孙诡之属阴使人刺杀袁盎及他议臣十余人。逐其贼，未得也。于是天子意梁王，逐贼，果梁使之。乃遣使冠盖相望于道，覆按梁，捕公孙诡、羊胜。公孙诡、羊胜匿王后宫。使者责二千石急，梁相轩丘豹及内史韩安国进谏王，王乃令胜、诡皆自杀，出之。上由此怨望于梁王。梁王恐，乃使韩安国因长公主谢罪太后，然后得释。

上怒稍解，因上书请朝。既至关，茅兰说王，使乘布车，从两骑入，匿于长公主园。汉使使迎王，王已入关，车骑尽居外，不知王处。太后泣曰："帝杀吾子！"景帝忧恐。于是梁王伏斧质于阙下，谢罪，然后太后、景帝大喜，相泣，复如故。悉召王从官入关。然景帝益疏王，不同车辇矣。

三十五年冬，复朝。上疏欲留，上弗许。归国，意忽忽不乐。北猎良山，有献牛，足出背上，孝王恶之。六月中，病热，六日卒，谥曰孝王。

孝王慈孝，每闻太后病，口不能食，居不安寝，常欲留长安侍太后。太后亦爱之。及闻梁王薨，窦太后哭极哀，不食，曰："帝果杀吾子！"景帝哀惧，不知所为。与长公主计之，乃分梁为五国，尽立孝王男五人为王，女五人皆食汤沐邑。于是奏之太后，太后乃说，为帝加壹飡。

梁孝王长子买为梁王，是为共王；子明为济川王；子彭离为济东王；子定为山阳王；子不识为济阴王。

孝王未死时，财以巨万计，不可胜数。及死，藏府余黄金尚四十余万斤，他财物称是。

梁共王三年，景帝崩。共王立七年卒，子襄立，是为平王。

梁平王襄十四年，母曰陈太后。共王母曰李太后；李太后，亲平王之大母也；而平王之后姓任，曰任王后。任王后甚有宠于平王襄。初，孝王在时，有罍樽，直千金。孝王诫后世，善保罍樽，无得以与人。任王后闻而欲得罍樽。平王大母李太后曰："先王有命，无得以罍樽与人。他物虽百巨万，犹自恣也。"任王后绝欲得之。平王襄直使人开府取罍樽，赐任王后。李太后大怒，汉使者来，欲自言，平王襄及任王后遮止，闭门，李太后与争门，措指，遂不得见汉使者。李太后亦私与食官长及郎中尹霸等士通乱，而王与任王后以此使人风止李太后，李太后内有淫行，亦已。后病薨。病时，任后未尝请病；薨，又不持丧。

元朔中，睢阳人类犴反者，人有辱其父，而与淮阳太守客出同车。太守客出下车，类犴反杀其仇于车上而去。淮阳太守怒，以让梁二千石。二千石以下求反甚急，执反亲戚。反知国阴事，乃上变事，具告知王与大母争樽状。时丞相以下见知之，欲以伤梁长吏，其书闻天子。天子下吏验问，有之。公卿请废襄为庶人。天子曰："李太后有淫行，而梁王襄无良师傅，故陷不义。"乃削梁八城，枭任王后首于市。梁余尚有十城。襄立三十九年卒，谥为平王。子无伤立为梁王也。

济川王明者，梁孝王子，以桓邑侯孝景中六年为济川王。七岁，坐射杀其中尉，汉有司请诛，天子弗忍诛，废明为庶人，迁房陵，地入于汉为郡。

济东王彭离者，梁孝王子，以孝景中六年为济东王。二十九年，彭离骄悍，无人君礼，昏暮私与其奴、亡命少年数十人行剽杀人，取财物以为好。所杀发觉者百余人，国皆知之，莫敢夜行。所杀者子上书言。汉有司请诛，上不忍，废以为庶人，迁上庸，地入于汉，为大河郡。

山阳哀王定者，梁孝王子，以孝景中六年为山阳王。九年卒，无子，国除，地入于汉，为山阳郡。

济阴哀王不识者，梁孝王子，以孝景中六年为济阴王。一岁卒，无子，国除，地入于汉，为济阴郡。

太史公曰：梁孝王虽以亲爱之故，王膏腴之地，然会汉家隆盛，百姓殷富，故能植其财货，广宫室，车服拟于天子。然亦僭矣。

褚先生曰：臣为郎时，闻之于宫殿中老郎吏好事者称道之也。窃以为令梁孝王怨望，欲为不善者，事从中生。今太后，女主也,以爱少子故,欲令梁王为太子。大臣不时正言其不可状,阿意治小,私说意以受赏赐,非忠臣也。齐如魏其侯窦婴之正言也,何以有后祸?景帝与王燕见,侍太后饮,景帝曰:"千秋万岁之后传王。"太后喜说。窦婴在前,据地言曰:"汉法之约,传子適孙,今帝何以得传弟,擅乱高帝约乎!"于是景帝默然无声。太后意不说。

故成王与小弱弟立树下,取一桐叶以与之,曰:"吾用封汝。"周公闻之,进见曰:"天王封弟,甚善。"成王曰:"吾直与戏耳。"周公曰:"人主无过举,不当有戏言,言之必行之。"于是乃封小弟以应县。是后成王没齿不敢有戏言,言必行之。《孝经》曰:"非法不言,非道不行。"此圣人之法言也。今主上不宜出好言于梁王。梁王上有太后之重,骄蹇日久,数闻景帝好言,千秋万世之后传王,而实不行。

又诸侯王朝见天子,汉法凡当四见耳。始到,入小见;到正月朔旦,奉皮荐璧玉贺正月,法见;后三日,为王置酒,赐金钱财物;后二日,复入小见,辞去。凡留长安不过二十日。小见者,燕见于禁门内,饮于省中,非士人所得入也。今梁王西朝,因留,且半岁。入与人主同辇,出与同车。示风以大言而实不与,令出怨言,谋畔逆,乃随而忧之,不亦远乎!非大贤人,不知退让。今汉之仪法,朝见贺正月者,常一王与四侯俱朝见,十余岁一至。今梁王常比年入朝见,久留。鄙语曰"骄子不孝",非恶言也。故诸侯王当为置良师傅,相忠言之士,如汲黯、韩长孺等,敢直言极谏,安得有患害!

盖闻梁王西入朝,谒窦太后,燕见,与景帝俱侍坐于太后前,语言私说。太后谓帝曰:"吾闻殷道亲亲,周道尊尊,其义一也。安车大驾,用梁孝王为寄。"景帝跪席举身曰:"诺。"

罢酒出，帝召袁盎诸大臣通经术者曰："太后言如是，何谓也？"皆对曰："太后意欲立梁王为帝太子。"帝问其状，袁盎等曰："殷道亲亲者，立弟。周道尊尊者，立子。殷道质，质者法天，亲其所亲，故立弟。周道文，文者法地，尊者敬也，敬其本始，故立长子。周道，太子死，立適孙。殷道，太子死，立其弟。"帝曰："于公何如？"皆对曰："方今汉家法周，周道不得立弟，当立子。故《春秋》所以非宋宣公。宋宣公死，不立子而与弟。弟受国，死，复反之与兄之子。弟之子争之，以为我当代父后，即刺杀兄子。以故国乱，祸不绝。故《春秋》曰'君子大居正，宋之祸宣公为之'。臣请见太后白之。"袁盎等入见太后："太后言欲立梁王，梁王即终，欲谁立？"太后曰："吾复立帝子。"袁盎等以宋宣公不立正，生祸，祸乱后五世不绝，小不忍害大义状报太后。太后乃解说，即使梁王归就国。而梁王闻其义出于袁盎诸大臣所，怨望，使人来杀袁盎。袁盎顾之曰："我所谓袁将军者也，公得毋误乎？"刺者曰："是矣！"刺之，置其剑，剑著身。视其剑，新治。问长安中削厉工，工曰："梁郎某子来治此剑。"以此知而发觉之，发使者捕逐之。独梁王所欲杀大臣十余人，文吏穷本之，谋反端颇见。太后不食，日夜泣不止。景帝甚忧之，问公卿大臣，大臣以为遣经术吏往治之，乃可解。于是遣田叔、吕季主往治之。此二人皆通经术，知大礼。来还，至霸昌厩，取火悉烧梁之反辞，但空手来对景帝。景帝曰："何如？"对曰："言梁王不知也。造为之者，独其幸臣羊胜、公孙诡之属为之耳。谨以伏诛死，梁王无恙也。"景帝喜说，曰："急趋谒太后。"太后闻之，立起坐飧，气平复。故曰，不通经术知古今之大礼，不可以为三公及左右近臣。少见之人，如从管中窥天也。

译文：

梁孝王武，是孝文皇帝的儿子，与孝景皇帝一母所生，他们的母亲是窦太后。

孝文帝共有四个儿子：长子称为太子，这就是孝景帝；次子名武；三子名参；四子名胜。孝文帝即位后第二年，把武封为代王，把参封为太原王，把胜封为梁王。两年以后，又改封代王为淮阳王，把代王原有的封地全部都给了太原王，太原王改称代王。参在位十七年，于孝文帝后二年去世，被谥为孝王。他的儿子登继位，这就是代共王。共王在位二十九年，于元光二年去世。他的儿子义继位，这就是当代的代王。义立为代王十九年，朝廷把函谷关东移，扩展关中的地域，把常山作为北面的界限，从而改封代王到清河为王。这次改封是元鼎三年的事。

当初，武为淮阳王十年时，梁王胜去世了，被谥为梁怀王。梁怀王是孝文帝最小的儿子，得到文帝的宠爱超过其他的儿子。第二年，改封淮阳王武为梁王。梁王武开始到梁国为王，是在孝文帝十二年。梁王从最初封王起通加起来算，已经为王十一年了。

梁王当王的第十四年，奉命入京朝见。第十七年、十八年，又连年入朝，并被留在长安，到第二年才回自己的封国。第二十一年，入朝。第二十二年，孝文帝驾崩。第二十四年，入朝。第二十五年，又入朝。当时孝景帝还没有立太子。皇上同梁王一起在内宫宴饮，曾闲谈着说："我去世后把皇位传给你。"梁王起身辞谢，（表示不敢当，）虽然知道这不是真心实意的话，但心里还是很高兴。太后听了也是这样。那年春天，吴楚齐赵等七国起兵反叛朝廷。吴楚的军队首先攻打梁国的棘壁，杀死了几万人。梁孝王亲自在睢阳守城，而派韩安国、张羽等为大将军，来与吴楚对抗。吴楚的军队把梁国看作难以攻克的险阻，不敢过境西进，而与太尉周亚夫等统率的汉军互相攻守，连战三个月。吴楚等国的叛军终于被击灭，而梁军所击溃、杀死、俘虏的敌军的人数大略与汉军相等。第二年，汉廷立太子。这以后梁王与天子关系最为亲密，他立过大功，又是大国之王，居于天下最肥沃的地方，封地北与泰山郡接界，西到高阳，共有四十多城，其中包括许多大县。

梁孝王是窦太后的小儿子。太后爱他，赏赐给他的财物无法说清。梁孝王就在自己的封国中修建东苑，范围有三百里见方。又扩大睢阳城，周长达七十里。还大建宫室，修造了许多架空的天桥，从王宫直到平台，三十多里接连不断。他被赏赐可使用天子的旌旗，每次出行，千乘万骑跟随在后。到处驰骋行猎，所用的仪制和排场可同天子相比。出行称"跸"，路上戒严清道；在宫内也登辇传"警"。他招纳四方豪杰，山东地区的游说之士都到梁国来投奔他，其中有齐人羊胜、公孙诡、邹阳之流。公孙诡善于策划奇妙的计谋，第一次见梁王，就被赏赐黄金一千斤，官做到梁国的中尉，在梁国号称为公孙将军。梁国大造各种兵器，弩、弓、矛等总数有几十万，而府库中的金钱将近百亿，所藏有的金玉宝器比京师还要多。

梁孝王当王第二十九年的十月，又一次入朝。景帝派遣使者拿着符节，用天子驾有四马的副车到函谷关去迎接梁王。梁王朝见天子以后，上疏请求，从而得以留在长安，这是因为太后亲爱他的缘故。梁王在宫中侍奉景帝同乘一辇，外出同乘一车进行游猎，在上林苑中射猎禽兽。梁国的侍中、郎、谒者都登录门籍出入天子的殿门，同天子宫中的宦官没有什么差别。

十一月，皇上废黜栗太子，窦太后心中想把孝王立为皇位继承人。大臣以及袁盎等人对景帝有所进言，窦太后的意见被阻遏不用，窦太后因此也不再提立梁王为皇位继承人的事了。因为宫中的事情十分机密，世人也不知其间的详情。于是，梁王也就辞行，回到自己的封国。

这年夏天四月，皇上立胶东王为太子。梁王怨恨袁盎以及其他反对他继承皇位的大臣，就同羊胜、公孙诡这些人商议，偷偷地派遣刺客暗杀袁盎以及其他十几个议事大臣。朝廷追捕罪犯，未能抓获。于是天子猜测是梁王指使的，抓到刺客进行审问，果然是梁王指使的。于是朝廷接连地派遣使者，使者们在路上前后相望，前去梁国核查案情，逮捕公孙诡、羊胜。公孙诡、羊胜躲藏在梁王的后宫。使者督责梁国主政的二千石级官员交出罪犯，十分急迫，梁相轩丘豹以及内史韩安国进谏梁王，梁王就让羊胜和公孙诡都自杀，交出他们的尸体。皇上因为此事而怨恨梁王。梁王心中恐惧，就派遣韩安国去长安通过长公主向太后谢罪，然后才得免予追究。

皇上对梁王的怒气稍有缓和，梁王便上书请求入朝。到了函谷关后，茅兰劝说梁王，让他改乘简陋的布车，只带两个骑马的侍从入关，躲藏在长公主的园林中。朝廷派遣使者迎接梁王，梁王已经入关，而他的车马侍从却都在关外，不知梁王居处。（消息传来，）太后哭着说："皇帝杀死了我的儿子！"景帝也感到忧虑恐慌。这时梁王才到宫门前伏身于铁砧之上表示谢罪，太后和景帝大喜，三人相对而哭，又同从前一样和好。景帝把梁王的侍从全都召入关内。然而景帝对梁王越来越疏远，不再和他同车共辇了。

梁王在位的第三十五年冬天，又一次入朝。他上奏疏想留在长安，皇上没有允许。梁王回到自己的封国，神意恍惚，闷闷不乐。他向北到良山狩猎，有人献上一头牛，背上长脚，梁王见了十分厌恶。到了六月间，梁王患了热病，在六日去世，被谥为孝王。

孝王为人仁爱，有孝心，每听说太后有病，他就吃不下饭，睡不好觉，经常想留在长安侍奉太后。太后也很钟爱他。等到听到梁王去世的消息，窦太后哭得极其伤心，不肯吃饭，说："皇帝果然杀死了我的儿子！"景帝也又伤心又忧惧，不知该怎么办。同长公主商议了善后的办法，就把梁国分为五国，把孝王的五个儿子全都封为王，五个女儿也都赐给汤沐邑。于是把这安排奏报给太后，太后这才高兴，为了皇帝而进食吃饭。

梁孝王的长子买继位为梁王，这就是共王。（孝王另外四个儿子，）明被封为济川王，彭离被封为济东王，定被封为山阳王，不识被封为济阴王。

孝王生前，财产以万万计，无法数清。到他死后，府库中余存的黄金还有四十多万斤，其他的财物也与此相当。

梁共王在位的第三年，景帝驾崩。共王在位七年去世，儿子襄继立，这就是平王。

梁平王襄在位的第十四年，他的母亲为陈太后；共王的母亲为李太后，李太后是平王的亲祖母；平王的王后姓任，称为任王后。任王后很得平王襄的宠爱。当初孝王在世时得到一件罍樽，价值千金。孝王告诫后世子孙，要妥善保管这件罍樽，不得把它送人。任王后听说有这样一件罍樽，想得到它。平王的祖母李太后说："先王曾有遗命，不得把罍樽送人，其他物品即使价值亿万，也任你随意处置。"任王后极想得到罍樽。平王襄径自派人打开府库取出罍樽，赐给任王后。李太后大怒，朝廷的使者来到梁国，李太后要亲自向使者讲这件事，平王襄和任王后拦阻，关上门，李太后争着要开门，被挤伤了手指，结果未能见到朝廷的使者。李太后私下同食官长以及郎中尹霸等通奸淫乱，梁王和任王后抓住此事，让人暗示阻止李太后，李太后因私下有淫乱行为,也就作罢了。后来李太后得病去世,病中任后从未去问病请安,去世后,任后又不为她服丧。

元朔年间,一个叫类犴反的睢阳人,有人侮辱了他的父亲,而与淮阳太守门客同乘一车外出。太守门客下车后,类犴反把他的仇人杀死在车上逃离。淮阳太守十分恼怒,拿这件事责备梁国的二千石级官员。梁国二千石以下的官员寻找类犴反非常急迫,逮捕了类犴反的亲戚。类犴反知道梁国的一些隐私,于是就向朝廷上书,检举梁国发生的事变,详细地告发了梁王与李太后争夺罍樽的情况。当时朝廷丞相以下的官员看到告发信知道有这么一回事,企图以此来打击伤害梁国的主要官吏,就把那件告发信上报给天子。天子把此事交付有关官吏去查验审问,确有其事。公卿们建议废梁王襄为庶人。天子说:"李太后有淫乱行为,而梁王襄又没有好的师傅辅导,所以做出不义之事,落到这种地步。"于是削减梁王封地八个县,把任王后处死,将首级悬挂于梁国都城的闹市。这以后梁国余下的领地还有十城。襄在位三十九年去世,被谥为平王,儿子无伤继立为梁王。

济川王明是梁孝王的儿子,在孝景帝中六年以桓邑侯的身份被封为济川王。在位的第七年,因射死自己国中的中尉犯罪,朝廷的有关官员建议处以死刑。天子不忍心诛杀,把他废为庶人,迁居房陵,封国土地并入汉朝改置为郡。

济东王彭离是梁孝王的儿子,在孝景帝中六年被封为济东王。在位二十九年,彭离生性骄纵凶狠,没有人君应有的礼节操行,常在天黑以后同自己的奴仆以及无赖少年等几十人,抢劫杀人,夺取财物,把这当作一种爱好。被他杀害的,已经发现的就有一百多人。国中的人都知道这码事,没有谁敢夜间外出行走。有被杀人的儿子上书朝廷告发。朝廷有关官吏建议处彭离死刑,皇上不忍心，把他废为庶人，迁居上庸，封国土地并入汉朝，改为大河郡。

山阳哀王定是梁孝王的儿子，在孝景帝中六年被封为山阳王。在位九年去世，没有可继承王位的儿子，封国被撤除，土地并入汉朝，改为山阳郡。

济阴哀王不识是梁孝王的儿子，在孝景帝中六年被封为济阴王。在位一年去世，没有可继承王位的儿子，封国被撤除，土地并入汉朝，改为济阴郡。

太史公说：梁孝王虽然因为最亲最爱的缘故而被封到肥沃富饶的地方为王，但也正赶上汉家的繁隆昌盛，百姓都殷实富足，所以能增加财产，广建宫室，车舆冠服的仪制几乎可同天子相比。不过这也僭越礼制了。

褚先生说：我当侍郎的时候，曾听到宫殿中好事的老郎官谈论有关梁孝王的事，私下认为致使梁孝王心怀不满，想干坏事，事端是从宫廷内部惹起的。当时的太后，是（大权在握的）女主，她因为溺爱幼子的缘故，意图让梁王当太子。大臣们不能及时直言如此不可的道理，却奉承阿谀，只从小处着眼，私下取悦太后之意来接受赏赐，都不是忠臣。如果都能像魏其侯窦婴那样正言进谏，怎么会有后来的祸患？景帝同梁王在内宫以兄弟之礼相见，一起陪侍太后宴饮，景帝说："我去世后把皇位传给你。"太后听了很高兴。窦婴在场，跪伏在地说道："汉家法度规定，皇位传给嫡子嫡孙，现今皇上怎么能传给弟弟，擅自搅乱高帝的规定啊！"于是，景帝默不作声，太后心中不快。

从前周成王同年小的幼弟站在桐树下，拿了一片桐叶给他，说道:"我以此封你为诸侯。"周公听说,就进见说:"天王封弟为诸侯,这很好。"成王说:"我不过是同他开玩笑而已。"周公说:"君主没有过分的举动,不应该有开玩笑的话,说出的话一定要实行。"于是成王就把应县封给幼弟。从此以后,成王终身不敢再说玩笑话,说了什么一定去实行。《孝经》中说:"不合礼法的话不说,不合正道的事不做。"这是圣人留下的格言。现今皇上就不应该对梁王说出那种许愿的话。梁王上有太后做靠山,很久以来就骄横傲慢,又屡次听景帝向他许愿,说去世后把皇位传给他,但实际上又不实行。

又诸侯王朝见天子,汉朝的法律规定一共只应进见四次而已。刚到长安,进宫作非正式的小见。到了正月初一,进献毛皮璧玉,向皇上恭贺新年正月,按礼法进见,这叫法见。三天以后,皇上为王置办酒宴,赏赐金钱财物;再过两天,王又进宫小见,告辞离京。留在长安总共不超过二十天。小见是在宫中私下相见,皇上与王一起在内宫宴饮,那地方不是外廷的士人所能进去的。而今梁王西到长安朝见皇上,从而留居,时间几乎有半年之久。进宫与皇上共坐一辇,外出又同乘一车。皇上表面上说出传位给他的大话而实际上却又不给,致使梁王口出怨言,策划叛逆之事,随后才为此而忧虑,(这同正确对待诸侯王的办法)不是相距太远了吗!不是杰出的贤人,就不知道谦让。汉家的礼仪法度,来长安朝见向皇上恭贺新年正月的,经常是一个王与四个侯一起朝见,十几年才轮到一次。现今梁王经常连年入朝进见,久留长安。俗话说"骄子不孝",这不是恶意中伤的话。所以对诸侯王应该为他们配置好的师傅,并选择能进忠言的人为相,就像汲黯、韩长孺等,敢于直言不讳,尽力进谏,那样怎么会有祸患呢!

听说梁王西行到长安入朝，拜谒窦太后，设便宴以家人之礼相见，梁王与景帝都在太后面前侍坐，一起谈说家常，很是高兴。太后对景帝说："我听人讲殷代立法行事，重视亲其所亲；周代立法行事，重视尊其所尊，二者的道理是一样的。我和你，就以梁孝王为寄托了。"景帝跪在席上挺直上身说："是。"酒宴结束退出，景帝召来袁盎等通经术的大臣问："太后的话这样说，是什么意思？"大臣们都回答说："太后的意思想立梁王为皇上的太子。"景帝问具体情况，袁盎等说："殷代立法行事重视亲其所亲，把弟弟立为继承人。周代立法行事重视尊其所尊，把儿子立为继承人。殷代立法行事比较质朴，讲质朴就取法于天，亲其所亲，所以立弟弟为继承人。周代立法行事崇尚礼仪，讲礼仪就取法于地，（尊其所尊，）尊就是敬，敬自己宗族的本原，所以立长子为继承人。周代立法行事，如果太子死了，就改立嫡孙为继承人。殷代立法行事，如果太子死了，就改立他的弟弟为继承人。"景帝说："在您看来，该怎么办？"大臣们都回答说："现今汉家效法周代，（依据）周代立法行事的原则不能立弟弟，应当立儿子为继承人。所以《春秋》以此非难宋宣公。（当初）宋宣公死后，不立自己的儿子而把君位传给弟弟。他弟弟接受国家，死后，又把君位返回来传给兄长的儿子，而弟弟的儿子却起来争夺君位，认为自己应该继代父亲登位，就刺杀了哥哥的儿子。因为这个原因，宋国发生内乱，灾祸不断。所以《春秋》说'君子尊崇居于正位的嫡子，宋国的祸乱是宣公造成的'。臣等请求进见太后说明这方面的道理。"于是袁盎等人入宫进见太后，说道："太后您说要立梁王为太子，将来梁王如果去世，您又想立谁？"太后说："我再立皇帝的儿子。"袁盎等就把宋宣公不立居于正位的嫡子，结果产生祸端，宋国的祸乱以后接连五世不断，小处不忍而伤害了大义的情况，告诉给太后。太后这才理解其中的道理，欣然同意，随即就让梁王归回自己的封国。而梁王听说那些议论出自袁盎等大臣那里，怨恨不满，派人来刺杀袁盎。袁盎回头看看刺客说："我就是所谓的袁将军，您是不是认错了人？"刺客说："正是你！"说着刺死袁盎，弃置了剑，剑就插在袁盎尸身之上。事后检验察看这把剑，发现是新近制作的。调查询问长安城中整治磨砺刀剑的工匠，一个工匠说："梁国郎官某人来制作过这把剑。"因此朝廷知道了案情，发觉是梁王指使的，就派遣使者追捕刺客。（抓到刺客一审讯，）得知单单梁王所要杀害的大臣就有十几个。司法官吏穷究事件的根源，梁王谋反的迹象许多都暴露了。太后（极其忧虑，）吃不下饭，白天黑夜哭个不停。景帝很为此忧愁，问公卿大臣该怎样处理，大臣们认为应派遣深通经术的官吏去梁国处治，才能解决。于是朝廷派遣田叔、吕季主去梁国处理这一案件。这两个人都深通经术，懂得维护礼法的大原则。他们从梁国办案回来，到了霸昌厩，取火把在梁国审出的梁王谋反的证词全部烧掉，只是空着手来回报景帝。景帝说："事情办得怎么样？"他们两人回答说："证词都说梁王不知情。事情只是他宠幸的臣下羊胜、公孙诡之流干的。这些人都已处死伏法。梁王安然无恙。"景帝听了很高兴，说："赶快去谒报太后。"太后听说梁王无事，马上就起来坐着吃饭，心气恢复平安了。所以说，不通晓经术、懂得古今礼法的大原则，不可以担任三公以及君主身边的近臣。见识浅陋的人，就如同以管窥天。

史记卷五十九

五宗世家第二十九

孝景皇帝子凡十三人为王，而母五人，同母者为宗亲。栗姬子曰荣、德、阏于。程姬子曰余、非、端。贾夫人子曰彭祖、胜。唐姬子曰发。王夫人兒姁子曰越、寄、乘、舜。

河间献王德，以孝景帝前二年用皇子为河间王。好儒学，被服造次必于儒者。山东诸儒多从之游。

二十六年卒，子共王不害立。四年卒，子刚王基代立。十二年卒，子顷王授代立。

临江哀王阏于，以孝景帝前二年用皇子为临江王。三年卒，无后，国除为郡。

临江闵王荣，以孝景前四年为皇太子，四岁废，用故太子为临江王。

四年，坐侵庙壖垣为宫，上征荣。荣行，祖于江陵北门。既已上车，轴折车废。江陵父老流涕窃言曰："吾王不反矣！"荣至，诣中尉府簿。中尉郅都责讯王，王恐，自杀。葬蓝田。燕数万衔土置冢上，百姓怜之。

荣最长，死无后，国除，地入于汉，为南郡。

右三国本王皆栗姬之子也。

鲁共王余，以孝景前二年用皇子为淮阳王。二年，吴楚反破后，以孝景前三年徙为鲁王。好治宫室苑囿狗马。季年好音，不喜辞辩。为人吃。

二十六年卒，子光代为王。初好音舆马；晚节啬，惟恐不足于财。

江都易王非，以孝景前二年用皇子为汝南王。吴楚反时，非年十五，有材力，上书愿击吴。景帝赐非将军印，击吴。吴已破，二岁，徙为江都王，治吴故国，以军功赐天子旌旗。元光五年，匈奴大入汉为贼，非上书愿击匈奴，上不许。非好气力，治宫观，招四方豪桀，骄奢甚。

立二十六年卒，子建立为王。七年自杀。淮南、衡山谋反时，建颇闻其谋。自以为国近淮南，恐一日发，为所并，即阴作兵器，而时佩其父所赐将军印，载天子旗以出。易王死未葬，建有所说易王宠美人淖姬，夜使人迎与奸服舍中。及淮南事发，治党与颇及江都王建。建恐，因使人多持金钱，事绝其狱。而又信巫祝，使人祷祠妄言。建又尽与其姊弟奸。事既闻，汉公卿请捕治建。天子不忍，使大臣即讯王。王服所犯，遂自杀。国除，地入于汉，为广陵郡。

胶西于王端，以孝景前三年吴楚七国反破后，端用皇子为胶西王。端为人贼戾，又阴痿，一近妇人，病之数月。而有爱幸少年为郎。为郎者顷之与后宫乱，端禽灭之，及杀其子母。数犯上法，汉公卿数请诛端，天子为兄弟之故不忍，而端所为滋甚。有司再请削其国，去太半。端心愠，遂为无訾省。府库坏漏尽，腐财物以巨万计，终不得收徙。令吏毋得收租赋。端皆去卫，封其宫门，从一门出游。数变名姓，为布衣，之他郡国。

相二千石往者，奉汉法以治，端辄求其罪告之，无罪者诈药杀之。所以设诈究变，强足以距谏，智足以饰非。相二千石从王治，则汉绳以法。故胶西小国，而所杀伤二千石甚众。

立四十七年，卒，竟无男代后，国除，地入于汉，为胶西郡。

右三国本王皆程姬之子也。

赵王彭祖，以孝景前二年用皇子为广川王。赵王遂反破后，彭祖王广川。四年，徙为赵王。十五年，孝景帝崩。彭祖为人巧佞卑谄，足恭而心刻深。好法律，持诡辩以中人。彭祖多内宠姬及子孙。相二千石欲奉汉法以治，则害于王家。是以每相二千石至，彭祖衣皂布衣，自行迎，除二千石舍，多设疑事以作动之，得二千石失言，中忌讳，辄书之。二千石欲治者，则以此迫劫；不听，乃上书告，及污以奸利事。彭祖立五十余年，相二千石无能满二岁，辄以罪去，大者死，小者刑，以故二千石莫敢治。而赵王擅权，使使即县为贾人榷会，入多于国经租税。以是赵王家多金钱，然所赐姬诸子，亦尽之矣。彭祖取故江都易王宠姬王建所盗与奸淖姬者为姬，甚爱之。

彭祖不好治宫室、禨祥，好为吏事。上书愿督国中盗贼。常夜从走卒行徼邯郸中。诸使过客以彭祖险陂，莫敢留邯郸。

其太子丹与其女及同产姊奸，与其客江充有卻。充告丹，丹以故废。赵更立太子。

中山靖王胜，以孝景前三年用皇子为中山王。十四年，孝景帝崩。胜为人乐酒好内，有子枝属百二十余人。常与兄赵王相非，曰："兄为王，专代吏治事。王者当日听音乐声色。"赵王亦非之，曰："中山王徒日淫，不佐天子拊循百姓，何以称为藩臣！"

立四十二年卒，子哀王昌立。一年卒，子昆侈代为中山王。

右二国本王皆贾夫人之子也。

长沙定王发，发之母唐姬，故程姬侍者。景帝召程姬，程姬有所辟，不愿进，而饰侍者唐儿使夜进。上醉不知，以为程姬而幸之，遂有身。已乃觉非程姬也。及生子，因命曰发。以孝景前二年用皇子为长沙王。以其母微，无宠，故王卑湿贫国。

立二十七年卒，子康王庸立。二十八年，卒，子鲋鮈立为长沙王。

右一国本王唐姬之子也。

广川惠王越，以孝景中二年用皇子为广川王。

十二年卒，子齐立为王。齐有幸臣桑距。已而有罪，欲诛距，距亡，王因禽其宗族。距怨王，乃上书告王齐与同产奸。自是之后，王齐数上书告言汉公卿及幸臣所忠等。

胶东康王寄，以孝景中二年用皇子为胶东王。二十八年卒。淮南王谋反时，寄微闻其事，私作楼车镞矢，战守备，候淮南之起。及吏治淮南之事，辞出之。寄于上最亲，意伤之，发病而死，不敢置后，于是上闻。寄有长子者名贤，母无宠；少子名庆，母爱幸，寄常欲立之，为不次，因有过，遂无言。上怜之，乃以贤为胶东王奉康王嗣，而封庆于故衡山地，为六安王。

胶东王贤立十四年卒，谥为哀王。子庆为王。

六安王庆，以元狩二年用胶东康王子为六安王。

清河哀王乘，以孝景中三年用皇子为清河王。十二年卒，无后，国除，地入于汉，为清河郡。

常山宪王舜，以孝景中五年用皇子为常山王。舜最亲，景帝少子，骄怠多淫，数犯禁，上常宽释之。立三十二年卒，太子勃代立为王。

初，宪王舜有所不爱姬生长男棁。棁以母无宠故，亦不得幸于王。王后脩生太子勃。王内多，所幸姬生子平、子商，王后希得幸。及宪王病甚，诸幸姬常侍病，故王后亦以妒媢不常侍病，辄归舍。医进药，太子勃不自尝药，又不宿留侍病。及王薨，王后、太子乃至。宪王雅不以长子棁为人数，及薨，又不分与财物。郎或说太子、王后，令诸子与长子棁共分财物，太子、王后不听。太子代立，又不收恤棁。棁怨王后、太子。汉使者视宪王丧，自言宪王病时，王后、太子不侍，及薨，六日出舍，太子勃私奸，饮酒，博戏，击筑，与女子载驰，环城过市，入牢视囚。天子遣大行骞验王后及问王勃，请逮勃所与奸诸证左，王又匿之。吏求捕，勃大急，使人致击笞掠，擅出汉所疑囚者。有司请诛宪王后脩及王勃。上以脩素无行，使棁陷之罪，勃无良师傅，不忍诛。有司请废王后脩，徙王勃以家属处房陵，上许之。

勃王数月，迁于房陵，国绝。月余，天子为最亲，乃诏有司曰："常山宪王蚤夭，后妾不和，適孽诬争，陷于不义以灭国，朕甚闵焉。其封宪王子平三万户，为真定王；封子商三万户，为泗水王。"

真定王平，元鼎四年用常山宪王子为真定王。

泗水思王商，以元鼎四年用常山宪王子为泗水王。十一年卒，子哀王安世立。十一年卒，无子。于是上怜泗水王绝，乃立安世弟贺为泗水王。

右四国本王皆王夫人兒姁子也。其后汉益封其支子为六安王、泗水王二国。凡兒姁子孙，于今为六王。

太史公曰：高祖时诸侯皆赋，得自除内史以下，汉独为置丞相，黄金印。诸侯自除御史、廷尉正、博士，拟于天子。自吴楚反后，五宗王世，汉为置二千石，去"丞相"曰"相"，银印。诸侯独得食租税，夺之权。其后诸侯贫者或乘牛车也。

译文：

孝景皇帝的儿子共有十三人被封为诸侯王，他们分别由五个母亲所生，同母的就是宗亲。栗姬生的儿子名叫荣、德、阏于。程姬生的儿子名叫余、非、端。贾夫人生的儿子名叫彭祖、胜。唐姬生的儿子名叫发。王夫人兒姁生的儿子名叫越、寄、乘、舜。

河间献王德，在孝景帝前二年以皇子的身份被封为河间王。他喜好儒家的学说，用儒术修饰自己，游处其中，即使在仓促急迫的时候，也一定不失掉儒者的规范。山东各地的儒生很多人都去追随他，跟他交游。

德在位二十六年去世，他的儿子共王不害继立为王。不害在位四年去世，儿子刚王基继立为王。基在位十二年去世，儿子顷王授继立为王。

临江哀王阏于，在孝景帝前二年以皇子的身份被封为临江王。他在位三年去世，没有后嗣，封国被撤除，改为郡。

临江闵王荣，在孝景帝前四年被立为皇太子，四年后被废，以前太子的身份被封为临江王。

在位的第四年，荣因为侵占文帝庙外矮墙所在的空地扩建自己的宫殿而获罪，皇上征召他入都。荣出发前，在江陵北门祭祀路神。已经登车，忽然车轴折断，车子坏了。江陵父老看到这一情况，流着眼泪偷偷地说："我们的君王这一去回不来了！"荣到了长安，去中尉府对质，中尉郅都责问审讯他，他惊恐畏惧，就自杀了。死后葬在蓝田，葬时有几万只燕子飞来，衔土放在他的坟上，百姓们都很同情他。

荣在孝景帝的儿子中年龄最大，死后因为没有可以继承王位的后嗣，封国被撤除，地方并入汉朝，改为南郡。

右述三国始封的王都是栗姬所生的儿子。

鲁共王余，在孝景帝前二年以皇子的身份被封为淮阳王。第二年，吴楚七国的叛乱平定以后，在孝景帝前三年改封为鲁王。鲁王余为人爱好建造宫室，经营苑囿，畜养狗马。晚年又喜欢音乐，他不善言谈，说话结巴。

余在位二十六年去世，儿子光继代为王。光起初也爱好音乐车马，晚年却十分贪婪吝啬，唯恐财富不够多。

江都易王非，在孝景帝前二年以皇子的身份被封为汝南王。吴楚七国叛乱时，非年方十五岁，有勇力，上书天子请求攻打吴国。景帝赐给非将军印，让他领兵攻击吴军。吴国被攻破后二年，改封非为江都王，就以吴国原先的国都为都城，因为有军功，还赏赐给他天子的旌旗。元光五年，匈奴大规模入侵汉地进行掳掠，非上书天子，自请领兵出击匈奴，天子不准许。非为人喜欢使气任力，建造宫殿，招纳四方豪杰，极其骄纵奢侈。

非在位二十六年去世，儿子建继立为王。建在位七年自杀。淮南王、衡山王谋反的时候，建在相当程度上与闻他们的阴谋。他自以为封国接近淮南，恐怕一旦事发，会被淮南吞并，就暗中修造兵器，经常佩带他父亲受赐的将军印，打着天子的旌旗出巡。易王去世还未下葬，建就看上了易王生前宠爱的美人淖姬，在夜间派人把淖姬迎到居丧的房舍中与她成奸。等到淮南王谋反事情败露，朝廷追究淮南王的同党，多有涉及江都王建的。建感到恐慌，就派人拿着许多金钱去行贿，以图中止追查这一案件。他又相信巫祝，派人祈祷祭祀胡言乱语。建还同自己的姐妹全都通奸。这些事情上报朝廷后，汉朝公卿大臣请求天子逮捕建，治他的罪。天子不忍心，派遣大臣到江都国去审讯他。王认服自己所犯的罪行，于是就自杀了。死后封国被撤除，地方并入汉朝，改为广陵郡。

胶西于王端,在孝景帝前三年吴楚七国的叛乱平定以后,以皇子的身份被封为胶西王。端为人凶残狠毒,又患有阳痿的毛病,一亲近女人,就要病上几个月。他有一个宠爱的美少年任职郎官,不久这个担任郎官的少年与端后宫妇人通奸淫乱,端把他抓住杀掉,并且杀死了通奸所生的孩子及其母亲。端屡次违反天子的法令,汉朝的公卿再三要求处死他,天子因为兄弟情分的缘故不忍心惩办,而端的胡作非为却越来越厉害。朝廷官员们再次要求削减端封国的土地以示惩罚,于是天子把他的封地削去了一大半。端心中怨恨恼怒,就故意不理事务,封国中的仓库全都残破不堪,透风漏雨,里面腐烂的钱物数以万计,而始终不让收拾搬走。又下令封国中的官吏不许征收租赋。端取消了自己所有的侍卫,封闭宫门,只留下一门出入,他就从这座门外出游荡,多次变易姓名,扮作平民百姓,到其他郡国去。

受命到胶西任相的二千石级的官员,如果遵循奉行朝廷的法令进行治理,端往往就搜求他的过错告发他,没有过错的就用诡计毒死他。他所用来搞阴谋、施变诈的手段,顽固倔强之处,足以拒绝他人的劝谏,机智乖巧之处,足以掩饰自己的过错。而来胶西任相的二千石级官员,如果顺从王的意旨进行治理,那么朝廷又要因其失职而绳之以法。所以胶西虽然是个小国,在那里被害的二千石级的官员却很多。

端在位四十七年去世,死后最终没有儿子继位,封国被撤除,地方并入汉朝,改为胶西郡。

右述三国始封的王都是程姬所生的儿子。

赵王彭祖,在孝景帝前二年以皇子的身份被封为广川王。赵王遂谋反败灭后,彭祖正在广川为王。在位的第四年,彭祖被改封为赵王。他当赵王的第十五年,孝景帝驾崩。赵王为人巧言善辩，谦卑谄媚，表面上对人恭敬，内心却刻薄阴险。他喜好玩弄法律，用诡辩手段陷害中伤他人。彭祖有许多后宫宠姬和子孙。到赵国任相的二千石级官员如果想遵循奉行朝廷的法令进行治理，那就会损害王家的利益。所以每有来当相的二千石级官员到任，彭祖就穿上黑布衣服，亲自前去迎接，为那个二千石官员打扫馆舍，又故意设置了许多可疑的事物来引诱对方，以获得二千石官员的失言，凡触犯了忌讳，就记载下来。二千石官员想奉法治事，彭祖就以此来逼迫威胁，如果对方不受威胁，就上书告发，并且诬蔑对方干了犯法谋利的事。彭祖在位五十多年，到赵国任相的二千石官员没有一个能任满两年的，往往获罪丢官，重的被杀，轻的受刑，所以赵国的二千石官员不敢奉法治国。而赵王专擅权柄，派人到各属县去管理商人交易，计征税金，收入比国中的常额赋税还多。因此赵王家多的是金钱，但彭祖把金钱用来赏赐宠姬和儿子们，也就把收入花光了。彭祖又把从前江都易王的宠姬，后来王建又偷偷与之发生奸情的淖姬弄来当自己的姬妾，非常宠爱她。

彭祖不爱营建修治宫室，祭祀鬼神祈求福祐，而喜好做吏卒所干的事情。他上书天子，自告奋勇去督察捕捉王国中的盗贼。经常夜间亲自带着巡卒在邯郸城中巡逻。那些来往的使者和过客都因为彭祖阴险邪恶，没有人敢在邯郸停留。

彭祖的太子名丹，同自己的女儿及同胞姐姐有奸情，他与门客江充有嫌怨，江充告发丹的罪状，丹因此被废。赵国改立太子。

中山靖王胜，在孝景帝前三年以皇子的身份被立为中山王。他在位的第十四年，孝景帝驾崩。胜为人好酒贪杯，喜爱女色，他的各支系子孙有一百二十多人。胜经常同他的哥哥赵王互相非难，他说："哥哥当王，专门代替吏卒办事，当王的人应当天天听音乐，欣赏歌舞美色。"赵王也非难他，说道："中山王只是天天荒淫享乐，不辅佐天子爱抚百姓，怎么称得上是皇室的屏藩之臣！"

胜在位四十二年去世，儿子哀王昌继立为王。昌在位一年去世，儿子昆侈代立为王。

右述三国始封的王都是贾夫人所生的儿子。

长沙定王发，他的母亲唐姬，本来是程姬的侍女。一次景帝宣召程姬，程姬因为来了月经，不愿进内侍寝，就把自己的侍女唐儿装扮好让她夜间进去伺候天子。天子醉酒，没有发觉，以为是程姬而亲幸了她，于是就怀了孕。事后天子才发觉她不是程姬。等她生了儿子，就取名为"发"。发在孝景帝前二年以皇子的身份被封为长沙王。因为他的母亲出身卑微，又不得宠，所以被封到地势卑下、气候潮湿的贫困之国为王。

发在位二十七年去世，儿子康王庸继立为王。康在位二十八年去世，儿子鲋鲔继立为长沙王。

右述这一国始封的王是唐姬所生的儿子。

广川惠王越，在孝景帝中二年以皇子的身份被封为广川王。

越在位十二年去世，儿子齐继立为王。齐有个宠臣桑距，后来桑距有罪，齐想杀掉他，桑距逃亡在外，王就抓走了他的家人宗族。桑距怨恨王，于是就上书朝廷告发广川王齐与同胞姐妹通奸。从此以后，广川王齐（怕朝廷大臣让天子追究这件事）就屡次上书告发汉朝公卿及皇上的宠臣所忠的罪状。

胶东康王寄，在孝景帝中二年以皇子的身份被封为胶东王。在位二十八年去世。淮南王策划谋反的时候，寄暗地里知道了这件事，私下偷偷制作楼车箭矢，做好攻战或守城的各种准备，等候淮南王起事。到后来朝廷官吏审理追查淮南王谋反之事，在定案的狱辞中为胶东王寄开脱了罪责。寄在诸侯王中与天子的关系最为亲近，（自己因不忠于天子而）悔恨忧伤，发病而死，（自知有罪）也不敢置立继承王位的后嗣。在他死后，这一情况被上报给天子。寄有个长子名贤，母亲不得宠；又有个小儿子名庆，母亲被寄所宠爱。寄常想把庆立为王位继承人，因为不合传承的次序，又由于自己有罪过，所以生前没有向天子提出请求。天子哀怜他，于是就让贤继位为胶东王来嗣续康王，而用前衡山王的封地另封庆为六安王。

胶东王贤在位十四年去世，谥为哀王。儿子庆继位为王。

六安王庆，在元狩二年以胶东康王之子的身份被封为六安王。

清河哀王乘，在孝景帝中三年以皇子的身份被封为清河王。在位十二年去世，由于没有可以继承王位的后嗣，封国被撤除，地方并入汉朝，改为清河郡。

常山宪王舜，在孝景帝中五年以皇子的身份被封为常山王。舜与天子关系最为亲近，是景帝的小儿子，骄纵怠惰，有许多荒淫的行为，屡次触犯法律禁令，天子总是宽恕原谅他。舜在位三十二年去世，太子勃继代为王。

当初宪王舜有个不得宠的姬妾生了长子棁，棁由于母亲不受宠，也不为宪王所爱。王后脩生了太子勃。而宪王姬妾很多，爱姬生了儿子平和商，王后也很少被王所亲幸。到宪王病重的时候，那些得宠的姬妾经常在病人身边服侍，因此王后由于嫉妒，就不常去侍候宪王，即使去了也马上回到自己的住处。医生送进药物，太子勃不亲自尝药，又不在内宫留宿，侍候病重的父亲。等到宪王去世，王后、太子才赶到。宪王平日不把长子棁当儿子看待，去世前，又不嘱咐分些财物给他。郎官中有人劝说太子和王后，让王其他的儿子们与长子棁共分财物，太子、王后不听。太子继位后，又不去照顾安抚棁。棁怨恨王后和太子，朝廷的使者来料理宪王的丧事时，棁就自行向使者告发宪王生病时王后和太子不在身边侍候，等到宪王去世，仅仅六天就离开了居丧的服舍。太子勃又私下行奸饮酒，下棋戏闹，击筑作乐，与女子一起乘车奔驰，环绕都城，穿过市场，到监狱中去看囚犯。天子派遣大行张骞去查证王后的罪状并讯问王勃，张骞要求逮捕勃在热丧中所与通奸的女子及各种证人，勃又把他们都隐藏起来。吏卒进行搜捕，勃大为着急，派人攻击鞭打执行搜捕任务的吏卒，又擅自把朝廷使者所怀疑囚禁的人放跑。朝廷官员要求处死宪王后脩和王勃。天子因为脩一向行为不良，致使棁能把她陷入法网，勃又（从小）没有好的师傅辅导，所以不忍心处死他们。官员们又要求废掉王后脩，放逐王勃，让他带了家属去房陵居住。天子同意了。

勃当王几个月，被迁徙到房陵，常山国绝嗣。过了一个多月，天子因为常山宪王是自己关系最亲近的幼弟，就下诏令给有关官员："常山宪王早死，王后与姬妾不和，嫡子与庶子相互诬蔑纷争，以致陷于不义，封国灭绝。我为之十分哀伤。现命令封宪王的儿子平三万户，为真定王；封宪王另一个儿子商三万户，为泗水王。"

真定王平，在元鼎四年以常山宪王之子的身份被封为真定王。

泗水思王商，在元鼎四年以常山宪王之子的身份被封为泗水王。在位十一年去世，儿子哀王安世继立为王。安世在位十一年去世，没有儿子。当时天子哀怜泗水王绝嗣，于是就立安世的弟弟贺为泗水王。

右述四国始封的王都是王夫人儿姁所生的儿子。后来朝廷又增封其旁支子孙为六安王、泗水王两国。总共儿姁的子孙，当今有六王。

太史公说：高祖在位的时候，诸侯王都有权征用封国内的全部财富和人力，可以自行任命内史以下的官吏，朝廷只为他们派任丞相一官，王国的丞相用黄金印。诸侯王自己任命御史、廷尉正、博士等官，可与天子相比拟。自从吴楚等国叛乱以后，在五宗诸王的世代，朝廷为他们配置王国中二千石级的官员，撤销王国的"丞相"，改称为"相"，王国相只用银印。诸侯王只能在封国内收取租税，剥夺了他们（治国的）权力。到后来诸侯王中贫困的，有的只能乘坐牛车了。

史记卷六十

三王世家第三十

"大司马臣去病昧死再拜上疏皇帝陛下：陛下过听，使臣去病待罪行间。宜专边塞之思虑，暴骸中野无以报，乃敢惟他议以干用事者，诚见陛下忧劳天下，哀怜百姓以自忘，亏膳贬乐，损郎员。皇子赖天，能胜衣趋拜，至今无号位师傅官。陛下恭让不卹，群臣私望，不敢越职而言。臣窃不胜犬马心，昧死愿陛下诏有司，因盛夏吉时定皇子位。唯陛下幸察。臣去病昧死再拜以闻皇帝陛下。"三月乙亥，御史臣光守尚书令奏未央宫。制曰："下御史。"

六年三月戊申朔，乙亥，御史臣光守尚书令，丞非，下御史书到，言："丞相臣青翟、御史大夫臣汤、太常臣充、大行令臣息、太子少傅臣安行宗正事昧死上言：大司马去病上疏曰：'陛下过听，使臣去病待罪行间。宜专边塞之思虑，暴骸中野无以报，乃敢惟他议以干用事者，诚见陛下忧劳天下，哀怜百姓以自忘，亏膳贬乐，损郎员。皇子赖天，能胜衣趋拜，至今无号位师傅官。陛下恭让不卹，群臣私望，不敢越职而言。臣窃不胜犬马心，昧死愿陛下诏有司，因盛夏吉时定皇子位。唯愿陛下幸察。'制曰：'下御史。'臣谨与中二千石、二千石臣贺等议：

古者裂地立国，并建诸侯以承天子，所以尊宗庙重社稷也。今臣去病上疏，不忘其职，因以宣恩，乃道天子卑让自贬以劳天下，虑皇子未有号位。臣青翟、臣汤等宜奉义遵职，愚憧而不逮事。方今盛夏吉时，臣青翟、臣汤等昧死请立皇子臣闳、臣旦、臣胥为诸侯王。昧死请所立国名。"

制曰："盖闻周封八百，姬姓并列，或子、男、附庸。《礼》'支子不祭'。云并建诸侯所以重社稷，朕无闻焉。且天非为君生民也。朕之不德，海内未洽，乃以未教成者强君连城，即股肱何劝？其更议以列侯家之。"

三月丙子，奏未央宫。"丞相臣青翟、御史大夫臣汤昧死言：臣谨与列侯臣婴齐、中二千石、二千石臣贺、谏大夫、博士臣安等议曰：伏闻周封八百，姬姓并列，奉承天子。康叔以祖考显，而伯禽以周公立，咸为建国诸侯，以相傅为辅。百官奉宪，各遵其职，而国统备矣。窃以为并建诸侯所以重社稷者，四海诸侯各以其职奉贡祭。支子不得奉祭宗祖，礼也。封建使守藩国，帝王所以扶德施化。陛下奉承天统，明开圣绪，尊贤显功，兴灭继绝。续萧文终之后于酂，褒厉群臣平津侯等。昭六亲之序，明天施之属，使诸侯王封君得推私恩分子弟户邑，锡号尊建百有余国。而家皇子为列侯，则尊卑相逾，列位失序，不可以垂统于万世。臣请立臣闳、臣旦、臣胥为诸侯王。"三月丙子，奏未央宫。

制曰："康叔亲属有十而独尊者，褒有德也。周公祭天命郊，故鲁有白牡、骍刚之牲，群公不毛，贤不肖差也。'高山仰之，景行向之'，朕甚慕焉。所以抑未成，家以列侯可。"

四月戊寅，奏未央宫。"丞相臣青翟、御史大夫臣汤昧死言：臣青翟等与列侯、吏二千石、谏大夫、博士臣庆等议：昧死奏请立皇子为诸侯王。制曰：'康叔亲属有十而独尊者，褒有德也。周公祭天命郊，故鲁有白牡、骍刚之牲，群公不毛，贤不肖差也。"高山仰之，景行向之"，朕甚慕焉。所以抑未成，家以列侯可。'臣青翟、臣汤、博士臣将行等伏闻康叔亲属有十，武王继体，周公辅成王，其八人皆以祖考之尊建为大国。康叔之年幼，周公在三公之位，而伯禽据国于鲁，盖爵命之时，未至成人。康叔后扞禄父之难，伯禽殄淮夷之乱。昔五帝异制，周爵五等，春秋三等，皆因时而序尊卑。高皇帝拨乱世反诸正，昭至德，定海内，封建诸侯，爵位二等。皇子或在襁褓而立为诸侯王，奉承天子，为万世法则，不可易。陛下躬亲仁义，体行圣德，表里文武。显慈孝之行，广贤能之路。内襃有德，外讨强暴。极临北海，西溱月氏，匈奴、西域，举国奉师。舆械之费，不赋于民。虚御府之藏以赏元戎，开禁仓以振贫穷，减戍卒之半。百蛮之君，靡不乡风，承流称意。远方殊俗，重译而朝，泽及方外。故珍兽至，嘉谷兴，天应甚彰。今诸侯支子封至诸侯王，而家皇子为列侯，臣青翟、臣汤等窃伏孰计之，皆以为尊卑失序，使天下失望，不可。臣请立臣闳、臣旦、臣胥为诸侯王。"四月癸未，奏未央宫，留中不下。

"丞相臣青翟、太仆臣贺行御史大夫事、太常臣充、太子少傅臣安行宗正事昧死言：臣青翟等前奏大司马臣去病上疏言，皇子未有号位，臣谨与御史大夫臣汤、中二千石、二千石、谏大夫、博士臣庆等昧死请立皇子臣闳等为诸侯王。陛下让文武，躬自切，及皇子未教。群臣之议，儒者称其术，或悖其心。陛下固辞弗许，家皇子为列侯。臣青翟等窃与列侯臣寿成等二十七人议，皆曰以为尊卑失序。高皇帝建天下，为汉太祖，王子孙，广支辅。先帝法则弗改，所以宣至尊也。臣请令史官择吉日，具礼仪上，御史奏舆地图，他皆如前故事。"制曰："可。"

四月丙申，奏未央宫。"太仆臣贺行御史大夫事昧死言：太常臣充言卜入四月二十八日乙巳，可立诸侯王。臣昧死奏舆地图，请所立国名。礼仪别奏。臣昧死请。"

制曰："立皇子闳为齐王，旦为燕王，胥为广陵王。"

四月丁酉，奏未央宫。六年四月戊寅朔，癸卯，御史大夫汤下丞相，丞相下中二千石、二千石，下郡太守、诸侯相，丞书从事下当用者。如律令。

"维六年四月乙巳，皇帝使御史大夫汤庙立子闳为齐王。曰：於戏，小子闳，受兹青社！朕承祖考，维稽古建尔国家，封于东土，世为汉藩辅。於戏念哉！恭朕之诏，惟命不于常。人之好德，克明显光。义之不图，俾君子怠。悉尔心，允执其中，天禄永终。厥有愆不臧，乃凶于而国，害于尔躬。於戏，保国艾民，可不敬与！王其戒之。"

右齐王策。

"维六年四月乙巳，皇帝使御史大夫汤庙立子旦为燕王。曰：於戏，小子旦，受兹玄社！朕承祖考，维稽古建尔国家，封于北土，世为汉藩辅。於戏！荤粥氏虐老兽心，侵犯寇盗，加以奸巧边萌。於戏！朕命将率徂征厥罪，万夫长，千夫长，三十有二君皆来，降期奔师。荤粥徙域，北州以绥。悉尔心，毋作怨，毋俷德，毋乃废备。非教士不得从征。於戏，保国艾民，可不敬与！王其戒之。"

右燕王策。

"维六年四月乙巳，皇帝使御史大夫汤庙立子胥为广陵王。曰：於戏，小子胥，受兹赤社！朕承祖考，维稽古建尔国家，封于南土，世为汉藩辅。古人有言曰：'大江之南，五湖之间，其人轻心。杨州保疆，三代要服，不及以政。'於戏！悉尔心，战战兢兢，乃惠乃顺，毋侗好轶，毋迩宵人，维法维则。《书》云：'臣不作威，不作福。'靡有后羞。於戏，保国艾民，可不敬与！王其戒之。"

右广陵王策。

太史公曰：古人有言曰"爱之欲其富，亲之欲其贵"。故王者壃土建国，封立子弟，所以褒亲亲，序骨肉，尊先祖，贵支体，广同姓于天下也。是以形势强而王室安。自古至今，所由来久矣。非有异也，故弗论箸也。燕齐之事，无足采者。然封立三王，天子恭让，群臣守义，文辞烂然，甚可观也，是以附之世家。

褚先生曰：臣幸得以文学为侍郎，好览观太史公之列传。传中称《三王世家》文辞可观，求其世家终不能得。窃从长老好故事者取其封策书，编列其事而传之，令后世得观贤主之指意。

盖闻孝武帝之时，同日而俱拜三子为王：封一子于齐，一子于广陵，一子于燕。各因子才力智能，及土地之刚柔，人民之轻重，为作策以申戒之。谓王："世为汉藩辅，保国治民，可不敬与！王其戒之。"夫贤主所作，固非浅闻者所能知，非博闻强记君子者所不能究竟其意。至其次序分绝，文字之上下，简之参差长短，皆有意，人莫之能知。谨论次其真草诏书，编于左方，令览者自通其意而解说之。

王夫人者，赵人也，与卫夫人并幸武帝，而生子闳。闳且立为王时，其母病，武帝自临问之。曰："子当为王，欲安所置之？"王夫人曰："陛下在，妾又何等可言者。"帝曰："虽然，意所欲，欲于何所王之？"王夫人曰："愿置之雒阳。"武帝曰："雒阳有武库敖仓，天下冲阸，汉国之大都也。先帝以来，无子王于雒阳者。去雒阳，余尽可。"王夫人不应。武帝曰："关东之国无大于齐者。齐东负海而城郭大，古时独临淄中十万户，天下膏腴地莫盛于齐者矣。"王夫人以手击头，谢曰："幸甚。"王夫人死而帝痛之，使使者拜之曰："皇帝谨使使太中大夫明奉璧一，赐夫人为齐王太后。"子闳王齐，年少，无有子，立，不幸早死，国绝，为郡。天下称齐不宜王云。

所谓"受此土"者，诸侯王始封者必受土于天子之社，归立之以为国社，以岁时祠之。《春秋大传》曰："天子之国有泰社。东方青，南方赤，西方白，北方黑，上方黄。"故将封于东方者取青土，封于南方者取赤土，封于西方者取白土，封于北方者取黑土，封于上方者取黄土。各取其色物，裹以白茅，封以为社。此始受封于天子者也。此之为主土。主土者，立社而奉之也。"朕承祖考"，祖者先也，考者父也。"维稽古"，维者度也，念也，稽者当也，当顺古之道也。

齐地多变诈，不习于礼义，故戒之曰"恭朕之诏，唯命不可为常。人之好德，能明显光。不图于义，使君子怠慢。悉若心，信执其中，天禄长终。有过不善，乃凶于而国，而害于若身"。齐王之国，左右维持以礼义，不幸中年早夭。然全身无过，如其策意。

传曰"青采出于蓝，而质青于蓝"者，教使然也。远哉贤主，昭然独见：诫齐王以慎内；诫燕王以无作怨，无俷德；诫广陵王以慎外，无作威与福。

夫广陵在吴越之地，其民精而轻，故诫之曰"江湖之间，其人轻心。杨州葆疆，三代之时，迫要使从中国俗服，不大及以政教，以意御之而已。无侗好佚，无迩宵人，维法是则。无长好佚乐驰骋弋猎淫康，而近小人。常念法度，则无羞辱矣"。三江、五湖有鱼盐之利,铜山之富,天下所仰。故诫之曰"臣不作福"者,勿使行财币,厚赏赐,以立声誉,为四方所归也。又曰"臣不作威"者,勿使因轻以倍义也。

会孝武帝崩,孝昭帝初立,先朝广陵王胥,厚赏赐金钱财币,直三千余万,益地百里,邑万户。

会昭帝崩,宣帝初立,缘恩行义,以本始元年中,裂汉地,尽以封广陵王胥四子:一子为朝阳侯;一子为平曲侯;一子为南利侯;最爱少子弘,立以为高密王。

其后胥果作威福,通楚王使者,楚王宣言曰:"我先元王,高帝少弟也,封三十二城。今地邑益少,我欲与广陵王共发兵云。立广陵王为王,我复王楚三十二城,如元王时。"事发觉,公卿有司请行罚诛。天子以骨肉之故,不忍致法于胥,下诏书无治广陵王,独诛首恶楚王。传曰"蓬生麻中,不扶自直;白沙在泥中,与之皆黑"者,土地教化使之然也。其后胥复祝诅谋反,自杀,国除。

燕土墝埆,北迫匈奴,其人民勇而少虑,故诫之曰"荤粥氏无有孝行而禽兽心,以窃盗侵犯边民。朕诏将军往征其罪,万夫长,千夫长,三十有二君皆来,降旗奔师。荤粥徙域远处,北州以安矣"。"悉若心,无作怨"者,勿使从俗以怨望也。"无俷德"者,勿使王背德也。"无废备"者,无乏武备,常备匈奴也。"非教士不得从征"者,言非习礼义不得在于侧也。

会武帝年老长,而太子不幸薨,未有所立,而旦使来上书,请身入宿卫于长安。孝武见其书,击地,怒曰:"生子当置之齐鲁礼义之乡,乃置之燕赵,果有争心,不让之端见矣。"于是使使即斩其使者于阙下。

会武帝崩,昭帝初立,旦果作怨而望大臣。自以长子当立,与齐王子刘泽等谋为叛逆，出言曰："我安得弟在者！今立者乃大将军子也。"欲发兵。事发觉，当诛。昭帝缘恩宽忍，抑案不扬。公卿使大臣请，遣宗正与太中大夫公户满意、御史二人，偕往使燕，风喻之。到燕，各异日，更见责王。宗正者，主宗室诸刘属籍，先见王，为列陈道昭帝实武帝子状。侍御史乃复见王，责之以正法，问："王欲发兵罪名明白，当坐之。汉家有正法，王犯纤介小罪过，即行法直断耳，安能宽王。"惊动以文法。王意益下，心恐。公户满意习于经术，最后见王，称引古今通义，国家大礼，文章尔雅。谓王曰："古者天子必内有异姓大夫，所以正骨肉也；外有同姓大夫，所以正异族也。周公辅成王，诛其两弟，故治。武帝在时，尚能宽王。今昭帝始立，年幼，富于春秋，未临政，委任大臣。古者诛罚不阿亲戚，故天下治。方今大臣辅政，奉法直行，无敢所阿，恐不能宽王。王可自谨，无自令身死国灭，为天下笑。"于是燕王旦乃恐惧服罪，叩头谢过。大臣欲和合骨肉，难伤之以法。

其后旦复与左将军上官桀等谋反，宣言曰"我次太子，太子不在，我当立，大臣共抑我"云云。大将军光辅政，与公卿大臣议曰："燕王旦不改过悔正，行恶不变。"于是修法直断，行罚诛。旦自杀，国除，如其策指。有司请诛旦妻子。孝昭以骨肉之亲，不忍致法，宽赦旦妻子，免为庶人。传曰"兰根与白芷，渐之滫中，君子不近，庶人不服"者，所以渐然也。

宣帝初立，推恩宣德，以本始元年中尽复封燕王旦两子：一子为安定侯；立燕故太子建为广阳王，以奉燕王祭祀。

译文：

"大司马臣去病冒死再拜上疏皇帝陛下：陛下误听人言，让我在军中供职。我自应专心考虑边塞的事务,即使战死旷野也无以报答君恩,现在竟敢考虑其他事情来打扰当政官员,实在是因为我看见陛下为天下忧虑操劳,对百姓怜悯关心,而忘了自己,以致减少膳食,削减音乐,压缩郎员。皇子们托天之福,已经长大,能衣着整齐地行礼朝拜,但至今还没有封号爵位,也没有师傅辅导官员。陛下谦恭礼让,并不顾念这些事情,群臣尽管私心盼望,可是不敢越职奏请。臣私下深怀犬马效忠之心,冒死愿陛下命令有关官员,趁着盛夏吉时,定下皇子们的爵位。希望陛下明鉴。臣去病冒死再拜启奏皇帝陛下。"三月乙亥日,御史臣光守尚书令将此奏疏在未央宫上奏皇帝。皇帝下制说:"交付御史处理。"

元狩六年三月戊申朔,乙亥日,御史臣光守尚书令,尚书丞非,交付御史的制书下达,(有关官员讨论后)上奏皇帝说:"丞相臣青翟、御史大夫臣汤、太常臣充、大行令臣息、太子少傅臣安行宗正事冒死上奏:大司马去病上疏道:'陛下误听人言,让我在军中供职。我自应专心考虑边塞的事务,即使战死旷野也无以报答君恩,现在竟敢考虑其他事情来打扰当政官员,实在是因为我看见陛下为天下忧虑操劳,对百姓怜悯关心,而忘了自己,以致减少膳食,削减音乐,压缩郎员。皇子们托天之福,已经长大,能衣着整齐地行礼朝拜,但至今还没有封号爵位,也没有师傅辅导官员。陛下谦恭礼让,并不顾念这些事情,群臣尽管私心盼望,可是不敢越职奏请。臣私下深怀犬马效忠之心,冒死愿陛下命令有关官员,趁着盛夏吉时,定下皇子们的爵位。希望陛下明鉴。'制令说:'交付御史处理。'臣谨与中二千石、二千石臣贺等议:古代分地立国,建立起一个个诸侯来侍奉天子,为的是尊重宗庙社稷。如今臣去病上疏,他没有忘记他的职责，并以此宣扬陛下的恩德。他说天子谦让，减损自己而忧劳天下，他担心的是皇子至今还没有封号爵位。臣青翟、臣汤等本应尊奉礼仪履行职责，但愚蠢而没想到此事。如今正当盛夏吉时，臣青翟、臣汤等冒死请立皇子臣闳、臣旦、臣胥为诸侯王。冒死请示所立国名。"

制令说："听说周代封立诸侯八百，姬姓的人同时受封，或为子、男，或为附庸。《礼》上说'支子不得奉祭宗祖'。你们所谓建立起一个个诸侯目的在于尊重社稷，朕却没有听说过。况且上天不是为了君王而降生百姓的。由于朕的无德，海内尚未和睦，现在竟让没有教导好的皇子勉强去做封地连城的诸侯王，那又如何能激励朕的股肱之臣呢？你们还是重新商议，以列侯的爵位赐封他们。"

三月丙子日，群臣又上奏未央宫。"丞相臣青翟、御史大夫臣汤冒死上奏：臣谨与列侯臣婴齐、中二千石、二千石臣贺、谏大夫、博士臣安等商议道：臣等听说周代封立诸侯八百，姬姓的人同时受封，侍奉天子。康叔因他的祖、父而显赫，伯禽因其父周公而立国，都封了国土，成为诸侯，并以相、傅为辅佐。百官奉守法令，各人履行职责，国家的体制也就完备了。臣等私下认为建立诸侯所以能使社稷得到尊重，是因为各地诸侯分别根据自己的职司奉献贡品举行祭祀。虽然支子不得奉祭宗祖，是礼法的规定，但分封土地，建立诸侯，使他们守护藩国，帝王就能用以扶助德义、施行教化。陛下奉承天统，开创圣明的端绪，尊敬贤良，表扬功臣，复兴灭亡的侯国，继续断绝的后嗣，把萧文终的后代续封在鄼，表扬勉励群臣如平津侯等。陛下为了昭示六亲的次序，彰明上天所施与的亲属关系，还让诸侯王封君把领受的皇帝恩宠分施子弟，分封子弟户邑，陛下从而赐给封号立为诸侯的有一百余国。现在却把皇子封为列侯，那就使尊卑颠倒，名位的安置失去了次序，这种做法是不能流传万世千秋的。臣请立皇子臣闳、臣旦、臣胥为诸侯王。"三月丙子日，上奏未央宫。

制令说："康叔的亲属有十位而他独尊的原因是周天子褒扬有德之人。周公的鲁国受命郊外祭天，鲁国祭祀周公、伯禽可以分别用白牡、骍刚这样的祭品，其他鲁君就不能用纯色的牲畜去祭祀，这是因为贤与不贤有差别。'巍巍的高山令人敬仰，光明的品行令人向往'，朕很仰慕德高望重的人。为了对尚未教导好的皇子有所抑制，封他们为列侯便可。"

四月戊寅日，群臣上奏未央宫。"丞相臣青翟、御史大夫臣汤冒死上奏：臣青翟等与列侯、吏二千石、谏大夫、博士臣庆等议：臣等冒死奏请立皇子为诸侯王。制令说：'康叔的亲属有十位而他独尊的原因是周天子褒扬有德之人。周公的鲁国受命郊外祭天，鲁国祭祀周公、伯禽可以分别用白牡、骍刚这样的祭品，其他鲁君就不能用纯色的牲畜去祭祀，这是因为贤与不贤有差别。"巍巍的高山令人敬仰，光明的品行令人向往"，朕很仰慕德高望重的人。为了对尚未教导好的皇子有所抑制，封他们为列侯便可。'臣青翟、臣汤、博士臣将行等听说，康叔的亲属有十位，其中武王继承王位，周公辅佐成王，其他八人都因他们祖、父的尊贵地位而被封立大诸侯国。康叔年纪幼小，周公身在三公之位，伯禽在鲁据守封国，原来他们在承受爵命的时候，也都还没到成年。但后来康叔抵御了禄父造反，伯禽平定了淮夷叛乱。从前五帝的制度各不相同，周代的爵位有五等，到春秋时分三等，都根据当时情况来安排尊卑的次序。高皇帝拨乱反正，显示了最高的德操，平定海内，分封土地，建立诸侯，爵位分为两等。皇子们有的还在襁褓之中就立为诸侯王，侍奉天子，这已成为万世的法则，不可更改。陛下亲行仁义，体现圣德，文武兼备。您表彰慈爱孝顺的行为，拓宽任用贤能的道路。对内褒扬有德之士，对外讨伐强暴之徒。远至北海，西到月氏，匈奴、西域，举国拥护陛下的军队。车辆兵械等军费，不从百姓那里收取。拿出皇家府库的财物来奖赏奋勇杀敌的将士，打开天子的仓廪以周济贫穷的百姓，又把戍卒人数减少一半。百蛮的君主，无不闻风向慕，承受您的教化，使您满意。远方的人语言风俗不同，经过了几重翻译前来朝觐，陛下的恩泽遍及域外。因此，珍异的兽类出现，吉祥的禾谷生长，上天的瑞应十分明显。现在诸侯的支子都封到了诸侯王，而封皇子为列侯，臣青翟、臣汤等私下考虑再三，都认为这样做尊卑失序，使天下失望，是不可以的。臣等请立臣闳、臣旦、臣胥为诸侯王。"四月癸未日，上奏未央宫，奏议留在宫里，没有发下。

"丞相臣青翟、太仆臣贺行御史大夫事、太常臣充、太子少傅臣安行宗正事冒死上奏：臣青翟等前奏大司马臣去病上疏说，皇子还没有封号爵位，臣谨与御史大夫臣汤、中二千石、二千石、谏大夫、博士臣庆等冒死请立皇子臣闳等为诸侯王。陛下有文德武功而谦让不居，责备自己，谈及皇子还没有教育成人。群臣所议，儒者宣扬其分封的学说，有的是违背其本心的。陛下坚决推辞不许，只封皇子为列侯。臣青翟等私下与列侯臣寿成等二十七人商议，都认为这样做就尊卑失序了。高皇帝创建天下，身为汉代开国之君，封子孙为王，广布支辅力量。先帝奉为法则，遵行不改，是为了宣扬皇帝的至尊地位。臣请陛下令史官选择吉日，准备好典礼仪式呈上，御史奏上地图，其他都照成例办理。"制令说："可以。"

四月丙申日，群臣上奏未央宫。"太仆臣贺行御史大夫事冒死上奏：太常臣充言，卜定四月二十八日乙巳，可立诸侯王。臣冒死奏上地图，请示所立国名。典礼仪式另行奏上。臣冒死请示。"

制令说："立皇子闳为齐王，旦为燕王，胥为广陵王。"

四月丁酉日，上奏未央宫。六年四月戊寅朔，癸卯，御史大夫汤将制书下达丞相，丞相下达中二千石、二千石，下达郡太守、诸侯王国之相，接受诏书依旨从事，下达有关办事人员，按照律令执行。

"时在六年四月乙巳日，皇帝派御史大夫汤在宗庙封立皇子闳为齐王。说道：呜呼，小子闳，接受这块青色社土！朕承继先人，稽考古制为你建立国家，封在东方，世世代代作为汉家的藩屏辅佐。呜呼，你要放在心上啊！你要敬听我的诏命，要知道天命无常。一个人如果崇尚德操，就能发出明亮的光辉；如果不勉力于道义，就会使君子懈怠。你要尽你的心力，真诚地保持中正之道，那么天赐的禄命就会长久。如果昏庸邪僻，不行善政，就会殃及你的封国，害你自身。呜呼，安国治民，能不敬慎吗！齐王你要以此为戒！"

右方是封齐王的策书。

"时在六年四月乙巳日，皇帝派御史大夫汤在宗庙封立皇子旦为燕王。说道：呜呼，小子旦，接受这块黑色社土！朕承继先人，稽考古制为你建立国家，封在北方，世世代代作为汉家的藩屏辅佐。呜呼！荤粥氏虐待老人，禽兽心肠，侵犯劫掠，又加以欺诈边民。呜呼！朕命令将帅前往征讨他们的罪行，万夫长、千夫长，三十二个君主都来归顺，降下旗帜，军队溃散。荤粥氏迁到了别处，北方州郡从此太平。你要尽你的心力，不要制造怨恨，不要背弃德义，不要废弛武备。不是受过训练的士卒，不要征发从军。呜呼，安国治民，能不敬慎吗！燕王你要以此为戒！"

右方是封燕王的策书。

"时在六年四月乙巳日,皇帝派御史大夫汤在宗庙封立皇子胥为广陵王。说道:呜呼,小子胥,接受这块赤色社土!朕承继先人,稽考古制为你建立国家,封在南方,世世代代作为汉家的藩屏辅佐。古人说:'大江之南,五湖之间,人心轻佻。杨州恃强,三代时地处要服,政教不能施及。'呜呼!你要尽你的心力,十分小心谨慎,惠施下民,忠顺君上,不要无知妄动,贪图游乐,不要亲近小人,要遵守法度循行规则。《尚书》上说:'臣下不要作威作福。'这样才不至于有日后的羞辱。呜呼,安国治民,能不敬慎吗!广陵王你要以此为戒!"

右方是封广陵王的策书。

太史公说:古人说:"爱他就希望他富,亲他就希望他贵。"所以君王划分疆土,建立国家,封立子弟,为的是褒奖亲属,使亲疏有序,尊崇先祖,使兄弟子孙显贵,在天下广布同姓宗族。因此国势强大而王室安宁。自古至今,由来已久。这并无特殊之处,所以不再专门论述。燕、齐的事,没有值得采录的。然而封立三王,天子谦恭礼让,群臣恪守道义,文辞华美,很可观览,所以附入世家。

褚先生说:臣有幸能以贤良文学而官至侍郎,我喜欢阅读太史公写的列传。列传里称赞《三王世家》文辞可观,但从其世家中寻找却始终不能得到。我私下从喜好旧闻故实的长老那里取到三王的封策书,把事情编列起来以广流传,使后世的人得以看到贤明君主的意向。

听说孝武帝时,一天里同时封拜三子为王:一子封在齐,一子在广陵,一子在燕。分别按各人的才力智能和当地土质的不同、民风的差异,为之作策书申明告诫他们。对三王说:"世世代代作为汉家的藩屏辅佐,安国治民,能不敬慎吗!你要以此为戒!"贤明君主的所作所为,本来不是见闻浅陋的人所能了解的,如果不是博闻强记的君子就无法透彻了解其真意所在。至于策书的次序分段,文字的前后,策简的参差长短,都有用意,只是没有人能够知晓。我谨依次汇集皇帝的真草诏书,编列在左方,使读的人自己会通其意而解说它。

王夫人,是赵人,和卫夫人一起得到武帝的宠爱,生子闳。闳将要立为王的时候,他母亲病了,武帝亲自去慰问她。武帝说:"儿子要当王了,你希望在什么地方安置他?"王夫人说:"陛下在,妾有什么资格可说呢?"武帝说:"虽然如此,你心里总有所想的,你想在什么地方安置他为王呢?"王夫人说:"我愿安置他在雒阳。"武帝说:"雒阳有武库敖仓,是天下险要的交通要冲,汉国的大都邑。先帝以来,从没有一个皇子封在雒阳为王的。除去雒阳,其余地方都可以。"王夫人没有回答。武帝说:"关东的封国没有比齐更大的。齐东面靠海而城郭大,古时候光临淄一地就有十万户,天下的富饶地区没有超过齐国的了。"王夫人用手拍头,谢道:"太幸运了!"王夫人死后,武帝很悲痛,派遣使者拜告王夫人亡灵道:"皇帝谨派使臣太中大夫明奉上玉璧一枚,赐夫人为齐王太后。"皇子闳封做齐王,年少,无子,立为王后,不幸早死,国绝,封地为郡。天下都说齐地不宜封王。

所谓"受此土",是指始封的诸侯王,一定要在天子的泰社里接受一块土,回到自己的封地立这块土为国社,每年岁首四时祭祀它。《春秋大传》说:"天子之国有泰社。东方青土,南方赤土,西方白土,北方黑土,上方黄土。"所以将要封在东方的取青土,封在南方的取赤土,封在西方的取白土,封在北方的取黑土,封在上方的取黄土。各取其相应颜色的泰社之土,用白茅包裹,回去封为国社。这是开始接受天子封立时的情形。这叫作主土。主土,就是要立社奉祀它。"朕承祖考",祖指祖先,考指父亲。"维稽古",维是考虑、思念的意思,稽是应当的意思,这句是说应当遵循古制。

齐地百姓多变诈,不熟悉礼仪,所以告诫他说:"你要敬听我的诏命,要知道天命无常。一个人如果崇尚德操,就能发出明亮的光辉;如果不勉力于道义,就会使君子懈怠。你要尽你的心力,真诚地保持中正之道,那么天赐的禄命便会长久。如果有过失,不行善政,就会殃及你的封国,害你自身。"齐王到他的封国后,左右大臣用礼仪维护辅佐他,不幸他中年早死。然而他保全了自己,没有过失,正如策书所告诫的那样。

古代的记载上说"青的色彩出于蓝草,而它的色泽比蓝草还青",这是经过加工而使它这样的。目光长远的贤明君主,他清楚地独自看到问题所在:他告诫齐王要对自己谨慎,告诫燕王不要心怀怨恨,不要背弃德义,告诫广陵王要谨慎对外,不要妄自尊大,赏罚逾制。

广陵在吴越地区,百姓精明而轻佻,所以告诫他说:"大江、五湖之间,人心轻佻。杨州恃强,三代的时候,强使它接受中原的习俗服饰,但没有使政教在那里深入普及,只是依其大意进行控制而已。你不要无知妄动,贪图游乐,不要亲近小人,要以法度为准则。不要总是贪图游乐,骑马打猎,享乐过度,从而亲近小人。要经常想到法度,这样就不致遭受羞辱了。"三江、五湖有鱼盐之利,铜矿之富,是天下所羡慕的地方。所以告诫他

"臣不作福"，是不让他滥用钱财，加重赏赐，以树立自己的声誉，博取四方的拥护。又说"臣不作威"，是不让他因当地人心的轻佻而背弃道义。

到孝武帝去世，孝昭帝初即位，就先让广陵王胥入朝，重重赏赐他金钱财币，价值三千余万，还增加封地百里，封邑万户。

到了昭帝去世，宣帝初即位，又出于恩情施行仁义，在本始元年中，分出汉地，对广陵王胥的四个儿子全部加以分封：一子为朝阳侯；一子为平曲侯；一子为南利侯；最喜爱的小儿子弘，封立为高密王。

后来胥果然作威作福起来，和楚王的使者交往勾结。楚王扬言道："我的先人元王，是高帝的小弟，受封三十二城。现在楚国土地城邑越来越少，我要和广陵王一起发兵。立广陵王为帝，我仍然治理楚三十二城的封地，像元王时那样。"事情发觉后，公卿及有关官员请求进行惩罚诛讨。天子因为与胥有骨肉之情，不忍按法律办他罪，下诏书不治广陵王的罪，只处死首恶楚王。古代的记载上说"蓬草生在麻丛里，不用扶正，它自然会生直；白沙混在泥里，就会和泥一样黑"，这是环境和教化使他这样的。这之后胥又咒诅谋反，自杀身亡，封国也被撤除。

燕国土地贫瘠，北边靠近匈奴，那里的百姓勇猛而少智谋，所以告诫他说："荤粥氏没有孝行而有禽兽心肠，他们窃盗侵犯边民。朕诏令将军前往征讨他们的罪行，万夫长，千夫长，三十二个君主都来归顺，降下旗帜，军队溃散。荤粥氏迁到远处居住，北方州郡从此太平。""悉若心，无作怨"，是不让他依从流俗而心怀怨恨。"无俷德"，是不让燕王背弃德义。"无废备"，是说不要缺乏武备，要时常防备着匈奴。"非教士不得从征"，是说不是熟悉礼仪的人不能在身边使用。

后来到武帝年老,太子又不幸去世,没有再立太子,因而燕王旦派使者来上书,请求亲自到长安进宫值宿警卫。孝武帝看到燕王的上书,把它扔到地上,生气说道:"生了儿子应当把他安置在齐鲁礼仪之乡,现在却把他放在燕赵,果然产生了争夺之心,不肯相让的苗头已经露出来了。"于是派人立即将燕王旦的使者斩首于宫阙之下。

到武帝去世,昭帝刚即位,旦果然心怀怨恨而责怪大臣。他自以为是长子,应当继承皇位,于是与齐王之子刘泽等阴谋造反,放出话来:"我哪里有这个弟弟在!现在即位的是大将军的儿子。"想要发兵。事情被发觉,按罪当杀。昭帝出于恩情,加以宽忍,把这件事压下来不张扬。公卿让有关大臣请示,派遣宗正和太中大夫公户满意、御史二人,一同出使燕国,去启发开导燕王。他们到了燕国,分别在不同的日子里交替着去见王,责备他。宗正,是主管宗室刘氏家族名籍的,先去见王,为他列举事实说明昭帝确实是武帝儿子的情况。侍御史接着再去见王,用正式的法律责备他,问道:"王打算发兵的罪名很清楚,应当定罪。汉家有正法,王犯了细微的小罪过,就要执法公正断案,怎么能宽恕你。"用法令条例触动他。燕王心中越来越觉得理亏,内心恐慌起来。公户满意熟悉经术,最后一个去见王,称引古今通行的道义和国家的大礼,文辞雅正。他对燕王说:"古时候天子在朝廷内必定要有异姓的大夫,为的是匡正亲属骨肉;在朝廷外必定要有宗室同姓的大夫,为的是匡正异族之人。周公辅佐成王,处决了他的两个弟弟,所以天下安定。武帝活着的时候,尚能宽大对待你。现在昭帝刚即位,年纪还小,来日方长,尚未亲自执政,把政事托付给大臣。古时候执行诛罚从不袒护亲戚,所以天下安定。现在大臣辅政,按照法律公正行事,不敢有所偏祖，恐怕不能宽恕王。王可自重，不要自己造成身死国灭，为天下所笑。"于是燕王旦恐惧服罪，叩头认错。大臣们都想使皇帝的骨肉之亲和好，不忍用法去伤害他。

这之后燕王旦又和左将军上官桀等谋反，扬言道"我仅次于太子，太子不在，我当继承皇位，都是大臣们合谋压抑我"云云。大将军霍光辅政，和公卿大臣商议说："燕王旦不悔过改正，行恶不变。"于是依法直断，执行诛罚。旦自杀，封国撤除，正如封燕王策书警告的那样。有关官员请诛旦的妻儿。孝昭帝因为他们是骨肉之亲，不忍按法处罚，宽赦了旦的妻儿，将他们削为平民。古代的记载上说"兰根和白芷，如果浸在臭水里，君子不愿接近，一般人也不愿佩带"，这是它所处的环境使它这样的。

宣帝初立，广施恩泽，宣扬德义，在本始元年中又都封立燕王旦的两个儿子：一子为安定侯；把燕王旦原来的太子建立为广阳王，来奉守燕王的祭祀。